운전직

자동차구조원리 및 도로교통법규

교통안전시설 일람표

주의표지

101	+자형교차로
102	T자형교차로
103	Y자형교차로
104	ㅏ자형교차로
105	ㅓ자형교차로
106	우선도로
107	우합류도로
108	좌합류도로
109	회전형교차로
110	철길건널목
110의2	노면전차
111	우로굽은도로
112	좌로굽은도로
113	우좌이중굽은도로
114	좌우이중굽은도로
115	2방향통행
116	오르막경사
117	내리막경사
118	도로폭이좁아짐
119	우측차로없어짐
120	좌측차로없어짐
121	우측방통행
122	양측방통행
123	중앙분리대시작
124	중앙분리대끝남
125	신호기
126	미끄러운도로
127	강변도로
128	노면고르지못함
129	과속방지턱
130	낙석도로
132	횡단보도
133	어린이보호
134	자전거
135	도로공사중
136	비행기
137	횡풍
138	터널
138의2	교량
139	야생동물보호
140	위험
141	상습정체구간

규제표지

201	통행금지
202	자동차통행금지
203	화물자동차통행금지
204	승합자동차통행금지
205	이륜자동차및원동기장치자전거통행금지
205의2	개인형이동장치통행금지
206	자동차·이륜자동차및원동기장치자전거통행금지
206의2	이륜자동차및원동기장치자전거·개인형이동장치통행금지
207	경운기·트랙터및손수레통행금지
210	자전거통행금지
211	진입금지
212	직진금지
213	우회전금지
214	좌회전금지
216	유턴금지
217	앞지르기금지
218	정차·주차금지
219	주차금지
220	차중량제한
221	차높이제한
222	차폭제한
223	차간거리확보
224	최고속도제한
225	최저속도제한
226	서행
227	일시정지
228	양보
230	보행자보행금지
231	위험물적재차량통행금지

지시표지

301	자동차전용도로
302	자전거전용도로
303	자전거및보행자겸용도로
304	회전교차로
305	직진
306	우회전
307	좌회전
308	직진및우회전
309	직진및좌회전
309의2	좌회전및유턴
310	좌우회전
311	유턴
312	양측방통행
313	우측면통행
314	좌측면통행
315	진행방향별통행구분
316	우회로
317	자전거및보행자통행구분
318	자전거전용도로
319	주차장
320	자전거주차장
320의2	개인형이동장치주차장
321	보행자전용도로
321의2	보행자우선도로
322	횡단보도
323	노인보호(노인보호구역)
324	어린이보호(어린이보호구역)
324의2	장애인보호(장애인보호구역)
325	자전거횡단도
326	일방통행
327	일방통행
328	일방통행
329	비보호좌회전
330	버스전용차로
331	다인승차량전용차로
331의2	노면전차전용차로
332	통행우선
333	자전거나란히통행허용
334	도시부

보조표지

401	거리 (100m 앞 부터)
402	거리 (여기부터 500m)
403	구역 (시내전역)
404	일자 (일요일·공휴일제외)
405	시간 (08:00~20:00)
406	시간 (1시간 이내 차둘수있음)
407	신호등화상태 (적신호시)
408	전방우선도로
409	안전속도 (안전속도 30)
410	기상상태 (안개지역)
411	노면상태
412	교통규제 (차로엄수)
413	통행규제 (건너가지마시오)
414	차량한정 (승용차에한함)
415	통행주의 (속도를줄이시오)
415의2	충돌주의
416	표지설명 (터널길이 258m)
417	구간시작 (구간시작 200m)
418	구간내 (구간내 400m)
419	구간끝 (구간끝 600m)
420	우방향
421	좌방향
422	전방 (전방 50M)
423	중량 (3.5t)
424	노폭 (3.5m)
425	거리 (100m)
427	해제
428	견인지역

표지판종류

주의	100~210
규제	100~210
지시	1000~R
보조	1000~R

노면표시

- 501 중앙선
- 502 유턴구역선
- 503 차선
- 504 전용차로
- 504의2 노면전차전용로
- 505 길가장자리구역선
- 506 진로변경제한선
- 507 진로변경제한선
- 508 진로변경제한선
- 510 우회전금지
- 511 좌회전금지
- 512 직진금지
- 512의2 직진 및 좌회전금지
- 512의3 직진 및 우회전금지
- 513 좌우회전금지
- 514 유턴금지
- 515 주차금지
- 516 정차·주차금지
- 516의2 정차·주차금지
- 516의3 소방시설주변 정차·주차금지
- 516의4 소방시설주변 정차·주차금지(연석)
- 517 속도제한
- 518 속도제한(어린이보호구역)
- 519 서행
- 520 서행
- 521 일시정지
- 522 양보
- 523 주차구획
  - 〈평행 주차 형식의 경우〉
  - 〈평행 주차 형식 외의 경우〉
- 524 정차금지지대
- 525 유도선
- 525의2 좌회전유도차로
- 525의3 노면색깔유도선
- 526 유도
- 526 외 2 회전교차로양보선
- 527 유도
- 528 유도
- 529 횡단보도예고
- 530 정지선
- 531 안전지대
- 532 횡단보도
- 532의2 대각선횡단보도
- 533 고원식횡단보도
- 533의2 버스전용차로
- 534 자전거횡단도
- 535 자전거전용도로
- 535의2 자전거우선도로
- 536 어린이보호구역
- 536의2 노인보호구역
- 536의3 장애인보호구역
- 537 진행방향
- 538 진행방향
- 539 진행방향
- 540 진행방향 및 방면
- 541 진행방향 및 방면
- 542 비보호좌회전
- 543 차로변경
- 544 오르막차선

신호기

신호등

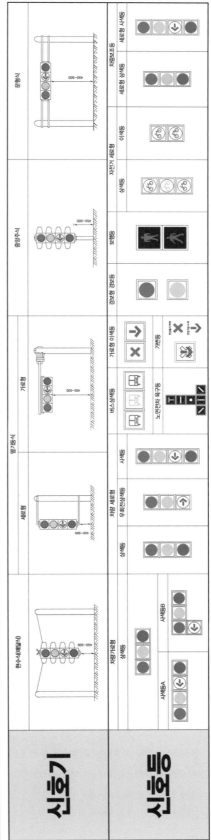

9급 공무원 운전직

자동차구조원리 및 도로교통 법규

개정2판 발행 2024년 02월 23일
개정3판 발행 2025년 01월 10일

편 저 자 | 정장만, 공무원시험연구소 공저
발 행 처 | ㈜서원각
등록번호 | 1999-1A-107호
주   소 | 경기도 고양시 일산서구 덕산로 88-45(가좌동)
교재주문 | 031-923-2051
팩   스 | 031-923-3815
교재문의 | 카카오톡 플러스 친구[서원각]
홈페이지 | goseowon.com

운전직 공무원은 각급기관의 차량운행관리 및 각종 공문서 수발업무, 기타업무를 수행하는 직책으로서, 과거에 소수의 인원모집과 10급 기능직 공무원 편성으로 비인기 직렬이었던 것에 반해, 현재는 9급 공무원으로 전환 및 통합되면서 그 관심이 날로 증대되고 있습니다.

특히 서울특별시를 비롯한 각 지역의 지방직 공무원 및 교육청의 운전직 공무원 채용인원이 늘어남에 따라 9급 운전직 공무원의 역할과 활동영역 또한 더욱 확대되는 추세입니다. 9급 운전직 공무원의 시험과목은 지역별로 조금씩 다르지만 서울특별시 같은 경우 기본적으로 [사회]와 [자동차구조원리 및 도로교통법규]를 치르고 있습니다. 두 과목 모두 대다수의 수험생이 고득점을 목표로 하는 과목이기 때문에 한 문제 한 문제가 당락에 영향을 미칠 뿐만 아니라 방대한 양으로 인해 학습에 부담이 있을 수 있지만, 시험의 난도 자체는 높은 편이 아니므로 효율적인 학습전략이 요구됩니다.

본서는 9급 운전직 공무원 채용시험 대비를 위한 기본서로서 [자동차구조원리 및 도로교통법규]의 광범위한 내용을 체계적으로 정리하여 수험생으로 하여금 보다 효율적인 학습이 가능하도록 구성하였으며, 핵심이론과 더불어 해당 이론에서 출제될 수 있는 출제예상문제, 최근기출문제를 수록하여 실제 출제경향 파악 및 중요 내용에 대한 점검이 가능하도록 하였습니다.

신념을 가지고 도전하는 사람은 반드시 그 꿈을 이룰 수 있습니다.
본서가 수험생 여러분의 꿈을 이루는 디딤돌이 되기를 바랍니다.

STRUCTURE

핵심이론정리

자동차구조원리 및 도로교통법규에 대해 체계적으로 편, 장을 구분한 후 해당 단원에서 필수적으로 알아야 할 내용을 정리하여 수록하였습니다. 출제가 예상되는 핵심적인 내용만을 학습함으로써 단기간에 학습 효율을 높일 수 있습니다.

최근기출문제 및 출제예상문제

자동차구조원리 및 도로교통법규 관련 최근 시행된 기출문제와 시험에 나올 만한 핵심 이론문제만을 엄선하였습니다. 다양한 난도와 유형의 문제들로 연습하여 확실하게 대비할 수 있습니다.

CONTETNS

01 자동차의 개념과 구조

1 자동차의 개념

(1) 자동차의 정의

자동차라 함은 차체에 설치된 기관(엔진)의 동력을 이용하여, 레일이나 가선에 의하지 않고, 노상을 자유로이 운전·주행할 수 있는 차량을 말한다.

(2) 자동차의 범위

자동차의 범주에 포함되는 것은 승용차, 승합자동차(버스), 화물자동차(트럭), 특수자동차, 이륜자동차를 비롯하여 견인차에 의해 견인되는 차량, 트레일러트럭, 트레일러버스 등이 있다.

> **✿ Plus tip**
> **자동차의 범위에 들지 않는 것**
> 궤도차와 같이 레일(Rail)을 사용하는 것. 예컨대 트롤리버스(Trolley bus)와 같이 트롤리 케이블(Trolley cable)을 사용하는 것은 포함되지 않는다.

2 자동차의 구조

(1) 보디(body)

① **개념**: 보디(차체)란 사람이나 화물을 싣는 객실과 적재함 부분 및 외피(外皮)를 말하는데, 용도에 따라 승용차·버스·화물차 등이 있다.

② **모노코크 보디**: 최근 중소형 승용차의 보디는 위, 아래, 옆면이 일체로 된 상자 모양의 모노코크 보디가 일반적으로 사용된다. 이 형식은 프레임을 따로 두고 있지 않으므로 가볍고 견고하며 실내의 유효공간을 넓게 할 수 있는 장점이 있다.

(2) 섀시

섀시(차대)는 자동차의 보디를 제외한 부분으로서 엔진, 동력전달장치, 조향장치, 현가장치, 프레임 등을 포함한 자동차의 주행에 필요한 일체의 장치를 말한다.

① 엔진 : 자동차를 주행시키는데 필요로 하는 동력발생장치로 가솔린엔진, 디젤엔진 등 주로 내연엔진이 사용된다. 엔진은 엔진본체, 윤활·연료·냉각·흡배기장치 등 여러 가지 부속장치로 구성된다.

> 🐷 Plus tip
> 엔진은 섀시의 한 부분에 해당하는 장치이지만 이론상 그 범위가 매우 광범위하기 때문에 엔진을 섀시장치에서 별도로 구분하는 것이 일반적이다.

② 동력전달장치 : 엔진에서 발생한 동력을 주행상태에 알맞도록 변화시켜 구동바퀴에 전달하는 장치로 클러치, 변속기, 드라이브 라인, 자동차기어, 종감속 기어, 차축 등으로 구성된다.

③ 조향장치 : 자동차의 진행방향을 임의로 바꾸기 위한 장치로, 일반적으로 핸들을 돌려서 앞바퀴를 조향한다.

④ 현가장치 : 프레임(또는 보디)과 차축 사이에 완충기구를 설치하여 노면으로부터의 진동이나 충격 등을 완화시킴으로서 승차감을 좋게 하며, 자동차 각 부분의 손상을 방지한다.

⑤ 제동장치 : 주행중인 자동차의 속도를 감속·정지시키거나 또는 언덕길 등에서 자동차의 주차상태를 유지하기 위한 장치이다.

⑥ 주행장치 : 섀시에서 동력발생, 동력전달, 조향, 현가, 제동장치를 제외한 것으로 프레임, 휠 등이 이에 해당한다.

> 🐷 Plus tip
> 휠 및 타이어, 프레임
> ㉠ 휠 및 타이어 : 하중의 부담, 완충, 구동력과 제동력 등 주행시에 발생하는 여러 응력에 견디는 구조로 되어 있다.
> ㉡ 프레임 : 섀시를 구성하는 각 장치와 보디를 설치하는 뼈대이다. 따라서 프레임은 자동차가 주행중에 받는 충격 등에 충분히 견딜 수 있는 강도와 강성을 가져야 하고 가벼워야 한다.

⑦ 전기장치 : 엔진의 시동, 점화, 충전 등 지속적인 운전을 위한 전기장치와 안전을 위한 각종 등화 및 계기장치 등이 이에 해당한다.

※ 트렁크는 섀시에 해당되지 않는다.

기출PLUS

기출 2021. 4. 10. 대구광역시 시행

엔진성능과 관련된 용어에 대한 설명으로 틀린 것은?

① 성능곡선도상에는 최대출력, 토크, 연료 소비율이 표시된다.
② 출력은 토크(힘) × 엔진회전수(rpm)이다.
③ 회전력은 회전축 혹은 바퀴가 돌아가는데 사용되는 회전하는 힘이다.
④ 엔진성능에서 견인력과 등판력, 경제성을 좌우하는 요소는 출력이다.

기출 2015. 8. 8. 전라남도 시행

다음 중 장치별 구성요소로 잘못 짝지어진 것은?

① 동력발생장치 : 엔진, 토크컨버터, 연료장치
② 동력전달장치 : 변속기, 클러치, 차출
③ 조향장치 : 조향기어, 조향축, 조향핸들
④ 현가장치 : 쇽업소버, 판스프링, 코일 스프링

‹정답 ④, ①

02 자동차의 분류

❶ 사용용도에 따른 분류

(1) 승용자동차

10인 이하를 운송하기에 적합하게 제작된 자동차를 말한다.

(2) 승합자동차(버스)

11인 이상을 운송하기에 적합하게 제작된 자동차를 말한다.

> 🎁 Plus tip
>
> 승합자동차로 보는 자동차
> ㉠ 내부의 특수한 설비로 인하여 승차인원이 10인 이하로 된 자동차
> ㉡ 국토교통부령으로 정한 경형자동차로 승차인원이 10인 이하인 전방조종자동차

(3) 화물자동차(트럭)

화물을 운송하기에 적합한 화물적재공간을 갖추고, 화물적재공간의 총적재화물의 무게가 운전자를 제외한 승객이 승차공간에 모두 탑승했을 때의 승객의 무게보다 많은 자동차를 말한다.

(4) 특수자동차

다른 자동차를 견인하거나 구난작업 또는 특수한 용도로 사용하기에 적합하게 제작된 자동차로서 승용자동차나 승합자동차 또는 화물자동차가 아닌 자동차를 말한다.

(5) 이륜자동차

총배기량 또는 정격출력의 크기와 관계없이 1인 또는 2인의 사람을 운송하기에 적합하게 제작된 이륜의 자동차 및 그와 유사한 구조로 되어 있는 자동차를 말한다.

(6) 스포츠카

스포츠카는 운전을 일종의 스포츠로서 즐기는데 목적을 둔 자동차를 말한다.

② 형태에 따른 분류

(1) 세단

좌석이 앞·뒤 2열로 설계되어 있으며 4~6인승으로 4도어, 3도어, 2도어로 구분되나 4도어가 주종을 이룬다.

(2) 쿠페

세단보다 단조롭고 2인승 2도어가 주종을 이루는데, 스포츠카가 이에 속한다.

(3) 리무진

보통승용차보다 고급용으로 쓰이고 운전석과 승객실 사이가 구분되어 있으며, 7~8인승이 주종을 이룬다.

(4) 스테이션 왜건

승객과 화물을 겸용할 수 있는 형태로서 뒷좌석 후미를 늘려서 화물을 적재할 수 있도록 화물실과 뒷문이 달려 있다.

(5) 컨버터블

지붕을 따로 떼어 내거나 접을 수 있도록 만든 자동차를 말한다. 지붕은 여닫을 수 있는 형태이고, 오픈카의 형태를 띠고 있다.

(6) SUV

SUV(sport utility vehicle)는 일반 승용 및 스포츠 등 여가생활에 맞게 다목적용으로 제작된 차량을 통칭하며 RV와 혼용해서 사용되기도 한다.

(7) MPV

MPV(Multi Purpose Vehicle)는 미니밴 자동차의 통칭이다. 승용, 승합 또는 화물차의 양분된 개념이 아닌 다용도로 이용 가능한 차를 뜻한다. 출퇴근용 및 레저, 쇼핑, 업무 등 다목적 용도로 사용된다.

(8) 코치·밴

적은 승객과 가벼운 화물을 나르는데 사용되며 뒷좌석은 의자를 접어서 화물실로 사용할 수 있도록 제작되어 있다.

기출PLUS

기출 2017. 6. 17. 경상북도 시행

앞 엔진 앞바퀴 구동방식의 특징이 아닌 것은?

① 엔진과 구동바퀴의 거리가 짧아 동력 손실이 적다.
② 긴 추진축을 사용하기 때문에 발진 가속 시 출력성능이 좋다.
③ 직진 안정성이 좋은 언더스티어링 경향이 있다.
④ 미끄러지기 쉬운 노면의 주파성이 좋다.

기출 2020. 6. 13. 서울시 제2회 시행

〈보기〉에 대한 내용으로 가장 옳은 것은?

┌─ 보기 ─────────
│ 조향핸들의 회전각도를 일정하게
│ 유지한 상태에서 일정한 속도로
│ 주행하면 자동차는 선회 반지름이
│ 일정한 원운동을 한다. 그러나 일
│ 정한 주행속도에서 서서히 가속을
│ 하면 처음의 궤적에서 이탈하여
│ 바깥쪽으로 벌어지려고 한다.
└──────────────

① 뉴트럴 스티어링
② 오버 스티어링
③ 아웃사이드 스티어링
④ 언더 스티어링

〈 정답 ②, ④

③ 엔진과 구동방식에 따른 분류

(1) 앞 엔진 앞바퀴 구동식(FF구동식 : front engine front drive type)

기관, 클러치, 트랜스액슬(변속기+종감속기어 및 차동기어) 등이 앞쪽에 설치된 형식으로서, 앞바퀴가 구동 및 조향바퀴가 된다.

① 장점
- ㉠ 추진축이 필요 없으므로 바닥이 편평하게 되어 거주성이 좋다.
- ㉡ 동력전달거리가 단축된다.
- ㉢ 선회 및 미끄러운 노면에서 주행 안전성이 크다.
- ㉣ 적차시 앞뒤 차축의 하중분포가 비교적 균일하다.
- ㉤ 뒤차축이 간단하다.

② 단점
- ㉠ 앞차축의 구조가 복잡하다.
- ㉡ 기계식 조향일 경우 핸들의 조작에 큰 힘이 필요하다.
- ㉢ 브레이크 조작시 하중이 앞으로 쏠리므로 앞 타이어와 패드의 마모가 비교적 크다.
- ㉣ 고속 선회에서 언더스티어링(U.S : under steering)현상이 발생된다.

> **⌂ Plus tip**
>
> 언더스티어링(understeering)
> ㉠ 정상적으로 원을 선회할 경우 핸들각을 일정하게 하거나 선회 반지름을 일정하게 한 정상 주행에서 뒷바퀴에 발생하는 선회 구심력이 큰 경우(선회속도가 빨라질 경우)에는 차체에 원심력이 작용하기 때문에 자동차는 바깥쪽으로 나가게 되어 선회 반지름이 커지는 경향이 발생한다. 이 현상을 언더 스티어링이라 한다.
> ㉡ 언더스티어링 현상이 발생하면 핸들을 선회하는 안쪽 방향으로 더 꺾어 주어야 정상적인 선회를 할 수 있게 된다.
> ㉢ 언더 스티어링이 발생한 후 앞 타이어의 코너링 포스가 한계값에 도달할 무렵부터 선회 반지름은 급격히 증가하여 끝내 선회할 수 없게 되는 현상을 드리프트 아웃이라 한다.

(2) 앞 엔진 뒷바퀴 구동식(FR 구동식 : front engine rear drive type)

자동차의 앞쪽에 기관, 클러치, 변속기가 설치되고 뒤쪽에는 종감속기어 및 차동 기어장치, 차축, 구동바퀴를 두고 앞쪽과 뒤쪽 사이에 드라이브라인으로 연결한 방식이다.

① 장점

　　㉠ 앞차축의 구조가 간단하다.

　　㉡ 적차 상태에 따라 전후 차축의 하중분포의 편차가 적다.

　　㉢ FF방식보다 앞 타이어와 패드의 마모가 적다.

② 단점

　　㉠ 긴 추진축을 사용하므로 차실 내의 공간 이용도가 낮다.

　　㉡ 공차상태에서 빙판길이나 등판 주행시 뒷바퀴가 미끄러지는 경향이 있다.

　　㉢ 긴 추진축을 사용하므로 진동 발생(휠링 : whirling)과 에너지 소비량이 FF방식에 비하여 많다.

(3) 뒤 엔진 뒷바퀴 구동식(RR구동식 : rear engine rear drive type)

기관과 동력전달장치가 뒤쪽에 설치된 형식으로서 뒷바퀴에 의해 구동된다.

① 장점

　　㉠ 앞차축의 구조가 간단하며 동력전달 경로가 짧다.

　　㉡ 언덕길 및 미끄러운 노면에서의 발진성이 용이하다.

② 단점

　　㉠ 변속 제어기구의 길이가 길어진다.

　　㉡ 기관 냉각이 불리하다.

　　㉢ 고속 선회시 오버 스티어링(over steering)이 발생된다.

　　㉣ 미끄러운 노면에서 가이드 포스(guide force)가 약하다.

> 🎓 **Plus tip**
>
> **오버스티어링(oversteering)**
>
> ㉠ 차체가 조향바퀴의 각도에 비하여 지나치게 많이 돌아가는 것을 말한다.
>
> ㉡ 뒷바퀴의 구동력에 의하여 작용하는데, 일정한 조향각도로 회전하는 도중에 뒷바퀴가 바깥쪽으로 미끄러져 나가 접지력을 잃었을 때 발생한다.
>
> ㉢ 뒷바퀴가 미끄러진 상태이므로 스핀 현상이 이어지기 쉽고, 가속 시에 동력이 노면에 충분히 전달되지 않음으로써 가속도가 떨어진다.

(4) 뒤 엔진 앞 구동식(RF구동식 : rear engine front drive type)

자동차의 뒷부분에 기관을 장착하고 앞바퀴를 구동하는 방식으로 이 방식은 거의 채용하지 않는다.

기출PLUS

기출 2020. 10. 17. 부산광역시 시행

일정한 조향각으로 선회하여 속도를 높였을 때, 선회반경이 커지는 현상을 무엇이라 하는가?

① 언더스티어(Under-Steer)
② 오버스티어(Over-Steer)
③ 뉴트럴스티어(Neutal-Steer)
④ 리버스스티어(Reverse-Steer)

기출 2021. 5. 1. 전라북도 시행

일정한 조향각으로 선회하여 속도를 높였을 때 선회반경이 작아지는 현상으로, 뒷바퀴 바깥쪽의 슬립각이 앞바퀴 바깥쪽의 슬립각보다 크게 나타나는 현상을 무엇이라 하는가?

① 오버스티어링
② 언더스티어링
③ 리버스스티어링
④ 토크스티어링

＜정답 ①, ①

기출 PLUS

기출 2024. 6. 22. 서울시 제2회 시행

2WD(2 wheel drive)에 비해 4WD (4 wheel drive)가 가지는 특징에 대한 설명으로 가장 옳지 않은 것은?

① 등판성능 및 견인력이 우수하다.
② 험한 도로나 미끄러운 도로면을 주행할 때 효과적이다.
③ 연비가 우수하다.
④ 조향성능과 안정성이 향상된다.

기출 2014. 6. 21. 경상북도교육청 시행

제조원가가 싸고 차 내부 공간을 크게 만들 수 있는 구동방식은?

① FF(Front Engine Front Drive) 방식
② RR(Rear Engine Rear Drive) 방식
③ FR(Front Engine Rear Drive) 방식
④ 4WD(4 Wheel Drive) 방식

《 정답 ③, ①

(5) 전륜 구동방식(4WD : 4-wheel drive type)

자동차의 앞부분에 기관과 변속기를 장착하고 앞, 뒷바퀴를 구동시키는 방식으로 그 특징은 구동력이 커서 산악로, 진흙길, 험로 주행시 탁월한 효과를 발휘한다.

> **☞ Plus tip**
>
> **사륜구동(4WD) 방식**
> 사륜구동(4WD) 방식은 주로 군용이나 험로 주행용 차량에 장착되었으나 최근에는 주행성 향상을 위하여 고급 승용차에도 채택되고 있다. 엔진에서 나오는 동력은 트랜스퍼케이스(transfer case)를 거쳐 앞뒤 바퀴에 배분 전달되며, 그 종류에 따라 일시 사륜구동과 상시 사륜구동(풀타임4WD)으로 구분된다.
> ㉠ **일시 사륜구동 방식** : 사륜구동의 기본방식으로, 한국산 사륜구동 자동차들은 모두 이 방식을 채택하고 있다. 보통 때는 두 바퀴만으로 구동하다가 험로를 만났을 때에 선택적으로 사륜구동을 하는 방식으로, 사륜구동에 따른 에너지의 손실과 소음을 감소시킬 수 있는 장점이 있다.
> ㉡ **상시 사륜구동 방식** : 언제나 사륜구동으로 달리는 방식으로, 에너지 소비 및 소음 등의 문제가 있으나, 구동력이 뛰어나 미끄러짐이 줄어들어 특히 굽은 길 등에서 차의 주행성이 향상된다.

📢 **자동차의 구동방식에 의한 구분**

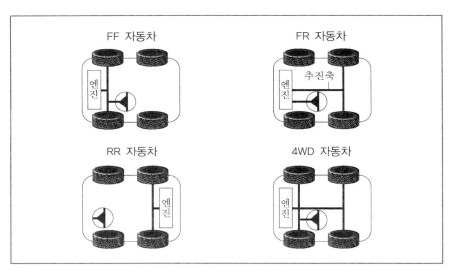

03 자동차의 제원 및 주요 용어

① 자동차의 제원

(1) 제원의 정의

제원이란 자동차에 대한 전반적인 치수, 무게, 기계적인 구조, 성능 등을 일정한 기준에 의거하여 수치로 나타낸 것을 말한다.

(2) 전장 · 전폭 · 전고

① **전장(옆면)** : 자동차의 중심과 접지면이 서로 평행하게 하여 측정한 치수로서 앞뒤범퍼 및 후미전등과 같은 부속물이 포함되는 차량의 최대길이를 말한다.

② **전폭(앞면)** : 자동차의 가장 넓은 폭의 수평거리로서 사이드미러는 포함되지 않는다.

③ **전고(높이)** : 자동차의 접지면에서 가장 높은 곳까지의 수직거리이다.

(3) 축거와 윤거

① **축거(축간거리)** : 자동차의 앞차축 중심과 뒤차축 중심간의 수평거리로서 자동차의 회전반경을 결정한다.

② **윤거(바퀴간의 거리)** : 윤거는 바퀴 간의 거리로 트레드라고도 표현하며 좌우 타이어의 접지면 중심 사이의 거리이다. 좌우 타이어가 지면을 접촉하는 지점에서 좌우 두 개의 타이어 중심선 사이의 거리라고 할 수 있다.

(4) 앞오버행과 뒤오버행

① **앞오버행** : 앞바퀴 중심에서 자동차 앞부분까지의 수평거리를 말한다.

② **뒤오버행** : 뒷바퀴 중심에서 자동차 뒷부분까지의 수평거리를 말한다.

(5) 차량 중량

① **정의** : 자동차의 공차상태에서 측정된 무게를 말한다.

② **공차상태** : 자동차가 정상적으로 수행할 수 있는 상태, 즉 연료 · 오일 · 냉각수 등 운행에 필요한 제 규정량을 다 갖춘 상태를 말한다.

※ 중량에는 운전자 · 화물 · 예비공구 · 예비타이어 등 부속물은 포함되지 않는다.

기출 2022. 6. 18. 경상북도 시행

자동차 제원에 대한 설명으로 틀린 것은?

① 앞 오버행은 앞차축 중심으로부터 범퍼 등 부품을 결합한 수평거리를 말한다.

② 축거는 휠베이스를 뜻하며, 앞차축과 뒤차축의 중심과의 수평거리를 말한다.

③ 공차중량은 빈차 상태의 무게로 사람과 짐이 실려 있지 않으며, 규정량의 연료, 냉각수, 윤활유, 예비타이어 등 주행과 관련된 물품을 갖춘 중량을 말한다.

④ 최소회전반경은 최대 조향각상태에서 저속으로 회전 시 바깥바퀴의 접지면의 외각이 그리는 거리를 말한다.

기출 2021. 5. 1. 전라북도 시행

다음 중 자동차의 치수 제원에 대한 설명으로 틀린 것은?

① 전폭 : 사이드 미러를 개방한 상태를 포함한 자동차 중심선에서 좌우로 가장 바깥쪽의 최대 너비를 말한다.

② 전고 : 접지면으로부터 자동차의 최고부까지의 높이를 말한다.

③ 전장 : 자동차를 옆에서 보았을 때 범퍼를 포함한 자동차의 제일 앞쪽 끝에서 뒤쪽 끝까지의 최대길이를 말한다.

④ 축거 : 자동차를 옆에서 보았을 때 전 · 후 차축의 중심 간의 수평거리를 말한다.

◀정답 ④, ①

(6) 최대 적재량

자동차의 공차상태에서 적재할 수 있는 최대 적재량의 무게를 말하며, 안전운행에 지장을 주지 않는 한도 내로 규정되어 있다.

(7) 차량 총 중량

탑승자와 화물 등 최대 적재량을 실었을 때 자동차의 총 무게를 말한다. 이때 법령으로 총 중량이 20t을 초과하지 못하도록 규정하고 있다.

② 주요 용어

(1) 구동력과 주행저항

① **구동력** : 자동차를 추진시키는 힘을 말한다.

> 🔗 **Plus tip**
>
> **토크**(torque)
> 내연기관의 크랭크축에 일어나는 회전력을 말한다. 토크는 엔진을 돌리는 힘(가속도)이고, 마력은 물체를 움직이는 힘(속도)인데, 그 관계는 토크에 회전수를 곱한 것이 마력이 된다. 즉, 고회전에 토크가 클수록 엔진의 마력은 커진다.

② **주행저항** : 자동차가 구동력을 받아서 주행할 때 주행을 방해하는 힘을 말한다.
  ㉠ **구름저항**(rolling resistance) : 자동차가 수평 노면 위를 굴러 이동할 때, 받는 저항의 총합으로 타이어를 변형시키는 저항, 자동차 각부의 마찰, 노면을 변형시키는 저항 등으로 구성된다.
  ㉡ **공기저항**(air resistance) : 공기유동 중에 노출된 물체가 운동할 때는 공기력의 영향을 받게 된다. 주행 중인 자동차의 진행방향에 반대방향으로 작용하는 공기력을 공기저항(Fair)이라 한다.
  ㉢ **등판저항**(hill climbing resistance) : 자동차가 비탈길을 오를 때, 중력의 진행 반대방향 분력에 의해 자동차의 무게중심에 뒤 방향으로 작용하는 일종의 저항을 말한다. 구배저항 또는 기울기저항이라고도 한다.
  ㉣ **가속저항**(acceleration resistance) : 주행 중인 자동차의 속도를 증가시키는 데 필요한 힘을 가속저항이라고 한다. 일반적으로 물체의 운동속도를 상승시키려면, 그 물체의 관성력을 극복해야 한다. 따라서 가속저항을 관성저항이라고도 한다.

기출 2021. 4. 17. 경기도 시행

구동바퀴의 구동력을 크게 하기 위한 방법으로 옳은 것은?

① 토크를 크게 하고 타이어의 반지름을 크게 한다.
② 토크를 크게 하고 타이어의 반지름을 작게 한다.
③ 토크를 작게 하고 타이어의 반지름을 크게 한다.
④ 토크를 작게 하고 타이어의 반지름을 작게 한다.

기출 2024. 6. 22. 서울시 제2회 시행

자동차의 주행저항 중 〈보기〉의 내용에 해당하는 것은?

┌─ 보기 ─
│ 차량의 주행 중 타이어의 접지면에서 발생하는 변형과 복원, 타이어와 도로면 사이의 마찰 손실에 의하여 발생하며, 바퀴에 걸리는 하중에 비례하는 주행저항이다.
└──

① 가속저항
② 등판저항
③ 공기저항
④ 구름저항

기출 2022. 6. 18. 서울특별시 시행

총 무게가 1,500kg인 자동차가 일정한 경사각도를 갖는 경사면을 올라가고 있다. 등판저항이 750kg라고 할 때, 이 경사면의 경사각도 [deg]는?

① 30 ② 45
③ 50 ④ 60

❮정답 ②, ④, ①

(2) 제동거리와 공주거리

① **제동거리** : 자동차가 주행 중 제동장치의 제동력을 받아 감속이 시작되는 시점부터 정지할 때까지의 거리를 말한다.

② **공주거리** : 운전자가 자동차를 정지하려고 생각하고 브레이크를 걸려는 순간부터 실제로 브레이크가 걸리기 직전까지의 거리를 말한다.

③ **정지거리** : 제동거리에 공주거리를 합한 거리를 말하며, 운전자가 정지할 상황을 인식한 순간부터 차가 완전히 멈출 때까지 자동차가 진행한 거리이다.

(3) 배기량과 마력

① **배기량** : 엔진(기관)의 실린더 내에서 배출되는 용적을 말한다. 즉 실린더 내의 피스톤이 하사점에서 상사점까지 이동하면서 배출되는 동작을 말하며, 주로 엔진의 크기를 나타낸다.

> 🐷 **Plus tip**
> 배기량을 알려 주는 실린더의 크기는 주로 CC나 L(리터)로 표기하며 엔진 배기량의 산출은 각 기통의 '배기량 × 기통 수'로 계산한다. 배기량이 크면 클수록 엔진의 크기가 크고 그에 비례하여 힘이 강하다. 이는 기통 내의 실린더의 공간이 커 배기량이 큰 만큼 흡입되는 공기와 연료 또한 그 양이 많아 강한 폭발력(연료와 공기의 연소성)으로 피스톤을 밀어내기 때문이다.

② **마력** : 마력은 일의 크기를 표시하는 것으로 일정한 시간 내에 얼마의 일을 할 수 있는가를 나타낸 것이다. 1초 동안에 75kg·m의 일을 1마력이라 한다.

③ **회전력** : 자동차의 핸들을 돌리거나 볼트를 조이거나 회전시킬 때 필요한 힘을 말한다.

> 🐷 **Plus tip**
> 가속도 … 자동차가 주행을 시작한 후 계속 빨라지는 것과 같이 속도가 시간의 경과와 더불어 증가하는 비율을 말한다.

🔲 **기출PLUS**

기출 2021. 4. 15. 경기도 시행

6실린더 기관의 연소실 체적 50cc, 압축비 11의 총 배기량은?

① 2,000cc   ② 2,500cc
③ 3,000cc   ④ 3,500cc

◀ 정답 ③

출제예상문제

1 자동차 구조. 기능에 대한 설명으로 옳은 것은?

① 주행장치는 운전자가 조향 휠을 회전시켜 주행방향을 임의로 바꾸는 장치이다.

② 동력전달장치는 열에너지를 기계적 에너지로 바꾸어 유효한 일을 할 수 있도록 하는 장치이다.

③ 4행정 기관의 동력 발생 순서는 흡입, 폭발, 압축, 배기이다.

④ 현가장치는 주행 중 노면에서 받은 충격이나 진동을 완화시켜주는 장치이다.

1.

① 조향장치에 대한 설명이다.
② 내연기관에 대한 설명이다.
③ 동력 발생 순서는 흡입 → 압축 → 폭발 → 배기 순이다.

2 다음 중 성능에 관한 용어의 정의로 잘못 설명한 것은?

① 엔진이 단위 출력을 발생하기 위해서 단위 시간당 소비하는 연료의 양을 연료 소비율이라 한다.

② 총감속비는 엔진의 회전속도와 구동바퀴의 회전속도와의 비를 말하며, 변속기의 변속비와 종감속기의 감속비를 곱하여 구한다.

③ 최소 회전반경은 선회할 때 안쪽 앞바퀴자국의 중심선을 따라 측정하여 12미터를 초과하여서는 아니된다.

④ 등판능력은 자동차가 최대 적재 상태에서 변속 1단으로 언덕을 올라갈 수 있는 능력을 말하며 등판할 수 있는 최대 경사각도로 표시한다.

2.

최소 회전반경 … 자동차의 핸들을 최대로 회전시킨 상태에서 선회할 때 바퀴가 그리는 동심원 중 바깥쪽 바퀴가 그리는 반지름을 말한다.

3 적재함 내측 길이의 중심에서 뒤 차축 중심까지의 차량 중심선 방향의 수평거리를 무엇이라고 하는가?

① 오버행

② 하대 오프셋

③ 전장

④ 오버행 각

3.

하대 오프셋 ··· 적재함의 중심선과 후축 중심선과의 거리를 말하며 추축보다 전방에 있으면 +, 후방에 있으면 −로 나타낸다.

4 윤거(윤간거리)의 의미는?

① 자동차의 바퀴 대각선 길이

② 앞뒤차축의 중심에서 중심까지의 수평거리

③ 자동차의 너비(아웃사이드 미러는 제외)

④ 좌우 타이어의 접촉면의 중심에서 중심까지의 거리

4.

윤거 ··· 좌우 타이어가 지면을 접촉하는 지점에서 좌우 두 개의 타이어 중심선 사이의 거리를 말한다.

5 자동차의 치수 제원 설명으로 틀린 것은?

① 윤거 : 타이어 접촉면 바깥쪽 밑부분부터 다른 쪽 타이어 바깥쪽까지의 거리

② 전폭 : 차체의 최대너비. 단, 백미러는 포함되지 않는다.

③ 전장 : 자동차의 최전단에서 최후단까지의 최대 길이

④ 전고 : 접지면으로부터 차체의 최고부까지의 높이

5.

윤거는 트레드라고도 표현하며 좌, 우 타이어의 접지면 중심사이의 거리를 말한다.

Answer   3.② 4.④ 5.①

6 차량중량에 포함되지 않는 것은 어느 것인가?

① 운전자 1인의 중량
② 냉각수의 중량
③ 연료의 중량
④ 윤활유의 중량

6.

차량중량 … 빈 차 상태에서의 중량을 말하는데 공차(空車)중량이라고도 한다.
빈 차 상태란 연료, 윤활유 등을 정량대로 넣고 정상적으로 차를 운행할 수 있는 상태를 의미하는데 승객, 공구, 스페어 타이어 등은 포함되지 않는다.

7 하대 오프셋의 설명으로 옳은 것은?

① 하대 내측 길이의 중심에서 후차축 중심까지의 차량 중심선 방향의 수평거리
② 하대 최전방 끝에서 앞바퀴 중심까지의 수평거리
③ 차량 전체의 길이에서 하대 내측 길이의 중심까지의 수평거리
④ 축거의 중심거리에서 적재함 끝부분까지의 수평거리

7.

하대 오프셋 … 적재함의 중심선과 후축 중심선과의 거리를 말하며 추축보다 전방에 있으면 +, 후방에 있으면 −로 나타낸다.

8 내연기관에서 크랭크축의 위상각도가 90도인 엔진은 어느 것인가?

① 4실린더 엔진
② V-6기통 실린더
③ V-8기통 실린더
④ V-12기통 실린더

8.

크랭크축의 2바퀴 회전각도는 720도 이며 8기통은 90도 마다 폭발이 일어난다.

Answer   6.① 7.① 8.③

9 다음 중 2사이클 기관의 장점이 아닌 것은?

① 구조가 간단하다,
② 크랭크축 1회전에 1사이클을 완성한다.
③ 연료 소비율이 적다
④ 고속 회전이 용이하다.

9.

2사이클 기관은 연료 소비가 많다.

10 내연기관에 대한 설명으로 틀린 것은?

① 가솔린기관은 정적 사이클이다.
② 가솔린 불꽃점화기관은 정압 사이클이다.
③ 가스터빈은 브레이튼 사이클 기관이다.
④ 고속 디젤기관은 복합 사바테사이클 기관이다.

10.

가솔린기관은 정적 사이클이다.

11 흡기다기관의 진공 시험으로 그 결함을 알아내기 어려운 것은?

① 점화시기 틀림
② 흡기계통의 가스킷 누설
③ 밸브 스프링의 직각도
④ 실린더 마모

11.

진공계의 눈금을 분석하여 다음과 같은 결함을 알아 낼 수 있다.
㉠ 기화기 조정의 불량
㉡ 점화 시기의 틀림
㉢ 밸브 작동의 불량
㉣ 배기 장치의 막힘
㉤ 실린더의 압축 압력의 누설

Answer   9.③ 10.② 11.③

chapter 02

가솔린엔진

01 자동차의 개념과 구조

① 엔진의 형식

(1) 엔진의 구성

① 엔진본체 : 엔진본체는 동력을 발생하는 부분으로 크게 실린더 헤드, 실린더 블록, 크랭크 케이스로 구성된다.

② 실린더 : 실린더는 일반적으로 직렬 또는 V자형으로 나열한 것이 많다. 각 실린더 안에는 피스톤이 있으며 커넥팅 로드와 연결되어 있다. 피스톤이 왕복운동을 하면 크랭크축이 회전운동을 한다.

③ 실린더 헤드 : 실린더 블록의 위쪽에는 실린더 헤드가 설치되며, 내부는 연소실이 되고 이 부분에 흡기밸브와 배기밸브가 설치되어 있다.

④ 밸브 : 밸브는 캠축에 의해 작동되며, 흡입구와 배기구를 열고 닫아 혼합기를 실린더 내로 흡입되게 하고 연소가스를 배출한다.

(2) 열엔진

열엔진이란 동력의 모체를 열에너지로 하며, 이 열에너지를 기계적 에너지(일)로 변화시켜 동력을 발생시키는 기계적 장치를 말한다.

② 내연엔진과 외연엔진

(1) 내연엔진

내연엔진은 연료와 공기를 실린더 내에서 연소시켜 여기서 발생한 연소가스로부터 직접 기계적 에너지(일)를 얻는 엔진을 말한다.

기출 PLUS

> **⚐ Plus tip**
>
> 내연엔진의 종류
> ㉠ 왕복형 : 가솔린엔진, 디젤엔진, 석유엔진, LPG엔진
> ㉡ 회전형 : 로터리엔진
> ㉢ 분사추진형 : 제트엔진

(2) 외연엔진

실린더 외부에 있는 연소장치에 연료가 공급되어 연소될 때 발생한 열에너지를 실린더 내부로 끌어들여 기계적 에너지를 얻는 엔진을 말한다.

> **⚐ Plus tip**
>
> 외연엔진의 종류
> ㉠ 왕복형(증기엔진)
> ㉡ 회전형(증기터빈엔진)

❸ 내연엔진의 분류

(1) 사용연료에 따른 분류

① **가솔린엔진** : 가솔린과 공기를 기화기에서 혼합시켜 실린더 내로 흡입시킨 후 압축하여 점화플러그에서 전기적인 점화로 연소시켜 기계적 에너지를 얻는 엔진이다. 승용차에서는 대부분이 가솔린엔진을 사용하고 있다.

② **디젤엔진** : 순수한 공기만을 흡입시켜 고압축비로 압축하고 연소실 내의 온도가 400 ~ 700℃인 상태에서 분사노즐로 연료를 분사하여 자기착화 시키면서 기계적 에너지를 얻는 엔진이다.

③ **LPG엔진** : 부탄이나 프로판가스를 사용하는 엔진으로, 가솔린엔진과 거의 같으나 연료장치만 다르다.

(2) 기계적 사이클에 따른 분류

① **4행정 사이클엔진** : 피스톤의 4행정, 즉 크랭크축이 2회전하는 사이에 흡입, 압축, 동력(폭발), 배기의 1사이클을 완성하는 엔진이다.

② **2행정 사이클엔진** : 피스톤의 2행정, 즉 크랭크축이 1회전하는 사이에 흡입, 압축, 동력(폭발), 배기의 1사이클을 완성하는 엔진이다.

[기출] 2016. 10. 29. 경기도 시행
4행정 1사이클 기관의 크랭크축 회전수는?

① 1회전   ② 2회전
③ 3회전   ④ 4회전

❮정답 ②

**연소실 체적 30cc, 행정 체적 180cc
일 때, 압축비를 구하면?**

① 5 : 1   ② 6 : 1
③ 7 : 1   ④ 8 : 1

다음 중 압축비가 가장 큰 기관은?

① 연소실 체적 : 70cc
   행정체적 : 560cc
② 연소실 체적 : 75cc
   행정체적 : 525cc
③ 연소실 체적 : 60cc
   행정체적 : 360cc
④ 연소실 체적 : 55cc
   행정체적 : 385cc

**자동차 엔진의 압축비에 대한 설명
으로 옳지 않은 것은?**

① 실린더 행정체적과 연소실 체
   적(간극체적)의 비
② 혼합기를 연소 전에 얼마만큼
   압축하는가의 정도
③ 내연기관 이론 사이클에서 압
   축비가 증가하면 이론열효율은
   증가
④ 일반적으로 가솔린의 압축비가
   디젤에 비해 낮음

**밸브배열에 의한 분류에서 L-Head
의 밸브 위치에 대한 설명으로 옳은
것은?**

① 흡기 밸브와 배기 밸브 둘 다
   실린더 헤드에 위치한다.
② 흡기 밸브와 배기 밸브 둘 다
   실린더 블록에 위치한다.
③ 흡기 밸브는 실린더에 배기 밸
   브는 블록에 위치한다.
④ 연소실을 기준으로 흡기 밸브와
   배기 밸브가 블록에 위치한다.

‹정답 ③, ①, ①, ②

(3) 밸브 배열에 따른 분류

① I헤드형 : 흡·배기 밸브가 실린더 헤드에 설치되며 압축비를 높일 수 있어
열효율이 높다.

> **✍ Plus tip**
>
> **압축비(壓縮比)**
> 내연 기관의 실린더 속에 빨아들인 혼합 가스나 공기가 피스톤에 의하여 압축되
> 는 비율. 압축비가 높으면 엔진의 용적, 중량을 늘리지 않고 출력을 높일 수 있
> 으나 노킹을 일으키기 쉽다.
>
> $$압축비 = 1 + \frac{행정실\ 체적}{연소실\ 체적}$$

② L헤드형 : 흡·배기 밸브가 실린더 블록에 설치된 형식으로 구조가 간단하고
밸브소음이 적다.

③ F헤드형 : 흡기밸브는 실린더 헤드에, 배기밸브는 실린더 블록에 설치된 형
식으로 흡입밸브의 직경을 크게 할 수 있어 흡입효율이 좋다.

④ T헤드형 : 흡기밸브, 배기밸브가 실린더의 양쪽에 배치된 형식이다.

(4) 연소방식에 따른 분류

① **정적 사이클** : 일정한 용적하에서 연소가 되는 것으로 가솔린엔진에 사용되
며 오토 사이클이라 한다.

② **정압 사이클** : 일정한 압력하에서 연소가 되는 것으로 저속 디젤엔진에 사용
되며 디젤 사이클이라 한다.

③ **합성 사이클** : 정적과 정압 사이클이 복합되어 일정한 용적과 일정한 압력하에
서 연소가 되는 것으로 고속 디젤엔진에 사용되며 사바테 사이클이라 한다.

📢 내연엔진의 장점과 단점

장점	단점
• 출력에 비해 소형이고 가볍다. • 열효율이 높다. • 운전 및 운반성이 좋다. • 시동 및 정지가 우수하다. • 부하의 변동에 따라 민감하게 작용한다. • 운전비용이 저렴하다. • 연료소비율이 낮다.	• 왕복운동형의 경우에 진동과 소음이 많다. • 자체 시동을 할 수 없다. • 저렴하지 않다. • 저속회전이 어렵다. • 왕복운동형의 경우에 대출력을 얻기가 용이하지 않다.

02 엔진의 작동

① 엔진의 작동원리

(1) 4행정 사이클엔진의 작동원리

① **흡입행정** : 피스톤이 상사점에서 하사점으로 하강하는 행정으로 흡기밸브만 열려서 혼합기나 공기가 실린더 내에 흡입된다. 부분 진공으로 흡기 밸브를 통하여 카뷰레터에서 혼합된 혼합 가스를 실린더 내로 흡입하고 피스톤 1행 정하며 크랭크축은 180° 회전한다.

② **압축행정** : 하사점에 도달한 피스톤은 곧바로 상승하며 흡·배기 밸브가 닫힌 상태에서 혼합기가 원래 부피의 1/7 또는 그 이하로 압축되어 압력과 온도가 상승한다.

③ **동력행정** : 폭발행정(연소행정)이라고도 하며 압축한 혼합기나 공기가 전기 스파크 또는 연료의 분사에 의하여 점화·연소되면서 실린더 내의 압력이 상승하여 피스톤을 내려 밀어 동력을 발생시키는 행정이다.

④ **배기행정** : 피스톤이 하사점에 이르기 전에 배기밸브가 열리고 하강한 피스톤이 상승하면서 연소한 후 발생한 가스를 배출시키며, 상사점에 도달한 피스톤이 하강하면 다시 흡입행정이 시작된다.

> 🔖 **Plus tip**
> **상사점과 하사점**
> ㉠ **상사점** : 피스톤이 맨 위로 올라가서 다시 내려오려고 하는 점
> ㉡ **하사점** : 피스톤이 맨 아래로 내려온 점

(2) 2행정 사이클엔진의 작동원리

① **특징** : 2행정 사이클엔진에서는 피스톤의 상승행정은 혼합기를 압축하는 행정이며 하강행정은 폭발행정으로 흡입과 배기의 독립된 행정이 없다.

② **작동원리** : 2행정 사이클엔진에서는 흡·배기밸브없이 혼합가스를 흡입하고 연소된 가스를 배출하며, 밸브 대신에 실린더 내에 배기구와 흡입구가 있는데 이는 피스톤링에 의하여 개폐가 되고 연소가스의 역류방지를 위해 리드밸브가 있다.

기출PLUS

기출 2020. 6. 13. 서울시 제2회 시행

〈보기〉에서 설명하는 엔진과 행정 조합으로 가장 옳은 것은?

보기
피스톤이 하강하면 실린더 내부의 압력이 낮아져 혼합기가 흡입된다. 흡기밸브가 열리고 배기밸브는 닫힌다.

---

① 가솔린 엔진 – 흡기 행정
② 가솔린 엔진 – 연소·팽창 행정
③ 디젤 엔진 – 흡기 행정
④ 디젤 엔진 – 연소·팽창 행정

기출 2019. 2. 16. 강원도 시행

기관에서 흡기행정시 하는 일은 어느 것인가?

① 연소공기/가스가 유입된다.
② 연소가스가 흐른다.
③ 배기가스가 배출된다.
④ 배기가스가 저장된다.

❰ 정답 ①, ①

③ 작동과정
　　㉠ 흡입·압축행정 : 피스톤이 상승하면서 배기구멍이 닫히고, 혼합가스가 압축된다. 이때 리드밸브가 열리며 혼합기가 크랭크실로 흡입된다.
　　㉡ 동력·배기행정 : 상사점 바로 직전에 점화되어 혼합기가 연소되며 고압가스가 피스톤을 밀어낸다. 이때 배기구멍을 통해서 연소된 가스가 배출되고 이어서 흡기구멍이 열리고 크랭크실 안의 압력이 올라가 혼합가스가 실린더 안으로 흡입된다.

기출 2022. 6. 18. 인천시 시행

다음 중 2행정 기관의 단점으로 맞는 것은?

① 평균유효압력이 높다.
② 피스톤과 링의 소손이 빠르다.
③ 유효행정이 짧고, 흡배기가 동시 열려서 흡입효율이 저하된다.
④ 폭발횟수가 4행정기관의 2배이며, 열부하가 커서 냉각효율이 저하된다.

❷ 4행정 · 2행정 사이클엔진의 특징

① 4행정 사이클엔진
　　㉠ 각 행정이 확실하게 독립적으로 이루어져 효율이 높다.
　　㉡ 기동이 쉽고 저속에서 고속까지 속도의 범위가 넓다.
　　㉢ 블로 바이와 실화가 적고 연료나 윤활유의 소비율이 낮다.
　　㉣ 실린더수가 적을 경우 회전이 원활하지 못하다.
　　㉤ 밸브기구가 복잡하고 밸브기구로 인한 소음이 생긴다.
　　㉥ 탄화수소의 배출은 적으나 질소산화물의 배출이 많다.
　　㉦ 가격이 비싸고 마력당 중력이 크다.

기출 2022. 6. 18. 경상북도 시행

4행정 기관과 2행정 기관의 특징을 올바르게 설명한 것은?

① 2행정 기관은 윤활유 혼입이 쉬워 윤활유 소모량이 증가
② 4행정 기관은 크랭크축 1회전 시 1회 폭발
③ 2행정 기관은 밸브기구가 있어 구조가 복잡하고 마력당 중량이 높음
④ 4행정 기관은 배기행정 중 연료가 같이 배출됨에 따라 연료 소모량이 높다.

② 2행정 사이클엔진
　　㉠ 배기량에 대한 출력은 4행정 사이클보다 크지만 연료소비율은 2배이며 출력은 1.2 ~ 1.5배 정도가 된다.
　　㉡ 흡기와 배기가 불완전하여 열손실이 많으며 탄화수소의 배출이 많다.
　　㉢ 연료와 윤활유의 소모율이 많으며 역화가 일어날 우려가 있다.
　　㉣ 밸브기구가 간단하여 마력당 엔진의 중량이 적다.
　　㉤ 크랭크축의 매 회전마다 동력을 얻음으로 회전력의 변동이 크지 않다.
　　㉥ 배기가스 재순환 특성으로 질소산화물의 배출이 적다.

📢 4행정 · 2행정 사이클엔진의 비교

구 분	4행정 사이클엔진	4행정 사이클엔진
행정구분	각 행정이 확실하게 구분	행정의 구분이 모호함
흡입효율	높다	낮다
연료소모량	적다	많다
밸브장치	복잡하다	단순하다

03 엔진의 부품

1 실린더 블록의 구성

(1) 실린더

① **기능** : 실린더는 원통형이며 피스톤 행정의 약 2배 정도의 길이로 되어 있다. 피스톤이 압축된 혼합기나 연소가스가 새지 않도록 실린더와 기밀을 유지하며, 왕복운동을 하면서 열에너지를 기계적 에너지로 바꾸어 동력을 발생시키는 일을 한다.

② **종류** : 블록과 일체로 만든 일체식과 실린더를 별개로 제작하여 삽입하는 삽입식(라이너식)이 있다.

③ **재질** : 실린더의 내벽은 마멸을 작게 하기 위하여 크롬도금을 하는 것도 있으나 크롬도금한 실린더에는 크롬도금링을 사용하지 않는다.

④ **실린더의 냉각** : 실린더는 작동중에는 2,000℃ 이상의 고온에 노출되므로 기능이 저하되는 것을 방지하기 위해 실린더의 주위에 냉각장치를 갖추고 계속적으로 냉각시켜야 한다.

> 🔗 **Plus tip**
> 엔진의 구성 … 엔진은 실린더, 커넥팅 로드, 크랭크축, 캠축, 밸브, 피스톤, 플라이휠 등으로 구성된다.

(2) 실린더 라이너

① **재질** : 일반적으로는 주철제의 실린더 블록에 특수 주철의 라이너를 끼워 넣지만, 엔진에 따라 중량을 가볍게 하고 열전도율을 좋게 하기 위하여 실린더 블록을 알루미늄 합금(경합금)으로 주조하고 실린더의 내벽에 주철로 된 라이너를 끼워 넣는 것도 있다.

② **종류**
  ㉠ 건식 라이너 : 실린더에서 발생된 열을 식히는 냉각수가 라이너와 직접 접촉하지 않고 실린더 블록을 통해 냉각하며, 주로 가솔린엔진에 사용된다.

기출 2019. 2. 16. 강원도 시행

실린더 헤드와 블록에 대한 설명 중 틀린 것은 어느 것인가?

① 실린더 블록에 연소실이 설치된다.
② 실린더 블록에 크랭크축이 설치된다.
③ 실린더는 헤드와 블록으로 구분된다.
④ 실린더 헤드의 재질은 알루미늄 합금으로 만든다.

ⓛ 습식 라이너 : 냉각수가 직접 라이너에 접촉하여 라이너와 실린더 블록이 물재킷(물통로)을 이루어 직접 냉각수에 닿게 하는 형식이다. 습식 라이너는 라이너 상부에 플랜지가 있고, 하부에는 2 ~ 3개의 고무 시일링이 끼워져 있다. 일반적으로 디젤엔진에 주로 사용된다.

(3) 실린더 블록

① **구조** : 4 ~ 6개의 실린더가 일체를 이루고 있는 블록구조이며 내부에 물통로와 오일통로 등이 마련되어 있으며, 블록 위에는 실린더 헤드가 있다.

② **재질** : 내마모성과 내부식성이 좋고 가공이 용이한 주철을 주로 사용하고 있다. 2륜자동차, 경자동차 등에서는 알루미늄 합금을 사용하고 외국 자동차에서는 대부분 경합금 재질을 사용한다.

③ **종류** : 실린더의 내벽 재료가 실린더 블록과 동일한 일체형과 실린더의 내벽에 별도의 실린더 라이너를 끼워 넣은 라이너식이 있다.

④ **실린더의 냉각** : 실린더의 냉각방식에는 건식과 습식이 있다. 건식은 대체로 폭발력이 작은 엔진에서 사용하며 냉각수가 라이너에 직접 접촉하지 않으나, 습식은 냉각수가 실린더에 직접 작용한다.

> 🖝 Plus tip
> **실린더 블록의 구비조건**
> ⓐ 충분한 강되 있을 것
> ⓑ 내구성이 있을 것

(4) 크랭크 케이스

① **구조** : 크랭크축의 중심보다 조금 낮은 위치에서 상하로 나누어져 윗부분은 실린더 블록과 일체로 주조되어 있다.

② **재질** : 아랫부분은 강철판이나 경합금으로 만든 오일팬이 개스킷을 사이에 두고 결합되어 있다.

(5) 실린더행정 내경비

① **장행정 엔진** : 행정이 내경보다 크다(행정 / 내경 ≥ 1).

② **단행정 엔진** : 행정이 내경보다 작다(행정 / 내경 ≤ 1).

③ **정방행정 엔진** : 행정과 내경이 같다(행정 / 내경 = 1).

❷ 실린더 헤드 구성

(1) 구조 및 종류

① **구조** : 실린더 헤드는 실린더 블록 위에 실린더 헤드 개스킷을 사이에 두고 볼트로 고정·설치되며 실린더, 피스톤과 함께 연소실의 일부를 형성한다. 그 외부에는 밸브기구, 흡기 및 배기 다기관, 점화플러그 등이 장치되어 있다.

② **종류** : 실린더 헤드에는 수냉식과 공랭식이 있는데, 수냉식은 전기 실린더 헤드 또는 몇 개의 실린더 헤드가 일체로 주조되고 내부에 냉각수를 흐르게 하는 물통로를 두고 있다. 공랭식은 실린더 별로 주조가 되며 냉각핀이 있다.

③ **재질** : 주철과 알루미늄 합금이 많이 사용되는데 알루미늄 합금은 열전도성이 좋아 연소실의 온도를 낮게 할 수 있고 조기점화(과조착화)의 원인이 되는 열점이 잘 생기지 않는다. 그러나 열에 의한 팽창이 커서 변형되기 쉽고 부식이나 내구성에 결함이 있다.

(2) 밸브의 위치와 연소실

① **연소실의 조건**
  ㉠ 혼합기를 효율적으로 연소시키는 형상으로 해야 한다.
  ㉡ 화염전파 시간을 최소로 해야 한다.
  ㉢ 연소실의 표면적이 최소가 되게 하여 열손실을 적게 해야 한다.
  ㉣ 흡·배기밸브의 지름을 크게 하여 흡·배기작용을 신속하고 원활하게 해야 한다.
  ㉤ 압축행정시 혼합기 또는 공기가 와류를 일으킬 수 있는 형상이어야 한다.
  ㉥ 가열되기 쉬운 돌출부가 없어야 한다.

② **연소실의 종류**
  ㉠ 오버 헤드 밸브식 : 가장 이상적인 연소실이지만 실린더 헤드에 흡·배기 밸브기구, 점화플러그 등과 흡·배기가스 통로, 냉각수 통로 등이 설치되어 있어 구조가 매우 복잡하다.
  • 반구형 : 지름이 큰 밸브를 사용할 수 있고 흡·배기구멍의 모양이 원활하여 고성능을 기대할 수 있는 반면, 밸브기구가 복잡해지는 결점을 갖고 있다.

기출PLUS

기출 2021. 5. 1. 전라북도 시행
피스톤이 상사점에 위치할 때, 피스톤 상면과 실린더 헤드 사이 공간의 구비 조건에 대한 설명으로 틀린 것은?
① 가열되기 쉬운 돌출부를 두지 말아야 한다.
② 연소실 내의 표면적을 최소로 한다.
③ 밸브 면적을 크게 하여 흡·배기작용을 원활하게 한다.
④ 압축행정 시 혼합기 또는 공기에 와류가 일으켜 화염전파에 요하는 시간을 길게 한다.

기출 2015. 6. 27. 경북교육청 시행
기관 연소실의 구조와 기능에 대한 설명 중 틀린 것은?
① 화염 전파에 요하는 시간을 짧게 한다.
② 연소실이 차지하는 표면적이 최소가 되게 한다.
③ 압축행정시 혼합기 또는 공기에 와류가 있게 한다.
④ 가열된 돌출부가 있어야 한다.

❮정답 ④, ④

- 지붕형 : 밸브가 크랭크축 방향으로 배열되어 있어 밸브기구가 간단해지나, 압축비를 높이기 위하여 피스톤을 산 모양으로 하기 때문에 피스톤의 무게가 늘어 관성력이 커진다.
- 쐐기형 : 고압축비를 얻을 수 있어 열효율이 매우 높고, 혼합가스의 와류작용이 좋아서 혼합가스가 완전연소된다는 특징이 있다. 혼합가스의 연소 속도가 낮아 압력상승이 급격하지 않으므로 연소에 의한 운전의 거친 면이 없다는 특징이 있고, 연소가스의 스퀴시 에어리어에서 혼합가스가 냉각되기 때문에 노킹이 억제되어 저옥탄가의 연료를 사용할 수 없어 점화플러그가 연소실의 중앙부에 설치되므로 화염전파의 시간이 짧아 카본 퇴적물이 잘 쌓이지 않는다는 특징이 있다.
- 욕조형 : 반구형과 쐐기형의 중간형이라 할 수 있으며 모양이 간단하고 정밀한 가공이 가능하다.
  ㉡ 사이드 밸브식(L헤드형, T헤드형) : 실린더 블록의 한쪽에 흡·배기밸브가 설치되어 있고 밸브시트가 블록 윗면에 설치되어 있다.
  ㉢ F헤드형 : 흡기밸브는 실린더 헤드에 배기밸브는 실린더 블록에 설치되어 있어 밸브구조가 간단하다.

(3) 실린더 헤드 개스킷

① 기능 : 약 2mm 정도의 두께로 실린더 블록과 실린더 헤드를 밀착시켜 기밀을 유지하고 냉각수나 오일이 새는 것을 방지하는 것으로 내열성, 내압성 및 압축성을 필요로 한다.

② 재질
  ㉠ 내열성과 내압성을 필요로 하기 때문에 보통 구리판이나 강판으로 감싼 것을 사용한다.
  ㉡ 고속회전 고출력에서는 스틸 베스토 개스킷을 사용하고 있는데, 이는 고부하 고압축에 강한 성질을 갖고 있고 두께가 1 ~ 2mm 정도로 얇다.

③ 종류
  ㉠ 보통 개스킷 : 동판이나 철판을 석면으로 싸서 만든 것으로 가장 많이 사용된다.
  ㉡ 스틸 베스토 개스킷 : 강판의 양쪽 면에 돌출물을 만들어 여기에 흑연을 섞은 석면을 붙이고 흑연을 바른 것으로 주로 고속회전, 고출력엔진에 사용된다.
  ㉢ 스틸 개스킷 : 얇은 강판에 물결 모양의 주름을 둔 것으로 주로 고급엔진에 사용된다.

④ 설치시 주의점

    ㉠ 석면이 헤드방향으로 향하게 해야 한다.

    ㉡ 접힌 부분이나 마크, 표식이 헤드방향으로 향하게 해야 한다.

    ㉢ 오일 구멍을 확인하고 조립해야 한다.

    ㉣ 접착제를 사용해야 한다.

    ㉤ 재사용은 하지 않는다.

(4) 피스톤

① 기능 : 피스톤은 실린더 내를 왕복운동하며 동력(폭발)행정에서 발생한 고온·고압의 팽창압력을 커넥팅 로드를 통해 크랭크축에 전달하여 회전력을 발생하게 하여 동력을 얻는다.

② 구조

    ㉠ 피스톤은 헤드, 링지대, 보수부, 스커트부 등으로 이루어져 있다.

    ㉡ 피스톤 헤드는 연소실의 일부를 형성하며 고온에 노출되어 팽창하기 때문에 스커트부의 직경보다 약간 작다.

📢 피스톤의 구조

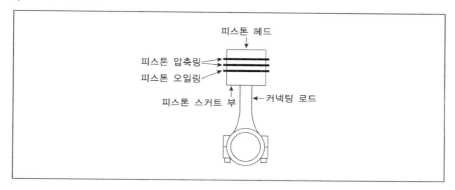

- 피스톤 헤드
- 피스톤 압축링
- 피스톤 오일링
- 피스톤 스커트 부
- 커넥팅 로드

③ 구비조건

    ㉠ 관성력이 적어야 하므로 가벼워야 한다.

    ㉡ 높은 온도와 폭발 압력에 강해야 한다.

    ㉢ 열전도성이 커서 방열효과가 우수해야 한다.

    ㉣ 마찰손실 등 기계적 손실을 최소로 해야 한다.

    ㉤ 열에 의한 재질, 강도의 변화와 열팽창성이 적어야 한다.

    ㉥ 가스 및 오일의 누출을 방지해야 한다.

기출 2021. 5. 1. 전라북도 시행

다음 중 피스톤의 구비조건으로 틀린 것은?

① 열전도성이 클 것
② 열팽창계수가 작을 것
③ 기계적 강도가 크고, 고온에서 견딜 것
④ 밀도가 클 것

기출 2019. 2. 16. 강원도 시행

다음 중 피스톤에 대한 설명 중 틀린 것은 어느 것인가?

① 각 피스톤 중량에 차이가 거의 없어야 한다.
② 내구성 향상을 위한 알루미늄 합금을 사용한다.
③ 무게가 무거워야 한다.
④ 동력행정시 얻은 동력을 커넥팅 로드를 통하여 크랭크축에 전달한다.

기출 2017. 5. 13. 전라북도 시행

다음 중 피스톤의 구비조건으로 틀린 것은?

① 열전도성이 작을 것
② 커넥팅로드와 피스톤의 중량차가 작을 것
③ 열팽창률이 작을 것
④ 기밀 유지가 용이하고, 관성력이 작을 것

❮정답 ④, ③, ①

피스톤링의 필요사양으로 옳지 않은 것은?

① 내열성 및 내마모성이 강하여야 함
② 피스톤링과 실린더 벽의 마모가 적어야 함
③ 열팽창률이 높아야 함
④ 실린더벽의 마모가 적어야 함

자동차 엔진에서 피스톤 링의 구비조건에 해당하지 않는 것은?

① 열팽창률이 낮을 것
② 실린더 벽에 동일한 압력을 가할 것
③ 장시간 사용해도 피스톤 링과 실린더의 마멸이 적을 것
④ 열전도성이 낮을 것

다음 중 피스톤 링(piston ring)에 대한 설명으로 옳지 않은 것은?

① 연소실 내에서 연소에 의해 받은 열을 실린더 벽으로 전도한다.
② 실린더 벽의 윤활유를 긁어내려 연소실로 흡입되는 것을 방지한다.
③ 피스톤과 커넥팅로드를 연결해준다.
④ 보통 압축 링과 오일 링으로 구성되어 있다.

◀정답 ③, ④, ③

(5) 피스톤 링

① 3대 기능

㉠ 기밀작용(밀봉작용) : 피스톤과 실린더의 틈새를 실링하여 가스가 새지 않도록 밀봉한다.
㉡ 열 전달작용(냉각작용) : 피스톤에서 실린더 벽으로의 열을 전달한다.
㉢ 오일 제어기능 : 실린더 벽면의 윤활유를 떨어뜨려 연소실에 유입되지 않도록 한다.

② 구조

㉠ 주철이나 특수주철을 원심주조법으로 만든다.
㉡ 한 개의 피스톤에 피스톤링을 3~5개 정도 사용한다.

③ 종류

㉠ 압축링 : 기밀유지, 열전도 작용 및 일부 오일제어 작용을 하는 링으로 이음에 따라 편평형인 버트 이음형과 앵글 이음형, 랩 이음형, 실 이음형으로 구분되고, 제1링(Top Ring)으로는 체임버형과 카운터 보어형, 테이퍼형이 사용되고, 제2링(Second Ring)으로는 플레인형, 스크레이퍼형, 홈형이 사용된다. 압축 링은 피스톤 위쪽에 끼워진다.
㉡ 오일링 : 실린더 벽을 윤활하고 남은 과잉의 오일을 긁어내려 연소실로 침입하지 못하도록 하는 링으로, 드릴형과 슬롯형, 레이디어스 슬롯형, 웨지 슬롯형, U플렉스형, 익스팬더 링이 사용되고 있는데, U플렉스형과 익스팬더 링이 주로 사용된다.

④ 구비조건

㉠ 내열성 및 내마모성이 강해야 한다.
㉡ 피스톤링과 실린더 벽의 마모가 적어야 한다.
㉢ 실린더벽의 마모가 적어야 한다.
㉣ 열팽창률이 낮아야 한다.
㉤ 실린더 벽에 동일한 압력이 가해져야 한다.

⑤ 링의 장력

㉠ 실린더 벽에 가하는 압력이다.
㉡ 링의 절개로 인한 탄력성을 말한다.
㉢ 피스톤 링의 장력이 너무 크면 실린더 벽과 링 사이의 마찰 저항이 증가하여 마멸이 촉진되며 실린더 내에서 가볍게 움직일 수 없다.
㉣ 피스톤 링의 장력이 너무 적으면 실린더 벽의 밀착이 정확하지 못하여 가스가 누설되기 쉽다.

⑥ 플러터 현상

㉠ 개념 : 피스톤링이 링 홈 속에서 진동하는 현상으로 가스 압력에 비해 피스톤링의 관성력이 커져서 링이 홈 내에서 떨리게 되어 링이 정상적으로 기밀을 유지하지 못하고 이로 인해서 블로바이 가스가 급증하게 되는 현상을 말한다.

㉡ 플러터 현상 방지대책

• 피스톤링의 장력을 높여서 면압을 증가시킨다.
• 얇은 링을 사용하여 링의 무게를 줄여, 관성력을 감소시킨다.
• 링 이음부는 배압이 적으므로 링 이음부의 면압분포를 높게 한다.
• 실린더 벽에서 긁어내린 윤활유를 이동 시킬 수 있는 홈을 링 랜드에 둔다.
• 단면이 쐐기 형상으로 된 피스톤 링을 사용한다.
• 링 홈 상하간격을 너무 좁게 하지 않고, 링 홈을 너무 깊게 하지 않는다.

(6) 커넥팅 로드

① 기능 : 피스톤과 크랭크축을 연결하는 막대로서 피스톤핀에 지지되는 부분을 소단부, 크랭크축과 연결되는 부분을 대단부라고 하는데, 대단부는 상하로 분할되며 분할형 평면 베어링을 끼우고 크랭크핀을 감싸서 볼트로 죈다.

② 재질 : 커넥팅 로드는 압축력, 인장력, 굽힘 등의 하중을 반복해서 받게 되므로 경량이고 충분한 강도가 요구되는 니켈-크롬강, 크롬-몰리브덴강 등의 특수강을 사용한다. 최근에는 두랄루민과 같은 경합금을 사용하기도 한다.

③ 구성 : 커넥팅 로드는 크랭크축과 연결되는 대단부(big end)와 피스톤과 연결되는 소단부(small end), 그리고 본체(body)로 구성된다.

㉠ 대단부 : 주로 분할형 평 베어링을 사이에 두고 크랭크 핀에 장착되어있다.
㉡ 소단부 : 부싱을 사이에 두고 피스톤 핀으로 피스톤에 장착되어있다.
㉢ 본체 : 소단부와 대단부가 통하는 오일 통로가 뚫려 있는 것도 있다.

④ 길이 : 소단부와 대단부의 중심 사이의 거리를 커넥팅 로드의 길이라 하며 보통 피스톤 행정의 1.5 ~ 2.3배 정도이다.

📢 커넥팅 로드

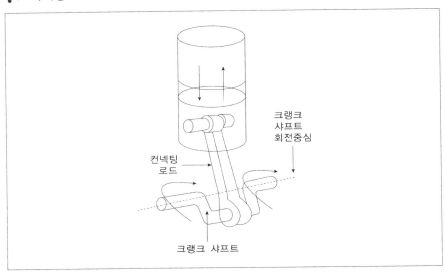

(7) 크랭크축

① **기능** : 크랭크 케이스 내에 설치된 메인 베어링으로 지지되며 각 실린더의 동력행정에서 얻어진 피스톤의 직선왕복운동을 커넥팅 로드를 통하여 전달받아 회전운동으로 바꾸고, 흡입 · 압축 · 배기행정에서는 피스톤의 운동을 도와주어 연속적인 동력이 발생하게 한다.

② **구조** : 크랭크핀, 크랭크암, 크랭크 저널 등은 일체로 되어 있고 크랭크축의 정적 · 동적 평형을 유지하기 위하여 밸런스 웨이트가 설치되어 있다.

③ **재질** : 크랭크축은 큰 하중을 받고 고속회전을 하기 때문에 강도나 강성이 충분해야 하며 내마모성이 크고 정적 · 동적 평형이 잡혀 있어서 맥동이 없어 원활하게 회전하여야 하므로 고탄소강, 크롬강, 크롬–몰리브덴강 등이 사용된다.

④ **점화조건**
   ㉠ 연소의 시간 간격이 일정하여야 한다.
   ㉡ 혼합기가 각 실린더에 균일하게 분배되어야 한다.
   ㉢ 크랭크축에 진동이 일어나지 않아야 한다.

기출 2022. 6. 18. 경상북도 시행

다음 중 점화순서 결정 시 고려되어야할 사항으로 맞는 것은?

① 폭발은 다른 간격으로 일어나야 한다.
② 크랭크축 비틀림과 진동 발생량은 향상되어야 한다.
③ 인접한 실린더에 연이어서 폭발해야한다
④ 혼합가스가 각 실린더에 동일하게 분배되어야 한다.

❮정답 ④

ⓔ 하나의 메인 베어링에 연속하여 하중이 걸리지 않아야 한다.

ⓜ 인접한 실린더에 연이어 점화되지 않아야 한다.

⑤ 크랭크축의 점화순서

형식	크랭크핀의 위상차	점화순서
4기통	180°	1→3→4→2, 또는 1→2→4→3
6기통	120°	1→5→3→6→2→4(우수식) / 1→4→2→6→3→5(좌수식)
8기통	90°	1→6→2→5→8→3→7→4(직렬형)

☆ Plus tip

좌수식·우수식 ··· 1~6번 크랭크핀을 상사점의 위치로 하고 축을 앞에서 보았을 경우 3~4번 핀의 위치가 좌측에 있으면 좌수식, 우측에 있으면 우수식이 된다.

📢 크랭크축의 구성

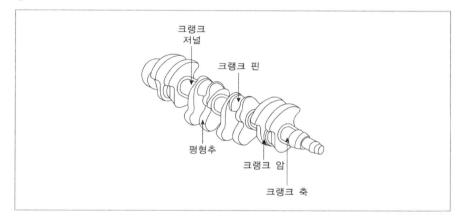

⑻ 베어링

① 베어링의 사용 : 피스톤과 커넥팅 로드, 커넥팅 로드와 크랭크핀 및 크랭크축 메인저널 사이에는 상호관계운동을 하므로 이러한 곳에 베어링을 사용한다.

② 베어링의 구비조건

ⓐ 내마멸성이 커야 한다.

ⓑ 내부식성이 커야 한다.

ⓒ 매몰성이 있어야 한다.

기출PLUS

기출 2020. 10. 17. 부산광역시 시행

어느 기관의 점화순서가 1-3-4-2일 때, 사이클 4기통 엔진에서 1번 실린더가 압축행정을 할 때 4번 실린더는 무슨 행정을 하는가?

① 흡입행정   ② 압축행정
③ 폭발행정   ④ 배기행정

기출 2018. 4. 7. 경기도 시행

4행정 4기통기관의 점화순서가 1-3-4-2일 때 1번 실린더가 압축 상사점일 때 크랭크축 방향으로 360도 회전했을 때 배기 상사점에 있는 실린더는?

① 1번 실린더   ② 2번 실린더
③ 3번 실린더   ④ 4번 실린더

기출 2016. 10. 10. 부산광역시 시행

4행정 4실린더 기관에서 6행정이 완료되었을 때 크랭크축이 회전한 각도는 몇 도인가?

① 120°   ② 480°
③ 720°   ④ 1,080°

‹정답 ④, ①, ④

ㄹ 열전도성이 우수해야 한다.

ㅁ 길들임성이 우수해야 한다.

③ 재질

ㄱ 배빗메탈(화이트메탈, 백메탈) : 주석(Sn) 80 ~ 90%, 안티몬(Sb) 3 ~ 12%, 구리(Cu) 3 ~ 7% 등

ㄴ 켈밋메탈(적메탈) : 구리(Cu) 60 ~ 70%, 납(Pb) 30 ~ 40%

ㄷ 트리메탈 : 동합금의 셀 + 아연(Zn) 10%, 주석(Sn) 10%, 구리(Cu)의 합금층 80% + 배빗메탈 0.02 ~ 0.03mm

ㄹ 알루미늄메탈 : 알루미늄(Al), 주석(Sn)의 합금

(9) 플라이휠(Fly wheel)

① **기능** : 크랭크축의 주기적 파동을 막아 엔진의 회전속도를 고르게 하기 위해 플라이휠을 설치한다.

② **구조** : 회전 중 관성력이 크고 가벼워야 하므로 중심부의 두께는 얇게 하고 둘레는 두꺼운 원판으로 크랭크축의 후단에 플랜지 볼트로 고정되어 있다.

③ **재질** : 재질은 주철 또는 강이며 그 뒷면은 클러치의 마찰판으로 사용하며 실린더 수가 적고 계속 회전인 엔진일수록 플라이휠의 중량은 커야 한다.

(10) 밸브

① **밸브** : 밸브는 혼합기를 실린더 안으로 들여보내고 연소가스를 외부로 내보내는 일을 한다. 자동차에서는 포핏 밸브가 주로 사용되며 캠축 등으로 이루어진 밸브기구에 의해 작동한다.

② **밸브 회전기구** : 밸브가 작동중에 카본의 쌓임과 편마모가 생기는 것을 방지하기 위해서는 밸브를 회전시켜야 한다. 릴리스 형식은 밸브가 열렸을 때 엔진의 진동으로 회전하고 포지티브 형식은 강제로 회전시키는 것이다.

③ **밸브 간극** : 엔진이 작동중에 열팽창을 고려하여 로커암과 밸브스템 사이에 간극을 두는 것을 말한다.

> ☆ Plus tip
>
> 밸브 간극
> ㄱ 간극이 클 경우 : 밸브의 열림이 작아 흡배기의 효율이 저하되고 소음이 발생한다.
> ㄴ 간극이 작을 경우 : 기밀유지가 안되고 푸시로드가 휘며 각 부분에 이상 마모가 생긴다.

기출 2017. 6. 17. 경상북도 시행

엔진의 크랭크축의 회전력이 커서 이걸 조절해 주는 장치가 필요하다. 이 장치는 무엇인가?

① 타이밍 체인
② 클러치판
③ 플라이휠
④ 비틀림 진동 방지기

기출 2015. 6. 27. 대구광역시 시행

엔진의 흡·배기 밸브 간극이 클 때 발생될 수 없는 현상은?

① 흡·배기효율이 저하된다.
② 밸브 마멸이 발생될 수 있다.
③ 밸브 작동 소음이 발생될 수 있다.
④ 블로 백 현상이 발생될 수 있다.

❮정답 ③, ④

④ 밸브의 구비조건
  ㉠ 고온과 고압에 잘 견딜 것
  ㉡ 열전도율이 좋을 것
  ㉢ 충격과 부하에 견딜 것
  ㉣ 단조와 열처리가 쉽게 될 것
  ㉤ 가열이 반복되어도 물리적 성질이 변하지 않은 것
  ㉥ 부식되지 않으며 경량일 것

⑤ 밸브 오버랩(Valve Overlap)
  ㉠ 4사이클 엔진에서 배기 행정이 끝나고 흡입 행정이 시작하는 상사점 부근에서 흡기 밸브와 배기 밸브가 동시에 열려 있는 현상을 말한다.
  ㉡ 오버랩은 크랭크축의 회전각으로 나타낸다.
  ㉢ 흡기의 흐름을 이용한 흡배기의 기술로, 오버랩이 크면 고회전에서는 좋지만 저회전이면 안정되지 않는다.
  ㉣ 오버랩이 작은 것은 일반적으로 저속형이라고 할 수 있다.
  ㉤ 밸브 오버랩을 두는 이유
    • 관성을 이용하여 흡입효율을 증대시킨다.
    • 잔류 배기가스를 배출시킨다.
    • 흡기 · 배기효율을 향상시킨다.

> 밸브 오버랩 각 = 흡기 밸브 열림각 + 배기 밸브 닫힘각

☆ Plus tip
흡기 · 배기 밸브 열림각 = 흡 · 배기밸브 열림각 + 180° + 흡 · 배기밸브 닫힘각

(11) 밸브기구

① **밸브 시트** : 밸브 시트는 밸브면과 밀착하는 실린더 블록이나 실린더 헤드의 면을 말하는 것으로 연소실의 기밀을 유지하는 역할을 하며 열을 냉각수의 통로로 방출한다.

② **밸브 스프링** : 밸브 스프링은 압축과 폭발행정시 밸브면이 시트에 밀착되게 하여 기밀을 유지하게 하고, 밸브가 운동할 때에는 캠의 형상에 따라 확실하게 작동되도록 하는 작용을 한다.

③ **캠(Cam)** : 캠축의 회전에 의하여 밸브 리프트나 로커암을 밀어서 밸브를 개폐시키며 배전기와 연료펌프를 가동시키는 역할을 한다.

④ **밸브기구의 종류** : 오버헤드 벨브식, 오버헤드 캠축식

기출PLUS

기출 2022. 6. 18. 대전시 시행
어느 4행정 사이클 기관의 밸브 개폐시기가 다음과 같다. 밸브오버랩은 얼마인가?

┌ 보기 ┐
흡기 밸브 열림 : 상사점 전 10°
흡기 밸브 닫힘 : 하사점 후 55°
배기 밸브 열림 : 하사점 전 45°
배기 밸브 닫힘 : 상사점 후 20°

① 30°   ② 55°
③ 65°   ④ 100°

기출 2017. 7. 29. 전라남도 시행
다음 중 밸브 오버랩의 설명으로 옳은 것은?

① 피스톤이 상사점에 있을 때 흡기 밸브가 열려 있는 현상
② 피스톤이 상사점에 있을 때 배기 밸브가 열려 있는 현상
③ 피스톤이 상사점에 있을 때 흡기 및 배기 밸브가 동시에 열려 있는 현상
④ 피스톤이 상사점에 있을 때 흡기 및 배기 밸브가 동시에 닫혀 있는 현상버랩은 32°이다.

기출 2019. 6. 15. 서울시 제2회 시행
자동차용 엔진의 밸브 구동 장치에 해당하지 않는 것은?

① 캠축(camshaft)
② 타이밍체인(timing chain)
③ 커넥팅 로드(conneccting rod)
④ 로커 암(roker arm)

《 정답 ①, ③, ③

04 윤활장치

① 윤활작용과 윤활방식

(1) 윤활장치

윤활장치란 엔진의 섭동에서 금속간의 고체마찰에 의한 동력의 손실을 방지하고 부품의 마모와 마멸을 방지하기 위하여 섭동부에 오일을 주입하는 일련의 장치이다.

(2) 윤활작용

① **부식방지 작용**: 산화작용에 의해서 부식되는 것을 방지하는 작용을 한다.

② **방청 작용**: 수분이나 부식성 가스 침투를 방지하는 작용을 한다.

③ **응력분산 작용**: 국부압력을 액 전체에 분산시켜 평균화하는 작용을 한다.

④ **세척 작용**: 불순물을 유동과정에서 흡수하는 작용을 한다.

⑤ **냉각 작용**: 마찰열을 흡수하여 다른 곳에서 방열하는 작용을 한다.

⑥ **밀봉 작용**: 고압가스의 누출을 방지한다.

⑦ **마찰감소 및 마멸방지 작용**: 강인한 유막을 형성하여 표면마찰을 방지하는 작용을 한다.

(3) 윤활방식

① **혼합식**: 가솔린과 윤활유를 혼합하여 소기시 윤활하는 방식으로 농기구 등에 사용된다.

② **비산식**: 커넥팅 로드의 대단부에 부착되어 있는 주걱으로서 엔진회전시 오일을 베어링이나 실린더 벽 등 각 섭동부에 뿌려서 윤활하는 방식이다. 이 방식은 단기통이나 2기통의 소형엔진에서만 사용된다.

③ **압송식**: 오일팬에 있는 오일을 오일펌프를 구동시켜 엔진의 각 섭동부에 압송하여 윤활하는 방식이다.

④ **비산압송식**: 커넥팅 로드에 비산구멍을 설치하여 커넥팅 로드 끝에서 오일을 비산하고, 오일펌프에 의한 압송식과 병용하여 윤활하는 방식으로 가장 많이 사용된다.

② 윤활장치의 구성

(1) 오일펌프

① **기능** : 크랭크축이나 캠축에 의하여 구동되며 오일팬의 오일을 흡입·가압하여 윤활부로 보낸다.

② **종류** : 기어식 펌프, 로터리식 펌프, 플런저식 펌프, 베인식 펌프가 있다.

(2) 오일펌프 스트레이너

① **기능** : 오일펌프에 흡입되는 오일의 커다란 불순물을 여과한다.

② **구조** : 철망형태로 되어있다.

(3) 유압조절 밸브

① **기능** : 윤활회로 내의 압력이 과도하게 상승하는 것을 방지하여 일정한 유압이 유지되도록 하는 것으로, 유압이 스프링의 힘보다 커지면 유압조절 밸브가 열려 과잉의 오일은 오일팬으로 되돌아가게 된다.

② **유압이 높아지는 원인**
  ㉠ 엔진의 온도가 낮아 오일의 점도가 높을 때
  ㉡ 윤활회로 내의 막힘
  ㉢ 유압 조절 밸브(릴리프밸브)스프링의 장력 과다
  ㉣ 유압 조절 밸브가 막힌 채로 고착
  ㉤ 각 마찰부의 베어링 간극이 적을 때

> **💡 Plus tip**
> 유압이 낮아지는 원인
> ㉠ 엔진오일의 점도가 낮을 경우
> ㉡ 크랭크축 베어링의 과다 마멸로 오일 간극이 커진 경우
> ㉢ 오일펌프의 마멸 또는 윤활회로에서 오일 누출
> ㉣ 오일팬의 오일량이 부족할 경우
> ㉤ 유압 조절 밸브 스프링의 장력이 과소

(4) 오일 여과기

① **기능** : 오일 속의 수분이나 이물질 등의 불순물을 제거하고 분리한다.

② **여과기의 종류** : 여과지식, 적층 금속판식, 원심식

기출PLUS

기출 2018. 4. 7. 경기도 시행
압송식 윤활방식에서 윤활유 공급 경로로 다음 중 맞는 것은?
① 오일펌프→오일여과기→오일스트레이너→윤활부
② 오일스트레이너→오일펌프→오일여과기→윤활부
③ 오일스트레이너→오일여과기→오일펌프→윤활부
④ 오일여과기→오일펌프→오일스트레이너→윤활부

기출 2017. 9. 23. 경상남도 시행
오일팬 섬프 내 오일을 오일펌프로 유도해주는 역할을 하며, 기관 오일 속에 포함된 비교적 큰 불순물을 여과하는 스크린이 있는 장치는?
① 오일 여과기
② 유압 조절 밸브
③ 오일펌프 스트레이너
④ 바이패스 밸브

기출 2022. 7. 16. 전라남도 시행
유압이 높아지는 원인으로 옳은 것은?
① 오일펌프의 마멸이 증대
② 오일의 점도가 높거나 회로가 막힘
③ 오일 통로에 공기가 유입
④ 오일 팬 내의 오일 부족

기출 2019. 6. 15. 서울시 제2회 시행
기관 윤활회로 내의 유압이 낮아지는 원인에 대한 설명으로 가장 옳지 않은 것은?
① 유압 조절 밸브스프링 장력이 과다하다.
② 크랭크축 베어링의 과다 마멸로 오일 간극이 커졌다.
③ 오일펌프의 마멸 또는 윤활회로에서 오일이 누출된다.
④ 오일팬의 오일량이 부족하다.

❮정답 ②, ③, ②, ①

③ 여과방식 : 분류식, 전류식, 샨트식

④ 유면 표시기 : 유면 표시기는 크랭크 케이스 내의 유면의 높이를 점검할 때 사용하는 금속막대이며, 그 끝부분에 풀(Full)과 로우(Low)의 표시가 새겨져 있다. 크랭크 케이스 내의 오일의 높이는 언제나 풀(Full) 눈금 가까이 있어야 한다.

3 윤활유

(1) 목적 및 구비조건

① 윤활유의 목적

 ㉠ 목적 : 기계의 마찰면에 생기는 마찰력을 줄이거나 마찰면에서 발생하는 마찰열을 분산시킬 목적으로 사용하는 유상물질(油狀物質)이며, 내연엔진에는 주로 석유계 윤활유가 사용된다.

 ㉡ 분류 : 윤활유의 분류에는 SAE분류, API분류, MIL분류 등이 있었으나 요즘에는 SAE신분류가 제정되어 이것만을 사용하고 있다.

② 윤활유의 구비조건

 ㉠ 응고점이 낮고, 청정력이 좋아야 한다.

 ㉡ 점도가 적당하고, 열전도성이 좋아야 한다.

 ㉢ 적당한 비중이 있어야 하고, 산에 대한 안정성이 커야 한다.

 ㉣ 카본 및 회분생성이 적어야 하고, 유막을 형성해야 한다.

> ☞ Plus tip
>
> 카본이 엔진에 미치는 영향
> ㉠ 실린더 벽의 손상   ㉡ 연소실 내의 열점 원인
> ㉢ 블로바이 현상 발생   ㉣ 오일계통에 슬러지 발생
> ㉤ 오일 소비의 증대   ㉥ 점화플러그 오염

(2) 점도와 점도지수

① 점도 : 유체가 흐를 때 나타나는 오일의 끈끈한 정도를 말한다.

 ㉠ 점도의 표시방법 : 점도가 낮은 것을 작은 번호로, 높은 것을 큰 번호로 표시하며, 번호가 클수록 온도에 의한 점도의 변화가 적은 것이다.

 ㉡ 점도가 너무 높은 경우 : 윤활유의 내부저항이 커서 동력의 손실이 많고 오일의 유동성이 저하되며, 유압이 증대된다.

자동차 윤활유의 구비조건에 대한 설명으로 가장 옳지 않은 것은?

① 응고점이 높을 것
② 카본 생성이 적을 것
③ 인화점과 발화점이 높을 것
④ 열과 산에 대해 안정성이 있을 것

엔진 오일 분류에 대한 설명으로 가장 옳지 않은 것은?

① SAE 분류는 엔진오일을 점도에 따라 분류한 것으로 5W-30에서 W 앞의 숫자는 상온에서의 점도를, W가 붙지 않은 뒤의 숫자는 100℃에서의 점도를 나타낸다.
② API 분류는 가솔린 엔진용 엔진오일은 ML, MM, MS로 디젤 엔진용 엔진오일은 DG, DM, DS로 구분한다.
③ 기온이 낮은 국가에서 또는 겨울철용 엔진오일에는 SAE 분류 기준 20W-40보다는 5W-30을 사용하는 것이 더 적합하다.
④ API 분류에서 경부하용 가솔린 엔진에 적합한 엔진오일의 분류는 ML이다.

자동차 기관용 윤활유의 조건으로 옳은 것은?

① 카본 발생이 적고 청정력이 높을 것
② 인화점 및 발화점이 낮을 것
③ 점도 지수가 낮을 것
④ 비중 및 응고점이 높을 것

❰정답 ①, ①, ①

ⓒ 점도가 너무 낮은 경우 : 유막형성이 불량하고 마찰작용이 이루어지지 않는다.

② 점도지수 : 온도가 상승함에 따라 점도가 저하되며 온도에 대한 점도의 변화 정도를 표시한 것을 말한다. 점도의 측정방법에는 레드우드, 엥글러, 세이 볼트 등이 있다.

> 🔖 Plus tip
> **오일의 오염정도 점검**
> ㉠ 검은색인 경우 : 심한 오염
> ㉡ 붉은색인 경우 : 가솔린의 유입
> ㉢ 회색인 경우 : 연소 생성물의 유입
> ㉣ 우유색인 경우 : 냉각수의 유입

05 냉각장치

❶ 냉각방식

(1) 냉각장치

① 냉각장치란 엔진의 과열 및 과냉을 방지하여 엔진의 손상을 예방하는 장치를 말하며, 냉각장치에 의해 흡수되는 열량은 엔진에 공급된 총열량의 약 30 ~ 35%가 된다.

② 엔진이 과열되면 부품이 변형되고 오일의 유막이 파괴되어 윤활이 불완전 하게 되며, 엔진이 과냉하면 연료의 소비가 증대되고 액체상태의 가솔린 때문에 오일이 희석되어 베어링부의 마멸이 촉진된다.

(2) 냉각방식

① **공냉식** : 엔진을 직접 대기에 접촉시켜 냉각하는 방식이다.
   ㉠ 종류 : 실린더의 외부에 냉각핀을 설치, 냉각 면적을 크게 하여 주행시 접촉하는 바람을 이용하는 자연 냉각식과 냉각팬으로 강제 송풍하는 강제 냉각식이 있다.

자동차의 냉각장치에 대한 설명으로 맞지 않는 것은?

① 냉각핀의 표면적이 클수록 공기의 접촉이 많아 냉각작용이 잘 된다.
② 부동액으로는 에탄올을 사용한다.
③ 펌프는 원심 펌프를 사용한다.
④ 라디에이터는 엔진에서 가열된 냉각수를 냉각하는 열교환 장치이다.

수냉식 냉각장치에 대한 설명 중 옳지 않은 것은?

① 냉각장치에 의해 흡수되는 열량은 엔진에 공급된 총열량의 30 ~ 35% 정도이다.
② 실린더 주위 냉각핀을 설치하여 냉각효율을 증대시키는 냉각방식으로 엔진의 출력이 큰 항공기용 엔진에 사용된다.
③ 방열기는 엔진에서 가열된 냉각수를 냉각한다.
④ 수온조절기는 냉각수 통로를 수온에 따라 개폐하여 냉각수의 온도를 적절히 유지하며, 일반적으로 65℃에서 열리기 시작하여 85℃에서 완전히 열린다.

《정답 ②, ②

ⓒ 장·단점 : 공랭식은 수냉식에 비해 구조가 간단하지만 온도의 제어가 곤란하며 소음이 크다.
ⓒ 이용 : 일반적으로 실린더 수가 많지 않은 소형엔진과 항공기용 엔진에 주로 사용된다.

② 수냉식 : 라디에이터에서 냉각된 냉각수를 이용하여 엔진을 냉각하는 방법이다.
ⓒ 작동 : 물펌프로 냉각수를 실린더 블록과 실린더 헤드의 물재킷을 순환시키고, 가열된 냉각수를 라디에이터에서 방열하여 냉각한 후 다시 물펌프로 순환시키는 강제순환 방식이 이용된다.
ⓒ 이용 : 자동차는 대부분 수냉식을 채택하고 있다.

② 수냉식의 주요 부품 및 작용

(1) 수냉식의 주요 부품

① **물재킷** : 실린더 블록과 헤드에 설치된 냉각수 통로(최저 10mm)로 실린더 벽, 밸브시트, 밸브가이드, 연소실 등과 접촉되어 있다.

② **물펌프** : 라디에이터 하부 탱크에 냉각된 물을 순환시키는 작용을 하는 것으로, 밸브를 거쳐 크랭크축에 의해 구동되며 보통 원심력식이 사용된다.

③ **벨트** : 크랭크축의 회전력으로 발전기, 물펌프를 구동시키는 이음부가 없는 V자형의 벨트로, 섬유질과 고무로 짠 것이다. 장력은 10kg의 힘으로 눌러 그 휘어짐이 13 ~ 20mm 정도가 되도록 조정한다.
ⓒ 장력이 클 경우 : 물펌프나 발전기, 베어링의 소손이 크고 팬벨트의 마멸도 촉진된다.
ⓒ 장력이 작을 경우 : 펌프와 팬의 회전속도가 느려져 엔진이 과열되거나 충전이 불량하고 소음이 난다.
ⓒ 장력을 조정하려면 : 발전기 조정암 설치 볼트를 풀고 위치를 이동하거나 또는 물펌프나 아이들 풀리를 이동하면 된다.

④ **냉각팬** : 라디에이터가 냉각수를 식히는 것을 돕기 위해서 방열판으로 공기를 끌어들이는 장치이다. 자동차가 빠른 속도로 달릴 때는 자연적 바람에 의해서도 냉각이 이루어질 수 있지만, 느린 속도로 달릴 때나 멈춰 있을 때는 자연적으로 냉각되는 것이 어렵기 때문에 냉각 팬이 필요하다.

⑤ 시라우드 : 라디에이터와 팬을 감싸고 있는 관으로 공기의 흐름을 모아 냉각 효과를 높인다.

⑥ 방열기(Radiator ; 라디에이터)

    ㉠ 기능 : 엔진에서 가열된 냉각수를 냉각하는 장치로 큰 방열면적을 가지고 있고, 다량의 물을 받아들이는 일종의 탱크이다.

> **👍 Plus tip**
>
> 방열기의 요구조건
> ㉠ 단위 면적당 방열량이 클 것
> ㉡ 가볍고 작으며 강도가 클 것
> ㉢ 냉각수 및 공기 흐름 저항이 적어야 할 것

    ㉡ 코어 : 라디에이터의 냉각수를 냉각시키는 부분으로, 냉각수를 통과시키는 물 통로(튜브)와 냉각 효과를 크게 하기 위해 튜브와 튜브 사이에 설치되는 냉각 핀으로 구성된다. 코어의 막힘률이 20% 이상이면 라디에이터를 교환한다.

$$\text{코어의 막힘률(20\% 이내)} = \frac{\text{신품용량} - \text{구품용량}}{\text{신품용량}} \times 100$$

    ㉢ 방열기 캡 : 여압식으로 보통 고압밸브와 저압밸브가 각각 1개씩 들어있으며, 압력 밸브와 진공(부압) 밸브가 일체로 결합된 형태이다.

> **👍 Plus tip**
>
> 방열기 캡의 목적
> ㉠ 냉각 순환 압력을 상승시킨다.
> ㉡ 냉각수의 손실을 감소시킨다.
> ㉢ 냉각수의 비등점을 높인다.

⑦ 수온조절기(정온기)

    ㉠ 기능 : 냉각수의 통로를 수온에 따라 개폐하여 냉각수의 온도를 조절하는 것으로 65℃에 열리기 시작하여 85℃에 완전히 열리게 된다.

    ㉡ 종류 : 벨로즈형과 펠릿형이 있으나, 현재는 펠릿형이 사용된다.

⑧ 수온계

    ㉠ 기능 : 냉각수의 순환온도를 운전자가 확인할 수 있도록 운전석 계기판에 설치한다.

    ㉡ 종류 : 부어든 튜브식(압력팽창식)과 평일 코일식(밸런싱 코일식)이 있으며, 현재 자동차에는 평일 코일식(밸런싱 코일식)을 많이 사용되고 있다.

기출PLUS

기출 2022. 6. 18. 서울시 보훈처 시행

내연기관 자동차의 냉각장치 구성부품 중 방열기(Radiator)의 요구조건으로 가장 옳지 않은 것은?

① 공기흐름 저항이 적을 것
② 가볍고 작으며 강도가 클 것
③ 냉각수 흐름 저항이 적을 것
④ 단위 면적당 방열량이 적을 것

기출 2022. 6. 18. 대전시 시행

자동차의 냉각장치에서 라디에이터의 구비조건이 아닌 것은?

① 공기의 흐름저항이 작을 것
② 단위면적당 방열량이 작을 것
③ 가볍고 작으며 강도가 클 것
④ 냉각수의 흐름저항이 작을 것

기출 2022. 7. 16. 전라남도 시행

라디에이터 신품 주수량이 10리터라면 사용 후 8리터가 되었을 때 라디에이터 코어의 막힘률은?

① 30%   ② 25%
③ 20%   ④ 15%

기출 2021. 5. 1. 전라북도 시행

다음 중 방열기의 구비조건에 대한 설명으로 틀린 것은?

① 단위 면적당 발열량이 커야 한다.
② 공기저항이 작아야 한다.
③ 냉각수의 저항이 커야 한다.
④ 가볍고 작으며, 강도가 커야 한다.

기출 2017. 9. 23. 경상남도 시행

라디에이터 캡에 대한 설명으로 옳은 것은?

① 엔진의 열효율을 증대시킨다.
② 냉각수의 비점을 낮춘다.
③ 엔진이 식으면 냉각수가 보조 물탱크로 유출된다.
④ 압력 밸브와 진공 밸브가 일체로 결합된 형태이다.

《정답 ④, ②, ③, ③, ④

아래의 〈보기〉에서 기관의 과열 원인으로 바르게 짝지어진 것은?

┌─ 보기 ─────────────
│ ㉠ 냉각수 부족
│ ㉡ 팬벨트의 장력 과다
│ ㉢ 수온조절기가 열린 상태에 고착
│ ㉣ 수온조절기가 닫힌 상태에서 고착
└────────────────

① ㉡㉣   ② ㉠㉢
③ ㉠㉣   ④ ㉡㉢

다음 중 기관의 과열 원인이 아닌 것은?

① 엔진오일의 부족
② 냉각수온 조절기가 열린 상태로 고장
③ 물 재킷 부위의 이물질 퇴적
④ 팬벨트 노후화로 인한 벨트 이완 또는 절손 및 장력 과소

부동액의 구비조건이 아닌 것은?

① 물보다 비등점이 높고, 응고점이 높아야 함
② 내부식성이 크고 팽창계수가 낮아야 함
③ 휘발성이 없고 침전물이 없어야 함
④ 물과 잘 섞여야 함

엔진에 사용되는 냉각수가 아닌 것은?

① 지하수   ② 증류수
③ 수돗물   ④ 빗물

《정답 ③, ②, ①, ①

📣 엔진의 과열 · 과냉

구분		원인
엔진 과열	원인	• 수온조절기가 닫힌 채 고장이거나 작동온도가 너무 높을 경우 • 라디에이터의 코어의 막힘이 과도하거나 오손 및 파손이 되었을 경우 • 팬벨트의 장력이 약하거나 이완 절손이 되었을 경우 • 물펌프의 작용이 불량할 경우 • 냉각수의 부족, 누출이 생길 경우 • 물재킷 내의 스케일이 과다할 경우 • 라디에이터 호스가 손상되었을 경우
	영향	• 각 부품의 변형이 생긴다. • 조기점화, 노킹이 일어난다. • 출력이 저하된다. • 윤활유의 유막파괴나 소비량이 증대된다.
엔진 과냉	원인	수온조절기가 열린 채 고장나거나 열리는 온도가 너무 낮을 경우
	영향	• 출력이 저하된다. • 연료 소비율이 증대된다. • 오일이 희석된다. • 베어링이나 각 부가 마멸된다.

(2) 냉각수와 부동액

① 냉각수 : 연수(증류수, 수돗물, 빗물 등)를 사용한다. 경수(지하수)를 사용하면 산과 염분이 포함되어 있으므로 물재킷 내의 스케일이 생겨 열전도를 저하시키고, 심하면 냉각수의 흐름 저항이 커지게 된다.

② 부동액 : 냉각수의 동결을 방지하는 역할을 하며 메탄올, 에틸렌글리콜, 글리세린 등이 있다.

┌─ 🐾 Plus tip ─────────────────────────
│ **부동액의 구비조건**
│ ㉠ 물보다 비등점이 높아야 하며, 빙점(응고점)은 낮을 것
│ ㉡ 물과 혼합이 잘 될 것
│ ㉢ 휘발성이 없고, 순환이 잘 될 것
│ ㉣ 내 부식성이 크고, 팽창계수가 적을 것
│ ㉤ 침전물이 없을 것
└───────────────────────────────

③ 냉각수와 부동액을 혼합할 경우 : 그 지방의 최저온도의 −5 ~ 10℃ 정도로 낮게 기준을 정한다.

④ 혼합비율(영구부동액)

동결온도	물(%)	부동액 원액(%)
-10℃	80	20
-20℃	65	35
-30℃	55	45
-40℃	50	50

> **✿ Plus tip**
> **부동액의 종류**
> ㉠ **메탄올** : 비점이 80℃, 응고점이 -30℃이며 낮은 온도에서 동결되지 않으나, 비점이 낮아 증발되기 쉽다.
> ㉡ **에틸렌글리콜** : 냄새가 없고 증발하지 않으며 비점이 높고(197.2℃) -30℃까지 동결되지 않으나, 금속을 부식시키므로 방청제를 첨가해야 여름에도 사용할 수 있다.
> ㉢ **글리세린** : 비중이 크므로 물과 혼합할 경우 골고루 저어주어야 한다. 또한 산이 포함되면 금속을 부식시키기 때문에 호스 연결부위 등에서 누출되지 않도록 조심해야 한다.

📢 수냉식 냉각장치

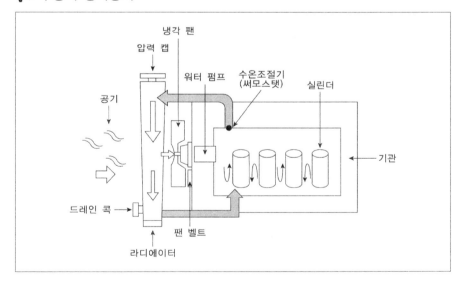

📕 **기출PLUS**

📖 2024. 2. 24. 서울시 제1회 시행

냉각수에 첨가하는 부동액의 종류에 해당하지 않는 것은?

① 에틸렌글리콜
② 아초산에틸
③ 글리세린
④ 메탄올

◀정답 ②

06 연료장치

❶ 연료장치

(1) 연료장치(가솔린)

엔진이 필요로 하는 연료와 공기를 적당한 비율로 혼합하여 공급하는 장치로서 엔진의 성능, 특히 출력이나 경제성을 좌우하는 장치이다.

(2) 연료장치의 구성

① **연료탱크** : 연료를 저장하는 용기로서 강판으로 되어있고, 탱크 내부는 부식방지를 위해 주석이나 아연으로 도금하여 방청처리를 하고 있다. 연료탱크는 몇 개의 칸막이를 두어 탱크의 강성을 높이고 주행 중 연료의 출렁거림을 방지한다.

② **연료파이프** : 연료탱크에서 기화기까지 각 장치를 연결하는 파이프이다.

③ **연료여과기** : 연료 속에 함유된 먼지나 수분 등의 불순물을 제거하는 것으로, 분해형과 비분해형이 있는데 대부분 비분해형을 사용한다. 연료여과기는 장시간 사용하면 여과성이 저하되므로 정기적으로 교환해야 한다.

④ **연료펌프** : 연료탱크 속의 연료를 기화기 또는 연료분사장치로 압송하는 장치이다.

⑤ **기화기**(Carburetor) : 엔진의 운전상태에 필요한 공기와 가솔린을 적당한 비율로 혼합하고 미립화하여 엔진에 공급하는 장치이다. 베르누이의 원리를 응용하여 벤추리관(Venturi tube)을 통과하는 공기의 속도가 빨라져 연료를 빨아올리도록 되어 있다.

⑥ **피드백 기화기**(Feed back carburetor) : 전자제어식 기화기라고도 한다. 피드백 기화기는 혼합비 제어용의 솔레노이드를 설치하고 이것을 컴퓨터(ECU)의 신호에 의해 작동시킨다.

② 연료와 연소

(1) 연료(가솔린)

탄화수소로 비중이 0.69 ~ 0.76, 발화점이 265 ~ 280℃, 저발열량이 11,000 ~ 11,500kcal/kg이다.

(2) 연소

① 정상연소 : 엔진이 원활하게 운전되는 경우의 연소로서 연소속도는 20 ~ 30m/s 정도이다(단, 대기압 속에서는 2 ~ 3m/s 정도).

② 이상연소 : 노킹과 조기점화가 있으면 연소속도는 200 ~ 300m/s 정도이다.

　㉠ 노킹이 엔진에 미치는 영향 : 열효율, 엔진의 출력이 저하되고 엔진이 과열되어 피스톤, 밸브, 베어링 등이 소손되거나 고착된다.

노킹의 원인	노킹 방지대책
• 압축비가 너무 높을 경우 • 점화가 빠를 경우 • 부하가 클 경우 • 엔진이 과열되었을 경우 • 연료의 옥탄가가 낮을 경우 • 혼합비가 맞지 않을 경우	• 높은 옥탄가의 가솔린(내폭성이 큰 가솔린)을 사용한다. • 점화시기를 늦추어 준다. • 혼합비를 농후하게 한다. • 압축비, 혼합가스 및 냉각수 온도를 낮춘다. • 화염전파속도를 빠르게 한다. • 혼합가스에 와류를 증대시킨다. • 연소실에 카본이 퇴적된 경우에는 카본을 제거한다.

　※ 노킹은 내연기관의 실린더 내에서의 이상연소(異常燃燒)에 의해 망치로 두드리는 것과 같은 소리가 점화 후에 일어나는 현상이다.

　㉡ 조기점화(과조 착화) : 점화플러그에 의해 점화되기 전에 실린더 내의 돌출부, 열점 등 과열된 부분의 열로 인해 자연발화하는 현상이다.

(3) 옥탄가

연소의 억제성(안티노크성)의 정도를 수치로 나타낸 것이다.

① 옥탄가 : $\dfrac{\text{이소옥탄}}{\text{노말햅탄} + \text{이소옥탄}} \times 100$

② 이소옥탄 : 노킹을 잘 일으키지 않으려는 성질을 가진 물질이다.

③ 노킹 노말햅탄 : 정헵탄이라고도 하며, 노킹을 일으키기 쉬운 성질을 가진 물질이다.

07   전자제어 연료분사 방식

1 개념 및 특징

(1) 개념

전자제어 연료분사 방식이란 각종 센서(sensor)를 부착하고 이 센서에 보내준 정보를 받아서 기관의 작동상태에 따라 연료 분사량을 컴퓨터(ECU : electronic control unit)로 제어하여 인젝터(injector : 분사기구)를 통하여 흡기다기관에 분사하는 방식이다.

(2) 특징

① 공기흐름에 따른 관성질량이 작아 응답성이 향상된다.

② 기관의 출력이 증대되고, 연료소비율이 감소한다.

③ 배출가스 감소로 인한 유해물질 배출감소 효과가 크다.

④ 연료의 베이퍼 록(vapor lock), 퍼컬레이션(percolation), 빙결 등의 고장이 적으므로 운전성능이 향상된다.

⑤ 이상적인 흡기다기관을 설계할 수 있어 기관의 효율이 향상된다.

⑥ 각 실린더에 동일한 양의 연료 공급이 가능하다.

⑦ 전자부품의 사용으로 구조가 복잡하고 값이 비싸다.

⑧ 흡입계통의 공기누설이 기관에 큰 영향을 준다.

2 전자제어 연료분사 방식의 분류

(1) 인젝터 설치 수에 따른 분류

① TBI(throttle body injection)방식 : SPI(single point injection)라고도 부르며 스로틀밸브 위의 한 중심점에 위치한 인젝터(1 ~ 2개를 설치)를 통하여 간헐적으로 연료를 분사하므로 기화기방식과 비슷하게 흡기다기관을 통하여 실린더로 들어간다.

② MPI(multi point injection)

　　㉠ 인젝터를 각 실린더마다 1개씩 설치하고, 흡입밸브 바로 앞에서 연료를 분사시킨다.

　　㉡ MPI(multi point injection)의 특징

　　　• 월 웨팅(wall wetting)에 따른 냉간 시동, 과도 특성의 효과가 크다.

　　　• 저속 또는 고속에서 회전력영역의 변경이 가능하다.

　　　• 온·냉간 상태에서도 최적의 성능을 보장한다.

　　　• 설계할 때 체적효율의 최적화에 집중하여 흡기다기관 설계가 가능하다.

③ **실린더 내 가솔린 직접 분사방식** : 디젤기관과 같이 실린더 내에 가솔린을 직접 분사하는 것으로 약 35 ~ 40 : 1의 매우 희박 공연비로도 연소가 가능하다. 연료 공급압력은 일반적인 전자제어 연료 분사방식의 경우 약 3 ~ 6kgf/cm^{2}인데 반해, 약 50 ~ 100kgf/cm^{2}로 매우 높으며, 실린더 내의 유동을 제어하는 직립형 흡입포트, 연소를 제어하는 접시형 피스톤(bowl type piston), 고압 연료펌프, 와류 인젝터(swirl injector) 등이 사용된다.

(2) 제어방식에 의한 분류

① **기계 제어방식**(mechanical control injection) : 연료 분사량을 흡입계통에 설치된 센서 플레이트(sensor plate)에 의해 연료 분배기(fuel distributor) 내의 제어 플런저(control plunger)를 움직여 인젝터로 통하는 통로의 면적을 변화시켜 제어하는 것이며, 기계적으로 연속 분사하는 방식이다. bosch사의 K-jetronic이 여기에 속한다.

② **전자 제어방식**(electronic control injection) : 각 사이클마다 흡입되는 공기량을 컴퓨터(ECU)가 센서를 이용하여 분사량을 제어하는 방식이며, D-jetronic, L-jetronic 등이 여기에 속한다.

(3) 분사방식에 의한 분류

① **연속 분사방식**(continuous injection type) : 기관이 시동되면서부터 가동이 정지될 때까지 지속적으로 연료를 분사시키는 것이며, K-jetronic, KE-jetronic 등이 여기에 속한다.

② **간헐 분사방식**(pulse timed injection type) : 일정한 시간간격으로 연료를 분사하는 것이며, L-jetronic, D-jetronic 등이 여기에 속한다.

(4) 흡입 공기량 계측방식에 의한 분류

① 매스플로방식(mass flow type : 질량 유량방식) : 공기유량 센서가 직접 흡입 공기량을 계측하고 이것을 전기적 신호로 변화시켜 컴퓨터로 보내 분사량을 결정하는 방식이다. 공기유량 센서의 종류에는 베인방식, 칼만 와류방식, 열선방식, 열막방식 등이 있다.

② 스피드 덴시티방식(speed density type : 속도 밀도방식) : 흡기다기관 내의 절대압력(대기압력+진공압력), 스로틀밸브의 열림 정도, 기관의 회전속도로부터 흡입 공기량을 간접 계측하는 것이며, D-jetronic이 여기에 속한다. 흡기다기관 내의 압력측정을 피에조(piezo : 압전소자) 반도체소자를 이용한 MAP 센서를 사용한다.

❸ 전자제어 연료분사장치의 구조와 작용

(1) 흡입계통(air intake system)

공기청정기로 들어온 공기가 공기유량 센서(airflow sensor)로 들어와 흡입 공기량이 계측되면, 스로틀보디의 스로틀밸브의 열림 정도에 따라 서지탱크(surge tank)로 유입된다. 서지탱크로 유입된 공기는 각 실린더의 흡기다기관으로 분배되어 인젝터에서 분사된 연료와 혼합되어 실린더로 들어간다.

① 공기유량 센서(air flow sensor)

   ⓐ 실린더로 들어가는 흡입 공기량을 검출하여 컴퓨터로 전달하는 일을 한다. 컴퓨터(ECU)는 이 센서에서 보내준 신호를 연산하여 연료 분사량을 결정하고, 분사신호를 인젝터에 보내어 연료를 분사시킨다.

   ⓑ 공기유량 센서의 종류에는 흡입 공기량 계측방식인 베인 방식(에어플로미터 방식), 칼만와류 방식, 열선 방식(또는 열막 방식) 등이 주로 사용되고 있다. 그리고 전자제어 기관에서 흡입하는 공기량을 추정하는 방법은 스로틀밸브 열림 각도, 흡기다기관 부압, 기관 회전속도 등이다.

📢 흡입 공기량 센서

(a) MAP 센서

(b) 칼만 볼텍스타입

(c) 핫 필름타입

(d) 베인, 메저링 플레이트타입

- 베인 방식(Vane type) : L-제트로닉 방식에서 흡입 공기량을 계측하여 컴퓨
터로 보낸다. 작동은 메저링 플레이트(measuring plate, 베인)의 열림 정도를
포텐셔미터(potentiometer)에 의하여 전압비율로 검출하며, 기관의 작동이 정
지된 경우에는 메저링 플레이트가 리턴 스프링의 장력에 의해 닫혀 있다.
- 칼만와류(소용돌이) 방식(karman vortex type) : 공기청정기 내부에 설치되
어 흡입 공기량을 칼만와류 현상을 이용하여 측정한 후 흡입 공기량을 디지
털 신호로 바꾸어 컴퓨터로 보내면 컴퓨터는 흡입 공기량의 신호와 기관 회
전속도 신호를 이용하여 기본 연료 분사시간을 계측하는 체적유량 검출방식
이다.
- 열막 방식(hot film type) : 센서 저항 필름과 온도센서 브리지 트리밍 저항
및 히팅저항을 0.25mm의 세라믹 기판에 층 저항으로 집적시켜 열막 센서를
형성하며, 공기청정기와 스로틀 보디사이에 두고 있다. 열막 방식의 특징은
다음과 같다.
- 고도 보상이 필요 없고, 응답성이 좋다.
- 가동부분이 없으며 오염도가 적다.
- 가볍고, 값이 싸다.

- MAP 센서(manifold pressure sensor : 흡기다기관 절대 압력 센서) 방식 : 흡기다기관에서 스로틀밸브를 기준으로 하여 스로틀밸브의 앞쪽에는 대기압력이 작용하고, 스로틀밸브를 지나 실린더 쪽으로 가면 압력이 낮아져 부압 상태로 되며 스로틀밸브의 뒤쪽은 밸브의 열림 정도에 따라 변화한다. 이때 대기압력과 흡기다기관 절대압력과의 차이가 기관이 흡입한 공기량을 계측하는 척도로 사용된다. MAP 센서는 피에조 저항형(piezo) 센서방식이다.

② 스로틀보디(throttle body) : 에어클리너와 서지탱크 사이에 설치되어 흡입공기 통로의 일부를 형성한다. 구조는 가속페달의 조작에 연동하여 흡입공기 통로의 단면적을 변화시켜 주는 스로틀밸브, 스로틀밸브 축 일부에는 스로틀밸브의 열림 정도를 검출하여 컴퓨터로 입력시키는 스로틀위치 센서가 있다.

㉠ 스로틀위치 센서(throttle position sensor) : 스로틀보디(throttle body)의 밸브 축과 함께 회전하는 가변저항기이며, 스로틀밸브의 열림 정도(개도량)와 열림 속도를 감지한다. 스로틀위치 센서는 가속페달에 의해 저항변화가 일어나는 것으로, 감지하는 상황은 공전, 가속, 감속 등이고 운전자가 가속페달을 얼마나 밟았는지 검출하며, 스로틀밸브의 열림 정도(회전량)에 따라 출력전압이 변화한다.

㉡ 공전속도 조절기구(idle speed controller) : 각종 센서들의 신호를 근거로 하여 기관 상태를 부하에 따라 안정된 공전속도를 유지시킨다. 기관이 공전할 때 회전속도 제어를 하기 위한 신호에는 수온센서 신호, 공전신호, 부하신호 등이다. 공전속도 조절기구에는 스텝 모터방식(step motor type), 공전 액추에이터(idle speed actuator : ISA) 방식이 있다.

㉢ 액셀러레이터 포지션 센서(APS : accelerator position sensor) : 액셀러레이터 포지션 센서는 가속페달의 밟힌 양을 감지하는 센서로 액셀러레이터와 일체로 구성되어 있다. 2개의 센서가 조합된 더블 포텐시오미터 형식으로 기관 ECU는 센서 1의 신호로 연료 분사량과 분사시기를 결정하는 주된 역할을 하며 센서 2의 신호는 센서 1의 이상 신호를 감지하는 역할을 한다. 액셀러레이터 포지션 센서(APS : accelerator position sensor)는 액셀 페달 모듈에 장착되어 있으며, 운전자의 가속의지를 ECU에 전달하여, 가속 요구량에 따른 연료량을 결정하게 하는 가장 중요한 센서이다. 액셀러레이터 포지션 센서는 신뢰도가 중요한 센서로, 주신호인 센서 1과 센서 1을 감시하는 센서 2로 구성되어 있다. 센서 1과 2는 서로 독립된 전원과 접지로 구성되어 있으며, 센서 2는 센서 1 출력의 1/2 출력을 발생하여, 센서 1과 2의 전압 비율이 일정 이상 벗어날 경우 에러로 판정된다.

〈보기〉의 공전속도 조절장치에 해당하는 방식은?

· 보기 ·
컴퓨터로부터의 작동 펄스신호에 의해 좌우 방향으로 15° 만큼씩 단계적으로 마그네틱 로터가 일정하게 회전하여 마그네틱 축과 나사(screw)로 연결된 밸브의 길이가 변화하여 바이패스 되는 공기량을 증감시켜 공전속도를 조절하는 장치

① ISC-서보 방식
   (idle speed control servo type)
② ISA 방식
   (idle speed actuator type)
③ 스텝 모터 방식
   (step motor type)
④ 전자제어 스로틀제어 방식
   (electronic throttle control type)

정답 ③

액셀러레이터 포지션 센서

② **전자제어 스로틀밸브**(ETC : electronic throttle control) : 기존의 가속페 달과 스로틀밸브를 케이블에 의해 기계적으로 연결한 것과는 달리 스로 틀밸브를 전자적으로 모터에 의해 제어하는 시스템이다. 액셀러레이터 포지션 센서(APS : accelerator position sensor)의 신호를 2계통으로 ECU에 송부하고 전자제어 스로틀 역시 스로틀밸브를 구동하는 스로틀 모터(ETC 모터) 및 기어기구, 스로틀밸브와 스로틀 개도를 검출하는 2 계통의 스로틀센서로 구성되어 있다. 보조 공기량은 모두 전자제어 스로 틀로 실시해 아이들 회전수를 제어하기 때문에 아이들 회전수 제어시스 템이 필요 없다. 기관 공회전 속도제어, TCS 제어, 정속주행 등의 여러 가지 기능을 하나의 모터로 제어한다.

(2) 연료계통(fuel system)

연료탱크의 연료는 연료펌프에 의하여 송출되며 연료필터, 연료 분배기로 공 급된다. 연료 분배기에는 인젝터가 장착되고, 한 쪽 끝에는 연료압력 조절기가 장착된다. 연료압력 조절기는 연료압력을 흡기관 부압에 대하여 일정하게 유 지시키는 작용을 하는 일종의 연료압력 조절밸브이다. 기관에 분사하는 연료 량은 인젝터의 통전시간에 의하여 제어된다.

① **연료탱크**(fuel tank) : 주행에 소요되는 연료를 저장하는 것이며, 주행 중 연료의 출렁거림을 방지하기 위하여 내부에는 칸막이가 있고 운전자에게 연료 보유 상태를 알려주는 연료계 유닛이 있다. 연료탱크 내부의 부식을 방지하기 위해 아연으로 도금이 되어 있다.

기출 2022. 6. 18. 경상북도 시행

전자제어 가솔린 엔진 연료펌프의 체크밸브에 대한 설명으로 옳은 것은?

① 연료압력이 낮을 때 오픈하여 압력을 제어한다.
② 연료라인에 연료가 별로 없을 때 압력을 제어하여 재시동을 용이하게 하고, 높은 연료온도에서 베이퍼록을 방지한다.
③ 연료 필터 등으로 인한 연료의 공급 끊김을 방지한다.
④ 부포의 저항값으로 연료량을 측정한다.

② **연료 파이프**(fuel pipe) : 연료장치의 각 부품을 연결하는 통로이며, 안지름 5 ~ 8mm의 구리 또는 강철 파이프이다. 파이프 이음은 연료가 누출되지 않도록 원뿔모양이나 둥근 플레어(flare)로 하고 파이프가 끼워져 있는 피팅(fitting 또는 니플)으로 조이도록 되어 있다. 또 이 피팅은 반드시 오픈 엔드 렌치(open end wrench)로 풀거나 조여야 한다.

③ **연료펌프**(fuel pump) : 전자력으로 구동되는 전동기를 사용하며, 연료탱크 내에 들어 있다. 연료의 공급량은 기관이 최대로 요구하는 양보다 더 많은 양의 연료를 계속 공급해 주어 연료계통 내의 압력을 일정한 수준으로 유지시켜서 어떤 운전조건에서도 연료의 공급부족현상이 일어나지 않도록 한다. 그리고 연료펌프 내에는 펌프 내의 압력이 높을 때 작동하여 압력상승에 따른 연료의 누출 및 파손을 방지해주는 릴리프 밸브(relief valve)와 연료펌프에서 연료의 압송이 정지되었을 때 곧바로 닫혀 연료계통 내의 잔압을 유지시켜 높은 온도에서 베이퍼 록(vapor lock)을 방지하고, 재시동성을 높이기 위해 체크 밸브(check valve)를 두고 있다.

④ **연료 분배 파이프**(delivery pipe) : 각 인젝터에 동일한 분사압력이 되도록 하며, 연료저장 기능을 지니고 있다. 분배 파이프의 체적은 인젝터에서 분사되는 연료 공급량에 비례하므로 분사에 따른 파이프 내부 압력변동이 없도록 한다. 그리고 이 파이프에 각 인젝터들이 연결되어 있어 각각의 인젝터에 동일한 분사압력이 되게 할 수 있으며, 인젝터 설치도 쉽도록 해준다.

⑤ **연료 압력조절기**(fuel pressure regulator) : 흡기다기관의 부압을 이용하여 연료계통 내의 압력을 조절해주는 것으로 분배 파이프 앞 끝에 설치되어 있다. 즉 연료계통 내의 압력을 2 ~ 3kgf/cm^{2}로 유지시켜 주는 다이어프램 조절의 오버플로(over flow)형식이다. 연료계통 내의 압력이 규정값 이상되면 다이어프램에 의해 조절되는 밸브가 열려 연료 출구 포트를 연다. 이에 따라 규정압력 이상의 연료는 밸브를 통하여 연료탱크로 되돌아간다.

⑥ **인젝터**(injector) : 각 실린더의 흡입밸브 앞쪽(흡기다기관)에 1개씩 설치되어 각 실린더에 연료를 분사하는 솔레노이드 밸브이다. 인젝터는 컴퓨터로부터의 전기적 신호에 의해 작동하며, 그 구조는 밸브 보디와 플런저(plunger)가 설치된 니들 밸브로 되어 있다. 솔레노이드 코일에 전류가 흐르지 않을 경우 니들 밸브는 스프링의 장력에 의해 밸브 시트에 밀착되어 연료의 분사를 차단하고, 솔레노이드 코일에 전류가 흐르면 솔레노이드 코일이 니들 밸브를 들어 올려 연료가 원통형의 분사구멍에서 분사된다. 인젝터의 분사각도는 10 ~ 40°정도이며, 분사시간은 1 ~ 1.5ms(ms = 1/1,000sec), 분사압력은 2 ~ 3kgf/cm^{2}이다.

◀정답 ①

(3) 제어계통(control system)

① 컴퓨터(ECU)의 구성 : 기억장치, 중앙처리장치, 입력 및 출력장치, A/D변환기, 연산부분으로 구성되어 있다.

㉠ 기억장치(memory)

- ROM(read only memory : 영구 기억장치) : 읽기 전용의 기억장치이며, 전원을 차단하더라도 기억 내용이 지워지지 않는다.
- RAM(random access memory : 일시 기억장치) : 각종 센서들로부터 입력되는 데이터를 일시 저장하는 기억장치이며, 전원을 차단하면 기억되어 있던 데이터가 소멸된다.

㉡ 중앙처리장치(CPU) : 연산장치, 주기억장치, 제어장치 등의 3가지로 구성되어 있으며, 기억장치에서 읽어 들인 프로그램 및 각종 센서들로부터의 입력된 데이터를 일시 저장하며, 산술연산이나 논리연산 및 판정을 실행하는 부분이다.

㉢ 입력 및 출력장치 : 입력장치는 각종 센서들로부터 검출된 신호를 받아들이는 부분이며, 센서의 신호를 처리하여 컴퓨터로 입력시킨다. 그리고 출력장치는 산술 및 논리 연산된 데이터를 액추에이터(ISC-서보, 인젝터, 에어컨 릴레이 등)에 제어신호를 보낸다.

> 🖋 Plus tip
>
> 엔진 ECU로 입력되는 신호
> ㉠ 흡기온도센서 : 흡입된 공기의 온도를 측정하여 그 정보를 송출한다.
> ㉡ 수온센서 : 냉각 장치의 냉각수온도를 측정하여 엔진 온도가 연소에 영향을 끼치는 부분을 판단한다.
> ㉢ 노크센서 : 연소 후 이상연소를 알아채면서 연료 분사나 점화시기를 조정하는 정보를 준다.
> ㉣ 산소센서 : 배기가스 내 산소농도를 알아내어 엔진 연소상태를 판단한다.
> ㉤ 악셀레타 포지션 센서 : 가속 페달의 밟기 각도에 따라 운전자의 요구속도를 판단한다.
> ㉥ 크랭크 포지션 센서 : 크랭크 축의 회전 각도를 측정하여 연료 분사시기나 점화시기의 정보를 판단한다.
> ㉦ 캠 포지션 센서 : 캠 축의 회전 각도를 측정하여 열료 분사시기와 점화시기의 정보를 판단한다.
> ㉧ 에어플로미터 : 공기유량을 파악하여 연료 분사량제어의 기본 정보를 입력한다.
> ㉨ 스로틀 포지션 센서 : 스로틀 밸브의 개도량을 엑셀러레이터 포지션 센서에 따라 결정하고 운전자의 의사 정보를 판단한다.

㉣ A/D변환기(analog & digital convertor) : 아날로그 신호를 중앙처리장치에서 디지털 신호로 변환시키는 부분이다.

기출PLUS

[기출] 2022. 6. 18. 서울시 보훈청 시행

전자제어 엔진의 ECU에서 입력신호에 해당하지 않는 것은?

① 냉각수온 센서 신호
② 흡기 온도 센서 신호
③ 스로틀 포지션 센서 신호
④ 인젝터 신호

[기출] 2020. 10. 17. 충청북도 시행

자동차의 전자제어 연료분사장치 ECU(Engine Control Unit)를 인지할 수 없는 것은?

① 냉각수 온도 신호를 모니터링
② 크랭크 각을 모니터링
③ 흡입 공기 온도를 모니터링
④ 인젝터를 모니터링

[기출] 2017. 6. 17. 강원도 시행

전자제어장치 ECU(Electronic Control Unit)에 대한 설명으로 틀린 것은?

① 엔진의 상태를 센서에 의하여 검출하고, 노킹으로부터 엔진을 보호하도록 점화 타이밍을 조절해 준다.
② 엔진의 파워, 토크, 연비에 영향을 미친다.
③ 차량의 평균속도를 제어하고, 차간거리 최소화에 영향을 미친다.
④ 운전자의 주행방식을 분석하고, 최적화된 운행에 도움을 준다.

❮정답 ④, ④, ③

기출PLUS

ⓓ **연산부분** : 중앙처리장치 내에서 연산이 되는 가장 중요한 부분이며, 컴퓨터의 연산은 출력이 되는 다른 것과 비교하여 결론을 내리는 방식이다. 즉 스위치의 ON-OFF를 0 또는 1로 나타내는 2진법과, 0에서 9까지의 수치로 나타내는 10진법으로 계산한다.

② **기관 컴퓨터(ECU ; Engine Control Unit)의 제어** : 컴퓨터에 의한 제어는 분사시기 제어와 분사량 제어로 나누어진다. 분사시기 제어는 점화코일의 점화신호(또는 크랭크각 센서의 신호)와 흡입 공기량 신호를 자료로 기본 분사시간을 만들고 동시에 각 센서로부터의 신호를 자료로 분사시간을 보정하여 인젝터를 작동시키는 최종적인 분사시간을 결정한다.

  ㉠ **분사시기 제어**
  - 동기분사(synchronized or sequential injection) : 점화순서에 따라 각 실린더의 흡입행정(배기행정 말)에 맞추어 연료를 분사하는 방식이다.
  - 그룹분사(group injection) : 흡입행정이 서로 이웃하고 있는 실린더를 그룹별로 묶어서 연료를 분사하는 방식이다.
  - 일반적으로 6실린더 기관에 적용하며 2실린더씩 묶어서 분사하면 3그룹 분사, 3실린더씩 묶어서 분사하면 2그룹 분사방식이 된다.
  - 동시분사(simultaneous injection) : 전 실린더에 대하여 크랭크축 매 회전마다 1회씩 일제히 분사하는 것을 말하며 시동 시나 급가속 시에 동시분사를 행한다.

  ㉡ **연료 분사량 제어** : 크랭크 각 센서 또는 캠축 센서의 신호를 기초로 회전속도 신호를 만들고, 이 신호와 흡입 공기량 신호에 의해 기본 분사량 제어, 기관을 크랭킹할 때의 분사량 제어, 기관 시동 후 분사량 제어, 냉각수 온도에 따른 제어, 흡기온도에 따른 제어, 축전지 전압에 따른 제어, 가속할 때의 분사량 제어, 기관의 출력을 증가할 때의 분사량 제어, 감속할 때 연료분사 차단(대시포트 제어)제어를 한다.

  ㉢ **피드백 제어(feed back control)** : 촉매컨버터가 가장 양호한 정화능력을 발휘하는데 필요한 혼합비인 이론 혼합비(14.7 : 1) 부근으로 정확히 유지하여야 한다. 이를 위해서 배기다기관에 설치한 산소센서로 배기가스 중의 산소농도를 검출하고 이것을 컴퓨터로 피드백(feed back)시켜 연료 분사량을 증감해 항상 이론 혼합비가 되도록 제어한다. 피드백 보정은 운전 성능, 안전성능을 확보하기 위해 다음과 같은 경우에는 제어를 정지한다.
  - 냉각수 온도가 낮을 때
  - 기관을 시동할 때
  - 기관 시동 후 분사량을 증가시킬 때

기출 2016. 10. 1. 경상남도 시행

다음 중 대시포트의 기능을 설명한 것으로 맞는 것은?

① 연료의 비등을 방지하기 위해 여분의 가솔린을 연료계통에 되돌리는 파이프나 밸브를 말한다.
② 엔진이 정지하였을 때 연료가 탱크로 리턴 되는 것을 방지하여 잔압 유지 및 재시동성을 향상시킨다.
③ 급 감속 시 연료차단과 함께 스로틀 밸브가 급격하게 닫힘을 방지하여 회전속도저하를 완만히 하거나 급감속 시 충격을 완화한다.
④ 연료 펌프라인에 고압이 걸릴 경우 연료의 누출이나 연료배관이 파손되는 것을 방지하는 일종의 안전밸브이다.

〈정답 ③

- 기관의 출력을 증가시킬 때
- 연료공급을 일시 차단할 때(농후 신호가 길게 지속될 때)
  - ⓔ 점화시기 제어 : 파워 트랜지스터로 컴퓨터에서 공급되는 신호에 의해 점화코일 1차 전류를 ON-OFF시켜 제어한다.
  - ⓜ 연료펌프 제어 : 점화스위치가 시동(St) 위치에 놓이면 축전지 전류는 컨트롤 릴레이를 통하여 연료펌프로 흐른다. 기관 작동 중에는 컴퓨터가 연료펌프 제어 트랜지스터를 ON으로 유지하여 컨트롤 릴레이 코일을 여자시켜 축전지 전원이 연료펌프로 공급된다.
  - ⓑ 공전속도 제어 : 에어컨스위치가 ON이 되거나 자동변속기가 N레인지에서 D레인지로 변속될 때 등 부하에 따라 공전속도를 컴퓨터의 신호에 의해 공전속도 조절 기구를 확장위치로 회전시켜 규정 회전속도까지 증가시킨다.
  - ⓢ 노크(knock) 제어장치 : 기관에서 발생하는 노크를 노크센서로 감지하여 점화시기를 늦추어 더 이상 노크가 일어나지 않도록 한다.
  - ⓞ 자기진단 기능 : 컴퓨터는 기관의 여러 부분에 입·출력 신호를 보내게 되는데 비정상적인 신호가 처음 보내질 때부터 특정시간 이상이 지나면 컴퓨터는 비정상이 발생한 것으로 판단하고 고장코드를 기억한 후 신호를 자기진단 출력단자와 계기판의 기관 점검 등으로 보낸다.

(4) 기관 제어용 센서

기관의 기본적인 입력은 공기와 연료이며, 출력은 기계적 구동력과 배기가스의 배출이 된다. 센서는 기관에서 발생하는 물리변수를 측정하고, 그 값은 신호처리기를 통하여 제어기(ECU)에 전기적 신호로 보내진다.

① 온도 검출용 센서(temperature sensor)
  - ㉠ 흡입 공기 온도 센서(ATS ; air temperature sensor) : 기관에 흡입되는 공기의 질량은 온도에 따라 변하므로 흡기 온도 센서는 흡입되는 공기의 온도를 검출하는 것으로 부특성(NTC ; negative temperature coefficient) 서미스터(thermister)로 되어 있다. 흡입 공기 온도에 대한 분사량의 보정을 행한다.
  - ㉡ 냉각수온 센서(WTS ; water temperature sensor) : 실린더 블록 또는 써모스탯 입구의 냉각수 통로에 설치되며 냉각수의 온도를 검출하여 온도가 상승하면 저항값이 작아지고, 온도가 내려가면 저항값이 커지는 부특성 서미스터(NTC thermister)로 일종의 저항기이다. 기관의 냉각수온 변화에 따른 연료 분사량의 증감 및 점화시기를 보정하는데 사용한다.

② 압력 검출용 센서(pressure sensor)

　㉠ 대기 압력 센서(BPS ; barometric pressure sensor) : 고도(高度)가 높아짐에 따라 공기밀도가 낮아지므로 피에조 압전효과(piezo electric effect)에 의해 스트레인 게이지(strain gauge)의 저항치가 압력에 비례해서 변화하므로 이 압력변화를 출력전압으로 절대압력을 측정하여 고도 또는 기후에 따라 변화하는 공기의 밀도를 보정하는데 사용한다.

　㉡ 부스트 압력 센서(BPS ; boost pressure sensor) : 인터쿨러 출력 파이프 상단에 장착되어 있으며, 터보차저에서 과급된 흡입공기의 압력을 측정하는 역할을 한다.

　㉢ 연료탱크 압력 센서(FTPS ; fuel tank pressure sensor) : 증발가스 제어시스템의 구성요소로서, 연료탱크, 연료펌프 또는 캐니스터 등에 장착되어 있으며, 퍼지 컨트롤 솔레노이드밸브(PCSV) 작동상태와 증발가스 제어시스템의 누기 여부를 점검하는 역할을 한다.

③ 위치 및 회전각 센서

　㉠ 스로틀 포지션 센서(TPS ; throttle position sensor) : 스로틀밸브의 열림 정도를 검출하여 공회전, 가감속 등의 기관 운전조건을 판정하여 분사량을 결정한다.

　㉡ 액셀러레이터 포지션 센서(APS ; accelerator position sensor) : 액셀러레이터 포지션 센서는 가속페달의 밟힌 양을 감지하는 센서로 액셀러레이터와 일체로 구성되어 있다. 2개의 센서가 조합된 더블 포텐시오미터 형식으로 기관 ECU는 센서 1의 신호로 연료 분사량과 분사시기를 결정하는 주된 역할을 하며 센서 2의 신호는 센서 1의 이상 신호를 감지하는 역할을 한다.

기출 2015. 6. 27. 대구광역시 시행

단위 시간당 기관 회전수를 검출하여 1사이클당 흡입 공기량을 구할 수 있게 하는 센서는?

① 크랭크 각 센서
② 스로틀 위치 센서
③ 공기 유량 센서
④ 산소 센서

　㉢ 크랭크각 센서(CAS ; crank angle sensor) : 기관의 점화시기를 제어하기 위해서는 피스톤의 위치를 알아야 하는데 크랭크각과 피스톤의 변위는 서로 상관관계가 있으므로 크랭크 각도를 검출하면 피스톤의 위치를 알 수 있다. 그리고 점화시기는 적어도 크랭크 각 1° 단위의 정도를 요구한다. 일반적으로 CAS는 점화시기의 기준인 크랭크각과 함께 회전수의 검출도 병행하고 있다. 크랭크각 센서는 기관 회전속도 및 크랭크각의 위치를 감지하여 연료분사시기 및 연료분사시간과 점화시기 등의 기준 신호를 제공한다.

　㉣ 캠축 포지션 센서(CMP ; cam shaft position sensor & No. 1 TDC sensor) : 1번 실린더의 압축행정 상사점을 감지하는 것으로 각 실린더를 판별하여 연료분사 및 점화순서를 결정하는데 사용한다.

《정답 ①

> 🐾 **Plus tip**
>
> **공기 유량 센서**(AFS ; Air Flow Sensor)
> 에어 클리너 부근에 설치되어 에어 클리너로 흡입되는 공기량을 계측하여 모듈
> 레이터에서 숫자를 디지털 신호로 변환시켜 ECU로 보내고, ECU는 기본 분사
> 시간을 결정하도록 하는 센서를 말한다. 에어 플로 센서라고도 한다.

기출 2021. 4. 10. 대구광역시 시행

엔진에 흡입되는 공기량을 검출하기 위한 센서로 옳은 것은?

① O_2 센서
② TPS
③ ISC
④ AFS

④ **산소 센서**(O_2 sensor, lambda sensor) : 혼합비를 이론 공연비(14.6 ~ 14.7) 부근으로 정밀제어(공연비 feed back control : closed loop)하기 위해 배기가스 중의 산소농도를 감지하여 출력전압을 ECU로 전송한다. 이를 공연비 피드백제어 또는 람다제어(λ -control)라 한다. 산소 센서는 배기가스 중의 산소농도에 따라 전압이 발생하는 일종의 화학적 전압 발생 장치이다. 즉, 산소 센서는 배기가스 중의 산소농도와 대기 중의 산소농도 차이에 따라 출력전압이 급격히 변화하는 성질을 이용하여 피드백 기준신호를 컴퓨터로 공급해 준다. 이때 출력전압은 혼합비가 희박할 때는 약 0.1V, 혼합비가 농후하면 약 0.9V의 전압을 발생시킨다. 특히 이와 같은 변화가 이론 공연비를 중심으로 급격하게 나타나므로 산소 센서는 공연비 제어에 매우 유리한 점을 지니고 있다. 일반적으로 기관 제어장치에서 산소 센서가 갖추어야 할 조건은 다음과 같다.

㉠ 이론 공연비에서 전압의 급격한 변화가 있을 것

㉡ 배기가스 내 산소 변화에 따른 신속한 출력전압 변화가 있을 것

㉢ 농후 · 희박 사이의 큰 차이가 있을 것

㉣ 배기가스의 온도변화에 대하여 안정된 전압을 유지할 것 산소 센서가 정상적으로 작동하기 위해서는 센서 팁 부분의 온도가 일정온도(통상 370℃) 이상으로 유지되어야 하는데, 이를 위하여 센서 내부에는 듀티 제어형식의 히터가 내장되어 있다. 이는 배기가스 온도가 일정 온도보다 낮을 경우, 센서가 정상적으로 작동하도록 센서 팁 부분의 온도를 일정 온도 이상으로 가열하는 역할을 한다.

⑤ **노크 센서**(knock sensor)

㉠ 화염 면이 정상적으로 도달되기 전에 부분적으로 자기 착화(self ignition)에 의해 급격하게 연소가 이루어지는 경우가 있다. 이 비정상적인 연소에 의해 발생하는 급격한 압력상승 때문에 실린더 내의 가스가 진동하여 충격적인 타음을 발생시키게 되며 이 현상을 노크 또는 노킹(knock or knocking)이라 한다.

〈정답 ④

ⓛ 노크 센서(KS ; knock sensor)는 실린더 블록 측면에 장착되어 있으며, 노킹 발생시 진동을 감지하여 ECU로 전달하는 역할을 한다.

⑥ **차속 센서**(speed sensor) : 변속기 하우징이나 계기판 내에 장착되어 차속을 검출하는 센서로 컴퓨터에 입력하여 연료 분사량 조절 및 계기판에 알려주는 기능을 하며 차속 센서에는 리드 스위치식 차속 센서, 광전식 차속 센서(전자미터 차량), 전자식 차속 센서가 있다.

08 LPG, LPI, CNG 연료장치

❶ 개념

(1) LPG(Liquefied Petroleum Gas)의 개요

① LPG란 가스전 또는 유전으로부터 분리 추출되거나 원유의 정제 과정에서 생산되는 기체상의 탄화수소를 액화시킨 혼합물로서, 프로판(Propane)과 부탄(Butane)제품으로 구분하여 사용한다.

> ☆ Plus tip
>
> **프로판과 부탄**
> ㉠ 프로판 : 소량의 메탄, 에탄, 부탄 등이 혼합 되어 있으며, 주로 가정의 취사·난방, 석유화학 원료로 사용되며 도시가스 원료로도 공급된다.
> ㉡ 부탄 : 부탄성분이 대부분을 차지하며, 자동차 연료로 사용되며 난방용 연료 및 산업용으로도 사용된다.

② 주성분
   ㉠ 프로판(propane) : 47 ~ 50%
   ㉡ 부탄(butane) : 36 ~ 42%
   ㉢ 오리핀 : 8%

③ 성질
   ㉠ 순수한 LPG는 색깔과 냄새가 없으며 많은 양을 유입하면 마취되는 수가 있다.
   ㉡ 냉각이나 가압에 의해 쉽게 액화하고 반대로 가압이나 감압에 의해 기화하는 성질이 있다.

ⓒ 기화된 LPG는 공기보다 약 1.5 ~ 2.0배 정도 무겁고 액체상태에서는 물
보다 0.5배 가볍다.

ⓔ 연소시 공기량이 부족하면 불완전연소로 일산화탄소를 발생시킨다.

ⓜ 저위발열량은 12,000kcal/kgf이다.

④ 자동차용 연료로 사용되는 LPG는 가스누출의 위험을 방지하기 위하여 착취제
(유기황, 질소, 산소화합물 등)를 첨가하여 특이한 냄새가 나도록 하고 있다.

(2) LPG 연료장치

① **계절에 따른 혼합비율** : 최근에는 계절에 따라 LPG의 혼합비율을 조절한다.

ⓖ 겨울철에는 기관의 시동성능을 향상시키기 위해 프로판 30%와 부탄 70%
의 혼합가스를 사용한다.

ⓛ 여름철에는 출력을 향상시키기 위하여 부탄 100%인 가스를 사용한다.

② LPG기관의 연료계통은 봄베(bombe : 연료탱크)에서 액체 LPG로 나와 여과
기에서 여과된 후 솔레노이드 밸브를 거쳐 베이퍼라이저(vaporizer)로 들어
간다. 여기서 압력이 감소된 후 기체 LPG(liquefied petroleum gas)로 되
어 가스믹서(mixer)에서 공기와 혼합되어 실린더 내로 들어간다.

> ☆ Plus tip
> LPG자동차의 연료공급 순서
> LPG봄베 → 솔레노이드 밸브 → 여과기 → 프리히터 → 베이퍼라이저 → 믹서

(3) LPI 연료장치

① LPI(liquid petroleum injection)장치는 LPG를 고압의 액체상태(5 ~
15bar)로 유지하면서 기관 ECU(컴퓨터)에 의해 제어되는 인젝터를 통하여
각 실린더로 분사하는 방식이다. 즉, LPG가 각각의 실린더에 독립적으로
공급 제어되는 방식이다.

② 가스믹서 형식의 LPG 연료장치에 비하여 성능, 연료소비율, 저온 시동성
능, 역화, 타르발생 등을 개선할 수 있으며, 매우 정밀한 LPG 공급량 제어
로 유해 배기가스를 감소시킬 수 있다.

③ 액체상태의 LPG를 분사하므로 가스믹서 형식의 구성부품인 베이퍼라이저
나 믹서 등의 부품이 필요 없으며, 새롭게 사용되는 구성부품으로는 고압
인젝터, 봄베 내장형 연료펌프, 특수재질의 연료 파이프, LPI 전용 ECU,
연료압력 조절기(레귤레이터) 등이 필요하다.

기출PLUS

기출 2024. 6. 22. 서울시 제2회 시행

**기존 LPG엔진에 비해 LPI엔진이 가
지는 특징에 대한 설명으로 가장 옳
지 않은 것은?**

① 겨울철 고질적인 냉간시동문제
를 개선하였다.

② 가솔린 엔진과 비슷한 수준의
동력성능을 발휘한다.

③ 정밀한 연료제어로 유해 배기
가스의 배출이 적다.

④ 인젝터를 이용하여 연료를 고압
기상 분사하여 연소특성을 개
선하였다.

기출 2022. 6. 18. 대전시 시행

**LPI 연료장치의 설명으로 옳지 않는
것은?**

① 여름철에는 부탄을 30% 정도
함량한다.

② 안전을 위해 탱크용량의 85%가
넘지 않게 충전한다.

③ LPG가 과도하게 흐르면 밸브
가 닫혀 유출을 방지하는 과류
방지밸브가 설치되어 있다.

④ 기화잠열에 의한 수분의 빙결
현상을 방지하는 아이싱 팁이
설치되어 있다.

❮정답 ④, ①

기출PLUS

기출 2022. 6. 18. 인천시 시행

다음 중 LPG 기관의 장점이 아닌 것은?

① 옥탄가가 높아 노킹 현상이 일어나지 않으며, 연소실에 카본 부착이 없다.
② 배기가스 중의 CO의 배출량이 가솔린보다 적다.
③ 체적효율이 떨어져 최고 출력이 가솔린에 비해 떨어진다.
④ 실린더의 마모가 적고, 오일 교환 기간이 연장된다.

2 LPG 기관

(1) LPG 기관의 장점 및 단점

① 장점
  ㉠ 연소 효율이 좋으며, 기관이 정숙하다.
  ㉡ 경제성이 좋다.
  ㉢ 기관 오일의 수명이 길다.
  ㉣ 대기 오염이 적고 위생적이다.
  ㉤ 퍼컬레이션이나 베이퍼 록 현상이 없다.
  ㉥ 연소실에 카본의 부착이 없어 점화플러그의 수명이 길다.
  ㉦ 황 성분이 적어 연소 후 배기가스에 의한 금속의 부식 및 기관, 머플러의 손상이 적다.

② 단점
  ㉠ 겨울철 기관의 시동이 어렵다.
  ㉡ 베이퍼라이저 내의 타르나 고무와 같은 물질을 수시로 배출해야 한다.
  ㉢ 연료의 취급과 절차가 번거롭다.
  ㉣ 장기간 정차 후 기관 시동이 어렵다.

(2) LPG 기관의 연료계통

① LPG 봄베(LPG bombe) : LPG를 보관할 수 있는 고압용기이다. 봄베는 충전밸브(녹색), 기체 송출밸브(황색), 액체 송출밸브(적색) 등 3가지의 밸브와 충전량 지시 장치인 액면 표시계와 플로트 게이지가 있다. 충전량은 안전을 위하여 봄베 용량의 85%까지만 충전하도록 한다.

② 솔레노이드 밸브(solenoid valve) : 기관의 온도(15℃)에 따라서 액체나 기체 상태의 연료를 공급 또는 차단하며, 전기적인 신호로 제어되는 일종의 전자석이다. LPG 여과기는 솔레노이드 밸브 아래에 장착되어 연료 내의 불순물을 제거한다.

③ 베이퍼라이저(vaporizer) : 액체를 기체로 변환하여 믹서로 공급하는 역할을 한다. 베이퍼라이저의 LPG는 액체에서 기체로 바뀔 때 주위에서 열을 빼앗아(증발 잠열) 온도가 낮아지기 때문에 베이퍼라이저의 밸브를 동결시켜 기관을 정지시킬 수 있다. 이를 방지하기 위해서 베이퍼라이저에는 냉각수 통로를 설치하여 냉각수의 순환으로 열을 공급시키고 봄베에 있는 높은 압력의 가스를 감압시켜 주도록 되어 있다.

❮정답 ③

㉠ **1차실의 기능**

- 고압의 LPG는 배출량이 커 공연비가 농후함으로 1차 압력 조정기구를 통해 $0.3kgf/cm^2$으로 압력을 낮추고 있다.
- 1차실에는 1차실의 압력을 $0.3kgf/cm^2$으로 일정하게 유지시키기 위한 밸런스 다이어프램과 밸런스 로드가 있으며 밸런스 다이어프램의 압력상승 시 밸런스 로드를 통해 1차 레버를 올려주면 1차 밸브는 닫히는 방향으로 작동하여 LPG 통로를 좁혀준다.

㉡ **2차실의 기능** : 1차실에서 낮아진 LPG의 압력을 2차 밸브와 밸브시트 사이에서 2차실로 유입시켜 대기압력으로 낮추는 작용을 하며, 기관 가동 시 진공에 의해 2차 다이어프램과 2차 밸브 레버가 상승하여 2차 밸브를 열어 LPG 가스가 유입된다.

④ **LPG 믹서(Mixer)** : 공기와 가스를 혼합시켜 주는 장치로서 전기장치나 에어컨 등을 사용하여 기관부하가 증가하면 이를 보상해주는 장치도 같이 장착된다.

❸ LPI 장치

(1) 장점

① 겨울철 시동성능이 향상된다.

② 정밀한 LPG 공급량의 제어로 배출가스 규제 대응에 유리하다.

③ 고압 액체상태로 연료가 인젝터에서 분사되므로 타르 생성 및 역화발생의 문제점을 개선할 수 있다.

④ 가솔린기관과 같은 수준의 출력성능을 발휘한다.

(2) LPI 연료공급장치의 구성과 작용

① **봄베(bombe)**

㉠ **봄베(연료탱크)** : LPG를 저장하는 탱크이며, 연료펌프를 내장하고 있다.

㉡ **연료펌프 드라이버** : IFB(인터페이스 박스)의 신호를 받아 펌프를 구동하기 위한 모듈이다.

㉢ **멀티 밸브** : 송출 밸브, 수동 밸브, 연료차단 솔레노이드 밸브, 과류 방지 밸브 등으로 구성되어 있다.

㉣ **충전 밸브** : LPG를 충전하기 위한 밸브이다.

㉤ **유량계** : 봄베 내의 LPG 보유량을 표시한다.

기출 2022. 6. 18. 울산시 시행

다음 중 LPI 기관의 연료압력조절 유닛의 구성으로 옳게 짝지어진 것은?

┌ 보기 ┐
㉠ 압력센서   ㉡ 유압센서
㉢ 온도센서   ㉣ 차속센서
└────────┘

① ㉠, ㉡   ② ㉠, ㉢
③ ㉡, ㉢   ④ ㉢, ㉣

❮ 정답 ②

② 연료펌프

　㉠ 봄베 내에 들어있으며, 봄베 내의 액체상태의 LPG를 인젝터로 압송하는 작용을 한다. 연료펌프는 필터, 모터 및 양정형 펌프로 구성된 연료펌프 유닛과 연료차단 솔레노이드 밸브, 수동 밸브, 릴리프 밸브, 리턴 밸브 및 과류 방지 밸브로 구성된 멀티 밸브 유닛으로 구성되어 있다.

　㉡ 연료펌프는 모터 부분과 양정형 펌프 부분으로 구성되어 있으며, 체크 밸브, 릴리프 밸브 및 필터가 결합되어 있다. 그리고 봄베 내의 LPG에 잠겨져 있기 때문에 작동소음 및 베이퍼 록를 억제할 수 있다.

③ 연료차단 솔레노이드 밸브 : 멀티 밸브에 설치되어 있으며, 기관 시동을 ON/OFF할 때 작동하는 ON/OFF 방식이며, 시동을 OFF로 하면 봄베와 인젝터 사이의 연료라인을 차단하는 작용을 한다.

④ 과류 방지 밸브 : 자동차 사고 등으로 인하여 LPG 공급라인이 파손되었을 때 봄베로부터 LPG 송출을 차단하여 LPG 방출로 인한 위험을 방지하는 작용을 한다.

⑤ 수동 밸브(액체상태 LPG 송출 밸브) : 장기간 동안 자동차를 운행하지 않을 경우 수동으로 LPG 공급라인을 차단할 수 있도록 한다.

⑥ 릴리프 밸브 : LPG 공급라인의 압력을 액체상태로 유지시켜, 열간 재시동 성능을 개선시키는 작용을 하며, 입구에 연결되는 판과 스프링장력에 의해 LPG 압력이 20 ± 2bar에 도달하면 봄베로 LPG를 복귀시킨다.

⑦ 인젝터(injector)와 아이싱 팁(icing tip)

　㉠ 인젝터(injector) : 인젝터 니들 밸브가 열리면 연료압력 조절기를 통하여 공급된 높은 압력의 LPG는 연료 파이프의 압력에 의해 분사된다. 이때 분사량 조절은 인젝터의 출구 면적이 일정하기 때문에 인젝터 통전시간 제어를 통하여 이루어지며, 이것은 LPG 공급압력을 감지한 IFB(인터페이스 박스)에 의해 제어된다.

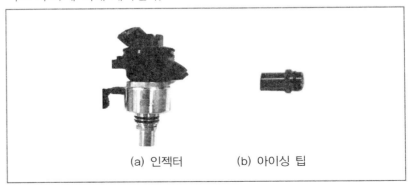

(a) 인젝터　　　　(b) 아이싱 팁

ⓛ **아이싱 팁**(icing tip) : LPG 분사 후 발생하는 기화 잠열로 인하여 주위 수분이 빙결을 형성하는데 이로 인한 기관 성능 저하를 방지하기 위해 아이싱 팁을 사용한다. 아이싱 팁은 열 전도성이 좋은 황동 재질을 사용한다. 재질의 차이를 이용하여 얼음의 결속력을 저하시켜 얼음의 생성을 방지하는 작용을 한다.

⑧ **연료압력 조절기** : 봄베에서 송출된 높은 압력의 LPG를 다이어프램과 스프링의 균형을 이용하여 LPG 공급라인 내의 압력을 항상 5bar로 유지시키는 작용을 한다. 또 연료압력 조절기 이외에 분사량을 보상하기 위한 가스 압력 측정 센서, 가스 온도 측정 센서 및 연료차단 솔레노이드 밸브를 내장하고 있어 LPG 공급라인의 공급 및 차단을 제어하는 작용을 한다.

ㄱ **연료압력 조절기의 구성부품**

- **연료압력 조절기** : LPG 공급압력을 조절하며, 펌프 압력보다 항상 5bar 이상이 되도록 한다.
- **가스 온도 센서** : 온도에 따른 LPG 공급량 보정신호로 사용되며, LPG 성분비율을 판정할 수 있는 신호로도 사용된다.
- **가스 압력 센서** : LPG 공급압력 변화에 따른 LPG 공급량 보정 신호로 사용되며, 기관을 시동할 때 연료펌프 구동시간 제어에도 영향을 준다.
- **연료차단 솔레노이드 밸브** : LPG 공급을 차단하기 위한 밸브이며, 점화스위치(key)를 OFF로 하면 LPG공급을 차단한다.

ㄴ **연료압력 조절기의 작동원리** : 연료압력 조절기는 봄베 내의 압력 변화에 대하여 분사량을 일정하게 유지하는 작용을 하며, 인젝터 내에 걸리는 LPG의 공급압력을 봄베의 압력보다 항상 5bar 정도 높도록 조정한다. 연료압력 조절기의 스프링 실(spring chamber)은 출구 쪽 압력과 연결되어 있어 항상 봄베의 압력이 형성되며, LPG 공급압력이 규정값을 초과하면 다이어프램이 밀려 올라가게 되고, 이때 LPG는 리턴라인을 거쳐 봄베로 복귀한다.

⑨ **연료필터** : LPI 차량의 경우 LPG기관 시스템보다 흡기내 카본 슬러지가 많이 퇴적되며 인젝터의 오염도 상당히 심해지고 고장도 자주 발생되어 시동성 및 연비, 출력에 영향을 미치므로 연료중의 슬러지를 걸러 준다.

연료필터

기출 2015. 6. 27. 경상북도교육청 시행

다음 중 연료 공급 계통의 재시동성 잔압을 유지하는 역할을 하는 것은?
① 체크 밸브
② 릴리프 밸브
③ 딜리버리 밸브
④ 니들 밸브

④ CNG 연료장치

(1) 가스 충전 밸브(가스 주입구)

가스를 충전시 사용하는 밸브로 충전 밸브에는 체크 밸브가 연결되어 고압가스 충전시 역류를 방지하는 기능을 한다.

(2) 가스 압력계

가스탱크 내의 연료량을 압력으로 표시하며 탱크 잔류압력 1MPa 이하에서는 기관 출력부족 현상이 발생하며 3.0MPa 이하에서는 재충전을 실시하여야 한다. CNG 가스탱크 완충 압력은 약 207bar(= 3,000psi = 201kgf/cm^2 = 20.7MPa)이며 연료가 기체상태인 관계로 가스탱크의 온도에 따라 압력이 변화된다.

(3) 체크 밸브

가스 충전 밸브 연결부 뒤쪽에 설치되어 고압가스 충전시 역류를 방지한다.

(4) GFI 솔레노이드 밸브(용기 밸브)

시동 KEY ON/OFF 상태에 따라 가스용기에서 기관으로 공급되는 가스를 공급 및 차단하는 역할을 하며 시동 KEY "ON" 상태로 5초 내에 RPM 신호가 ECU에 입력되지 않으면 자동으로 밸브가 닫힌다.

(5) 기계식 수동 밸브(용기밸브)

가스용기에서 기관으로 공급되는 가스를 공급 및 차단하는 밸브로 각각의 용기에 설치되고, 수동으로 밸브를 열고 닫는다.

(6) PRD(pressure relief device) 밸브

화재로 인해 용기의 파열이 발생할 우려가 있을 경우 PRD 밸브의 가용전(연납)이 녹으면서 가스를 방출하여 용기의 파열을 예방한다.

(7) 수동 차단 밸브

기관 정비시 기관 배관에 남아있는 가스를 제거할 때 사용한다. 수동 차단 밸브를 잠그고 기관 시동을 걸어 기관 측 배관 내의 잔류가스가 제거되면 기관은 자동으로 정지된다.

《정답 ①

⑻ 가스 필터

수동 차단 밸브의 파이프라인에 설치되며, 가스 내의 불순물을 여과하여 불순물이 기관에 공급되는 것을 방지한다. 가스 필터 점검 또는 교환 시에는 반드시 수동 차단 밸브를 잠그고 기관이 정지된 후 작업해야 하며, 가스 필터 관리 주기는 점검은 약 5,000km마다. 교환은 20,000km마다 한다.

⑼ CNG탱크 온도 센서(NGTTS : natural gas tank temperature sensor)

부특성 서미스터로 탱크 위에 설치되어 있으며 탱크 속의 연료 온도를 측정한다. 연료온도는 연료를 구동하기 위해 탱크 내의 압력 센서와 함께 사용된다.

⑽ 고압 차단 밸브(high pressure lock-off valve)

가스 필터와 가스 압력조정기 사이에 설치되며 가스탱크에서 기관에 공급되는 압축 천연가스를 과다한 압력 및 누기 발생시 차량과 기관을 보호하기 위하여 고압 가스라인을 차단하는 안전밸브이다. 시동키 "ON/OFF" 시 동시에 열리고 닫힌다(전원 공급시 플런저가 상향운동으로 밸브 개방 및 폐쇄). 밸브가 열리면 가스탱크로부터 고압의 가스가 연료라인을 따라 가스 압력 조정기로 공급된다. 연료공급압력은 3.0 ~ 20.7MPa로 매우 높은 압력이다.

⑾ 가스 압력 조정기(gas pressure regulator)

① 고압 차단 밸브로부터 공급되는 고압의 가스를 0.62MPa로 감압시켜 감압시 압력팽창에 의한 온도저하 및 동파방지를 위해서 기관의 냉각수가 유입된다. 가스 압력 조정기 바디에 가스탱크 압력 센서가 장착되어 있어 가스탱크의 가스 압력 검출이 가능하며, 이 검출된 값이 계기판의 연료게이지에 표시된다.

② 가스 압력 조정기의 가스 출구 측에는 과도압력조절장치(PRD)가 장착되어 있어 가스 출구압력이 1.1MPa 이상일 경우에는 가스를 대기로 방출시킨다. 또한 가스 압력 조정기에는 흡기관 압력보상 장치가 있어 흡기압력에 따라 가스의 토출압력이 변하게 되어 있다.

⑿ 가스열 교환기(heat exchanger)

가스 압력 조정기와 가스 온도 조절기 사이 프레임 상단에 설치되어 가스탱크에 압축된 가스는 가스 압력 조정기를 통과하면서 압력이 팽창하여 가스 온도 저하 및 동파방지를 위하여 상대적으로 따뜻한 냉각수를 공급하여 가스의 온도를 상승시키는 역할을 한다. 정확한 연료량 제어를 위하여 적정한 가스온도(-40 ~ 45℃)로 유지하는 기능을 한다. 가스의 온도가 과냉 또는 과열되면 연료 유동상태가 나빠진다.

⒀ 가스 온도 조절기(gas thermostat)

① 열 교환기에서 나온 가스는 플렉시블 호스를 통해 고압 차단 밸브 우측에 설치된 온도 조절기로 공급된다. 기관 냉각수의 유입을 자동적으로 조절하여 가스의 과냉 및 과열을 방지한다.

② 최적의 작동 온도로 유지하기 위해 일정 온도에서 냉각수의 흐름을 제어한다. 개방온도는 10 ~ 16℃이고 시동시 에는 완전히 개방이 되며 닫힘 온도는 40 ~ 49℃이다.

⒁ 연료 미터링 밸브

① 가스 온도 조절기를 거친 가스는 플렉시블 호스를 통해 기관의 좌측면에 설치된 연료 미터링 밸브로 공급되며, 디젤기관 인젝션 펌프와 유사하다.

② 8개의 인젝터가 개별적 또는 간헐적으로 유로를 개폐하여 연료의 압력을 조정해서 기관에 필요한 연료가스를 공급하며, 가속페달의 밟힘량 및 기관 회전수 신호 등을 ECU에서 펄스 신호로 제어하여 인젝터를 개방(인젝터의 개방시간으로 연료량을 제어)한다.

⒂ 가스 혼합기(gas mixer)

연료 미터링 밸브에서 공급된 가스와 압축공기를 혼합시킨다.

⒃ 스로틀 밸브(throttle valve)

기관 흡기 매니폴드 파이프에 장착되어 가스 혼합기를 통과한 혼합가스가 기관 실린더로 들어가는 양을 조절한다. 스로틀 밸브는 ECU에 의해 구동되는 모터와 스로틀 밸브의 위치를 파악하기 위한 스로틀 밸브 포지션 센서(TPS)가 일체로 구성되어 있다.

09 흡 · 배기장치 및 배출가스

❶ 개념

기관이 작동을 하기 위해서는 실린더 안으로 혼합가스(가솔린기관, LPI기관)나 공기(디젤기관)를 흡입한 후 연소시켜 그 연소가스를 밖으로 배출시켜야 하는데 이 작용을 하는 것이 흡 · 배기장치이다.

❷ 공기청정기(air cleaner)

(1) 개념

실린더 내로 흡입되는 공기와 함께 들어오는 먼지 등은 실린더 벽, 피스톤 링, 피스톤 및 흡 · 배기밸브 등에 마멸을 촉진시키며 또 기관오일에 유입되어 각 윤활부분의 마멸을 촉진시킨다. 공기청정기는 흡입공기의 먼지 등을 여과하는 작용 이외에 흡입공기의 소음을 감소시킨다.

(2) 공기청정기의 종류

건식 · 습식이 있으며 건식 공기청정기는 케이스와 여과 엘리먼트로 구성되며, 습식 공기청정기는 엘리먼트가 스틸 울(steel wool)이나 천(gauze)이며 기관오일이 케이스 속에 들어 있다.

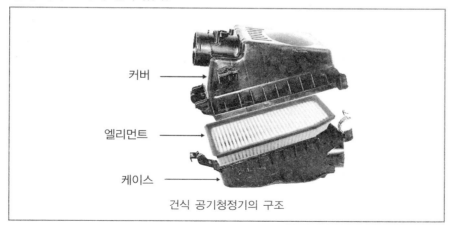

커버
엘리먼트
케이스

건식 공기청정기의 구조

❸ 흡기다기관(intake manifold)

(1) 설치 위치

혼합가스를 실린더 내로 안내하는 통로이며, 실린더헤드 측면에 설치되어 있다.

(2) 역할

흡기다기관은 각 실린더에 혼합가스가 균일하게 분배되도록 하여야 하며, 공기 충돌을 방지하여 흡입효율이 떨어지지 않도록 굴곡이 있어서는 안 되며 연소가 촉진되도록 혼합가스에 와류를 일으키도록 하여야 한다.

❹ 가변 흡입장치(VICS : variable induction control system)

(1) 개념

기관의 광범위한 회전영역에서 흡입효율을 향상시키기 위해 저속에서는 흡기다기관의 길이가 긴 것이 체적효율이 높지만, 반대로 고속에서는 흡기다기관의 길이가 짧을수록 체적효율이 높아진다. 이에 따라 저속과 고속에서 동시에 체적효율을 향상시키기 위해서는 흡기다기관의 길이나 체적을 기관 운전조건에 따라 가변시키는 것이 필요하며, 이러한 목적으로 사용되는 것이 가변 흡입장치이다.

(2) 제어 방식

① 기관 회전속도에 따라서 최대 회전력이 되도록 흡입공기의 흐름을 자동으로 제어하여 저속에서는 흡기다기관의 길이를 길게 하고, 고속에서는 짧게 한다. 흡입제어밸브의 구동은 직류전동기(DC motor) 또는 VICS 액추에이터로 하며, 컴퓨터(ECU)로 제어된다. 기관 회전속도에 따라 밸브의 목표위치를 미리 설정해두고 목표 값과 실제 값 사이의 차이가 발생하면 이 차이를 흡입 밸브 위치 센서에서 검출하고, 밸브구동을 작동시켜 목표 값과 실제 값이 일치하도록 제어한다.

② 밸브 위치 센서는 밸브를 개폐할 때 밸브의 위치를 정확히 파악하기 위해 밸브 축에 설치하며 홀 센서(hall sensor)방식으로 되어 있다. 점화스위치를 ON으로 한 상태에서 컴퓨터는 밸브구동 전동기를 작동하여 밸브가 충분히 닫히도록 하여 초기상태로 조정하고, 이후에는 펄스신호의 수에 따라 밸브 열림 정도를 계산하여 제어한다.

기출PLUS

기출 2024. 2. 24. 서울시 제1회 시행

〈보기〉는 엔진 회전수와 엔진 부하에 따라 흡입통로를 제어하여 출력을 향상시키는 가변 흡입 장치(VIS : Variable Induction System)의 작동에 대한 설명이다. (개), (내), (대)에 들어갈 내용으로 가장 옳은 것은?

─ 보기 ─

컴퓨터는 (개) 에 VIS 밸브를 (내) 일반 엔진보다 흡입 통로가 (대) 지게 되고, 이에 따라 흡입 관성력이 증가함으로써 흡입효율이 높아져 엔진 출력이 향상된다.

① (개) 저속 및 저부하 시
　(내) 닫아
　(대) 길어
② (개) 저속 및 저부하 시
　(내) 열어
　(대) 짧아
③ (개) 고속 및 고부하 시
　(내) 닫아
　(대) 짧아
④ (개) 고속 및 고부하 시
　(내) 열어
　(대) 길어

≪정답 ①

❺ 배기다기관(exhaust manifold)

(1) 재료

고온·고압가스가 끊임없이 통과하므로 내열성이 큰 주철 등을 사용한다.

(2) 기능

실린더에서 배출되는 배기가스를 모아서 소음기로 보내는 것이다.

❻ 촉매장치(catalytic converter)

(1) 개념

연소 후에 발생되는 배기가스의 유해물질을 산화 또는 환원반응을 통해 유해 물질을 무해물질로 변환하는 장치를 말한다.

> 🔖 Plus tip
>
> 촉매장치
> ㉠ 산화촉매 : 배기가스 속의 CO와 HC가 CO_2와 N_2O로 산화된다.
> ㉡ 환원촉매 : 배기가스 속의 NOx가 N_2와 O_2로 된다.
> ㉢ 삼원촉매 : 배기가스 속의 CO, HC, NOx가 동시에 하나의 촉매로 처리한다.

(2) 삼원 촉매장치

모양에 따라 펠릿형과 벌집형이 있는데, 펠릿형의 경우 알루미나 담체(substrate) 표면에 백금, 팔라듐이 부착되어 있고, 벌집형의 경우는 담체표면에 백금, 코지 라이트가 부착되어 있다. 담체는 세라믹(Al_2O_3), 산화 실리콘(SiO_2), 산화마그네슘(MgO)을 주원료로 하여 합성한 것이며 그 단면은 cm^2당 60개 이상의 미세한 구멍으로 되어 있다.

(3) 촉매컨버터가 부착된 자동차의 주의사항

① 반드시 무연 가솔린을 사용할 것

② 기관의 파워 밸런스(power balance)시험은 실린더당 10초 이내로 할 것

③ 자동차를 밀거나 끌어서 기동하지 말 것

④ 잔디, 낙엽, 카페트 등 가연 물질 위에 주차시키지 말 것

기출PLUS

기출 2022. 6. 18. 서울특별시 시행

가솔린 엔진 자동차의 삼원촉매장치에서 환원반응을 통해 줄이는 배출가스 성분은?

① 탄화수소(HC)
② 질소산화물(NOx)
③ 일산화탄소(CO)
④ 이산화탄소(CO_2)

기출 2022. 4. 23. 경기도 시행

다음 중 삼원촉매장치의 기능에 대한 설명으로 바르지 않은 것은?

① CO, HC는 CO_2로 산화시킨다.
② 공연비에 가까워질수록 촉매의 성능이 향상된다.
③ NOx는 이산화질소(NO_2)로 환원된다.
④ 벌집모양의 세라믹 촉매는 백금과 로듐으로 구성되어 있다.

기출 2017. 10. 21. 경기도 시행

다음 중 배기후처리 삼원촉매의 역할로 맞는 것은?

① CO, HC, NOx → CO_2, H_2O, N_2, O_2로 산화
② CO, HC → CO_2와 H_2O로 산화, NOx → N_2와 O_2로 환원
③ CO, HC → CO_2와 H_2O로 환원, NOx → N_2와 O_2로 산화
④ CO, HC, NOx → CO_2, H_2O, N_2, O_2로 환원

기출 2019. 2. 16. 강원도 시행

삼원촉매장치 설명 중 틀린 것은 어느 것인가?

① CO, HC는 환원 NOx는 산화한다.
② 온도가 높을수록 정화가 잘된다.
③ 백금, 로듐, 팔라듐이 사용된다.
④ 유해 배기가스의 감소를 위하여 설치하며 주로 2차 공기 공급장치와 함께 사용한다.

《정답 ②, ③, ②, ①

(4) 삼원 촉매장치의 사용

① 현재 배기저항이 다소 낮은 벌집형 삼원 촉매장치를 가장 많이 사용하고 있다.

② 삼원 촉매장치의 작동온도는 약 250℃ 이상으로 가열되어야 촉매작용을 시작하게 되는데 이상적인 작동온도는 약 400 ~ 800℃ 사이의 범위이다.

7 소음기(muffler)

(1) 개념

배기가스는 매우 높은 온도(600 ~ 900℃)이고, 흐름속도가 거의 음속(340m/sec)에 달하므로 이것을 그대로 대기 중에 방출시키면 급격히 팽창하여 격렬한 폭음을 낸다. 이 폭음을 막아주는 장치가 소음기이며, 음압과 음파를 억제시키는 구조로 되어 있다.

(2) 구조

내부구조는 몇 개의 방으로 구분되어 있고 배기가스가 이 방들을 지나갈 때마다 음파의 간섭, 압력변화의 감소, 배기온도 등을 점차로 낮추어 소음시킨다.

8 자동차 배출가스

(1) 개념

자동차에서 배출되는 가스에는 배기 파이프로부터의 배기가스, 기관 크랭크 케이스(crank case)로부터의 블로바이가스 및 연료계통으로부터의 증발가스 등 3가지가 있다.

(2) 배출가스

① 배기가스(exhaust gas)

    ㉠ 배기가스의 주성분은 수증기(H_2O)와 이산화탄소(CO_2)이며 그밖에 일산화탄소(CO), 탄화수소(HC), 질소산화물(NOx), 납 산화물, 탄소입자 등이 있으며 이 중에서 일산화탄소, 질소산화물, 탄화수소가 유해물질이다.

ⓛ 배기가스가 차지하는 비율은 60%이다.

② 블로바이가스(blow-by gas)
  ㉠ 실린더와 피스톤 간극에서 크랭크 케이스로 빠져 나오는 가스를 말하며, 조성은 70 ~ 95% 정도가 미연소가스인 탄화수소이고 나머지가 연소가스 및 부분 산화된 혼합가스이다.
  ㉡ 블로바이가스가 크랭크 케이스 내에 머물면 기관의 부식, 오일슬러지(oil sludge)발생 등을 촉진한다.
  ㉢ 블로바이가스가 차지하는 비율은 25%이다.

③ 연료 증발가스
  ㉠ 연료 공급계통에서 연료가 증발하여 대기 중으로 방출되는 가스이며, 주 성분은 탄화수소이다.
  ㉡ 연료증발가스가 차지하는 비율은 15%이다.

> 🔖 Plus tip
> **배출가스의 구분**
> ㉠ 배기가스
> • 무해물질 : 수증기(H_2O), 이산화탄소(CO_2)
> • 유해물질 : 탄화수소(HC), 일산화탄소(CO), 질소산화물(NOx)
> ㉡ 블로바이가스 : 수증기(H_2O), 이산화탄소(CO_2), 탄화수소(HC), 일산화탄소(CO), 질소산화물(NOx)
> ㉢ 연료 증발가스 : 탄화수소(HC)

(3) 배기가스의 특성

① 일산화탄소(CO)
  ㉠ 일산화탄소는 연료가 불완전 연소하였을 때 발생되는 무색, 무취의 가스 이다. 일산화탄소를 인체에 흡입하면 혈액 속에서 산소를 운반하는 세포 인 헤모글로빈과 결합하여 신체 각부에 산소의 공급이 부족하게 되어 어 느 한계에 도달하면 중독 증상을 일으킨다.
  ㉡ 일반적으로 0.15%의 일산화탄소가 함유된 공기 중에서 1시간 정도 있으 면 생명이 위험하다. 배출되는 일산화탄소의 양은 공급되는 혼합가스(공 연비)의 비율에 좌우하므로 일산화탄소 발생을 감소시키려면 희박한 혼 합가스를 공급하여야 한다. 그러나 혼합가스가 희박하면 기관의 출력 저 하 및 실화의 원인이 된다.

② **탄화수소(HC)** : 농도가 낮은 탄화수소는 호흡기계통에 자극을 줄 정도이지 만 심하면 점막이나 눈을 자극하게 된다. 연소실 내에서 혼합가스가 연소할

기출PLUS

기출 2021. 6. 5. 대전광역시 시행

가솔린기관의 배출가스 특징으로 가 장 옳은 것은?
① 농후한 공연비일 때 NOx의 배 출량이 감소
② 매우 희박한 공연비일 때 HC 의 배출량이 증가
③ 기관이 급감속시 NOx의 배출 량이 감소
④ 기관의 온도가 낮을 경우 CO와 HC의 배출량이 감소

기출 2015. 11. 21. 세종시 시행

자동차에서 배출되는 배출가스는 크 게 3가지로 분류한다. 이 중 배출가 스에 속하지 않는 것은?
① 배기가스
② 배출가스
③ 블로바이 가스
④ 연료증발 가스

기출 2015. 11. 21. 세종시 시행

다음 중 가솔린 엔진의 배출가스 중 인체에 위해가 적은 것은?
① CO
② HC
③ NO
④ CO_2

❮정답 ①, ②, ④

때 연소실 안쪽 벽은 온도가 낮으므로 이 부분은 연소온도에 이르지 못하며, 불꽃은 안쪽 벽에 도달하기 전에 꺼지기 때문에 미연소가스가 탄화수소로 배출된다.

③ 질소산화물(NOx)

㉠ 배기가스에 들어있는 질소화합물의 95%가 NO_2이고 NO는 3 ~ 4% 정도이다. 광화학스모그(smog)는 대기 중에서 강한 태양광선(자외선)을 받아 광화학반응을 반복하여 일어나며, 눈이나 호흡기계통에 자극을 주는 물질이 2차적으로 형성되어 스모그가 된다.

㉡ 광화학 반응으로 발생하는 물질은 오존, PAN(peroxyacyl nitrate), 알데히드(adlehyde) 등의 산화성 물질이며 이것을 총칭하여 옥시던트(oxidant)라 한다.

㉢ 질소는 잘 산화(酸化)하지 않으나 고온·고압 및 전기 불꽃 등이 존재하는 곳에서는 산화하여 질소산화물을 발생시킨다. 특히 연소온도가 2,000℃ 이상인 연소에서는 급증한다. 또 질소산화물은 이론 혼합비 부근에서 최댓값을 나타내며, 이론 혼합비보다 농후해지거나 희박해지면 발생률이 낮아지며, 배기가스를 적당히 혼합가스에 혼합하여 연소 온도를 낮추는 등의 대책이 필요하다.

> **Plus tip**
> SCR(선택적 촉매 환원 장치)
> SCR는 질소산화물을 줄이는데 사용하며 요소수를 30% 농도로 물에 희석한 것으로 질소산화물을 환원시키는 역할을 한다. 요소수를 이용하여 질소산화물을 저감시키는 장치이다.

④ **입자상 물질**(PM ; particulate matter) : 입자상 물질은 우리가 눈으로 볼 수 있는 입자성을 띠고 있다. 이들은 주로 불완전 연소시 발생하며 나쁜 연료와 윤활유도 원인이다. 입자상 물질의 입자는 75% 이상이 직경 1μm 이하의 미세입자이기 때문에 기관지 등에 침투하여 장기간 잠재하며 특히 폐암의 원인으로 판명되고 있어 위해성에 대한 논란이 가중되고 있다.

(4) 배출가스 제어장치

① 블로바이가스 제어장치

㉠ 경부하 및 중부하에서의 블로바이가스는 PCV 밸브(positive crank case ventilation valve)의 열림 정도에 따라서 유량이 조절되어 서지탱크로 들어간다.

다음 중 질소산화물(NOx)가 상승하는 원인은?

① 공연비가 농후한 경우
② 냉각수 온도가 낮은 경우
③ 점화시기가 빠른 경우
④ 압축비가 낮은 경우

다음 중 요소수를 활용한 디젤 NOx 저감장치는?

① CRT(연속 재생식 촉매)
② DPF(디젤 미립자 필터)
③ DOC(디젤 산화 촉매)
④ SCR(선택적 촉매 환원 장치)

다음 중 요소수를 사용함으로써 저감되는 배기가스는?

① 탄화수소　　② 일산화탄소
③ 이산화탄소　④ 질소산화물

다음 중 배기가스 제어장치가 아닌 것은?

① 제트에어 장치
② 가열 공기 흡입장치
③ 캐니스터
④ 촉매변환장치

〈정답 ③, ④, ④, ③

ⓛ 급가속 및 높은 부하운전에서는 흡기 부압이 감소하여 PCV 밸브의 열림 정도가 작아지므로 블로바이가스는 흡기 부압을 이용하여 블리더 호스를 통하여 서지탱크로 들어간다.

> **Plus tip**
>
> PCV 밸브(Positive Crankcase Ventilation Valve)
> 강제환기밸브로 크랭크케이스 내의 배출 가스 제어 장치 중의 한 부품으로 사용 유량을 조정하는 밸브를 말한다. 실린더 헤드 커버 또는 크랭크케이스로부터 나오게 한 블로바이 가스를 에어 클리너와 흡입관 상류부로 환원한다.

② **연료증발가스 제어장치** : 연료계통에서 발생한 증발가스(탄화수소)를 캐니스터에 포집한 후 PCSV의 조절에 의하여 서지탱크 통하여 연소실로 보내어 연소시킨다.

　ⓐ 캐니스터(canister) : 기관이 작동하지 않을 때 연료탱크에서 발생한 증발가스를 캐니스터 내에 흡수 저장(포집)하였다가 기관이 작동되면 PCSV를 통하여 서지탱크로 유입한다.

　ⓑ PCSV(purge control solenoid valve) : 캐니스터에 포집된 연료 증발가스를 조절하는 장치이며, 컴퓨터에 의하여 작동된다.

③ **배기가스 재순환장치**(EGR ; exhaust gas recirculation)

　ⓐ 질소산화물의 배출을 저감시키기 위하여 흡기 부압에 의하여 열려 배기가스 중의 일부(혼합가스의 약 15%)를 배기다기관에서 빼내어 흡기다기관으로 순환시켜 연소실로 다시 유입시킨다.

　ⓑ 배기가스를 재순환시키면 새로운 혼합가스의 충전율은 낮아진다. 그리고 다시 공급된 배기가스는 질소에 비해 열용량이 큰 이산화탄소가 많이 함유되어 있다. 즉, 다시 공급된 배기가스는 더 이상 연소 작용을 할 수 없기 때문에 폭발행정에서 연소온도가 낮아져 온도의 함수인 질소산화물의 발생량이 약 60% 정도 감소한다.

　ⓒ 기관에서 배기가스 재순환장치를 적용하면 질소산화물 발생률은 낮출 수 있으나 착화성 및 기관의 출력이 감소하며 일산화탄소 및 탄화수소 발생양은 증가하는 경향이 있다. 이에 따라 배기가스 재순환장치가 작동되는 것을 기관의 특정 운전구간(냉각수 온도가 65℃ 이상이고, 중속 이상)인 질소산화물이 다량 배출되는 운전영역에서만 작동하도록 하고 있다. 또 공전할 때, 난기운전을 할 때, 전부하 운전을 할 때, 농후한 혼합가스로 운전되어 출력을 증대시킬 경우에는 작용하지 않도록 한다. 그리고 EGR 율은 다음과 같이 산출한다.

기출PLUS

기출 2016. 7. 30. 전라남도 시행
블로바이 가스를 제어하는 밸브로 맞는 것은?
① EGR　　② PCV
③ PCSV　　④ NCSV

기출 2022. 7. 16. 전라남도 시행
자동차 유해가스 저감 부품이 아닌 것은?
① 차콜 캐니스터
② 인젝터
③ EGR장치
④ 삼원 촉매장치

기출 2022. 7. 16. 전라남도 시행
다음 ( )에 알맞은 표현은?

> **보기**
> 배기가스 재순환장치는 ( )의 발생량을 감소시킨다.

① 이산화탄소　　② 탄화수소
③ 일산화탄소　　④ 질소산화물

기출 2021. 5. 1. 전라북도 시행
EGR 장치에서 배기가스의 일부를 연소실로 재순환시키는 이유로 맞는 것은?
① 출력을 증대시키기 위해
② 승차감을 개선시키기 위해
③ 연비를 향상시키기 위해
④ 연소온도를 낮추어 NOx의 발생을 억제시키기 위해

《정답 ②, ②, ④, ④

$$EGR율 = \frac{EGR가스량}{EGR가스량 + 흡입공기량}$$

기출PLUS

기출 2021. 4. 15. 경기도 시행

배기가스로 출력을 증가시키는 장치는?

① 터보차저
② 슈퍼차저
③ EGR
④ 압축기

9 과급장치(charger)

(1) 터보차저(turbo charger)

현재 기관의 출력으로 보다 높은 출력을 얻고자 할 때 과급기를 설치한다. 그러므로 체적효율을 높이기 위해 많은 양의 공기를 연소실로 흡입할 필요성이 있다. 터보 과급기는 연소실에서 배출되는 배기가스를 이용하여 터빈 블레이드를 회전시켜 이를 거쳐 압축기를 회전시키게 된다. 따라서 흡입공기는 압축기에 의해 압축이 이루어지게 되고, 높은 밀도의 공기가 연소실로 흡입하게 되어 흡입공기의 밀도를 높여 충진율을 개선함에 따라 출력이 증가한다. 또한 소형 기관에 설치할 경우 동일 배기량의 기관에 비해 높은 출력을 얻을 수 있기 때문에 단위 출력당 기관의 중량을 가볍게 할 수 있다.

그러나 터빈 축은 약 10만~15만rpm으로 회전하기 때문에 내열성이 우수한 재질의 금속을 선택해야 되고, 부가적으로 냉각을 시키기 위한 윤활장치가 필요하게 된다.

(2) 인터쿨러(inter cooler)

① 터보차저에서 공기를 압축하면 흡입공기의 온도가 상승하는데 일반적으로 100~150℃ 정도의 범위이다. 기관에서 흡입공기의 온도가 상승하면 밀도 저하로 인하여 흡입효율이 저하됨과 동시에 혼합기의 온도가 상승하여 노크가 발생한다. 따라서 흡입공기를 냉각시켜 흡입효율 향상과 노크를 감소시키기 위하여 인터쿨러를 설치한다.

② 일반적으로 인터쿨러는 수냉식과 공랭식이 있으며, 수냉식 인터쿨러는 물 펌프, 냉각용 보조 라디에이터 등이 필요하며 냉각수와 주행 중 받는 바람으로 냉각된다. 공랭식 인터쿨러는 주행 중에 받는 바람이 직접 고온의 흡입공기를 냉각시키도록 바람을 쉽게 받을 수 있는 부분에 설치한다.

《정답 ①

(3) 슈퍼차저(super charger)

① 슈퍼차저는 터보차저와는 달리 크랭크축의 동력으로 벨트에 의해 구동된다. 운전방법은 에어컨 압축기와 마찬가지로 슈퍼차저 구동 풀리에 마그네틱 클러치를 장착하여 ECU가 제어하는 방법을 주로 사용한다. 이외에도 기관이 여분의 추가적인 출력을 요구하지 않을 경우 ECU가 바이패스 밸브를 작동시켜 압축공기 일부를 슈퍼차저 입구로 되돌려 보내어 슈퍼차저의 부하를 경감시켜 주기도 한다.

② 이처럼 기관이 출력을 요구하는 시기와 정도에 따라 슈퍼차저를 정밀하게 제어하기 위해 슈퍼차저의 ON/OFF는 물론이고 연료량과 점화시기도 ECU가 제어한다. 이러한 방법은 기관의 부하상태와는 무관하게 항상 작동하는 상시 슈퍼차저(full time supercharger)에 비해서는 효율적이다.

출제예상문제

1 가솔린 자동차의 공연비가 농후할 때의 영향으로 잘못 설명한 것은?

① 엔진의 출력이 저하된다.
② 일산화탄소(CO)가 증가한다.
③ 탄화수소(HC)가 증가한다.
④ 질소화합물(N_oX)이 증가한다.

1.

이론공연비보다 농후할 때 CO와 HC는 증가하고 N_oX는 감소한다. 이론공연비보다 약간 희박할 때 N_oX는 증가하고, CO와 HC는 감소한다.

2 가솔린 엔진에서 노킹이 일어나는 현상의 원인이 아닌 것은?

① 부하가 높을 때
② 점화시기가 느릴 때
③ 압축비가 높을 때
④ 혼합비가 맞지 않을 때

2.

노킹 발생 원인
㉠ 기관에 과부하가 걸렸을 때
㉡ 기관이 과열되었을 때
㉢ 점화시기가 너무 빠를 때
㉣ 혼합비가 희박할 때
㉤ 낮은 옥탄가의 가솔린을 사용했을 때

3 가솔린 노킹이 엔진에 미치는 영향이 아닌 것은?

① 실린더와 피스톤의 마멸 및 고착 발생
② 엔진 과열 및 출력 저하
③ 배기가스의 온도 상승
④ 기계 각부의 응력 증가

3.

노킹의 영향 … 기관 과열 및 출력 저하, 실린더와 피스톤의 마멸 및 고착 발생, 흡·배기 밸브 및 점화플러그의 손상, 배기가스 온도 저하, 기계 각 부의 응력이 증가한다.

4 다음 중 연료가 연소실 내부에 직접 분사되는 기관은?

① SPI(Single Point Injection)
② MPI(Multi Point Injection)
③ GDI(Gasoline Direct Injection)
④ PFI(Port Fuel Injection)

5 전자제어기관에서 산소 센서의 설명으로 옳지 않은 것은?

① 흡기다기관에 설치되어 흡입공기를 측정한다.
② 배기 매니폴드에 설치되어 있다.
③ 산소 농도를 측정하여 피드백 제어한다.
④ 지르코니아 방식과 티타니아 방식이 있다.

6 다음 중 배출가스에 대한 설명으로 옳은 것은?

① 질소산화물은 햇빛 속의 자외선과 반응하여 광화학 스모
그의 주원인이 되어 눈이나 호흡기에 자극을 준다.
② 탄화수소는 배출가스 중 그 양이 가장 많으며, 인체에 들
어와 혈액 중의 헤모글로빈과 결합하면 혈액의 산소량 결
핍을 가져오게 된다.
③ 일산화탄소는 광화학 스모그 형성으로 시계를 악화시키며
점막을 자극하고, 미각을 잃게 하며, 장시간 노출되면 뇌
를 자극하여 환각을 일으키기도 한다.
④ 이산화탄소는 특이한 자극적인 냄새를 가진 적갈색의 기
체이다. 질소산화물의 하나로서, 일산화질소에 산소를 섞
으면 생성된다.

4.

GDI 시스템(Gasoline Direct Injection) ··· SI기관에
서 연료(=가솔린)를 실린더 내에 직접 분사하는
시스템을 표현한다.

5.

산소 센서 ··· 배기 매니폴드에 설치되어 배기가스
중의 산소 농도를 측정한다.

6.

② 일산화탄소
③ 탄화수소
④ 이산화질소

Answer   4.③ 5.① 6.①

7 어느 4행정 사이클 기관의 밸브 개폐 시기가 다음과 같다. 설명 중 옳은 것은?

> • 흡기 밸브 열림 : 상사점 전 18°
> • 흡기 밸브 닫힘 : 하사점 후 48°
> • 배기 밸브 열림 : 하사점 전 45°
> • 배기 밸브 닫힘 : 상사점 14°

① 흡기행정 기간은 239°, 밸브오버랩은 63°이다.
② 흡기행정 기간은 246°, 밸브오버랩은 63°이다.
③ 배기행정 기간은 239°, 밸브오버랩은 32°이다.
④ 배기행정 기간은 246°, 밸브오버랩은 32°이다.

8 다음 중 가솔린 기관에서 노킹의 원인과 거리가 먼 것은?

① 부하가 클 때
② 점화시기가 느릴 때
③ 압축비가 클 때
④ 혼합비가 맞지 않을 때

9 다음 중 노크 발생 원인으로 틀린 것은?

① 압축비가 증가했을 때
② 화염 전파 거리가 길 때
③ 연료에 이물질이 있을 때
④ 흡기온도가 낮을 때

7.

배기행정은 180 + 45 + 14 = 239
밸브오버랩은 흡기밸브 열림각도이므로 18 + 14 = 32도

8.

점화시기가 너무 빠를 때 노킹의 발생이 된다.

9.

기관이 과부하가 걸렸을 때, 기관이 과열되거나 압축비가 급격히 증가할 때, 점화시기가 너무 빠를 때, 혼합비가 희박할 때, 낮은 옥탄가의 가솔린을 사용하였을 때 노크가 발생한다.

Answer 7.③ 8.② 9.④

10 다음 중 윤활유의 역할이 아닌 것은?

① 오일 막을 형성하여 금속 표면의 내부 부식과 녹을 방지한다.

② 외부의 공기나 수분의 금속 표면 침투를 막아 방청을 한다.

③ 엔진이 작동할 때 각 부에서 발생되는 열을 흡수하여 온도를 유지한다.

④ 마찰로 인하여 발생한 열을 다른 곳으로 방열하여 냉각시키는 일을 한다.

10.
윤활유의 기능은 감마작용, 밀봉작용, 냉각작용, 세척작용, 방청작용, 응력분산작용이 있다.

11 엔진의 정상 연소 시 실린더 벽의 온도로 적절한 것은?

① 60℃

② 80℃

③ 100℃

④ 120℃

11.
실린더 벽의 온도는 냉각수의 영향으로 약 150 이하를 유지한다.

12 다음 중 EF(Electronic Fuel Injection System) 전자제어 분사장치의 주요 특징으로 잘못된 것은?

① 배기가스 배출량 저감

② 시동 시 시동성능 향상

③ 조향능력 향상

④ 흡기효율 향상

12.
조향능력 향상은 전자제어 분사장치와는 전혀 별도의 장치이다.

Answer 10.③ 11.④ 12.③

13 4행정 1사이클 기관에서 크랭크축이 10회전할 때, 캠축은 몇 회전하는가?

① 5회

② 10회

③ 20회

④ 30회

14 다음 중 회전하는 부품으로 연결된 것은?

① 피스톤 – 커넥팅로드

② 실린더 – 밸브

③ 밸브 – 플라이휠

④ 플라이휠 – 크랭크축

15 실린더 지름이 100mm, 피스톤 행정이 80mm인 4실린더 기관의 총배기량은?

① 628cc

② 1,004cc

③ 2,512cc

④ 10,048cc

13.

4행정 1사이클 기관에서는 크랭크 축이 2회전할 때 캠축이 1회전하므로 크랭크축이 10회전하면 캠축은 5회전한다.

14.

왕복운동과 직선운동을 제외한 회전운동하는 부품을 구별해야 한다.

15.

$0.785 \times D^2 L = 0.785 \times 10^2 \times 8 \times 4 = 2,512$

Answer 13.① 14.④ 15.③

16 어느 4행정 사이클 기관의 밸브개폐 시기가 다음과 같다. 설명 중 옳지 않은 것은?

> • 흡기 밸브 열림 : 상사점 18°
> • 흡기 밸브 닫힘 : 하사점 후 46°
> • 배기 밸브 열림 : 하사점 전 48°
> • 배기 밸브 닫힘 : 상사점 후 12°

① 흡입행정 기간은 244°이다.
② 배기행정 기간은 240°이다.
③ 밸브 오버랩 기간은 94°이다.
④ 밸브 오버랩 기간은 30°이다.

17 다음 중 대시포트의 기능을 설명한 것으로 맞는 것은?

① 연료의 비등을 방지하기 위해 여분의 가솔린을 연료계통에 되돌리는 파이프나 밸브를 말한다.
② 엔진이 정지하였을 때 연료가 탱크로 리턴 되는 것을 방지하여 잔압 유지 및 재시동성을 향상시킨다.
③ 급 감속 시 연료차단과 함께 스로틀 밸브가 급격하게 닫힘을 방지하여 회전속도저하를 완만히 하거나 급감속 시 충격을 완화한다.
④ 연료 펌프라인에 고압이 걸릴 경우 연료의 누출이나 연료배관이 파손되는 것을 방지하는 일종의 안전밸브이다.

16.
밸브 오버랩은 흡·배기 밸브가 동시에 열려있는 시기이다.

17.
대시포트는 급감속 시 연료차단과 스로틀 밸브가 급격하게 닫힘을 방지하여 스로틀 밸브의 닫힘속도를 제어하는 장치이다.

18 다음은 배출가스 제어장치에 대한 설명이다. 설명이 잘못된 것은?

① 배기가스 재순환장치(EGR장치)는 배기가스의 일부를 연소실로 재순환시켜 NOx(질소산화물) 발생을 억제시키는 장치이다.

② 실린더 헤드 커버에 모여진 블로바이 가스는 경·중부하 시에 PCV밸브로, 고부하 시에는 브리드 호스를 통해 흡기 쪽으로 환원되어진다.

③ 연료 탱크에서 증발된 HC 가스는 캐니스터에 일시적으로 저장되고 PCSV의 작동에 의해 흡기 쪽으로 환원되어 연소실로 유입된다

④ 기관 고온시 CO, HC는 배출량이 증가되고, NOx는 배출량이 줄어든다.

19 6기통 가솔린엔진의 점화순서가 1-2-5-6-4-3이다. 제5번 실린더가 동력행정을 시작하려는 순간 6번 실린더는 어떤 행정을 하는가?

① 흡기행정
② 압축행정
③ 폭발행정
④ 배기행정

20 흡입공기유량을 계측하는 공기유량센서 중에서 흡기관 내의 부압을 측정하여 공기량을 환산하는 방법으로 자연급기식 엔진에 많이 사용되는 것은?

① L 제트로닉식(L jetromic type)
② 칼만 와류식(Karman vortex type)
③ D 제트로닉식(D jetronic type)
④ 열선식(hot wire type)

21 기관의 실린더 헤드볼트를 규정 토크로 조이지 않았을 경우에 발생되는 현상과 거리가 먼 것은?

① 피스톤 헤드 균열

② 실린더 벽 변형

③ 압축압력 저하

④ 냉각수 및 엔진오일 누출

22 연소실 체적 50cc, 행정체적 402cc인 6실린더 기관의 총배기량은?

① 2,412cc

② 2,712cc

③ 2,112cc

④ 1,608cc

23 다음 중 배기가스 정화장치가 아닌 것은 어느 것인가?

① EGR 밸브 장치

② 삼원촉매장치

③ 종감속기어 장치

④ 차콜 캐니스터

24 다음 중 피스톤 링에 대한 설명으로 옳지 않은 것은?

① 압축 링은 피스톤 윗부분에 설치한다.

② 오일 링은 기밀 유지가 주목적이다.

③ 오일 링은 실린더 벽에 남은 오일을 긁어내린다.

④ 피스톤 링의 재질은 일반적으로 특수주철을 사용한다.

21.

엔진의 과열이나 마찰과 측압으로 인한 피스톤 헤드의 균열이 실린더 내에서 발생한다.

22.

총배기량은 행정체적 × 총실린더 수를 곱한 값이다.

23.

종감속기어는 동력전달장치의 부속장치이다.

24.

기밀유지는 압축 링이 하는 역할이다.

Answer 21.① 22.① 23.③ 24.②

25 1사이클 4스트로크 엔진과 관계가 없는 것은?

① 흡기 행정
② 압축 행정
③ 배기 행정
④ 소기 행정

25.

2사이클 기관의 폭발 행정 끝 무렵에서 소기구, 배기구가 열려 소기작용이 이루어지기까지의 행정을 소기 행정이라 한다. 때 생기는 기체. 대기의 약 0.04%를 차지한다.

26 유면표시기에 오일색이 우유색으로 변하였다. 그 원인으로 옳은 것은?

① 교환 시기가 경과하여 심각하게 오염되었다.
② 가솔린이 유입되었다.
③ 냉각수가 유입되었다.
④ 연소생성물이 유입되었다.

26.

엔진오일에 냉각수가 유입되면 오일색은 우유색깔로 변한다.

27 다음 중 피스톤의 구비조건으로 옳지 않은 것은?

① 헤드부 폭발압력에 견딜 수 있어야 한다.
② 열전도성이 높아 발열 효과가 커야 한다.
③ 마찰 손실 및 기계적 손실이 적어야 한다.
④ 관성력이 커야하므로 무거워야 한다.

27.

피스톤의 무게는 가벼워야 한다.

28 일반적으로 연료의 혼합비가 가장 높은 것은?

① 상온에서 시동할 때
② 경제적인 운전을 할 때
③ 스로틀 밸브가 완전히 열렸을 때
④ 가속할 때

28.

시동 때보다 가속할 때 혼합비가 가장 농후하므로 스로틀 밸브가 완전 개방 되었을 때 연료의 혼합비가 가장 높다.

Answer   25.④ 26.③ 27.④ 28.③

29 이상연소의 한 종류로 혼합기의 급격한 연소가 원인으로 비교적 빠른 회전속도에서 발생하는 저주파 굉음은?

① 스파크 노킹
② 런온
③ 표면착화
④ 서드

30 흡입공기량 계측방식 중에서 흡입공기의 질량을 직접 계량하는 방식이 아닌 것은?

① 열막식
② MAP식
③ 칼만 와류식
④ 열선식

31 엔진오일에 대한 설명으로 옳은 것은?

① 재생 오일을 주로 사용하여 엔진의 냉각효율을 높이도록 한다.
② 엔진오일이 소모되는 주원인은 연소와 누설이다.
③ 점도가 서로 다른 오일을 혼합 사용하여 합성효율을 높이도록 한다.
④ 엔진오일이 심하게 오염되면 백색이나 회색을 띤다.

32 피스톤 링에 관한 설명 중 옳지 않은 것은?

① 오일 링은 실린더 벽의 여분 오일을 긁어내린다.
② 압축 링은 피스톤 위쪽에 끼워진다.
③ 오일 링은 피스톤의 기밀을 유지하기 위한 것이다.
④ 압축 링의 재질은 일반적으로 특수 주철이다.

33 가변흡기장치(Variable induction control system)의 설치 목적으로 적당한 것은?

① 흡기관의 길이를 감속 시는 짧게 하고, 가속 시는 길게 한다.
② 저속과 고속에서 흡입효율을 증대시킨다.
③ 엔진 회전수를 증대시킨다.
④ 최고 속도 영역에서 최대 출력의 감소로 인한 엔진보호 역할을 한다.

34 다음 중 가솔린기관에서 연료펌프 내 연료압송이 정지될 때 닫혀 연료라인 내에 잔압을 유지시키고 고온 시 베이퍼 록 현상을 방지하고 재시동성을 향상시키는 장치는?

① 체크 밸브   ② 연료압력조절기
③ 밸브 스프링   ④ 유압조절기

35 냉각장치에서 냉각수의 비등점을 올리기 위한 방식으로 사용하는 것은?

① 진공캡식   ② 압력캡식
③ 밀봉캡식   ④ 순환캡식

36 자동차에서 엔진오일을 점검할 때 옳지 않은 것은?

① 계절 및 엔진에 알맞은 오일을 사용한다.
② 기관을 평지 상태에서 점검한다.
③ 오일교환 주기는 정기적으로 해야 한다.
④ 오일량은 시동상태에서 F눈금 위치에 가까이 있어야 한다.

36.
엔진오일은 정지 상태에서 엔진 가동 전에 측정하여 F눈금 위치에 가까이 있어야 정상이다.

37 자동차의 배출가스 중 유해가스 저감을 위한 장치가 아닌 것은?

① 차콜 캐니스터
② E.G.R 장치
③ 삼원 촉매장치
④ 소음기

37.
소음기는 배기가스의 폭발압력을 흡수하여 밖으로 배출하는 역할을 하는 부품이다.

38 다음 중 배기가스 재순환장치(EGR)에 대한 설명으로 맞는 것은?

① 질소산화물의 생성을 돕는다.
② 공회전시에도 주기적으로 작동한다.
③ 기관의 출력이 떨어진다.
④ 연소온도가 높아진다.

38.
EGR밸브는 배기가스가 흡기다기관 내로 유입되는 비율을 제어하기 위한 밸브를 말한다.

39 다음 중 MPI(multi point injection) 연료분사장치에서 연료분사 순서를 결정하는 입력신호를 주는 센서는?

① 크랭크각 센서
② 산소 센서
③ 맵센서
④ 공기흐름 센서

39.
크랭크각 센서 … 엔진의 크랭크축 회전각도 혹은 회전위치를 검출하는 센서. 크랭크 각은 엔진의 점화시기를 결정하기 위해서 중요한 역할을 한다.

Answer   36.④ 37.④ 38.③ 39.①

40 가솔린 전자제어기관에 사용되는 공기유량 센서의 종류가 아닌 것은?

① 메저링 플레이트 타입

② 핫필름 타입

③ 맵센서 타입

④ 열해리 타입

41 노크(Knock) 센서에 관한 설명으로 옳은 것은 어느 것인가?

① 노크 발생을 검출하고 이에 대응하여 점화시기를 진각시킨다.

② 노크 발생을 검출하고 이에 대응하여 점화시기를 지연시킨다.

③ 노크 발생을 검출하고 이에 대응하여 기관 회전속도를 낮춘다.

④ 노크 발생을 검출하고 이에 대응하여 기관 회전속도를 높인다.

42 연소실 체적이 72cc, 행정체적이 1,300cc인 디젤기관의 압축비는?

① 18 : 1

② 19 : 1

③ 20 : 1

④ 21 : 1

40.

공기량 센서 … 카르만와류, 열선식, 열막식, 맵센서, 매저링 플레이트 타입

41.

노크 센서를 장착한 엔진에서는 노킹이 일어나면 노크 센서에서 노킹을 감지하고 이 신호를 받아서 배전기의 지각 제어를 함으로써 노킹의 발생을 억제한다.

42.

$$압축비 = \frac{행정체적 + 간극체적}{간극체적} = \frac{실린더체적}{간극체적}$$

$$= 1 + \frac{행정체적}{간극체적} = 1 + \frac{1,300}{72} = 19$$

43 다음 중 피스톤 링 이음 간극으로 인하여 기관에 미치는 영향과 관계가 없는 것은?

① 간극이 작으면 소결의 원인이 발생

② 간극이 크면 압축가스의 누설이 발생

③ 간극이 크면 측압이 발생

④ 간극이 크면 연소실에 오일 유입의 원인이 발생

43.

측압 … 앞바퀴의 좌우가 역위상(逆位相 ; 한쪽이 올라갈 때면 한쪽이 내려감)으로 되어 상하로 뒤흔들리는 것을 말한다.

44 6기통 우수식 기관에서 2번 실린더가 흡입행정 초일 때 5번 실린더는 무슨 행정을 하는가?

① 압축행정 말

② 폭발행정 초

③ 배기행정 초

④ 압축행정 초

44.

행정순서는 시계방향. 점화순서는 반시계방향이다.

45 차량에서 발생되는 배출가스 중 지구 온난화를 유발하는 가스는?

① CO_2

② NO_X

③ CO

④ HC

45.

CO_2 … 탄소나 그 화합물이 완전 연소하거나, 생물이 호흡 또는 발효(醱酵)할 때 생기는 기체. 대기의 약 0.04%를 차지한다.

46 산소 센서의 기전력으로 농후한 상태일 때 몇 볼트인가?

① 0.1 ~ 0.4V

② 0.4 ~ 0.6V

③ 0.8 ~ 1.0V

④ 0.6 ~ 0.8V

46.

산소 센서 … 배기가스 중에 섞여 있는 산소의 양을 감지하기 위해 에미션 제어 장치 내에서 사용되는 장치를 말한다.
따라서 이 센서는 정보를 전자제어모듈에 보내 이상적인 배기의 에미션 수준이 되게 하고 또 유닛이 공기/연료의 혼합 가스를 조정할 수 있게 한다.

Answer   43.③ 44.② 45.① 46.③

47 압력을 저항으로 변화시키는 반도체 피에조 저항형 센서는?

① 산소 센서
② 대기압 센서
③ 공기흐름 센서
④ 크랭크각 센서

47.

대기압 센서 … 스트레인 게이지의 저항치가 압력에 비례해 변화하는 것을 이용해 압력을 전압으로 변화시키는 반도체 피에조 저항형 센서이다.

48 연료 탱크 내의 연료펌프에 설치된 릴리프 밸브가 하는 역할이 아닌 것은?

① 연료압력의 과다 상승을 방지한다.
② 모터의 과부하를 방지한다.
③ 체크밸브 고장 시 그 역할을 보조한다.
④ 과압의 연료를 연료탱크로 보내준다.

48.

릴리프 밸브 … 회로의 압력이 설정 압력에 도달하면 유체(流體)의 일부 또는 전량을 배출시켜 회로 내의 압력을 설정값 이하로 유지하는 압력제어 밸브이며, 1차 압력 설정용 밸브를 말한다. 안전밸브와 같은 역할을 하며 소정의 압력 이상으로 내부 압력이 올라가지 않도록 하는 것이다.

49 전자제어 연료분사장치에서 ECU로 입력되는 요소가 아닌 것은?

① 냉각수 온도 신호
② 흡입 공기온도 신호
③ 크랭크 각 신호
④ 인젝터 분사 신호

49.

ECU의 출력신호에 의하여 인젝터의 분사 신호가 결정된다.

50 전자제어기관에서 크랭킹은 가능하나 시동이 되지 않을 경우 점검 방법으로 틀린 것은?

① 연료펌프 강제구동 시험을 해본다.
② 인히비터 스위치의 위치를 점검한다.
③ 계기판의 엔진경고등을 확인해 본다.
④ 인젝터에 연료가 분사되는 지 확인해 본다.

50.

인히비터 스위치 … 자동변속기에서 P와 N의 위치를 파악하는 스위치

Answer 47.② 48.③ 49.④ 50.②

51 OBD-2 시스템에서 진단하는 항목이 아닌 것은?

① 산소센서 불량 감지

② 오일압력센서 불량 감지

③ 인젝터 작동불량 감지

④ 에어플로센서 불량 감지

51.

OBD는 기관제어시스템에 집적되어 있는 법적으로 규정된 하위 진단/감시 시스템이다. OBD는 전 운전영역에 걸쳐 배기가스 및 증발가스와 관련된 모든 시스템을 감시한다. 감시하고 있는 시스템들에 고장이 발생할 경우, 고장내역은 ECU에 저장되며, 표준화된 인터페이스(interface) – 16핀 진단 컨넥터 – 를 통해 이를 조회할 수 있다.

52 크랭크 각 센서가 고장이 나면 어떤 현상이 발생하는가?

① 엔진 키 ON시 시동이 가능하다.

② 시동과 무관하다.

③ 크랭킹 후 잠시 다시 시동 후 작동된다.

④ 시동이 불가능하다.

52.

크랭크 각 센서는 엔진의 크랭크 축 회전 각도 또는 회전 위치를 검출하는 센서이다.
크랭크 각은 엔진의 점화 시기를 결정하는 데 중요한 척도이다.

53 배기행정 초기에 배기 밸브가 열려 연소가스 자체의 압력에 의하여 배출되는 현상은?

① 블로바이 현상

② 밸브 오버랩 현상

③ 블로 백 현상

④ 블로다운 현상

53.

피스톤이 하사점에 도달하기 전에 미리 배기 밸브가 개방되어 실린더에 가득 찬 배기가스의 압력에 의해 일부 배기가스들이 미리 배출되는 현상을 블로다운이라 한다.

54 내연기관의 가솔린 기관의 특징이 아닌 것은?

① 적당한 혼합비

② 정확한 시기에 정확한 점화시기

③ 규정의 압축압력

④ 적당한 압축비

54.

가솔린 기관은 압축비가 높아야 한다.

Answer   51.②   52.④   53.④   54.④

55 LPG 기관에서 냉각수 온도신호에 의하여 기체 또는 액체 연료를 공급하는 역할을 하는 부품은 어느 것인가?

① 압력 밸브

② 충전 밸브

③ 솔레노이드 밸브

④ 액송출밸브

56 LPG를 사용하는 자동차에서 안전밸브가 설치된 충전밸브의 역할이 아닌 것은?

① 과방전 방지

② 연료의 충전

③ 과충전 방지

④ 용기의 폭발방지

57 전자제어 LPG 차량에 장착되어 있지 않는 부품은 어느 것인가?

① 냉각수온 센서

② 솔레노이드 밸브

③ 차콜 캐니스터

④ 산소 센서

58 LPG 차량에서 베이퍼라이저의 주요 기능이 아닌 것은?

① 감압

② 기화량 조절

③ 액체의 연료를 기체로 변화시켜 주는 역할

④ 실린더에 연료를 분사

55.

솔레노이드 밸브 ··· 전자 밸브로서, 전기가 통하면 플랜지가 올라가 밸브가 열리고 전기가 차단되면 플랜지 무게에 의하여 자동적으로 밸브가 닫히게 된다.

56.

충전밸브 ··· LPG를 충전할 때 사용하는 밸브로서, 항상 열려 있고 내부에 안전밸브가 내장되어 있다. 안전밸브는 주변 온도 상승(화재) 등에 대비하여 내압이 24kg/cm^2 이상이 되면 열려 LPG를 밖으로 방출시킨다. 봄베 내의 압력이 16kg/cm^2 정도로 떨어지면. 스프링의 힘에 의해서 닫혀 외부로 누출되는 것을 차단시킨다. 이때. 봄베 내의 압력을 일정하게 유지하여 폭발물의 위험을 방지한다.

57.

차콜 캐니스터 ··· 연료 탱크나 기화기로부터 발생되는 가솔린 증기를 모아 정화시키기 위해 사용되는 활성 탄소를 채운 용기를 말한다.

58.

베이퍼라이저는 가솔린 기관의 카뷰레터에 해당되는데, 봄베에서 공급되는 액체 연료를 강제로 증발시켜서 엔진이 필요로 하는 기체 LPG를 공급하는 작용을 한다. LPG를 강제로 증발시키기 위하여 감압(減壓) 작용과 기화 작용 그리고 압력을 조정하는 작용을 한다.

Answer   55.③   56.①   57.③   58.④

59 LPI 연료 시스템에 대한 설명 중 잘못된 것은 어느 것인가?

① LPG 연료압은 대략 4 ~ 16bar 정도이다.
② 믹서 방식의 LPG 엔진에 비해 유해 배출가스의 배출이 적다.
③ 고압의 액체 상태로 연료를 분사한다.
④ 베이퍼라이저에서 믹서가 이루어진다.

60 LPI 엔진의 장점이 아닌 것은 어느 것인가?

① 겨울철 냉간 시동성이 향상된다.
② 겨울철 워밍업이 충분하여 가속이 쉽다.
③ 역화가 적으며 타르의 배출이 필요 없다.
④ 정밀한 연료제어에 의해 유해 배기가스의 배출이 적다.

61 2행정 사이클 기관은 크랭크축 몇 회전에 1사이클을 완료하는가?

① 1회전
② 2회전
③ 3회전
④ 4회전

62 냉각방식에서 수냉식과 비교했을 때 공랭식의 장점이 아닌 것은?

① 구조가 간단하다
② 마력당 중량이 가볍다
③ 정상 작동온도에 도달하는 시간이 짧다.
④ 기관이 균일하게 냉각이 가능하다.

59.

베이퍼라이저는 LPG 기관에서 사용한다.

60.

LPI 엔진의 장점
㉠ 유류비가 저렴하다.
㉡ 친환경적이며, 엔진의 소음이 적다.
※ LPI의 단점
  ㉠ 충전소가 주유소에 비해 적다.
  ㉡ 마력 자체가 낮아 힘이 약하다.
  ㉢ 트렁크 사용공간이 적다.
  ㉣ 겨울철 워밍업이 충분치 않으면 가속이 어렵다.

61.

2행정 사이클 기관은 크랭크축 반바퀴 회전할 때 흡입과 압축 그리고 반바퀴 더 회전하면 폭발과 배기행정을 이룬다.

62.

공기로 냉각시키는 공랭식은 공기가 통과하는 부분(냉각핀)이 냉각효과가 뛰어나다.

63 EGR 밸브로 개선되는 유해배기가스는?

① CO

② NO$_x$

③ H$_2$O

④ HC

64 윤활유의 윤활작용 외 다양하고 중요한 역할이 아닌 것은?

① 냉각작용

② 밀봉작용

③ 방수작용

④ 청정작용

65 다음 중 배기가스 색깔로 잘못 연결된 것은?

① 무색 : 정상

② 백색 : 엔진오일 연소실 유입

③ 흑색 : 유연휘발유 연소

④ 황색 또는 자색 : 희박

66 부동액 첨가제의 종류가 아닌 것은?

① 냉각제

② 방부제

③ 방청제

④ 안정제

63.
배기가스 재순환장치는 질소산화물 발생을 억제시키는 장치이다.

64.
윤활유의 역할 … 윤활작용, 냉각작용, 밀봉작용, 세정작용, 방청작용, 응력분산작용, 소음감쇠작용

65.
흑색 – 진한 혼합비(농후한 혼합기)

66.
부동액 첨가제의 종류 … 동결 방지제, 부식 방지제, 거품 방지제, 부품 안정성 향상제, 고온 안정성 향상제, 밀봉기능제

Answer   63.② 64.③ 65.③ 66.①

67 엔진오일 색깔에 따른 그 이유가 바르지 못한 것은?

① 노란색 : 디젤 유입

② 검은색 : 심하게 오염

③ 붉은색 : 착색제가 붉은색인 경우 가솔린 유입

④ 우유색 : 냉각수 혼입

67.

• 회색 – 4에틸납 연소생성물의 혼입

• 노란색 – 무연가솔린 유입

68 기관의 실린더 내경 75mm, 행정 75mm, 압축비가 8 : 1인 4실린더 기관의 총연소실 체적은?

① 239.38cc

② 159.76cc

③ 189.24cc

④ 318.54cc

68.

$$0.785 \times 7.5^2 \times 7.5 \times \frac{4}{8-1} = 189.24$$

69 4사이클 4기통 엔진에서 1번 실린더가 폭발행정을 할 때 4번 실린더는 무슨 행정을 하는가? (점화순서는 1-2-4-3)

① 흡입행정

② 압축행정

③ 폭발행정

④ 배기행정

69.

행정순서는 시계방향, 폭발순서는 반시계방향이다.

70 피스톤의 왕복운동을 크랭크축에 전달하여 회전운동으로 바꿔주는 연결 막대는?

① 피스톤

② 피스톤 핀

③ 크랭크축

④ 커넥팅 로드

70.

커넥팅 로드(Connecting Rod)는 피스톤과 크랭크샤프트를 연결하는 봉으로 피스톤의 왕복운동을 크랭크샤프트를 회전운동으로 바꾸는 기능을 한다.

Answer   67.① 68.③ 69.① 70.④

71 윤활유가 갖추어야 할 조건으로 옳은 것은?

① 점도가 높을 것
② 인화점이 낮을 것
③ 발화점이 낮을 것
④ 청정력이 작을 것
⑤ 기포 발생이 작을 것

72 주행 중인 자동차의 배출가스 색이 백색이었다면 그 이유로 옳은 것은?

① 정상 연소되고 있다.
② 노킹이 발생되고 있다.
③ 기관 오일이 연소되고 있다.
④ 혼합비가 농후하다.
⑤ 혼합비가 희박하다.

73 피스톤 링의 기능이 아닌 것은?

① 방청작용　　　② 기밀작용
③ 방열작용　　　④ 오일제어 기능

74 라디에이터(방열기)의 구비조건으로 틀린 것은?

① 단위 면적당 발열량이 커야 한다.
② 공기저항이 커야 한다.
③ 냉각수의 저항이 적어야 한다.
④ 가볍고, 소형이어야 한다

75 단행정 기관의 장·단점에 대한 설명으로 틀린 것은?

① 피스톤의 평균속도를 높이지 않고 회전속도를 높일 수 있다.
② 단위 체적당 출력을 크게 할 수 있다.
③ 흡·배기밸브의 지름을 크게 하여 효율을 증대시킬 수 있다.
④ 행정이 안지름보다 큰 엔진이다.

76 자동차 연료 분사량에 영향을 가장 많이 미치는 요소는?

① 공기 유량 센서   ② 크랭크 각 센서
③ 냉각수 온도   ④ 자동차 속도

77 2행정 사이클 기관과 4행정 사이클 기관의 특징이 아닌 것은?

① 2행정 사이클은 4행정 사이클에 비해 토크가 크므로 고속 기관에 적합하다.
② 2행정 사이클 기관은 밸브 기구 등의 구조가 덜 복잡하고 이로 인해 보다 경제적이다.
③ 2행정 사이클 기관은 주로 대형 유조선이나 대형 컨테이너선에 사용된다.
④ 4행정 사이클 기관은 기동이 쉽고, 행정이 확실하다.

78 다음 중 DOHC 엔진의 특징은 무엇인가?

① 연소실의 효율이 높다
② SOHC 엔진보다 소음이 적다.
③ 흡·배기효율이 좋고, 밸브 면적을 크게 할 수 있다
④ 저RPM 상태에서 SOHC보다 더 큰 힘이 생긴다.

75.
행정이 안지름보다 큰 엔진은 장행정 기관이다.

76.
공기 유량 센서는 실린더에 흡입되는 공기 흐름을 ECU에 신호로 보내 연료의 기본 분사량을 결정한다.

77.
2행정 기관은 토크가 높으나 고속 기관에는 적합하지 않으며, 4행정 기관은 고속 기관에 적합하나 반대로 대형 기관에는 적합하지 않다.

78.
흡기밸브와 배기밸브에 캠축이 2개 있는 엔진으로서 각각의 단위시간마다 더 많은 공기를 흡입하려고 엔진의 허용 최고 회전수와 흡입 회전율을 크게 하여 출력을 높인 것이 특징이다.

Answer 75.④ 76.① 77.① 78.③

79 4행정 기관의 엔진 회전수가 3,600rpm일 때 초당 폭발횟수는?

① 30회

② 60회

③ 90회

④ 120회

79.

1분에 3,600회전하므로 60초에 3,600회전
1초에 60회전 / 2 = 30회

80 희박한 혼합기를 효율적으로 연소시키기 위해 일부 짙은 혼합기를 동시에 흡입시키는 방식은?

① 성층급기법

② 서멀리액터

③ 삼원촉매장치

④ EGR 밸브

80.

성층급기법 … 희박한 혼합기를 효율적으로 연소시키기 위해 일부 농후한 혼합기를 동시에 공급하는 방식을 말한다.

81 SAE 신분류에 의할 때 가장 등급이 높은 것은?

① CF

② SJ

③ MS

④ DG

81.

운전조건에 따라 알파벳 순서가 뒤로 갈수록 고성능이며, 성능이 우수한 오일이다.

82 전자제어 연료분사장치의 장점이 아닌 것은?

① 연비 향상

② 고온에서 시동성 향상

③ 배출가스 감소

④ 신속 응답

82.

전자제어 연료분사장치 … 연소효율이 높아지고, 배출가스 중의 CO, HC 등을 소멸시킬 수 있고, 기화기에서 증발되는 휘발유를 절약하게 되는 등의 특징이 있다.

Answer 79.① 80.① 81.② 82.②

83 자동차용 LPG 연료의 특성이 아닌 것은?

① 연소효율이 좋고, 엔진이 정숙하다.
② 엔진 수명이 길고, 오일의 오염이 적다.
③ 대기오염이 적고, 위생적이다.
④ 옥탄가가 낮으므로 연소 속도가 빠르다.

83.
옥탄가가 높고 연소 속도가 느리기 때문에 속도가 늦다.

84 LPG 연료 차량의 주요 구성장치가 아닌 것은? (단, LPI는 제외한다.)

① 베이퍼라이저(vaporizer)
② 연료여과기(fuel filter)
③ 믹서(mixer)
④ 연료펌프(fuel pump)

84.
연료펌프는 연료탱크에서 연료를 흡입하여 각 실린더로 공급하는 기계식과 전기식, 연료진공 조합식 펌프를 주로 사용한다.

85 LP가스를 사용하는 자동차에서 차량전복으로 인하여 파이프가 손상시 용기 내 LP가스 연료를 차단하기 위한 역할을 하는 것은?

① 영구자석
② 과류방지밸브
③ 체크밸브
④ 감압밸브

85.
과류방지밸브는 배출밸브의 내측에 설치되어 있으며 배관 등이 파손되어 연료가 과도하게 흐르면 밸브가 닫힌다. 송출압력에 의해 밸브가 닫혀 연료의 유출을 방지한다.

86 LP가스를 사용하는 자동차의 봄베와 관련된 사항으로 틀린 것은?

① 용기의 도색은 회색으로 한다.
② 안전밸브에서 분출된 가스는 대기중으로 방출되는 구조로 되어 있다.
③ 안전밸브는 용기 내부의 기상부에 설치되어 있다.
④ 봄베 보디에 베이퍼라이저가 설치되어 있다.

86.
베이퍼라이저는 믹서와 전자밸브 사이에 설치되어 봄베에서 공급된 연료의 압력을 감압하고 일정한 압력으로 유지시켜 주는 역할을 한다.

Answer 83.④ 84.④ 85.② 86.④

02. 가솔린엔진 **103**

87 LPG 연료장치에서 베이퍼라이저의 역할이 아닌 것은?

① 기화
② 무화
③ 감압
④ 압력조절

88 LPG 기관을 시동하여 냉각수 온도가 낮은 상태에서 무부하 고속회전을 하였을 때 나타날 수 있는 현상으로 가장 부적합한 것은?

① 증발기(Vaporizer)의 동결현상이 생긴다.
② 가스의 유동 정지 현상이 발생한다.
③ 혼합가스가 과농 상태로 된다.
④ 기관의 시동이 정지될 수 있다.

89 CNG 기관의 분류에서 자동차에 연료를 저장하는 방법에 따른 분류가 아닌 것은?

① 압축 천연가스(CNG) 자동차
② 액화 천연가스(LNG) 자동차
③ 흡착 천연가스(ANG) 자동차
④ 부탄가스 자동차

90 CNG 기관의 장점에 속하지 않는 것은?

① 매연이 감소된다.
② 이산화탄소와 일산화탄소 배출량이 감소한다.
③ 낮은 온도에서의 시동성능이 좋지 못하다.
④ 기관 작동 소음을 낮출 수 있다.

91 다음 중 천연가스에 대한 설명으로 틀린 것은?

① 상온에서 기체 상태로 가압 저장한 것을 CNG라고 한다.
② 천연적으로 채취한 상태에서 바로 사용할 수 있는 가스 연료를 말한다.
③ 연료를 저장하는 방법에 따라 압축천연가스 자동차, 액화 천연가스 자동차, 흡착천연가스 자동차 등으로 분류된다.
④ 천연가스의 주성분은 프로판이다.

92 자동차 연료로 사용하는 천연가스에 관한 설명으로 맞는 것은?

① 약 200기압으로 압축시켜 액화한 상태로만 사용한다.
② 부탄이 주성분인 가스 상태의 연료이다.
③ 상온에서 높은 압력으로 가압하여도 기체 상태로 존재하는 가스이다.
④ 경유를 착화보조 연료로 사용하는 천연가스 자동차를 전소기관 자동차라 한다.

93 압축천연가스(CNG) 자동차에 대한 설명으로 틀린 것은?

① 연료라인 점검 시 항상 압력을 낮춰야 한다.
② 연료누출 시 공기보다 가벼워 가스는 위로 올라간다.
③ 시스템 점검 전 반드시 연료 실린더 밸브를 닫는다.
④ 연료 압력 조절기는 탱크의 압력보다 약 5bar가 더 높게 조절한다.

91.

천연가스의 주성분은 메탄가스이다.

92.

상온에서 높은 압력으로 가압해도 기체 상태로 존재한다.

93.

연료 압력 조절기는 탱크의 압력보다 약 8bar로 감압 조절한다.

Answer   91.④ 92.③ 93.④

94 압축천연가스(CNG)의 특징으로 거리가 먼 것은?

① 전 세계적으로 매장량이 풍부하다.
② 옥탄가가 매우 낮아 압축비를 높일 수 없다.
③ 분진 유황이 거의 없다.
④ 기체 연료이므로 엔진 체적효율이 낮다.

95 전자제어 압축천연가스(CNG) 자동차의 기관에서 사용하지 않는 것은?

① 연료온도센서
② 연료펌프
③ 연료압력조절기
④ 습도센서

96 CNG 기관에서 사용하는 센서가 아닌 것은?

① 가스 압력 센서
② 베이퍼라이저 센서
③ CNG 탱크 압력 센서
④ 가스 온도 센서

97 CNG(Compressed Natural Gas) 엔진에서 가스의 역류를 방지하기 위한 장치는?

① 체크밸브
② 에어조절기
③ 저압연료차단밸브
④ 고압연료차단밸브

94.
낮은 온도에서의 시동성능이 좋으며, 옥탄가가 130으로 가솔린의 100보다 높다.

95.
연료펌프는 압축천연가스에서는 사용하지 않는다.

96.
베이퍼라이저 센서는 CNG기관에서는 사용하지 않은 센서이다.

97.
유체의 역류를 방지하는 밸브는 체크밸브이다.

Answer 94.② 95.② 96.② 97.①

98 자동차 연료 요구 조건이 아닌 것은?

① 가솔린엔진에서 안티노크가 클 것

② 디젤엔진에서 적정한 점도 있고 착화성이 좋아야 할 것

③ 가솔린엔진에서 옥탄가가 높고 자연 발화점이 높을 것

④ 디젤엔진에서 세탄가는 낮고 부식이 적을 것

99 자동차 배출가스 저감장치에 대한 설명으로 틀린 것은?

① 가솔린엔진에서 CO, HC는 삼원 촉매장치를 통해 CO_2, H_2O로 산화된다.

② 디젤엔진에서 DPF는 입자상물질을 저감한다.

③ 가솔린엔진에서 배출가스 NOx는 삼원 촉매장치를 통해 N_2와 O_2로 환원된다.

④ 디젤엔진에서 SCR은 입자상물질을 저감하기 위함이다.

98.

디젤 연료의 세탄성분은 착화점을 낮춰주는 역할을 한다. 실린더내의 공기를 압축시켜 온도를 높여 연료를 분사하는데 이는 연료의 세탄가를 올려 착화점을 낮추어 연료를 분사했을 때 착화가 잘 되도록 하기 위함이다.

99.

SCR(선택적 환원촉매장치)는 질소산화물을 줄이는 데 사용하며 요소수를 30% 농도로 물에 희석한 것으로 질소산화물을 환원시키는 역할을 한다.

01 디젤엔진 일반

❶ 디젤엔진의 개념과 장단점

(1) 개념

디젤엔진은 실린더 내에 공기만을 흡입·압축하여 공기의 온도가 높아졌을 때 연료를 안개모양으로 분사시켜, 이 안개모양의 연료가 압축열에 의해 자기착화 및 연소하여 작동을 계속하는 압축착화 엔진이다.

※ 디젤기관은 독일의 기술자 디젤(R. Diesel)이 1892년에 발명한 내연기관의 한 종류이다.

(2) 디젤엔진의 장단점

① 디젤기관의 장점
   ㉠ 열효율이 높고 연료소비율이 낮다.
   ㉡ 연료의 적용성이 넓다.
   ㉢ 연료의 인화점이 높아 화재의 위험성이 적다.
   ㉣ 넓은 회전속도 영역에 걸쳐 회전토크가 크다.
   ㉤ 대형 엔진의 제작이 용이하다.
   ㉥ CO, HC 배출물이 적다.
   ㉦ 배기가스 온도가 낮다.
   ㉧ 수명이 길다.

② 디젤기관의 단점
   ㉠ 회전속도 범위가 좁다.
   ㉡ 시동에 소요되는 동력이 크다.
   ㉢ 리터 출력이 낮다.
   ㉣ 운전시 진동과 소음이 크다.
   ㉤ 엔진의 중량이 무겁고 제작비가 비싸다.
   ㉥ 정비와 보수가 고가이다.
   ㉦ 매연 및 질소산화물(NOx)의 발생이 많다.
   ㉧ 윤활유의 오염과 변질이 심하다.

② 가솔린엔진과의 비교

(1) 같은 점

디젤엔진은 본체와 이에 부속된 윤활, 냉각, 연료, 흡배기, 전기장치 등 기본적인 구조는 가솔린엔진과 거의 비슷하다.

(2) 다른 점

디젤엔진은 전기점화장치가 필요하지 않고 대신 연료분사장치가 필요하다. 그리고 연료는 자기착화가 잘되는 저유황경유를 사용한다.

📢 가솔린엔진과 디젤엔진의 비교

비교항목	가솔린엔진	디젤엔진
사용연료	휘발유	경유
연료주성분	옥탄가	세탄가
연료공급	기화기 및 연소실에서 혼합	노즐로 연료 분사
연료소비량	230 ~ 280g/ps-h	160 ~ 230g/ps-h
압축비	7 ~ 10 : 1	16 ~ 20 : 1
압축온도	120 ~ 140℃	500 ~ 550℃
공기와 연료의 혼합	균일혼합	불균일혼합
흡입물질	공기와 연료 흡입	공기만 흡입
점화방식	전기점화(점화플러그 필요)	자기착화(압축착화)
열효율	25 ~ 30%	32 ~ 38%
연소실	간단	복잡
연소형태	화염전파에 의한 연소	혼합연소 + 확산연소
부하제어원리	혼합기 양의 가감	연료분사기의 가감
부하제어방식	기화기의 스로틀 밸브의 개도	연료분사펌프의 제어
진동과 소음	작다	크다
이론 사이클	오토 사이클	디젤(사바데 사이클)
실린더 지름	60 ~ 110mm(160mm 이하)	70 ~ 185mm(제한 없음)
고장	점화장치 고장 많음	고장이 작음
가격	저렴	고가이며, 유지관리 비쌈

기출 PLUS

기출 2021. 4. 15. 경기도 시행

가솔린엔진과 디젤엔진에 대한 비교 설명 중 틀린 것은?

① 가솔린보다 디젤엔진이 압력이 더 높다.
② 가솔린보다 디젤엔진이 열효율이 더 높다.
③ 디젤은 전기점화방식이다.
④ 디젤은 압축착화방식이다.

기출 2015. 8. 8. 전라남도 시행

디젤 기관을 가솔린 기관과 비교했을 때 설명으로 틀린 것은?

① 연료소비율이 적어 경제적이다.
② 중량이 무겁다.
③ 기화기가 필요하며 고장이 많다.
④ 진동, 소음이 크다.

❮정답 ③, ③

02 디젤엔진의 연소

1 연소실의 조건 및 연소과정

(1) 디젤엔진의 연소

① 디젤엔진은 압축된 고온의 공기에 경유 등의 연료를 미세하게 분사하여 착화시킨 다음에 연소과정으로 진행한다.

② 노즐에서 실린더 내에 분사된 연소의 입자는 고압의 공기에 의해서 가열되며, 표면온도가 올라가고 증발을 시작하며, 적당한 온도와 공기 혼합비가 된 상태에서 착화하여 연소가 일어난다.

③ 착화할 때는 가솔린엔진과 같이 극히 특정한 장소에서 발화하는 것이 아니다.

(2) 연소실의 구비조건

① 분사된 연료를 가능한 짧은 시간에 완전 연소를 시켜야 한다.

② 평균 유효압력이 높아야 한다.

③ 연료 소비율이 적어야 한다.

④ 고속회전에서 연소상태가 좋아야 한다.

⑤ 기둥이 쉬우며 디젤 노크가 적어야 한다.

⑥ 진동이나 소음이 적고 모양이 간단해야 한다.

> ☆ Plus tip
>
> 디젤기관의 노킹 방지책
> ㉠ 착화성이 좋은 (세탄가가 높은) 경유를 사용한다.
> ㉡ 압축비, 압축압력 및 압축온도를 높인다.
> ㉢ 기관의 온도와 회전속도를 낮춘다.
> ㉣ 분사 개시 때 분사량을 감소시켜 착화 지연을 짧게 한다.
> ㉤ 분사시기를 알맞게 조정한다.
> ㉥ 흡입 공기에 와류가 일어나도록 한다.

※ 노킹(knocking) … 내연기관의 실린더 내에서의 이상연소(異常燃燒)에 의해 망치로 두드리는 것과 같은 소리가 나는 현상을 말한다.

(3) 연소과정

① 착화지연기간(A → B) : 연료분사 후 착화될 때까지의 기간(연소준비기간)

② 화염전파기간(B → C) : 착화지연기간 동안 만들어진 혼합기가 착화되는 기간
(폭발적 연소기간)

③ 직접연소기간(C → D) : 화염 속에서 연료가 분사되고 분사와 동시에 연소하
는 기간(제어연소기간)

④ 후기연소기간(D → E) : 연료 분사가 끝난 후 미연소 가스가 연소되는 기간
(후연소기간)

📢 디젤 기관의 연소 과정

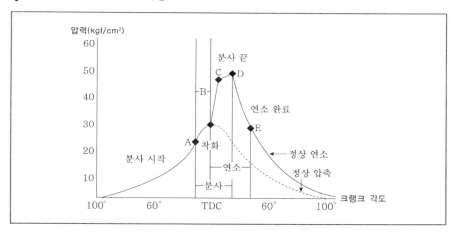

기출PLUS

기출 2022. 4. 23. 경기도 시행

디젤기관의 연소과정은 착화지연기간, 화염전파기간, 직접연소기간, 후기연소기간으로 나뉘는데 노킹과 관련이 있는 구간은?

① 직접연소기간, 후기연소기간
② 착화지연기간, 화염전파기간
③ 화염전파기간, 직접연소기간
④ 후기연소기간, 착화지연기간

기출 2021. 6. 5. 서울특별시 시행

디젤엔진의 연소 과정 중 〈보기〉 B~C에 해당하는 구간으로 가장 옳은 것은?

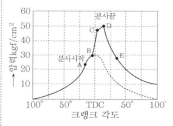

① 화염 전파기간(급격 연소기간)
② 직접 연소기간(제어 연소기간)
③ 착화 지연기간(연소 준비기간)
④ 후 연소기간

② 연소실의 종류

(1) 직접분사식

실린더 헤드와 피스톤 헤드부 사이에 형성되는 단일 연소실을 가지고 있으며,
그 속에 연료를 분사하여 연소시키는 방식이다. 직접분사식의 기본형은 하트
형, 반구형, 구형이 있다.

(2) 예연소실식

주연소실 상부에 예연소실이라는 부실이 있으며, 그곳에 연료를 분사하여 연
료의 일부를 연소시킨다. 이렇게 연소할 때 생긴 압력에 의해 나머지 연료를

기출 2016. 10. 1. 경상남도 시행

디젤 기관의 연소실 형식에서 연료 소비율이 가장 적은 연소실 형식은?

① 예연소실식
② 공기실식
③ 직접분사실식
④ 와류실식

◀정답 ②, ①, ③

주연소실로 분출하고 와류에 의해 공기와 잘 혼합되어 완전 연소를 시킨다.

(3) 와류실식

실린더나 실린더 헤드에 와류실을 두어 압축행정시 강한 와류를 생성시키고, 이 와류중에 연료를 분사하여 완전 연소를 시킨다. 와류실식은 직접분사식과 예연소실식의 중간적 특성을 가지고 있다고 할 수 있다.

(4) 공기실식

주연소실 외에 공기실을 갖는다. 연료는 주연소실 내로 분사하며, 피스톤의 하강에 따라 공기실로부터 공기가 분출하여 산소를 공급하고, 소용돌이(와류)를 일으켜 연소시킨다.

03 엔진의 작동

① 4행정 사이클 디젤엔진

(1) 흡입행정

피스톤의 하강운동에 의해 공기가 실린더 안으로 들어오는 행정이다. 배기밸브는 닫혀있고, 흡기밸브만 열려있다.

(2) 압축행정

피스톤의 상승운동으로 흡입행정에서 흡입한 공기를 착화온도(500 ~ 550℃) 이상으로 될 때까지 압축시키는 행정이다. 피스톤이 하사점에서 다시 상승하기 시작하면 흡기밸브를 닫아 공기의 출입문을 막는다.

(3) 폭발(동력)행정

이 행정에서는 압축행정의 끝 부근에서 분사노즐을 거쳐 100 ~ 200kg/㎠의 압력으로 연료를 분사한다. 이때 분사된 연료가 공기의 압축열로 발화 연소되어 피스톤을 밀어내린다. 이 힘이 동력이 되어 크랭크축에 회전력이 발생한다.

(4) 배기행정

폭발행정에서 일을 한 연소가스를 피스톤이 올라감에 따라 배기밸브를 거쳐 밖으로 보내는 행정이다. 피스톤이 하사점까지 내려가면 배기밸브가 열린다.

> **Plus tip**
>
> 4행정 사이클 디젤엔진은 피스톤의 흡입, 압축, 동력 및 배기의 4행정, 즉 크랭크축의 2회전으로 1사이클이 완료된다. 디젤엔진에서는 공기만을 흡입, 압축하여 고온이 되게 한다.

📢 4행정 디젤엔진의 작동원리

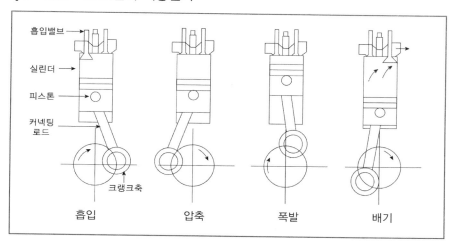

흡입밸브 →

실린더 →

피스톤 →

커넥팅 로드 →

크랭크축

흡입　　　　압축　　　　폭발　　　　배기

❷ 2행정 사이클 디젤엔진

(1) 소기행정

연소가스의 압력으로 피스톤이 하강하여 실린더 벽면에 있는 소기구멍이 열리면 과급기(루츠 블로어)에서 압송된 신선한 공기가 실린더 안으로 들어가 배기가스를 밀어냄과 동시에 다음 연소에 필요한 공기가 흡입된다. 이 소제(掃除)공기는 피스톤이 하사점까지 내려갔다가 다시 상승하여 소기구멍을 닫을 때까지 계속된다.

(2) 압축행정

피스톤이 상승하여 소기구멍을 닫으면 바로 배기밸브도 닫혀 공기가 압축된다.

압축행정이 끝나는 시기에 실린더 안의 압축공기의 온도는 연료의 착화온도 이상이 된다(약 500℃ 정도).

(3) 동력행정

압축공기가 연료의 착화온도 이상으로 압축되면 분사노즐에서 연료를 무기분사한다. 이 연료는 공기의 압축열에 의해 착화연소하여 높은 압력이 생기는데, 이 연소압력에 의해 피스톤이 밀려 내려가 크랭크축에 회전력을 주는 동력이 발생한다.

(4) 배기행정

피스톤이 하강하여 소기구멍을 열기 전에 먼저 배기밸브가 열려서 연소가스는 자신의 압력으로 배기구멍을 통해 대기 속으로 배출된다.

> ☝ Plus tip
> **2행정 사이클 디젤엔진의 소기방식**
> ㉠ **횡단 소기식(클로스식)** : 소기구멍과 배기구멍이 실린더 아래 부분에서 마주보게 되는 형식이다.
> ㉡ **루프 소기식** : 소기가 시작되면 그 흐름을 배기구멍의 반대쪽으로 흐르게 만든 형식이다.
> ㉢ **단류 소기식(유니플로식)** : 배기밸브를 두어 배기구멍이 소기구멍보다 먼저 닫히게 한 형식이다.

04 엔진의 연료

❶ 경유

(1) 경유의 일반

디젤엔진의 연료로는 원유를 정제하여 경유를 쓰게 된다.

(2) 발화점

발화점은 200 ~ 350℃, 1kg을 완전 연소시키는데 필요한 공기량은 14.4kg(약 11.2m^3) 정도이다.

❷ 경유의 규격과 구비조건

(1) 경유의 규격

경유의 규격은 ASTM 규격, SAE 규격이 있으며, SAE 규격은 다음과 같다.

① 1-D : 휘발성이 큰 증류유로 고속엔진에 적합하다.

② 2-D : 휘발성이 중간 정도로 고속엔진에 적합하다.

③ 3-D : 휘발성이 적은 증류유로 중속엔진에 적합하다.

④ 4-D : 보일러용으로 많이 사용되며 유황분이 2% 정도로 저속엔진에 적합하다.

(2) 경유의 구비조건

① 착화성이 양호하고, 적당한 점도를 가져야 한다.

② 인화점이 가솔린보다 높아야 한다.

③ 불순물이나 유황분이 없어야 한다.

④ 적당한 휘발성이 있어야 한다.

⑤ 잔류탄소가 없으며, 발열량이 높아야 한다.

⑥ 카본 생성이 작아야 한다.

⑦ 세탄가가 높아야 한다.

⑧ 연소속도가 빨라야 한다.

⑨ 불순물이 없어야 한다.

(3) 경유의 일반성향

① 색 : 흑갈색 ~ 담황색, 고급일수록 담황색이다.

② 냄새 : 진한 석유냄새

③ 비중 : 0.83 ~ 0.89

④ 인화점 : 40 ~ 90℃

⑤ 발화점 : 200 ~ 350℃

⑥ 발열량 : 10,700kcal/kg

⑦ 밀도 : 820~845g/L

기출PLUS

기출 2022. 6. 18. 경상북도 시행
다음 중 경유 연료의 구비조건이 아닌 것은?

① 착화점이 낮을 것
② 점도가 적당하고 점도 지수가 높을 것
③ 발열량이 높을 것
④ 이산화황 함유량이 높을 것

기출 2018. 4. 7. 경기도 시행
다음 중 디젤 연료의 구비조건이 아닌 것은?

① 세탄가가 높을 것
② 착화온도가 낮을 것
③ 온도에 따른 점도의 변화가 적을 것
④ 자연 발화점이 높을 것

기출 2016. 5. 21. 전라북도 시행
다음 중 디젤 연료인 경유의 구비조건으로 옳은 것은?

① 기화성이 클 것
② 발열량이 클 것
③ 점도가 적당할 것
④ 내폭성이 클 것

❮정답 ④, ④, ②

05 분사펌프

1 분사펌프(인젝션 펌프)

(1) 개념과 구조

① 개념 : 연료를 연소실 내로 분사하는데 필요한 압력을 줌과 동시에 엔진의 부하나 회전수의 변화에 따라 각 실린더에 적량의 균일하게, 또 최적인 분사시기에 분사하기 위한 장치이다.

② 구조 : 분사펌프는 펌프 몸체, 조속기(거버너), 분사시기 조정장치, 연료공급펌프 등으로 구성된다.

③ 종류 : 분사펌프에는 연료의 최대 분사량에 따라 A형, B형, P형이 있고, 대표적인 것은 보시(Bosch)형의 열형 인젝션 펌프(A형)이다.

2 연료분사펌프의 기능

(1) 펌프 하우징

펌프 하우징은 일반적으로 경합금으로 만들어져 있으며, 연료에 분사압력을 주는 기능을 하는 것이다.

(2) 캠축

캠축은 엔진 크랭크축으로부터 타이밍기어를 거쳐서 작동되며, 플런저를 작동시키는 캠과 연료공급펌프를 구동하는 편심 캠으로 구성된다.

> 💡 Plus tip
>
> **캠축에서 캠의 구성 관련 용어**
> ㉠ 노즈 : 밸브가 완전히 열리는 지점
> ㉡ 로브 : 밸브가 열려서 닫힐 때까지의 거리
> ㉢ 플랭크 : 로커암이 접촉되는 부분
> ㉣ 양정 : 밸브의 작동거리(열림)

캠축에서 캠의 구성 중 밸브가 열려서 닫힐 때까지의 거리를 뜻하는 용어는?

① 로브(lobe)
② 양정(lift)
③ 노즈(nose)
④ 플랭크(flank)

〈정답 ①

(3) 태핏

태핏은 캠과 접촉되는 부분에 롤러가 설치되어 있고, 펌프 하우징의 가이드 홈에 설치되어 있다. 태핏은 회전하지는 않으나 캠축에 의해 상하운동하며 이 운동을 플런저에 전달한다.

(4) 태핏 간극(톱 간극)

태핏 간극은 플런저가 캠에 의해 최고 위치까지 밀어 올려졌을 때 플런저 헤드부와 밸럴 윗면과의 간극을 말하며, 태핏 간극은 0.5mm 정도 둔다.

(5) 펌프 엘리먼트

펌프 엘리먼트는 플런저와 플런저 배럴로 구성되며, 펌프 하우징에 고정되어 있는 플런저 배럴 속을 플런저가 상하운동을 하여 연료를 압축하는 일을 한다.

06 조속기

❶ 조속기의 개요

(1) 조속기의 설치

디젤엔진에서는 최고 회전을 제어하고 엔진에 무리가 걸리는 것을 방지함과 동시에 저속시의 회전을 안정시키기 위하여 조속기를 설치하고 있다.

(2) 조속기의 필요성

운전사가 가속 페달을 조작하여 연료 분사량을 증감해서 엔진의 회전속도나 출력을 조정할 수 있으나, 특히 공회전 등을 할 때는 부하에 약간의 변동이 있어도 회전속도는 크게 변동한다. 그리고 엔진의 오버런을 방지하기 위해 일정한 회전속도 이상으로 되지 않도록 항상 조정하여야 하는데, 이와 같은 경우에 부하에 따라 분사량의 증감을 자동적으로 조정하여 제어 래크에 전달하는 장치가 필요하며 이것이 조속기이다.

② 조속기의 종류

(1) 공기식 조속기

① 공기식 조속기는 연료의 분사량을 스로틀 밸브의 개도(開度)와 엔진의 회전속도에 따른 부압의 변화를 이용하여 자동적으로 조속(調速)하는 것이다.

② 구조는 제어래크가 다이어프램에 연결되어 있고, 다이어프램에 의하여 진공실과 대기실을 형성한다.

(2) 기계식 조속기

① 기계식 조속기는 분사펌프의 회전속도의 변화에 따른 플라이 웨이트(추)의 원심력을 이용한 것이다. 분사펌프 캠축의 뒤끝에 설치되어 있다.

② 구성은 캠축과 함께 회전하는 원심추, 원심추의 움직임을 제어래크로 전달하는 벨 크랭크, 가속페달과 원심추의 움직임을 제어래크로 전달하는 부동레버 및 링크 등으로 되어 있다.

③ 앵글라이히 장치와 타이머

(1) 앵글라이히 장치

엔진의 고속 회전시의 공기량(공기 과잉율이 큼)과 저속 회전시의 공기량(공기 과잉율이 적음)이 달라지는 모순을 해결하기 위해 운전시 모든 회전범위에 걸쳐 흡입공기를 유효하게 이용할 수 있게 분사량을 바꿔 공기와 연료의 비율이 일정하게 되도록 한 장치이다.

(2) 타이머(분사시기 조정장치)

① 기능 : 노즐에서 분사된 실린더 내의 연료는 착화지연기간을 거친 후 발화연소한다. 이 착화지연기간은 거의 일정하다고 보아도 좋기 때문에 엔진의 부하 및 회전속도에 따라 분사시기를 변화시켜야 하는데, 이를 위한 것이 분사시기 조정장치이다.

② 종류 : 분사시기 조정장치에는 수동식과 자동식의 두 종류가 있으며, 자동차용으로는 자동식이 많이 사용되고 있다.

07 연료장치

① 연료분사장치

(1) 연료분사장치의 종류

① **독립식** : 펌프 제어식이라고도 하며, 독립식 열형분사펌프를 사용한 형식이다. 이 형식은 실린더 수와 같은 수의 플런저가 1열로 배열된 열형펌프를 사용한 것으로, 디젤엔진의 연료장치 중 가장 널리 사용되는 형식이다.

② **분배식** : 1개의 플런저로 각 실린더에 연료를 분배하는 펌프를 사용한 형식으로, 주로 소형차의 연료장치에 사용된다.

③ **유닛분사식** : 펌프와 노즐이 일체로 된 유닛인젝터를 각 실린더마다 설치하는 형식으로, 2사이클 디젤엔진이나 건설중기의 일부에 사용된다.

④ **공동식** : 1개의 펌프에서 만들어진 고압의 연료를 분배기를 통하여 각 실린더에 분배하는 형식이다.

(2) 독립식 연료분사장치

① **연료파이프** : 연료파이프는 연료통로로 사용되고 있으며, 탱크에서 공급펌프 간, 공급펌프에서 필터간, 필터에서 분사펌프간의 연료통로가 되는 플레시블 호스와 분사펌프에서 노즐간의 연료통로가 되는 분사파이프가 있다.

② **연료여과기** : 연료여과기의 기능은 연료속의 먼지, 수분을 제거하는 기능을 한다.

③ **연료공급펌프**(피드펌프) : 연료공급펌프는 분사펌프의 측면에 장치되어 있으며, 분사펌프의 캠에 의해 구동되는 피스톤의 작동으로 연료탱크에서 연료를 빨아올리며, 연료필터를 경유하여 분사펌프에 연료를 압송하는 역할을 하고 있다.

> **Plus tip**
> **연료장치의 구성**
> ㉠ 연료탱크   ㉡ 연료공급펌프   ㉢ 연료여과기
> ㉣ 분사펌프   ㉤ 분사파이프   ㉥ 분사노즐

2 분배형 연료분사펌프

(1) 작동원리

① 분배형 분사펌프는 소형 고속 디젤엔진의 발전과 함께 개발된 것이며, 하나의 펌프 엘리먼트로 각 실린더에 연료를 공급하게 되어 있다.

② 분배형 분사펌프의 작동은 플런저가 회전하면 흡입구멍이 닫혀, 분배구멍이 하나의 출구통로로서 개방된다.

③ 플런저가 더 회전하면 페이스 캠이 롤러 위에 올라가고, 플런저가 상승하여 연료를 압송하기 시작하며, 딜리버리 스프링을 밀어 올려 노즐에서 연료가 분사된다.

(2) 분배형 분사펌프의 특징

① 소형이고 경량이다.

② 부품수가 적다.

③ 캠의 양정이 아주 작기 때문에 엔진의 고속회전을 얻을 수 있다(엔진 회전수 6,000rpm까지).

④ 펌프 윤활을 위해 특별한 윤활유를 필요로 하지 않는다.

⑤ 플런저가 왕복운동과 함께 회전운동도 하므로 편마멸이 적다.

⑥ 플런저의 작동회수가 실린더 수에 비례해서 증가되므로 실린더 수와 최고 회전속도의 제한을 받는다.

⑦ 연료 분사량이 균일하고, 엔진 시동이 쉽다.

3 분사노즐과 노즐 홀더

(1) 분사노즐

① 기능
  ㉠ 분사노즐은 실린더 헤드에 설치되어 있으며 분사펌프에서 압송되는 고압의 연료를 분사노즐을 통하여 안개모양으로 무화하여 연소실 안으로 분사하는 역할을 하고 있다.

ⓛ 분사노즐은 연료분사펌프의 성능과도 직결되며 엔진의 성능을 발휘하기 위하여 매우 중요한 부분이다.

② 분사노즐의 분류

   ⊙ 개방형 노즐 : 노즐의 끝부분이 니들밸브 없이 항상 열려있는 노즐이다.

   ⓛ 폐지형 노즐 : 자동차용 디젤엔진에서는 폐지형 노즐이 사용되고 있으며, 분사형상에 따라 스로틀형, 핀틀형, 홀형이 있다. 현재 자동차용으로 사용되고 있는 노즐은 스로틀형 또는 홀형이다.

> 🐾 **Plus tip**
>
> 분사노즐의 구비조건
> ⊙ 고온·고압의 가혹한 조건에서 장시간 사용할 수 있어야 한다.
> ⓛ 연료의 분무는 연소실 전체에 고루 퍼져야 한다.
> ⓒ 연료의 미립자를 안개 모양으로 가장 가늘게 분사하여 엔진의 출력을 높여야 한다.
> ⓔ 연료의 분사 종료 시 연료를 완전히 차단하여 후적이 없어야 한다.

(2) 노즐 홀더

① 기능 : 노즐 홀더는 노즐을 실린더 헤드에 장치함과 동시에 노즐까지 연료를 보내는 통로의 역할을 하며, 또한 노즐의 분사개시 압력을 조정하는 것이다.

② 구조 : 노즐 홀더의 상단부에는 캡 너트가 있으며, 캡 너트에는 오버플로우 파이프가 장치되어 있다.

(3) 분사노즐의 점검

① 노즐의 고장은 주로 연료중의 불순물로 인해 발생하며 노즐의 과열, 취급 불량 및 조립불량 등이 그 원인이 된다.

② 연료분무의 형상이 약 40°의 각도로 끝이 열린 정확한 원뿔형인지, 분사 전·후에 노즐구멍에 후적이 없는지, 분무의 안개입자가 균일한지를 점검한다.

> 🐾 **Plus tip**
>
> 분사노즐의 점검항목
> ⊙ 분사 개시의 압력   ⓛ 분사의 각도
> ⓒ 분무 상태   ⓔ 분사 후적의 유무

기출PLUS

기출 2017. 6. 17. 대구광역시 시행

디젤 기관 분사노즐의 구비조건에 대한 설명으로 틀린 것은?

① 고온·고압의 가혹한 조건에서 장시간 사용할 수 있어야 한다.
② 연료의 분무는 연소실 전체에 고루 퍼져야 한다.
③ 연료를 굵은 물방울 입자 모양으로 분사해 엔진의 출력을 높여야 한다.
④ 연료의 분사 종료 시 연료를 완전히 차단하여 후적이 일어나지 않도록 하여야 한다.

❮정답 ③

08 예열장치

1 예열장치의 기능

(1) 필요성과 기능

① **필요성** : 디젤엔진은 압축착화 엔진이므로 한랭시에는 잘 착화되지 않는다. 따라서 시동을 걸기 전에 흡기 다기관 내의 공기를 미리 가열해 주는 장치가 필요하다.

② **기능** : 예열플러그는 겨울철에 외기의 기온이 낮거나, 엔진이 냉각되어 있을 때, 압축열이 실린더나 실린더 헤드 및 피스톤에 흡수되어 연료가 착화할 수 없을 때, 연소실 내의 공기를 미리 가열하여 시동이 용이하게 하는 장치이다.

(2) 예열장치의 구비조건

① 가열속도가 빠르고 수명이 길어야 한다.

② 전류의 소비량이 적어야 한다.

③ 기관의 요구에 적합한 가열성능을 가져야 한다.

④ 압축비가 낮은 기관에서는 예열온도가 유지되어야 한다.

⑤ 법규에 맞도록 유해가스가 배출되어야 한다.

2 종류

(1) 예열플러그식

예연소실식과 와류실식의 엔진에 사용하며, 연소실내의 압축공기를 직접 예열한다.

① **실드형** : 병렬로 결선되며 보호금속관 안에 있는 히트 코일을 결합한 것이다.

② **코일형** : 직렬로 결선되는 것으로 히트 코일 밖으로 노출되어 있다. 현재는 내구성이 좋은 실드형이 많이 사용된다.

디젤 엔진에 사용하는 예열 플러그의 종류 중 실드형 예열 플러그(shield glow plug)에 대한 설명으로 가장 옳지 않은 것은?

① 예열 플러그 저항기를 장착하여 코일 손상을 방지하여야 한다.
② 열선 코일과 보호 금속튜브 사이에는 내열성의 절연분말이 충전되어 있다.
③ 구조상 적열까지의 시간이 코일형 예열 플러그에 비해 조금 길다.
④ 코일형 예열 플러그에 비해 1개당의 발열량과 열용량이 크므로 시동성이 향상된다.

다음 중 디젤 기관 예열 플러그에 대한 설명으로 틀린 것은?

① 연소실에 분사된 연료를 가열하여 노킹을 줄 일 수 있다.
② 실드형 예열 플러그는 예열 시간이 코일형에 비해 조금 길지만 1개당 발열량과 열용량은 크다
③ 통상 예연소실식과 와류실식에 주로 사용한다.
④ 예열 플러그의 적열 상태를 운전석에서 점검할 수 있도록 하는 예열지시등이 설치되어 있다.

정답 ①, ①

(2) 흡기가열식

직접분사식 엔진에 사용하며 실린더에 흡입되는 공기를 가열한다. 흡기가열식의 종류로는 흡기히터식과 히트레인지가 있다

(3) 예열장치 점검

① 정격에 맞지 않는 용량의 플러그를 혼용할 때

② 엔진의 진동, 과열, 연소가스의 블로바이현상이 발생할 때

③ 저항값이 작아졌을 때

④ 예열기간이 너무 길 때

> ☆ Plus tip
>
> 예열 중 매연이 발생하는 원인
> 압축된 공기와 분무된 연료가 충분히 혼합되지 않아 일시적으로 불완전연소가 일어났을 때 발생한다. 검정색 연기는 탄소의 미립자에서 발생하는 그을음이다.
> ☞ 매연은 가속페달을 많이 밟거나 완전 연소할 때, 산소가 부족할 때 발생한다.

09 과급기

① 개요

(1) 개념 및 기능

① 개념 : 대기압보다 높은 압력으로 엔진에 공기를 압송하는 것을 과급이라 한다.

② 기능 : 과급을 하면 엔진의 충전효율을 높여 엔진의 축력, 회전력, 연료 소비율의 향상과 착화지연을 짧게 할 수 있다. 특히 2행정 사이클엔진은 소기작용을 하기 위해 과급이 반드시 필요하다.

(2) 과급기의 구조

① 펌프 : 공기를 실린더에 압력을 가하여 공급하는 역할을 하는 펌프는 흡입쪽에 설치한다.

기출PLUS

기출 2021. 5. 1. 전라북도 시행

디젤엔진에서 예열과정 중 매연이 발생되는 원인으로 틀린 설명은?

① 온도가 낮아 입자상물질이 응집되어 덩어리지기 때문에
② 출력을 높이기 위해 연료를 다량 분사하기 때문에
③ 연료입자가 대기 중의 산소와 결합되지 않아 불완전연소하기 때문에
④ 연료입자가 연소 시 공기 중의 산소와 혼합되지 않기 때문에

❮정답 ③

② **터빈** : 배기가스가 통과하는 배기다기관 내에 설치되어 배기가스의 온도와 압력에 의해 날개가 회전하는 회전력으로 펌프측 임펠러를 회전시키는 역할을 한다.

(3) 과급기의 구비조건

① 엔진의 전 회전범위에 걸쳐 배출압력이 균일하고 효율이 높아야한다.

② 과급량에 대한 무게가 가벼워야 한다.

② 과급기의 종류

(1) 터보식 과급기

① **구조** : 배기가스에 의해 회전하는 터빈과 실린더에 공기를 압송하는 임펠러가 하나의 축에 회전자로 결합되어 이것이 터빈 케이스 안에 들어있다.

② **작동** : 엔진의 배기가스가 배기 다기관에서 터빈 케이스로 들어가 터빈을 고속회전(50,000rpm 이상)시킨다. 이때 터빈과 같은 층에 부착되어 있는 임펠러도 동시에 고속 회전하여 공기를 가압 실린더로 보낸다.

③ **효과** : 터보식 과급기를 설치하면 엔진의 중량은 10 ~ 15% 증가하는데 반해, 엔진의 출력은 35 ~ 45% 정도 증가한다.

(2) 송풍기

① **구조** : 회전하는 2개의 로우터가 하우징 안에 들어있고, 양 끝은 베어링으로 지지되어 있다.

② **작동** : 엔진 뒤쪽에 있는 크랭크축 기어의 회전이 아이들 기어를 통해 블로어 기어, 세레이션, 로우터 기어, 로우터의 순으로 구동된다.

기출 2021. 6. 5. 대전광역시 시행

과급기에서 속력에너지를 압력에너지로 바꿔주는 장치는?

① 디플렉터
② 디퓨저
③ 슈퍼차저
④ 터빈

❮정답 ②

> 💡 **Plus tip**
>
> **디퓨저(diffuser)**
> ㉠ 확산한다의 뜻으로 유체의 유로를 넓혀 흐름을 느리게 함으로써 유체의 속도에너지를 압력에너지로 바꾸는 장치이며 감압확산장치라고도 한다.
> ㉡ 설치 위치는 터보차저의 압축기 하우징부에 장착되어 있으며 이 디퓨저의 역할은 임펠러에 공기가 주는 운동 에너지를 효율성 있는 압력으로 변환시켜 가는 것이다.

10 커먼레일방식의 연료장치

① 개념

(1) 커먼레일방식의 주요 구성부품

고압의 연료를 저장하는 어큐뮬레이터(accumulate : 축압기)인 커먼레일을 비롯하여 초고압 연료 공급장치, 인젝터(injector), 전기적인 입·출력요소, 컴퓨터(ECU) 등으로 되어 있다.

(2) 커먼레일방식의 장점

① 유해 배기가스의 배출을 감소시킬 수 있다.

② 연료 소비율을 향상시킬 수 있다.

③ 기관의 성능을 향상시킬 수 있다.

④ 운전성능을 향상시킬 수 있다.

⑤ 콤팩트(compact)한 설계와 경량화가 가능하다.

② 커먼레일방식의 연료분사장치

(1) 커먼레일방식의 개요

① 커먼레일방식에서는 연료 분사압력 발생과정과 분사과정이 서로 분리되어 있다.

② 연료분사 압력은 기관 회전속도와 분사된 연료량에 독립적으로 생성되고 각각의 분사과정에서 커먼레일에 저장된다.

③ 분사개시와 연료 분사량은 컴퓨터에서 계측되고, 분사유닛을 경유하여 인젝터를 통해 각 실린더에 공급된다.

(2) 연료장치의 전자제어

① 컴퓨터는 센서로부터의 입력신호를 기준으로 운전자의 요구(가속페달 설정)를 계측하고 기관과 자동차의 순간적인 작동성능을 총괄 제어한다.

기출 2021. 6. 5. 경상북도 시행

디젤엔진 커먼레일(common rail)에 관한 설명으로 가장 옳은 것은?

① 파일럿 분사가 배출가스를 줄인다.
② 분사압력의 속도에 따라 증가하면 분사량도 증가한다.
③ 저압 펌프는 1차 압력을 형성하는 것으로 고압의 연료를 형성하는 곳이다.
④ 고압 펌프는 캠축에 의해 구동된다.

기출 2016. 6. 18. 충청남도 시행

Common Rail Direct Injection System으로 옳지 않은 것은?

① 초고압 연료분사
② Multi-Injection 가능
③ ECU 제어
④ Turbo Charger와 Intercooler 적용

《정답 ④, ④

② 컴퓨터는 센서들의 신호를 데이터 라인을 통하여 입력받고 이 정보를 기초로 하여 공연비를 효율적으로 제어한다.

③ 기관 회전속도는 크랭크축 위치 센서에 의하여 측정되며, 캠축 위치 센서는 분사순서를 결정하고, 컴퓨터는 가속페달 센서에서 가변저항의 변화로 발생한 전기적 신호를 받아 운전자가 가속페달을 밟은 양을 감지한다.

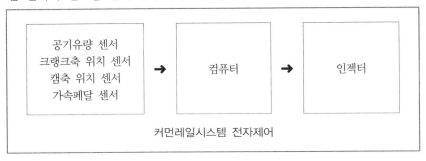

공기유량 센서
크랭크축 위치 센서
캠축 위치 센서
가속페달 센서
→ 컴퓨터 → 인젝터

커먼레일시스템 전자제어

④ 공기유량 센서(열막방식 사용)는 흡입공기량을 검출하여 컴퓨터로 입력한다. 컴퓨터는 공기유량 센서로부터 순간적인 공기 변화량을 감지하여 공연비를 제어하여 유해 배기가스 배출을 감소시킨다. 또 컴퓨터는 분사개시와 사후분사에 대한 설정 값 및 다양한 작동과 변수에 대처하기 위해 냉각수온도와 흡기온도 센서의 신호를 입력받아 보정 신호로 사용한다.

③ 연료장치의 구성

(1) 연료장치의 구성

① 연료장치의 구성요소들은 높은 압력의 연료를 형성 분배할 수 있도록 되어 있으며, 컴퓨터에 의해 제어된다.

② 연료장치는 기존의 분사펌프에 의한 연료 공급방식과는 완전히 다르다.

(2) 커먼레일방식의 구성요소 및 연료공급과정

① 커먼레일방식은 저압 연료라인, 고압 연료라인, 컴퓨터 등으로 구성된다.

② 연료 공급과정은 저압 연료펌프 → 연료여과기 → 고압 연료펌프 → 커먼레일 → 인젝터이다.

기출 2017. 4. 22. 경기도 시행

고압 펌프로부터 이송된 연료가 저장되고 축압되는 커먼레일 연료장치 부품은?

① 커먼레일
② 연료 펌프
③ 프리히터
④ 연료 압력 탱크

❮정답 ①

❹ 커먼레일방식의 연료분사

(1) 연료분사(fuel injection)

커먼레일방식에서는 3단계로 연료를 분사한다. 제1단계 : 착화분사(pilot injection), 제2단계 : 주 분사(main injection), 제3단계 : 사후분사(post injection)로 연료의 압력과 온도에 따라서 분사량과 분사시기가 보정된다.

(2) 연료분사의 단계

① **착화분사**(pilot injection) : 주 분사가 이루어지기 전에 적은 양의 연료를 분사하여 연소가 잘 이루어지도록 하기 위한 것이다. 착화분사 실시 여부에 따라 기관의 소음과 진동을 감소시키기 위한 목적을 두고 있다.

② **주 분사**(main injection) : 기관의 출력에 대한 에너지는 주 분사로부터 나온다. 주 분사는 착화분사가 실행되었는지를 고려하여 연료량을 계측한다. 주 분사의 기본값으로 사용되는 것은 기관 회전력(가속페달 위치 센서의 값), 기관 회전속도, 냉각수 온도, 대기압력 등이다.

③ **사후분사**(post injection) : 사후분사는 연료(탄화수소)를 촉매컨버터에 공급하기 위한 것이며, 이것은 배기가스에서 질소산화물을 감소시키기 위한 것이다. 사후분사의 계측은 20ms 간격으로 동시에 실행되며, 최소 연료량과 작동시간을 계산한다.

1 디젤 승용자동차의 시동장치 회로 구성요소가 아닌 것은?

① 축전지
② 기동전동기
③ 점화장치
④ 예열장치 및 시동스위치

1.

가솔린 기관은 불꽃점화기관이므로 점화장치가 필요하며 디젤 기관에는 필요치 않다.

2 다음은 4행정 사이클 디젤 분사 펌프 제어 레크를 전부하 상태로 하고, 최대 회전수를 2,000rpm으로 하였을 때 시험결과이다. 결과에 대한 설명으로 맞는 것은? (단, 전부하 시 불균율 한도 3%로 계산한다)

실린더 번호	1	2	3	4
분사량(cc)	107	115	105	93

① 분사량 불균율 허용 범위를 벗어난 실린더는 2번, 3번, 4번이다
② 평균 분사량은 110cc이다
③ 허용범위를 벗어나 조정해야 할 실린더는 2번, 4번이다
④ 계산결과 2번, 3번 실린더는 허용 범위 안에 있으므로 정상이다.

2.

평균분사량을 구하면 105cc, 수정치의 한계값은 3.15cc이며, 최대분사량은 108.15cc, 최소분사량은 101.85cc이므로 1번과 3번 실린더가 정상이다.

3 다음 중 디젤 노크 방지책으로 옳은 것은?

① 착화 지연을 길게 한다.
② 분사 개시 때 분사량을 많게 한다.
③ 와류 발생을 적게 한다.
④ 압축비를 크게 한다.

3.

디젤 노크를 방지하려면 압축비를 크게 해야 한다. 와류 발생을 많게 해야 한다.

Answer 1.③ 2.③ 3.④

4 디젤 기관에서 노킹이 발생하지 않는 범위 내에서 압축비를 올리면 나타나는 현상은?

① 출력이 증가하고, 연료소비율이 적다.

② 연료비가 많다.

③ 질소산화물과 탄화수소의 발생농도가 낮다.

④ 후기 연소기간이 길어져 열효율이 저하되고, 배기의 온도가 상승한다.

5 디젤 기관의 노크 방지책을 바르게 설명한 것은?

① 압축압력을 낮춘다.

② 흡기온도를 낮춘다.

③ 세탄가가 낮은 연료를 사용한다.

④ 착화 지연 기간을 짧게 한다.

6 디젤 기관의 연료장치에 기포가 발생하여 기관시동이 불량하다. 이 때 공기빼기 작업을 하는 순서가 맞는 것은?

① 연료공급펌프 – 연료여과기 – 분사펌프

② 연료여과기 – 분사펌프 – 연료공급펌프

③ 분사펌프 – 연료공급펌프 – 연료여과기

④ 연료공급펌프 – 분사펌프 – 연료여과기

4.

디젤 기관에서 압축비를 증가하면 열효율이 향상됨과 동시에 연료소비율이 적어진다.

5.

디젤 노크 방지 대책

㉠ 세탄가가 높고 착화성이 좋은 연료 사용

㉡ 착화기간 중 분사량을 적게 함

㉢ 압축비를 크게 하고 압축온도, 압축압력을 높임

㉣ 흡기공기에 와류가 발생하여 많은 양의 공기가 흡입되도록 함

㉤ 분사시기를 느리게 조정

㉥ 엔진온도 상승

6.

연료의 공급을 원활하게 하기 위해 연료계통에 유입된 공기를 빼주는 작업을 순차적으로 해주어야 한다.

※ 디젤기관 공기 빼기 순서 … 공급펌프 → 연료여과기 → 분사펌프

7 디젤 기관의 배기가스 중 입자의 형태를 갖고 있는 물질은 어느 것인가?

① CO
② PM
③ CO_2
④ NO_X

8 디젤 기관에 과급기를 설치했을 때 얻어지는 장점은?

① 동일 배기량에서 출력의 차이는 없다.
② 연료소비율이 향상된다.
③ 질소산화물이 배출되지 않는다.
④ 착화지연기간이 길어지므로 출력이 향상된다.

9 다음 중 직접분사식의 단점이 아닌 것은?

① 분사펌프 · 노즐의 수명이 짧다.
② 부하변동에 민감하다.
③ 디젤 노크를 일으키기 쉽다.
④ 열변형이 적다.

10 다음 중 플런저 스프링이 약해졌을 때 일어나는 현상으로 가장 옳은 것은?

① 캠 작용이 끝난 후 플런저의 복귀가 나쁘다.
② 태핏 간격이 넓어진다.
③ 연료의 분사량이 감소한다.
④ 연료 분사개시 압력이 높아진다.

7.

미세먼지(PM)란 우리 눈에 보이지 않을 정도로 아주 가늘고 작은 직경 $10\mu m$ 이하의 먼지 입자를 말한다.

8.

과급기 설치시 장점
㉠ 출력 50% 이상 증가
㉡ 마력당 연료소비율 감소
㉢ 연료 완전 연소
㉣ 불완전 연소로 인한 장해 방지
㉤ 설치면적이 작아짐
㉥ 무게 감소

9.

직접분사식의 장 · 단점
㉠ 장점
• 구조가 간단하고 열효율이 높다.
• 시동이 용이하다.
• 실린더가 간단하여 열변형이 적다.
㉡ 단점
• 분사압력이 높아 분사펌프나 노즐의 수명이 짧다.
• 사용연료의 변화에 민감하여 노크를 일으키기 쉽다.
• 엔진의 회전수 및 부하변동에 민감하다.

10.

플런저 스프링 … 캠의 작용에 따라 플런저가 작동되는데 캠의 작동이 끝난 후에 플런저를 복귀시키는 장치이다.

Answer   7.② 8.② 9.④ 10.①

11 다음 중 디젤 연료장치에서 펌프는 1개이나 어큐뮬레이터가 있어 고압의 연료를 저장하였다가 분배기로 각 실린더에 분배하는 형식은?

① 분사식
② 독립식
③ 공동식
④ 분배식

12 디젤 노크를 방지하는 대책으로 가장 옳은 것은?

① 착화성이 좋은 연료를 사용한다.
② 압축비를 낮게 한다.
③ 흡입공기의 온도를 낮춘다.
④ 회전속도를 빠르게 한다.

13 다음 중 디젤엔진의 장점으로 가장 옳은 것은?

① 고회전수를 얻을 수 있다.
② 엔진의 단위 출력당 중량이 가볍다.
③ 시동이 용이하다.
④ 열효율이 높고 연료 소비량이 적다.

11.

연료분사장치의 종류
㉠ 독립식 : 독립식 열형 분사펌프를 사용한 형식으로 실린더 수와 같은 수의 플런저가 1열로 배열된 열형펌프를 사용하며 디젤엔진의 연료장치 중 가장 많이 사용하는 형식이다.
㉡ 분배식 : 1개의 플런저로 각 실린더에 분배하는 펌프를 사용하는 형식으로 주로 소형차에 사용된다.
㉢ 유닛분사식 : 펌프와 노즐이 하나로 된 유닛인젝터를 각 실린더마다 설치하는 형식으로 2사이클 디젤엔진이나 건설중기의 일부에 사용한다.
㉣ 공동식 : 1개의 펌프에서 만들어진 고압의 연료를 분배기를 통하여 각 실린더에 분배하는 형식이다.

12.

디젤 노크 방지책
㉠ 착화성이 좋은 연료(세탄가가 높은 연료)를 사용할 것
㉡ 압축비를 크게 하여 압축온도와 압력을 높일 것
㉢ 분사량을 줄일 것
㉣ 흡입공기에 와류를 줄 것
㉤ 분사시기를 조정할 것
㉥ 엔진, 흡기 냉각수의 온도를 높일 것
㉦ 회전속도를 느리게 할 것

13.

디젤엔진의 장점
㉠ 열효율이 높다.
㉡ 연료 소비율이 적다.
㉢ 배기가스의 유해가 적다.
㉣ 연료비가 저렴하다.
㉤ 전기점화장치가 없으므로 무선통신을 방해하지 않는다.

Answer　　11.③　12.①　13.④

14 디젤엔진에서 실린더 내 연소압력이 최대가 되는 기간은?

① 착화 지연기간　　② 후기 연소기간
③ 직접 연소기간　　④ 화염 전파기간

15 다음 중 디젤엔진 연료 중 경유의 구비조건으로 적당하지 않은 것은?

① 착화성이 좋아야 한다.
② 적당한 점도이어야 한다.
③ 불순물이 없어야 한다.
④ 유황성분이 많아야 한다.

16 커먼레일 디젤엔진에서 연료압력 조절밸브의 장착 위치는? (단, 입구 제어 방식에 해당한다)

① 고압펌프와 인젝터 사이
② 저압펌프와 인젝터 사이
③ 저압펌프와 고압펌프 사이
④ 연료필터와 저압펌프 사이

17 전자제어 커먼레일 시스템(CRDI) 기관의 특징이다. 옳지 않은 것은?

① 연료소비율이 과거 기계식 분사펌프 기관보다 20% 정도 향상된다.
② 콤팩트한 설계와 경량화가 가능하다.
③ 파일럿 분사 방법을 도입하여 기존 디젤 기관의 단점인 진동과 소음을 획기적으로 감소시킬 수 있다.
④ 고속 주행시 흡입 공기의 유동성 문제로 유해 배출가스가 다소 증가한다.

18 전자제어 디젤 기관(CRDI)에서 커먼레일의 연료 압력을 측정하여 컴퓨터로 입력하며, 컴퓨터는 이 신호를 받아 연료량, 분사시기를 조정하는 신호로 사용하며 연료 압력 센서 내부는 반도체 피에조 저항을 사용한다. 무슨 센서인가?

① APS(Accelerator Position Sensor)

② 노킹센서(Knocking Sensor)

③ AFS(Air Flow Sensor)

④ RPS(Rail Pressure Sensor)

19 다음은 경유를 사용하는 자동차의 무부하급가속모드를 이용한 매연 농도 검사값이다. 옳게 판정된 것은?

차량	승용자동차	2015년	과급기(터보) 적용
매연 측정값	1회 : 8.9%	2회 : 8.5%	3회 : 9.0%
배출 허용기준	(㉮)		
측정값 및 판정	측정값 : (㉯)		판정 : (㉰)

① ㉮항은 차량의 연식 기준에 따른 허용기준은 20% 이하이다.

② ㉯항은 3회 측정값 산술평균 값인 8.8%이다.

③ ㉰ 배출허용기준 20% 이하이므로 양호 또는 적합이다.

④ 3회 측정값이 각각 편차가 10% 이내이므로 측정은 3회로 종료한다.

20 전자제어 디젤기관(CRDI) 기관에서 저압 라인에 기계식 저압 펌프를 사용하는 엔진의 경우에는 초기 연료공급 문제가 발생할 수 있다. 이를 방지하기 위하여 저압 연료라인 중간이나 연료 필터 상부에 부착되는 부품으로 연료라인 공기빼기에 사용되는 부품은?

① 연료압력조절 센서
② 프라이밍 펌프
③ 인젝션 펌프
④ 커먼레일

20.

프라이밍 펌프는 수동용 펌프로서, 엔진이 정지되었을 때 연료 탱크의 연료를 연료분사펌프까지 공급하거나 연료라인 내의 공기빼기 등에 사용한다.

21 전자제어 디젤기관(CRDI)의 부스트 압력센서와 관련된 사항이다. 옳지 않은 것은?

① 흡기 매니폴드에 장착되어 있다.
② 터보차저에 의해 과급된 흡기관 내의 압력을 검출한다.
③ 가솔린 기관의 맵센서와 동일한 소자로 되어 있으며, 대기압보다 낮은 압력을 검출한다.
④ 터보차저 이상으로 인한 흡기관의 압력 과도시 엔진 출력을 제한하여 엔진을 보호하는 역할을 수행한다.

21.

부스트 압력센서는 디젤의 공기흡입구 입구에 설치되어 흡입공기의 압력을 측정하는 센서이다.

22 다음은 경유 사용자동차의 광투과식 무부하급가속 모드 검사법에 관한 사항이다. 옳지 않은 것은?

① 시험 차량의 변속기는 수동변속기 차량은 중립, 자동변속기 차량은 중립이나 주차를 선택한다.
② 기관은 충분한 예열을 실시하고, 전기적·기계적 부하는 모두 제거된 상태에서 실시한다.
③ 3회 연속 측정한 매연농도를 산술평균하여 소수점 이하는 버린 값을 최종 측정값으로 한다.
④ 측정 작업시 가속페달을 최고회전수보다 500~1000rpm 낮은 수준까지 가속하며 측정한다.

22.

가속페달에 발을 올려놓고 예비무부하급가속과정에서 검출된 엔진의 최고회전수에 도달할 때까지 급속히 밟는다.

23 전자제어 디젤기관에서 사용되는 센서 중 스로틀 위치 센서와 동일한 원리이며, 센서 1의 신호에 의해 연료량과 분사시기가 결정되며, 센서 2는 센서 1을 검사하는 것으로 자동차의 급출발을 방지한다. 이것은 무엇에 대한 설명인가?

① 악셀레이터위치센서
② 레일압력센서
③ 부스트압력센서
④ 연료온도센서

23.

액셀레이터포지션센서는 2중 구조로 되어 있으며 센서가 2개 설치되어 있다.
APS는 TPS와 동일한 원리를 가지고 있으며, 액셀레이터포지션센서의 1번 주 센서에 의해 연료량과 분사시기가 결정되며 센서 2는 센서 1의 정상동작 유무를 검사하는 센서로 차량의 급출발을 방지하기 위한 센서이다.

24 전자제어 기관에서 사용되는 산소센서 중 전자제어 디젤 (CRDI), 천연가스자동차(CNG) 및 가솔린직접분사방식(GDI) 등의 기관에 사용되는 방식으로 희박연소 영역에 적용되며 광대역 센서라고도 불리우는 방식은?

① 리니어 타입
② 지르코니아 타입
③ 피에조 타입
④ 제너 다이오드 타입

24.

지르코니아 센서는 급격하게 출력이 변화하는 특성 때문에 공연비 검출하는데 한계가 있으며 이를 보완하는 센서가 람다(리니어) 센서이다.
전류 흐름의 반대로 산소 이온이 이동하는 원리를 접목해 만든 센서이다.

25 전자제어 디젤기관 인젝터의 분사형태 중 연료를 촉매변환기에 공급하기 위한 것으로 디젤 후처리 필터의 재생이나 NOx 환원을 위한 LNT에 탄화수소(HC)가 필요할 때 실시한다. 이것은 무엇에 대한 설명인가?

① 파일럿 분사
② 메인 분사
③ 포스트 분사
④ 로우 분사

25.

포스트 분사는 사후 분사라고 하며 배기가스 규제가 강화되면서 새로이 적용된 기술로, 연소가 끝나고 배기행정이 진행되는 과정에 연소실에 추가로 연료를 분사, 연료가 배기가스를 타고 촉매변환기로 전달되도록 하는 과정이다. 배기가스와 함께 넘어간 연료가 촉매변환기에서 연소되면서 질소산화물을 줄이는 역할을 한다.

Answer 23.① 24.① 25.③

26 경유를 사용하는 자동차의 배기가스 중 가장 많은 비중을 차지하고 있으며, 호흡기 질환(진폐증) 및 대기오염의 주요 원인으로 평가되는 물질은 다음 중 어느 것인가?.

① 이산화탄소
② 탄화수소
③ 분진(PM)
④ 아황산가스

26.

디젤기관의 분진은 탄소 알갱이로 이뤄진 검은 알갱이로 실제 직접 흡입할 경우 폐 점막에 손상을 일으킬 수도 있으면 신체기관에 많은 악영향을 준다.

27 전자제어 디젤기관(CRDI) 인젝터의 연료분사 3단계에 대하여 맞는 것은?

① 예비분사 – 주분사 – 사후분사
② 착화지연기간 – 화염전파기간 – 직접연소기간 – 후기연소기간
③ 연료공급펌프 – 연료여과기 – 연료분사펌프
④ 저압연료펌프 – 고압연료펌프 – 커먼레일

27.

디젤기관 인젝터의 연료분사는 예비분사 – 주분사 – 사후분사의 3단계로 진행된다.

28 전자제어 디젤기관(CRDI)에서 연료압력은 듀티 제어에 의해 최종적으로 레일 압력이 형성된다. 출구제어 방식의 경우 연료압력 조절밸브를 어느 위치에 설치하는가?

① 저압펌프와 고압펌프 사이
② 커먼레일 파이프 출구
③ 고압펌프와 커먼레일 사이
④ 연료필터와 고압펌프 사이

28.

연료압력조절기 위치가 어디인가에 따라 입구제어식과 출구제어식으로 구성되는데 고압펌프로 들어가는 연료를 제어하는 것을 입구제어식, 커먼레일 끝부분에서 제어하는 것을 출구제어식이라고 한다.

Answer　　26.③　27.①　28.②

29 전자제어 디젤기관(CRDI)의 사후 분사와 관련된 사항이다. 다음 중 사후 분사 중단 조건과 관련 없는 것은?

① 공기유량센서 고장시
② 차압센서 고장시
③ 람다센서 고장시
④ 배기가스 재순환(EGR) 관련 계통 고장시

29.

DPF 앞뒤로 차압센서가 설치되어 있는데 DPF는 디젤매연저감장치이며 DPF 내에 쌓인 찌거기를 차압센서가 앞뒤에서 측정하여 DPF막힘여부를 판단하여 재생여부를 판단하기 위한 센서이다.

30 다음은 전자제어 디젤기관(CRDI)의 배기가스 재순환장치(EGR)와 관련된 사항이다. 다음 중 EGR 중지 명령 조건과 관련 없는 것은?

① AFS 및 EGR 밸브 고장시
② 냉각수온 37℃ 이하 또는 100℃ 이상시
③ 혼합기가 희박해지는 가속 직후
④ 배터리 전압이 8.99V 이하시

30.

출력이 필요한 상황에는 ECU를 통해 밸브를 닫아 순수 연료만을 연소시키고, 출력이 필요하지 않을 경우에는 밸브를 열어 불연소가스를 주입시킨다. 밸브는 최적의 연소조건이 형성되어 연소온도가 높아지면 작동되는 반면 엔진의 온도가 떨어지거나, 높은 출력을 필요로 하거나, 냉각이나 공회전 시에는 작동하지 않는다.

31 배출가스 중 질소산화물을 저감시키키 위해 사용하는 장치가 아닌 것은?

① 매연필터(DPF)
② 삼원촉매장치(TWC)
③ 선택적환원촉매(SCR)
④ 배기가스재순환장치(EGR)

31.

DPF는 배기가스 후처리 장치를 일컫는 말로 배기가스의 입자상물질인 PM을 정화하는 장치이다. 미세 매연입자로 분출되는 매연을 포집(물질 속 미량 성분을 분리하여 모음)하고, 연소시켜 제거하는 역할을 한다.

Answer 29.② 30.③ 31.①

32 디젤엔진의 배출가스 특성에 대한 설명으로 틀린 것은?

① NOx 저감대책으로 연소 온도를 높인다.
② 가솔린 기관에 비해 CO, HC 배출량이 적다.
③ 입자상물질(PM)을 저감하기 위해 필터(DPF)를 사용한다.
④ NOx 배출을 줄이기 위해 배기가스 재순환장치를 사용한다.

33 디젤엔진에서 노킹에 가장 큰 영향을 미치는 구간은?

① 착화지연구간
② 급격연소구간
③ 제어연소구간
④ 후기연소구간

34 디젤 커먼레일 엔진의 구성품이 아닌 것은?

① 인젝터
② 커먼레일
③ 연료분사펌프
④ 연료압력조절기

35 디젤 커먼레일 엔진에서 예비분사는 주분사가 이루어지기 전 미세한 연료를 연소실에 분사하여 연소가 잘 이루어지게 한다. 이러한 예비분사를 실시하는 주목적은 무엇을 줄이기 위한 것인가?

① 매연과 소음
② 소음과 진동
③ 연료소비율과 진동
④ 매연과 배기압력

32.

NOx 저감대책으로는 연소 온도를 낮추어야 한다.

33.

디젤엔진에서 노킹에 가장 큰 영향을 미치는 구간은 연료분사 후 착화될 때까지의 기간을 말한다.

34.

연료분사펌프는 기계식 연료펌프이다.

35.

예비분사는 파일럿분사라고 하며 주분사가 이루어지기 전 미세한 연료를 연소실에 분사하여 연소가 잘 이루어지게 한다. 이러한 예비분사를 실시하는 주 이유는 엔진의 소음과 진동을 줄이기 위한 목적이다.

Answer   32.① 33.① 34.③ 35.②

36 다음 중 연료분사에 필요한 조건으로 옳지 않은 것은?

① 무화

② 관통

③ 조정

④ 분포

37 다음 중 디젤기관 해체 정비시기와 관련이 없는 것은?

① 연료소비량

② 윤활유 소비량

③ 압축비

④ 압축압력

36.

연료분사에 필요조건
㉠ 무화
㉡ 관통도
㉢ 분포
㉣ 분산도
㉤ 분사율
㉥ 노즐유량계수

37.

디젤기관의 해체 정비시기
㉠ 연료소비량이 표준값의 60% 이상인 경우
㉡ 윤활유 소비량이 표준값의 50% 이상인 경우
㉢ 압축압력이 규정값의 70% 이상인 경우

01 동력전달장치

① 개념 및 구성

(1) 개념

동력전달장치(Power train system)는 엔진에서 발생한 동력을 구동바퀴까지 전달하기 위한 장치를 말한다.

(2) 동력전달장치의 종류

① **FF구동식** : 앞 엔진 앞바퀴 구동 방식으로 중·소형승용차, SUV 및 RV차량에 많이 사용된다.

② **FR 구동식** : 앞 엔진 뒷바퀴 구동 방식으로 중형급 이상 고급자동차에 많이 사용한다.

③ **RR구동식** : 뒤 엔진 뒷바퀴 구동 방식으로 버스 등 대형자동차에 주로 사용한다.

④ **MR구동식** : 중앙 엔진 뒷바퀴 구동 방식으로 주로 스포츠카나 2인승 레이싱카 등에 주로 사용된다.

⑤ **4WD** : 전륜(4륜) 구동방식으로 군용차량이나 건설차량에 주로 사용되었으나 최근에는 고급 승용차에도 많이 사용되고 있다.

(2) 구성

① **클러치** : 엔진의 동력을 변속기에 전달하거나 차단하는 장치이다.

② **변속기** : 자동차의 주행상태에 따라 기어의 물림을 변환시켜 구동력을 증감시키고 전진과 후진 및 중립상태로 할 수 있는 장치이다.

③ **추진축** : 변속기로부터의 동력을 종감속 기어에 전달하는 장치이다.

④ **종감속 기어** : 추진축에서 전달되는 동력을 직각으로 뒤차축에 전달하여 일정한 감속(구동력 증대)을 얻어내기 위한 장치이다.

⑤ **차동장치** : 커브길 또는 굴곡 노면에서의 양쪽바퀴의 회전수 차이를 자동적으로 조절해주는 장치이다.

⑥ **액슬축** : 종감속 기어로부터의 동력을 좌우바퀴에 전달해주는 장치이다.

🔊 동력전달장치의 구성

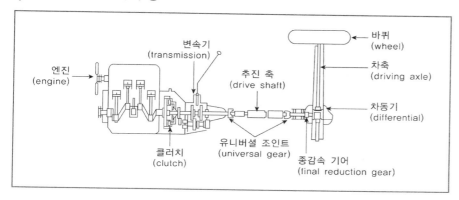

❷ 클러치

(1) 개념

클러치는 플라이휠과 변속기 사이에 설치되어 엔진의 동력을 변속기에 전달 또는 차단하는 장치이다.

(2) 클러치의 구비조건

① 동력차단이 신속하고 확실하게 이루어져야 한다.

② 동력 전달시 미끄러짐 없이 서서히 시작되어야 한다.

③ 접속 후에는 미끄러짐이 없어야 한다.

④ 회전부분의 평형이 좋아야 한다.

⑤ 구조가 간단하고 고장이 적어야 한다.

⑥ 회전관성이 적어야 한다.

⑦ 방열이 양호하여 과열되지 않아야 한다.

자동변속기 유체 클러치 오일의 구비 조건으로 가장 옳지 않은 것은?

① 비중이 낮을 것
② 점도가 낮을 것
③ 비등점이 높을 것
④ 응고점이 낮을 것

다음 중 유체클러치 오일의 구비조건에 대한 설명으로 틀린 것은?

① 점도는 낮고, 응고점은 높을 것
② 비중이 크고, 인화점, 착화점이 높을 것
③ 비중, 내산성이 클 것
④ 유성, 윤활성이 클 것

클러치판을 플라이휠에 압착시키는 것은?

① 클러치스프링
② 릴리스레버
③ 비틀림스프링
④ 클러치 커버

정답 ①, ①, ①

(3) 클러치의 종류

① **마찰 클러치** : 원판의 클러치 디스크를 접속시켜 발생하는 마찰력을 이용하여 회전력을 전달하는 클러치를 말한다.

② **유체클러치** : 엔진의 회전력을 전달하는 매체로서 오일을 사용하는 것으로, 자동 변속기에 많이 쓰인다. 최근에는 자동변속기 자동차가 많이 생산된다.

> **Plus tip**
> 유체클러치 오일의 구비조건
> ㉠ 응고점이 낮고, 청정력이 좋은 것
> ㉡ 점도가 적당하고 열전도성이 좋을 것
> ㉢ 인화점, 착화점이 높을 것
> ㉣ 적당한 비중과 내산성이 커야하고 카본과 회분생성이 적을 것

③ **전자클러치** : 회전하는 2개의 철제 원판 한쪽에 전자석을 설치하여 전류를 흐르게 하면 다른 쪽 원판이 자력에 의해 당겨져 함께 회전하는 원리를 이용하여 전류가 켜졌다 커졌다 함으로써 작동되는 클러치를 말한다.

※ 클러치는 조작방법에 따라 페달식 클러치와 자동 클러치로 분류할 수 있다.

(4) 각 부의 구조 및 역할

① **클러치 본체** : 엔진의 플라이휠 한쪽 면에 클러치 커버가 조립되고, 그 안쪽에는 압력판, 클러치 스프링, 릴리스 레버 등이 설치되어 있다.

② **클러치 판** : 원형의 강판으로 되어 있으며 플라이휠과 압력판 사이에서 엔진의 동력을 변속기에 전달하는 장치이다.

③ **릴리스 베어링** : 릴리스 포크에 의해 릴리스 레버 또는 막판 스프링의 핑거를 밀어 동력을 차단하는 장치이다.

④ **클러치 스프링** : 압력판을 밀어 마찰력이 발생하게 하는 장치로 6 ~ 12개의 스프링이 설치되어 있다.

⑤ **압력판** : 클러치 스프링의 힘으로 클러치 판을 플라이휠에 밀착시키는 작용을 하는 장치이다.

⑥ **릴리스 레버** : 릴리스 베어링의 힘을 받아 압력판을 움직이는 작용을 하는 장치로, 강판을 프레스 가공하여 제작한다.

⑦ **클러치 축** : 클러치 축은 클러치 판이 받은 동력을 변속기에 전달하는 작용을 하는 장치이다.

(5) 단판 클러치와 다판 클러치

① **단판 클러치** : 단판 클러치는 1매의 클러치 판을 플라이휠과 압력판 사이에 설치하여 클러치 판을 여러 개의 스프링으로 밀어 붙여서 그 마찰력에 의하여 회전력을 전달하는 장치이다.

② **다판 클러치** : 몇 개의 클러치 판과 압력판을 차례로 조합한 것으로 작동원리는 단판 클러치와 같다. 다판 클러치는 대형차량이나 소형 이륜차에서 사용되고 있다.

(6) 클러치의 작동원리

① **동력의 전달** : 클러치 페달을 놓으면 클러치 스프링이 압력판을 강하게 밀게되어 압력판과 디스크가 플라이휠에 밀착되고 엔진에서 발생한 동력이 변속기의 압력축에 전달된다.

② **동력의 차단** : 클러치 페달을 밟으면 연결된 릴리스 포크가 릴리스 베어링에 압력을 가하고 릴리스 베어링은 릴리스 레버를 밀어서 클러치 스프링에 의하여 플라이휠에 밀착되어 있는 압력판이 클러치 판으로부터 떨어져 차단된다.

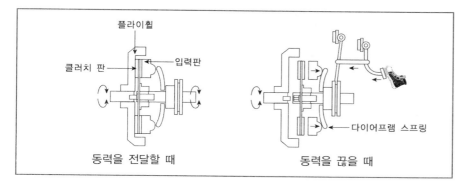

클러치 판   플라이휠   입력판   다이어프램 스프링

동력을 전달할 때   동력을 끊을 때

(7) 클러치의 조작 기구

① **기계식 클러치** : 로드나 와이어를 통하여 릴리스 포크를 움직이는 것으로 구조가 간단하고 작동이 확실하여 가장 많이 사용되고 있다.

② **유압식 클러치** : 페달을 밟으면 유압이 발생하여 릴리스 포크를 움직이는 것으로 마스터 실린더에서 발생되는 유압으로 릴리스 포크를 움직이게 하며, 그 사이에 오일파이프와 플렉시블 호스가 유압을 연결한다.

📢 유압식 클러치의 장·단점

장점	단점
• 마찰부분이 적어 페달을 밟는 힘이 적어도 된다. • 압력이 빠르게 전달되기 때문에 클러치 조작이 신속하다.	• 조작기구가 복잡하다. • 오일이 새거나 공기가 유입되면 조작이 잘 안 된다. • 기계식에 비하여 가격이 비싸다.

(8) 클러치 페달의 자유간극

① 페달이 움직이기 시작하여 릴리스 레버에 힘이 작용할 때까지 움직인 거리를 페달의 자유간극이라 한다.

② 자유간극이 너무 작으면 릴리스 베어링이 조기 마모되고 미끄럼 현상이 발생하며, 간극이 너무 크면 클러치의 단속이 불확실하여 클러치 변속이 잘 안 된다.

③ 일반적인 클러치 페달 자유간극은 20 ~ 30mm 정도이다. 자유간극을 두는 이유로는 클러치의 미끄럼 방지, 클러치 판과 릴리스 베어링의 마멸 감소 등에 있다.

(9) 클러치의 고장진단 및 점검

① 클러치가 미끄러지는 원인
    ㉠ 클러치 페달의 유격이 너무 작을 때
    ㉡ 페이싱의 마모나 오일이 부착되었을 때
    ㉢ 클러치 스프링이 불량일 때
    ㉣ 플라이휠이나 압력판이 불량일 때

② 클러치의 소음 원인
    ㉠ 플라이휠 볼트가 헐겁거나 클러치 하우징에 접촉되었을 때(페달을 밟았을 때)
    ㉡ 릴리스 레버의 스프링이 노후나 마모되었을 때(페달을 놓았을 때)
    ㉢ 릴리스 베어링의 과대마멸이나 급유부족이 되었을 때(클러치 차단시)
    ㉣ 릴리스 레버 상호간에 높이의 차이가 날 때

③ 클러치의 차단불량
    ㉠ 오일라인의 오일부족 및 공기 침입이 있을 때
    ㉡ 클러치 페달 자유 유격의 과다할 때
    ㉢ 클러치 각 부의 과도한 마모가 있을 때
    ㉣ 릴리스 실린더 및 마스터 실린더가 고장일 때

유압식 클러치에서 클러치 차단 불량의 원인이 아닌 것은?

① 릴리스 실린더 고장
② 마스터 실린더 고장
③ 오일라인에 공기침입
④ 클러치 유격이 없을 때

❮정답 ④

❸ 변속기

(1) 수동식 변속기

엔진과 추진축 사이에 설치되어 있으며 엔진의 동력을 주행상태에 알맞게 회전력과 회전속도를 바꾸어 구동바퀴에 전달하는 변속기이다.

① 변속기의 필요성
   ㉠ 회전력의 증대
   ㉡ 자동차의 후진
   ㉢ 엔진에 대한 무부하상태 유지

② 변속기의 구비조건
   ㉠ 연속적인 변속조작이 가능해야 한다.
   ㉡ 변속이 쉽고 확실하며 안정적이어야 한다.
   ㉢ 전달효율이 좋아야 한다.
   ㉣ 소형이고 경량이어야 한다.
   ㉤ 내구성이 좋아야 하고 정비가 쉬워야 한다.

③ 변속기의 종류
   ㉠ 섭동기어식 : 단기어를 단순히 밀어 움직이는 것으로 변속하는 방식으로 구조가 간단하고 다루기가 쉽다. 다루기 쉽고 구조가 간단하다. 기어에 손상이 많이 가고 변속 시 충돌음이 발생한다.
   ㉡ 상시물림식(상시치합식) : 수동 변속기의 주축 기어와 부축 기어가 항상 맞물려 있고, 중립 상태에서 주축 기어는 주축 위에서 공전하는 구조로 되어, 도그 클러치가 주축과 기어를 물게 하여 동력을 전달하는 방식이다. 비교적 구조가 간단하고 변속 시 기어 충돌음이 발생한다.
   ㉢ 동기물림식 : 수동 변속기의 주축 기어와 부축 기어의 원주 속도를 일치시키게 하는 싱크로나이저 링을 통해 두 기어의 물림을 쉽게 하는 방식이다. 변속시 기어 충돌음이 없고 기계효율이 좋아 가장 많이 사용한다.

④ 수동 변속기의 소음 원인
   ㉠ 기어에 과도한 마모가 있을 때
   ㉡ 변속기 축 방향 유격이 클 때
   ㉢ 주축 스플라인부의 마모가 있을 때
   ㉣ 오일 유량이 부족할 때
   ㉤ 유질이나 점도가 불량할 때
   ㉥ 베어링의 마모가 있을 때

기출PLUS

기출 2022. 6. 18. 대전시 시행

변속기가 필요한 이유로 옳지 않는 것은?

① 후진을 시키기 위해
② 회전속도를 증대하기 위해
③ 회전력을 증대하기 위해
④ 엔진을 무부하 상태로 유지하기 위해

기출 2017. 7. 29. 전라남도 시행

다음 〈보기〉에서 변속기가 필요한 이유를 바르게 짝지은 것은?

┌─ 보기 ─────────────
│ ㉠ 엔진과 차축 사이에서 회전력을 증대시키기 위해
│ ㉡ 엔진을 무부하 상태로 유지하기 위해
│ ㉢ 후진을 시키기 위해
│ ㉣ 관성운전하기 위해
└──────────────────

① ㉠㉡   ② ㉠㉢㉣
③ ㉡㉢㉣   ④ ㉠㉡㉢

기출 2016. 7. 30. 전라남도 시행

수동 변속기의 종류가 아닌 것은?

① 섭동기어식   ② 상시물림식
③ 동기물림식   ④ 유성기어식

기출 2017. 6. 17. 경상북도 시행

다음 중 수동 변속기의 소음 원인이 아닌 것은?

① 기어의 과도한 마모
② 주축 스플라인부의 마모
③ 변속기 축 방향 유격이 클 때
④ 오일 유량이 과다할 때

《정답 ②, ④, ④, ④

(2) 자동식 변속기

① 개요

㉠ 자동차의 주행상태에 따라 클러치 작용과 기어의 변속이 자동으로 이루어진다.

㉡ 유체 클러치 또는 토크 변환기 중 하나와 유성기어 유닛 및 제어장치의 3주요부로 구성된다.

📢 자동식 변속기의 장·단점

장점	단점
• 엔진이 멈추는 일이 적어 운전하기가 편리하다. • 발진·가속·감속이 원활하게 되어 승차감이 좋다. • 유체가 댐퍼의 역할을 하여 충격을 흡수한다.	• 구조가 복잡하고 값이 비싸다. • 연료소비가 10% 정도 많아진다. • 밀거나 끌어서 시동할 수 없다.

② 유체 클러치 : 동력을 유체운동 에너지로 바꾸고 이 에너지를 다시 동력으로 바꾸어서 변속기로 전달하는 클러치이다.

③ 토크 컨버터 : 토크 컨버터(변환기)는 유체 클러치와 근본적인 원리는 같으며 유체의 운동에너지를 이용하여 회전력(토크)을 자동으로 변환하는 동시에 유체 클러치의 역할을 한다.

④ 자동변속 기어부 : 토크 컨버터의 뒷부분에 있는 유성기어와 다판 클러치, 브레이크 밴드, 일방향 클러치 및 유압제어기구로 구성되어 있으며 유성기어 장치를 사용한다.

④ 댐퍼 클러치(Damper clutch) : 자동차의 주행속도가 일정 값에 도달하면 토크컨버터(변환기)의 펌프와 터빈을 기계적으로 직결시켜 미끄러짐에 의한 손실을 최소화하여 정숙성을 유지하는 장치이다.

> 💠 Plus tip
>
> 댐퍼클러치 비작동 영역
> ㉠ 1속 후진 및 기관이 공회전할 때
> ㉡ 기관 브레이크가 작동될 때
> ㉢ 자동변속기 오일의 유온이 65도 이하일 때
> ㉣ 냉각수 온도가 50도 이하일 때
> ㉤ 3속에서 2속으로 시프트 다운될 때
> ㉥ 기관 회전속도가 800rpm 이하일 때
> ㉦ 기관의 회전속도가 2000rpm이하에서 스로틀 밸브의 열림이 클 때
> ㉧ 주행 중 변속할 때
> ㉨ 스로틀 밸브 개도가 급격히 감소할 때

기출 2016. 6. 25. 서울특별시 시행

자동변속기의 토크컨버터에 대한 설명으로 옳지 않은 것은?

① 발진이 쉽고 주행시 변속 조작이 필요 없다.
② 엔진의 동력을 싱크로메시를 통해 전달한다.
③ 저속토크가 크다.
④ 진동이나 충격이 적다.

기출 2022. 6. 18. 서울시 보훈청 시행

자동변속기의 미끄러짐에 의한 손실을 최소화하는 기능을 하는 댐퍼클러치(Damper clutch)의 비작동 영역의 조건으로 가장 옳지 않은 것은?

① 냉각수 온도가 70℃에서 95℃ 사이로 안정적일 때
② 내연기관의 회전수가 800rpm 이하로 안정적일 때
③ 주행 중 정상적으로 변속하는 중일 때
④ 스로틀 밸브 개도가 급격히 감소할 때

❮ 정답 ②, ①

⑤ **유성기어 장치**(planetary gear system) : 중심에 선 기어가 고정되어 있고, 선 기어와 링 기어 중간에 유성기어가 설치되어 있으며, 유성 기어를 동일한 간격으로 지지하는 유성 기어 캐리어, 외주에 있는 큰 내면 기어의 링 기어로 구성되어, 동력을 전달하는 장치를 말한다.

> 🐾 **Plus tip**
> **유성기어의 작동**
> ㉠ 감속의 원리 : 선 기어 고정, 링 기어 구동 → 유성 기어 캐리어 감속
> ㉡ 증속의 원리 : 선 기어 고정, 유성 기어 캐리어 구동 → 링 기어 증속
> ㉢ 역회전 원리 : 유성 기어 캐리어 고정, 선 기어 구동 → 링 기어 역전 감속

❹ 드라이브 라인(구동장치)

(1) 추진축

변속기의 회전력을 구동축에 전달하여 바퀴를 회전시키는 장치로 유연성이 있어야 하며 길이의 변화도 생기게 되므로 슬립 이음을 설치하여야 한다. 주행 중 변화되는 각도의 변화에 대해서는 자재 이음을 사용하고 길이의 변화는 슬립 이음을 사용하고 있다.

> 🐾 **Plus tip**
> **추진축의 고장원인**
> ㉠ 축의 휨이나 마모, 베어링의 파손
> ㉡ 스플라인의 마모

① **추진축의 구조** : 축은 강한 비틀림 하중을 받으며 고속으로 회전을 하기 때문에 강도를 지닌 속이 비어있는 강관으로 되어 있다.

② **자재이음 요크** : 추진축의 양쪽 끝에 설치되고 어느 한쪽에 이음용의 스플라인축이 설치되어 있다.

③ **추진축의 길이** : 길이가 너무 길어지게 되면 비틀림 진동과 굽음 진동이 일어나 위험하게 되므로 축을 둘로 하고 중간에 베어링을 두고 프레임에 설치한다.

④ **평형추** : 기하학적 중심과 질량적 중심이 일치되지 않으면 진동을 일으키게 되므로 무게의 평형을 맞추어 주는 것이다.

기출 PLUS

기출 2021. 6. 5. 서울특별시 시행

자동변속기에 사용되는 유성기어에서 캐리어를 고정하고, 선기어를 회전시킬 때 링기어가 하는 동작은?

① 정회전 감속 ② 정회전 증속
③ 역회전 감속 ④ 역회전 증속

기출 2016. 10. 1. 경상남도 시행

자동변속기 유성기어장치에서 링 기어의 역전 상태를 바르게 설명한 것은?

① 유성 기어 캐리어를 고정하고 선 기어를 구동하면 링 기어는 역전 감속한다.
② 유성 기어 캐리어를 고정하고 선 기어를 구동하면 링 기어는 역전 증속한다.
③ 선 기어를 고정하고 유성 기어 캐리어를 구동하면 링 기어는 감속한다.
④ 선 기어를 고정하고 유성 기어 캐리어를 구동하면 링 기어는 역전 증속한다.

❮ 정답 ③, ①

자재이음, 슬립이음에 대한 설명으로 옳은 것은?

① 자재이음 – 각도 변화, 슬립이음 – 길이 변화
② 자재이음 – 길이 변화, 슬립이음 – 각도 변화
③ 자재이음 – 토크 변화, 슬립이음 – 길이 변화
④ 자재이음 – 길이 변화, 슬립이음 – 토크 변화

축이음 종류 중 두 축이 어떤 각도를 가지고 회전하는 경우에 사용되며, 경사각이 30° 이하를 두고 있는 축이음 방식은?

① 플렉시블 이음
② 십자축 이음
③ 자재이음
④ 슬립이음

다음 중 종감속 기어의 종류가 아닌 것은?

① 웜과 웜 기어
② 베벨 기어
③ 하이포이드 기어
④ 랙과 피니언 기어

《정답 ①, ③, ④

(2) 자재 이음

각도를 가지고 동력을 전달하는 추진축이나 앞차축 등에 설치되어 자유로이 동력을 전달하기 위한 장치이다.

① **플렉시블 이음** : 요크와 요크 사이에 고무나 가죽을 겹친 가요성 원판이나 질긴 마직물을 여러 겹으로 겹쳐서 만든 커플링을 끼우고 볼트로 조인 구조로 주유가 필요없다.

② **등속 이음(CV자재 이음)** : 피동축의 회전 각도가 일정하지 않아 발생하게 되는 진동을 방지하기 위해 제작된 이음이다.

③ **트러니언 이음** : 자재 이음과 슬립 이음을 결합한 것으로 원통형 보디의 내부면에 축방향으로 2개의 홈이 파여져 있으며, 상대축의 끝에는 핀이 들어가는 볼헤드가 있고, 핀에는 니들 롤러 베어링을 사이에 끼워 볼이 결합된 구조이다.

④ **십자형 이음** : 두 축이 일직선상에 있지 않고 어떤 각도를 가진 두 개의 축 사이에 동력을 전달할 때 사용하는 것으로 2개의 요크와 십자축으로 연결하는 방식이다.

⑤ 종감속 기어 및 차동장치

(1) 종감속 기어

① **기능**
  ㉠ 추진축의 동력을 직각으로 전환시켜 구동바퀴에 전달함과 동시에 회전력의 증대를 위하여 최종적인 감속작용을 하는 장치이다.
  ㉡ 추진축을 통하여 전달된 회전력을 90°로 바꾸어 구동축에 전달한다.

② **종류**
  ㉠ **웜과 웜 기어** : 큰 감속비를 얻을 수 있고 구동축의 높이를 낮출 수 있으나 전동효율이 낮고 열의 발생을 크게 할 수 있다.
  ㉡ **스파이럴 베벨 기어** : 톱니의 형태가 매우 경사지며 구동피니언의 중심과 링기어의 중심을 일치시킨 구조이다.
  ㉢ **하이포이드 기어** : 구동피니언과 스파이럴 베벨 기어를 편심시킨 것이다. 안전성 및 거주성이 향상되었고 회전이 정숙하지만 제작이 어렵다. 측압이 커서 하이포이드용 오일(극압오일)을 사용해야 한다.

> **Plus tip**
>
> 하이포이드 기어의 특징
> ㉠ 구동 피니언의 오프셋에 의해 추진축 높이를 낮출 수 있어 자동차의 중심이 낮아져 안정성이 증대된다.
> ㉡ 동일 감속비 동일 치수의 링 기어인 경우에 스파이럴 베벨기어에 의해 구동 피니언을 크게 할 수 있어 강도가 증대된다.
> ㉢ 기어 물림률이 커 회전이 정숙하다.
> ㉣ 측압이 커서 극압 오일(하이포이드용 오일)을 사용해야 한다.
> ㉤ 제작이 어렵다.

(2) 차동기어 장치

① 기능

㉠ 한 톱니바퀴가 다른 톱니바퀴의 주위를 돌면서 동력을 전달하는 장치이다.

㉡ 자동차가 회전시 서로 다른 바퀴의 회전수를 적절히 분배하여 원활하게 회전하도록 구동시킨다.

② 작용

㉠ 평탄로 주행 시 좌우 구동륜의 회전 저항이 같아 링 기어에 의해 차동기어에 전달된 회전력은 좌우 사이드 기어에 동일하게 분배된다.

㉡ 회전 시나 노면 충격 등으로 좌우 구동 바퀴의 회전 저항의 차이가 발생하면, 차동 작용이 일어나 회전 저항이 큰 바퀴는 회전수가 감소되고, 회전 저항이 작은 바퀴는 반대쪽의 감소된 만큼 회전수가 증가된다.

(3) 자동제한 차동기어장치(LSD ; Limited Slip Differential)

① 기능

㉠ 미끄러운 길 또는 진흙 길 등에서 주행할 때 한쪽 바퀴가 헛돌며 빠져나오지 못할 경우, 쉽게 빠져나올 수 있도록 도와주는 장치로 차동제한장치라고도 한다.

㉡ 양쪽 바퀴의 회전수가 제한치 이상으로 벌어지면 적은 회전수 방향으로 구동력을 더 보내주어 양쪽의 회전수 차이를 제한 및 조절해 주는 역할을 한다.

② 특징

㉠ 미끄러운 노면에서 바퀴의 공회전을 방지할 수 있다.

㉡ 타이어의 미끄럼이 방지되어 타이어 수명을 연장할 수 있다.

㉢ 요철 노면을 주행할 때 뒷부분의 흔들림을 방지할 수 있다.

기출 2022. 6. 18. 인천시 시행

다음 중 하이포이드 기어의 장점을 바르게 설명한 것은?

① 기어 이의 폭 방향으로 미끄럼 접촉을 하므로 큰 압력을 받지 않는다.

② 추진축의 높이를 낮출 수 있어 자동차의 중심을 낮출 수 있다.

③ 기어의 물림률이 낮아 회전이 부드럽다.

④ 무게중심이 높아져 안정성이 우수하다.

기출 2022. 6. 18. 서울특별시 시행

자동제한 차동기어장치(LSD : Limited Slip Differential)가 작동할 때의 장점에 대한 설명으로 가장 옳지 않은 것은?

① 고속 곡선주행을 할 때 안정성이 좋다.

② 타이어의 미끄럼이 방지되어 타이어 수명을 연장할 수 있다.

③ 요철 노면을 주행할 때 뒷부분의 흔들림을 방지할 수 있다.

④ 미끄러운 노면에서 출발이 쉽다.

기출 2022. 6. 18. 울산시 시행

다음 중 LSD의 특징으로 맞는 것은?

① 모든 바퀴의 제동력을 독립적으로 제어한다.

② 슬립을 이용한 선회를 한다.

③ 미끄러운 노면 출발 시에 활용하며, 바퀴의 공회전을 방지한다.

④ 선회 가속시 구동력과 제동력을 제어하여 조향성능을 향상시킨다.

《 정답 ②, ①, ③

ⓔ 미끄러운 노면에서 출발이 쉽다.

ⓜ 급가속으로 직진 주행시 안정성이 우수하다.

> ☞ **Plus tip**
>
> **LSD**(Limited Slip Differential)
> 양쪽 바퀴의 회전수가 일정 수준 이상으로 차이가 나면 회전수가 적은 바퀴로 구동력의 일부를 보내어 회전수가 일정 수준 이상 차이나지 않도록 해 준다. LSD의 종류로는 토르센 LSD, 비스커스 LSD, 다판 클러치식 LSD 등이 있다.

> ☞ **Plus tip**
>
> **차동장치의 작용**
> 좌우 구동바퀴의 회전 저항차이에 의해 발생하고, 바퀴를 통과하는 노면의 길이에 따라 회전하므로 우측바퀴가 1/2 감속되면 좌측 바퀴는 직진할 때 보다 3/2 커져야 한다.

기출 2022. 4. 23. 경기도 시행

다음 중 차동장치에서 우측바퀴가 1/2 감속될 때, 후륜 차동장치에서 좌측바퀴의 회전수의 비율로 맞는 것은?

① 좌측바퀴의 회전수가 직진 때 보다 1/2 커져야 한다.
② 좌측바퀴의 회전수가 직진 때 보다 1/2 작아져야 한다.
③ 좌측바퀴의 회전수가 직진 때 보다 3/2 커져야 한다.
④ 좌측바퀴의 회전수가 직진 때 보다 3/2 작아져야 한다.

6 차축

(1) 구동륜 차축

① 엔진에서 변속기, 종감속 기어를 통하여 전달된 구동력을 바퀴에 전달하는 역할과 노면에서 받는 상하, 전후, 좌우방향의 힘을 지지하는 역할을 한다.

② 앞바퀴 구동차는 앞차축이, 뒷바퀴 구동차에서는 뒤차축이, 전륜(全輪) 구동차에서는 앞·뒤차축이 여기에 해당된다.

(2) 유동륜 차축

차의 무게만 지지하고 구동력을 전달하지 않는 관계로 구동륜 차축에 비하여 구조가 비교적 간단하고 뒷바퀴 구동차의 앞바퀴와 앞바퀴 구동차의 뒷바퀴가 이에 해당된다.

(3) 차축 하우징

① 차축 하우징은 종감속 기어, 차동기어 및 차축을 포함하는 튜브모양의 고정축이다.

② 양 끝은 스프링의 지지부가 마련되어 있으며, 벤조형, 분할형, 빌드업형으로 나누어진다.

< 정답 ③

02   현가장치

1 개념 및 구성

(1) 개념

① **개념** : 차축과 프레임을 연결하여 주행 중 노면으로부터 받는 진동이나 충격을 흡수 또는 완화하여 차체나 승차자를 보호하고 화물의 손상을 방지하며 안정성을 향상시키는 장치를 말한다.

② **기능** : 구동력, 제동력, 원심력과 주행 중인 자동차에 영향을 주는 외부적 요인들을 흡수하여 차체를 항상 안정된 위치로 복원시키고 유지하는 기능을 한다.

(2) 현가장치의 구성

① 스프링
  ㉠ **판 스프링** : 띠모양의 스프링 강판을 여러 장 겹쳐서 결합한 것으로 스프링 본래의 작용과 구동력을 전달하며 리어 앤드 토크를 흡수하는 작용을 한다.
  ㉡ **코일 스프링** : 스프링강의 둥근 막대를 코일모양으로 감아서 만든 것으로 독립적으로 차체에 설치되지 않고 링크기구나 쇽업소버를 병용하여 설치한다.
  ㉢ **토션바 스프링** : 스프링강의 막대모양 스프링으로 비틀렸을 때 탄성에 의해 제자리로 되돌아가려는 성질을 이용한 것이다.
  ㉣ **공기 스프링** : 공기의 탄성을 이용한 것으로 비교적 유연한 탄성을 얻을 수 있고, 작은 진동의 흡수가 좋아서 승차감이 우수하고 차체의 높이를 항상 일정하게 한다.

> 🖐 **Plus tip**
> **공기스프링의 특징**
> ㉠ 하중이 변화해도 차체 높이를 일정하게 유지할 수 있다.
> ㉡ 다른 스프링에 비해 비교적 유연하다.
> ㉢ 스프링의 강도를 하중에 비례하여 바꿀 수 있다.
> ㉣ 진동 흡수율이 좋아 승차감이 좋으며, 주로 버스 등에서 사용한다.
> ㉤ 구조가 복잡하고 제작비가 비싸다.

기출PLUS

기출 2017. 6. 17. 경상북도 시행
다음 중 현가장치가 아닌 것은?
① 스테빌라이저
② 스프링
③ 쇽크업소버
④ 차동기어

기출 2015. 6. 27. 대구광역시 시행
현가장치에 사용하는 스프링 중 진동, 감쇠 작동이 없는 것은?
① 판 스프링
② 토션 바 스프링
③ 고무 스프링
④ 공기 스프링

기출 2021. 5. 1. 전라북도 시행
다음 중 공기스프링의 특징에 대한 설명으로 틀린 것은?
① 옆방향 작용력에 대한 저항력이 없어 로드나 링크가 필요하다.
② 하중이 변화해도 차체 높이를 일정하게 유지할 수 있다.
③ 스프링의 강도를 하중에 비례하여 바꿀 수 있다.
④ 진동 흡수율이 좋아 승차감이 좋으며, 주로 버스 등에서 사용한다.

❮정답 ④, ②, ①

〈보기〉를 참고하여, 현가장치 스프링 위 질량 진동의 명칭과 이에 대한 설명을 옳게 짝지은 것은?

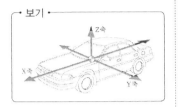

① 바운싱(bouncing) – 차체가 Z축 방향과 평행운동을 하는 고유 진동
② 스키딩(skidding) – 차체가 X축을 중심으로 하여 회전운동을 하는 고유진동
③ 롤링(rolling) – 차체가 Y축을 중심으로 하여 회전운동을 하는 고유진동
④ 피칭(pitching) – 차체가 Z축을 중심으로 하여 회전운동을 하는 고유진동

다음 중 스프링 위 아래 진동에 대해 잘못 설명한 것은?

① 피칭 : 차체가 Y축을 중심으로 하여 회전운동을 하는 고유 진동
② 요잉 : 차체가 Z축을 중심으로 하여 회전운동을 하는 고유 진동
③ 휠홉 : 차축이 Z축을 중심으로 상하 평행운동을 하는 진동
④ 휠 트램프 : 차축의 Y축을 중심으로 하여 회전운동을 하는 진동

자동차가 선회할 때 롤링을 감소하고 차체의 평형을 유지하기 위해 사용되는 장치는?

① 판스프링
② 스테빌라이저
③ 공기스프링
④ 쇽업쇼버

《정답 ①, ④, ②

ⓜ 고무 스프링 : 고무 고유의 탄성을 이용한 보조 스프링으로, 형태가 매우 다양하며, 옆 방향에 대한 강성도 있고, 내부 마찰에 의한 감쇠 작용도 있다.

> **🐾 Plus tip**
>
> **스프링의 진동**
> ㉠ **스프링 위 진동**
> • 바운싱(Bouncing) : 차체가 Z축 방향과 평행운동을 하는 고유 진동
> • 롤링(Rolling) : 차체가 X축을 중심으로 하여 회전운동을 하는 고유 진동
> • 피칭(Pitching) : 차체가 Y축을 중심으로 하여 회전운동을 하는 고유 진동
> • 요잉(Yawing) : 차체가 Z축을 중심으로 하여 회전운동을 하는 고유 진동
> ㉡ **스프링 아래 진동**
> • 휠홉(Wheel hop) : 차축이 Z방향의 상하 평행운동을 하는 진동, 즉 수직 방향의 진동
> • 휠 트램프(Wheel Tramp) : 차축이 X축을 중심으로 하여 회전운동을 하는 진동
> • 윈드 업(Wind up) : 차축 Y축을 중심으로 회전운동을 하는 진동

② **쇽업소버(shock absorber)**
  ㉠ 기능 : 노면에 의해 발생한 스프링의 충격을 흡수하여 스프링의 피로를 경감하고 승차감과 로드 홀딩을 향상시키며 스프링의 상하 운동에너지를 열에너지로 변환시키는 장치이다. 대체로 유압식 텔레스코픽 쇽업소버가 사용되며, 유압식과 가스식이 있다.

  ㉡ 역할
  • 승차감을 향상시킨다.
  • 스프링의 피로를 줄여준다.
  • 노면의 충격에서 발생된 노면의 자유진동을 흡수한다.
  • 스프링의 상하운동에너지를 열에너지로 바꿔준다.
  • 상하로 발생되는 작은 진동을 흡수하여 주행 안정성을 높여준다.

③ **스태빌라이저**
  ㉠ 기능
  • 좌우의 바퀴가 같이 상하운동을 할 때는 작용하지 않는다.
  • 자동차가 선회시 또는 요철이 심한 도로를 주행시 좌우의 바퀴가 서로 다르게 상하운동을 할 때 작용하여 차의 평형과 롤링을 방지하는 장치이다.

  ㉡ 역할
  • 자동차의 평형을 유지시켜 준다.
  • 자동차가 선회시 전복을 방지하여 준다.
  • 자동차의 좌우 진동을 억제시켜 준다.
  • 자동차의 평형과 롤링을 방지하여 준다.

❷ 현가장치의 종류

(1) 독립 현가장치

독립 현가장치는 승차감이나 안정성을 높이기 위하여 양쪽 바퀴를 분할하여 서로 관계없이 움직이는 구조로 되어 있어 승차감이 좋아야 하는 승용차에 많이 사용되고 있다.

① 위시본 형식 : 2개의 상·하 서스펜션암과 프레임 사이에 설치된 완충장치로서, 2개의 상·하 볼조인트와 연결된 조향너클 등으로 구성되어 있으며 가장 많이 사용되는 형식이다.

② 맥퍼슨 형식 : 현가장치와 조향장치가 하나로 되어 있으며 쇽업소버가 내장된 스트러트와 볼조인트, 컨트롤암, 스프링 등으로 구성된다. 스트러트의 윗부분은 서스펜션 서포트를 통해 차체에 결합되고 조향할 때는 너클과 함께 스트러트가 회전한다.

(2) 일체차축 현가장치

① 구조 : 일체로 된 차축에 양 바퀴가 설치되고 이 차축이 스프링을 거쳐 차체에 설치된 구조로 버스, 트럭의 앞뒤차축, 승용차의 뒤차축 등에 많이 사용된다.

② 종류 : 평행판 스프링 형식, 옆방향 스프링 형식, 코일 스프링 형식, 공기 스프링 형식이 있는데, 평행판 스프링 형식은 모든 차종에 많이 사용되고 승용차에 주로 사용되는 것은 코일 스프링 형식이다.

(3) 뒤 독립 현가장치

① 기능 : 뒤 현가장치를 독립 현가장치로 하면 승차감이 향상되고 차체의 밑판을 낮출 수 있으므로 실내의 유효면적이 넓어지기 때문에 승용차에 많이 사용되고 있다.

② 종류 : 스윙차축식, 데디온형, 다이어고널 링크형, 트레일링 암형, 세미 트레일링 암형 등이 있다.

(4) 구동형식

① 호치키스 구동 : 판 스프링을 사용할 때 이용되는 형식으로 구동력은 스프링의 끝을 거쳐 차체에 전달되며 리어 앤드 토크나 출발·정지할 때의 비틀림도 스프링에 의하여 흡수된다.

② **토크튜브 구동** : 코일 스프링을 사용할 때 이용하는 형식으로 토크튜브 안에 추진축을 설치하며, 구동력은 컨트롤암을 거쳐 차체에 전달되고 리어 앤드 토크튜브가 흡수한다.

③ **레이디어스암 구동** : 코일 스프링을 이용하는 형식으로 구동력은 차축과 차체를 연결한 레이디어스암이 전달되며 리어 앤드 토크도 레이디어스암이 흡수한다.

③ 전자제어 현가장치(ECS : Electronic control suspension)

(1) ECS의 개요

① 개요
  ㉠ 전자제어서스펜션 또는 전자제어현가장치라고도 한다.
  ㉡ 노면이 울퉁불퉁한 도로에서는 차 높이를 높여 차체를 보호하고, 고속 주행이 가능한 도로에서는 차 높이를 낮추어 공기 저항을 줄여 줌으로써 주행 안정성을 높여 주는 첨단 시스템이다. 종류로는 유압식과 공기압식 등이 있다.

② 기능
  ㉠ 노면으로부터의 차량높이를 조절하여 차체를 보호한다.
  ㉡ 급선회 시 원심력에 의한 차량 기울어짐을 방지한다.
  ㉢ 급제동시 노즈다운(Nose-Down)을 방지한다.
  ㉣ 고속 주행 시 차체 높이를 낮추어 공기저항을 줄여 줌으로써 주행 안정성을 높여 준다.

(2) ECS의 특성

① 스프링의 상수와 완충력 선택
  ㉠ HARD : 조향성이 안정된다.
  ㉡ SOFT : 승차감이 향상된다.
  ㉢ AUTO : 주행조건에 따라 자동으로 HARD, SOFT를 스스로 선택한다.

② 조향휠의 감도 선택 : ECS 패널 스위치의 조작으로 조향휠의 감도를 선택할 수 있다.

③ 차고 조정 : AUTO모드에서는 노면과 주행조건에 따라 표준(NORMAL), 낮음(LOW), 높음(HIGH)이 자동 조정되며 운전자가 조정을 선택할 수도 있다.

기출 2016. 6. 18. 충청남도 시행

급제동시 Nose-Down 및 급선회 시 원심력에 의한 차량 기울어짐을 방지하여 노면으로부터의 차량높이를 조정하는 시스템은?

① ECS(Electronic Controlled Suspension)
② EPS(Electronics Power Steering)
③ 4WD(4Wheel Drive)
④ E-EGR(Electric-Exhaust Gas Recirculation)

❰정답 ①

④ **ECS 패널 스위치 램프** : 운전자의 선택모드가 컨트롤 유닛에 전달되는 동시에 차고상태 및 현가장치의 상태가 램프나 버저에 의해 표시된다.

⑤ **자가진단** : 입력신호나 출력신호가 비정상일 경우에 경고등이 점등되며 운전자에게 알리고 전자통제가 자동적으로 작동하며 비정상 기능의 형태에 따라 자기진단 점검 터미널로 고장출력 신호를 보낸다. 또한 이 신호는 기억이 되어 점화스위치가 OFF되더라도 소멸되지 않는다.

⑶ 주요 부품의 구조 및 작동

① **정보 입력 장치**

ⓐ **헤드라이트 릴레이** : 헤드라이트의 점등 여부 신호를 컨트롤 유닛에 입력하여 차고의 조정에 이용된다.

ⓑ **발전기 L단자** : 발전기 L단자에서 발생하는 신호에 따라서 시동 여부가 감지되고 차고의 조정에 이용된다.

ⓒ **전조등 릴레이** : 차고의 조절을 위해 전조등의 ON, OFF를 조정한다.

ⓓ **제동등 스위치** : 브레이크 작동 여부를 컨트롤 유닛에 입력하여 차고를 조정한다.

ⓔ **도어 스위치** : 자동차 도어의 개폐여부를 컨트롤 유닛에 입력하여 차고를 조정한다.

ⓕ **스로틀 위치 센서(TPS)** : 가속페달의 작동속도를 감지하여 컨트롤 유닛에 입력하며 스프링 상수 또는 감쇠력 조정에 이용된다.

ⓖ **차속 센서** : 변속기 출력측의 회전을 전기적 신호로 바꾸어 컨트롤 유닛에 입력하며 차고, 스프링 상수, 쇽업소버의 감쇠력 조정에 이용된다.

ⓗ **조향휠 각속도 센서** : 조향휠의 작동 속도와 방향을 감지한다.

ⓘ **차고 센서** : 차의 앞뒤에서 설치되어 차고의 변화에 의해 액셀과 차체의 위치를 감지한다.

② **제어장치(컨트롤 유닛)** : 각종 센서에서 받은 신호를 감지·판단하여 차고와 스프링상수, 감쇠력 등을 제어한다.

ⓐ **감쇠력 제어** : 도로 및 주행상태에 따라 적절하고 신속하게 제어해 부드러운 승차감을 유지하며, 고속 주행 혹은 선회, 제동시에 통로를 줄여 딱딱하게 함으로써 승차감과 주행안정성을 확보한다.

ⓑ **차고제어** : 승차인원 및 화물의 하중변화 때 일정한 차고를 유지하기 위해 차고를 올리고 내리는 제어를 수행한다. 항상 일정한 높이를 유지하도록 앞, 뒤 바퀴를 독립적으로 제어할 수 있다.

기출 PLUS

기출 2017. 9. 23. 서울특별시 시행

다음 중 전자제어 현가장치의 입력 센서로 옳은 것은?

① 크랭크 각 센서
② 캠각 센서
③ 스로틀 위치 센서
④ 냉각수온 센서

❮정답 ③

기출 2022. 6. 18. 인천시 시행

다음 중 ECS의 제어가 아닌 것은?

① 안티 롤링 제어
② 트랙션 제어
③ 안티 스쿼트 제어
④ 속도 감응 제어

기출 2020. 10. 17. 부산광역시 시행

자동차의 자세제어 기능 중 주행 중에 급제동을 하면 차체의 앞쪽은 낮아지고, 뒤쪽이 높아지는 다운(nose down) 현상을 제어하는 기능은?

① 안티 스쿼트(anti-squat) 제어
② 안티 다이브(anti-dive) 제어
③ 안티 스쿼트(anti-squat) 제어
④ 안티 바운싱(anti-bouncing) 제어

정답 ②, ②

ⓒ **자세제어**: 자동차 주행 중 현가장치에서 진동, 롤, 피칭 등이 발생했을 때 감쇠력 가변과 동시에 네 바퀴에 설치되어 있는 공기 스프링의 압력을 독립적으로 제어하여 승차감과 주행 안정성을 향상시킨다.

• 안티 스쿼트(anti squat) 제어: 자동차가 급출발하거나 주행 중 급가속할 경우 차체의 앞쪽은 들리고 뒤쪽은 낮아지는 노즈 업(nose-up) 현상을 제어한다.

• 안티 다이브(anti dive) 제어: 자동차가 주행 중에 급제동을 하게 되면 앞쪽은 낮아지고 뒤쪽이 높아지는 노즈 다운(nose-down) 현상을 제어한다.

• 안티 피칭(anti pitching) 제어: 자동차가 도로의 요철 노면을 주행할 때 속도와 차고의 변화를 고려하여 쇽업소버의 감쇠력을 증가시킨다.

• 안티 롤링(Anti rolling) 제어: 자동차가 선회 시 좌우 방향으로 움직이는 횡가속도를 G센서(동작인식센서)로 감지하여 차체가 바깥쪽으로 쏠리지 않도록 제어한다.

• 안티 바운싱(anti bouncing) 제어: 차체에 바운싱이 발생하면 G센서가 검출하여 쇽업소버의 감쇠력은 소프트에서 미디엄(Medium)이나 하드로 변환된다.

  ※ 바운싱(bouncing) … 차체가 위·아래로 진동하는 것으로, 피칭은 앞뒤가 교대로 위·아래로 움직이지만, 바운싱은 앞뒤가 동시에 같은 방향으로 진동하는 상태를 말한다.

• 안티 쉐이크(anti shake) 제어: 자동차의 주행속도를 감속하여 규정 속도 이하가 되면 컴퓨터가 사람의 승하차에 대비하여 쇽업소버의 감쇠력을 하드(Hard)로 변환시킨다.

  ※ 쉐이크(shake) … 자동차에 사람이 승차할 때 하중의 변화에 따라서 차체가 흔들리는 것을 말한다.

• 자동차 속도 감응(vehicle speed) 제어: 자동차가 고속으로 주행할 때에는 차체의 안정성이 결여되기 쉬운 상태이므로 쇽업소버의 감쇠력은 소프트에서 미디엄이나 하드로 변환된다.

③ **작동장치**

ⓐ **공기 액추에이터**: HARD 상태에서는 압축공기가 액추에이터에 유입되어 HARD 상태를 유지하고, SOFT 상태에서는 액추에이터 내부의 공기가 방출되어 SOFT 상태를 유지한다.

ⓑ **공기압축기와 공기압축기 릴레이**: 컨트롤 유닛에서 출력신호를 받은 공기압축기 릴레이가 자화(磁化)되면 공기압축기에 전원이 공급되어 공기압축기가 작동하여 저장탱크에 압축공기를 저장한다.

ⓒ **리저브 탱크**: 압축된 공기를 저장하는 것으로 체크밸브는 압축공기의 역류를 방지한다.

ⓓ **공기 공급 솔레노이드 밸브**: 차고 조정시 공기 공급 솔레노이드 밸브의 작동에 의해 저장 탱크로부터 앞·뒤 공기챔버로 압축공기가 유입된다.

ⓔ **앞·뒤 솔레노이드 밸브**: 차고 조정용 공기밸브와 HARD·SOFT 위치 선택용 공기밸브로 이루어져 있다.

03 조향장치

① 개념과 원리

(1) 개념

조향장치는 자동차의 진행방향을 운전자가 의도하는 바에 따라서 임의로 조작할 수 있는 장치이며 조향핸들을 조작하면 조향 기어에 그 회전력이 전달되며 조향 기어에 의해 감속하여 앞바퀴의 방향을 바꿀 수 있도록 되어 있다.

(2) 애커먼-장토식(ackerman-jantoud type)

조향 각도를 최대로 하고 선회할 때 선회하는 안쪽 바퀴의 조향 각도가 바깥쪽 바퀴의 조향 각도보다 크게 되며, 뒷차축 연장선상의 한 점을 중심으로 동심원을 그리면서 선회하여 사이드슬립 방지와 조향핸들 조작에 따른 저항을 감소시킬 수 있는 방식이다.

(3) 최소 회전반지름

조향각도를 최대로 하고 선회하였을 때 그려지는 동심원 중에서 가장 바깥쪽 바퀴가 그리는 원의 반지름을 말하며 다음의 공식으로 산출된다.

$$R = \frac{L}{\sin a} + r$$

- R : 최소 회전반지름, L : 축간거리(축거 wheel base)
- $\sin \alpha$: 가장 바깥쪽 앞바퀴의 조향각도
- r : 바퀴 접지면 중심과 킹 핀과의 거리

(4) 조향장치의 구비조건

① 조향 조작이 주행 중의 충격에 영향을 받지 않을 것

② 조작이 쉽고, 방향 변환이 원활하게 행해질 것

③ 회전반지름이 작아서 좁은 곳에서도 방향 변환을 할 수 있을 것

④ 진행방향을 바꿀 때 섀시 및 보디 각 부에 무리한 힘이 작용되지 않을 것

기출PLUS

기출 2017. 6. 17. 대구광역시 시행

다음 중 조향장치의 최소 회전반경에 대한 설명이 잘못된 것은?

① 좌우 조향차륜의 스핀들 연장선은 항상 후 차축 연장선의 한 점에서 만난다.

② 최소 회전반경은 각 회전의 중심점에서 바깥쪽 휠의 킹핀까지의 거리로 나타낸다.

③ 자동차가 직진 위치에 있을 때 앞차축과 스티어링 너클 암, 타이로드가 사다리 형상을 한다.

④ 선회시 바깥쪽 바퀴의 조향각이 안쪽 바퀴의 조향각보다 작으며 최소 회전반경을 구할 때는 바깥쪽 바퀴의 조향각이 필요하다.

◀정답 ②

⑤ 고속주행에서도 조향핸들이 안정될 것

⑥ 조향핸들의 회전과 바퀴 선회 차이가 크지 않을 것

⑦ 수명이 길고 다루기나 정비하기가 쉬울 것

❷ 구조와 작용

(1) 일체 차축방식의 조향기구

① 일체 차축방식의 조향기구는 조향핸들, 조향축, 조향기어 박스, 피트먼 암, 드래그링크, 타이로드, 너클암 등으로 구성되어 있다. 작동은 조향핸들을 돌리면 그 조작력이 조향축을 거쳐 조향 기어 박스로 전달된다.

② 조향 기어 박스에서는 감속하여 섹터축을 회전시키며, 섹터축이 회전하면 피트먼 암이 원호운동을 하여 드래그링크를 앞 뒤 방향으로 이동시킨다. 이에 따라, 오른쪽이나 왼쪽 바퀴가 조향 너클에 의해 선회하게 되고, 또 타이로드를 통해 반대쪽 바퀴를 선회시켜 진행방향을 변환시킨다.

(2) 독립 차축방식의 조향기구

① 독립 차축방식 조향기구에는 드래그 링크가 없으며 타이로드가 둘로 나누어져 있다.

② 구성은 조향핸들, 조향축, 조향기어 박스, 피트먼 암, 센터 링크, 타이로드, 너클 암 등으로 구성되어 있다. 그러나 최근의 승용차에서는 래크와 피니언형식을 사용하므로 피트먼 암과 센터 링크 등을 사용하지 않는다.

(3) 조향기구

① **조향핸들**(조향 휠)
   ㉠ 조향핸들은 림(rim), 스포크(spoke) 및 허브(hub)로 구성되어 있으며 스포크나 림 내부에는 강철이나 알루미늄 합금 심으로 보강되고, 바깥쪽은 합성수지로 성형되어 있다.
   ㉡ 조향핸들은 조향축에 테이퍼(taper)나 세레이션(serration) 홈에 끼우고 너트로 고정시킨다.

② **조향축**(steering shaft) : 조향핸들의 회전을 조향 기어의 웜(worm)으로 전하는 축이며, 웜과 스플라인을 통하여 자재이음으로 연결되어 있다.

기출 2021. 5. 1. 전라북도 시행

다음 중 조향핸들이 한쪽으로 쏠리는 원인이 아닌 것은?

① 타이어 공기압력이 불균일할 때
② 브레이크 라이닝 간격 조정이 불량할 때
③ 캠버가 맞지 않았을 때
④ 타이어 공기압이 높을 때

〈정답 ④

③ 조향 기어 박스(steering gear box) : 조향 기어는 조향 조작력을 증대시켜 앞바퀴로 전달하는 장치이며 종류에는 웜 섹터형, 웜 섹터 롤러형, 볼 너트형, 캠 레버형, 래크와 피니언형, 스크루 너트형, 스크루 볼형 등이 있으며 현재 주로 사용되고 있는 형식은 볼 너트 형식과 래크와 피니언 형식이므로 이들에 대해서만 설명하도록 한다.

㉠ 볼-너트 형식(ball & nut type) : 스크루와 너트 사이에 많은 볼이 들어 있어 조향핸들의 회전을 볼의 동력전달 접촉으로 너트로 전달한다. 작동은 조향핸들이 회전하면 스크루 홈을 이동하여 너트의 한끝에서 밖으로 나와 안내 튜브를 지나서 다시 스크루 홈으로 들어간다. 볼은 2줄로 나누어 순환하며, 이 순환운동으로 너트는 직선운동을 하고 섹터는 원호운동을 한다.

㉡ 래크와 피니언 형식(rack & pinion type)

• 이 형식은 조향핸들의 회전운동을 래크를 통해 직선운동으로 바꾸어 조향하도록 되어 있으며, 조향축 아랫부분에 피니언이 래크와 결합되어 있다. 따라서 래크는 피니언의 회전운동에 따라 조향 기어 박스 내에서 좌우로 직선운동을 하여 그 양끝의 타이로드를 거쳐 좌우의 너클암을 이동시켜 조향한다. 그리고 조향 기어 비율은 다음과 같이 나타낸다.

$$조향\ 기어비 = \frac{조향핸들이\ 움직인\ 각}{피트먼\ 암이\ 움직인\ 각}$$

• 조향 기어비의 값이 작으면 조향핸들의 조작은 신속히 되지만 큰 조작력이 필요하게 된다. 이에 따라 조향 기어에는 가역식, 반가역식, 비가역식 등의 형식으로 하고 있다.

④ 피트먼 암(pitman arm) : 조향핸들의 움직임을 일체 차축방식의 조향기구에서는 드래그 링크로, 독립 차축방식의 조향기구에서는 센터 링크로 전달한다.

⑤ 드래그 링크(drag link) : 일체 차축방식 조향기구에서 피트먼 암과 너클 암(제3암)을 연결하는 로드이다.

⑥ 센터 링크(center link) : 독립 차축방식 조향기구에서 피트먼 암과 볼 이음을 통하여 연결되며, 작동은 조향핸들을 회전시키면 피트먼 암으로부터의 힘을 타이로드로 전달한다. 그러나 래크와 피니언 형식의 조향 기어 박스를 사용하는 독립 차축방식에서는 센터 링크를 두지 않아도 된다.

⑦ 타이 로드(tie-rod) : 볼-너트 형식의 조향 기어 박스를 사용하는 독립 차축방식 조향기구에서는 센터 링크의 운동을 양쪽 너클 암으로 전달하며, 래

기출 PLUS

기출 2017. 4. 22. 경기도 시행
조향장치에서 사용되는 조향기어의 형식이 아닌 것은?
① 랙 앤 피니언 형식
② 웜 섹터 형식
③ 롤러 베어링 형식
④ 웜 섹터 롤러 형식

기출 2022. 7. 16. 전라남도 시행
조향 휠이 2바퀴 돌고 피트먼암이 80° 회전할 때 조향 기어비는?
① 4 : 1   ② 8 : 1
③ 9 : 1   ④ 12 : 1

기출 2017. 9. 23. 경상남도 시행
조향 기어비가 12인 차량에서, 조향 핸들을 한 바퀴 회전하였을 때 피트먼 암이 움직인 각도는?
① 20°   ② 30°
③ 40°   ④ 60°

❮ 정답 ③, ③, ②

크와 피니언 형식에서는 래크축에 2개로 나누어져 볼 이음으로 각각 연결되어 있다. 타이 로드의 길이를 조정하여 토인(toe-in)을 조정할 수 있다.

⑧ 너클 암(knuckle arm, 제3암) : 일체 차축방식 조향기구에서 드래그 링크의 운동을 조향 너클에 전달하는 기구이다.

⑨ 일체 차축방식 조향기구의 앞 차축과 조향 너클
  ㉠ 일체 차축방식(ridge axle)의 앞 차축은 강철을 단조한 I 단면의 빔이며, 그 양쪽 끝에는 스프링 시트가 용접되어 있고, 킹핀 설치부분에는 킹핀을 통해 조향 너클이 설치된다.
  ㉡ 조향 너클은 킹핀을 통해 앞 차축과 연결되는 부분과 바퀴 허브가 설치되는 스핀들(spindle)로 되어 있어 킹핀을 중심으로 회전하여 조향작용을 한다. 그리고 앞 차축과 조향 너클의 설치방식에는 엘리옷형, 역엘리옷형, 마몬형, 르모앙형 등이 있다.

⑩ 킹핀(king pin) : 일체 차축방식 조향기구에서 앞 차축에 대해 규정의 각도(킹핀 경사각)를 두고 설치되어, 앞 차축과 조향 너클을 연결하며 고정볼트에 의해 앞 차축에 고정되어 있다.

(4) 핸들의 고장진단 및 점검

① 핸들이 흔들리는 원인
  ㉠ 앞바퀴 정렬 상태 불량
  ㉡ 타이어 공기압 불균형
  ㉢ 핸들 유격의 증가
  ㉣ 휠의 불량
  ㉤ 스테빌라이저의 불량
  ㉥ 쇽업소버의 불량

② 핸들이 한쪽으로 쏠리는 원인
  ㉠ 타이어 공기압의 불균형
  ㉡ 한쪽의 타이어 펑크
  ㉢ 앞바퀴 정렬 상태 불량
  ㉣ 현가스프링의 불량
  ㉤ 휠의 불량
  ㉥ 쇽업소버의 불량
  ㉦ 앞쪽 브레이크 조정 불량

③ 핸들이 무거운 원인
　　㉠ 앞쪽 타이어 공기압 부족
　　㉡ 조향기어 불량
　　㉢ 앞바퀴 정렬 상태 불량
　　㉣ 현가장치의 불량
　　㉤ 조향기어 오일부족

④ 핸들 유격이 큰 원인
　　㉠ 조향기어의 불량
　　㉡ 허브베어링 마모 또는 이완
　　㉢ 높은 타이어 공기압 상태
　　㉣ 조향장치의 불량

> ☝ Plus tip
>
> **핸들 유격(裕隔)**
> 조향핸들을 돌렸을 경우 조향바퀴가 움직이기 직전까지 조향핸들이 움직인 거리를 말한다. 조향핸들의 유격은 당해 자동차의 조향핸들 지름의 12.5%이내이어야 한다.

❸ 동력 조향장치(power steering system)

(1) 개요

자동차의 대형화 및 저압 타이어의 사용으로 앞바퀴의 접지압력과 면적이 증가하여 신속하고 경쾌한 조향이 어렵다. 이에 따라 가볍고 원활한 조향조작을 위해 기관의 동력으로 오일펌프를 구동하여 발생한 유압을 이용하는 동력 조향장치를 설치하여 조향핸들의 조작력을 경감시키는 장치이다. 이 장치는 다음과 같은 특징이 있다.

① 동력 조향장치의 장점
　　㉠ 조향 조작력이 작아도 된다.
　　㉡ 조향 조작력에 관계없이 조향 기어비를 선정할 수 있다.
　　㉢ 노면으로부터의 충격 및 진동을 흡수한다.
　　㉣ 앞바퀴의 시미현상을 방지할 수 있다.
　　㉤ 조향 조작이 경쾌하고 신속하다.
　　㉥ 동력 조향의 고장시 수동 전환이 가능하다.

기출PLUS

기출 2016. 10. 29. 경기도 시행
다음 중 핸들이 무거운 원인이 아닌 것은 어느 것인가?
① 타이어 공기압 부족
② 조향 기어 박스 오일 부족
③ 구동 피니언 기어의 백 래시가 클 때
④ 앞바퀴 정렬 상태 불량

기출 2017. 7. 29. 전라남도 시행
다음 중 동력 조향 장치의 특성으로 맞지 않는 것은?
① 구조가 간단하다.
② 조향 조작력이 작아도 된다.
③ 노면으로부터의 충격 및 진동을 흡수한다.
④ 조향 조작을 경쾌하고 신속하게 한다.

◀정답 ③, ①

② 동력 조향장치의 단점

   ㉠ 구조가 복잡하고 값이 비싸다.

   ㉡ 고장이 발생한 경우에는 정비가 어렵다.

   ㉢ 오일펌프 구동에 기관의 출력이 일부 소비된다.

(2) 동력 조향장치의 분류

① **링키지형**(linkage type) : 동력실린더를 조향 링키지 중간에 둔 것이며, 조합형과 분리형이 있다.

   ㉠ **조합형**(combined type) : 동력실린더와 제어밸브가 일체로 된 것이다.

   ㉡ **분리형**(separate type) : 동력실린더와 제어밸브가 분리된 것이다.

② **일체형** : 동력실린더를 조향 기어 박스 내에 설치한 형식이며, 인라인형과 오프셋형이 있다.

   ㉠ **인라인형**(in line type) : 조향 기어 박스와 볼 너트를 직접 동력기구로 사용하도록 한 것이며, 조향 기어 박스 상부와 하부를 동력실린더로 사용한다.

   ㉡ **오프셋 형**(off-set type) : 동력 발생기구를 별도로 설치한 형식이다.

(3) 동력 조향장치의 구조

동력 조향장치는 작동부분, 제어부분, 동력부분의 3주요부와 유량 제어밸브 및 유압 제어밸브와 안전 체크밸브 등으로 구성되어 있다.

① **오일펌프 – 동력부분**

   ㉠ 오일펌프는 유압을 발생하며 기관의 크랭크축에 의해 V벨트를 통하여 구동된다.

   ㉡ 오일펌프의 형식은 주로 베인펌프(vane pump)를 사용한다.

② **동력실린더 – 작동부분**

   ㉠ 동력실린더는 실린더 내에 피스톤과 피스톤 로드가 들어 있으며, 오일펌프에서 발생한 오일을 피스톤에 작용시켜서 조향방향 쪽으로 힘을 가해주는 장치이다.

   ㉡ 동력실린더는 피스톤에 의해 2개의 방(chamber)으로 분리되어 있으며 한쪽 방에 오일이 들어오면 반대쪽 방에서는 오일이 오일탱크로 복귀하는 복동식이다.

③ 제어밸브 – 제어부분

   ㉠ 제어밸브는 조향핸들의 조작력을 조절하는 기구이며, 조향핸들을 돌려 피트먼 암에 힘을 가하면 오일펌프에서 보내 준 오일을 조향방향으로 동력 실린더의 피스톤이 작동하도록 오일회로를 변환시킨다. 제어밸브는 밸브보디 안쪽에 3개의 홈과 오일펌프에서 보내 준 오일을 동력실린더 2개의 방으로 공급하기 위한 오일통로가 있다.

   ㉡ 밸브 스풀(valve spool)에는 밸브보디에 있는 3개의 홈에 대응하는 3개의 랜드(land)가 있어 밸브 스풀의 이동에 따라 밸브보디의 오일 통로가 개폐된다.

④ **안전 체크밸브**(safety check valve) : 제어밸브 속에 들어 있으며 기관이 정지된 경우 또는 오일펌프의 고장, 회로에서의 오일 누출 등의 원인으로 유압이 발생하지 못할 때 조향핸들의 조작을 수동으로 할 수 있도록 해주는 밸브이다.

④ 전자제어 동력 조향장치(ECPS : electronic control power steering)

(1) 차속 감응형 유량 제어방식의 작동

① 차속 감응방법은 차속센서에 의해 주행속도를 검출하여 주행속도에 따라 동력실린더에 작용하는 유압을 변화시킨다. 즉, 저속에서는 유압을 정상값으로 하고 주행속도가 증가할수록 유압을 낮춘다. 이것은 차속센서가 주행속도를 컴퓨터로 입력시키면 컴퓨터에서는 동력실린더의 유압을 변화시킨다.

② 유압제어는 동력실린더 양쪽 체임버(chamber)를 연결하는 바이패스 회로에 솔레노이드밸브를 설치하여 솔레노이드밸브가 열리면 고압 쪽의 오일은 드레인에 연결된 저압쪽으로 들어가 유압을 저하시켜 배력작용을 감소시키므로 저항력이 커진다.

(2) 반력 제어방식의 작동

① 차속센서가 로터리형 유압모터로 되어 있으며 통과하는 유량을 주행속도에 따라 조절하고 제어밸브의 움직임을 변화시켜 적절한 조향력을 얻도록 하고 있다. 제어밸브 양끝에는 롤러가 부착되어 있으며 여기에 반동 플런저가 설치되어 있다.

기출 2022. 4. 23. 경기도 시행

전자제어식 동력조향장치(EPS)의 관련된 설명으로 맞는 것은?

① 저속주행에서는 조향력을 최대화하여, 조향운정성을 향상시킨다.
② 일반도로에서는 조향력을 최소화하여, 조향안정성을 향상시킨다.
③ 저속주행에서는 조향력을 무겁게, 고속주행에서는 가볍게 되도록 한다.
④ 고속주행에서는 조향력을 최대화하여, 조향안정성을 향상시킨다.

◀ 정답 ④

② 반동 플런저는 스프링의 장력과 반동실에 가해지는 유압을 받아 롤러를 가압한다. 이에 따라 제어밸브의 작동은 반동실에 가해지는 유압에 따라 변화하며 이 유압을 주행 속도에 대응시키면 적절한 조향력을 얻을 수 있다. 차속센서에 작용하는 유압 모터의 유로는 동력실린더와 병렬로 연결되며, 반동실의 유압 제어는 컷 오프 밸브(cut-off valve)가 한다.

⑤ 전동형 동력 조향장치

(1) 구성

차속 센서, 회전력 센서, 제어기구, 조향 기어 박스, 3상 브러시 없는 전동기, 회전각도 센서, 감속기구 등으로 구성되어 있다.

① **제어기구(controller)** : 회전력의 신호에 의해 최적의 배력(assist)을 실행하기 위하여 전동기를 제어한다. 또한 각종 신호를 검출하고, 고장이 발생하였을 경우에는 수동상태로 하는 페일 세이프 기능을 지니고 있다. 직류전동기와는 다른 3상 전동기를 사용하며, 제어의 고속성능이 필요하므로 16bit 마이크로컴퓨터를 사용한다.

② **3상 브러시 없는 전동기(중공 형식)** : 전동기의 스테이터 쪽에 코일을, 로터 쪽에 영구자석을 배치한 3상 직류 브러시 없는 전동기와 로터 안쪽에 래크축(rack shaft)과 볼-너트를 배치하고, 너트의 회전(전동기의 회전)에 의해 래크축과 일체의 볼-너트가 직선운동을 한다. 제어기구에서의 전류에 의해 배력을 발생시킨다.

③ **전동기 회전각도 센서** : 전동기의 로터 위치를 검출한다. 이 신호에 의해 컴퓨터가 전류 출력의 위상을 결정한다.

④ **회전력 센서** : 비접촉형 센서이며, 운전자의 조향핸들 조작력을 검출한다.

⑤ **차속 센서** : 자동차의 주행속도를 검출한다.

⑥ **조향 기어 박스**
   ㉠ 조향 기어 박스는 바퀴를 노면 반발력에 대항해 조향 시키는 액추에이터이며, 전동기에서 발생한 회전력을 증대시킨다.
   ㉡ 조향력은 운전자로부터 기어의 입력 축으로 전달되고 토션 바에서 바퀴로 전달되며, 배력은 회전력 센서의 출력에 대한 제어 기구의 전류에 따라 전동기에서 발생시키는 힘이 볼-너트를 통해 증대되어 래크로 전달되고, 바퀴로 전달된다.

(2) 제어회로의 구성과 작동

① 전동방식 동력 조향장치는 입력부분, 제어부분, 출력부분으로 구성되어 있다.

② 입력부분은 입력센서 신호로부터 운전상황을 판단하는 역할을 하며, 제어 부분은 입력센서의 정보를 바탕으로 ECU에 설정된 제어로직에 따라 출력 부분을 제어한다. 출력부분은 ECU의 신호를 받아 전동기를 구동하며 경고 등, 아이들 업(idle up), 자기진단 기능을 수행한다.

📢 출력 다이어그램

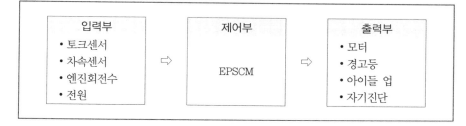

6 4WS(4-wheel steering)

(1) 개념

① 4WS란 4바퀴 조향을 의미하며, 기존의 자동차에서는 앞바퀴로만 조향하는 데 비해 뒷바퀴도 조향하는 장치이다.

② 기존의 2WS 자동차는 고속에서 선회할 때 앞바퀴에는 조향핸들에 의한 회 전으로 코너링 파워가 발생하지만, 뒷바퀴는 차체의 가로방향 미끄러짐이 발생해야만 코너링 파워가 발생하기 때문에 선회지연과 차체 뒤가 과도하 게 흔들리는 문제점이 있었으나, 4WS는 고속에서의 차로를 변경할 때 안 정성이 향상되고, 차고 진입이나 U턴과 같은 회전을 할 때 회전반지름이 작아져 운전이 용이해진다.

(2) 기능

① 차량 주행역학의 가장 중요한 목표는 능동적 안전도의 향상 즉, 조향성능(handling performance)과 승차감(driving comfort)의 향상이며, 4WS는 4바퀴를 모두 조 향하여 조향성능을 시키는 장치이다.

기출 PLUS

기출 2022. 4. 23. 경기도 시행

4WS 차량이 좁은 주차장에 주차할 때 보다 안정적으로 회전이 가능한 조향 바퀴의 방향으로 바르게 설명 한 것은?

① 앞바퀴 안쪽, 뒷바퀴 안쪽
② 앞바퀴 안쪽, 뒷바퀴 바깥쪽
③ 앞바퀴 바깥쪽, 뒷바퀴 바깥쪽
④ 앞바퀴 고정, 뒷바퀴 고정

◀정답 ②

② 운전자가 조향핸들을 조작함에 따라 앞 차축에서 생기는 코너링 포스에 대하여, 동시에 뒤 차축에서도 해당 코너링 포스가 발생하도록 뒷바퀴 조향각을 제어함으로서, 궁극적으로는 차체 무게중심에서의 "사이드슬립 각(side slip angle)"을 줄여서 안정된 조향을 하도록 하는 장치이다.

③ 원하는 자동차의 횡 방향 슬립각 및 요속도(yaw speed)를 얻기 위해 자동차의 앞바퀴 조향각 및 뒷바퀴 조향각을 능동적으로 제어하는 것이다. 자동차의 주행속도, 조향핸들 조향각, 요속도의 함수로서 뒷바퀴 조향각을 제어하는 방법과 뒷바퀴 조향각 제어를 통하여 저속주행의 조종성과 고속주행에서 직진 안정성을 대폭적으로 향상시켰다.

04 휠 얼라인먼트(wheel alignment)

1 개요

(1) 휠 얼라이먼트의 개념

자동차의 앞부분을 지지하는 앞바퀴는 어떤 기하학적인 관계를 두고 설치되어 있는데 이와 같은 앞바퀴의 기하학적인 각도 관계를 말한다.

(2) 휠 얼라인먼트의 역할

① 조향핸들의 조작을 확실하게 하고 안전성을 준다. – 캐스터의 작용

② 조향핸들에 복원성을 부여한다. – 캐스터와 조향축 경사각의 작용

③ 조향핸들의 조작력을 가볍게 한다. – 캠버와 조향축 경사각의 작용

④ 타이어 마멸을 최소로 한다. – 토인의 작용

> **Plus tip**
> 휠 얼라인먼트의 종류
> ㉠ 캠버(camber)
> ㉡ 캐스터(caster)
> ㉢ 토인(toe-in)
> ㉣ 조향축(킹핀) 경사각
> ㉤ 선회시 토아웃

기출 2021. 6. 5. 경상북도 시행

앞바퀴 정렬에 관련한 설명으로 옳은 것은?
① 차량 정면에서 보았을 때 차량 위쪽이 안으로 기울어진 상태는 부의 캐스터라고 한다
② 킹핀 경사각이 클수록 조향범위는 증가한다.
③ 캐스터 각을 많이 줄수록 복원력이 줄어든다.
④ 토인은 타이어 마모방지 효과가 있다.

‹정답 ④

② 휠 얼라인먼트 요소의 정의와 필요성

(1) 캠버(camber)

① 자동차를 앞에서 보면 그 앞바퀴가 수직선에 대해 어떤 각도를 두고 설치되어 있는 데 이를 캠버라 하며 그 각도를 캠버 각도라 한다.

② 캠버 각도 : 일반적으로 0.5 ~ 1.5° 정도이다.

③ 캠버의 구분

   ㉠ 정(+)의 캠버 : 앞바퀴의 윗부분이 바깥쪽으로 기울어진 상태
   ㉡ 부(-)의 캠버 : 앞바퀴의 윗부분이 안쪽으로 기울어진 상태
   ㉢ 0의 캠버 : 앞바퀴의 중심선이 수직일 때

④ 캠버의 역할

   ㉠ 수직방향 하중에 의한 앞차축의 휨을 방지한다.
   ㉡ 조향핸들의 조작을 가볍게 한다.
   ㉢ 하중을 받았을 때 앞바퀴의 아래쪽(부의 캠버)이 벌어지는 것을 방지한다.

(2) 캐스터(caster)

① 자동차의 앞바퀴를 옆에서 보면 조향 너클과 앞 차축을 고정하는 조향축(일체 차축방식에서는 킹핀)이 수직선과 어떤 각도를 두고 설치되는데 이를 캐스터라 하며 그 각도를 캐스터 각도라 한다.

② 캐스터 각도 : 일반적으로 1 ~ 3° 정도이다.

③ 캐스터의 구분

   ㉠ 정(+)의 캐스터 : 조향축 윗부분(또는 킹핀)이 자동차의 뒤쪽으로 기울어진 상태
   ㉡ 부(-)의 캐스터 : 조향축의 윗부분(또는 킹핀)이 앞쪽으로 기울어진 상태
   ㉢ 0의 캐스터 : 조향축의 중심선(또는 킹핀)이 수직선과 일치된 상태

④ 캐스터의 역할

   ㉠ 주행 중 조향바퀴에 방향성을 부여한다.
   ㉡ 조향하였을 때 직진방향으로의 복원력을 준다.

⑤ 캐스터 효과

   ㉠ 킹핀(또는 조향축)의 중심선과 바퀴 중심을 지나는 수직선이 노면과 만나는 거리를 리드(또는 트레일)[lead or trail]라고 하며, 이것이 캐스터 효과를 얻게 한다.

기출PLUS

기출 2022. 6. 18. 경상북도 시행

차량의 정면에서 볼 때 앞바퀴와 수직선에 대해 0.5~2° 각을 형성하며 핸들의 조작을 가볍게 하고 차량의 무게에 의해 앞차축 휨을 방지하는 역할을 하는 휠 얼라인먼트는?

① 캠버   ② 캐스터
③ 토우인   ④ 킹핀 경사각

기출 2022. 4. 23. 경기도 시행

카트에 짐을 싣고 직진할 때 필요한 요소로 맞는 것은?

① 캠버   ② 캐스터
③ 토인   ④ 킹핀 경사각

기출 2017. 7. 29. 전라남도 시행

다음 중 캠버의 주요 역할이 아닌 것은?

① 수직 방향 하중에 의한 앞차축 휨을 방지한다.
② 조향 핸들의 조작을 가볍게 한다.
③ 하중 받을 때 앞바퀴 아래쪽의 벌어짐을 방지한다.
④ 조향하였을 때 직진 방향 복원력을 부여한다.

기출 2021. 5. 1. 전라북도 시행

주행 중 방향성과 복원성을 부여하는 휠얼라인먼트 요소 중 하나로 그림에서 설명하고 있는 것은?

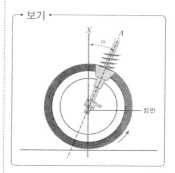

① 토인   ② 토아웃
③ 캐스터   ④ 캠버

《정답 ①, ②, ④, ③

프런트 휠 얼라인먼트(Front wheel alignment)의 조향특성에 대한 설명으로 가장 옳은 것은?

① 언더 스티어링이란 조향각을 일정하게 하면서 선회 안쪽으로 말려 들어가서 선회 반지름이 작아지는 현상을 말한다.
② 프런트 휠 얼라인먼트는 조향 링키지 마멸이나 캠버에 의한 토인(toe-in) 경향을 방지한다.
③ 차량의 하중과 타이어의 접지 부분의 반작용으로 타이어의 아래쪽(폭)이 바깥쪽으로 벌어지는 정(+)의 캠버를 방지하기 위하여 역(−)의 캠버를 둔다.
④ 직진 방향으로의 복원력을 높이려면 정(+)의 캐스터를 둔다.

다음 중 앞바퀴 정렬에 대한 설명으로 옳은 것은?

① 캠버는 앞바퀴를 옆에서 보았을 때 킹핀의 수선에 대해 이룬 각으로 직진성, 복원성을 부여한다.
② 바퀴가 차체의 바깥쪽으로 기울어진 상태를 정의 캠버라고 한다.
③ 앞바퀴를 위에서 보았을 때 앞바퀴의 앞쪽이 뒤쪽보다 안으로 오무러진 상태를 토우 아웃(Toe-out)이라고 한다.
④ 자동차를 앞바퀴를 위에서 보았을 때 양쪽 타이어 앞뒤 중심선의 거리가 앞쪽이 뒤쪽보다 적은 것을 토인(Toe-in)이라고 한다.

정답 ④, ④

ⓛ 캐스터 효과는 정의 캐스터에서만 얻을 수 있으며 주행 중에 직진성이 없는 자동차는 더욱 정의 캐스터로 수정하여야 한다.

(3) 토인(toe-in)

① 자동차 앞바퀴를 위에서 내려다보면 바퀴 중심선 사이의 거리가 앞쪽이 뒤쪽보다 약간 작게 되어 있는데 이것을 토인이라고 한다.

② **토인 값**: 일반적으로 2～6mm 정도이다.

　　※ 승용차 2～3mm, 대형차 4～8mm 정도이다.

③ **토인의 역할**

　ⓐ 앞바퀴를 평행하게 회전시킨다.
　ⓛ 앞바퀴의 사이드슬립(side slip)과 타이어 마멸을 방지한다.
　ⓒ 조향 링키지 마멸에 따라 토 아웃(toe-out)이 되는 것을 방지한다.
　ⓔ 토인은 타이로드의 길이로 조정한다.

> **Plus tip**
>
> **토아웃(toe-out)**
> ⓐ 자동차의 차체 위에서 앞바퀴를 내려다 보았을 때 좌우 앞바퀴의 앞쪽이 뒤쪽보다 넓어진 것을 토아웃이라 한다.
> ⓛ 토아웃은 자동차가 진행 방향을 바꿀 때 앞바퀴의 회전축 방향을 바꾸는 조향반응이 빨라 일반적으로 운전에 능숙한 운전자에게 유리하지만 똑바로 나아가고자 할 때는 안정성이 떨어져 초보자에게는 불리하다.

(4) 조향축 경사각(킹핀 경사각)

① 자동차를 앞에서 보면 독립 차축방식에서의 위아래 볼 이음(또는 일체 차축방식의 킹핀)의 중심선이 수직에 대하여 어떤 각도를 두고 설치되는데 이를 조향축 경사(또는 킹핀 경사)라고 하며 이 각을 조향축 경사각이라 한다.

② **조향축 경사각**: 일반적으로 $7～9°$ 정도 둔다.

② **조향축 경사각의 역할**

　ⓐ 캠버와 함께 조향 핸들의 조작력을 가볍게 한다.
　ⓛ 캐스터와 함께 앞바퀴에 복원성을 부여한다.
　ⓒ 앞바퀴가 시미(shimmy)현상을 일으키지 않도록 한다.

05 제동장치

1 개요

(1) 제동장치의 기능

① 기능

    ㉠ 제동장치는 주행 중인 자동차를 감속 또는 정지시키거나 주차상태를 유지하기 위한 장치이다.

    ㉡ 마찰력을 이용하여 자동차의 운동에너지를 열에너지로 바꾸어 그것을 대기 속으로 방출시켜 제동 작용을 하는 마찰식 브레이크를 사용하고 있다.

② 구분

    ㉠ 풋 브레이크 : 바퀴의 안쪽에 장치되어 있는 브레이크 드럼 또는 브레이크 디스크 등에 마찰재를 밀어 붙여 그 마찰력을 이용하여 제동력을 발생시키는 것을 풋 브레이크라 한다.

      • 기계식 브레이크 : 브레이크 조작력을 로드 또는 와이어를 사용하여 각 바퀴에 전달하는 형식으로 현재는 사용되지 않고 있다.

      • 유압식 브레이크 : 파스칼의 원리를 응용한 것으로 유압을 발생하는 마스터 실린더, 그 유압을 받아 브레이크 슈를 드럼에 밀어 붙여 제동력을 발생시키는 휠 실린더, 유로를 형성하는 오일 파이프, 호스 등으로 이루어져 있다.

      • 배력식(서보식) 브레이크 : 브레이크가 작용될 때 모든 슈에 자기작동이 일어나는 형식으로, 엔진의 흡입부압이나 압축공기를 이용하여 조작력을 증대시키는 배력장치를 장치한 것이 많다.

      • 공기식 브레이크 : 모든 바퀴의 브레이크슈를 압축공기의 압력을 이용하여 드럼에 밀어 붙여서 제동하는 형식이다.

      ※ 풋 브레이크는 드럼 브레이크와 디스크 브레이크 타입이 있다.

    ㉡ 주차브레이크(핸드 브레이크) : 차량을 주차할 때 차량의 밀림을 방지하기 위해 사용되며, 사이드 브레이크라고도 한다.

    ㉢ 제3브레이크(감속 브레이크) : 마멸이 없이 제동에너지를 열에너지로 변환시키며, 자동차가 주행하는 동안에만 작동효력이 있다.

② 제동장치가 갖추어야 할 구비조건

　　㉠ 차량의 중량과 최고속도에 대하여 제동력이 적당해야 한다.

　　㉡ 신뢰성과 내구력이 뛰어나야 한다.

　　㉢ 조작이 간단해야 한다.

　　㉣ 점검 및 수리가 쉬워야 한다.

　　㉤ 브레이크가 작동하지 않을 때는 각 바퀴의 회전을 방해하지 않아야 한다.

② 제동장치의 분류

(1) 유압식 브레이크

① 브레이크 페달

　　㉠ 브레이크 페달을 밟으면 : 마스터 실린더 내의 피스톤이 브레이크액을 휠 실린더로 압송하고, 휠 실린더는 그 유압을 받아 피스톤을 좌우로 벌려 브레이크슈를 드럼에 압축시켜 브레이크 작용을 한다.

　　㉡ 브레이크 페달을 놓으면 : 마스터 실린더 내의 유압이 저하하므로 브레이크 슈는 리턴스프링의 작용으로 원래의 위치로 되돌아가고 휠 실린더 내의 브레이크액은 마스터 실린더로 되돌아온다.

② 유압식 브레이크의 구성

　　㉠ 마스터 실린더 : 브레이크 페달을 밟는 것에 의해 유압을 발생시켜 각 파이프에 송출하는 작용을 하는 것이다. 내부에는 브레이크액과 피스톤이 들어 있어 발생된 유압을 브레이크 파이프를 통하여 휠 실린더에 전달한다. 휠 실린더 안에 있는 피스톤은 유압으로 밀려 브레이크슈나 브레이크 패드를 드럼이나 디스크에 밀어 붙여 제동력을 발생시킨다.

　　※ 몸체, 오일 탱크, 푸시로드, 피스톤, 피스톤 컵, 체크 밸브, 리턴 스프링 등으로 구성되어 있으며, 브레이크 마스터 실린더와 클러치 마스터 실린더가 있다.

> 👉 Plus tip
>
> 베이퍼 록 현상(vapor lock)
> ㉠ 발생 : 브레이크액에 기포가 발생하여 브레이크를 밟아도 스펀지를 밟듯이 푹 푹 꺼지면서 브레이크가 제대로 작동하지 않는 현상을 말한다.
> ㉡ 원인
> • 긴 내리막에서 과도한 브레이크 사용
> • 드럼과 라이닝의 끌림에 의한 과열
> • 브레이크 슈 리턴 스프링의 장력과 회로내 잔압의 저하

기출 2022. 7. 16. 전라남도 시행

열에 의해 액체가 증발되어 어떤 부분이 폐쇄되어 기능이 상실되는 현상은?

① 베이퍼록　② 페일 세이프
③ 서징　　　④ 노킹

기출 2024. 2. 24. 서울시 제1회 시행

브레이크 시스템에서 베이퍼 록(vapor lock) 현상이 발생하는 원인으로 가장 옳지 않은 것은?

① 긴 내리막길에서 과도하게 풋 브레이크를 사용할 때
② 브레이크 오일 변질에 의한 비등점의 저하 및 불량한 오일을 사용할 때
③ 마스터 실린더, 브레이크 슈 리턴 스프링 손상으로 전압이 저하되었을 때
④ 브레이크 드럼과 라이닝 사이 간격이 넓어 과냉될 때

기출 2022. 6. 18. 인천시 시행

다음 중 베이퍼 록의 원인이 아닌 것은?

① 긴 내리막에서 과도한 브레이크 사용
② 드럼과 라이닝의 끌림에 의한 과열
③ 브레이크라이닝과 드럼의 틈새가 과다한 경우
④ 브레이크 슈 리턴 스프링의 장력 저하

◀정답 ①, ④, ③

ⓛ 휠 실린더 : 마스터 실린더에서 발생한 유압을 받아 브레이크슈를 드럼에 압착시키는 역할을 하는 것으로, 브레이크가 풀리면 브레이크슈에 결합된 리턴 스프링에 의해 되돌아온다.

ⓒ 브레이크슈 : 휠 실린더에서 힘을 받아 회전하는 드럼을 제압하는 것으로 드럼과의 접촉면에는 소모품인 라이닝이 부착되었으며, 휠 실린더에 가해지는 유압으로 브레이크 드럼에 밀어붙여져 제동력이 발생되었다가 유압이 개방되면 리턴 스프링의 힘에 의해 자동적으로 제자리에 돌아온다. 소형 자동차에는 강판을 용접하여 접합한 것을 주로 사용한다.

ⓔ 브레이크 라이닝 : 브레이크 드럼과 직접 접촉하여 브레이크 드럼의 회전을 정지하게 하고 운동 에너지를 열에너지로 바꾸는 마찰재이다. 브레이크 라이닝의 온도가 높아져도 타지 않으며 마찰 계수의 변화가 적은 라이닝이 좋다.

ⓜ 브레이크 파이프 : 마스터 실린더에서 휠 실린더로 브레이크 오일을 유도하는 관으로, 내부성 코팅이 되어 있는 일반 강파이프를 사용한다.

ⓗ 브레이크 드럼 : 허브와 휠 사이의 휠 허브에 볼트로 설치되어 바퀴와 함께 회전하며, 슈와의 마찰로 제동력을 발생시키는 역할을 한다.

> **Plus tip**
> 브레이크 드럼의 구비조건
> ㉠ 정적 동적 평형이 잡혀 있어야 한다.
> ㉡ 브레이크가 확장되었을 때 변형되지 않을 만한 충분한 강성이 있어야 한다.
> ㉢ 슈와의 마찰면에 충분한 내마멸성이 있어야 한다.
> ㉣ 방열이 잘되고 가벼워야 한다.

ⓢ 브레이크 오일 : 자동차 제동 시 브레이크 패드와 디스크가 밀착되어 정지되도록 압력을 전달하는 오일입니다. 브레이크 오일은 식물성 피마자 기름에 알코올을 혼합하여 사용한다.

> **Plus tip**
> 브레이크 오일의 구비 조건
> ㉠ 화학적으로 안전하며, 침전물을 만들지 않아야 한다.
> ㉡ 적절한 점도가 있어야 하고 윤활성이 있으며, 온도에 대한 점도변화가 적어야 한다.
> ㉢ 비점(비등점)이 높아야 한다.
> ㉣ 베이퍼 록을 잘 일으키지 않아야 한다.
> ㉤ 빙점(응고점)이 낮고, 인화점이 높아야 한다.
> ㉥ 금속, 고무에 대해서 부식, 연화, 팽창 등의 영향을 주지 않아야 한다.

기출PLUS

기출 2017. 6. 17. 강원도 시행
브레이크 휠 실린더의 힘을 받아 회전하는 드럼을 압착하는 부품은?
① 마스터 실린더
② 휠 실린더
③ 브레이크 슈
④ 브레이크 드럼

기출 2015. 10. 17. 부산광역시 시행
브레이크 드럼의 조건으로 옳지 않은 것은?
① 정적 · 동적 평형이 맞아야 할 것
② 슈의 마찰면에 내마멸성이 있을 것
③ 방열이 안 될 것
④ 강성이 있을 것

❮정답 ③, ③

다음 중 제동장치와 관련된 설명으로 적절한 것은?

① 디스크 브레이크는 드럼식 브레이크에 비해 방열이 나쁘다.
② 드럼식 브레이크는 디스크 브레이크에 비해 고속에서 반복 사용하여도 제동력이 안정된다.
③ 디스크 브레이크는 배력장치가 없어 밟는 힘이 커야 한다.
④ 브레이크 드럼과 라이닝 사이에 과도한 마찰열이 발생하여 마찰계수가 떨어지고 브레이크가 잘 들지 않는 현상을 베이퍼 록(vaper lock)이라 한다.

드럼 브레이크에 비해 디스크 브레이크가 가지는 특징에 대한 설명으로 가장 옳지 않은 것은?

① 냉각성능이 좋기 때문에 제동 성능을 안정적으로 낼 수 있다.
② 구조가 간단하고 부품 수가 적어서 정비가 쉽다.
③ 마찰면적이 적어 상대적으로 큰 패드 압착력을 필요로 한다.
④ 자기작동작용이 있기 때문에 고속에서 반복적으로 사용해도 제동력의 변화가 적다.

❰정답 ③, ④

③ 유압식 브레이크의 장단점
　㉠ 장점 : 유압식 브레이크는 제동력이 모든 바퀴에 균등하게 전달되어 마찰 손실도 적고, 조작력도 적게 할 수 있다.
　㉡ 단점 : 브레이크 파이프 등의 파손 때문에 브레이크액 누설이 발생하면 기능이 상실된다.

(2) 디스크 브레이크

① 기능
　㉠ 드럼 대신에 바퀴와 함께 회전하는 강주철제 디스크를 설치하여 그 양쪽의 외주에 유압 피스톤으로 작용하는 브레이크 패드(Brake pad)를 밀어 붙여 그의 마찰력에 의하여 이루어지는 제동장치로 원판 브레이크라고도 한다.
　㉡ 초기에는 주로 레이싱카에 사용되었으나 현재는 일반 승용차에 널리 보급되고 있다.

② 구성
　㉠ 휠허브와 함께 회전하는 디스크, 디스크에 밀착되어 마찰력을 일으키는 패드(pad), 유압이 작용하는 휠실린더, 휠실린더가 들어 있는 캘리퍼 등으로 구성되었다.
　㉡ 캘리퍼(calliper)
　　• 고정식(fixed) : 디스크 양쪽에 모두 피스톤과 패드가 있는 방식으로, 제동이 정확하지만 구조가 복잡하고 생산비용이 비싸다는 단점이 있다.
　　• 부동식(floating) : 가장 많이 쓰이는 방식으로, 슬라이딩(sliding) 방식이라고도 한다. 디스크의 한쪽에만 피스톤이 달려 있고, 피스톤 반대편의 패드는 캘리퍼에 물려 있다.

③ 디스크 브레이크의 특징
　㉠ 방열효과가 뛰어나 브레이크 페이드현상을 방지할 수 있다.
　㉡ 마찰계수의 변동에 따른 영향을 적게 받아 제동력이 안정적이다.
　㉢ 구조가 간단하여 패드 교환 등 점검·정비가 쉽다.
　㉣ 편제동 되는 경우가 적다.
　㉤ 마찰면이 작으므로 패드의 압착력이 커야한다.
　㉥ 자기 작동이 없어 페달 조작력이 커야한다.
　㉦ 패드 면적이 작고 제한되어 있으므로 충분한 제동효과를 얻기 위해서는 높은 유압이 필요하다.
　㉧ 외부에 노출되어 있어 빗물이나 진흙 등에 오염되기 쉬운 단점이 있다.

> **☞Plus tip**
>
> **페이드현상(fade phenomenon)**
> ㉠ 주행 중 계속적인 브레이크 사용으로 드럼과 브레이크슈 또는 디스크와 패드
> 에 마찰열이 축적되어 드럼이나 라이닝이 경화됨에 따라 제동력이 감소되거
> 나 브레이크가 작동되지 않게 되는 현상을 말한다.
> ㉡ 페이드현상은 풋브레이크의 지나친 사용으로 대부분 발생하게 된다.
> ㉢ 페이드현상 응급조치는 작동을 중지하고 드럼과 라이닝의 열을 식혀야 한다.

기출 2019. 6. 15. 서울시 제2회 시행

주행 중 과도한 제동장치 작동으로 인해 드럼과 라이닝 사이에 마찰열이 축적되어 라이닝의 마찰계수가 저하하는 현상을 나타내는 용어는?

① 베이퍼 록(vaper lock)
② 하이드로플래닝(hydroplaning)
③ 페이드(fade)
④ 스탠딩웨이브(standing wave)

(3) 배력식 브레이크 장치

① 기능

㉠ 자동차의 대형화·고속화에 따라 큰 제동력이 필요하지만 페달의 조작력
만으로는 제동의 한계가 있으므로 이에 대응하는 장치로 배력식 브레이
크가 있다.

㉡ 외력을 이용하여 운전자의 페달 답력을 배가(倍加)시켜 주는 장치로 제동
력 증대를 목적으로 유압계통에 보조장치를 설치해 적은 힘으로 큰 제동
력을 발생시키는 형식이다.

② 구분

㉠ 흡기다기관의 진공과 대기압의 압력차를 이용하는 방식→하이드로 백
㉡ 압축공기의 압력과 대기압의 압력차를 이용하는 방식→하이드로 에어백

기출 2022. 7. 16. 전라남도 시행

제동력 증대를 목적으로 유압계통에 보조장치를 설치해 적은 힘으로 큰 제동력을 발생시키는 형식은?

① 기계식 제동
② 배력식 제동
③ 공기식 제동
④ 유압식 제동

③ 종류

㉠ **진공식**: 일반적인 유압 브레이크 장치에 엔진의 흡기 다기관이나 엔진에
의해 구동되는 진공 펌프를 이용해, 운전자의 페달 답력을 배가시키는
장치이다. 진공식은 다시 대형차에 주로 사용하는 분리형과 승용차에 주
로 사용하는 일체형으로 구분된다.

㉡ **공기식**: 일반 유압 브레이크 장치에 공기 압축기, 공기탱크, 하이드로 에
어팩을 두어 브레이크 페달을 밟으면 마스터 실린더에서 발생한 유압이
에어팩을 통해 탠덤 마스터 실린더를 작동시키고 라인을 통하여 각 휠
실린더로 오일을 공급한다. 이때 압축 공기와 대기압의 압력 차로 작동
하는 에어팩에서는 펌핑을 하듯 추가적이고 계속적인 유압을 압축 공기
압으로 동시에 발생시켜 주기 때문에 강력한 제동력을 얻을 수 있다. 대
형차에서 주로 사용한다.

기출 2017. 4. 22. 경기도 시행

배력식 브레이크 장치에서 흡기다기관의 진공과 대기압의 압력차를 이용하는 방식은?

① 하이드로 백
② 하이들 에어백
③ 플런저 백
④ 마스터 에어백

④ 배력식 브레이크 장치의 특징

㉠ 고속주행 차량이나 중량이 큰 차량을 적은 조작력으로 확실히 제동할 수
있어 운전자의 피로를 경감시키고 안전성을 높여준다.

❮정답 ③, ②, ①

ⓛ 경력한 제동력이 생성되고 차체 중량에 영향이 적게 발생한다.

ⓒ 가격이 고가이며, 구조가 복잡하므로 정비하는데 어려움이 있다.

(4) 공기 브레이크

① 기능

ⓐ 공기 브레이크는 유압이 아닌 브레이크 슈를 압축 공기의 압력을 이용하여 드럼에 밀어 붙여서 제동을 하는 장치이다.

ⓑ 브레이크 페달의 조작력이 작아도 되며 큰 제동력이 얻어지므로 대형트럭, 버스, 트레일러 등에 많이 사용되고 있다.

② 구성부품

ⓐ 공기압축 계통

• 공기 압축기 : 엔진의 크랭크축 기어에 의해 작동되며 압축 공기를 만들어 공기탱크에 보낸다.

• 공기 압축탱크 : 공기 압축기에서 만들어진 압축 공기를 저장하는 곳이다.

• 압력조정기 : 압력탱크 내의 압력을 조절하는 장치이다.

• 언로더 밸브 : 기체가 압축되지 않도록 압축기의 부하를 경감하는 장치이다.

ⓑ 제동 계통

• 브레이크 밸브 : 페달을 밟으면 공기탱크의 압축 공기가 앞 브레이크 챔버와 릴레이 밸브에 보내져 브레이크 작용을 한다.

• 릴레이 밸브 : 브레이크 밸브에서의 공기 압력이 작용되면 공기탱크의 압축공기를 브레이크 챔버에 보낸다.

• 브레이크 챔버 : 공기의 압력을 기계적 운동으로 바꾸어 주는 장치이며 각 바퀴마다 설치되어 있다.

• 퀵 릴리스 밸브 : 브레이크 밸브와 앞 브레이크 챔버 사이에 설치되어 있으며, 브레이크 페달을 놓았을 때 작용한 압축 공기를 신속히 배출하여 브레이크를 속히 푸는 작용을 한다.

③ 공기브레이크의 특징

ⓐ 압축공기의 압력을 높이면 더 큰 제동력을 얻을 수 있다.

ⓑ 차량 중량에 제한을 받지 않는다.

ⓒ 공기가 다소 누출되어도 제동 성능이 현저하게 저하되지 않는다.

ⓓ 베이퍼록 발생 염려가 없다.

ⓔ 페달 밟는 양에 따라 제동력이 조절된다.

ⓕ 공기 압축기 구동에 따른 엔진출력이 감소된다.

기출 2022. 6. 18. 울산광역시 시행

공기식 브레이크 장치에서 공기의 압력을 기계적 운동으로 바꾸어 주는 장치는?

① 브레이크 슈
② 브레이크 밸브
③ 브레이크 챔버
④ 릴레이밸브

기출 2022. 6. 18. 경상북도 시행

다음 중 공기브레이크의 특징으로 틀린 설명은?

① 차량의 중량에 제한을 받는다.
② 베이퍼 록이 발생하지 않는다.
③ 페달을 밟는 양에 따라 제동력을 제어한다.
④ 공기 압축기 구동에 따른 엔진 출력이 감소된다.

◀정답 ③, ①

(5) 제3브레이크(감속 브레이크)

① 엔진 브레이크
- ㉠ 원리 : 엔진 브레이크는 엔진의 회전저항을 이용한 것이다.
- ㉡ 작동 : 언덕길을 내려갈 경우 엔진 스위치를 켠 상태에서 가속페달을 놓으면 엔진이 구동바퀴로부터 반대로 회전되는데 이때의 회전저항에 의해 제동력이 발생되게 하는 브레이크이다.

② 배기 브레이크
- ㉠ 기능 : 배기 브레이크는 엔진 브레이크의 효과를 높이기 위해 배기 다기관에 적당한 장치를 설치한 것이다.
- ㉡ 작동 : 배기 브레이크는 배기행정에서 배기 다기관 내에 배기가스 또는 공기를 압축하게 되어 있다.

③ 와전류 리타더
- ㉠ 구조 : 와전류 리타더는 추진축과 함께 회전하는 로터 디스크(Rotor disc)와 축전지의 직류 전류에 의해 여자(勵磁)되는 전자석을 가진 스테이터로 되어 있다.
- ㉡ 작동 : 스테이터 코일에 전류가 흐르면 자장(磁場)이 생겨 이 속에서 디스크를 회전시키면 와전류가 흘러 자장과의 상호작용으로 제동력이 생긴다.

(6) 주차 브레이크(핸드 브레이크)

① 개요
- ㉠ 자동차를 정차시켜 두거나 주차(駐車)시킬 때 사용하는 것으로, 손으로 레버를 당겨 조작하는 브레이크이다. 보통 주차 브레이크 또는 사이드브레이크라고도 한다.
- ㉡ 파킹 브레이크는 와이어나 링키지(linkage) 등을 써서 기계적으로 앞뒤바퀴에만 작용하며, 풋브레이크가 고장 났을 때 대신 사용할 수도 있다.

② 설치 위치에 따른 분류
- ㉠ 센터 브레이크식 : 센터 브레이크식은 추진축에 브레이크 장치를 장착해서 추진축을 돌지 못하게 하여 좌우의 구동바퀴를 제동하는 것으로 트럭이나 버스 등에 주로 사용된다.
- ㉡ 휠 브레이크식 : 휠 브레이크식은 풋 브레이크용의 슈를 기계적으로 확장시켜서 제동하는 형식이다.

기출 2021. 6. 5. 경상북도 시행

ABS에 관한 설명으로 옳지 않은 것은?

① 차륜속도센서는 바퀴의 회전속도를 감지하는 장치이다.
② ECU는 유압조정장치에 신호를 보낸다.
③ 동일 제원의 차량의 경우, ABS가 설치된 차량의 제동거리가 더 길다.
④ ABS ECU는 각 바퀴마다 설치되어 있다.

기출 2016. 6. 18. 대구광역시 시행

ABS가 설치된 차량에서 휠 스피드 센서의 설명으로 맞는 것은?

① 휠의 회전속도를 검출하여 바퀴의 록업을 감지한다.
② ABC 제어를 위해 톤휠의 신호를 ECU로 보내어 이 신호만으로 슬립률을 연산한다.
③ 톤휠의 회전에 의해 검출된 신호를 바탕으로 슬립률을 '0'으로 제어한다.
④ 센서 종류는 패시브 센서방식, 액티브 센서방식, 옵티컬 방식, 이렇게 3종류로 구분된다.

기출 2015. 6. 27. 대구광역시 시행

ABS에서 ECU 신호에 의하여 각 휠 실린더에 작용하는 유압을 조절해 주는 장치로 옳은 것은?

① 모듈레이터
② 페일 세이프 밸브
③ 셀렉트 로
④ 프로포셔닝 밸브

(7) ABS 브레이크

① 기능

○ ABS(Anti skid brake system)는 잠김 방지 브레이크 시스템이라고 하며 운동 마찰력보다 최대 정지 마찰력이 크다는 원리를 이용한 브레이크 시스템이다.

○ 일반 브레이크의 경우 페달을 밟고 있는 동안 계속해서 브레이크가 작동하지만 ABS는 1초 동안에 여러 번 브레이크를 조였다 놓았다 한다.

○ ABS가 장착된 자동차는 바퀴마다 달려 있는 스피드센서에서 감지되는 정보를 분석하여 다른 한쪽 바퀴가 잠기게 되더라도 네 바퀴의 균형을 유지시킨다. 따라서 자동차가 미끄러지는 스키드 현상이 일어나지 않아 조종력을 잃지 않으며 바퀴가 잠기지 않아 제동거리도 훨씬 짧아진다.

> ☆ Plus tip
>
> 스키드 현상
> ○ 주행 중인 자동차가 급제동을 하게 되면 바퀴는 회전을 멈추지만 자동차 자체는 정지하지 않고 타이어가 미끄러지는데 이를 스키드 현상이라고 한다.
> ○ 스키드 현상을 방지하기 위해서는 브레이크 페달을 밟았다가 놓는 동작을 반복하여야 하는데 ABS 브레이크 장치는 이런 동작을 자동으로 반복하게 하는 역할을 한다.

② ABS의 구성

○ 휠 스피드 센서(wheel speed sensors) : 바퀴의 잠김상태를 감지하며, 각 바퀴마다 설치된다. 각 센서는 차륜의 회전속도와 같은 속도로 회전하는 펄스 링과 짝을 이루고 있다.

○ ECU : 센서들로부터의 입력신호를 처리하여, 솔레노이드밸브의 필요한 절환위치를 결정하며, 솔레노이드밸브를 작동시키기 위한 신호를 출력한다.

○ 유압 모듈레이터(HCU) : ECU의 제어 신호에 의해 각 실린더에 작용하는 유압을 조절하며, 솔레노이드 밸브, 어큐뮬레이터, 체크 밸브, 프로포셔닝 밸브, 딜레이 밸브, 리미팅 밸브 등으로 구성되어 있다.

○ ABS 경고등 : 자동차 시동 시에 ABS의 기능이 정상일 경우 알려 주고 ABS관련 시스템이 고장일 경우에는 점등된다. ABS시스템이 고장이 생긴 경우에도 자동차 브레이크 시스템은 정상적으로 작동된다.

③ ABS의 종류

○ 3채널 방식 : 앞바퀴는 개별적으로 제어하고, 뒷바퀴는 하나의 유닛으로 제어한다. 3채널 방식은 뒷바퀴 중 하나의 타이어라도 잠김 현상이 발생하면 뒷바퀴 2개 모두 브레이크 압력이 감소하게 된다.

ⓛ 4채널 방식 : 모든 바퀴가 휠 센서에 의해 개별로 속도를 측정하게 되고, 4개의 바퀴가 잠김 현상에 대해 개별적으로 대응할 수 있다. 안정성과 조향력 컨트롤에 유리해 현재는 대부분 4채널 방식이 사용된다.

④ ABS의 장단점

ㄱ 장점
- 눈길이나 미끄러운 노면에서 제동거리를 단축시킨다.
- 전륜 고착방지를 통한 조향 능력 상실을 방지한다.
- 제동 시 미끄러짐 방지를 통한 차체의 안전성을 유지한다.
- 후륜 조기 고착 방지로 옆 방향 미끄러짐을 방지한다.
- 후륜 조기 고착 방지로 차체 스핀으로 인한 전복을 방지한다.
- 타이어 미끄럼률이 마찰계수를 초과하지 않도록 방지한다.

ⓛ 단점
- 브레이크 조작시 페달이 떨리고 소음이 발생할 수가 있다.
- 구조가 복잡하고 가격이 비싸다.

⑤ 고장진단 및 점검

ㄱ 고장진단 : ABS는 이상이 발생하면 ABS경고등이 켜진다.

ⓛ 점검
- 모듈레이터의 작동음, 모터펌프의 소리, 솔레노이드의 작동음을 확인한다.
- 자동차 시동장치 키로 ON한 후 ABS경고등을 확인하고 점검한다.
- 자동차 축전지(배터리)의 전압을 검사한다.

(8) TCS와 EBD

① TCS(traction control system)

ㄱ 개요 : 눈길이나 빗길 등 미끄러지기 쉬운 노면에서 차량을 출발하거나 가속할 때 과잉의 구동력이 발생하여 타이어가 공회전하지 않도록 차량의 구동력을 제어하는 시스템이다.

ⓛ 작동 : 타이어가 미끄러졌을 때, 좌우 타이어의 회전수에 차이가 있을 때, 타이어가 펑크났을 때 작동한다.

② EBD(Electronic Brake force Distribution)

ㄱ 개요 : 승차인원이나 적재하중에 맞추어 앞뒤 바퀴에 적절한 제동력을 자동으로 배분함으로써 안정된 브레이크 성능을 발휘할 수 있게 하는 전자식 제동력 분배 시스템이다.

ⓛ 기능 : ABS와 함께 장착되며, ABS 성능을 향상시키고 안전성을 높이기 위한 안전장치이다. RV차량이나 미니밴 차량에 장착하면 효과적이다.

기출PLUS

기출 2018. 4. 7. 경기도 시행

ABS(Anti Brake System) 장치의 장점이 아닌 것은?

① 제동거리 단축
② 차체의 안정성 증대
③ 급제동 시 바퀴 잠김(Lock) 방지
④ 주행 차량의 가속력 증대

기출 2016. 6. 18. 대구광역시 시행

ABS(Anti Skid Brake System)점검 시 내용으로 맞는 것은?

① 먼저 육안으로 시스템을 전반적으로 검사한다.
② 키 ON 후 모듈레이터 작동음을 들어본다.
③ 경고등이 들어오면 먼저 오류코드를 삭제한다.
④ 진단기를 이용하여 ABS모터를 강제 구동하여 작동 여부를 점검할 수 있다.

기출 2016. 10. 1. 경상남도 시행

TCS장치의 설명으로 맞는 것은?

① 파스칼의 원리를 이용하여 모든 타이어에 동일한 유압의 제동력을 발생시킨다. 구성은 마스터실린더, 브레이크 슈, 휠 실린더, 브레이크 파이프, 호스 등이 있다.
② 빗길이나 눈길 등의 미끄러지기 쉬운 노면에서 차량을 출발하거나 급가속할 때 큰 구동력이 발생하여 타이어가 슬립하지 않도록 제동력 및 구동력을 제어한다.
③ 자동차가 급제동할 때 바퀴가 잠기지 않도록 제동 유압을 감압, 유지, 증압기능 등을 반복하여 운전자에게 최소한의 조향능력을 확보해 준다.
④ 승차인원이나 적재하중에 맞추어 앞·뒤바퀴에 적절한 제동력을 자동으로 배분하는 기능을 수행한다.

❮정답 ④, ②, ②

06 휠, 타이어

1 휠

(1) 기능과 구비요건

① **기능**: 휠은 자동차의 바퀴 중에서 타이어의 안쪽을 받쳐 주는 금속제 부품으로 타이어와 함께 자동차의 전 중량을 분담하여 지지한다.

② **구비요건**: 제동 및 구동시의 토크, 노면에서의 충격, 선회시의 원심력이나 자동차가 경사졌을 때 생기는 옆방향의 힘 등에 견디고, 또 경량인 것이 요구된다.

(2) 휠의 종류

① **강판제 디스크 휠**: 강판을 림과 디스크로 성형하여 용접에 의해 접합한 것으로 제작이 용이하고 견고하므로 승용차, 트럭, 버스 등에 주로 사용되고 있다.

② **경합금제 휠**: 휠의 경량화, 정밀도 향상 및 패션성 등을 목적으로 알루미늄이나 마그네슘 등의 경금속을 재료로 한 것이다.

③ **와이어 스포크 휠**: 림과 디스크부를 와이어 스포크로 결합한 것으로 외관이 보기 좋기 때문에 패션카나 고전카 등에만 사용되고 있다.

(3) 림의 종류

① **2분할 림**: 경제적이므로 타이어의 직경이 작은 경(輕)자동차에서 주로 많이 사용된다.

② **드롭 센터 림**: 주로 승용차 및 소형트럭에서 사용된다.

③ **폭이 넓은 드롭 센터 림**: 림의 폭을 넓게 하고 타이어의 공기 용적이 많은 초저압 타이어를 사용하여 완충작용을 증가시킨 것이다.

④ **세미 드롭 센터 림**: 타이어의 플라이 수가 많은 소형 트럭 등에 주로 사용된다.

⑤ **플랫 베이스 림**: 트럭이나 버스용 고압 타이어에 주로 사용한다.

⑥ **인터 림**: 림의 폭이 넓기 때문에 타이어의 공기 용적도 크게 되므로 버스나 트럭용 고압 타이어에 주로 사용된다.

❷ 바퀴

(1) 개념과 기능

① **개념**: 바퀴는 휠(wheel)과 타이어(tire)로 구성되어 있다.

② **기능**: 바퀴는 차량의 하중을 지지하고, 제동 및 주행할 때의 회전력, 노면에서의 충격, 선회할 때의 원심력, 차량이 경사졌을 때의 옆방향 작용을 지지한다.

③ **휠**: 휠은 타이어를 지지하는 림(rim)과 휠을 허브에 지지하는 디스크(disc)로 되어 있으며 타이어는 림 베이스(rim base)에 끼워진다.

(2) 타이어(tire)

① 타이어의 분류

　㉠ 타이어는 사용 공기압력에 따라 고압 타이어, 저압 타이어, 초저압 타이어 등이 있다.

　㉡ 튜브(tube) 유무에 따라 튜브 타이어와 튜브리스 타이어가 있다.

　㉢ 튜브리스 타이어의 특징
　　• 튜브가 없어 조금 가벼우며, 못 등이 박혀도 공기누출이 적다.
　　• 펑크수리가 간단하고, 고속주행을 할 때에도 발열이 적다.
　　• 림이 변형되어 타이어와의 밀착이 불량하면 공기가 새기 쉽다.
　　• 유리조각 등에 의해 손상되면 수리가 어렵다.

　㉣ 형상에 따른 분류에는 바이어스(보통) 타이어, 레이디얼 타이어, 스노우 타이어, 편평 타이어 등이 있으며 그 특징은 다음과 같다.
　　• 바이어스 타이어: 카커스 코드(carcass cord)를 빗금방향으로 하고, 브레이커(breaker)를 원둘레 방향으로 넣어서 만든 것이다.
　　• 레이디얼(radial) 타이어: 카커스 코드를 단면방향으로 하고, 브레이커를 원둘레 방향으로 넣어서 만든 것이다. 따라서 반지름 방향의 공기압력은 카커스가 받고, 원둘레 방향의 압력은 브레이커가 지지한다.
　　• 스노우(snow) 타이어: 눈길에서 체인을 감지 않고 주행할 수 있도록 제작한 것이며, 중앙부분의 깊은 리브패턴이 방향성을 주고, 러그 및 블록패턴이 견인력을 확보해준다. 그리고 스노우 타이어를 사용할 때 주의할 사항은 다음과 같다.
　　　－ 바퀴가 고정(lock)되면 제동거리가 길어지므로 급제동을 하지 말 것
　　　－ 스핀(spin)을 일으키면 견인력이 급격히 감소하므로 출발을 천천히 할 것
　　　－ 트레드 부분이 50% 이상 마멸되면 체인을 병용할 것

기출PLUS

기출 2024. 6. 22. 서울시 제2회 시행

〈보기〉의 타이어 패턴에 해당하는 것은?

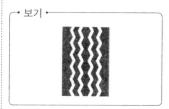

┌ 보기 ┐

① 러그패턴
② 블록패턴
③ 리브패턴
④ 리브–러그 패턴

기출 2017. 6. 17. 강원도 시행

다음 중 카커스 코드를 빗금 방향으로 하고 브레이커를 원둘레 방향을 넣어서 만든 타이어는?

① 스노우 타이어
② 바이어스 타이어
③ 레이디얼 타이어
④ 편평 타이어

〈정답 ③, ②

타이어 편평비에 대한 설명으로 옳은 것은?

① 타이어 단면폭을 타이어 지름으로 나눈 값
② 타이어 단면높이를 타이어 단면폭으로 나눈 값
③ 타이어 단면폭을 타이어 단면높이로 나눈 값
④ 타이어 단면높이를 타이어 지름으로 나눈 값

자동차 타이어에서 자동차 휠의 림과 접촉하는 부분으로 공기압을 유지토록 하는 부분은?

① 트레드(tread)
② 브레이커(breaker)
③ 카커스(carcass)
④ 비드(bead)

타이어 제원표시가 다음과 같을 때 이에 대한 설명으로 틀린 것은?

• 보기 •

185/70R 15 85 H

① 타이어 단면폭이 185mm이다.
② 편평비 70%이다.
③ 레이디얼 타이어이다.
④ 타이어 반경이 15인치이다.

정답 ②, ④, ④

- 구동바퀴에 걸리는 하중을 크게 할 것
• 편평 타이어
- 타이어 단면의 가로, 세로비율을 적게 한 것이며, 타이어 단면을 편평하게 하면 접지면적이 증가하여 옆방향 강도가 증가한다. 또 제동 출발 및 가속을 할 때 등에서 내 미끄럼 성능과 선회성능이 좋아진다.
- 승용차용 타이어 편평 비율은 $\dfrac{\text{타이어 단면높이}}{\text{타이어 단면폭}}$ 으로 나타내며, 0.96→0.86→0.82 순서로 내려갈수록 타이어 폭이 점차 넓어진다. 편평 비율이 0.6일 때 60시리즈(60series)라 하며 이것은 폭이 100일 때 높이가 60인 타이어를 말한다.

② **타이어의 구조**
ㄱ 트레드(tread) : 노면과 직접 접촉하는 고무부분이며, 카커스와 브레이커를 보호하는 부분이다. 트레드 패턴의 필요성은 다음과 같다.
• 타이어의 사이드슬립이나 전진방향의 미끄럼을 방지한다.
• 타이어 내부에서 발생한 열을 방산한다.
• 트레드에서 발생한 절상의 확산을 방지한다.
• 구동력이나 선회성능을 향상시킨다.
ㄴ 브레이커(breaker) : 트레드와 카커스 사이에 있으며, 몇 겹의 코드 층을 내열성의 고무로 싼 구조로 되어 있으며 트레드와 카커스의 분리를 방지하고 노면에서의 완충작용도 한다.
ㄷ 카커스(carcass) : 타이어의 뼈대가 되는 부분이며, 공기압력을 견디어 일정한 체적을 유지하고 하중이나 충격에 따라 변형하여 완충작용을 한다. 카커스를 구성하는 코드 층의 수를 플라이 수(ply rating, PR)라 한다.
ㄹ 비드부분(bead section) : 타이어가 림과 접촉하는 부분이며, 비드부분이 늘어나는 것을 방지하고 타이어가 림에서 빠지는 것을 방지하기 위해 내부에 몇 줄의 피아노선이 원둘레 방향으로 들어 있다.
ㅁ 사이드 월(Side Wall) : 트레드에서 비드부까지의 카커스를 보호하기 위한 고무 층이며, 노면과는 직접 접촉하지 않는다. 그러나 하중이나 노면으로부터의 충격에 의하여 계속적인 굴곡운동을 하게 되므로 굴곡성 및 내피로성이 높은 고무이어야 하며, 규격, 하중, 공기압 등 타이어의 기본정보가 문자로 각인된 부위이다.

③ **타이어의 규격표시** : 타이어의 규격 표시는 메트릭 표기법, 알파뉴메릭 표기법, 뉴메릭 표기법 등 여러 가지로 사용되어 왔으나, 최근에는 국제표준화기구(ISO)에서 정한 표기법을 사용하고 있다.

⊙ 고압 타이어의 호칭치수

타이어 외경(inch) × 타이어 단면폭(inch) − 플라이 수(PR : ply rating)

ⓒ 저압 타이어의 호칭치수

타이어 단면폭(inch) − 타이어 내경(inch) − 플라이 수(PR : ply rating)

ⓒ 레이디얼 타이어 호칭치수

$$\underset{\text{⊙}}{225} / \underset{\text{ⓒ}}{60} \ \underset{\text{ⓒ}}{R} \ \underset{\text{ⓔ}}{16} \ \underset{\text{ⓜ}}{94} \ \underset{\text{ⓗ}}{H}$$

⊙ 225 : 타이어 단면폭(mm)   ⓒ 60 : 편평비(%)
ⓒ R : 레디알 구조   ⓔ 16 : 타이어 내경(림 직경)(inch)
ⓜ 94 : 하중지수(허용 최대하중 kg)   ⓗ H : 속도기호(허용 최고속도 km/h)

📢 타이어 편평비 및 높이

⊙ 타이어 편평비 = $\dfrac{\text{타이어 단면높이}}{\text{타이어 단면폭}}$

ⓒ 타이어 편평률 = $\dfrac{\text{편평비}}{100}$

ⓒ 타이어 높이 = $\dfrac{\text{편평비} \times \text{타이어 단면폭}}{100}$

ⓔ 타이어 외경(mm) = (타이어 단면폭 × $\dfrac{\text{편평비}}{100}$) × 2 + (휠인치수 × 25.4)

④ 타이어에서 발생하는 이상현상

⊙ 스탠딩웨이브 현상(standing wave)

- 타이어 공기압이 낮은 상태에서 자동차가 고속으로 달릴 때 일정속도 이상이 되면 타이어 접지부 바로 뒷부분이 부풀어 물결처럼 주름이 접히는 현상이다.
- 타이어 접지면에서의 찌그러짐이 생기게 되면 공기압력에 의해 곧 회복이 된다. 이 회복되는 힘은 저속에서는 공기압력에 의해 지배되지만, 고속에서는 트레드가 받는 원심력으로 말미암아 큰 영향을 준다. 또 타이어 내부의 고열로 인해 트레드부분이 원심력을 견디지 못하고 분리되며 파손된다.
- 스탠딩웨이브의 방지방법은 타이어 공기압력을 표준보다 15 ~ 20% 높여주거나 강성이 큰 타이어를 사용하면 된다.
- 타이어의 임계 온도는 120 ~ 130℃이다.

기출PLUS

기출 2022. 6. 18. 서울특별시 시행
〈보기〉의 규격을 갖는 타이어의 외경과 가장 유사한 값 [mm] 은? (단 1in = 25.4mm로 계산한다)

┌ 보기 ┐
245/45 R 18 97 W
└──────┘

① 653   ② 678
③ 696   ④ 705

기출 2020. 6. 13. 서울시 제2회 시행
타이어 규격이 다음과 같을 때 타이어 높이에 가장 가까운 값은?

┌ 보기 ┐
235/55 R 17 103 W
└──────┘

① 12cm   ② 13cm
③ 14cm   ④ 15cm

기출 2022. 6. 18. 서울시 보훈청 시행
타이어 공기압이 낮은 상태에서 고속으로 일정 속도 이상이 되면 타이어 접지부 뒷부분이 부풀어 물결처럼 주름이 접힌 뒤 타이어 파손이 발생한다. 이 현상으로 옳은 것은?

① 베이퍼 록(Vapor lock) 현상
② 스탠딩 웨이브(Standing wave) 현상
③ 하이드로플래닝(Hydro-planing) 현상
④ 롤링(Rolling) 현상

《정답 ②, ②, ②

자동차가 빗길을 고속으로 주행할 때 노면과의 그립이 떨어지고, 구동력 및 제동력이 저하되는 현상을 무엇이라 하는가?

① 스노잉 현상
② 하이드로플레이닝 현상
③ 피드백 현상
④ 스탠딩웨이브 현상

타이어 공기압이 높을 때 나타나는 현상은 어느 것인가?

① 타이어 사이드휠 부분의 구부러짐이 커 과열로 인한 타이어 파손
② 노면과 접지면적이 넓어지고 미끌림 양이 늘어남
③ 승차감이 불량하며 운전자가 쉽게 피로감을 느낄 수 있음
④ 타이어 트레드부의 양 가장자리 마모가 빨라짐

타이어 공기압 과다 시 영향으로 거리가 먼 것은?

① 연료소비량이 증가한다.
② 타이어 트레드 중심주의 마모가 촉진된다.
③ 조향 핸들이 가벼워진다.
④ 주행 중 진동 증가로 승차감이 저하된다.

《 정답 ②, ③, ①

ⓒ **하이드로플래닝**(hydro planing, 수막현상)
• 물이 고인 도로를 고속으로 주행할 때 일정 속도 이상이 되면 타이어의 트레드가 노면의 물을 완전히 밀어내지 못하고 타이어는 얇은 수막에 의해 노면으로부터 떨어져 제동력 및 조향력을 상실하는 현상이다.
• 수막현상 방지법
– 트레드 마멸이 적은 타이어를 사용한다.
– 타이어 공기압력을 높이고, 주행속도를 낮춘다.
– 리브 패턴의 타이어를 사용한다. 러그 패턴의 경우는 하이드로 플래닝을 일으키기 쉽다.
– 트레드 패턴을 카프(calf)형으로 세이빙(shaving) 가공한 것을 사용한다.

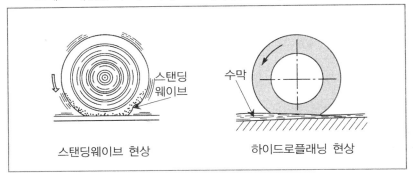

스탠딩웨이브 현상   하이드로플래닝 현상

⑤ **바퀴평형**(wheel balance)
ⓐ **정적 평형** : 타이어가 정지된 상태의 평형이며, 정적 불평형에서는 바퀴가 상하로 진동하는 트램핑(tramping)[바퀴의 상하 진동]현상을 일으킨다.
ⓑ **동적 평형** : 회전 중심축을 옆에서 보았을 때의 평형, 즉, 회전하고 있는 상태의 평형이다. 동적 불평형이 있으면 바퀴가 좌우로 흔들리는 시미(shimmy)[바퀴의 좌우 진동]현상이 발생한다.

⑥ **타이어 공기압**(tire inflation pressure) : 자동차 타이어 속 공기의 압력을 말한다. 각 바퀴의 타이어에 알맞은 공기 압력을 유지시켜야 주행 시 타이어에 이상 마모나 발열 등을 예방할 수 있고 또 승차감 향상과 불필요한 연료 소모를 방지할 수 있다. 타이어 공기압은 타이어의 수명과 승차감, 연료 소모와 관계가 있으므로 항상 규정의 공기압을 유지해야 한다.

> **Plus tip**
> 타이어 공기압이 높으면 나타나는 현상
> ⓐ 운행 중 조향 핸들이 가벼워지고 브레이크 작동시 제동거리가 길어진다.
> ⓑ 주행 중 진동 증가로 승차감이 저하된다.
> ⓒ 타이어 트레드 중심주의 마모가 촉진된다.

07 프레임과 보디

1 프레임

(1) 개념

① 섀시를 구성하는 각종 장치나 차체(body)를 설치하는 부분으로, 차체에서 전달되는 하중 및 전후 차축의 반력 등을 지지하는 자동차의 뼈대를 말한다.

② 자동차를 구성하는 장치가 설치되고, 설치 부품을 지지하며, 가벼우면서 강도가 높은 형태를 가지고 있다.

(2) 프레임의 종류

① 보통 프레임
- ㉠ H형 프레임 : H형 프레임은 사다리형 프레임이라고도 하며, 제작이 용이하며 굽힘에 강하므로 트럭, 버스, 승용차 등에 널리 사용되고 있다.
- ㉡ X형 프레임 : X형 프레임에는 사이드 멤버 중앙부의 간격을 좁힌 모양으로 만든 것과 크로스 멤버를 X모양으로 장치한 것이 있다.

② 특수 프레임
- ㉠ 백본형 : 1개의 굵은 강관을 등뼈로 하여 그것에 엔진이나 보디를 장치하기 위한 뼈대나 브래킷을 고정한 것이다.
- ㉡ 플랫폼형 : 프레임과 보디 바닥면과를 일체로 형성한 것이다.
- ㉢ 트러스형 : 대량생산에는 부적합하므로 스포츠카 등의 소비생산으로 고성능을 요구하는 자동차에 주로 사용된다.

③ 프레임 일체 구조(모노코크 보디)
- ㉠ 자동차의 보디 자체를 견고하게 제작하여 하중·충격에 견딜 수 있는 구조로 하였으므로 프레임이 필요 없으며 경량화와 바닥을 낮게 했다.
- ㉡ 보디를 상자모양으로 만들어 외력을 보디 전체로 분산시켜 보디 전체로 힘을 받을 수 있게 한 것으로, 곡면을 이용하여 강도를 증가하도록 조립되어 있다.
- ㉢ 현가장치나 엔진의 장착부와 같이 외력을 집중하는 부분에는 작은 프레임을 파묻고 그것을 지나 보디에 힘을 분산시키도록 되어 있다.

기출PLUS

기출 2022. 6. 18. 대전광역시 시행

다음 중 자동차 프레임의 설명으로 옳지 않은 것은?

① 엔진 및 섀시의 모든 부품을 장착할 수 있는 자동차의 뼈대이다.

② H형 프레임은 일명 사다리형 프레임이라고도 하며, 만들기 쉽고 휨에 강하기 때문에 버스나 트럭에 사용한다.

③ 트러스형 프레임은 스포츠카, 경주용차 등의 차량에 무게를 가볍게 하기 위하여 고안된 프레임으로 일체구조형이라고도 한다.

④ 플랫폿형 프레임은 주로 승용차에서 사용하며 한 개의 굵은 강관으로 구성 ㅁ형이나 Ⅰ자형의 단면으로 되어 있다.

❮정답 ④

② 보디(body)

(1) 개념

보디(차체)란 사람이나 화물을 싣는 객실과 적재함 부분 및 외피를 말하며, 사람이나 화물을 보호하기 위한 장치이다.

(2) 구분

① 프런트 보디
- ㉠ 프레임 붙이 구조의 보디에서는 프런트부의 각 부품의 전부가 볼트나 너트로 고정되어 있다.
- ㉡ 일체 구조의 보디는 대부분 프론트 펜더, 후드 등 외관 부품만을 분리할 수 있게 되어 있고 그 밖의 부품은 모두 용접되어 있다.

② 언더 보디 : 언더 보디의 모양은 차이에 따라 여러 가지가 있으나 프레임 붙이 구조의 경우는 플로어(Floor)의 아래위에 보강재를 용접한 것, 방음이나 방진을 위해 플로어가 특수한 용접구조로 되어 있는 것 등이 있다.

③ 사이드 보디 : 차체의 굽힘, 비틀림에 대한 강성을 유지하기 위해 필러의 구조는 거의 밀폐된 단면으로 되어 있다.

④ 루프 : 루프는 한 장의 패널로서 외부 패널 중 제일 큰 부분을 차지하는 것인데, 보통 루프의 중앙에 루프 패널의 강성을 높일 목적으로 전후 또는 좌우에 보강판을 고정시키고 있다.

⑤ 카울 : 카울은 좌우의 앞필러 사이를 연결하는 부재로서 보디의 비틀림 강성을 보강하기 위해 사용되는 것이다.

⑥ 엔진 후드 : 엔진 후드는 엔진룸의 커버(보닛)이며 한 장으로 된 판이 가장 많이 사용된다.

⑦ 트렁크 리드 : 힌지부에는 도어 패널을 열기 쉽도록 2개의 토션바가 조립되어 있으며 트렁크 리드의 잠금은 록이 스트라이커에 결합하여 잠기게 된다.

⑧ 도어 : 도어는 승용차 또는 트럭에 관계없이 같은 구조로 되어 있으며 바깥 패널과 안 패널이 주요 부분이다.

⑨ 시트 : 시트에는 앞좌석용과 뒷좌석용의 시트가 있으며, 앞좌석용 시트에는 세퍼레이트식과 벤치식이 있고, 뒷좌석용 시트에는 일반적으로 벤치식이 사용되고 있다.

08 안전 및 편의장치

기출PLUS

1 에어백(air bag)

(1) 개념

① 차량 충돌 때 충격으로부터 자동차 승객을 보호하기 위한 장치로 안전벨트와 더불어 대표적인 탑승객 보호장치이다. 에어백 시스템은 검지 시스템과 에어백 모듈로 이루어져 있다.

② 에어백에 사용되는 가스는 고체의 급격한 연소로 발생되는 고압가스나 고압가스 용기에 저장된 기체를 사용한다. 충돌 때 승객 보호성능이 매우 우수하므로 사용이 증가하고 있다.

기출 2021. 4. 15. 경기도 시행

G센서와 관련 있는 장치는?
① 에어백
② 이모빌라이저
③ 에탁스
④ 정속주행장치

(2) 구성

① 에어백 커버(cover) : 에어백 커버는 에어백을 둘러싸고 있으며, 에어백을 전개할 때 에어백이 잘 전개되기 위해서 레이저나 열도(熱刀)로 전개 라인을 플라스틱 뒷면에 칼집이나 구멍(완전히 뚫리지는 않음)을 낸 커버의 티어 심(tear seam)이 갈라지면서 에어백이 부풀어 나올 수 있는 통로를 만드는 구조로 되어있다.

② 에어백(air bag)
ㄱ 자동차가 충돌할 때 운전자와 직접 접촉하여 충격 에너지를 흡수해주는 역할을 한다.
ㄴ 에어백의 구비조건은 높은 온도 및 낮은 온도에서 인장강도, 내열강도 및 파열강도를 지니고 내마모성, 유연성을 유지해야 한다.
ㄷ 에어백은 안쪽에 고무로 코팅된 나일론제 면으로 되어 있으며 인플레이터와 함께 에어백이 전개할 때 팽창된다. 에어백은 충돌할 때 점화회로에서 발생한 질소가스에 의해 팽창되는데 충돌 후 운전자의 충격을 최소화시키기 위해 일반적으로 2개의 배기구멍을 두어 가스를 외부로 배출한다.

③ 인플레이터(inflater)
ㄱ 인플레이터는 자동차가 충돌할 때 에어백 ECU(air bag control unit)로부터 충돌신호를 받아 에어백 팽창을 위한 가스를 발생시키는 장치이다.

◁ 정답 ①

ⓛ 단자의 연결부분에 단락 바를 설치하여 모듈을 떼어낸 상태에서 오작동이 발생되지 않도록 단자 사이를 항상 단락 상태로 유지한다.

④ 충돌검출 센서

　㉠ 충돌검출 센서는 자동차 내 특정지점의 가속도를 측정하여 자동차의 충돌 및 충격량을 검출하는 센서로 대표적으로 가속도센서가 이용되고 있다.

　㉡ 충돌검출 센서는 자동차의 종류에 따라 그 수량 및 설치위치가 달라진다. 일반적으로 에어백 ECU 내부에 1개, 정면 좌우 멤버에 전방 충돌센서 2개, 측면 충돌검출 센서는 좌우측 "B"필러 아래쪽에 1개씩 설치된다.

⑤ 클럭 스프링(clock spring)

　㉠ 운전석 에어백은 조향 휠에 설치되므로 운전석 에어백과 에어백 ECU 사이를 일반 배선을 사용하여 연결하면 좌우로 조향할 때 배선이 꼬여 단선되기 쉽다. 따라서 조향 휠과 조향칼럼 사이에 클럭 스프링을 설치한다.

　㉡ 클럭 스프링은 핸들에 있는 스위치의 작동을 위해 전기를 연결하는 역할부터 에어백 ECU와 운전석 에어백 모듈 사이의 배선을 연결하는 기능으로 내부에 감길 수 있는 종이 모양의 배선을 설치하여 시계의 태엽처럼 감겼다 풀렸다 할 수 있도록 작동한다.

　㉢ 클럭 스프링은 조향 휠과 같이 회전하기 때문에 반드시 중심점을 맞추어야 한다. 만일 중심이 맞지 않으면 클럭 스프링 내부 배선이 단선되어 에어백이 작동하지 않을 수 있다.

> **Plus tip**
>
> 클럭 스프링 중심위치 정렬 방법
> ㉠ 축전지 (-)단자 및 조향 휠을 떼어낸다.
> ㉡ 클럭 스프링을 시계방향으로 손가락으로 멈출 때가지 회전시킨다.
> ㉢ 반 시계방향으로 회전시켜 전체 회전수를 세고(약 5회전) 그 1/2를 시계방향으로 돌려(약 2.5회전) 클럭 스프링에 마킹된 ▶, ◀마크를 일치시킨다.
> ㉣ 조향 휠을 설치하고 축전지(-)단자를 연결한 다음 에어백 경고등 점등여부를 확인한다.

⑥ 승객유무 검출센서(PPD : passenger presence detect)

　㉠ 승객유무 검출센서는 승객석 시트 쿠션부분에 설치되어 있으며, 승객 탑승유무를 판단하여 에어백 ECU로 데이터를 송신한다. 즉, 승객석에 승객이 탑승하면 정상적으로 승객석 에어백을 전개시키고 탑승하지 않은 경우에는 전개하지 않는 제어를 하기 위해 설치된다.

　㉡ 이 센서는 압전소자로 이루어져 있으며 승객이 탑승하였을 경우와 탑승하지 않았을 경우의 하중변화에 따른 저항의 변화로 승객 탑승유무를 다음과 같이 판정한다.

- **승객 있음** : 15kgf 이상의 무게를 감지한 때
- **승객 없음** : 0.6kgf 이하의 무게를 감지한 때
- 0.6 ~ 15kgf 이하의 무게를 감지한 때(gray zone)
- PPD인터페이스 유닛은 PPD의 저항 변화를 가지고 승객의 탑승 여부를 감지한다.
- 승객 있음에서 승객 없음으로 변환될 때 오판을 방지하기 위해 9.6초 후 승객 없음으로 인정한다.

⑦ **안전벨트 프리텐셔너**(seat belt pretensioner) : 안전벨트 프리텐셔너는 자동차가 충돌할 때 에어백이 작동하기 전에 작동하여 안전벨트의 느슨한 부분을 되감아 주는 기능을 수행한다. 따라서 충돌할 때 승객을 시트에 고정시켜 에어백이 전개할 때 올바른 자세를 유지할 수 있도록 한다.

② 에탁스(ETACS)

(1) 개념

① 에탁스는 각종 시간 기능과 경보 기능을 마이크로컴퓨터로 제어하여 행하는 장치이다.

② ETACS는 전자(Electronic), 시간(Time), 정보(Alarm), 제어(Control), 시스템(System)의 영어 첫 머리글자로 만들어진 합성어이다.

(2) 기능

① 속도 감지 간헐 와이퍼, 와셔 연동 와이퍼, 라이팅 모니터, 디포거 타이머, 시동 키 삽입 상태에서의 도어 잠김 방지, 시동 키 홀 조명, 운전석 도어 키 실린더 조명, 잔광식 룸램프, 잔광식 후드램프, 시트 벨트 경고, 센터 도어로크, 반 도어 경보 등이 있다.

② 원격 제어 기능으로는 원격시동 제어, 트렁크 열림 닫힘 제어, 리모컨을 이용한 자동 도어 로크 등이 있다.

기출 2016. 6. 18. 대구광역시 시행
에탁스(ETACS)의 기능을 수행하는 데 필요 없는 요소는?
① 차속센서
② 차고 센서
③ 안전벨트 스위치
④ 도어 스위치

정답 ②

1 디스크형 제동장치의 특징이 아닌 것은?

① 자기 배력 작용이 일어나 제동력이 우수하다.
② 디스크가 대기 중에 노출되어 방열성이 우수하다.
③ 패드마모가 드럼식보다 빠르다.
④ 좌우 바퀴 제동력이 안정되어 편제동 현상이 적다.

2 조향 핸들이 쏠리는 원인이 아닌 것은?

① 타이어 공기압력 불균일
② 쇽업소버 작동 상태 불량
③ 조향 기어박스 오일 부족
④ 허브 베어링 마멸 과다

3 다음 중 베이퍼 록의 원인이 아닌 것은?

① 오일 불량 및 비점이 낮은 오일 사용
② 드럼과 라이닝의 끌림에 의한 과열
③ 실린더, 브레이크 슈 리턴 스프링 쇠손
④ 내리막에서 갑작스러운 브레이크 사용

4 클러치 구비조건에 대한 설명 중 잘못된 것은?

① 동력 전달이 확실하고 신속할 것
② 방열이 잘되어 과열되지 않을 것
③ 회전 부분의 평형이 좋을 것
④ 회전 관성이 클 것

1.
디스크 브레이크는 자기 배력 작용이 일어나지 않는다.

2.
조향 핸들이 쏠리는 원인과 조향 기어박스 오일 부족은 전혀 상관관계가 없다.

3.
브레이크액에 기포가 발생하여 브레이크가 제대로 작동하지 않는 현상을 베이퍼 록 현상이라 한다.

4.
클러치는 회전 관성이 작아야 한다.

Answer 1.① 2.③ 3.④ 4.④

5 독립현가식 장치에서 토션 바라고도 하며, 고속선회 시 차체의 롤링을 방지하는 것은?

① 스테빌라이저
② 차동 기어
③ 유니버설 조인트
④ 최종 감속장치

5.

스테빌라이저 … 차량의 좌우 진동을 막아 수평을 유지하는 현가장치로 독립 현가식에 사용되고 하체 서스펜션의 좌우 휠 트러블의 편차를 막기 위함으로 궁극적으로 주행 성능과 밀접한 관계가 있는 롤링을 최소화시키는 역할을 한다.

6 드라이브 라인에서 유니버설 조인트(자재이음)의 역할은?

① 각도 변화에 대응하여 피동축에 원활한 회전력을 전달한다.
② 추진축의 길이 변화를 가능하게 하기 위하여 사용된다.
③ 회전속도를 감속하여 회전력을 증대시킨다.
④ 동력을 구동바퀴에 전달하는 역할을 한다.

6.

십자형 자재이음은 2개의 요크(yoke)를 십자축(spider)에 연결한 것으로서, 요크 양단에는 필요에 따라 플랜지(flange)나 슬립이음 또는 중공축을 접속하며, 십자축으로는 보통 영구주유식을 사용한다.

7 전자제어 자동 변속기의 TCU(컴퓨터)에 입력정보 센서가 아닌 것은?

① 수온 센서
② 스로틀 포지션 센서
③ 펄스 제네레이터
④ 압력조절 솔레노이드 밸브(PCSV)

7.

압력조절 솔레노이드 밸브는 출력요소이다.

8 변속비가 4.3, 종감속비가 2.5일 때 총감속비는?

① 1.72
② 6.8
③ 1.8
④ 10.75

8.

총감속비 = 변속비 × 종감속비

Answer   5.① 6.① 7.④ 8.④

9 다음 중 클러치에 대한 설명 중 틀린 것은?

① 클러치가 미끄러지는 원인은 페달 자유 간극의 과대이다.

② 마찰 클러치는 케이블식과 유압식이 있는데, 주로 케이블식을 사용한다.

③ 클러치 디스크 런아웃이 클 때 클러치 단속이 불량해진다.

④ 다이어프램식 클러치는 구조가 간단하고 다루기가 쉽다.

10 파워스티어링에 관한 설명 중 맞는 것은?

① 비접촉 광학식 센서를 주로 사용하여 운전자의 조향휠 조작력을 검출하는 조향 토크 센서이다.

② 제어 밸브의 열림 정도를 직접 조절하는 방식이며, 동력 실린더에 유압은 제어밸브의 열림 정도로 결정된다.

③ 오일펌프 내부에 있는 플로우 컨트롤 밸브는 고속 회전 시 조향 기어박스로 가는 오일의 양을 많게 한다.

④ 동력 조향 유압계통에 고장이 발생한 경우 핸들을 수동으로 조작할 수 있도록 하는 부품은 릴리프 밸브이다.

11 자동변속기 장착 자동차에서 자동변속기 오일량은 오일 레벨 게이지로 점검하며, F와 L 사이에 있어야 하는데 엔진과 변속기는 어떤 상태에서 하는가?

① 엔진 공회전 상태에서 변속기 선택 레버를 D 위치에 두고 점검한다.

② 엔진 공회전 상태에서 변속기 선택 레버를 N 위치에 두고 점검한다.

③ 엔진 정지 상태에서 변속기 선택 레버를 D 위치에 두고 점검한다.

④ 엔진 정지 상태에서 변속기 선택 레버를 N 위치에 두고 점검한다.

9.

페달의 자유 간극이 적을 때 클러치가 미끄러진다.

10.

파워스티어링 … 자동차에서 동력에 따른 조향 장치이며 유압, 공기압 등을 이용하여 핸들 조작을 쉽게 해 준다.

11.

자동변속기 오일은 엔진 공회전 상태에서 변속레버를 중립에 놓고 점검한다.

Answer   9.① 10.① 11.②

12 조향장치가 갖추어야 할 조건으로 옳지 않은 것은?

① 조향 조작이 주행 중 발생되는 충격에 영향을 받지 않을 것

② 조작하기 쉽고 방향 변환이 원활하게 이루어질 것

③ 고속 주행에서도 조향 핸들이 안정될 것

④ 조향 핸들의 회전과 바퀴 선회 차가 클 것

12.

조향 핸들의 회전과 바퀴 선회 차가 작아야 한다.

13 동력 전달 장치 중 추진축의 각도 변화를 주기 위한 이음방식으로 옳은 것은?

① 자재이음

② 슬립이음

③ 스플라인이음

④ 새클이음

13.

• 길이 변화를 주기 위하여 필요한 방식 : 슬립이음
• 각도 변화를 주기 위하여 필요한 방식 : 자재이음

14 물에 젖은 노면을 고속으로 달릴 때 타이어가 노면과 접촉하지 않고 자동차가 수상스키를 타는 것과 같은 상태로 운전되는 현상은?

① 롤링

② 스탠딩웨이브

③ 하이드로플래닝

④ 저더

14.

물에 젖은 노면을 고속으로 달릴 때 타이어가 노면과 접촉하지 않아 조종이 불가능한 상태를 하이드로플래닝(수막현상)이라 한다.

15 브레이크 오일의 구비조건으로 옳지 않은 것은?

① 비점이 높아 베이퍼 록을 일으키지 말 것

② 윤활성능이 있을 것

③ 빙점이 높고 인화점이 낮을 것

④ 알맞은 점도를 가지고 있을 것

15.

브레이크 오일은 빙점이 낮고 비점이 높아야 한다.

Answer   12.④ 13.① 14.③ 15.③

16 다음 중 조향바퀴에 복원력과 안정성을 주는 것은?

① 캠버 ② 토인
③ 킹핀 ④ 캐스터

16.
앞바퀴를 옆에서 보았을 때 킹핀의 수선에 대해 이룬 각을 캐스터라 하며 직진성과 복원성을 부여한다.

17 다음 중 베이퍼 록 현상의 원인이 아닌 것은?

① 연료 라인에 압력이 없을 때
② 대기온도가 높을 때
③ 드럼과 라이닝이 과열되었을 경우
④ 라이닝에 기름 또는 습기가 부착되었을 경우

17.
브레이크액에 기포가 발생하여 브레이크가 제대로 작동하지 않는 현상을 베이퍼 록 현상이라 한다.

18 다음 중 앞바퀴 정렬에 해당하지 않는 것은?

① 트레드 ② 토인
③ 캠버 ④ 캐스터

18.
트레드는 타이어의 노면에 닿는 바퀴의 접지면을 뜻한다.

19 클러치가 미끄러질 때의 원인으로 맞는 것은?

① 자유 유격이 적을 때
② 릴리스 베어링 소손 및 파손
③ 클러치판이 흔들리거나 비틀림
④ 디스크 런아웃 과대

19.
클러치가 미끄러질 때는 자유 유격이 작을 때 발생한다.

20 차축과 차체 사이에 스프링을 두고 연결하여 차체의 상하진동을 완화, 승차감을 좋게 하며, 구동바퀴로부터의 구동력과 제동력을 차체에 전달하는 것은?

① 조향 장치 ② 현가 장치
③ 제동 장치 ④ 동력 전달 장치

20.
주행 중 노면에서 받은 충격이나 진동을 완화시켜 주는 역할을 하는 것이 서스펜션 장치라 한다.

Answer   16.④ 17.④ 18.① 19.① 20.②

21 다음 중 자동차의 구동력 제어와 바퀴 회전수를 제어하는 장치는?

① 종감속 기어
② 유니버설 조인트
③ 변속기 기어 장치
④ 차동 기어(디퍼런셜)

22 다음 중 자동 변속기에 대한 설명으로 틀린 것은?

① 출발, 가속 및 감속이 원활하다.
② 자동차를 밀어서 시동 걸 수 있다.
③ 기관에서 동력 전달 장치나 바퀴 기타 부분으로 전달되는 진동이나 충격을 흡수한다.
④ 과부하가 걸려도 직접 기관에 가해지지 않아 기관을 보호하고 각 부분의 수명을 길게 한다.

23 타이어의 최고속도 표시 중 H가 나타내는 속도는?

① 180
② 190
③ 210
④ 230

24 디스크 브레이크의 장점이 아닌 것은?

① 이물질이 묻어도 쉽게 털어낼 수 있다.
② 방열작용이 좋다.
③ 자기 배력 작용이 있다.
④ 점검과 조정이 용이하다.

21.

직진할 때 작은 기어는 공전하는 기어케이스와 함께 회전하여 큰 기어를 회전시킨다. 자동차가 방향을 바꿀 때 작은 기어는 공전과 자전을 하고, 바깥쪽에 있는 큰 기어를 빠르게, 안쪽에 있는 큰 기어를 느리게 회전시켜 바퀴가 미끄러지지 않게 한다.

22.

자동변속기는 밀어서 시동을 걸 수가 없다.

23.

타이어에는 자동차의 속도기호를 구분하여 표시하는데 H는 210킬로를 나타낸다.

24.

디스크 브레이크는 자기 배력 작용이 없다.

Answer 21.④ 22.② 23.③ 24.③

25 다음 중 클러치가 미끄러지는 원인은?

① 클러치 스프링의 약화 및 손상
② 릴리스 베어링의 소손 및 파손
③ 오일 라인에 공기 침입
④ 디스크 런아웃 과대

25.

클러치가 미끄러지는 원인은 클러치 라이닝의 마모, 클러치 라이닝의 오일 부착, 클러치 스프링의 장력 감소, 플라이휠의 변형 등이 있다.

26 클러치가 미끄러지는 원인 중 틀린 것은?

① 마찰면의 오일 부착
② 클러치 압력스프링 쇠약 및 절손
③ 클러치 페달의 자유간극 과대
④ 압력판 및 플라이휠 손상

26.

클러치가 미끄러지는 원인은 클러치 페달의 자유간극이 작아서 발생한다.

27 변속기의 역할이 아닌 것은?

① 기관의 회전수를 높여 바퀴의 회전력을 증가시킨다.
② 후진을 가능하게 한다.
③ 기관의 회전력을 변환시켜 바퀴에 전달한다.
④ 정차할 때 기간의 공전운전을 가능하게 한다.

27.

엔진에서 발생하는 동력을 속도에 따라 필요한 회전력으로 바꾸어 전달하는 변속장치를 변속기라 하며, 트랜스미션이라고도 한다.

28 기관의 회전력을 액체 운동에너지로 바꾸어 변속기에 동력을 전달하는 장치는?

① 시동전동기
② 추진축
③ 클러치
④ 토크컨버터

28.

유체를 사용하여 토크를 변환하여 동력을 전달하는 장치를 토크컨버터라 한다.

Answer   25.① 26.③ 27.① 28.④

29 자동변속기 내의 유압제어 밸브 종류 중에서 오일의 흐르는 방향을 변환시켜 작동하는 밸브는?

① 릴리프 밸브

② 거버너 밸브

③ 오리피스 밸브

④ 매뉴얼 밸브

29.

매뉴얼 밸브 … 운전석에 설치되어 있는 시프트 레버(변속 레버)에 의해 작동되는 수동용 밸브로서, 오일 라인에 압력을 P, R, N, D, 2, L 레인 인에 따라 작동 부분에 유도된다.

30 전자제어 현가장치(ECS)에서 컨트롤 유닛의 제어기능이 아닌 것은?

① 휠 스피드 제어 기능

② 차고제어 기능

③ 감쇠력 제어 기능

④ 자세제어 기능

30.

휠 스피드 제어 기능은 ABS의 시스템에서 작동되는 기능이다.

31 자동변속기를 제어하는 TCU에 입력되는 신호가 아닌 것은?

① 인히비터 스위치

② 펄스제너레이터

③ 엔진 회전수

④ 휠 스피드 센서

31.

휠 스피드 센서는 ABS의 구성품이다.

32 자동변속기 오일상태 점검방법 중 틀린 것은?

① 오일량 점검은 수평상태에서 실시한다.

② 오일이 부족한 경우에는 일반기어오일을 사용한다.

③ 오일량이 COLD와 HOT의 중간 부위에 있어야 한다.

④ 오일량 점검은 시동 후 적정 온도 후 오일량을 점검한다.

32.

자동변속기 오일이 부족할 때에는 자동변속기 전용오일을 사용하여 보충한다.

Answer   29.④   30.①   31.④   32.②

33 주행상태에서 변속할 경우 변속기 충돌음이 발생하는 원인으로 옳은 것은?

① 변속 링키지의 헐거움

② 드라이브 기어의 마모

③ 싱크로나이저 링의 고장

④ 엔진과 얼라인먼트 간의 유격

34 전륜(FF) 구동차의 종감속 장치로 연결된 구동차축에 설치되어 바퀴에 동력을 전달하는 것은?

① 플렉시블 자재이음

② 십자형 자재이음

③ 십자형 슬립이음

④ CV형 자재이음

35 좌우회전바퀴의 회전속도를 다르게 하여 커브길을 원활하게 주행하는 장치인 차동장치는 무슨 원리를 이용한 것인가?

① 파스칼의 원리

② 래크의 원리

③ 애커먼 장토의 원리

④ 플레밍의 오른손 법칙

36 전자제어 현가장치에서 조향 휠의 좌우 회전방향을 검출하여 차체의 롤링을 제어하기 위한 센서는?

① 차속 센서 ② 차고 센서

③ G 센서 ④ 조향각 센서

37 동력조향 유압계통에 고장이 발생한 경우 핸들을 수동으로 조작할 수 있도록 하는 부품은?

① 안전 체크 밸브
② 유량제어 밸브
③ 릴리프 밸브
④ 토크컨버터

37.

안전 체크 밸브 … 동력조향장치의 체크 밸브로서 엔진의 정지, 오일펌프의 고장 및 유압 계통에 고장이 발생하였을 때 조향 핸들의 조작이 기계적으로 이루어지도록 하는 밸브를 말한다.

38 전자제어 현가장치(ECS)에서 차고조정이 정지되는 조건이 아닌 것은?

① 급정지 시
② 고속주행 시
③ 급가속 시
④ 커브길 급선회시

38.

고속주행 시에는 차고조정이 정지되는 조건이 해당되지 않는다.

39 조향핸들의 유격이 크게 되는 원인이 아닌 것은?

① 조향기어 백 래시의 과다
② 조향 너클의 헐거움
③ 앞바퀴 베어링의 마멸
④ 타이 로드의 휨

39.

타이 로드 … 래크 앤 피니언의 래크와 로크 암 사이, 리서큘레이팅일 때는 중간 링크와 너클 암 사이의 링크를 말하는데 좌우에 하나씩 있고, 토인(toe in) 교정을 위해 길이를 조절할 수 있게 되어 있다.

40 주행 중 조향 휠의 떨림 현상 발생 원인으로 틀린 것은?

① 휠 얼라인먼트 불량
② 타이로드 엔드의 손상
③ 브레이크 슈의 라이닝 간극 과다
④ 조향기어의 백 래시 과다

40.

브레이크 슈의 라이닝 간극 과다는 조향 핸들의 진동이나 떨림과는 전혀 상관이 없다.

Answer 37.① 38.② 39.④ 40.③

41 수동변속기에서 소음이 발생하는 원인으로 틀린 것은?

① 기어 오일이 부족할 경우
② 베어링이 마모되었을 경우
③ 주축의 스플라인이 마모된 경우
④ 주축의 부싱이 불량할 경우

41.
주축의 부싱이 마모되었을 경우 소음이 발생하게 된다.

42 다음 중 브레이크 오일이 갖추어야 할 조건이 아닌 것은?

① 비점이 높아 베이퍼 록을 일으키지 않을 것
② 빙점이 낮고, 인화점이 낮을 것
③ 알맞은 점도를 가지고 온도에 대한 점도 변화가 적을 것
④ 윤활성능을 가지고 있을 것

42.
빙점이 높고 인화점이 높아야 한다.

43 공기 브레이크 장치에서 공기압을 기계적 힘으로 바꾸어 라이닝을 움직이게 하는 것은?

① 캠
② 푸시로드
③ 휠 실린더
④ 체크 밸브

43.
공기 브레이크는 압축 공기의 압력을 이용한 브레이크의 총칭이다.

44 전자제어 제동장치(ABS)에서 휠 스피드 센서의 역할은?

① 휠의 회전속도 감지
② 휠의 속도차이 평가
③ 휠의 간극 감지
④ 휠의 감속과 가속의 감지

44.
휠 스피드 센서 … 앞뒤 4바퀴에 각각 설치되어 바퀴의 회전속도를 톤 휠(tone wheel)과 센서에서의 자력선 변화로 감지하여 컴퓨터에 입력하는 역할을 한다. 급제동할 때 또는 미끄러운 노면에서 제동할 때 컴퓨터는 브레이크 유압을 제어하여 조종성을 확보하고 정지 거리를 단축시킨다.

Answer   41.④ 42.② 43.① 44.①

45 다음 중 타이어의 구조에 해당되지 않은 것은?

① 비드　　　　　　　② 카커스
③ 트레드　　　　　　④ 디스크

46 다음 중 주행 시 앞부분에 심한 진동이 생기는 현상인 트램프 (Tramp)의 원인은?

① 적재량 오버
② 바퀴의 동적 정적 불평형
③ 고무스프링 파손
④ 공기압의 과다

47 주행 중 타이어에서 열이 발생하는 원인이 아닌 것은?

① 저속으로 달릴 때
② 외기의 온도가 높을 때
③ 과다한 적재량으로 주행할 때
④ 타이어의 공기압이 적을 때

48 엔진과 직결되어 엔진 회전속도와 동일한 속도로 회전하는 토크컨버터의 부품은?

① 터빈 런너
② 펌프 임펠러
③ 가이드 링
④ 스테이터

45.

디스크는 허브에 설치되는 부분이다.

46.

트램프 … 앞바퀴의 좌우가 역위상(逆位相 ; 한쪽이 올라갈 때면 한쪽이 내려감)으로 되어 상하로 뒤흔들리는 것을 말한다.

47.

고속으로 달릴 때 타이어에서 열이 발생한다.

48.

펌프 임펠러 … 유체를 사용하여 토크를 변환하여 동력을 전달하는 장치를 말한다. 엔진 측에 연결된 펌프와 변속기 측에 연결되는 터빈 및 힘을 강하게 하는 스테이터와 오일로 구성된다.

Answer　　45.④　46.②　47.①　48.②

49 자동 트랜스 액슬에서 컴퓨터(TCU)의 입력신호에 해당되지 않는 것은?

① 냉각수온도 센서 신호
② 드로틀위치 센서 신호
③ 공기흐름 센서 신호
④ 인히비터 스위치 신호

50 자동변속기를 주행상태에서 시험할 때 점검해야 할 사항에 해당되지 않는 것은?

① 쇼크 및 슬립여부
② 엔진 브레이크 효과
③ 킥다운 작동여부
④ 오일의 양과 상태

51 추진축이 기하학적 중심과 운행 중 변형 등으로 인하여 중심이 일치하지 않을 때 일어나는 현상은 어느 것인가?

① 롤링(rolling)
② 피칭(pitching)
③ 휠링(whirling)
④ 요잉(yawing)

52 차동제한장치(LSD)의 특징에 대한 설명 중 틀린 것은?

① 미끄러운 노면에서의 출발이 용이하다.
② 타이어의 수명이 연장된다.
③ 요철노면 굴곡진 도로 주행 시 후부의 흔들림을 방지한다.
④ 고속 직진 주행 시 안정성이 부족하다.

49.

공기흐름 센서 … 흡입 공기량을 측정하는 센서로, 일부 자동차에 사용되는 공기흐름 센서를 말한다.

50.

자동변속기 오일의 양과 상태는 정지상태에서 점검해야 한다.

51.

추진축의 엔진 회전력을 받아 구동축에 전달 시 추진축의 변형, 굽음, 손상 등으로 기하학적 중심과 질량적 중심이 일치하지 않아 발생되는 굽음 진동을 휠링이라 한다.

52.

LSD … 보통의 차동장치에서는 한쪽 바퀴가 한 번 공회전을 하면 차를 주행시킬 수 없는데 대하여, 이것은 자동적으로 차동 작용을 정지 또는 제한하여 미끄러지기 쉬운 노면으로부터의 발진(發進)을 용이하게 하고, 한쪽 브레이크만의 작동으로 옆으로 미끄러지는 것을 방지한다.

53 진동을 흡수하고 진동 시간을 단축시키며, 스프링의 부담을 감소시키기 위한 현가장치는?

① 공기 스프링
② 쇽업소버
③ 토션 바
④ 스테빌라이저

53.

쇽업소버 … 차량이 받는 충격을 흡수 및 완화해주는 장치이며 과속 방지턱을 넘거나 울퉁불퉁한 노면을 주행할 때 스프링이 늘어나거나 줄어드는 신축 작용을 통해 차량이 받는 충격을 완화해준다.

54 조향장치와 관계없는 것은?

① 스티어링 기어
② 타이로드
③ 쇽업소버
④ 피트먼 암

54.

쇽업소버는 현가장치이다.

55 동력 조향장치의 기능을 설명한 것 중 맞는 것은?

① 기구학적 구조를 이용하여 작은 힘으로 큰 조작을 할 수 있다.
② 바퀴의 충격이 운전자에게 전달된다.
③ 작은 힘으로 조향 조작이 가능하다.
④ 구조가 간단하고 고장 시 기계식으로 환원하여 안전하다.

55.

동력 조향장치 … 핸들의 조작력을 가볍게 하는 장치로, 대형 자동차나 저압 타이어를 사용한 차에서는 앞바퀴의 접지 저항이 크기 때문에 핸들 조작력이 커지고 신속한 조향 조작이 어려운데, 이를 원활하게 하기 위하여 엔진의 힘으로 오일펌프를 구동시켜 발생한 유압을 조향 장치 중간에 설치된 배력(倍力) 장치로 보내어 핸들의 조작력을 가볍게 한 것이다.

56 휠 얼라인먼트 시험기의 측정 항목이 아닌 것은?

① 토인
② 캐스터
③ 오버스티어링
④ 캠버

56.

차량이 코너를 돌 때 스티어링 휠을 돌린 각도보다 회전반경이 작아지는 현상을 오버스티어링이라 한다.

Answer   53.② 54.③ 55.③ 56.③

57 자동차 조향장치의 유격은 당해 자동차 조향핸들 지름의 몇 % 이하인가?

① 10.5%　　　　② 12.5%

③ 13.5%　　　　④ 15.5%

57.

조향핸들의 유격은 당해 자동차의 조향핸들 지름의 12.5% 이내이어야 한다.

58 ABS에서 ECU 출력신호에 의해 각 휠 실린더 유압을 제어하는 것은?

① 페일 세이프

② 하이드롤릭 유닛

③ 휠 스피드 센서

④ 휠 실린더

58.

휠 스피드 센서 … 앞뒤 4바퀴에 각각 설치되어 바퀴의 회전 속도를 톤 휠(tone wheel)과 센서에서의 자력선 변화로 감지하여 컴퓨터에 입력하는 역할을 한다.

59 노면과 직접 접촉은 하지 않으며, 주행 중 가장 많은 완충작용을 하는 부분으로서 타이어 규격과 기타 정보가 표시된 부분의 명칭은?

① 카커스

② 사이드 월

③ 비드

④ 트레드

59.

사이드 월 … 트레드와 비드(bead) 사이의 타이어 옆 부분을 말하는데, 카커스(carcass)를 보호하고 유연한 굴신 운동으로 승차감을 향상시킨다. 유연하고 내후성, 내노화성이 뛰어난 재료로 만들어져 있고, 험로 주행용 타이어에는 내외상성(內外傷性)을 중시한 재료를 쓴다.

60 트랙션 컨트롤 장치의 제어방법이 아닌 것은?

① 엔진토크 제어

② 제동 제어

③ 공회전수 제어

④ 트레이스 제어

60.

눈길, 빗길 따위의 미끄러지기 쉬운 노면에서 차량을 출발하거나 가속할 때 과잉의 구동력이 발생하여 타이어가 공회전하지 않도록 차량의 구동력을 제어하는 시스템을 트랙션 컨트롤 장치(TCS)라 한다.

Answer　57.② 58.③ 59.② 60.③

61 유압브레이크 마스터실린더에 작용하는 힘이 100N, 배력장치가 3개, 마스터실린더의 면적이 휠실린더의 면적보다 2배 클 때 이때 발생하는 힘은 얼마인가?

① 150N
② 200N
③ 300N
④ 600N

62 다음 중 현가장치로 제어하지 못하는 진동은?

① 롤링
② 피칭
③ 바운싱
④ 요잉

63 다음 중 승차감 향상과 관련된 것끼리 바르게 나열된 것은?

① 코일스프링, 토션빔, 타이앤로드
② 코일스프링, 쇽업쇼바, 토션빔
③ 코일스프링, 쇽업쇼바, 너클
④ 코일스프링, 타이앤로드, 스테빌라이저

64 자동차 베이퍼록에 대한 설명으로 바르지 않은 것은?

① 풋 브레이크를 과도하게 사용할 때 발생할 수 있다.
② 여름철 내리막 길에서 풋 브레이크를 지나치게 사용할 때 발생할 수 있다.
③ 엔진브레이크를 사용할 때 자주 발생한다.
④ 풋 브레이크를 사용하지 않고, 품질 우수한 브레이크액으로도 방지할 수 있다.

61.

100N ×3 = 300N
휠 실린더의 면적이 2배 큼 300N×2 = 600N

62.

요잉 … 자동차가 선회할 때 일어나는 움직임으로서, 차체에 대하여 수직인 축(Z)축 둘레에 발생하는 운동을 말한다.

63.

②는 현가장치 스프링을 나열한 것이다.

64.

베이퍼록 현상을 방지하기 위해 엔진브레이크를 자주 사용하며, 엔진브레이크는 엔진의 회전을 이용한 브레이크이다. 엑셀에서 발을 떼면 회전수가 떨어지면서 자연스럽게 제동이 걸리게 되고 차량의 속도가 떨어진다.
베이퍼록 현상은 브레이크 오일 노화에 따라 발생확률이 올라가게 되므로 주행거리와 관계없이 브레이크오일을 정기적으로 교환해야 한다.

Answer   61.④ 62.④ 63.② 64.③

65 캠각(cam angle)이 크면 나타나는 현상으로 가장 옳지 않은 것은?

① 접점간극이 작아진다.
② 점화시기가 빨라진다.
③ 1차 전류가 커진다.
④ 점화코일이 발열한다.

66 자동차 전자제어현가장치(ECS : Electronic Controlled Suspension)의 차량제어에 대한 설명으로 가장 옳지 않은 것은?

① 앤티 스쿼트 제어(anti-squat control) : 급제동할 때 노스다운(nose down)을 방지
② 앤티 롤링 제어(anti-rolling control) : 급커브에서 원심력에 의한 차량 기울어짐을 방지
③ 앤티 바운싱 제어(anti-bouncing control) : 비포장도로를 운행할 때 쇽업소버(shock absorber)의 감쇠력을 제어하여 주행 안전성 확보
④ 차속감응 제어(vehicle speed control) : 고속주행 시 쇽업소버(shock absorber)의 감쇠력을 제어하여 주행 안정성 확보

67 자동변속기 차량에서 스톨 테스트(stall test)로 점검할 수 없는 것은?

① 토크컨버터의 동력전달 기능
② 타이어의 구동력
③ 클러치의 미끄러짐
④ 브레이크밴드의 미끄러짐

65.

캠각(cam angle)이 크면 나타나는 현상
㉠ 접점간극이 작게 된다.
㉡ 점화시기가 늦어진다.
㉢ 1차 전류가 커진다.
㉣ 점화코일이 발열한다.
㉤ 접점이 타게 된다.

66.

앤티 스쿼트 제어(anti-squat control) … 급출발 또는 급가속 할 경우 차체의 앞쪽은 흔들리고 뒤쪽이 낮아지는 노스 업(nose up) 현상을 제어하는 것을 말한다. 작동은 컴퓨터가 스로틀 위치센서의 신호와 초기의 주행속도를 검출하여 급출발 또는 급가속 여부를 판정하여 규정 속도 이하에서 급출발이나 급가속 상태로 판단되면 노스 업을 방지하기 위하여 쇽업소버의 감쇠력을 증가시킨다.

67.

스톨 테스트를 하는 이유는 자동차 출력 저하의 원인이 엔진 문제인지 변속기 문제인지를 판단하기 위하여 실행하는 방법이며 자동차의 정차상태에서 행하는 변속기 슬립시험으로 브레이크를 작동시킨 후 바퀴에 고임목을 괸 상태에서 선택레버를 L, D, R 등에 위치시킨 다음, 엔진을 가속시켰을 때의 rpm이 규정값에 있는가를 테스트한다. 보통 5초 이내로 작동한다.

68 자동차 앞바퀴 정렬의 요소에 대한 설명으로 가장 옳지 않은 것은?

① 캐스터는 앞바퀴을 평행하게 회전시킨다.
② 캠버는 조향휠의 조작을 가볍게 한다.
③ 킹핀경사각은 조향휠의 복원력을 준다.
④ 토인은 주행 시 캠버에 의해 토아웃이 되는 것을 방지한다.

68.

캐스터의 역할은 고속에서의 안정성, 복원성, 코너링을 위해서 +값을 주고 있으며 토인은 앞바퀴를 평행하게 회전시키고 바퀴 옆 방향에 쏠림도 방지하여 타이어의 마모를 최소화하는 경제적인 역할도 담당하게 된다. 그리고 주행 저항 및 구동력의 반력으로 토아웃되는 것을 방지하기도 한다.

69 주행 중인 자동차에서 롤링방지와 차체 평형을 유지하는 것은 어느 것인가?

① 쇽업쇼버
② 코일 스프링
③ 스태빌라이저
④ 타이로드

69.

스태빌라이저 … 선회시 롤링을 감소하고 차체의 평형을 유지하기 위해 설치된 부품으로 토션 바의 비틀림 작용을 이용하여 완충작용을 한다.

70 자동차의 변속 시 운전자의 의지대로 수동으로 변속할 수 있으며, +에서 −쪽으로 밀면 1단 하향 변속이 된다. 이때 이러한 모드를 무엇이라 하는가?

① 스포츠 모드
② 노멀 모드
③ 가속 모드
④ 감속 모드

70.

운전자가 수동변속기의 기분을 느낄 수 있도록 임의 변속하는 기능을 스포츠 모드라 한다.

71 차량이 주행 시에 한 쪽으로 쏠리게 하는 스러스트 앵글의 발생요인은?

① 캠버각이 정(+) 의 캠버 일 때
② 캐스터 경사각이 부(−) 의 캐스터 일때
③ 후륜의 좌우 토우가 같지 않을 때
④ 킹핀 경사각이 제로 스크러브 일 때

71.

후륜의 좌우 토우가 맞지 않을 때 차량이 주행 시에 한쪽으로 쏠리는 원인이 된다.

Answer 68.① 69.③ 70.① 71.③

72 다음 중 하이포이드 기어의 특징으로 틀린 설명은?

① 추진축의 높이를 낮게 할 수 있어 차실 바닥이 낮아진다.
② 구동 피니언 기어의 중심이 링 기어의 중심 아래에 위치한다.
③ 기어의 물림율이 크고, 회전이 정숙하다.
④ 낮은 압력으로 구동되기 때문에 오일에 제한을 받지 않는다.

73 다음 중 현가장치의 구성요소가 아닌 것은?

① 스프링   ② 스테빌라이저
③ 타이 로드   ④ 쇽업소버

74 다음 타이어 규격표시로 틀린 것은?

P	235 /	55ZR	17	103
승용차	㉠	㉡	㉢	㉣

① ㉠ – 타이어 길이를 mm로 표시
② ㉡ – 편평비
③ ㉢ – Rim 직경(inch)
④ ㉣ – 최대 하중지수

75 주행 시 핸들의 쏠림 원인으로 거리가 먼 것은?

① 타이어 공기압력의 불균일
② 허브 베어링의 마모
③ 현가장치의 작동 불량
④ 조향 링키지의 헐거움

72.
극압 윤활유를 사용하여야 한다.

73.
타이 로드는 조향장치의 토인 조정 장치이다.

74.
235 – 타이어의 단면폭을 mm로 나타낸 것이다.

75.
조향 링키지의 헐거움은 핸들의 유격이 클 경우에 해당한다.

Answer   72.④ 73.③ 74.① 75.④

76 타이어 공기압 과다 시 영향으로 거리가 먼 것은?

① 연료소비량이 증가한다.
② 타이어 트레드 중심주의 마모가 촉진된다.
③ 조향 핸들이 가벼워진다.
④ 주행 중 진동 증가로 승차감이 저하된다.

77 ABS의 셀렉트 로(select low) 제어방식이란 무엇인가?

① 제동력을 독립적으로 조정하는 방식
② 좌우 차륜의 속도를 비교하여 속도가 느린 바퀴 쪽에 유압을 제어하는 방식
③ 좌우 차륜의 감속도를 비교하여 먼저 슬립되는 바퀴에 맞추어 유압을 동시에 제어하는 방식
④ 좌우 차륜의 속도를 비교하여 속도가 빠른 바퀴를 제동하고 속도가 늦는 바퀴는 증속시키는 방식

78 핸들을 놓아도 직진 상태를 유지하게 하는 것은?

① 캠버   ② 캐스터
③ 토인   ④ 시미

79 다음 중 스탠딩 웨이브(standing wave) 현상의 방지책으로 틀린 것은?

① 타이어의 공기압을 표준 공기압보다 10 ~ 15% 높여준다.
② 레이디얼 타이어를 적용한다.
③ 주행 시 감속한다 .
④ 차륜 정렬 상태를 확인한다.

76.

공기압이 낮을수록 연료소비량이 증가한다..

77.

셀렉트 로 제어 … 제동할 때 좌우 바퀴의 감속도를 비교하여 먼저 슬립되는 바퀴에 맞추어 좌우 바퀴의 유압을 동시에 제어하는 방법을 말한다.

78.

캐스터 … 킹핀의 중심선(또는 상/하 볼-조인트 중심을 연결한 직선)이 노면에 수직인 직선에 대하여 어느 한 쪽으로 기울어져 있는 상태를 말하고, 그 각도를 캐스터 각(caster angle)이라 한다.

79.

자동차가 고속 주행할 때 타이어 접지부에 열이 축적되어 변형이 나타나는 현상을 스탠딩 웨이브 현상이라 한다.

Answer   76.① 77.③ 78.② 79.④

80 VDC(Vehicle Dynamic Control)의 부가기능이 아닌 것은?

① Brake-LSD의 기능으로 한쪽만 미끄러운 노면을 출발할 때 발생되는 편슬립을 방지하여 차량의 출발이 원활하도록 돕는다.

② ESS(Emergency Stop Signal)의 기능은 급정지 시 비상등을 작동시켜 뒤차에 위험성을 알려주어 후방 추돌 확률을 줄여준다.

③ HSA(Hill Strt Assist)의 기능은 언덕길에서 차량이 정차했다 다시 출발할 때 뒤로 밀리는 것을 방지하기 위해 운전자가 브레이크에서 발을 떼더라도 브레이크 유압을 유지시켜 준다.

④ HDC(Hill Descent Control)의 스위치와 4WD 모드 스위치가 동시에 ON될 경우 가파른 경사의 내리막길에서 차량의 속도를 저속으로 유지하도록 도와준다.

81 오버드라이브 장치에 대한 설명으로 옳은 것은?

① 기어비가 입력축 속도보다 출력축 속도가 더 빠를 때를 뜻한다.

② 추진축과 종감속 장치 사이에 유성 기어 형식으로 설치된다.

③ 출력축의 토크가 부족하여 가속페달를 더 밟아야 하므로 연료소비량이 증대된다.

④ 일반적으로 링 기어를 고정시키고 유성 기어 캐리어를 구동시켜 증속시킨다.

80.

VDC(vehicle dynamic control)

㉠ 개요 : 차량을 미끄러짐으로부터 안전하게 보호하는 차량 안전 시스템으로 차체자세제어라고도 한다.

㉡ 기능 : 운전자가 별도로 제동을 가하지 않더라도, 차량 스스로 미끄럼을 감지해 각각의 바퀴 브레이크 입력과 엔진 출력을 제어하는 기능을 한다.

㉢ 구성 : 구동 중일 때 바퀴가 미끄러지는 것을 적절히 조절하는 TCS, ABS, EBD, 자동감속제어, 요모멘트제어(yaw-moment control:한쪽으로 쏠리는 것을 막는 자세제어) 등이 있다.

㉣ 역할 : 스핀 또는 언더 · 오버 스티어가 발생하는 것을 제어함으로써 사전에 일어날 수 있는 사고를 미연에 방지하는 것이다.

81.

톱기어보다 고능률과 고속도를 자동적으로 내는 장치, 즉 증속용 보조변속기를 사용하는 것을 오버드라이브라고 하며, 특히 톱기어의 상단에만 사용하는 것을 오버 톱이라고 하며, 연료의 소비와 소음을 줄이며, 수명을 길게 한다.

Answer 80.② 81.①

82 타이어 측면에 다음과 같이 표기되어 있다. 이 표기에서 타이어의 단면 높이는 얼마인가?

205/60R 17 84H

① 123mm
② 254mm
③ 341mm
④ 352.9mm

83 다음 중 제동력 저하의 원인이 아닌 것은?

① 마스터 실린더 고장
② 휠 실린더 불량
③ 릴리스 포크 변형
④ 베이퍼 록 발생

84 전자제어 현가장치에서 자동차 전방에 있는 노면의 돌기 및 단자를 검출하는 제어는?

① 스카이훅 제어
② 안티 쉐이크 제어
③ 안티 다이브 제어
④ 프리뷰 제어

85 다음 중 차량의 승차감과 관계가 없는 것은?

① 차량 출력
② 쇽업소버
③ 코일 스프링
④ 타이어

82.

편평비 = 단면 높이/단면 폭

$60\% = \dfrac{x}{205}$

$x = 205 \times 0.6 = 123$mm

83.

릴리스 포크는 릴리스 베어링 칼라에 끼워져 릴리스 베어링에 페달의 조작력을 전달하는 작동을 한다.

84.

자동차가 노면의 돌기나 단자를 카메라 또는 초음파로 검출하여 현가장치를 최적의 상태로 하기 위한 승차감을 향상시키는 제어를 프리뷰 제어라 한다.

85.

승차감은 현가장치와 관련 있는 장치이어야 한다.

86 다음 중 토인(toe-in)에 대한 설명으로 옳은 것은?

① 앞에서 볼 때 앞바퀴 중심선과 노면의 수직선이 이루는 각
② 옆에서 볼 때 앞바퀴의 조향축이 뒤로 기울어진 각
③ 차량(타이어)의 진행 방향과 바퀴 중심선 사이의 각
④ 위에서 차륜을 보았을 때 앞쪽이 뒤쪽보다 좁게 되어 있는 상태

87 자동 변속기의 구성요소 중 변속비를 결정하는 부품은 무엇인가?

① 유성기어
② 토크컨버터
③ 댐퍼 클러치
④ 싱크로메시 기구

88 다음 중 파워스티어링의 구성요소가 아닌 것은?

① 볼륨 캐니스터
② 유체냉각기
③ 릴리프 밸브
④ 피트먼 샤프트

89 다음 중 앞바퀴 정렬요소인 캐스터의 기능으로 잘못된 설명은?

① 주행 중 조향바퀴에 방향성을 부여한다.
② 조향하였을 때 직진 방향으로 복원력을 준다.
③ 타이어의 마멸을 감소시킨다.
④ 조향핸들의 조작력을 가볍게 한다.

86.

토인은 2개의 앞바퀴를 마치 안짱다리처럼 앞쪽이 약간 좁아져 안으로 향하고 있는 것을 말한다. 이렇게 함으로써 주행 때 직진성(直進性)과 스티어링 휠을 돌린 뒤의 복원성(復元性)이 좋아진다.

87.

유성기어 … 변속기 주축의 구동축에 고정되어 회전력을 전달하는 선 기어와, 변속기 주축의 피동축에 연결되어 구동력을 추진축으로 전달하는 링 기어 사이에서, 캐리어에 의해 지지되어 있는 기어로, 오버드라이브 기구의 한 구성 부품이다.

88.

캐니스터는 연료증발가스를 포집하는 역할을 한다.

89.

조향핸들의 조작력을 감소시키는 특징은 캠버와 킹핀 경사각의 기능이다.

Answer   86.④ 87.① 88.① 89.④

90 자동차결함 교통사고의 원인 중 동력전달장치 결함사고가 아 닌 것은?

① 클러치 결함
② 추진축 결함
③ 변속기 오일 부족 및 누적
④ 페이드 현상

91 타이어의 골격 역할을 하고 공기압력을 견디고 충격 완화 역 할을 하는 것은?

① 트레드
② 브레이커
③ 카커스
④ 비드

92 현가장치의 종류 중 일체차축 현가방식의 특징으로 올바른 설 명은?

① 스프링 밑 질량이 작다.
② 앞바퀴 시미 현상이 적다.
③ 선회 시 차체 기울기가 작다.
④ 스프링 정수가 적은 것을 사용한다.

93 ABS(Anti Skid Brake System) 제동장치의 특징으로 옳지 않 은 것은?

① 급제동시, 전륜고착으로 인한 조향능력 상실 방지
② 눈길, 미끄러운 길에서 조향능력과 제동 안정성 유지
③ 급제동시 차륜이 고착되지 않아 제동거리가 길어짐
④ 구조가 복잡하고 가격이 비쌈

90.
제동장치에서 나타나는 현상 중 하나가 페이드 현 상이다.

91.
카커스 … 타이어의 골격을 이루는 플라이와 비드 부분의 총칭으로, 타이어에서 트레드와 사이드 월 그리고 벨트(브레이커)를 제외한 것을 말한다.

92.
①②④ 독립차축 현가방식에 해당한다.

93.
ABS 제동장치의 특징은 제동거리가 짧아지는 특성 이다.

Answer   90.④ 91.③ 92.③ 93.③

94 다음 중 추진축으로 받은 동력을 마지막으로 감속시켜 회전력을 크게 하는 동시에 회전 방향을 직각 또는 직각에 가까운 각도로 바꾸어주는 역할을 하는 것은?

① 차동기어   ② 최종감속기어

③ 추진축   ④ 자재이음

94.

변속기에서 추진축을 거쳐서 전달된 동력을 감속한 후 직각에 가까운 각도로 바꾸어서 뒷차축에 전달하는 장치를 최종감속기어 장치라 한다.

95 자동차에서 발생할 수 있는 ㉠, ㉡ 현상을 억제하기 위한 장치는?

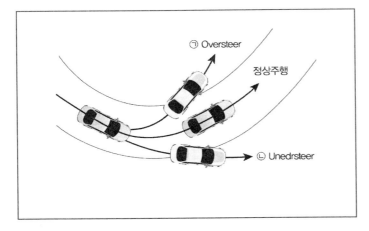

① EPS(Electronic Power Steering)

② ECS(Electronic Control Suspension)

③ VDCS(Vehicle Dynamic Control System)

④ SRS(Supplemental Restraint System)

95.

VDCS … 차량자세 제어시스템으로써 운전자의 스티어링 휠 조작과 차량의 주행상태를 감지하여 스핀이나 언더스티어(일정한 반지름이 원운동을 하고 있는 자동차가 속도를 빠르게 할 때 원의 반지름이 저절로 커지는 현상)가 발생하면, VDC는 이를 감지해 안쪽 또는 바깥쪽 바퀴에 제동을 가해 차량의 자세를 제어하는 시스템을 말한다.

96 자동차 휠 얼라인먼트 요소에서 다음 중 그 구성이 아닌 것은?

① 사이드 각(side-angle) ② 토(toe)
③ 캠버(camber) ④ 캐스터(caster)

97 ABS에서 고장이 발생하더라도 일반적인 브레이크는 작동이 되게 하는 기능은?

① 림프 홈 기능 ② 리커브 기능
③ 리졸브 기능 ④ 디스트리뷰트 기능

98 능동현가장치의 설명이 아닌 것은?

① 유압 액추에이터는 압축된 유체의 에너지를 기계적인 운동으로 전환시킨다.
② 일정한 힘으로 각 타이어가 도로를 누르기 위해 유압을 사용한다.
③ 유압 액추에이터는 유압을 한 방향으로만 움직이도록 한다.
④ 액추에이터 센서는 타이어 힘의 변화를 감지한다.

96.

앞바퀴 정렬의 요소는 캠버, 캐스터, 킹핀경사각으로 구성되어 있다.

97.

림프 홈 기능 … 고장이 발생하여도 최저한도의 주행성능을 확보하는 것을 말한다.

98.

유압 액츄에이터는 유압을 양방향으로 움직일 수 있도록 작용한다.

Answer 96.① 97.① 98.③

기출PLUS

01 축전지

1 개요

(1) 개요

① 양과 음의 전극판과 전해액으로 구성되어 있어, 화학에너지를 전기에너지로 변환하여 전원으로 사용할 수 있는 장치이다.

② 자동차의 각 전기장치를 작동하게 하는 전원에는 축전지와 충전장치가 있다. 엔진이 운전 중일 때는 충전장치가 각 전기장치의 전원으로 작동하고 있으나, 엔진이 정지하고 있을 때나 기동할 경우에는 충전장치에서 전력을 공급받을 수 없고 필요한 전원은 축전지에서 얻어야 된다.

(2) 구분

① 1차전지

   ㉠ 방전되면 충전할 수 없으며, 1회만 사용할 수 있는 전지이다.

   ㉡ 대표적 1차전지에는 망가니즈 건전지가 있으며 최근에는 알카라인 전지가 많이 사용된다.

② 2차전지

   ㉠ 자동차에서 사용하는 전지로 여러 번 충전하여 재사용이 가능하다.

   ㉡ 화학적 에너지를 전기적 에너지로 변환하여 사용한 후 전기적 에너지를 화학적 에너지로 바꾸어 저장할 수 있다.

   ㉢ 2차 전지에는 납산 축전지와 알칼리 축전지가 있으며, 자동차용 축전지로는 납산 축전지가 사용되고 있다.

> **☝ Plus tip**
> **축전지의 구비조건**
> ㉠ 소형이며, 경량일 것
> ㉡ 내구성이 좋고 제작비가 적을 것
> ㉢ 저속충전이 가능하고 출력이 클 것

기출 2015. 10. 17. 경상남도 시행

자동차에 사용되는 축전지에 대한 설명으로 옳지 않은 것은?

① 축전지 셀의 음극판 수가 양극판 수보다 하나 더 많다.
② 충전 시 화학적 에너지가 전기적 에너지로 변환시켜 저장하고, 방전 시 전기적 에너지가 화학적 에너지로 바꾸어 저장된다.
③ 극판의 결리작용을 하는 격리판은 충분한 강성과 비전도성이어야 한다.
④ 축전지는 사용하지 않아도 스스로 방전을 한다. 이것을 자기 방전이라 한다.

기출 2015. 10. 17. 부산광역시 시행

축전지에 대한 설명 중 옳지 않은 것은?

① 격리판인 음극판의 개수가 양극판 개수보다 하나 더 많다.
② 충전 시 화학에너지를 전기적 에너지로 변환시켜 저장하고, 방전 시는 전기적 에너지가 화학에너지로 변환된다.
③ 사용을 하지 않아도 스스로 방전되는 것을 자기 방전이라 한다.
④ 격리판은 충분한 강성과 비전도성이어야 한다.

≪정답 ②, ②

❷ 축전지의 종류

(1) 알칼리 축전지

① 개요
- ㉠ 전해액으로 알칼리용액을 사용하는 축전지이다.
- ㉡ 양극에 수산화니켈을 사용하고 음극에 철을 사용한 에디슨전지와 음극에 카드뮴을 사용한 융그너전지가 있는데, 일반적으로 융그너전지가 널리 사용되고 있다.
- ㉢ 기전력은 1.35V 정도이다.

② 특징
- ㉠ 알칼리 축전지는 고율의 방전성능이 우수하고 과충전, 과방전 등 불리한 사용조건에서도 성능이 떨어지지 않으며 사용기간도 10 ~ 20년이나 된다.
- ㉡ 충전·방전 시 시간의 경과에 따라 전압이 급격히 변화하지 않아 시동성능이 우수하다.
- ㉢ 값이 비싸며 대량 공급이 곤란하여 일부 특수자동차에서만 사용된다.

(2) 납산 축전지

① 개요 : 납산 축전지는 제작이 쉽고 가격이 저렴하여 거의 모든 자동차가 사용하고 있으나, 중량이 무겁고 수명이 짧다.

② 구조 : 현재 가장 많이 사용되고 있는 납산 축전지의 경우 하나의 케이스 안은 여러 개의 작은 셀(Cell)로 나누어지고, 그 셀에 양극판과 음극판 및 전해액인 묽은 황산이 들어 있으며, 이들이 서로 화학반응을 일으켜 셀마다 약 2.1V의 기전력이 발생한다.

③ 구분
- ㉠ 건식 축전지
  - 건식 축전지는 완전히 충전된 상태에 있는 음극판이 산화되지 않도록 건조한 것과 양극판을 품질이 우수한 격리판으로 분리한 것이다.
  - 사용할 때까지 전해액을 넣어 두지 않는다.
  - 습기를 차단하고 밀봉해 장기간 보관할 수 있다.
  - 사용할 때는 제작회사가 지정한 비중의 묽은 황산을 넣고 잠시 충전한다.
- ㉡ 습식 축전지 : 제작회사에서 출고될 때 충전하고 전해액이 들어 있는 것과, 충전되지 않고 전해액이 들어 있지 않아 사용할 때 전해액을 넣고 오랜 시간 충전해야 하는 두 종류가 있다.

기출PLUS

기출 2017. 6. 17. 경상북도 시행

다음 중 알칼리 축전지의 특징이 아닌 것은?
① 보수 및 취급이 용이하다.
② 수명이 매우 길다.
③ 충·방전 시 시간의 경과에 따라 전압이 급격히 변화하지 않아 시동성능이 우수하다.
④ 에너지 밀도가 약 25 ~ 35wh/kgf 정도로 높다.

기출 2024. 6. 22. 서울시 제2회 시행

내연기관에 사용하는 납산축전지의 구조에 대한 설명으로 가장 옳은 것은?
① 12V 축전지 케이스 속에는 6개의 셀(cell)이 병렬로 연결되어 있다.
② 양극판은 과산화납으로, 음극판은 해면상납으로 되어 있다.
③ 양극판은 음극판과의 화학적 평형을 고려하여 1장 더 많다.
④ 납산축전지의 격리판은 전도성이어야 한다.

기출 2022. 7. 16. 전라남도 시행

납산축전지의 구조에 대한 설명으로 틀린 것은?
① 극판의 수가 많아지면 용량이 커진다.
② 격리판은 양극과 음극사이에 위치해야 하며 전해액이 통하지 않아야 한다.
③ 단자의 기둥은 음극보다 양극이 커야 한다.
④ 전해액으로는 묽은 황산을 사용한다.

〈정답 ④, ②, ②

자동차용 납산 축전지의 수명을 단축시키는 원인으로 가장 옳지 않은 것은?

① 전해액 부족으로 인한 극판의 노출
② 과다 방전으로 인한 극판의 영구 황산납화
③ 전해액의 비중이 낮은 경우
④ 방전 종지전압 이상의 충전

축전지 케이스에 균열이 일어나는 원인으로 가장 적절한 것은?

① 발전기 및 발전기 조정기 결함
② 양극단자 쪽 셀 커버 부풀어 오름
③ 축전지 케이블 연결 불량
④ 전해액 빙결

다음 중 납산 축전지의 구성에 대한 설명으로 틀린 것은?

① 양극판은 과산화납(PbO_2)로 구성되어 있다.
② 음극판은 해면상납(pb)로 구성되어 있다.
③ 격리판은 플라스틱으로 구성되어 있다.
④ 전해액은 순수한 황산으로 구성되어 있다.

다음 중 축전지 격리판의 구비조건으로 틀린 것은?

① 전도성일 것
② 다공성일 것
③ 전해액의 확산이 잘될 것
④ 전해액에 부식되지 않을 것

〈정답 ④, ④, ④, ①

③ 자동차용 납산 축전지의 수명을 단축시키는 원인
 ㉠ 충전 부족 및 과다 방전에 의한 극판의 영구 황산납화
 ㉡ 과다 충전에 의한 전해액 온도 상승
 ㉢ 격리판의 열화 및 양극판, 음극판의 균열
 ㉣ 전해액 부족으로 인한 극판의 노출 및 불순물 유입
 ㉤ 전해액 비중이 너무 높거나 낮음
 ㉥ 극판의 단락 및 탈락

❸ 축전지의 구성

(1) 케이스

① 극판군과 전해액을 넣는 상자로서 충격이나 산(酸)에 강하다.

② 전기적으로 절연체이어야 하기 때문에 에보나이트나 투명한 합성수지 등이 사용되고 있다.

(2) 극판

① 극판은 양극판과 음극판이 있으며 격자(Grid) 속에 산화납의 가루를 묽은 황산으로 개서 풀 모양으로 된 것을 충전·건조한 다음 전기 화학처리를 하면 양극판은 다갈색의 과산화납(PbO_2)으로, 음극판은 해면모양의 다공성이 풍부한 납(pb)의 작용물질로 변화한다.

② 극판의 두께는 2 ~ 3mm의 것이 사용되고 있다. 최근에는 1.5mm 정도의 극판이 생산된다.

(3) 격리판

① 양(+)극판과 음(-)극판 사이에 설치하며 양극판이 단락되는 것을 방지한다.

② **격리판의 구비조건**
 ㉠ 전해액에 부식되지 않아야 한다.
 ㉡ 비전도성이어야 한다.
 ㉢ 다공성이어야 한다.
 ㉣ 기계적인 강도가 있어야 한다.
 ㉤ 전해액의 확산이 잘 이루어져야 한다.

(4) 극판군

① 극판군은 하나의 단전지(1셀)를 말한다.

② 음극판이 양극판보다 극판군이 1장 더 많다.

③ 셀당 기전력은 약 2.1V 정도이다. 그러므로 12V의 축전지라면 6개의 셀을 직렬로 연결한 것이다.

(5) 커넥터

① 셀을 직렬로 접속하기 위해 셀의 음극과 이웃한 셀의 양극을 커넥터로 접속한다.

② 커넥터는 큰 전류가 흘러도 파열되거나 전압이 강화되지 않도록 단면적이 큰 납합금으로 되어 있다.

(6) 단자

① 축전지의 단자는 양극단자와 음극단자가 있으며, 외부 회로와의 접속·분리가 쉽고 또 확실하게 접촉되도록 테이퍼로 되어, 아랫부분은 굵으며 끝부분은 가늘게 되어 있다.

② 단자는 납합금으로 되어 있다.

③ 양극단자는 직경이 크고 ⊕ 또는 P로 표시하며 붉은 색이다. 음극단자는 직경이 작으며 ⊖ 또는 N으로 표시하며 회색 또는 검은색이다.

(7) 전해액

① 전해액은 증류수에 황산을 회석시킨 무색, 무취의 묽은 황산이다.

② 전류를 저장, 발생시키는 작용을 하며 셀내부의 전류를 전도시킨다.

③ 전해액의 비중은 완전 충전상태(20℃)에서 1,240, 1,260, 1,280의 3종류를 사용하며, 전해액의 비중과 온도는 반비례한다.

④ 전해액의 비중은 온도 1℃당 0.0007씩 변한다.

> **Plus tip**
> 전해액의 비중(표준온도 20℃ 기준)
> ㉠ 열대지방 : 1,240
> ㉡ 온대지방 : 1,260
> ㉢ 한랭지방 : 1,280

기출PLUS

기출 2017. 6. 17. 강원도교육청 시행

다음 중 납산 축전지의 설명으로 잘못된 것은?

① 화학적 평형을 고려하여 셀당 음극판을 양극판보다 1장 더 둔다.

② 양극은 해면상납(Pb), 음극은 과산화납(PbO_2)으로 구성되어 있다

③ 배터리 단자의 굵기는 양극이 음극보다 더 굵다.

④ 축전지를 탈착할 때에는 접지 터미널을 먼저 풀고, 설치할 때에는 나중에 설치한다.

기출 2021. 5. 1. 전라북도 시행

다음 중 자동차 배터리에 대해 잘못 설명하고 있는 것은?

① 전해액의 비중이 낮아지면, 자기방전은 커진다.

② 전해액의 온도가 낮으면, 비중은 커진다.

③ MF 배터리는 사용하는 기간 동안 전해액을 보충할 필요가 없다.

④ 배터리는 사용하지 않고 방치하면 화학작용에 의해 자기방전을 일으킨다.

《정답 ②, ①

자동차 배터리(battery)와 관련된 용어가 아닌 것은?

① RC(Reserve Capacity)
② CCA(Cold Cranking Ampere)
③ AGM(Absorbent Glass Mat)
④ PWM(Pulse Width Modulation)

완전충전 상태인 12V 축전지를 40A의 전류로 5시간 사용할 수 있다면 축전지의 용량(AH)은 얼마인가?

① 200   ② 240
③ 238   ④ 480

◀정답 ④, ①

📢 **축전지의 구조**

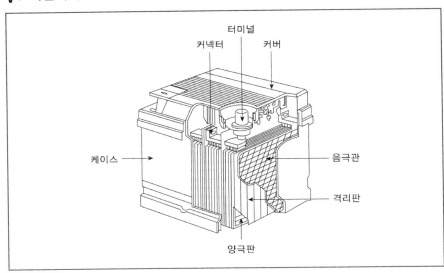

④ 축전지의 특성

(1) 축전지의 용량

① 충전한 축전지를 방전했을 때 규정 전압으로 내려갈 때까지 낼 수 있는 전기량으로, 보통 암페어시(Ah)로 나타낸다.

② 축전지의 용량은 극판의 크기, 극판의 수, 전해액의 양에 따라 정해진다.

③ 용량의 표준온도는 25℃이다.

④ 축전지의 용량은 비중(전해액 속에 들어 있는 황산의 양)에 따라 달라진다.

⑤ 축전지 연결에 따른 용량과 전압의 변화
  ㉠ **직렬연결** : 전압은 상승하나 용량은 변하지 않는다.
  ㉡ **병렬연결** : 전압은 변하지 않으나 용량은 증가한다.
  ㉢ **직 · 병렬연결** : 전압과 용량이 동시에 증가한다.

(2) 방전

① 방전종지전압

ⓐ 축전지를 사용하는 경우단자 전압이 0으로 되기까지 방전시키지 않고, 어느 한도의 전압까지 강하하면 방전을 멈추게 한다. 이 때의 전압을 방전종지전압이라 한다

ⓑ 1셀당 1.75V이며 방전종지전압 이하로 내려가면 재충전을 할 수 없다.

② 자기방전

ⓐ 개념 : 충전된 축전지를 방치하여 두면 사용하지 않아도 조금씩 자연 방전하여 용량이 감소된다. 이 현상을 자기방전이라 한다.

ⓑ 자기방전의 원인

• 구조상 부득이한 것 : 음극판의 작용물질인 해면모양의 납이 황산과의 화학작용으로 황산납이 되면서 수소가스를 발생시키고 자기방전 된다.

• 불순물에 의한 것 : 전해액에 포함되어 있는 불순 금속에 의해 국부전지가 구성되어 자기방전 된다.

• 누전에 의한 것 : 축전지 표면에 전기회로가 형성되어 전류가 흐르기 때문에 자기방전 된다.

• 단락에 의한 것 : 극판의 탈락된 작용물질이 축전지 내부의 아래 부분이나 옆 부분에 퇴적되거나 격리판이 파손되면 양극판이 단락되어 자기방전 된다.

③ 자기방전량의 표시 : 방전량은 축전지 용량의 백분율(%)로 표시한다.

④ 방지책 : 자기방전을 감소시키기 위해서는 축전지를 되도록 어둡고 통풍이 잘 되는 찬 곳에 보관하는 것이 좋다.

⑤ 정기적 충전 : 축전지를 장기간 방치하여 두면 극판이 불활성 황산납으로 되어 다음에 충전하여도 원래의 상태로 되돌아가지 않는다.

(3) 설페이션(sulfation) 현상

① 개념

ⓐ 설페이션은 축전지 극판이 황산납으로 결정체가 되는 것으로, 축전지를 방전 상태로 장기간 방치하면 극판이 불활성 물질로 덮이는 현상을 말한다.

ⓑ 극판이 영구적으로 황산납으로 변화하게 되면 원래의 작용물질로 환원되지 않는다.

기출PLUS

기출 2018. 10. 13. 서울시 경력경쟁
축전지의 방전이 계속되면 전압이 급격히 강하하여 방전능력이 없어진다. 이와 같이 방전능력이 없어지는 전압을 나타내는 용어는?
① 자기방전전압
② 베이퍼 록
③ 방전종지전압
④ 설페이션

기출 2017. 9. 23. 경상남도 시행
납산 축전지 충·방전작용에 대한 내용으로 틀린 것은?
① 방전시 극판은 황산납으로 변한다.
② 묽은 황산은 방전시 물로 변한다.
③ 방전시 전해액의 비중은 저하하고, 축전지의 내부저항이 증가하여 전류는 점차 흐르기 어렵게 된다.
④ 충전시 양극은 해면상납이 된다.

기출 2016. 6. 25. 서울특별시 시행
자동차 배터리에서 황산과 납의 화학작용이 심화되어 영구적인 황산납으로 변하는 현상을 무엇이라 하는가?
① 디아이싱(deicing) 현상
② 베이퍼 록(vapor lock) 현상
③ 설페이션(sulfation) 현상
④ 퍼콜레이션(percolation) 현상

《정답 ③, ④, ③

다음 중 설페이션(유화) 현상의 원인이 아닌 것은?

① 장시간 방전 상태로 방치
② 잦은 급속충전
③ 전해액 부족으로 극판이 공기 중에 노출된 경우
④ 전해액 속에 황산이 과도하게 함유되었을 경우

② 설페이션(sulfation) 현상의 원인

ㄱ 과방전하였을 경우
ㄴ 장기간 방전 상태로 방치하였을 경우
ㄷ 전해액의 비중이 너무 낮을 경우
ㄹ 전해액의 부족으로 극판이 노출되었을 경우
ㅁ 전해액에 불순물이 혼입되었을 경우
ㅂ 불충분한 충전을 반복하였을 경우

5 축전지의 충전

(1) 초충전

축전지를 만든 후 전해액을 넣고 처음으로 활성화하기 위한 충전을 말한다.

① 습식 축전지 : 제작회사가 지정한 비중의 전해액을 넣고 2시간 이상 12시간 이내에 축전지의 20시간률 또는 그 1/2 정도의 전류로 60 ~ 70시간 연속 충전한다.

② 건식 축전지 : 제작회사가 지정한 비중의 전해액을 넣어서 충전한다.

(2) 보충전

사용중 소비된 용량을 보충하거나 자기방전에 의해 용량이 감소된 경우에 충전하는 것으로 보통 2주마다 한다.

① 보통 충전

ㄱ 정전류 충전 : 충전할 때 처음부터 끝까지 일정한 전류로 충전하는 방법이며, 축전지 용량의 10% 정도의 전류로 충전한다.

ㄴ 단별전류 충전 : 충전중의 전류를 단계별로 감소시키며 충전한다. 충전말기에 충전전류를 감소시키기 때문에 가스 발생시의 전력손실과 위험을 방지한다.

ㄷ 정전압 충전 : 처음부터 끝까지 일정전압으로 충전하고 충전이 끝나면 정전류 충전으로 비중을 조정한다.

② 급속 충전 : 시간을 줄이기 위하여 대전류(용량의 50%)로 충전하나, 축전지의 수명을 단축시키므로 긴급한 때 이외에는 사용하지 않는다.

60Ah인 축전지가 정전류 충전일 때, 표준충전전류는 얼마인가?

① 3A   ② 6A
③ 12A   ④ 30A

❮정답 ②, ②

(3) 충전시 주의사항

① 충전장소는 환기장치를 하고 화기를 멀리한다.

② 축전지의 온도가 45℃ 이상이 되지 않게 한다.

③ 각 셀의 필러플러그를 열어 놓는다.

④ 원칙적으로 직렬접속으로 충전한다.

⑤ 과충전(열이 나고 케이스나 단자가 솟아오름)이 되지 않도록 한다.

⑥ 축전지를 떼어내지 않고 급속충전할 때는 양쪽 케이블을 분리한다.

02 점화장치

1 축전지식 점화장치

(1) 축전지

자동차에 사용되는 축전지는 납산 축전지이다.

> 🖢 Plus tip
> 축전지 점화식 점화장치 점화순서
> 축전지 → 점화스위치 → 점화코일 → 로터 → 배전기 → 점화플러그 → 방전

(2) 점화스위치

① **개념** : 전기 점화 계통의 일부에 설치된 스위치를 말하며, 점화장치 회로의 전류를 단속하여 엔진을 기동시키거나 정지시키는 것으로 운전석에서 키로 여닫는다.

② **구조** : 자동차 엔진에서는 시동 스위치와 겸하고 있으며, 1단에는 점화스위치가 작동하고, 2단에서는 시동스위치가 작동하는 형식이 대부분이다.

(3) 점화코일

① **개념** : 점화플러그가 불꽃방전을 할 수 있도록 축전지나 발전기의 낮은 전압을 높은 전압으로 바꾸는 유도 코일로, 이그니션 코일이라고도 한다.

기출PLUS

기출 2017. 5. 13. 전라북도 시행

축전지 점화식 점화장치에서 다음 빈 칸에 들어갈 점화순서를 순서대로 바르게 나열한 것은?

┌ 보기 ┐
축전지 : (　　) → (　　) →
　　　　(　　) → (　　)
⊙ : 배전기　　ⓛ : 점화스위치
ⓒ : 점화플러그　ⓔ : 점화코일

① ⊙-ⓛ-ⓔ-ⓒ
② ⓛ-ⓒ-ⓔ-⊙
③ ⓛ-ⓔ-⊙-ⓒ
④ ⓒ-ⓛ-ⓔ-⊙

기출 2015. 10. 17. 부산광역시 시행

전기장치 중 점화장치와 관련 없는 것은?

① 점화코일
② 점화플러그
③ 파워 트랜지스터
④ 삼원촉매

❮정답 ③, ④

② 구조
  ㉠ 1차코일은 중앙에 두께 0.3mm의 규소 강판을 겹친 철심(鐵心)을 놓고, 위에 지름 0.5~0.8mm의 에나멜선을 200~500회 감겨있다.
  ㉡ 2차 코일은 0.06~0.08mm의 에나멜선을 1,700~3,000회 감겨있다.

(4) 배전기

① **개념** : 점화코일에서 유도된 고압의 전류를 엔진의 점화순서에 따라 각 실린더의 점화플러그에 배분하는 역할을 하는 장치이다.

② **기능** : 점화코일의 단속기에서 발생한 고전압 펄스는 배전기 중앙에 있는 배전자의 회전에 의해서 그 주위에 배치된 점화플러그의 단자에 질서 있게 차례로 전달된다.

(5) 고압 케이블

① **개념** : 고압 케이블은 점화코일에서 발생된 고압전류를 점화코일의 2차 단자에서 배전기 캠의 중심단자에, 그리고 배전기 캡의 측방단자에서 점화플러그로 흐르게 하는 10kΩ의 저항을 둔 고압선이다.

② **기능** : 고주파 전류를 막기 위한(라디오나 통신기의 잡음방지) 것이다.

(6) 점화플러그

① **개념** : 점화플러그는 실린더 헤드에 나사로 꽂혀 있으며 점화코일의 2차 코일에서 발생하는 고압전류를 중심 전극을 통하여 접지 전극과의 사이에서 불꽃방전을 일으켜 혼합기에 점화하는 역할을 하는 장치이다.

② **기능** : 내연기관의 실린더헤드에 장착되어 있다. 전지를 접속한 1차코일을 단속하고 2차코일에서 발생한 고압전류를 점화플러그의 중심전극에 유도하여 실린더에 나사맞춤된 접지 쪽 전극 사이에 불꽃을 튕겨서 점화한다.

④ **점화플러그의 구비조건**
  ㉠ 고온에 견딜 수 있어야 하고, 급격한 온도 변화에도 견딜 수 있어야 한다.
  ㉡ 엔진의 진동에 의한 충격뿐만 아니라, 급변하는 압력에도 견딜 수 있는 기계적 강도가 필요하다.
  ㉢ 화학적 침식에 견디어야 한다.
  ㉣ 고온 고압에 의해 가스가 블로바이 되지 않도록 기밀을 유지해야 한다.
  ㉤ 엔진운전 중 전극 부근은 400~800℃ 정도의 온도로 유지되어야 한다.
  ㉥ 절연성이 좋아야 한다.

기출 2016. 5. 21. 전라북도 시행
다음 중 점화플러그의 성능을 결정하는 데 가장 중요한 요소는?
① 점화플러그의 열방산 정도
② 점화플러그의 방전 전압
③ 점화플러그의 절연도
④ 점화플러그의 저항

기출 2016. 6. 25. 서울특별시 시행
점화플러그가 갖추어야 할 조건으로 옳지 않은 것은?
① 열의 발산(방산)이 느릴 것
② 기계적 충격에 잘 견딜 것
③ 기밀 유지가 가능 할 것
④ 열적 충격 및 고온에 견딜 것

《정답 ①, ①

③ 구조

　　㉠ 점화 플러그의 절연은 중요하며, 절연재료로서는 자기, 알루미늄규산염, 산화알루미늄, 운모 등이 사용된다.

　　㉡ 주요부분은 중심전극, 접지전극, 절연체, 동체로 이루어져 있다.

❷ 반도체 점화장치

(1) 반도체 점화장치의 특징

① 전류의 차단 · 저속성능 안정

② 고속성능 향상

③ 착화성 향상

④ 신뢰성 향상

⑤ 전자제어 가능

(2) 트랜지스터식 점화장치

① 저속이나 고속에서 엔진의 성능을 향상시키고 점화장치의 신뢰성이 향상되어 점화시기를 정확하게 제어할 수 있다.

② 2차 코일에서 안정된 고전압을 얻을 수 있는 점화장치로 접점식과 무접점식이 있다.

> 🔖 Plus tip
>
> **트랜지스터의 장점**
> ㉠ 소형 · 경량이며 기계적으로 강하다.
> ㉡ 내부의 전압강하가 매우 낮다.
> ㉢ 수명이 길고 내부에서 전력손실이 적다.
> ㉣ 예열하지 않고 곧 작동한다.

(3) 축전기식 점화장치(CDI ; Condenser Discharge Ignition)

① 개념 : 축전기에 400V 정도의 직류전압을 충전시켜 놓고, 점화시 점화코일에 1차 코일을 통하여 급격히 방전시켜 2차 코일에 고전압을 발생시키는 점화장치이다.

기출 PLUS

기출 2020. 10. 17. 부산광역시 시행

다음 중 트랜지스터의 특징으로 잘 못된 설명은?

① 기계적으로 강하고, 수명이 길며 무겁다.
② 내부에서 전압강하가 매우 적다.
③ 내부에서 전력 손실이 적다.
④ 정격값 이상으로 사용하면 파손되기 쉽다.

기출 2019. 6. 15. 서울시 제2회 시행

축전기(condenser)의 정전용량에 대한 설명으로 가장 옳지 않은 것은?

① 금속판 사이의 거리에 비례한다.
② 상대하는 금속판의 면적에 비례한다.
③ 금속판 사이 절연체의 절연도에 비례한다.
④ 가해지는 전압에 비례한다.

❰정답 ①, ①

② **구분** : CDI 점화장치에도 접점식과 무접점식이 있으며, 축전기를 충전하는 방식에는 축전지를 이용하는 방식과 고압 자석식 발전코일을 이용하는 방식이 있다.

③ **특징**

　㉠ 전파 장애가 없어 전자제어장치에 유리하다.

　㉡ 배전기에 의한 누전이 없다.

　㉢ 고속 시엔 2차 고전압의 변화가 작고 저속에서 안전성이 크다

　㉣ 점화플러그의 오손 등으로 2차회로의 누설이 많은 경우에도 2차전압의 강하가 적다.

(4) 전자제어식 점화장치

① **고강력 점화방식**(HEI ; High Energy Ignition)

　㉠ **개념** : 엔진의 회전수, 부하, 온도의 상태를 각종 센서가 감지하여 전자제어유닛(ECU)에 입력하면, ECU가 점화시기를 연산하여 1차 전류를 차단하는 신호를 파워 트랜지스터로 보내 고압의 2차전류를 발생하게 하는 원리로 된 점화장치이다.

　㉡ **특징** : 내열성이 우수하며, 성능이 안정되어 있고 점화 진각장치가 없다.

② **전자배전 점화시스템**(DLI ; Distributor Less Ignition)

　㉠ **개념** : 진각장치와 2차 전류의 분배장치를 사용하지 않고 점화시기를 감지하는 센서의 전기신호를 컴퓨터로 보내 진각을 하고 이그니션 코일을 점화플러그의 바로 옆에 설치하여 고전압의 2차 전류를 발생시켜 점화하는 시스템이다.

　㉡ **특징**

　　• 전파방해가 없어 다른 전자제어장치에도 유리하고 내구성과 신뢰성이 높다.

　　• 배전기로 고전압을 배전하지 않기 때문에 누전이 발생하지 않는다.

　　• 배전기 내의 에어갭이 없어 로터와 고압 단자사이의 전압 에너지 손실이 적다.

　　• 배전기 캡 내부로부터 발생하는 전파 잡음이 없다.

　　• 진각 폭에 제한을 받지 않는다.

　　• 점화시기가 정확하고 점화성능이 우수하다.

> 🌱 **Plus tip**
> 전자제어 점화장치의 점화시기 제어 순서
> 각종 센서 → ECU → 파워 트랜지스터 → 점화코일

03 기동장치

❶ 기동장치의 개요

(1) 개념과 구성

① **개념**: 자동차의 엔진은 자기 스스로 시동 능력이 없으므로 초기에 엔진을 회전시켜 폭발하게 해 주어야 하는데 이 때 엔진을 회전시키는 데 필요한 장치를 시동장치라고 한다.

② **구성**: 자동차기관의 기동장치는 기본적으로 기동전동기, 축전지, 시동스위치, 시동 릴레이 등으로 구성된다.

(2) 종류

① **직권식**: 짧은 시간에 큰 회전력이 요구되는 자동차에 가장 알맞은 형식으로, 계자 코일과 전기자 코일이 직렬로 연결되어 있는 장치이다.

② **분권식**: 계자 코일과 전기자 코일이 병렬로 연결되어 있는 장치로, 회전속도는 일정하나 토크가 비교적 적다.

③ **복권식**: 계자 코일과 전기자 코일이 직·병렬로 연결되어 있는 장치이다.

(3) 기동장치의 구비 요건

① 언제 어디서나 기온이나 환경에 관계없이 바로 기동할 수 있어야 한다.

② 견고하고 내구성이 있어야 한다.

③ 소형, 경량이어야 한다.

④ 기계적인 충격에 강해야하고 방수가 좋아야 한다.

> **🔥 Plus tip**
>
> **플레밍의 왼손 법칙**(Fleming's left hand rule)
> 전동기의 기본원리와 관계가 깊다. 자기장 속에 있는 도선에 전류가 흐를 때 자기장의 방향과 도선에 흐르는 전류의 방향으로 도선이 받는 힘의 방향을 결정하는 규칙으로 왼손의 검지를 자기장의 방향, 중지를 전류의 방향으로 했을 때, 엄지가 가리키는 방향이 도선이 받는 힘의 방향이 된다.

〈보기〉의 자동차용 기동전동기 구성 부품 중 회전하는 것을 가장 옳게 짝지은 것은?

┌─ 보기 ─────────────┐
│ ㉠ 계철과 계자철심   │
│ ㉡ 브러시와 브러시 홀더   │
│ ㉢ 정류자   │
│ ㉣ 마그네틱 스위치   │
│ ㉤ 전기자   │
│ ㉥ 계자코일   │
└───────────────────┘

① ㉠㉣   ② ㉡㉤
③ ㉢㉤   ④ ㉢㉥

〈보기〉에서 기동전동기의 주요 부분에 대한 설명으로 가장 옳은 것을 모두 고른 것은?

┌─ 보기 ─────────────┐
│ ㉠ 계자는 전기자코일에 전류를 │
│   흐르게 하는 부분이다.   │
│ ㉡ 정류자는 자계를 발생시키는 │
│   부분이다.   │
│ ㉢ 전기자는 토크가 발생하는 부 │
│   분이다.   │
│ ㉣ 솔레노이드 스위치는 축전지 │
│   의 주 전류를 단속하는 부분 │
│   이다.   │
└───────────────────┘

① ㉠, ㉢   ② ㉠, ㉣
③ ㉡, ㉢   ④ ㉢, ㉣

다음 축전지에서 시동전동기에 전류가 흐를 때 시동전동기의 큰 전류를 단속하고 구동 피니언이 링기어에 물리는 역할을 하는 부품은?

① 전기자
② 전자스위치
③ 정류자
④ 브러시와 브러시 홀더

정답 ③, ④, ②

---

② 기동 전동기의 구조와 기능

(1) 전동기부

① **전기자** : 전기자는 축, 철심, 전기자 코일, 정류자 등으로 구성된다.

② **정류자** : 정류자는 경동으로 만든 정류자편을 원형으로 조립한 것이다.

③ **계철과 계자 철심**
- ㉠ **계철** : 자력선의 통로가 되며, 전동기의 틀이 되는 것이다. 안쪽 면에는 계자코일을 지지하고 자극이 되는 계자 철심이 나사로 고정되어 있다.
- ㉡ **계자 철심** : 계자 코일을 감아서 전류가 흐르면 전자석이 된다. 계자 철심의 수에 따라 전자석의 수가 정해지며, 계자 철심이 4개이면 4극이라고 한다.

④ **계자 코일** : 계자 철심에 감겨져 자력을 일으키는 코일을 말하는 것이다.

⑤ **브러시와 브러시홀더** : 브러시는 브러시홀더에 지지되어 있으며 정류자를 통하여 전기자 코일에 전류를 출입시키는 장치로 보통 4개(절연된 홀더에 지지된 것 2개, 접지된 홀더에 지지된 것 2개)를 사용한다.

(2) 동력전달기구

전동기에서 발생한 회전력(토크)을 피니언 기어를 통하여 플라이휠에 전달하여 엔진을 회전시키는 장치이다.

① **벤딕스식(관성 섭동형)** : 피니언의 관성과 직권 전동기가 무부하상태에서 고속 회전하는 성질을 이용한 방식이다.

② **피니언 섭동식(전자식)** : 전자식 스위치인 솔레노이드를 사용해서 피니언의 섭동과 기동 전동기 스위치를 개폐하는 방식으로, 현재 가장 많이 사용된다.

③ **전기자 섭동식** : 피니언이 전기자축에 고정되어 있어 두 개가 동시에 링기어에 물리는 방식이다.

(3) 오버 러닝 클러치

① **기능** : 엔진이 기동된 다음 엔진에 의해 전동기가 고속으로 회전하는 것을 방지하는 것으로 전동기의 회전력은 엔진쪽으로 전달이 되지만 엔진쪽으로부터 전동기에는 회전력이 전달되지 않는다.

② **종류** : 오버 러닝 클러치는 롤러식, 스프래그식, 다판 클러치식이 있으며 피니언 섭동식과 전기자 섭동식에 사용된다.

💡 **Plus tip**

기동전동기의 회전이 느린 원인

㉠ 축전지 과방전으로 전압이 낮을 때
㉡ 축전지 불량으로 전압이 낮을 때
㉢ 정류자가 소손되었을 때
㉣ 계자코일이 단락되었을 때
㉤ 브러시 스프링 장력이 약할 때
㉥ 전기자 코일이 접지되었을 때
㉦ 전기자축 부싱이 마모되었을 때
㉧ 축전지 케이블이 접촉 불량일 때

---

04   충전장치

① 개념 및 구비조건

(1) 충전장치의 개념 및 구성

① **개념** : 충전장치는 주행중인 자동차의 전기장치에 전기를 공급하고 기동시 소모된 축전지를 충전하는 일련의 장치이다.

② **구성** : 충전장치는 발전기에 따라 직류(DC) 충전장치와 교류(AC) 충전장치가 있으며 교류(AC) 충전장치가 주로 사용되고 있다. 충전장치는 발전기, 발전기 조정기, 전류계와 충전경고등 등으로 구성된다.

(2) 충전장치의 구비조건

① 소형, 경량이어야 한다.

② 저속, 고속에 관계없이 충전이 가능해야 한다.

③ 출력이 크고 맥동없이 안정되어야 한다.

④ 전파장애나 불꽃이 발생하지 않아야 한다.

⑤ 정비, 점검이 쉽고 내구성이 좋아야 한다.

기출 PLUS

기출 2016. 5. 21. 전라북도 시행

다음 중 기동전동기의 회전이 느린 원인이 아닌 것은?

① 솔레노이드 스위치 작동 불량
② 축전지 케이블 접촉 불량
③ 브러시 및 정류자 접촉 불량
④ 정류자 소손

❮ 정답 ①

🔊 **충전장치의 구조**

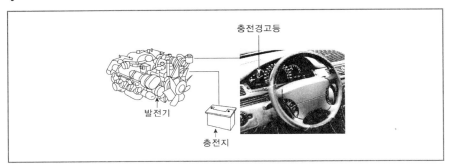

2 충전장치

(1) 직류(DC) 충전장치

① 직류 발전기는 전자유도작용에 의해 기전력이 발생하며, 전기자 코일에 발생한 교류를 정류자와 브러시로 정류하여 직류 전류를 얻는 것이다.

② 직류 발전기는 출력제어의 문제 때문에 자여식 분권방식이 사용되며, 처음에는 계자 철심에 남아있던 잔류 자기에 의해 발전된다.

③ 직류 발전기의 구조
 ㉠ **전기자** : 계자 내에서 회전하여 전류를 발생시키며, 전기자 축과 정류자로 되어 있다.
 ㉡ **계철과 계자 철심** : 계철은 자력선의 통로가 된다.
 ㉢ **계자 코일** : 계자 철심 주위에 감겨있는 계자 코일에 전류가 흐를 때 계자 철심에 자화하도록 되어 있다.
 ㉣ **브러시** : 브러시는 정류자에 스프링의 압력으로 접촉되어 전기자에서 발생한 전류를 정류하여 외부에 내보내는 일을 한다.

④ 직류 발전기의 조정기
 ㉠ **전압 조정기** : 전압 조정기는 발전기의 전압을 일정하게 유지하는 역할을 하는 장치로, 발생 전압이 규정값보다 커지면 계자 코일에 직렬로 저항을 넣어 발생 전압을 저하시키고, 발생 전압이 낮아지면 저항을 빼내어 발생 전압이 높아지게 한다.
 ㉡ **전류 조정기** : 전류 조정기는 발전기의 발생 전류를 조정하여 과대 전류에 의한 발전기의 소손을 방지하는 장치이다.

ⓒ 컷 아웃 릴레이 : 컷 아웃 릴레이는 발전기가 정지되어 있거나 발생 전압이 낮을 때 축전지에서 전류가 역류하는 것을 방지하는 역할을 하는 장치이다.

(2) 교류(AC) 충전장치

① 교류 발전기는 회전속도에 관계없이 양호한 충전을 할 수 있는 장치이다.

② 교류 발전기의 스테이터 코일에서 발생한 전류는 교류이므로 실리콘 다이오드로 정류하여 직류로 바꾸어 충전하거나 전장품의 전력으로 공급을 한다.

③ 회전자(로터), 고정자(스테이터), 조정기(레귤레이터), 정류기(렉티파이어) 등으로 구성되어 있다.

④ **교류 발전기의 특징**

ⓐ 소형, 경량이고 속도 변동에 따른 적응범위가 넓다.

ⓑ 가동이 안정되어 있어서 브러시의 수명이 길다.

ⓒ 역류가 없어서 컷 아웃 릴레이가 필요없다.

ⓓ 브러시에는 계자 전류만 흐르기 때문에 불꽃 발생이 없고 점검 · 정비가 쉽다.

ⓔ 다이오드를 사용하기 때문에 정류 특성이 좋다.

ⓕ 저속에서도 충전성능이 우수하다.

⑤ **교류 발전기의 구조**

ⓐ 스테이터

• 얇은 규소 강판을 여러 장 겹쳐 만든 철심(스테이터 코어)과 세 가닥의 독립된 스테이터 코일로 되어 있다.

• 엔트 프레임에 고정되어 있다.

ⓑ 로터

• 발전기, 전동기, 터빈, 수차 등의 회전 기계에서 회전하는 부분을 통틀어 이르는 말이며, 회전자라고도 한다.

• 로터는 로터 철심(코어), 로터 코일, 슬립링 및 로터축으로 구성되어 있다.

• 점화 디스트뷰터에서 로터는 디스트리뷰터 축의 상단에 부착되고 캡의 중앙 단자와 접촉하고 있다.

• 로터가 회전할 때 캡 둘레의 외부 단자에 높은 전압 펄스를 전도한다.

• 알터네이터에서, 로터는 엔진 구동 벨트로 회전되는 전자석으로 도체(고정자)에 잘려 AC 전압을 유도하는 자력선을 일으킨다.

브러시리스(Brushless) 교류발전기의 특징에 대한 설명으로 틀린 것은?

① 계자 코일이 필요 없고 대형화가 가능하다.
② 보조 간극으로 인한 저항의 증가로 코일을 많이 감아야 한다.
③ 개방형 발전기로 제작하여 먼지나 습기의 침입을 방지할 수 있다.
④ 브러시를 사용하지 않으므로 수명이 단축된다.

역방향 전압을 증가시켜 일정한 값에 이르게 되면 역방향으로도 전류가 흐를 수 있는 다이오드는?

① 발광 다이오드(light emitting diode)
② 포토 다이오드(photo diode)
③ 서미스터(thermistor)
④ 제너 다이오드(zener diode)

정답 ④, ④

ⓒ 브러시
• 돌아가는 발전기나 전동기의 정류자(整流子)에 닿아서 밖으로 전류를 끌어내거나 밖으로부터 전류를 끌어들이는 장치이다.
• 로터축에 연결된 슬립링 위를 섭동하면서 로터 코일에 여자 전류를 공급한다.
• 교류 발전기에 사용되는 브러시는, 스프링 장력으로 슬립링에 접촉되어 하나는 전류를 로터 코일에 공급하고, 다른 하나는 전류를 유출한다.
• 브러시는 로터가 작동하는 동안 슬립링과 미끄럼 접촉을 하고 있으므로, 접촉 저항이 적고 내마멸성이 좋은 금・DC 발전기 브러시는 정류자와 경사지게 설치되어 전기자에서 발생된 전류를 외부에 보내는 역할을 한다.

ⓔ 다이오드
• 다이오드는 한 방향으로만 전류가 흐르도록 하는 부품으로 정류작용을 하며, 정류기(Rectifier Diode)라고도 부른다.
• 6개의 실리콘 다이오드가 케이스 속에 설치되며 이것에 리드 단자를 납땜하여 밀봉한 것으로 +쪽과 −쪽의 극성이 역으로 되어 있다.
• 축전지의 전기가 발전기로 역류 하는 것을 막아 준다.

> **Plus tip**
> **주요 다이오드의 종류**
> ㉠ 제너 다이오드 : 역방향으로 전압을 가했을 경우에 어떤 전압에서 안정하는 성질을 이용하여, 일정한 전압을 얻기 위해 사용한다.
> ㉡ 발광 다이오드 : 전류를 순방향으로 흘렸을 때에 발광하며 광센서로 사용되며, LED(light−emitting diode)라고도 불린다
> ㉢ 포토 다이오드 : 반도체 다이오드의 일종으로 빛에너지를 전기에너지로 변환되며, 광검출 특성을 응용하여 광센서로 사용한다. 광다이오드라고도 한다.
> ㉣ 정류 다이오드 : 실리콘 또는 게르마늄의 단결정 속에서 PN형을 접합하여 P형 쪽에 에노드, N형 쪽에 캐소드의 두 단자로 구성되는 다이오드를 말하며, 교류를 직류로 변환할 때 사용한다.
> ㉤ 에사키 다이오드 : 음저항 특성을 마이크로파 발진에 사용한다.

⑤ 교류 발전기 조정기
  ㉠ 교류 발전기는 실리콘 다이오드를 사용하기 때문에 역류하거나 과대 전류가 흐르지 않으므로, 전류 조정기나 컷 아웃 릴레이는 필요가 없고 전압 조정기만 있으면 된다.
  ㉡ 교류 발전기 조정기는 전압 조정기와 전압 릴레이로 구성된다.
  ㉢ 전압 조정기 : 발전기의 발생 전압을 규정 전압으로 유지시키는 일을 한다.
  ㉣ 전압 릴레이 : 충전 경고등을 점멸하는 동시에 전압 조정기의 코일 전류를 단속하는 작용을 한다.

05 등화장치

① 등화장치의 종류

(1) 조명용

① 전조등 : 야간운행을 위한 조명

② 안개등 : 안개 속에서의 운행을 위한 조명

③ 실내등 : 실내조명

④ 계기등 : 계기판의 각종 계기 조명

⑤ 후진등 : 후진 방향조명

(2) 표시용

① 차고등 : 차의 높이 표시

② 차폭등 : 차의 폭을 표시

③ 주차등 : 주차중임을 표시

④ 번호판등 : 번호판의 번호 조명

⑤ 후미등 : 차의 후미를 표시

(3) 신호용

① 방향지시등 : 차의 주행방향 신호

② 브레이크등 : 풋브레이크 작동 신호

(4) 경고용

① 유압등 : 윤활장치 내 유압이 규정 이하일 때 점등 경고

② 충전등 : 축전지에 충전되지 않을 때 점등 경고

③ 연료등 : 연료탱크의 연료량이 규정 이하일 때 점등 경고

(5) 장식용(장식등)

버스나 트럭의 윗부분 장식

기출PLUS

기출 2021. 4. 10. 대구광역시 시행

등화장치에 대한 설명으로 옳은 것은?

① 조명용 : 전조등, 번호등

② 신호용 : 방향지시등, 후미등

③ 표시용 : 차폭등, 브레이크등

④ 경고용 : 충전등, 연료등

❮정답 ④

② 배선방식 및 조명관련 용어

(1) 배선방식

① 단선식 : 부하의 한 끝을 자동차의 차체나 프레임에 접지하는 방식으로, 배선은 전원쪽의 선 하나만이 접속된다.

② 복선식 : 접지쪽에도 전선을 사용하며 접촉 불량 등이 생기지 않도록 정확하게 접지하는 방식이다.

(2) 빛과 조명에 관한 용어

① 광원(光源) : 빛(light)의 근원을 말한다. 자동차의 전조등, 태양, 전등, 반딧불 등을 광원이라고 할 수 있다.

② 광속(光束) : 광원에서 공간으로 발산되는 빛의 다발을 말한다. 광속의 단위는 루멘(Lumen)이며, 기호는 Lm를 사용한다.

③ 광도(光度) : 일정한 방향에 대한 광원의 밝기를 말한다. 광도의 단위는 칸델라(Candela)이며, 기호는 cd를 사용한다.

④ 조도(照度) : 조도는 피조면(조명을 받는 면)의 밝기를 말한다. 좁은 면적에 많은 양의 광속이 입사되면 피조면은 밝아진다. 단위는 룩스(Lux)이며, 기호는 Lx를 사용한다.

③ 등화장치 및 경고등

(1) 등화장치

① 전조등

㉠ 개요

- 전조등은 야간에 자동차가 안전하게 주행하기 위해 전방을 조명하는 등화로 주행전조등과 안개등이 있는데 크게 유닛가동형 전조등과 반사경가동형 전조등으로 나눌 수 있다.
- 초기에는 렌즈·전구·반사경이 각각 조립된 조립형이 대부분이었으나 습기나 먼지에 의해 조명 효율이 감소하여, 최근에는 일체식 구조로 된 실드빔형이 많이 사용된다.

ⓛ 전조등의 특징
- 전조등의 조도는 전조등의 밝기를 나타내는 척도이다.
- 조도의 단위는 럭스(Lux)이다.
- 조도는 광도에 비례하고 광원거리의 제곱에 반비례한다.
- 전도등은 안전을 고려해서 병렬로 연결한다.
- 전조등은 자주 점멸할 경우 수명이 단축될 수 있다.
- 자동차의 전조등을 지나치게 밝게 하거나 상향등을 사용하면 맞은편 차량 운전자의 시야를 방해할 수 있으므로 주의해야 한다.

ⓒ 전조등의 요건
- 어둠 속에서 전방 100m 거리에 있는 물체를 확인할 수 있는 밝기여야 한다.
- 광선을 아래쪽으로 비추는 하향등(가시거리 40m) 기능과 위쪽으로 비추는 상향등(가시거리 100m) 기능을 갖추고 있어야 한다.

ⓔ 전조등 램프의 종류 : 전조등에 사용되는 램프의 종류로 할로겐램프, HID 램프, LED램프 등이 있다.

> **Plus tip**
> HID헤드램프(High Intensity Discharge Lamp) 전조등
> ㉠ 투명한 유리처럼 램프 안쪽을 볼 수 있는 클리어 렌즈를 사용해 헤드램프의 조사거리와 밝기를 향상시킨 전조등이다.
> ㉡ 램프의 수명이 길고 점등 시간도 빠르며 기존의 할로겐램프보다 전력 소모량이 적다.
> ㉢ 백열등에 있는 필라멘트가 들어 있지 않고, 형광등과 같은 구조로 되어 있다.
> ㉣ 얇은 캡슐처럼 생긴 방전관에는 제논·수은 가스와 금속 할로겐 성분 등이 들어 있어, 전원이 공급될 경우 방전관 양쪽 끝에 달린 몰리브데넘 전극에서 플라즈마 방전이 일어나면서 빛을 낸다.
> ㉤ 방출된 빛은 다시 굴곡이 있는 반사경에 의해 밖으로 쏘아져 나오는데, 광도가 뛰어나고, 조사거리도 길다.
> ㉥ 필라멘트가 없어 전극이 손상될 염려가 없고, 전자제어장치가 있어 램프에 항상 안정된 전원이 공급된다.

② 후미등
ⓐ 후미등은 야간에 주행하거나 정지하고 있을 경우에 자동차의 존재를 뒤차나 보행자에게 알리는 등화이다.
ⓑ 전조등 회로에 접속되어 전조등과 함께 동시에 켜지도록 되어 있다.

③ 제동등
ⓐ 제동등은 뒤차에 브레이크 작동을 알리는 등화이다.
ⓑ 브레이크 페달에 스위치가 부착되어 브레이크 작동시 등이 켜진다.
ⓒ 제동등은 후미등과 겸용하는 겸용식과 단독식이 있다.

기출 PLUS

기출 2017. 7. 29. 전라남도 시행
다음 중 전조등에 대한 설명으로 옳지 않은 것은?
① 전조등의 조도는 전조등의 밝기를 나타내는 척도이다.
② 조도의 단위는 럭스(lux)이다.
③ 조도는 광도에 반비례하고, 광원거리의 2승에 비례한다.
④ 전도등은 안전을 고려해서 병렬로 연결한다.

기출 2022. 6. 18.서울시 보훈청 시행
〈보기〉에서 고휘도 방전 전조등(High Intensity Discharge Lamp)에 대한 설명으로 옳은 것을 모두 고른 것은?

┌─ 보기 ─────────────┐
│ ㉠ 할로겐전구에 비해 조사거리가 향상된다. │
│ ㉡ 할로겐전구에 비해 수명이 향상된다. │
│ ㉢ 할로겐전구에 비해 전력소비가 많다. │
│ ㉣ 플라즈마 방전에 의해 빛을 방출한다. │
└──────────────────┘

① ㉠, ㉡   ② ㉠, ㉢
③ ㉠, ㉡, ㉣   ④ ㉡, ㉢, ㉣

◀정답 ③, ③

④ 번호판등

　㉠ 번호판등은 번호판의 위치나 자동차의 형상에 따라 번호판의 상하 또는 좌우의 방향에서 번호판을 조명하게 되어 있는 등화이다.

　㉡ 번호등은 번호판을 잘 비추는 구조이어야 한다.

⑤ 후진등

　㉠ 후진등은 뒤 범퍼 또는 프레임에 설치되거나 뒤 조합등 속에 포함되어 있는 등화이다.

　㉡ 어느 것이나 변속기의 변속 레버를 후진 위치로 놓으면 점등되는 구조로 되어 있다.

⑥ 방향지시등

　㉠ 방향지시등은 자동차의 회전 방향을 다른 차나 보행자에게 알리는 등화이다.

　㉡ 방향지시등은 운행 안전상 중요한 등화다.

🎓 Plus tip

방향지시등 작동시 구비조건
㉠ 방향 지시 신호를 운전석에서 확인할 수 있어야 한다.
㉡ 방향 지시 회로에 이상이 있을 때는 운전석에서 확인할 수 있어야 한다.
㉢ 점멸식 방향 지시등일 때에는 점멸 주기에 변화가 없어야 한다.

기출 2020. 10. 17. 부산광역시 시행

다음 중 계기판에 표시되는 경고등의 종류로 바르지 않은 것은?

① 비상 점멸 표시등
② 연료부족 경고등
③ 브레이크 오일 유압 경고등
④ 엔진오일 경고등

기출 2015. 6. 27. 경상북도교육청 시행

다음 중 오일 압력 경고등이 켜지는 원인이 아닌 것은?

① 엔진 오일 부족
② 엔진오일 압력 부족
③ 오일 압력 스위치 고장
④ 엔진오일 과다 주입

기출 2018. 6. 28. 서울특별시 시행

통상 자동차출발 전 운전석 앞 계기판에서 경고등으로 확인할 수 있는 사항은?

① 엔진오일의 점도
② 냉각수 비중
③ 주차 브레이크 잠김 상태
④ 연료의 비중

‹ 정답 ③, ④, ③

(2) 계기판의 경고등

① 빨강색(경고신호)

　㉠ **점등** : 차량고장이나 운전자 안전에 위협이 있을 수 있다는 경고등이다.

　㉡ **종류** : 엔진오일 경고등, 브레이크 경고등, 수동브레이크 경고등, 배터리 경고등, 냉각수 경고등, 에어백 경고등, 문열림 경고등, 안전밸트미착용 경고등 등이 있다.

② 주황색(주의신호)

　㉠ **점등** : 차량에 이상이 발견되니 주행 후 신속하게 점검하라는 경고등이다.

　㉡ **종류** : 연료부족 경고등, ECS 경고등, 워셔액부족 경고등, 엔진체크 경고등, ABS 경고등, 타이어공기압 경고등, 이모빌라이저 경고등 등이 있다.

③ 녹색(상태신호)표시등

　㉠ **점등** : 현재 차량에서 작동되고 있는 상태를 표시한다.

　㉡ **종류** : 전조등, 상향등, 미등, 방향지시등, 오토홀드 등이 있다.

06 안전 · 계기장치

1 안전장치

(1) 경음기

① 경음기는 다른 자동차나 보행자에게 주의를 주고자 하는 장치로 전기식과 공기식이 있다.

② 전기식은 전자석에 의해 금속으로 만든 다이어프램을 진동시켜 소리를 나게 하는 방식으로 현재 가장 많이 사용되고 있다.

(2) 윈드 실드 와이퍼

① **개요**: 윈드 실드 와이퍼는 비가 오거나 눈이 올 경우에 운전자의 시계를 보호하기 위해 자동차의 앞면 유리를 닦아내는 장치로 배터리에서 공급되는 전원에 의해 전동 모터를 회전시키는 전기식이 주로 사용된다.

② **구성**: 동력을 발생하는 전동기부, 동력을 전달하는 링크부 및 앞면 유리를 닦는 와이퍼 블레이드부로 구성되어 있다.

> **🕯 Plus tip**
>
> **와이퍼의 구분**
> ㉠ 윈드실드 와이퍼(windshield wiper): 앞창에 달린 와이퍼를 말한다.
> ㉡ 컨실드 와이퍼: 앞 유리 아랫부분과 보닛 사이에 들어가 있다가 작동 시에만 외부에 나타나 유리 닦는 일을 하는 와이퍼를 말한다.

2 계기장치

(1) 개념

① 자동차용 계기는 자동차의 주행상태와 각종 장치의 작동에 대한 정보를 운전석에 전달 표시하는 장치이다.

② 바늘이나 액정 형태로 확인할 수 있는 것과 경고등과 표시등이 있다. 표시 방식에 따라 아날로그계기판(바늘식)과 디지털계기판(전자식)으로 나뉜다.

📢 계기장치의 구비조건

> ⊙ 구조가 간단하고 내구성과 내진성이 있어야 한다.
> ⓒ 소형, 경량이어야 하고 가격이 저렴해야 한다.
> ⓒ 지시가 안정되어 있고 확실해야 한다.
> ② 지시를 읽기 쉬워야 한다.

(2) 속도계

① 속도계는 자동차의 시간당 주행속도를 나타내는 일종의 속도지시계이다.

② 일반적으로 총주행거리를 나타내는 적산거리계와 수시로 0으로 되돌려 일정한 주행거리를 측정할 수 있는 구간거리계 등이 함께 조립되어 있다.

(3) 전류계

① 전류계는 축전지에서 방전되는 전류의 크기 또는 발전기에서 축전지에 충전되는 전류의 크기를 표시하는 계기이다.

② 전류계는 충·방전 전류의 양쪽을 측정하는 것이므로 0을 중심으로 좌우에 균등하게 눈금이 새겨져 있으며, 보통 0에서 오른쪽이 충전을 왼쪽이 방전을 나타낸다.

③ 충전과 방전의 구별은 지침의 흔들리는 방향으로, 또 전류의 크기는 흔들리는 양으로 표시된다.

(4) 유압계

① 유압계는 엔진의 윤활회로 내의 유압을 알려주는 계기이다.

② **종류**: 부어든 튜브식, 바이메탈식, 밸런싱 코일식, 유압 경고등식이 있다.

(5) 연료계

① 연료계는 연료탱크 내의 연료의 양을 표시하는 계기이다.

② **종류**: 밸런싱 코일식, 서모스탯 바이메탈식, 바이메탈 저항식이 있다.

(6) 온도계

① 온도계는 엔진의 물재킷 내 냉각수의 온도를 표시하는 계기이다.

② **종류**: 밸런싱 코일식, 서모스탯 바이메탈식, 바이메탈 서미스터식이 있다.

07 냉 · 난방장치

❶ 공기조화(air conditioning)

(1) 개념과 구성요소

① 공기조화

    ㉠ 공기조화 : 실내의 온도, 습도, 세균, 냄새, 기류 등의 조건을 사용 목적에 적합한 상태로 유지하는 일을 말하며, 공기조건 또는 공기조정이라고도 한다.

    ㉡ 공조장치 : 자동차 실내의 온도, 습도, 공기의 청정도와 흐름을 쾌적하게 유지하는 시스템의 총칭이다.

② 공기조화의 요소 및 종류

    ㉠ 공기조화의 4요소

        • 온도

        • 습도

        • 기류속도

        • 청정도

    ㉡ 공조의 구분

        • 보건용 공조 : 사람이 대상 → 학교, 사무실, 자동차 등

        • 산업용 공조 : 기계나 물품이 대상 → 공장, 창고, 컴퓨터실, 물류 등

(2) 냉 · 난방장치

① 개요

    ㉠ 온도, 습도 및 풍속을 쾌적 감각의 3요소라고 한다.

    ㉡ 쾌적 감각의 3요소를 제어하여 안전하고 쾌적한 자동차 운전을 확보하기 위해 설치한 장치를 냉 · 난방장치라고 한다.

② 자동차의 열 부하

    ㉠ 환기부하 : 실내공기를 환기할 때 받는 열 부하를 말한다.

    ㉡ 관류부하 : 차체 부근에서 대류에 의해 받는 열 부하를 말한다.

    ㉢ 복사부하 : 태양으로부터 복사되는 열 부하를 말한다.

    ㉣ 승원부하 : 사람의 인체에 의해 발생되는 열 부하를 말한다.

② 난방장치(heater)

(1) 개요

① 자동차에서 사용하는 난방장치는 실내를 따뜻하게 하고 동시에 앞면 창유리가 흐려지는 것을 방지하는 장치(디프로스터 : defroster)도 겸하게 되어 있다.

② 난방장치는 주로 온수(溫水)난방을 사용하며 이것은 기관의 냉각수를 이용하는 방식이다.

(2) 구조

① 구조 : 히터 유닛을 중심으로 하여 기관의 냉각수를 유입하고, 또 히터 유닛에서 기관으로 배출하기 위한 호스 및 냉각수 유통을 차단하기 위한 밸브 등으로 구성되어 있다.

② 설치 : 기관에서의 냉각수 출구는 수온 조절기의 작동과 관계없는 곳에 설치되며, 입구는 물 펌프의 입구 근처에 설치되어 있다. 온수식 회로는 라디에이터 회로와 병렬로 접속되어 있다.

기출 2021. 6. 5. 경상북도 시행

에어컨에 대한 설명으로 옳지 않은 것은?

① 압축기 → 응축기 → 건조기 → 팽창 밸브→증발기 순으로 냉매가 순환된다.
② 압축기는 고온 · 고압의 기체 냉매를 저온 · 저압의 기체로 만들어 응축기에 보낸다.
③ 증발기에서 저온 · 저압의 냉매가 고온 · 고압으로 되어 나간다.
④ 응축기는 라디에이터 전단에 설치되어 있다.

③ 에어컨(냉방장치)

(1) 개요

① 개념 : 에어컨은 에어컨디셔너(air conditioner)의 줄임말이며, 공기 조화장치(냉 · 난방장치)를 의미한다. 이것은 "일정한 공간의 요구에 알맞은 온도 · 습도 및 청결도 등을 동시에 조절하기 위한 공기 취급과정"이라고 정의된다.

② 공기 조화장치를 작동시키는 장치
  ㉠ 온도 조절장치(냉 · 난방장치)
  ㉡ 습도 조절정치
  ㉢ 공기를 청정 및 정제시키는 여과장치
  ㉣ 공기를 이동 및 순환시키는 장치

※ 차량 에어컨 순환과정 … 압축기(컴프레셔) → 응축기(콘덴서) → 건조기(리시버드라이어) → 팽창밸브 → 증발기(에바포레이터)

기출 2019. 6. 15. 서울시 제2회 시행

내연기관 자동차의 에어컨 작동 시 냉매의 순환 경로에 대한 설명으로 가장 옳은 것은?

① 압축기→응축기→팽창밸브→리시버드라이어→증발기
② 압축기→응축기→리시버드라이어→팽창밸브→증발기
③ 압축기→응축기→팽창밸브→증발기→리시버드라이어
④ 압축기→응축기→리시버드라이어→증발기→팽창밸브

〈정답 ③, ②

(2) 냉동원리

① 물질의 상태(고체 · 액체 및 기체) 변화는 열의 변화와 밀접한 관계가 있으며, 열의 출입에 의해 그 상태가 변화한다. 일반적으로 냉동기구는 그 내부에서 상태가 변화하면서 주위의 열을 흡수하는 냉매에 의하여 냉각작용을 한다.

② 물질의 온도를 낮게 유지하는(냉각작용) 방법에는 여러 가지가 있는데 이를 열의 이용 측면에서 분류하면 증발열을 이용하는 방법, 용해열을 이용하는 방법, 승화열을 이용하는 방법, 기체의 단열팽창을 이용하는 방법, 펠티에 효과(peltier effect, 서로 다른 종류의 금속 접촉면에 약한 전류가 흘렀을 때 열이 발생 또는 흡수되는 현상)를 이용하는 방법 등이 있다.

(3) 에어컨의 종류

① **수동 에어컨**(manual air con)
ㄱ 냉방 유닛(cooling unit)이 독립적으로 가동된다.
ㄴ 수동 에어컨은 바깥 공기의 유입이나 히트 믹싱(heat mixing)기능이 없는 방식과 대시보디 내부에 설치되어 바깥 공기의 유입이나 히트 믹싱은 가능하나 레버와 케이블에 의해 수동으로 조작되는 방식이 있다.

② **반자동 에어컨**(semi auto air con)
ㄱ 반자동 에어컨은 전자동 에어컨의 제어 중에서 공기의 흡입구와 배출구 제어를 수동으로 실행하는 것이다.
ㄴ 배출 온도 · 풍량 및 압축기의 제어를 자동화한 것이다.

③ **전자동 에어컨**(FATC : full auto air con)
ㄱ 전자동 에어컨은 온도 제어 다이얼을 희망하는 온도에 맞추면 햇빛의 유무 · 차량 실내 온도 및 바깥 온도 등의 변화에 대해 자동적으로 실내온도를 설정온도에 일정하게 유지되도록 제어를 한다.
ㄴ 공기의 흡입구, 배출온도, 풍량, 압축기 ON/OFF 등과 같은 자동제어는 전자제어로 컴퓨터에 의한 제어 또는 진공제어에 의해 항상 쾌적한 실내환경을 유지한다.

(4) 냉매

① **개념**
ㄱ 냉매란 냉동 사이클 속을 순환하여 열을 이동시키는 매개체가 되는 물질이다. 냉매의 끓는점이 −40~0℃의 범위에 있어야 한다.

ⓛ 안정적이고 독성이 없고 불이 붙지 않고 부식도 되지 않고 값도 저렴한 화학물질인 냉매를 처음 만든 사람은 발명가 토머스 미즐리였다.

ⓒ 구냉매인 R-12는 남극 상공의 오존층에 구멍이 뚫린 것이 발견되었고, 온실 효과를 더욱 크게 일으키는 강력한 온실기체로 밝혀지면서 1987년 사용이 금지되었으며 1990년대부터는 신냉매인 R-134a로 대체되어 사용되고 있다.

② 냉매의 구비조건
  ㉠ 무색 · 무미 및 무취일 것
  ㉡ 가연성 · 폭발성 및 사람이나 동물에 피해가 없을 것
  ㉢ 낮은 온도와 대기압력 이상에서 증발하고, 여름철 뜨거운 공기 중의 저 압에서 액화가 쉬울 것
  ㉣ 증발 잠열이 크고, 비체적이 적을 것
  ㉤ 임계온도가 높고, 응고점이 낮을 것
  ㉥ 화학적으로 안정이 되고, 금속에 대해 부식성이 없을 것
  ㉦ 사용온도 범위가 넓을 것
  ㉧ 가스누출 발견이 쉬울 것

③ 냉매(R-134a)의 장점
  ㉠ 오존을 파괴하는 염소(Cl)가 없다.
  ㉡ 다른 물질과 쉽게 반응하지 않는 안정된 분자 구조로 되어 있다.
  ㉢ 열역학적 성질은 R-12와 비슷하다.
  ㉣ 불연성이며, 독성이 없다.

④ 냉매(R-134a)의 단점
  ㉠ R-12와 같은 응축 온도에서 냉동 능력이 떨어진다. 따라서 R-12와 동일 한 냉방 성능을 얻기 위해서는 응축 온도를 낮추어야 한다.
  ㉡ 고무 및 플라스틱 제품의 상용성에 문제점이 있다.
  ㉢ 기존에 사용 중인 압축기 오일과 불용해성의 문제점이 있다.
  ㉣ 온실 효과가 있으므로 회수 및 재생에 문제점이 있다.
  ㉤ 냉동유의 흡수성에 문제점이 있다.

> ☆ Plus tip
> R-12의 특징
> ㉠ 화학적으로 매우 안정적
> ㉡ 냉동능력이 매우 우수
> ㉢ 소형 냉장고, 대형 냉장고, 냉온수기, 에어컨, 자동차 에어컨 등 사용
> ㉣ 오존층 파괴지수 1로 1996년부터 사용 금지됨

기출 2017. 9. 23. 서울특별시 시행

자동차 에어컨 장치의 냉매 구비조 건으로 옳지 않은 것은?

① 비체적이 적을 것
② 증발잠열이 작을 것
③ 화학적으로 안정될 것
④ 임계온도가 높을 것

기출 2021. 6. 5. 대전광역시 시행

TXV 타입의 냉매 흐름도로 맞는 것은?

① 압축기-응축기-리저브-팽창밸 브-증발기
② 압축기-응축기-팽창밸브-리저 브-증발기
③ 압축기-팽창밸브-응축기-리저 브-증발기
④ 압축기-증발기-리저브-팽창밸 브-응축기

‹정답 ②, ①

(5) 수동 에어컨의 구조와 작동

① **압축기**(compressor) : 압축기의 종류에는 크랭크방식, 사판방식, 베인 로터리방식 등이 있으며, 여기서는 현재 주로 사용하고 있는 사판방식 압축기에 대해 설명하도록 한다.

  ㉠ **사판방식**(swash plate type)**의 압축기의 구조** : 사판방식 압축기에는 6실린더형과 10실린더형이 있으며, 피스톤이 사판의 회전에 의하여 왕복 운동하는 구조이다. 6실린더형은 위상이 120°, 10실린더형은 72°이며, 10실린더형은 6실린더형에 비해 실린더 수가 많기 때문에 같은 용량이라면 소형·경량화 할 수 있으며, 작동할 때 회전력 변화의 감소 및 냉매의 배출 맥동을 감소시킬 수 있다.

  ㉡ **사판방식 압축기의 작동** : 축이 회전하면 사판도 일체로 회전하며, 축의 회전에 의해 사판에 슈와 볼을 끼워져 있으며, 피스톤은 사판에 의해 왕복 운동을 한다. 축이 1회전하면 흡입과 압축 1행정이 완료된다.

② **응축기**(콘덴서 : condenser) : 응축기는 압축기에서 압송되는 고온·고압가스는 상부의 입구에서 응축기로 들어가 바깥 공기에 의해 냉각되어 포화 증기로 되고 더욱 냉각되면 완전한 액체로 되어 출구에서 리시버 드라이어로 이동한다. 냉각 튜브에 냉각핀을 2mm 정도의 간격으로 설치한 것이며, 튜브는 알루미늄 또는 구리, 핀은 알루미늄을 사용한다.

③ **리시버드라이어**(receiver drier : 건조기)

  ㉠ 리시버 드라이어 탱크 내부에는 건조제와 스트레이너가 들어있으며, 냉매 속에 수분이 함유되어 있으면 부품을 부식시키거나 팽창밸브 내에서 동결하여 냉매 순환이 정지하게 된다.

  ㉡ 냉동사이클의 부하변화에 대응하여 냉매 순환량도 변동되어야 하므로 적절한 양의 냉매를 저장하며, 그 변동에 대응하도록 한다. 응축기로부터 토출된 액체냉매가 기포를 포함하고 있을 경우 냉방성능의 저하를 초래하므로 기포와 액체를 분리하여 액체냉매만 팽창밸브로 보낸다. 건조제와 필터를 사용하여 냉매 중의 수분 및 이물질을 제거한다.

④ **팽창밸브**(expansion valve) : 압축되어 고압이 된 냉매가스는 응축기에서 외부로 열을 발산하여 액체로 복귀된다. 액체 냉매는 증발기 내의 공간을 흐르며 급격하게 체적이 팽창하고 주위의 열을 흡수하여 다시 기체 냉매로 된다. 응축기에서 냉매를 무제한으로 증발기로 보내면 증발기 속은 곧바로 즉시 가득 차므로 기화를 할 수 없게 된다. 필요에 따라서 적당한 양의 냉매를 보내어 천천히 제어하는 부분이 팽창밸브이다.

기출 PLUS

기출 2020. 10. 17. 부산광역시 시행

다음 중 자동차 냉방장치의 설명 중 틀린 것은?

① 압축기 : 증발기에서 저온, 저압 기체 상태로 된 냉매를 고온, 고압 기체 상태로 된 냉매로 하여 응축기로 보낸다.

② 팽창밸브 : 증발기 입구에 설치되어 응축기와 건조기를 거친 고온, 고압의 냉매를 증발하기 쉽게 저온, 저압의 냉매로 증발기에 공급하며, 동시에 냉매의 양을 조절한다.

③ 증발기 : 송풍기에 의해서 불어지는 공기에 의해 증발하여 기체가 되고, 공기로부터 열을 흡수하는 일을 한다.

④ 리시버드라이어 : 응축기에서 들어온 냉매를 저장하고, 냉매 속의 수분을 흡수 분리, 이물질 제거 등의 역할을 하며 고온, 고압의 기체 냉매를 팽창밸브로 보내는 역할을 한다.

기출 2015. 11. 21. 세종시 시행

에어컨 구성부품 중 고압 기체 냉매를 액체 냉매 상태로 변화시키는 부품은?

① 압축기   ② 증발기
③ 응축기   ④ 팽창 밸브

◀ 정답 ④, ③

⑤ 증발기(evaporator : 이베퍼레이터)

ⓐ **증발기의 역할** : 증발기 내부를 통과하는 저온·저압의 냉매에 의해 표면에 접촉하고 있는 고온의 실내공기에서 열을 빼앗아 실내공기를 냉각시키는 열 교환기이다.

ⓑ **증발기의 구조와 원리** : 빈 상자가 진공인 상태라고 가정하고, 이 상자의 한 곳에 작은 구멍을 뚫고 파이프를 설치한다. 그 다음에 파이프로 액체 냉매를 보내면 액체 냉매는 진공상자 속에서 많은 열을 흡수하면서 기화한다. 액체 냉매가 흡수한 열은 상자 주위를 둘러싸고 있는 공기 중에서 구하기 때문에 상자에 바람을 부딪히도록 하면 공기의 온도가 낮아진다. 이것이 증발기의 원리이다.

⑥ 서미스터(thermistor)

ⓐ 서미스터는 에바센서 또는 핀서모센서라고도 하며 이베퍼레이터 코어 평균온도가 검출되는 부위에 삽입되어있으며 이 부위의 온도를 감지해 자동으로 에어컨 ECU로 입력시키는 역할을 한다.

ⓑ NTC(negative temperature coefficient)으로 일정한 온도범위에서 온도의 상승에 대하여 저항값이 비교적 비례적으로 감소하는 부특성 서미스터이다.

ⓒ 자동 에어컨 ECU는 이베퍼레이터 온도가 $0.5℃$ 이하로 감지되면 컴프레서 구동 출력을 OFF 시키며 $3℃$ 이상이면 컴프레서를 구동시킨다.

⑦ 듀얼 압력 스위치

ⓐ 듀얼 압력 스위치는 리시버 드라이어 위쪽에 설치되어 있으며, 안전장치로서 에어컨사이클 내의 냉매압력에 의해 작동되며, 2개의 압력 설정값(저압 및 고압)을 지니고 1개의 스위치로 저압 보호기능과 고압 보호기능을 수행한다.

ⓑ 작동은 송풍기 릴레이로부터 공급받은 전원을 서모 스위치가 연결시켜주면 에어컨 릴레이 쪽으로 전원을 공급한다.

ⓒ High Side 저압스위치는 에어컨장치 내에 냉매가 없거나 외부온도가 $0℃$ 이하인 경우 스위치를 열어(open) 압축기 마그네틱 클러치로의 전원공급을 차단하여 압축기의 파손을 방지하고 고압 컷 아웃(high pressure cut out) 스위치는 고압쪽 냉매 압력을 검출하여 압력이 규정값 이상으로 올라가면 스위치 접점을 열어 전원공급을 차단하여 에어컨장치를 이상 고압으로부터 보호한다.

기출 2022. 6. 18. 경상북도 시행

다음 중 반도체 소자의 설명이 바른 것은?

① 발광다이오드는 감광소자이다.
② 사이니스터는 2개의 트랜지스터를 하나로 합쳐서 전류를 증폭한다.
③ 부특성 서미스터는 온도가 높아지면 저항이 떨어진다.
④ 트랜지스터는 PNPN 또는 NPNP결합으로 스위칭형이며 (+)에노드, (−)캐소드로 제어단자와 게이트로 구성된다.

〈정답 ③

⑧ 에어컨 릴레이(air con relay) : 에어컨 릴레이는 압축기에 전원을 공급하는 것이며, 작동 전원은 에어컨 스위치, 서모 스위치, 듀얼 압력 스위치를 통하여 공급된다. 만약, 릴레이가 작동하여 압축기가 갑자기 작동을 하게 되면 기관에 충격이 가해지거나, 기관의 회전속도가 낮은 경우에는 작동이 정지하게 된다. 이런 경우에 에어컨 릴레이의 작동을 기관 컴퓨터가 조절하여 아이들 업(idle up)시킨다. 즉 컴퓨터는 압력 스위치로부터의 전압신호를 기준으로 하여 에어컨 릴레이의 작동 여부를 결정한다.

(6) 전자동 에어컨(FATC)

① 개요

　㉠ 냉방능력의 조절은 승차인원의 냉방 느낌에 따라 제어 패널이 설치되어 있는 온도조절 스위치를 사용하여 조절한다. 즉 전자동 에어컨은 희망하는 온도를 한번 지정하여 놓으면 외부조건의 변화에 관계없이 에어컨장치 자체가 냉방능력을 조절하여 항상 지정한 온도로 실내 온도를 유지한다. 자동적으로 조절하기 위하여 컴퓨터가 사용된다.

　㉡ 전자동 에어컨의 구성은 컴퓨터를 비롯하여 파워 트랜지스터, 하이 블로워 릴레이, 블랜드 도어 액추에이터, 토출모드 도어 제어용 액추에이터, 흡입모드 제어용 액추에이터, 실내온도센서, 외기온도센서, 일사량센서, 습도센서, 핀서모센서, 에어컨 압축기 제어용 저압 및 고압스위치, 수온센서 등으로 되어 있다.

② 전자동 에어컨의 입력과 출력도

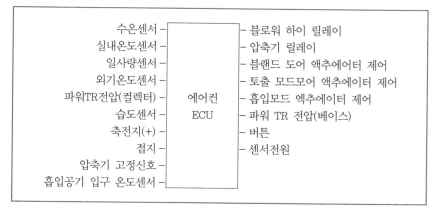

기출PLUS

기출 2022. 6. 18. 서울시보훈청 시행

전자동 에어컨에서 증발기(Evaporator) 코어의 온도를 감지하여 과냉으로 증발기가 빙결되는 것을 방지하기 위하여 사용되는 센서로 가장 옳은 것은?

① 실내온도 센서(In car sensor)
② 핀 서모 센서(Fin thermo sensor)
③ 외기온도 센서(Ambient sensor)
④ 냉각수온 센서(Water temperature sensor)

◀정답 ②

오토 에어컨(전자동 에어컨)에서 필요하지 않은 요소는?

① 일사량 센서
② 외기 온도 센서
③ 대기압 센서
④ 실내 온도 센서

③ 전자동 에어컨 센서(sensor)의 종류의 그 작용

   ㉠ 일사량(일광)센서 : 일사량센서는 포토다이오드를 사용하며 포토다이오드는 빛의 양에 따른 일종의 가변 전원이다. 포토다이오드의 고유 저항이 클 때에는 전류의 흐름이 작아지기 때문에 저항값은 고정된 상태에서 전류의 변화는 전압 변화에 큰 영향을 미친다.

   ㉡ 실내온도센서 : 자동차 실내의 온도를 검출하여 컴퓨터로 입력시키며, 이 값에 의해 블로워 모터의 회전속도를 제어한다. 실내온도센서는 부특성 서미스터를 이용한 것으로 온도가 상승하면 저항값이 감소하고, 온도가 낮으면 저항값이 증가한다.

   ㉢ 외기온도센서 : 외기온도센서는 바깥 온도를 검출하여 컴퓨터로 입력시키며, 이 신호에 의해 컴퓨터는 부하량을 감지한다. 이 센서도 부특성 서미스터를 사용하며 온도 변화에 따른 저항 값의 변화는 실내온도센서와 약간의 차이는 있으나 원리는 같다.

   ㉣ 습도센서 : 뒤 선반 트림에 설치된 습도센서는 자동차 실내의 습도를 검출하여 컴퓨터로 입력시키며, 컴퓨터는 실내의 습도, 실내온도 및 내부 공기순환, 외부 공기순환 모드 상태에 따라 자동차 실내의 습도를 조절한다.

   ㉤ 핀 서모센서 : 핀 서모센서는 증발기(Evaporator) 코어에 장착되어 증발기 코어의 온도를 감지하여 과냉으로 인한 증발기가 빙결되는 것을 방지하는 역할을 한다.

   ㉥ 냉각수온 센서 : 실린더 블록 또는 써모스탯 입구의 냉각수 통로에 장착되며 냉각수의 온도를 검출하여 온도가 상승하면 저항 값이 작아지고, 온도가 내려가면 저항 값이 커지는 부특성 서미스터(NTC thermister)로 일종의 저항기이다.

   ㉦ AQS 센서 : 공기 오염도가 높은 지역을 지나갈 경우 운전자가 별도의 스위치 조작을 하지 않더라도 외부 공기의 유입을 자동으로 차단하는 장치로 유해가스차단장치라고도 한다. 자동차가 오염도가 높은 지역으로 들어설 경우, 가스 감지센서가 공기 오염도를 검출해 에어컨 컴퓨터로 자료를 보내면 외부의 유해가스가 차단된다.

> ☝ Plus tip
>
> AQS 센서의 기능
> ㉠ 쾌적한 운전환경을 유지한다.
> ㉡ 운전 도중 유해가스로 인해 일어날 수 있는 두통, 졸음, 피로 등을 줄여 줌으로써 탑승자의 건강을 보호한다.

정답 ③

④ 전자동 에어컨의 제어기능
  ㉠ 배출 온도제어
  ㉡ 배출 모드제어
  ㉢ 배출 풍량제어
  ㉣ 내외기 제어
  ㉤ 압축기 ON/OFF 제어
  ㉥ 난방기동제어
  ㉦ 냉방기동제어
  ㉧ 일사량 보조제어
  ㉨ 최대 냉난방제어

1 축전지가 충전은 되지만 즉시 방전되는 원인이 아닌 것은?

① 축전지 내부에 침전물이 과대하게 축적
② 축전지가 방전 종지 전압이 된 상태에서 충전
③ 축전지 내부 격리판의 파손으로 극판이 단락
④ 과방전으로 음극판이 휘었다.

1.

과방전으로 음극판이 휘는 것은 축전지의 수명이 단축되는 원인이 된다.

2 MF 축전지에 대한 설명 중 잘못된 것은?

① 양극은 납과 저안티몬 합금으로 구성된다.
② 음극은 납과 칼슘 합금으로 구성된다.
③ 반영구적이다.
④ 무정비 무보수 축전지이다.

2.

MF 축전지는 증류수를 보충할 필요가 없고, 자기 방전이 적다.

3 AC 발전기 전기자에서 생성되는 전류는 어느 것인가?

① 교류   ② 직류
③ 전압   ④ 저항

3.

스테이터에서 발생되는 전류는 교류이다.

4 부특성 서미스터를 이용한 것으로서 온도가 높으면 저항값이 낮아지고, 온도가 낮으면 저항값이 높아지는 장치는?

① 수온 센서   ② 수온 조절기
③ 흡기온도 센서   ④ 공기량 센서

4.

수온이 낮을 때는 저항값이 커지고, 수온이 올라가면 저항값이 작아지는 부특성 서미스터를 이용한 것은 냉각 수온 센서(WTS)이다.

Answer　1.④　2.③　3.①　4.①

5 전기가 단선되는 이유가 아닌 것은?

① 용량이 큰 퓨즈 사용
② 회로의 합선에 의해 과도한 전류가 흘렀을 때
③ 퓨즈가 접촉 불량할 때
④ 퓨즈가 부식되었을 때

6 다음 중 자동차 에어컨디션의 설명 중 틀린 것은?

① 응축기는 고온 고압의 기체 냉매를 고온 고압의 액체 냉매로 만든다.
② 압축기는 저온 저압의 기체 냉매를 고온 고압의 기체 냉매로 만든다.
③ 리시버 드라이어(건조기)는 액체 냉매를 리시버 드라이어에 공급한다.
④ 증발기는 냉각팬의 작동으로 증발기 핀을 통과하는 공기 중의 열을 흡수한다.기능과 수분제거 기능, 기포분리 기능이 있다.

7 조도에 관한 설명이다. 틀린 것은?

① 등화의 밝기를 나타내는 척도이다.
② 조도의 단위는 룩스(LUX)이다.
③ 조도는 광도에 비례한다.
④ 조도는 광원으로부터의 거리의 2승에 비례한다.

8 전동기가 회전함과 동시에 마그네틱 스위치가 선단에 부착된 피니언을 밀어서 피니언이 플라이 휠 링 기어와 맞물려 엔진을 회전시키도록 제작된 것은?

① 오버러닝 클러치　　　② 마찰 클러치

③ 유체 클러치　　　　　④ 전자 클러치

9 교류를 직류로 바꾸는 장치는?

① 인버터　　　　　　② 컨버터

③ 실리콘 다이오드　　④ 컷 아웃 릴레이

10 다음 중 광도가 50cd이고 거리가 10m일 때 조도는 몇 lx인가?

① 500lx　　　　　　② 0.5lx

③ 5lx　　　　　　　④ 250lx

11 다음 그림에서 총합성저항은 얼마인가?

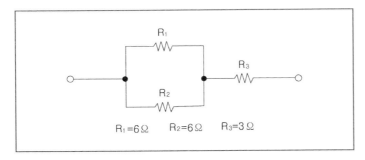

① 3Ω　　　　　　　② 6Ω

③ 9Ω　　　　　　　④ 8Ω

12 다음 중 아날로그 신호를 사용하는 것은?

① 속도계

② 에어컨 스위치

③ 산소 센서

④ 변속기 입출력 센서

12.

센서의 출력신호가 아날로그인 것은 노크센서, 산소센서, 모터위치센서, 냉각수온센서, 스로틀위치센서, MAP센서 등이 있다.

13 스위치가 시동 위치에 있는데 엔진이 회전하지 않을 때 가장 문제 있는 부품은?

① 시동 전동기   ② 점화코일

③ 인젝터   ④ 하우징

13.

시동 전동기의 역할은 엔진을 시동하는 전동기로서, 점화 스위치에 의하여 작동된다.

14 트랜지스터의 대표적 기능으로 릴레이와 같은 작용을 하는 것을 무엇이라 하는가?

① 채터링 작용

② 스위칭 작용

③ 정류 작용

④ 자기유도 작용

14.

스위칭 작용은 컬렉터 전류가 포화 이상 흐르도록 넉넉한 베이스 전류를 보내 주는 역할을 말한다.

15 축전지 전해액 비중의 변화는 온도에 따라 어떻게 변하는가?

① 온도가 올라가면 비중도 올라간다.

② 온도와 상관없이 비중은 일정하다.

③ 온도가 올라가면 비중은 내려간다.

④ 일정온도 이상에서 비중이 올라간다.

15.

축전지 전해액의 비중은 온도가 올라가면 비중은 내려간다.

Answer   12.③   13.①   14.②   15.③

16 축전지의 자기방전율은 온도가 높아지면 어떻게 되는가?

① 온도가 높아지면 낮아진다.
② 온도가 높아지면 높아진다.
③ 온도와는 상관없다.
④ 온도와는 관계없이 일정하다.

17 연료전지 자동차의 구성품이 아닌 것은?

① 전동기와 전동기 제어기구
② 연료공급 장치
③ 열교환기
④ 연료분사펌프

18 점화플러그의 자기청정온도로 가장 알맞은 온도는 어느 것인가?

① 250 ~ 350도
② 450 ~ 650도
③ 800 ~ 950도
④ 1,000 ~ 1,250도

19 다음 중 DLI(Distributor Less Ignition) 시스템의 구성요소와 관계없는 부품은?

① ECU
② 점화플러그
③ 점화코일
④ 배전기

16.

온도가 10도 상승함에 따라 자기방전율은 약 2배 증가, +15도에서는 4개월, +40도에서는 약 2개월의 수명을 유지한다.

17.

연료분사펌프는 디젤기관에 사용하는 연료분사 장치이다.

18.

자기청정온도 … 전극의 청정화를 유지하기 위한 온도와 적열해서 프리이그니션(조기 점화)을 일으키는 중간 온도를 말한다. 일반적으로 이 온도는 400 ~ 800℃ 사이라고 한다.

19.

DLI(Distributor Less Ignition) 시스템은 배전기가 없는 장치를 말한다.

Answer   16.② 17.④ 18.② 19.④

20 연료장치에 대한 설명 중 틀린 것은?

① 연료계는 연료탱크의 연료량을 표시한다.

② 연료계의 연료량은 E에 위치하면 보충을 해야 한다.

③ 연료경고등이 켜질 때는 제조회사마다 틀리지만 대략 10L 정도 연료가 남았을 때 작동한다.

④ 연료계는 연료탱크의 연료압력을 나타내는 계기이다.

21 와셔 연동 와이퍼의 작동은 어떤 목적이 있는가?

① 와이퍼 스위치를 별도로 작동하여야 하는 번거로움을 없앤다.

② 연료를 절약하기 위함이다.

③ 와이퍼를 빠르게 작동하기 위함이다.

④ 워셔액을 더 많이 배출하기 위해서 작동한다.

22 전조등의 광도가 약한 이유로 거리가 먼 것은 어느 것인가?

① 접촉 불량   ② 굵은 배선

③ 접촉저항 과다   ④ 전구의 열화

23 감광식 룸램프 제어에 대한 설명으로 틀린 것은?

① 자동차 문을 연 후 닫을 때 실내등이 즉시 소등되지 않고 서서히 소등될 수 있도록 한다.

② 모든 작동신호는 엔진 ECU로 입력된다.

③ 시동 및 출발준비를 할 수 있도록 편의장치이다.

④ 입력요소는 모든 도어 스위치이다.

20.

자동차 연료 탱크 속의 잔존 연료의 양을 지시하는 계기를 연료계라 한다.

21.

와셔 연동 와이퍼의 장점 … 운전자의 편의를 위하여 별도로 작동하는 번거로움을 없애는 역할을 한다.

22.

전조등의 광도가 약한 이유와 굵은 배선은 전혀 관계없다.

23.

감광식 룸램프는 에탁스 신호에 의하여 작동된다.

Answer 　20.④　21.①　22.②　23.②

24 사이드미러 열선 타이머 제어 시 입·출력 요소가 아닌 것은?

① 열선 스위치 신호

② 열선 릴레이 신호

③ IG 스위치 신호

④ 전조등 스위치 신호

25 이모빌라이저 장치에서 엔진시동을 제어하는 장치가 아닌 것은?

① 점화장치

② 연료장치

③ 충전장치

④ 시동장치

26 자동차 문이 닫힐 때 실내가 어두워지는 것을 방지해 주는 램프는?

① 테일 램프

② 도어 램프

③ 감광식 룸램프

④ 패널 램프

27 자동차 에어컨 장치의 냉매 구비 조건으로 틀린 것은?

① 증발잠열이 클 것

② 비체적이 클 것

③ 사용온도 범위가 넓을 것

④ 화학적으로 안정이 될 것

24.

사이드미러와 전조등 스위치는 전혀 관계없는 요소이다.

25.

이모빌라이저 … 도난방지 시스템의 하나로 암호가 다른 경우 시동을 걸 수 없다. 열쇠에 내장된 암호와 키박스에 연결된 전자유닛의 정보가 일치하는 경우에만 시동을 걸 수 있게 구성되어 있다.

26.

감광식 룸램프 … 자동차 문을 연 후 닫을 때 실내등이 즉시 소등되지 않고 서서히 소등될 수 있도록 한다.

27.

압축기 흡입증기의 비체적이 적을수록 피스톤 토출량은 적어도 되므로 장치를 소형화 할 수 있는 장점이 있다.

Answer   24.④ 25.③ 26.③ 27.②

28 냉방장치에서 건조기와 증발기 사이에 있는 구성부품은 어느 것인가?

① 압축기

② 응축기

③ 팽창밸브

④ 콘덴서

28.

냉매를 교축 작용에 의해 증발을 일으킬 수 있는 압력까지 감압해 주는 밸브를 팽창밸브라 한다.

29 자동차 에어컨 장치에서 리시버 드라이어의 기능으로 틀린 것은?

① 액체냉매의 저장기능

② 기포분리 기능

③ 수분제거 기능

④ 기체냉매의 저장기능

29.

리시버 드라이어는 냉매를 저장하는 탱크이면서 냉매 속에 섞여 있는 습기를 제거하는 역할을 한다.

30 전자제어 에어컨 장치(FATC)에서 컨트롤 유닛(ECU)에서 컨트롤하지 않는 것은?

① 히터밸브

② 콤프레샤 클러치

③ 리시버 드라이어

④ 송풍기 속도

30.

리시버 드라이어는 에어컨에서 사용되는 부품이다.

31 방향지시등은 차체너비의 몇 % 이상의 간격을 두고 설치되어야 하는가?

① 30% ② 40%

③ 50% ④ 60%

31.

방향지시등은 현재 모든 차량(자동차 및 오토바이 등)이 사용하는 표준 기능이다. 방향지시등은 충돌 사고를 사전에 방지할 목적으로 운전자가 의도한 방향으로 운송수단을 이동하겠다는 사실을 알리는 필수 장치이다. 방향지시등은 차체너비의 50% 이상의 간격으로 설치하여야 한다.

Answer 28.③ 29.④ 30.③ 31.③

32 다음 중 기동전동기가 갖추어야 할 조건이 아닌 것은?

① 기동 회전력이 커야 한다.

② 마력당 중량이 작아야 한다.

③ 기계적인 충격에 견딜 수 있는 내구성이 있어야 한다.

④ 전류 조정기가 필요하다.

33 조기 점화에 대한 설명 중 틀린 것은?

① 조기 점화가 일어나면 연료소비량이 적어진다.

② 조기 점화가 일어나면 출력이 떨어진다.

③ 과열된 배기밸브영향으로도 일어난다.

④ 점화플러그 전극에 카본이 부착되어도 일어난다.

34 전자제어 연료분사장치의 점화계통 회로와 관계가 없는 것은?

① 크랭크 각 센서

② 파워 TR

③ 릴리프 밸브

④ 점화코일

35 DLI(전자배전 점화장치) 시스템의 장점으로 틀린 것은 어느 것인가?

① 점화 에너지를 크게 할 수 있다.

② 고전압 에너지 손실이 작다.

③ 점화플러그의 성능이 뛰어나다.

④ 점화시기의 진각 폭의 제한이 길다.

32.

발전기에서 전류를 조정하는 부품은 전류 조정기이다.

33.

조기 점화가 되면 연소가 비정상적으로 진행되면서 최대압력이 상승하고 동시에 격렬한 압력변동을 수반한다. 이 압력 변동에 의해 피스톤이 실린더벽을 타격하게 되어 노크가 발생한다. 결과적으로 출력의 손실, 연료소비 증가, 유해배출물 증가, 기관 열부하 상승을 초래한다.

34.

릴리프 밸브 … 회로의 압력이 설정 압력에 도달하면 유체(流體)의 일부 또는 전량을 배출시켜 회로 내의 압력을 설정값 이하로 유지하는 압력제어 밸브이며, 1차 압력 설정용 밸브를 말한다.

35.

전자배선 점화시스템(Distributor-less Ignition System)은 진각장치와 2차 전류의 분배장치를 사용하지 않고 점화시기를 감지하는 센서의 전기신호를 컴퓨터로 보내 진각을 하고 이그니션 코일을 점화플러그의 바로 옆에 설치하여 고전압의 2차 전류를 발생시켜 점화하는 시스템이다.

Answer 32.④ 33.① 34.③ 35.③

36 다음에서 플레밍의 오른손 법칙을 이용한 것은?

① 축전지　　　　　　② 전동기

③ 발전기　　　　　　④ 다이오우드

37 13,000cd의 광원에서 10m 떨어진 위치의 조도는?

① 1,300Lux　　　　　② 1,000Lux

③ 130Lux　　　　　　④ 300Lux

38 알칼리 축전지의 설명으로 틀린 것은?

① 극판은 납과 저안티몬으로 구성되어 있다.

② 과충전, 과방전 등 가혹한 조건에도 잘 견딘다.

③ 출력밀도가 크다.

④ 고율방전 성능이 매우 우수하다.

39 압축기로부터 들어오는 고온고압의 기체냉매를 고온고압의 액체냉매로 바꾸어주는 기능을 하는 것은?

① 증발기　　　　　　② 리시버 드라이어

③ 팽창 밸브　　　　　④ 응축기

40 다음 중 주위의 밝기에 따라 미등 및 전조등을 자동으로 작동시키는 기능은?

① 레인 센서 기능

② 오토 와이퍼 기능

③ 램프 오토 컷 기능

④ 오토 라이트 기능

36.

플레밍의 오른손 법칙 … 자기장 속에서 도선이 움직일 때 자기장의 방향과 도선이 움직이는 방향으로 유도 기전력 또는 유도 전류의 방향을 결정하는 규칙이다. 오른손 엄지를 도선의 운동 방향, 검지를 자기장의 방향으로 했을 때, 중지가 가리키는 방향이 유도 기전력 또는 유도 전류의 방향이 된다. 이것은 발전기의 원리와 관계가 깊다.

37.

$$조도 = \frac{광원}{거리^2} = \frac{13,000}{10^2} = 130\text{lux}$$

38.

알칼리 축전지 … 전해액으로 알칼리성 용액을 사용한 2차 전지로서 에디슨전지, 융그너전지 등이 있으며, 양극은 니켈이나 철을 사용한다.

39.

응축기 … 압축기에서 보내온 고온 · 고압의 냉매를 응축 · 액화하는 장치. 냉장고나 에어컨에서 볼 수 있는 기관 중 하나이다.

40.

오토 라이트 기능 … 주위의 밝기를 조도 센서로 감지하여 오토 모드에서 헤드램프 등의 라이트를 자동으로 어두우면 점등시키고 밝으면 소등시키는 기능이다.

Answer　　36.③　37.③　38.①　39.④　40.④

01 하이브리드 전기자동차(hybrid vehicle)

1 개요

(1) 개념

하이브리드 자동차란 자동차를 구동하는 동력원이 2개가 있다는 뜻으로 대부분의 경우는 연료를 사용하여 동력을 얻는 엔진과 전기모터로 구동시키는 시스템을 말하며 HEV(hybrid electric system)이라고 한다.

(2) 하이브리드 시스템의 장·단점

① 하이브리드 시스템의 장점

   ㉠ 연료소비율을 50%정도 감소시킬 수 있고 환경 친화적이다.

   ㉡ 탄화수소, 일산화탄소, 질소산화물의 배출량이 90% 정도 감소된다.

   ㉢ 이산화탄소 배출량이 50% 정도 감소된다.

② 하이브리드 시스템의 단점

   ㉠ 구조가 복잡해 정비가 어렵고 수리비용 높고, 가격이 비싸다.

   ㉡ 고전압 축전지의 수명이 짧고 비싸다.

   ㉢ 동력전달 계통이 복잡하고 무겁다.

기출PLUS

기출 2019. 2. 16. 강원도 시행

내연기관과 전기를 이용하는 차량은 어느 것인가?

① 하이브리드 자동차
② 연료전지 자동차
③ 압축천연가스 자동차
④ 전기 자동차

기출 2021. 6. 5. 서울특별시 시행

하이브리드 모터 시동 금지 조건으로 가장 옳지 않은 것은?

① 고전압 배터리 온도가 약 -10도 이하인 경우
② 고전압 배터리 온도가 약 45도 이상인 경우
③ ECU/MCU/BMS/HCU의 고장이 감지된 경우
④ 고전압 배터리의 충전량이 35% 이하인 경우

＜정답 ①, ④

③ **하이브리드 시스템의 형식**: 하이브리드 시스템은 바퀴를 구동하기 위한 전동기, 전동기의 회전력을 바퀴에 전달하는 변속기, 전동기에 전기를 공급하는 축전지, 그리고 전기 또는 동력을 발생시키는 엔진으로 구성될 수 있는데 직렬과 병렬로 결합하는 방식이며 하이브리드 자동차는 전기 구동이 차량을 추진할 수 있는 정도에 따라 소프트방식과 하드방식으로 구분한다.

② HEV의 분류

엔진 및 하나 이상의 전기모터를 사용하는 하이브리드 구동시스템으로 구분한다.

① **직렬형(series type) 하이브리드**: 전기 자동차에 엔진과 발전기를 추가한 것으로 동력은 모터로 얻어진다. 직렬형은 기관을 가동하여 얻은 전기를 축전지에 저장하고, 차체는 순수하게 전동기의 힘만으로 구동하는 방식이다. 전동기는 변속기를 통해 동력을 구동바퀴로 전달한다. 전동기로 공급하는 전기를 저장하는 축전지가 설치되어 있으며, 기관은 바퀴를 구동하기 위한 것이 아니라 축전지를 충전하기 위한 것이다. 따라서 기관에는 발전기가 연결되고, 이 발전기에서 발생되는 전기는 축전지에 저장한다. 동력전달 과정은 기관 → 발전기 → 축전지 → 전동기 → 변속기 → 구동바퀴

② **병렬형(parallel type) 하이브리드**: 저속에서는 전기의 힘으로 차가 움직이도록 설계되어 있고, 주행 시에는 일정 속도를 넘을 경우 최저 연비가 이루어지는 구간에서 가솔린 또는 디젤 연료로 쓰는 엔진을 사용한다. 병렬형은 기관과 변속기가 직접 연결되어 바퀴를 구동한다. 따라서 발전기가 필요 없다. 병렬형의 동력전달은 축전지 → 전동기 → 변속기 → 바퀴로 이어지는 전기적 구성과 기관 → 변속기 → 바퀴의 내연기관 구성이 변속기를 중심으로 병렬적으로 연결 구동방식의 대표적으로는 소프트방식과 하드방식으로 구분한다.

기출PLUS

기출 2019. 6. 15. 서울시 제2회 시행

하이브리드(hybrid) 자동차 동력전달 방식 중 직렬형(series type)의 동력전달 순서로 가장 옳은 것은?

① 기관 → 발전기 → 축전지 → 전동기 → 변속기 → 구동바퀴
② 기관 → 축전지 → 발전기 → 전동기 → 변속기 → 구동바퀴
③ 기관 → 변속기 → 축전지 → 발전기 → 전동기 → 구동바퀴
④ 기관 → 전동기 → 축전지 → 변속기 → 발전기 → 구동바퀴

기출 2015. 6. 27. 인천광역시 시행

병렬형 하이브리드 자동차의 특징으로 옳지 않은 것은?

① 기존 자동차의 구조를 이용할 수 있어 제조비용 측면에서 직렬형에 비해 유리하다.
② 동력전달장치의 구조와 제어가 간단하다.
③ 기관과 전동기의 힘을 합한 큰 동력성능이 필요할 때에는 전동기를 가동한다.
④ 여유 동력으로 전동기를 구동시켜 전기를 축전지에 저장하는 기능이 있다.

‹정답 ①, ②

기출 2022. 6. 18. 울산광역시 시행

다음 중 하이브리드 자동차 고전압 부품 작업 시 유의사항으로 틀린 것은?

① SOC 15% 이하로 방전시킨다.
② 고전압 안전플러그 탈착 후 작업한다.
③ 절연복, 장갑, 보안경 등 장비를 착용 후 작업에 임한다.
④ 분해한 부품은 절연매트 위에 배치한다.

기출 2024. 2. 24. 서울시 제1회 시행

하이브리드 자동차의 타입 중에서 엔진이 구동바퀴에 구동력을 직접 전달할 수 있는 타입을 〈보기〉에서 모두 고른 것은?

┌─ 보기 ─────────
│ ㉠ 직렬형 타입
│ ㉡ 병렬형 타입
│ ㉢ 직·병렬형(복합형) 타입
└──────────────

① ㉠
② ㉠, ㉢
③ ㉡, ㉢
④ ㉠, ㉡, ㉢

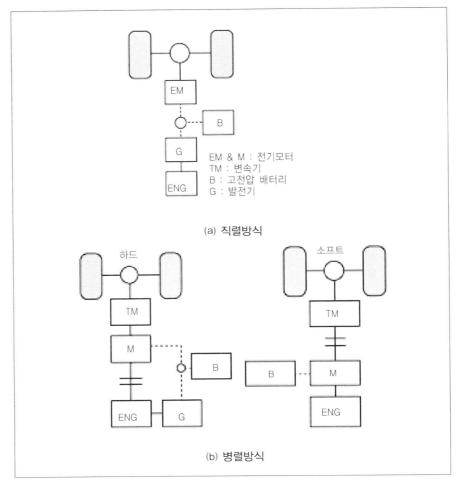

EM & M : 전기모터
TM : 변속기
B : 고전압 배터리
G : 발전기

(a) 직렬방식

하드　　　　소프트

(b) 병렬방식

㉠ **소프트 방식**
• 개요 : 엔진과 변속기 사이에 모터를 삽입하여 모터가 엔진의 동력보조 역할
• 원리 : 소프트방식의 경우 모터는 엔진과 변속기 사이에 위치하며 엔진의 크랭크축과 모터의 회전축이 직결하고 있는 구조로 가속시 또는 등판 시에 엔진의 출력과 더불어 모터를 병렬로 동작시킴으로써 차량 동력을 보조한다. 한편 감속시 발전기로 동작하여 차량의 기계에너지를 전기에너지로 변화시켜 배터리에 충전함으로써 연비 향상을 꾀하는 시스템이다.

㉡ **하드 방식**
• 개요 : 엔진, 모터, 발전기의 동력을 분할·통합하는 기구를 채택(유성기어사용)하여 모터 단독적으로 바퀴를 구동하는 방식
• 원리 : 하드 방식의 경우, 현재까지 상용화된 파워트레인은 엔진과 2개의 모터, 유성 기어를 조합한 방식으로 업계 표준으로 자리 잡고 있다. 시스템의

《**정답** ①, ③

작동은 발진·저속시 연료공급을 중단시키고 모터로 주행하며, 후진시에는 모터를 역회전시켜 활용하는데 보통 주행시는 엔진 동력을 2경로로 분할하여 차륜을 직접 구동하거나 발전기를 구동하여 발생된 전력으로 모터를 구동하기도 한다. 가속 시에는 배터리에 저장된 전력을 활용하여 모터의 구동력에 엔진 동력을 추가하고 감속 및 제동 시에는 회생제동에 의한 발전을 실시하여 에너지를 배터리에 축적한다.

③ 직·병렬형(series-parallel type) 하이브리드 : 직렬과 병렬이 혼합되어 사용되는 혼합형 하이브리드는 가솔린기관 1대, 2개의 모터로 구성한다. 2개의 모터가 각각 구동용과 발전용 혹은 구동과 발전이 모두 가능한 형태로 탑재되어 있다. 출발할 때와 경부하 영역에서는 축전지로부터의 전력으로 전동기를 구동하여 주행하고, 통상적인 주행에서는 기관의 직접구동과 전동기의 구동이 함께 사용된다. 그리고 가속, 앞 지르기, 등판할 때 등 큰 동력이 필요한 경우, 통상주행에 추가하여 축전지로부터 전력을 공급하여 전동기의 구동력을 증가시킨다. 2개의 모터가 탑재되는 덕분에 병렬하이브리드 방식의 치명적인 단점인 모터로 주행하고 있을 때에는 충전이 안되는 현상을 극복하고 모터를 사용해서 주행할 때에도 충전이 가능하다.

④ 플러그 인 하이브리드 전기 자동차(PHEV : Plug-in Hybrid Electric Vehicle) : PHEV는 기본적으로 외부 전원으로 축전지를 충전할 수 있는 장치를 갖춘, 풀(full)-하이브리드이다. PHEV-기술의 주요 목표는 전기주행 거리의 연장이다. 이를 위해서는 에너지 용량이 아주 큰 축전지가 필요하다. 실제 전기주행 거리는 대부분 약 30~100km이며, 주행 형태 또는 테스트 사이클 및 주변 조건에 따라 크게 달라진다.

이론적 측면에서 보면, PHEV는 순수 내연기관 자동차와 순수 전기자동차 사이의 중간단계 기술이다. 따라서 두 시스템의 장점을 결합할 수 있다. 설치된 전기에너지 용량에 따라 전기주행 모드는 궁극적으로 100% 전기주행에 이를 때까지 전체 주행거리의 대부분을 차지할 수도 있다. PHEV는 특히 일상적으로 1일 주행거리가 짧은 운전자에게 적합하며 1일 주행거리가 50km 이하인 차량에 유리하다.

구동 축전지와 전동기는 전기주행에 필요한 주행출력을 충분히 감당할 수 있는 수준으로 설계된다.

PHEV는 풀-하이브리드와 마찬가지로 전기주행할 때에도 안락성과 안전성을 충분히 확보하기 위해서는, 다수의 보조 시스템들을 전기로 구동해야 한다. 추가되는 구성요소들은 용량 10~20kWh의 축전지, 파워-일렉트로닉스(AC/DC 컨버터), 충전 케이블 그리고 충전장치의 제어, 감시 및 통신에 필요한 전자제어장치 등이다.

기출PLUS

기출 2020. 10. 17. 충청북도 시행

하이브리드 및 전기자동차에 사용되는 BMS의 역할이 아닌 것은?

① 배터리 온도를 모니터링해서 적정온도로 유지한다.
② 배터리 충전을 모니터링 한다.
③ 배터리 직류 전류를 교류로 변화하여 모터로 공급한다.
④ 배터리의 각 셀간 충·방전 상태를 모니터링 한다.

◀정답 ③

ㄱ 장점
- 순수전기차보다 긴 주행거리
- 회생제동충전으로 인해 연비가 높아짐
- 순수전기차 주행모드 가능하여 전기충전만으로 낮은 주행비용 가능
- 기존 내연기관에 비해 적은 연료사용으로 배기가스 최소화

ㄴ 단점 : 현재로서는 가격이 비싸고, 큰 설치공간이 필요하며, 무게가 무겁고, 충전 여건(이용 가능한 설비 및 충전소요시간)이 만족스럽지 않다.

⑤ 마일드 하이브리드

ㄱ 특징
- 일반적인 하이브리드 자동차와 48V 마일드 하이브리드 자동차의 가장 큰 차이는 전기모터로만 달릴 수 있는 EV 모드의 유무다. 마일드 하이브리드 자동차는 배터리 용량이 작아 EV 모드가 없다.
- 모터가 실제로는 보조 역할만 담당하는 마일드 하이브리드 방식도 존재한다. 마일드 하이브리드는 전기모터로만 주행하는 것은 불가능하고 엔진이 주행하는 것을 보조하기만 하기 때문에 내연기관에 비해서 15% 정도의 연비절감 효과만을 기대할 수 있다.
- 스탑 앤 고 기능(차량이 잠시 멈췄을 때 시동을 완전히 껐다가 다시 주행할 때 시동을 켜서 연료의 낭비를 줄이는 효과)도 마일드 하이브리드 기술을 사용한 대표적인 기능이다.

ㄴ 구성
- 모터는 엔진 시동 외에 출발시나 가속시 구동력을 보조함으로써 엔진의 부하를 줄이는 한편, 감속시에는 그 에너지를 전기로 회수해 배터리에 저장한다. 물론 전기모터만으로 주행은 불가능하다. 현재 출시된 다양한 차량들은 12V, 24V, 36V 등의 전력을 사용한다.
- 하이브리드 차량이나 배터리 전기차도 기본적으로 전압이 높을수록 성능이 향상한다. 같은 전류값이라면 전압이 높을수록 모터는 고출력화(고회전화와 같은 의미로 볼 수 있다) 할 수 있으며, 같은 성능이라면 고전압을 사용하는 것이 전류도 작아지고 손실도 감소, 즉 효율이 높아지게 된다.
- 단, 전압이 높아질수록 전기사고로 인한 위험이 높아지기 때문에, 탑승객과 차량을 보호하기 위한 전기 시스템의 크기는 커질 수밖에 없다. 일반적으로 60V 이상의 직류 전원은 인체에 위험하므로 엄격한 안전 기준이 적용된다. 그만큼 비용증가도 피할 수 없다. 이러한 성능과 비용문제 사이에서 해결책으로 떠오른 것이 바로 48V이다. 안전 기준의 상한선으로 여겨지는 60V와는 차이가 크게 느껴지지만, 48V 시스템에서도 충전시 50V를 상회하는 때도 있어서 이러한 변수를 생각하면 48V라는 기준이 업계에서는 가장 제일 나은 선택으로 보인다.

전기자동차에서 완속 충전 시 외부 교류전원(AC)을 승압시키고 직류전원(DC)으로 변환하여 고전압 배터리에 충전시키기 위한 장치로 가장 옳은 것은?

① MCU(Motor Control Unit)
② BMS(Battery Management System)
③ LDC(Low voltage DC-DC Converter)
④ OBC(On-Board Charger)

◀ 정답 ④

❸ 하이브리드 전기자동차의 구성부품

① 하이브리드 자동차의 전체적인 구성을 살펴보면 첫 번째로 차량 앞쪽에 있는 기관부분을 들 수 있는데 이 부분은 기관과 자동변속기인 CVT의 결합으로 이루어져 있고 일반 차량과는 다르게 그 사이에 구동을 위한 하이브리드 모터가 들어가 있다.

② 다음으로 하이브리드 고전압 배터리부분을 들 수 있는데 고전압 배터리부분을 보면 고전압 배터리 외에도 배터리를 식혀 주는 쿨링시스템과 하이브리드 모터를 제어하는 모터 컨트롤유닛이 장착되어 있으며 모터 컨트롤유닛이 이쪽에 있는 이유는 모터 컨트롤유닛에서는 열이 많이 발생하기 때문에 쿨링시스템이 있는 이곳에 같이 장착이 된 것이다. 또한 저연비 고효율 자동차를 실현하기 위해 전기 모터방식의 파워스티어링의 적용과 차량 밀림 방지시스템이 추가적으로 적용된다.

③ 모터(motor)
   ⊙ AC(교류)전압으로 동작하는 고출력 영구자석형 동기 모터(PMSM)로 모터 하우징과 스테이터, 스파이더, 로터 등으로 구성되어 있으며 스테이터는 코일이 감겨져 있고 모터의 고정자 기능을 하고 로터에는 영구자석이 내장되어 있어 모터 고정자에 형성된 회전자계에 의해 발생된 회전토크를 변속기 입력축으로 전달하는 회전자 기능을 하고 있다.
   ⊙ 기관 시동(이그니션 키 & 아이들 스탑 해제시 재시동) 제어와 발진 및 가속 시 기관의 동력을 보조하는 기능을 한다.

> **❄ Plus tip**
> 약 144V의 높은 전압의 교류(AC)로 작동하는 영구자석형 동기 모터이며, 시동 제어와 출발 및 가속할 때 기관의 출력을 보조한다.

<!-- 기출PLUS -->
기출PLUS

기출 2016. 6. 18. 대구광역시 시행

전기자동차의 설명으로 맞는 것은?

① 출발 시 무거운 축전지 무게 때문에 가솔린차보다 구름저항이 크다.
② 일반 내연기관 자동차보다 에너지 효율이 좋지 못하다.
③ 1회 충전 시 무제한 사용이 가능하다.
④ 운전조작이 어렵고 복잡하다.

기출 2024. 6. 22. 서울시 제2회 시행

전기자동차에 사용되는 리튬이온 배터리 1셀의 평균적인 전압의 값[V]은?

① 1.5
② 3.7
③ 9.0
④ 12.0

기출 2022. 4. 23. 경기도 시행

전기자동차 배터리에 대한 설명으로 틀린 것은?

① 리튬이온전지는 분리막 사이로 리튬금속산화물로 이뤄진 양극이 있다.
② 리튬이온전지는 보통 흑연 등이 주로 쓰이는 탄소계 화합물로 이뤄진 음극이 있다.
③ 리튬인산철은 리튬이온 배터리의 한 종류로, 리튬폴리머 전지보다 에너지 밀도가 낮다.
④ 전해액은 양극과 음극사이에서 리튬이온이 이동할 수 있도록 하는 역할을 하며, 이온들만 전극으로 이동 시킨 후 이때 냉각작용을 수행하여 온도를 낮추는 역할을 한다.

❮ 정답 ①, ②, ④

(a) 하이브리드 모터

(b) 스파이더와 로터

(c) 하우징과 스테이터

④ 모터 컨트롤 유닛(MCU : motor control unit) : 모터 컨트롤 유닛은 하이브리드 모터 제어를 위한 컨트롤 유닛이다. 모터 컨트롤 유닛은 HCU(hybrid control unit)의 토크 구동명령에 따라 모터로 공급되는 전류량을 제어하여 각 주행특성에 맞게 모터의 출력을 조절한다. 또한 MCU는 고전압 배터리의 DC(직류)전원을 AC(교류)전원으로 변환시키는 인버터의 기능과 배터리 충전을 위해 모터에서 발생된 AC(교류)전원을 DC(직류)로 변환시키는 컨버터의 기능도 동시에 수행한다.

⑤ 고전압 배터리

　　㉠ Ni-MH(니켈-수소) 배터리를 사용하였으나 요즘은 Li-ion(리튬-이온) 배터리를 사용하며, 모터작동을 위한 전기 에너지를 공급하는 기능을 한다.

　　㉡ 고전압 배터리는 배터리 팩과 고전압 배터리를 제어하는 BMS가 위치하고 있으며, 그 주변으로 릴레이나 안전 플러그 등의 전장부품이 결합되어 있다.

> 💡 Plus tip
> 전동기 구동을 위한 전기적 에너지를 공급하는 DC 144V의 니켈-수소 (Ni-MH) 축전지이다. 최근에는 리튬계열을 축전지를 사용한다.

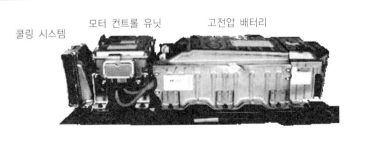
쿨링 시스템　　모터 컨트롤 유닛　　고전압 배터리

기출 2022. 6. 18. 대전광역시 시행

다음 중 전기자동차의 구성부품이 아닌 것은?

① 차동기어
② 다단변속기
③ 인버터 및 컨버터
④ 회생제동장치

기출 2022. 6. 18. 서울특별시 시행

전기자동차에서 완속 충전 시 외부 교류전원(AC)을 승압시키고 직류전원(DC)으로 변환하여 고전압 배터리에 충전시키기 위한 장치로 가장 옳은 것은?

① MCU(Motor Control Unit)
② BMS(Battery Management System)
③ LDC(Low voltage DC-DC Converter)
④ OBC(On-Board Charger)

‹정답 ②, ④

⑥ **고전압 배터리 시스템**(BMS, battery management system) : BMS는 고전 압 배터리를 제어하는 것으로서 배터리 에너지 입·출력제어와 배터리 성 능유지를 위한 전류, 전압, 온도, 사용시간 등 각종 정보를 모니터링하고, 종합적으로 연산된 배터리 에너지 상태정보를 HCU 또는 MCU로 송신하는 역할을 한다.

⑦ **통합 제어 유닛**(HCU, hybrid control unit) : 하이브리드 컨트롤 유닛은 전체 하이브리드 전기자동차시스템을 제어하므로 각 하부 시스템 및 제어기의 상 태를 파악하며 그 상태에 따라 가능한 최적의 제어를 수행하고 각 하부 제어 기의 정보사용 가능 여부와 요구(명령) 수용 가능여부를 적절히 판단한다.

> 🐾 **Plus tip**
>
> 하이브리드 고유의 시스템의 기능을 수행하기 위해 ECU(엔진 컴퓨터), BMS, MCU, TCU(변속기 컴퓨터) 등 CAN 통신을 통해 각종 작동 상태에 따른 제어 조건들을 판단하여 해당 컨트롤 유닛을 제어한다.

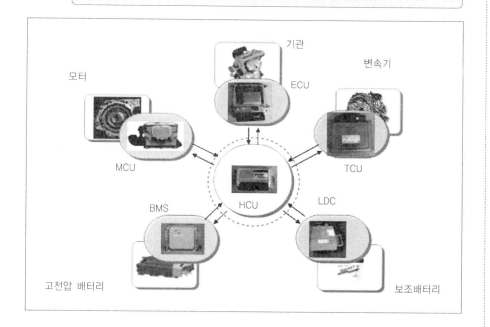

④ 저전압 배터리

오디오나 에어컨, 자동차 내비게이션, 그 밖의 등화장치 등에 필요한 전력으로 보조 배터리 (12V 납산 배터리)가 별도로 탑재된다. 또한 하이브리드 모터로 시동이 불가능 할 때 엔진 시동 등에 사용된다.

⑤ HSG(기동 발전기 ; Hybrid Starter Generator)

HSG는 엔진의 크랭크축 풀리와 구동 벨트로 연결되어 있으며, 엔진의 시동과 발전 기능을 수행한다. 고전압 배터리 충전상태(SOC : state of charge)가 기준값 이하로 저하될 경우, 엔진을 강제로 시동하여 발전을 한다.

⑥ 오토 스톱

오토 스톱은 주행 중 자동차가 정지할 경우 연료 소비를 줄이고 유해 배기가스를 저감시키기 위하여 엔진을 자동으로 정지시키는 기능으로 공조 시스템은 일정시간 유지 후 정지된다.

① 엔진 정지 조건
  ㉠ 자동차를 9km/h 이상의 속도로 2초 이상 운행한 후 브레이크 페달을 밟은 상태로 차속 이 4km/h 이하가 되면 엔진을 자동으로 정지시킨다.
  ㉡ 정차 상태에서 3회까지 재진입이 가능하다.
  ㉢ 외기의 온도가 일정 온도 이상일 경우 재진입이 금지된다.

② 엔진 정지 금지 조건
  ㉠ 오토 스톱 스위치가 OFF 상태인 경우
  ㉡ 엔진의 냉각수 온도가 45℃ 이하인 경우
  ㉢ CVT 오일의 온도가 -5℃ 이하인 경우
  ㉣ 고전압 배터리의 온도가 50℃ 이상인 경우
  ㉤ 고전압 배터리의 충전율이 28% 이하인 경우
  ㉥ 브레이크 부스터 압력이 250mmHg 이하인 경우
  ㉦ 액셀러레이터 페달을 밟은 경우
  ㉧ 변속 레버가 P, R 레인지 또는 L 레인지에 있는 경우
  ㉨ 고전압 배터리 시스템 또는 하이브리드 모터 시스템이 고장인 경우
  ㉩ 급 감속시(기어비 추정 로직으로 계산)
  ㉪ ABS 작동시

③ 오토 스톱 해제 조건
  ㉠ 금지 조건이 발생된 경우
  ㉡ D, N 레인지 또는 E 레인지에서 브레이크 페달을 뗀 경우
  ㉢ N 레인지에서 브레이크 페달을 뗀 경우에는 오토 스톱 유지
  ㉣ 차속이 발생한 경우

❼ 하이브리드 전기자동차의 주행모드

차량의 주행상태는 시동이 걸리는 단계, 액셀러레이터를 밟아서 차량이 출발하고 가속되는 단계, 일정한 속도로 차가 나아가는 정속단계, 브레이크를 밟아서 속도를 줄이는 감속단계, 정지단계 하이브리드 자동차도 이와 같은 주행모드를 기본적으로 갖는데, 하이브리드 자동차는 좀 더 세분화해서 총 7가지 주행모드로 나눌 수 있다. 이는 자동차의 주행모드를 5가지에 아이들 & 클립모드와 발진 · 가속모드가 추가 된다고 보면 될 것이다.

시동모드 아이들&클립모드 발진모드 가속모드 정속모드 감속모드 정지모드

❽ 하이브리드 자동차의 전기장치 정비 시 반드시 지켜야 할 내용

① 고전압 케이블의 커넥터 커버를 분리한 후 전압계를 이용하여 각 상 사이 (U, V, W)의 전압이 0V인지를 확인한다.

② 전원을 차단하고 일정시간이 경과 후 작업한다.

③ 절연장갑을 착용하고 작업한다.

④ 서비스 플러그(안전 플러그)를 제거한다.

⑤ 작업 전에 반드시 고전압을 차단하여 감전을 방지하도록 한다.

⑥ 전동기와 연결되는 고전압 케이블을 만져서는 안된다.

⑦ 이그니션 스위치를 OFF 한 후 안전 스위치를 분리하고 작업한다.

⑧ 12V 보조 배터리 케이블을 분리하고 작업한다.

02 연료전지 자동차

1 연료 전지 시스템 개요

(1) 정의

연료전지 자동차란 수소와 산소의 전기 화학반응으로 만들어진 전기를 이용하여 모터를 구동시키는 자동차를 말한다.

(2) 특징

① 연료전지 자동차는 연료전지로부터 생산된 전기로 구동되는 전기자동차의 일종으로, 모터에서부터 바퀴에 이르는 구조는 기존의 전기자동차와 같다.

② 기존의 전기자동차와는 달리 저장된 전기를 사용하는 것이 아니라 반응물이 외부에서 연속적으로 공급되어 전기를 생성시키면서 모터를 구동하여 자동차를 주행하게 하므로 일반적인 화학전지와는 달리 연료를 공급하는 한 충전할 필요가 없다.

③ 연속적인 전기 화학반응에 의하여 전력을 계속 공급할 수 있는 특징을 가지고 있다.

(3) 수소연료전지의 작동 원리

① 수소 연료전지의 작동원리는 먼저 압축된 수소가 연료전지의 음극(Anode)쪽 분리판으로 들어간다. 수소가 압력차에 의해 촉매쪽으로 이동하게 된다. 음극 촉매층에서 수소분자는 백금 촉매에 의해 이온과 전자로 분리되며 전자는 음극을 통과하여 전류가 발생하게 되며 다시 양극으로 들어간다. 반면에 전기의 양극쪽 분리판에는 산소 기체가 들어간다. 마찬가지로 압력 차이에 의해 가스 확산층을 지나 촉매쪽으로 이동하게 된다. 최종적으로 양극촉매층에서는 산소, 수소이온, 그리고 양극쪽으로 들어온 전자가 결합하여 물분자를 생성한다. 따라서 양극에서 음극으로 기전력이 발생하게 된다.

② 전기차배터리는 전기를 저장한 후 충·방전을 통해 수명을 소모해나가는 것이며 수소연료전지차는 수소와 산소가 에너지원으로 주입되어 돌아가는 작은 발전소형태이다.

기출 2022. 6. 18. 울산시 시행

수소연료전지 자동차에서 산소와 수소의 화학적 반응을 이끌어내 전기에너지로 변환시키는 역할을 하는 수소이온화 부품은?

① 분리막
② 단자판
③ 막전극접합체
④ 연료극

〈정답 ③

② 연료 전지 자동차의 구성

(1) 연료전지를 이용한 시스템

수소탱크, 연료전지(Full cell stack), 전력 변환 장치(inverter), 모터 및 감속기, 열관리시스템으로 구성한다.

① **수소 저장 탱크**: 부피가 큰 수소를 압축하여 저장하는 용기이며 수소 저장 용기는 700bar의 높은 압력과 수소가스 충방전 시 약 −40℃~80℃까지의 온도를 견뎌야 한다. 그리고 전기적 신호에 의한 수소가스 차단 및 공급 기술, 외부 충격에 터지지 않는 견고함 등이 요구된다. 1kg 수소로 100km 정도 주행이 가능하며, 현재 상용화된 FCEV에는 2개의 용기에 5~6kg의 압축 수소를 실어 500~600km의 주행이 가능하게 한다.

② **공기 공급 장치(APS)**: 스택 내에서 수소와 결합해 물(H_2O)을 생성한다. 순수 산소형태가 아니며 대기 공기를 스택으로 공급한다.

③ **스택(STACK)**: 보통 한 개의 셀이 생산하는 전기 약 0.7V수준으로 1Kw의 전기 생산을 위해 50여 개의 셀이 필요하며 그 50개의 cell을 직렬로 연결한 것이 스택이다. 스택의 구성요소는 막전극접합체, 기체확산층, 분리판, 가스켓, 인클로저 등이 있다.

 ㉠ **막전극집합체**: 전해질막과 백금촉매로 구성스택 하나에 대략 400~500개의 막전극집합체가 필요하며 연료극과 공기극 사이에 위치하여 수소연료 전지 원가의 43%를 차지하는 고가의 부품이며 백금은 수소를 이원화시키는데 필요한 촉매제이다.

 ㉡ **가스 확산층**: 분리판으로부터 공급되는 가스(수소, 산소)를 촉매로 확산시키는 역할을 하며, 높은 가스 확산성과 높은 배수성 그리고 높은 도전성이 요구된다.

 ㉢ **분리판**: 수소연료전지 원가의 18% 비중을 차지한다.

 ㉣ **가스켓**: 수소연료전지의 원가의 10% 비중을 차지하는데 국산화 100% 가스켓은 수백개의 단위 셀들에 압축하중을 받기 때문에 탄성과 압축 변형 저항성이 높아야 한다.

 ㉤ **열관리시스템**: 스택은 효율이 50% 정도로 출력만큼 에너지가 열로 많이 방출된다. 따라서 25℃(상온)에서 80℃ 이내의 온도범위 유지가 필수이다.

ⓑ 열관리시스템은 부동액 또는 증류수를 연료전지 스택으로 순환시켜 온도 (60~70℃)를 유지시키는 일종의 냉각장치이다.

- 고전압 배터리 : 스택에서 발생된 전기 저장, 회생제동 에너지(전기) 저장, 시스템 내 고전압 장치에 전원 공급
- 컨버터/인버터 : 스택에서 발생된 직류 전기를 모터가 필요한 3상 교류전기로 변환
- 모터 & 감속기 : 차량을 구동하기 위한 모터와 감속기
- 연료 전지 시스템 어셈블리 : 연료전지 룸 내부에는 스택을 중심으로 수소 공급 시스템과 고전압 회로 분배, 공기를 흡입하여 스택 내부로 불어 넣을 수 있는 공기 공급, 스택의 온도 조절을 위한 냉각

③ 연료 전지 자동차의 수소연료

(1) 종류

① 그린수소, 그레이수소, 블루수소, 부생수소(추출수소)

② **그린수소** : 수소는 자연상태에서 물이나 메탄, 암모니아, 불화수소 등 여러 화합물로 존재한다. 결합력이 높아 분리하는 데 많은 에너지가 필요한데 재생에너지를 이용해 물을 전기분해(수전해)해 얻은 수소를 말한다. 수소 생산과정에서 이산화탄소 배출이 전혀 없는 깨끗한 수소라는 의미이다. 전기를 이용해 가스 형태의 수소를 만들기 때문에 수 전해를 'P2G(Power-to-Gas)'라고 칭한다.

③ **그레이수소** : 메탄이 주성분인 천연가스를 고온·고압의 수증기로 분해해 생산하는 '추출수소'나 석유화학, 철강 생산과정에서 부산물로 나오는 '부생수소'는 생산과정에서 이산화탄소가 다량 배출되기 때문에 깨끗하지 않다는 의미로 '그레이수소'라 한다.

④ **블루수소** : 그레이수소를 만드는 과정에서 이산화탄소를 포집·저장(CCS·Carbon Capture &Storage)'하는 기술을 적용해 이산화탄소 배출을 줄인다면 상당히 깨끗해졌다는 뜻에서 '블루수소'라고 말한다. 현재는 그레이수소가 수소 생산의 대부분을 차지한다.

㉠ 수소를 에너지로 사용하려면 수소의 생산·운송·저장·충전·유틸리티 (차량)등 인프라가 뒷받침 되어야 한다.

㉡ 수소가스는 저장·운송기술이 뒷받침되어야 하지만 물리적 수소 저장(액화수소플랜트)과 화학적 수소 저장(암모니아 형태 등) 기술이 중요하다.

ⓒ 정부는 이 같은 어려움을 해소하기 위해 지역 특성에 맞춰 부생수소(정유·화학 공정에서 발생하는 수소), 추출수소(천연가스에서 추출한 수소), 수전해 수소(전기로 물을 분해해 만든 수소), 수입 수소 등으로 공급처를 다변화하기로 했다. 수소 가격 안정을 맡은 '수소유통센터' 설치도 추진한다.

(2) 수소연료의 장·단점

① 장점

　ⓐ 높은 에너지 효율 : 브러시리스(brushless)모터로 직결되어 변속기조차 필요 없어 에너지 효율이 매우 뛰어나며 시스템 크기에 비하여 내연기관시스템보다 훨씬 높다.

　ⓑ 저공해 자동차 : 순수한 수소를 고압수소 봄베에 충전하여 사용하는 연료전지 자동차는 배기가스가 없고 온실가스의 배출이 매우 적다.

　ⓒ 연료 고갈의 걱정이 없다. 수소연료전지 자동차는 공기 중에 떠돌아다니는 수소를 이용해서 만든 엔진이고, 연료전지를 이용한 뒤 남는 배출물도 수증기(H_2O)이며, 수증기를 다시 전기 분해하면 수소가 되기 때문에 연료의 제한이 없다.

② 단점

　ⓐ 고분자 전해질 연료전지의 경우에는 백금을 촉매제로 사용하기 때문에 비용이 많이 발생한다.

　ⓑ 화학적 에너지를 변환시키는 장치이기 때문에 부식 문제가 필연적으로 따라오게 되며, 순수한 수소를 사용하지 않으면 촉매와 전해질의 피독으로 연료전지의 성능이 감소하게 된다.

　ⓒ 화석연료로부터 수소를 생산하면 오염물질과 이산화탄소가 발생한다. 연료전지는 친환경이지만 연료전지에 들어가는 연료(수소)를 생산할 때 온실가스가 많이 배출되는 것이 문제이다.

　ⓓ 수소의 생산과 운송, 보관, 사용의 연결이 매끄러워야 하는데 인프라 건설에 국가적인 지원과 막대한 비용과 폭발성 및 화재의 우려가 있고 가장 가벼운 기체이며 끓는점은 영하 260˚로 액화시켜서 보관하는 것도 위험을 수반한다.

03 천연가스 자동차

① 천연가스

① 개요 : 천연가스(NG: Natural Gas)는 해저, 유전지대 등의 지하에서 채취하는 메탄(CH_4)이 주성분인 가연성 가스이며 공기보다 가벼워(비중 0.6) 누출시 쉽게 대기중으로 확산되고, 자연발화 온도가 높아 안전한 연료이다.

② 액화과정에서 미세먼지, 황 등 불순물을 제거한 청정연료로서 연소될 때 대기오염물질이 거의 발생하지 않아 자동차배출가스 저감, 대체에너지 활성화 및 지구온난화 방지를 위한 효과적인 에너지로 평가받고 있다.

② 천연가스 자동차의 종류

(1) 연료의 사용 형태에 따른 분류

① 압축천연가스(CNG) 자동차

② 천연가스 자동차는 연료의 사용형태에 따라 압축된 천연가스를 연료원으로 사용하는 자동차

③ 액화천연가스(LNG) 자동차

④ 액화상태의 천연가스를 사용하는 자동차

⑤ 흡착천연가스(ANG) 자동차 : 천연가스를 연료용기에 흡착, 저장하였다가 사용하는 자동차

(2) 엔진의 사용 형태에 따른 분류

① 천연가스-가솔린 겸용(bi-fuel) 자동차 : 가솔린(휘발유)엔진을 모체로 하여 휘발유와 천연가스를 교대로 사용할 수 있는 자동차

② 천연가스-경유 혼소(dual-fuel) 자동차 : 경유엔진을 모체로 경유를 점화원으로 사용하고 천연가스를 주 연료원으로 하여 동일 연소실에서 혼합·연소되는 자동차

③ 천연가스 전소(Dedicated or Single fuel) 자동차 : 천연가스만을 연료로 사용하는 자동차참고로 국내에 보급할 천연가스 버스 및 천연가스청소차는 압축천연가스 전소엔진을 장착한 자동차를 말한다.

③ 천연가스 자동차의 구조

가솔린 자동차, 경유 자동차등 종래의 차와 기본구조는 같고, 연료계통만이 다르다. 연료인 천연가스는 고압(200kg/㎠)으로 압축되어 가스용기에 저장되며 압축된 가스는 용기로부터 연료 배관을 거쳐 감압밸브에서 사용압력으로 감압된 후, 공기와 혼합되어 엔진 내부로 공급된다.

특히, 천연가스 자동차의 가스용기는 자동차부품 중에서 가장 튼튼하게 제작되어 있어 700℃의 불 속에서도 파열되지 않으며 30m 높이에서 낙하시켜도 파열되지 않는다.

④ 천연가스 자동차의 특징

(1) 장점

① 천연가스자동차는 기존 경유 차량에 비해 매연이 전혀 없고, 질소산화물등 오염물질 배출이 1/3 수준이고, CO_2 배출량도 기존 경유 차량보다 약 20% 적어 지구온난화 방지에도 기여할수 있으며, 기후변화협약에 따른 규제대응에 용이하다.

② 인화점이 높아 휘발유엔진과 LPG에 비해 화재 우려가 적다.

③ 천연가스자동차의 연료가 되는 천연가스는 공기보다 가벼워(비중 0.6) 누출됐을 경우에도 대기 중으로 빠르게 퍼지므로 폭발위험이 적고, 휘발유, LPG보다 자연발화 온도가 높아 화재위험이 적다.

④ 연료인 천연가스는 휘발유나 경유 등 다른 에너지에 비해 연소효율 및 열효율이 높고 가격이 저렴하다.

(2) 단점

① 도시가스 배관망 및 충전소가 없는 곳에서 충전이 불가능하다.

② 주행거리가 석유 연료에 비해 짧고 에너지 밀도가 낮아 체적효율이 감소한다.

③ 압축착화 기관에 사용할 때 CNG의 자발화 온도가 높기 때문에 착화를 도와주는 별도의 장치가 필요하다.

④ 고압용기를 탑재해야 하므로 차량 중량이 증가된다.

⑤ 천연가스 자동차의 구성

(1) 가스충전밸브

① 가스를 충전시 사용하는 밸브

② 충전시 체크밸브가 연결되어 고압가스 충전시 역류를 방지하는 기능

(2) 가스압력계

① 연료량의 압력을 표시하며 1Mpa 이하에서는 출력부족 현상 발생

② 3Mpa 이하에서는 재충전 실시

③ CNG 가스상태 완충압력은 20.7Mpa

(3) 체크밸브

가스 충전밸브 연결부 뒤쪽에 설치되어 고압가스 충전시 역류를 방지한다.

(4) 용기밸브

① 가스용기에서 기관으로 공급되는 가스를 공급 및 차단하는 역할

② 시동 key on 상태로 5초 내에 rpm신호가 ECU에 입력되지 않으면 자동으로 밸브가 닫힌다.

(5) 용기용 밸브 안전장치(PRD-Pressure Relief Device)

화재로 인해 용기의 파열이 발생할 경우 용기용 밸브의 안전장치의 연납이 녹아 가스를 방출하여 용기의 파열을 예방한다.

(6) 수동차단밸브

기관 정비시 기관 배관에 남아있는 가스를 제거할 때 사용한다.

(7) 가스필터

가스내의 불순물을 여과하여 불순물이 기관에 공급되는 것을 방지한다.

(8) 온도센서

탱크속의 연료온도를 측정하며 연료를 구동하기 위해 탱크내의 압력센서와 함께 사용한다.

(9) 고압차단밸브

가스탱크에서 기관에 공급되는 압축 천연가스를 과다한 압력 및 누기 발생시 차량과 기관을 보호하기 위하여 고압가스라인을 차단하는 안전밸브이다.

(10) 가스압력조정기

가스압력조정기 바디에 가스탱크 압력센서가 장착되어 가스탱크의 가스압력 검출을 하여 계기판의 연료게이지에 표시한다.

(11) 가스열 교환기

① 가스압력조정기와 가스 온도절기사이 프레임 상단에 설치

② 가스탱크에 압축된 가스는 가스압력조정기를 통과하면서 압력이 팽창하여 가스 온도저하 및 동파방지를 위하여 상대적으로 따뜻한 냉각수를 공급하여 가스의 온도를 상승시키는 역할을 한다.

(12) 가스온도 조절기

① 최적의 작동온도로 유지하기 위하여 일정 온도에서 냉각수의 흐름을 제어

② 개방온도는 10~16℃ 시동시에는 완전히 개방되며 40~49℃에서 닫힌다.

(13) 연료 미터링 밸브

연료 미터링 밸브는 8개의 인젝터가 개별적 또는 간헐적으로 유로를 개폐하여 연료의 압력을 조정해서 기관에 필요한 연료가스를 공급한다.

(14) 가스 혼합기

연료 미터링밸브에서 공급된 가스와 압축공기를 혼합시킨다.

(15) 스로틀 밸브

가스 혼합기를 통과하는 혼합가스가 기관 실린더로 들어가는 양을 조절한다.

04 전기자동차(electric vehicle)

1 정의

전기자동차는 구동전동기를 기존 가솔린이나 경유 같은 화석연료의 연소로부 터가 아닌 배터리에 축적된 전기를 동력원으로 모터를 회전시켜서 움직인다.

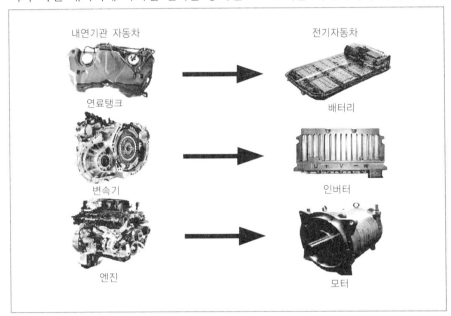

2 전기자동차(electric vehicle)의 구성

전기자동차는 모터에 에너지를 구동하는 배터리, 배터리에서 공급 받은 에너지 로 바퀴를 구동하는 모터와 배터리와 모터사이에서 동력을 컨트롤하는 제어기 로 구성되어 있다.

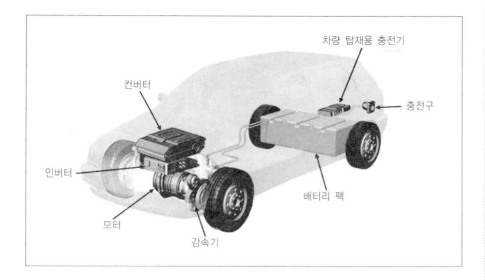

컨버터
차량 탑재용 충전기
충전구
인버터
모터
감속기
배터리 팩

(1) 배터리팩(battery pack)

전기자동차의 배터리 성능을 결정하는 가장 중요한 부분으로는 에너지밀도와 출력을 들 수 있으며, 이외에도 안정성, 수명, 충전 용이성, 충전효율, 충전시간, 저온성능 등 다양한 요구를 만족하여야 한다.

에너지밀도는 1회 충전 시 주행할 수 있는 운행거리와 관계되며, 단일전지에 저장되는 에너지양으로 결정된다. 따라서 배터리는 에너지밀도가 높고 소형화와 경량화가 가장 중요한 요소이며 배터리의 출력은 가속력과 최고속도를 결정하는데 중요한 요소이다. 현재 배터리는 리튬 이온의 배터리를 사용하고 있으며, 납 배터리에 비해 대전류 방전특성이 우수하고, 저온에서도 특성이 크게 저하하지 않으며 출력밀도가 크고, 수명이 길며, 단시간 충전이 쉬운 장점이 있어 하이브리드와 전기자동차에 사용되고 있다.

전기자동차용 배터리는 각형 또는 원형 배터리 셀(cell) 여러 개를 모아 모듈 (module)을 이루고, 모듈은 다시 여러 개를 모아 하나의 팩(pack)을 만들어 팩 상태로 전기자동차에 들어가게 된다.

(2) 모터(motor)

전기자동차 모터의 역할은 전진주행, 후진주행, 제동, 제동시 발전을 통한 에너지 회수(회생 브레이크시스템) 역할을 한다. 회생 브레이크시스템이란 감속시나 제동시에 모터를 발전기로 작동시켜 운동 에너지를 전기 에너지로 변환시켜줌으로 써 이 에너지를 배터리에 충전할 수 있는 시스템이다. 전기자동차 모터는 고출력화를 추진하면서 고회전화 함에 따라 모터가 경량·소형화되어 탑재중량이나 용적도 크게 감소하였고 모터의 종류는 다음과 같다.

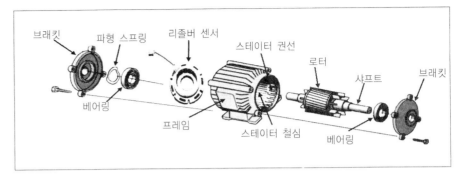

① **직류모터**(direct current motor) : 직류전기를 사용하는 모터로서 직류전류가 로터와 스테이터에 공급되어 자계를 형성하게 되면 로터를 회전시키는 원리이다. 브러시에 정류자가 면 접촉을 하면서 회전하기 때문에 브러시와 정류자의 마모 및 분진과 소음이 발생하게 되어 유지 보수비용이 발생되며, 교류모터에 비해 구조가 복잡하고 비싼 단점이 있다.

② **직류 브러시 리스 모터**(brush less current motor)

　　㉠ 브러시 리스 모터는 직류형과 교류형이 있으며, 직류형 방식의 모터 중에 브러시가 없는 타입을 BLDC(brush less direct current)라고 한다. 브러시가 없으므로 반영구적으로 사용 가능하며, 유지보수 및 발열과 소음 그리고 에너지 효율이 향상된 모터이다. 원리는 스테이터를 고정해서 전류를 흘려주고 로터를 회전시킨다.

　　㉡ 로터는 영구자석이므로 전류가 필요 없고 리졸버 센서를 모터에 내장하여 로터가 만드는 회전자계를 검출하고, 이 전기신호를 스테이터 코일에 전하여 모터의 회전을 제어할 수 있게 한 것으로 브러시가 닳을 걱정 없이 반영구적으로 사용하므로 전기자동차에 사용하기도 한다.

③ **교류모터**(three-phase alternating current : AC 유도모터의 삼상방식)

　　㉠ 교류모터는 전지에서 얻어진 직류전원을 인버터를 통해 교류로 변환시켜 모터를 구동하는 방식으로 교류전기로 인한 극성변화와 자기유도로 로터가 회전하는 원리이다. 냉각이 쉽고 코일을 제어함으로써 정밀한 제어가 가능한 모터이다.

　　㉡ 직류모터에 비하여 소형, 경량이며 효율이 높고 브러시가 없어 회전수를 높일 수 있다. 그리고 회생 제동장치로 사용할 수 있어 전기자동차에 주로 사용된다.

④ **스위치드 릴럭턴스 모터**(switched reluctance motors) : 스위치드 릴럭턴스 모터는 BLDC모터에서 로터에 영구자석을 사용하지 않고 철제 로터를 사용하는 방식으로 역기전력이 발생되지 않으며, 스테이터 코일에 전력을 스위칭하여 회전력을 얻는 방식이다. 스위칭이 정밀해야 하며 회전자의 위치센서가 필요하다. 대량생산이 가능하며 가격이 저렴한 장점이 있다.

(3) 모터 제어기(MCU : motor control unit, 인버터(inverter))

제어기의 경우 주로 모터제어를 위한 컴퓨터이며, 직류를 교류로 바꾸어 주는 인버터로 주파수를 바꾸어 모터에 공급되는 전류량을 제어함으로서 출력과 회전속도를 바꾸는 것으로 VCU의 명령에 의해 모터 출력을 제어한다. 자동차의 주행 중 제동 또는 감속 시에 발생하는 여유에너지를 모터에서 발전기로 전환하여 배터리로 충전을 하는 기능도 동시에 수행한다.

(4) LDC(low voltage DC-DC converter, DC-DC 변환기)

전기차량의 메인 배터리의 고전압을 저전압으로 낮추어 DC전압의 크기를 변화해 주는 것으로 전기자동차에서 DC-DC 컨버터는 기존의 내연기관에 있던 12V 납축전지가 차량의 전자부품에 전원을 공급하던 기능을 대신 보조배터리가 필요한 이유는 고전압 배터리 전원을 MCU나 제어기로 보내주기 위해서는 전기 스위치인 전기식 릴레이를 작동해야 한다.

각종 전원장치가 12V인데 전기를 많이 사용 시 전압레벨차이가 생기므로 전압의 균형을 유지하기 위한 완충장치 역할을 한다.

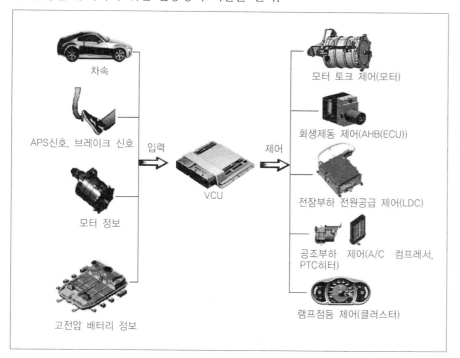

(5) BMS(Battery Management System, 배터리관리시스템)

BMS는 전기자동차의 핵심기술 중 하나로 배터리의 성능을 컨트롤하여 전류·전압 모니터링, 셀 밸런싱, 전하 상태 파악 및 팩 안정성 보장 등의 기능을 수행한다.

(6) VCU(vehicle control unit, 전기자동차 차량 통합 제어기)

① 가속·제동·변속 등 운전자 의지를 반영해 각종 제어장치와 협조해 차량 상태를 파악하면서 모터구동과 회생제동 등을 제어하여 가장 전기를 효과적으로 사용할 수 있도록 인버터 등에 명령을 내려 주행을 위한 최적의 상태로 유지한다.

② 배터리 충전량에 따라서 모터 토크, 에어컨 작동중지, 히터 작동 정지 등의 전력 배분을 모터 중심적으로 실시하며 배터리 충전량이 30% 이하이면 액셀러레이터를 밟아도 자동차는 서행을 한다.

(7) 완속 충전기(OBC : on board charger, 차량 탑재용 충전기)

OBC는 상용전원인 교류(AC)를 직류(DC)로 변환해 차량 내부 메인 배터리를 충전하는 기능을 한다. 입력전원인 AC전원의 노이즈를 제거하는 입력필터, 에너지 효율을 높여주는 PFC(power factor corrector)회로, 배터리에 전력을 안정적으로 정전압 및 정전류 충전을 하기 위한 DC/DC컨버터, 충전소 및 차량 내 다른 장치와 통신하며 OBC를 제어하는 제어회로 등으로 구성되어 있다. 충전이 완료되면 내부 완속 충전기에서 차단시킨다.

(8) VESS(virtual engine sound system, 가상 엔진 소음발생 시스템)

전기자동차는 소음이 거의 발생하지 않으므로 주행 중 보행자에게 전진, 후진 시 20km/h 이하에서 소리를 낸다. 전진 음은 0~20km/h에서 주행 중 소리를 발생하며 속도가 빨라질수록 소리 크기가 증가한다. 단, D단 정지 시에는 발생하지 않고 후진 음은 후진 시 소리가 발생하며 속도가 빨라질수록 소리 크기가 증가하며 정지 시에도 발생한다.

(9) EWP(electric water pump, 전기 워터펌프)

전기자동차의 전자 장비들의 일반적인 전력효율이 약 90% 정도이면 약 10% 만큼은 연료전환이 된다. 이때 발생하는 열로 인해서 어떤 문제가 발생하지 않도록 하기 위해 사용하는 것이 냉각시스템인데 전통적인 공랭식은 낮은 열 관리에는 용이하지만 높은 에너지 밀도를 가진 전자 장비와 장거리 주행에는 수랭식이 적합한데 EWP는 열이 가장 많이 발생하는 모터 및 OBC, LDC의 온도에 따라 효율적인 냉각을 위해 동작과 비 동작을 반복하며 냉각수를 순환시켜 냉각을 이루어주는 펌프이다.

> **Plus tip**
> 엔진 벨트의 에너지를 소모하는 모든 액세서리는 비용이 많이 드는 대신 전기 워터펌프는 벨트의 동력이 아닌 배터리의 전원으로 실행되며 모터 및 OBC, LDC의 온도에 따라 효율적인 냉각을 위해 동작과 비동작을 반복하며 냉각수를 순환시켜 냉각을 이루는 펌프이다.

⑽ 진공펌프(vacuum pump)

브레이크에서 진공펌프의 효과는 차량의 안전과 관련이 있으며 가솔린 내연기관 자동차처럼 유압으로 브레이크를 작동시키기 위해서 진공을 얻을 수 있어야 하지만 전기 자동차에서는 진공을 얻을 수 없으므로 브레이크의 부스터 효과를 얻기 위해서는 진공펌프에 의해 진공을 얻어야 한다.

⑾ 계기판(cluster)

계기판은 일반 소비자에게 현재 차량의 상태를 알려줌으로써 보다 안전한 운행을 하도록 유도하기 위함에 그 목적이 있다. 전기자동차는 배터리 변동에 따라 주행가능 거리가 달라지기 때문에 전기자동차를 운전하게 되면 운전자는 배터리 게이지, 주행가능거리에 가장 많이 신경을 쓰게 된다. 전기자동차 관련 운행정보는 다음과 같다.

① **모터작동 표시계** : 모터의 소비전력 및 회생제동 브레이크의 전기 에너지 충전 · 방전상태를 알려준다.

② **주행가능거리** : 현재 남아있는 구동용 배터리 잔량으로 주행 가능한 거리를 표시한다.

③ **구동용 배터리 충전량(SOC) 표시계** : 구동용 배터리 충전상태를 표시한다.

④ **충전 완료(잔여) 시간** : 완속 및 급속충전기를 접속하여 차량의 충전 완료시간 및 잔여시간을 표시한다.

⑤ **주행정보표시** : 시동스위치 "OFF"시 다음 주행에 필요한 배터리 잔량 및 주행가능 거리를 표시하고 배터리 잔량이 부족할 경우 충전해야 한다.

⑥ **에너지 흐름도** : 차량 주행상태에 따른 전기자동차의 동력전달 상태를 출발과 가속 시, 정속주행 시, 감속 시, 정지시의 각 영역별 모터 및 배터리시스템 상태를 표시한다.

(12) 세이프티 스위치(safety switch)

① 고전압 배터리는 고전압 장치이기 때문에 취급 시 안전에 유의해야 한다. 세이프티 스위치는 고전압 배터리 전원을 임의로 차단시킬 수 있는 전원 분리장치로 과전류 방지용 퓨즈를 포함하고 있다.

② 고전압 전기 동력시스템과 관련된 부품 탈·부착이나 정비점검 시 세이프티 스위치 플러그를 탈거하면 고전압을 차단시킬 수 있으므로 이점 유의하여 작업을 해야 하고, 점화스위치 ON상태에서는 세이프티 스위치 플러그를 탈거하지 말아야 한다.

(13) 전기자동차 메인 릴레이(EV-main relay)

메인릴레이는 고전압 배터리의 DC전원을 MCU측으로 공급하는 역할을 하는 릴레이이다. 이그니션 키가 ON되고 고전압 전기 동력시스템이 정상일 경우 MCU는 메인 릴레이를 작동시켜 고전압 배터리 전원을 MCU 내부에 설치된 인버터로 공급하여 모터구동을 준비한다.

③ 전기자동차 통신

(1) 통신의 개요

① **통신이란**(communication) : 사람 또는 기계들과의 여러 종류의 매체를 이용하여 정보를 전달하는 과정

② **통신의 형태**
   ㉠ **단방향통신** : 방송, 전자우편(E-mail)등 한쪽으로만 정보가 전달되는 형태 TV, 라디오
   ㉡ **양방향통신** : 서로 정보를 주고받는 교신형태(전화기, 무전기)

③ **통신의 분류**
   ㉠ 정보신호에 따라 아나로그 통신(전화)디지털 통신(데이터 통신)
   ㉡ 전송매체에 따라 유선통신 무선통신
   • 유선통신(2꼬임선, 동축케이블, 광섬유 케이블) : 전신, 전화, 자동차, 전기통신
   • 무선통신(전자기파, 광 및 초음파) : 휴대폰, 자동차리모컨, 스마트 키

④ **유선통신 선로의 특징**
   ㉠ **적용속도** : 꼬임 2선로(늦다)동축케이블(저속)광섬유케이블(고속)
   ㉡ **비용** : 꼬임 2선로(양호)동축케이블(보통)광섬유케이블(고가)
   ㉢ **거리** : 꼬임 2선로(단거리)동축케이블(중거리)광섬유케이블(장거리)

(2) 통신 네크워크

① 네트워크(Network) : 네트워크는 Net와 Work의 합성어로 컴퓨터와 같은 노드들이 통신 기술을 통해 그물망처럼 연결되어 통신을 하는 형태를 말한다.

② 통신 프로토콜(Network Protocol) : 네트워크 통신을 위해 컴퓨터나 원거리 통신 장비 사이에서 메시지를 주고받는 양식과 규칙을 프로토콜(protocol)이라 한다.

③ 직렬통신(serial) : 연속적으로 통신 채널이나 컴퓨터 버스를 거쳐 한번에 하나의 비트 단위로 데이터를 전송하는 방식하나의선을 이용하여 다수의 데이터를 직렬로 전송하는 방식

④ 병렬통신(parallel)
   ㉠ 여러 개의 전송선을 사용하여 한순간에 여러 개의 비트씩 동시에 자료를 전송하고 수신하는 방법이며 병렬통신을 하려면 여러 개의 채널이 필요하다.
   ㉡ Sender(발송자)–Receiver(수화기)

⑤ 비동기 통신
   ㉠ 비동기 통신은 동시에 수행하지 않는다(요청을 보내더라도 응답을 언제 받아도 상관없음)데이터를 보낼 때 한번에 한 문자씩 전송하는 방식으로 전송하는 문자마다 스타트 비트와 스톱비트를 부가해 정확한 데이터를 전송
   ㉡ 단선이나 단락에 의한 고장이 발생해 시스템이 작동되지 않는 것을 방지하기 위해 2선으로 구성(1선이 고장 발생시 다른 1선이 작동가능)

⑥ 동기통신 : 동기식 통신은 문자나 비트(bit)들이 시작과 정지 코드 없이 전송되며, 각 비트의 정확한 전송과 응답 시간을 예측할 수 있다. 요청을 보내면 응답이 오기까지는 아무것도 하지 못하는 Block 상태가 되는 것이며 요청을 보내면 응답을 받을 때까지 기다리기 때문에 요청과 응답의 순서를 보장하게 되면 응답이 지연되면 요청을 보낸 쪽에서는 무작정 기다리는 상태가 된다는 단점이 발생

⑦ 자동차 통신 네트워크의 필요성
   ㉠ 지능화되어지는 자동차에 전자시스템의 도입으로 카오디오, 내비게이션 시스템에서 크루즈 컨트롤 시스템 등 운전자 지원 시스템까지 다양
   ㉡ 자동차 전자 시스템은 이러한 지원시스템의 ECU간의 CAN통신 프로토콜을 통해 각 시스템의 센서 정보나 연산결과를 공유

(3) 자동차통신 네크워크

① 자동차 통신 네트워크의 작동

　　㉠ ACC는 ACC통합제어장치, 엔진제어장치, 브레이크 제어 장치로 구성

　　㉡ 각 장치에는 여러개의 센서가 탑재되는데 대표적인 센서가 앞차와의 거리를 측정하는 레이더센서이다.

　　㉢ 엔진 제어는 엔진 회전수와액셀개도 그리고 브레이크 제어는 타이어의 회전수와 브레이크 페달의 조작량 등의 센서에 의해 측정된다. 센서 정보는 CAN을 통해 각 장치간에 공유

　　㉣ ACC통합제어장치는 CAN을 통해 송신되는 정보로 부터 최적의 차량 속도, 차간거리 등을 계산하고, 거기에 필요한 엔진 출력과 브레이크 작동을 계산한 후 다시 CAN을 통해 계산 결과를 근거로 엔진 제어장치와 브레이크 제어 장치에 전송

② 자동차 통신 네트워크의 장점

　　㉠ 통신모드를 여러 노드(node)를 공유하면서 다중 주인(MuitiMaster)통신 방식으로 언제든지 버스를 사용할 수 있다.

　　㉡ CAN-High, CAN-Low 2개의 간단한 신호로 통신하므로 2개의 선 필요

　　㉢ 전기적(noise)잡음에 강하게 Twist Pair2선으로 되어있다.

　　㉣ 주소가 아닌 ID값으로 메시지 내용과 우선 순위가 결정되기 때문에 시스템 제어 속도와 안정성을 향상

　　㉤ 통신 속도가 500Kbps~1Mbps 속도로 CAN통신을 하기 때문에 고속 및 1,000m까지 원거리 통신 가능

③ 다중전송시스템(MUX-Multiplex)

　　㉠ 자동차의 편의장치는 센서나 스위치를 통해 모터, 액츄에이터, 전구 등을 구동하는 회로로 되어 있으며 많은 배선이 필요하고 중량, 가격 및 정비에 어려운 문제점이 있다.

　　㉡ MUX통신은 이러한 문제점을 해결하기 위하여 1라인의 전선구조로 다수의 신호를 전송, 통신하는 통신방식이다.

　　㉢ 송신측에서 정해진 순서대로 0 또는 1 신호를 보내면 수신측은 이 순서대로 수신한다. MUX 송신측에서 MUX 수신측으로 OFF가 되면 0, ON이 되면 1

　　㉣ 시리얼 순서대로 보내는 방식

④ MUX데이터의 구조(Data Frame)

　　㉠ 전송되는 데이터는 데이터 프레임(16비트)구성

　　㉡ 데이터 프레임에는 데이터 번지, 데이터 체크데이터로 이루어져 있다.

ⓒ 초기 H→L로 떨어져 200μs(마이크로 세컨드)(백만분의 200초) 유지되면 스타트비트 데이터비트가 출력 후 다시 L→H로 300μs가 되면 데이터 끝에 위치한 스톱비트, 이때 스톱비트와 스타트비트의 구분을 용이하게 하기 위하여 스톱비트 검출 후 200μs가 경과하면 다음 데이터 송신이 가능하다. 100μs를 유지하면 0을 인식, 50μs를 유지하면 1을 인식(데이타파형)

⑤ Data구조 : 처음의 0과 1은 데이터주소(번지), 2부터 11까지는 데이터 신호, 12, 13, 14, 154개는 체크데이터 H(12V), L(0V)로 구성

(4) CAN(ControlerArea Network) 통신

① 정의 : 자동차내의 서로 다른 전자장치(ECU)간의 통신을 위한 통신장치

② 1986년 보쉬(Bosch)가 개발한 자동차 전용 프로토콜인 CAN통신방식을 표준으로 사용

③ CAN통신은 시리얼 네트워크 통신 방식의 일종으로 여러가지 ECU들을 병렬로 연결하여 각각의 ECU들과 서로 정보를 교환한다.

④ CAN통신의 장점
　ⓐ 각각의 ECU들 간에 정보교환이 이루어진다.
　ⓑ 여러장치를 2개의 선(Twisted Pair wirse)으로 컨트롤 할 수 있다.
　ⓒ 통신이 되는 라인을 BUS-A(CAN-H), BUS-B(CAN-L)라고 한다.
　ⓓ BUS란 DATA전송라인을 말하며 1선에 고장이 발생하여도 또 다른 선에 의해 정상적인 통신이 가능하도록 구성되어 있다.

⑤ CAN 통신의 특징
　ⓐ 정의
　　• Multi Master 방식 : 모든 CAN구성 모듈은 정보 메시지 전송에 자유 권한이 있으며 모든 제어기들은 통신주체 이므로 규칙에 따라 언제든지 데이터전송
　　• 듀얼(Dual)와이어 접속 방식으로 통신선로 구성이 간편함
　　• 고속통신이 가능함
　　• 신뢰성/안전성-에러 검출 및 처리성능 우수
　　• 통신방식-비동기식 직렬통신
　　• Low speed CAN-125Kbps 이하, 바디 전장계통에 응용(125,000)
　　• High speed CAN-125Kbps 이상, 실시간 엔진이나 미션(real time)제어에 응용
　　• bps-bit per second(1초 동안 전송할 수 있는 비트수) 0, 1

(5) CAN 통신 속도에 따른 종류

① Class A

    ㉠ **통신속도** : 10Kbps 이하

    ㉡ 접지를 기준으로 1개의 와이어링으로 통신선 구성 가능

    ㉢ **응용분야** : 진단 통신, 바디전장(도어, 시트, 파워윈도우)등으로 구동신호 &스위치 등의 입력신호

    ㉣ **적용사례** : LIN 통신

② Class B

    ㉠ **통신속도** : 40Kbps 이하

    ㉡ Class A보다 많은 정보의 전송이 필요한 경우에 사용

    ㉢ **응용분야** : 바디전장모듈간의정보 교환, 클로스터 등

    ㉣ **적용사례** : 저속 CAN 통신

③ Class C

    ㉠ **통신속도** : 1Mbps 이하

    ㉡ 실시간으로 중대한 정보 교환이 필요한 경우로서 1~10(ms) 간격으로 데이터 전송 주기가 필요한 경우 사용

    ㉢ **응용분야** : 엔진, A/T,섀시계통간의 정보 교환

    ㉣ **적용사례** : 고속 CAN 통신

④ Class D

    ㉠ **통신속도** : 수십 Mbps 이하

    ㉡ 수백~수천 bite의 블록 단위 데이터 전송이 필요한 경우

    ㉢ **응용분야** : AV, CD, DVD신호 등의 멀티미디어 통신

    ㉣ **적용사례** : MOST(멀티미디어 데이터전송을 위해 사용되는 자동차 통신 프로토콜이며 고속 데이터 전송과 다중 장치 통신을 지원)

(6) CAN BUS의 전압레벨

① High Speed CAN의 전압 레벨과 통신

  ㉠ High Speed CAN은 CAN-H와 CAN-L가 2.5V 전압을 기준으로 상승 또는 하강 하는 통신 방법

  ㉡ 데이터 전송속도가 매우 빠르나, 노이즈 발생으로 A/V및 오디오에 영향이 있음 CAN-H와 CAN-L가 2.5V전압을 기준으로 상승(3.5V~5V) 하강(1.5V)

② LOW Speed CAN의 전압 레벨과 통신

  ㉠ Low Speed CAN은 5V 전압이 데이터가 출력되면 약 1.4V로 하강

  ㉡ High Speed CAN은 0V전압이 데이터가 출력되면 약 3.5V로 상승

  ㉢ 속도와 데이터 처리가 느리지만 잡음 발생이 적어 자동차 컴퓨터들 간의 통신방법에 사용됨

③ CAN BUS의 전압레벨

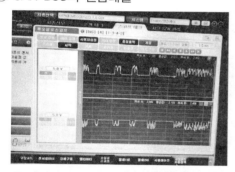

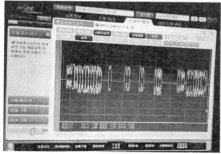

(7) CAN통신 파형과 종단저항

① 파형(오실로스코프)

　　㉠ BUS-A파형은 CAN-H 파형으로 데이터 출력시 2.5V에서 전압 상승

　　㉡ BUS-B파형은 CAN-L 파형으로 데이터 출력시 2.5V에서 하강

　　㉢ CAN통신 파형은 통신속도가 빠르기 때문에 파형분석은 무의미

② 종단저항(터미네이션저항)

　　㉠ 통신은 전압에 민감하므로, CAN통신을 하는 ECM내부에는 일정하게 전압을 유지하기 위해(배선의 끝부분에서 반사파를 없애기 위해서) 통신라인에 약 120Ω저항(60옴은 케이블 저항 세계표준)을 2개 설치하였다.

　　㉡ 종단저항에 의해 일정 전압레벨이 이루어져 정상적인 데이터 통신이 이루어진다.

(8) LIN(Local Interconnect Network) 통신

① 정의

　　㉠ CAN은 비교적 빠른 통신 속도와 고대역 폭을 통해 효과적으로 통신이 가능하지만 이로 인해 전체 개발비용이 많이 소요되기 때문에 대체방법으로 LIN통신을 사용하며 Single Wire를 이용하기 때문에 데이터전송 최대속도가 20Kbps로 개발 비용 저렴

ⓒ LIN은 Master/Slave의 통신방식을 적용하여 1개 Master와 1개 이상(최대16개)의 Slave로 구성

ⓒ Master는 통신권한(전송시기와 전송할 프레임)을 결정하며 Slave는 Master의 통신 시작과 요구에 의해서만 응답할 수 있는 방식

ⓔ CAN과 달리 LIN은 Master에서 모든 네트워크를 관리

ⓜ LIN은 주로 CAN의 보조통신으로 저속통신을 위해 사용되며 조명시스템, 스위치 제어, 차량내부 통신 등에 사용(선루프, 미러, 좌석 시트 컨트롤 모터)

출제예상문제

1 다음 중 환경오염으로 인해 발생하는 문제점으로 틀린 것은?

① 대기오염이 악화된다.
② 산성비가 내린다.
③ 지구온난화가 발생한다.
④ 지구의 오존층이 보호된다.

1.

환경오염으로 인하여 지구의 오존층이 파괴된다.

2 전기의 동력과 내연기관이나 그 밖의 다른 두 종류의 동력원을 조합하여 탑재하는 방식의 자동차를 무엇이라고 하는가?

① 연료전지 자동차
② 전기자동차
③ 하이브리드 자동차
④ 수소연료 자동차

2.

하이브리드 자동차란 전기의 동력과 내연기관(가솔린, 디젤, LPG)이나 그 밖의 다른 두 종류의 동력원을 조합 하여 탑재하는 방식이며, 가솔린기관과 전동기, 수소기관과 연료전지, 디젤기관과 전동기 등 2가지의 동력원을 함께 이용하는 자동차이다.

3 직렬형 하이브리드 자동차에 관한 설명이다. 설명이 잘못된 것은?

① 기관, 발전기, 전동기가 직렬로 연결된 형식이다.
② 기관을 항상 최적시점에서 작동시키면서 발전기를 이용해 전력을 전동기에 공급한다.
③ 순수하게 기관의 구동력만으로 자동차를 주행시키는 형식이다.
④ 제어가 비교적 간단하고, 배기가스 특성이 우수하며, 별도의 변속장치가 필요 없다.

3.

직렬형 하이브리드 자동차는 순수하게 전동기의 구동력만으로 자동차를 주행시키는 형식이며 기관은 축전지를 구동하기 위한 발전기를 구동하기 위한 것이다.

4 병렬형 하이브리드 자동차의 특징이 아닌 것은?

① 동력전달 장치의 구조와 제어가 간단하다.
② 기관과 전동기의 힘을 합한 큰 동력성능이 필요할 때 전동기를 구동한다.
③ 기관의 출력이 운전자가 요구하는 이상으로 발휘될 때에는 여유동력으로 전동기를 구동시켜 전기를 축전지에 저장한다.
④ 기존 자동차의 구조를 이용할 수 있어 제조비용 측면에서 직렬형에 비해 유리하다.

5 하이브리드 전기 자동차와 일반 자동차와의 차이점에 대한 설명 중 틀린 것은?

① 하이브리드 차량은 주행 또는 정지 시 엔진의 시동을 끄는 기능을 수반한다.
② 하이브리드 차량은 정상적인 상태일 때 항상 엔진 기동 전동기를 이용하여 시동을 건다.
③ 차량의 출발이나 가속 시 하이브리드 모터를 이용하여 엔진의 동력을 보조하는 기능을 수반한다.
④ 차량 감속 시 하이브리드 모터가 발전기로 전환되어 배터리를 충전하게 된다.

6 하이브리드 자동차의 특징이 아닌 것은?

① 회생 제동
② 2개의 동력원으로 주행
③ 저전압 배터리와 고전압 배터리 사용
④ 고전압 배터리 충전을 위해 LDC 사용

4.

병렬형 하이브리드 자동차의 특징은 동력전달 장치의 구조와 제어가 복잡한 결점이 있다.

5.

하이브리드 자동차는 하이브리드 전동기를 이용하여 기관을 시동하는 방법과 내연기관의 시동시 사용하는 기동 전동기를 이용하여 시동하는 방법이 있으며, 시스템이 정상일 경우에는 하이브리드 전동기를 이용하여 기관을 시동한다.

6.

LDC(Low DC-DC Converter)는 고전압 배터리의 전압을 12V로 변환시키는 장치로 저전압 배터리를 충전시키는 장치이다.

Answer   4.① 5.② 6.④

7 하이브리드 자동차 계기판에 있는 오토 스톱(Auto Stop)의 기능에 대한 설명으로 옳은 것은?

① 배출가스 저감
② 엔진 오일 온도 상승 방지
③ 냉각수 온도상승 방지
④ 엔진 재시동성 향상

7.

오토 스톱(auto stop)모드는 연비와 배출가스 저감을 위해 자동차가 정지하여 일정한 조건을 만족할 때에는 엔진의 작동을 정지시킨다.
스톱 앤 고'는 자동차가 신호대기를 위해 정지하거나 기타 이유로 차량이 멈추게 되면 자동으로 엔진이 꺼지고, 출발할 때 브레이크에서 발을 떼거나 엑셀을 밟거나 또는 기어를 이동하게 되면 자동으로 시동이 걸리며 엔진이 구동되는 것을 말한다. 'ISG(Idle Stop &Go)', '스톱 앤 스타트(Stop &Start)'라고도 표현한다.

8 전기자동차 정비 시 고전압 차단을 위해 안전 플러그(세이프티 플러그)를 제거한 후 고전압 부품을 취급하기 전 일정시간 이상 대기 시간을 갖는 이유로 가장 적절한 것은?

① 고전압 배터리 내의 셀의 안정화
② 제어 모듈 내부의 메모리 공간의 확보
③ 저전압(12V) 배터리에 서지 전압 차단
④ 인버터 내의 콘덴서에 충전되어 있는 고전압 방전

8.

세이프티 플러그를 제거 후 고전압 부품을 취급하기 전에 5분 이상 대기시간을 갖는 이유는 인버터 내의 콘덴서에 남아있는 고전압을 방전시키기 위함이다.

9 전기 자동차 고전압 배터리 충전상태(SOC)의 일반적인 제한영역은?

① 20~80%
② 55~86%
③ 86~110%
④ 110~140%

9.

고전압 배터리 충전상태(SOC)의 일반적인 영역범위는 20~80% 이다.

Answer 7.① 8.④ 9.①

10 전기자동차에서 고전압 배터리 또는 차량화재 발생 시 조치해야 할 사항이 아닌 것은?

① 차량의 시동키를 OFF하여 전기 동력 시스템 작동을 차단시킨다.

② 화재 초기상태라면 트렁크를 열고 신속히 세이프티 플러그를 탈거한다.

③ 메인 릴레이 (+)를 작동시켜 고전압 배터리 (+)전원을 인가한다.

④ 화재진압을 위해서는 액체 물질을 사용하지 말고 분말 소화기 또는 모래를 사용한다.

10.

메인 릴레이를 탈거하여 고전압 배터리 (+)전원을 탈거한다.

11 전기자동차의 동력제어 장치에서 모터의 회전속도와 회전력을 자유롭게 제어할 수 있도록 직류를 교류로 변환하는 장치는?

① 컨버터

② 리졸버

③ 인버터

④ 캐패시터

11.

인버터 – 모터의 회전속도와 회전력을 자유롭게 제어할 수 있도록 직류를 교류로 변환하는 장치

12 하이브리드 차량의 구동바퀴에서 발생하는 운동 에너지를 전기적 에너지로 변환시켜 고전압 배터리로 충전하는 모드는?

① ISG(Idle Stop & Go) 모드

② 회생 제동 모드

③ 언덕길 밀림 방지 모드

④ 변속기 발전 모드

12.

회생 재생 모드 – 감속할 때 전동기는 바퀴에 의해 구동되어 발전기의 역할을 한다. 즉 감속할 때 발생 하는 운동에너지를 전기에너지로 전환시켜 고전압 배터리를 충전한다.

Answer 10.③ 11.③ 12.②

13 수소 연료 자동차에 대한 설명으로 틀린 것은?

① 수소는 물을 원료로 제조하며, 사용한 후에는 다시 물로 재순환되는 무한 에너지원이다.

② 수소를 저장하는 방법에는 액체수소 저장 탱크와 금속수소 화합물을 이용한 수소흡장 합금 저장 탱크 등이 사용된다.

③ 액체수소를 사용하는 경우 수소를 액화시키는 방법과 저장이 매우 쉽다.

④ 수소를 연소시키면 약간의 질소산화물만 발생시키고 다른 유해가스는 발생하지 않는다.

14 수소 연료의 저장방법을 설명한 것이다. 다음 중 틀린 것은?

① 동일한 연료 탱크의 크기로 가솔린 기관 자동차 이상의 장거리 주행도 가능하다.

② 수소의 고밀도 저장방법에는 고압용기, 액체수소 저장탱크, 수소흡장 합금 저장탱크 등 3가지가 있다.

③ 대체 연료 중 에너지 효율 면에서 가장 우수한 연료이다.

④ 수소는 상온에서 기체이므로 에너지 밀도가 낮아 고밀도화 시키는 것이 주요 관건이다.

15 하이브리드 차량의 구동바퀴에서 발생하는 운동에너지를 전기적 에너지로 변환시켜 고전압 배터리로 충전하는 모드는?

① ISG(Idle Stop &Go) 모드

② 회생 제동 모드

③ 언덕길 밀림 방지 모드

④ 변속기 발전 모드

13.

수소 연료 자동차의 연료인 액체수소를 사용하는 경우 수소를 액화시키는 것이 어려우며, 저장 도중에 수소가 손실될 수 있고, 저장탱크를 제작하는 것도 어렵다.

14.

친환경자동차에서 경제성이나 종합적인 에너지 효율을 비교할 때 수소는 대체연료 중 가장 불리한 조건에 있다.

15.

친환경자동차가 주행중 감속할 때 발생하는 제동력을 전력으로 바꾸는 장치를 회생제동 시스템이라 하는데 브레이크를 밟으면 전기모터가 역방향으로 돌게 되고, 차량이 달리면서 발생된 운동에너지가 전기에너지로 변환된다.

Answer   13.③   14.③   15.②

16 전기자동차의 고전압 배터리에 사용되는 겔 형식의 전해물질을 무엇이라 하는가?.

① 수소-알칼리

② 황산-물

③ 수산화칼륨

④ 리튬이온 폴리머

16.
에너지 밀도의 높이로 유기 전해액을 사용하는 전해물질은 리튬이온 폴리머를 사용한다.

17 하이브리드 자동차의 고전압배터리는 리튬이온 폴리머 배터리를 사용한다. 각 셀의 정격전압으로 적절한 것은?

① 1.75V

② 2.75V

③ 3.75V

④ 4.75V

17.
리튬이온 폴리머 배터리는 1셀당 3.7 ~ 3.8V의 전압을 나타낸다.

18 수소연료의 저장방법을 설명한것 중 틀린 것은?

① 동일 연료탱크의 크기로 가솔린 기관 자동차 이상의 장거리 주행도 가능하다.

② 수소의 고밀도 저장방법에는 고압용기, 액체수소 저장탱크, 수소흡장합금 저장탱크 등 3가지가 있다.

③ 수소는 상온에서 기체이므로 에너지밀도가 낮아 고밀도화 시키는 것이 중요하다.

④ 대체연료 중 에너지 효율 면에서 가장 우수한 연료이다.

18.
경제성이나 종합적인 에너지 효율을 비교할 때 수소는 대체연료 중 가장 불리한 여건이다.

Answer   16.④ 17.③ 18.④

19 하이브리드 자동차에 설치된 부품 중 고전압과 관련된 것이 아닌 것은?

① HEV 모터
② HSG
③ EWP(전기 워터 펌프)
④ A/C 컴프레셔

20 다음은 하이브리드 자동차의 정비작업 실시하기 전 고전압을 차단하는 역할을 수행하는 부품은?

① 이모빌라이저
② 안전플러그
③ 광전도소자
④ BCM

21 하이브리드 자동차는 감속 시 전기에너지를 고전압 배터리로 회수(충전)한다. 이러한 발전기 역할을 하는 부품은?

① AC 발전기
② 스타팅 모터
③ 하이브리드 모터
④ 모터 컨트롤 유닛

22 배터리의 충전 상태를 표현한 것은?

① SOC(State Of Charge)
② SOH(State Of Health)
③ PRA(Power Relay Assembly)
④ BMS(Battery Management System)

19.

고전압과 무관하며 전기워터펌프는 하이브리드 자동차, 전기자동차 및 연료전지자동차에 적용되어 전장부품, 배터리, 연료전지스택 등의 냉각장치에 사용되어 저소음과 반영구적 내구성을 적용한다.

20.

안전플러그는 고전압배터리의 전기를 차단하는 안전장치로 안전플러그를 탈거하면 고전압배터리의 연결회로가 단선되어 차량에 공급되는 고전압 전원이 차단되는 장치이다.

21.

회생제동시스템으로 고전압 배터리로 전기에너지를 충전하는 역할은 하이브리드 모터이다.

22.

충전상태를 State Of Charge라고 표현한다. State Of Health- 건강상태 Power Relay Assembly(고전압 릴레이) Battery Management System(고전압 배터리 컨트롤 시스템)

`Answer`　　19.③　20.②　21.③　22.①

23 하이브리드 자동차에서 하이브리드 모터 작동을 위한 전기 에너지를 공급하는 부품은?

① 고전압배터리

② 안전스위치

③ 보조배터리

④ 인버터

23.

고전압 배터리에서 하이브리드 모터 작동을 위한 전기 에너지를 공급한 부품이다.

24 하이브리드 고전압장치 중 프리차저 릴레이 & 프리차저 저항의 기능 아닌 것은?

① 메인릴레이 보호

② 타 고전압 부품 보호

③ 메인 퓨즈, 버스바, 와이어 하네스 보호

④ 배터리 관리 시스템 입력 노이즈 저감

24.

배터리 관리 시스템 입력 노이즈 저감은 BMS의 기능이다.

25 병렬형 하이브리드 자동차의 특징 설명으로 틀린 것은?

① 모터는 동력 보조만 하므로 에너지 변환 손실이 적다.

② 기존 내연기관 차량을 구동장치의 변경 없이 활용 가능하다.

③ 소프트방식은 일반 주행 시에는 모터 구동만을 이용한다.

④ 하드 방식은 EV 주행 중 엔진 시동을 위해 별도의 장치가 필요하다.

25.

병렬하이브리드 차량의 경우 출발과 저속 주행 단계에서는 전기모터를 이용하고 일정속도 이상으로 올라가면 내연기관을 사용하여 주행하게 된다.

26 CNG(Compressed Natural Gas) 엔진에서 가스의 역류를 방지하기 위한 장치는?

① 체크밸브
② 에어조절기
③ 저압연료차단밸브
④ 고압연료차단밸브

26.
가스의 역류를 방지하기 위한 장치는 체크밸브이다.

27 하이브리드 자동차의 고전압 배터리 관리 시스템에서 셀 밸런싱 제어의 목적은?

① 배터리의 적정온도 유지
② 상황별 입출력 에너지 제한
③ 배터리 수명 및 에너지 효율 증대
④ 고전압 계통 고장에 의한 안전사고 예방

27.
셀 밸런싱의 최종목적은 배터리의 수명 및 에너지의 효율을 증대시키는데 있다.

28 주행 중인 하이브리드 자동차에서 제동 및 감속 시 충전 불량 현상이 발생하였을 때 점검이 필요한 곳은?

① 회생제동 장치
② LDC 제어장치
③ 발진제어 장치
④ 12V용 충전장치

28.
주행 중인 하이브리드 자동차에서 제동 및 감속을 할 때 충전 불량 현상이 발생하면 회생제동 장치를 점검하여야 한다.

29 하이브리드 자동차는 감속 시 전기 에너지를 고전압 배터리로 회수(충전)한다. 이러한 발전기 역할을 하는 부품은?

① AC 발전기
② 스타팅 모터
③ 하이브리드 모터
④ 모터 컨트롤 유닛

29.
하이브리드 모터 – 감속 또는 제동할 때 모터가 바퀴에 의해 구동되어 발전기의 역할을 한다. 즉 감속 또는 제동할 때 발생하는 운동에너지를 전기 에너지로 전환시켜 고전압 축전지를 충전하는데 이를 회생 재생 모드라고 표현한다.

Answer   26.④ 27.③ 28.① 29.③

30 하이브리드 차량 정비 시 고전압 차단을 위해 안전 플러그(세이프티 플러그)를 제거한 후 고전압 부품을 취급하기 전 일정 시간 이상 대기시간을 갖는 이유로 가장 적절한 것은?

① 고전압 배터리 내의 셀의 안정화
② 제어모듈 내부의 메모리 공간의 확보
③ 저전압(12V) 배터리에 서지 전압 차단
④ 인버터 내의 콘덴서에 충전되어 있는 고전압 방전

30.
안전플러그를 제거 후 고전압 부품을 취급하기 전에 5분 이상 대기시간을 갖는 이유는 인버터 내의 콘덴서에 충전되어 있는 고전압을 방전시키기 위함이다.

31 리튬이온 배터리와 비교한 리튬폴리머 배터리의 장점이 아닌 것은?

① 폭발 가능성이 적어 안정성이 좋다.
② 패키지 설계에서 기계적 강성이 좋다.
③ 발열 특성이 우수하여 내구 수명이 좋다.
④ 대용량 설계가 유리하여 기술 확장성이 좋다.

31.
패키지 설계에서 기계적 강성이 좋지 않다.

32 BMS(Battery Management System)에서 제어하는 항목과 제어내용에 대한 설명으로 틀린 것은?

① 고장 진단 : 배터리 시스템 고장 진단
② 컨트롤 릴레이 제어 : 배터리 과열 시 컨트롤 릴레이 차단
③ 셀 밸런싱 : 전압 편차가 생긴 셀을 동일한 전압으로 매칭
④ SoC(state of charge) 관리 : 배터리의 전압, 전류, 온도를 측정하여 적정 SoC 영역관리

32.
고전압관리 시스템의 제어항목은 충전상태제어, 파워제한, 고장진단, 셀밸런싱제어, 냉각제어, 고전압 릴레이제어 등이 있다.

Answer   30.④ 31.② 32.②

33 리튬-이온 축전지의 일반적인 특징에 대한 설명으로 틀린 것은?

① 셀당 전압이 낮다.
② 높은 출력 밀도를 가진다.
③ 과충전 및 과방전에 민감하다.
④ 열관리 및 전압관리가 필요하다.

34 주행 중인 하이브리드 자동차에서 제동 시에 발생된 에너지를 회수(충전)하는 모드는?

① 가속 모드
② 발진 모드
③ 시동 모드
④ 회생 제동 모드

35 CNG(Compressed Natural Gas)엔진에서 스로틀 압력 센서의 기능으로 옳은 것은?

① 대기 압력을 검출하는 센서
② 스로틀의 위치를 감지하는 센서
③ 흡기다기관의 압력을 검출하는 센서
④ 배기 다기관 내의 압력을 측정하는 센서

36 병렬형 하드 타입의 하이브리드 자동차에서 HEV모터에 의한 엔진 시동 금지 조건인 경우, 엔진의 시동은 무엇으로 하는가?

① HEV 모터
② 블로워 모터
③ 기동 발전기(HSG)
④ 모터 컨트롤 유닛(MCU)

33.
발생 전압은 3.6~3.8V 정도로 높으며 에너지 밀도는 니켈-수소 전지의 2배 정도, 납산축전지의 3배 이상이다.

34.
감속 또는 제동할 때 발생하는 운동에너지를 전기에너지로 전환시켜 고전압 배터리를 충전할 때 에너지를 충전하는 모드를 회생 제동 모드라고 말한다.

35.
스로틀 압력센서의 하는 역할은 터보차저 직전의 배기다기관 내의 압력을 측정하고 측정한 압력은 기타 다른 데이터들과 함께 엔진으로 흡입되는 공기 흐름을 산출할 수 있으며, 또한 웨이스트 게이트를 제어하는 역할은 한다.

36.
아이들 스톱 조건의 정차 시 엔진의 작동을 정지시켜 불필요한 연료 소모를 방지하고 시동 시 스타팅 모터 대신 기동 발전기로 엔진을 시동한다.

Answer　　33.① 34.④ 35.④ 36.③

37 전기자동차에서 고전압 배터리 관리 시스템(BMS)의 주요 제어 기능으로 틀린 것은?

① 모터 제어
② 출력 제한
③ 냉각 제어
④ SOC 제어

38 메모리 효과가 발생하는 배터리는?

① 납산 배터리
② 니켈 배터리
③ 리튬−이온 배터리
④ 리튬−폴리머 배터리

39 니켈수소(Ni−Mh)배터리에 대한 설명 중 틀린 것은 어느 것인 가?

① 셀당 전압이 1.0~2.5V이다.
② 수명이 약 15년 정도이다.
③ 내부에 수소가스가 있다.
④ 자기 방전을 한다.

40 하이브리드자동차의 종류 중 탑재된 엔진에 따라 분류 시 포함되지 않은 것은?

① 가솔린 엔진 탑재 하이브리드
② 디젤 엔진 탑재 하이브리드
③ LPG 엔진 탑재 하이브리드
④ 병렬형 하이브리드

37.

고전압 배터리 컨트롤 시스템은 고전압 배터리의 SOC(State Of Charge), 출력, 고장 진단, 배터리 밸런싱, 시스템 냉각, 전원 공급 및 차단을 제어하는 기능을 갖춘다.

38.

메모리 효과는 전지의 결정 구조 때문에 일어나는 현상으로 전지를 완전히 방전시키지 않은 상태에서 충전을 하게 되면 전지의 충전 가능 용량이 줄어 드는 니켈 전지의 특성이다.

39.

니켈수소 배터리의 충전과 방전의 횟수가 500번이면 거의 방전상태에 다다른다.

40.

병렬형 하이브리드는 구동방식에 따라 분류된다.

Answer   37.① 38.② 39.② 40.④

chapter 07

자동차 및 자동차부품의 성능과 기준에 관한 규칙

01 용어해설 및 자동차 안전기준

1 용어정의

(1) 용어정의〈제2조〉

① 차량상태관련 용어

　㉠ **공차상태** : 자동차에 사람이 승차하지 않고 물품(예비부분품 및 공구, 그 밖의 휴대물품을 포함)을 적재하지 않은 상태로서 연료·냉각수 및 윤활유를 가득 채우고 예비타이어(예비타이어를 장착한 자동차만 해당)를 설치하여 운행할 수 있는 상태를 말한다.

　㉡ **적차상태** : 공차상태의 자동차에 승차정원의 인원이 승차하고 최대적재량의 물품이 적재된 상태를 말한다. 이 경우 승차정원 1인(13세 미만의 자는 1.5인을 승차정원 1인으로 본다)의 중량은 65킬로그램으로 계산하고, 좌석정원의 인원은 정위치에, 입석정원의 인원은 입석에 균등하게 승차시키며, 물품은 물품적재장치에 균등하게 적재시킨 상태이어야 한다.

② 중량관련 용어

　㉠ **축하중** : 자동차가 수평상태에 있을 때에 1개의 차축에 연결된 모든 바퀴의 윤중을 합한 것을 말한다.

　㉡ **윤중** : 자동차가 수평상태에 있을 때에 1개의 바퀴가 수직으로 지면을 누르는 중량을 말한다.

　㉢ **차량중량** : 공차상태의 자동차의 중량을 말하며, 미완성자동차의 경우에는 미완성자동차 제작자가 해당 자동차의 안전 및 성능에 관한 시험 등에 적용하기 위하여 제시하는 자동차의 중량을 말한다.

　㉣ **차량총중량** : 적차상태의 자동차의 중량을 말하며, 미완성자동차의 경우에는 미완성자동차 제작자가 해당 자동차의 안전 및 성능을 고려하여 제시하는 중량으로서 단계제작자동차 제작자가 최대로 제작할 수 있는 최대허용총중량을 말한다.

　㉤ **최대적재량** : 자동차에 적재할 수 있도록 허용된 물품의 최대중량을 말한다.

기출 PLUS

기출 2014. 8. 23. 강원도 시행

윤중이란?

① 모든 바퀴가 받는 하중을 합친 중량
② 1개 차축에 연결된 바퀴의 중량
③ 앞바퀴 2개가 받는 하중을 합친 중량
④ 1개의 바퀴가 수직으로 지면을 누르는 중량을 말한다.

정답 ④

③ 탑승자관련 용어

    ㉠ **승차정원** : 자동차에 승차할 수 있도록 허용된 최대인원(운전자를 포함한다)을 말한다.

    ㉡ **어린이보호용 좌석부착장치** : 어린이보호용 좌석을 부착구를 이용하여 자동차의 차체 또는 좌석 등에 고정시킬 수 있도록 되어 있는 장치를 말한다.

    ㉢ **착석기준점** : 좌석(좌석을 앞뒤로 조절할 수 있는 경우에는 가장 뒤의 위치의 좌석을, 좌석을 위·아래로 조절할 수 있는 경우에는 가장 낮은 위치의 좌석을, 좌석의 등받이를 조절할 수 있는 경우에는 표준설계각도로 조절한 상태의 좌석을 말한다)에 착석시킨 인체모형의 상체와 골반사이의 회전중심점 또는 제작자등이 정하는 이에 상당하는 표준설계위치를 말한다.

    ㉣ **공유구역** : 손조작식 조종장치 또는 표시장치의 식별표시가 표시되는 구역 중에서 2개 이상의 식별표시, 식별부호 또는 그 밖의 메시지를 표시하지만 동시에 표시하지 않는 구역을 말한다.

④ 비상탈출 관련 용어

    ㉠ **비상탈출구** : 비상시 승객이 자동차 바깥으로 탈출하는데 사용하는 천정 또는 바닥의 개구부를 말한다.

    ㉡ **비상탈출장치** : 승강구, 비상문, 비상창문 및 비상탈출구를 말한다.

⑤ 보행자 관련용어

    ㉠ **보행자머리모형** : 보행자보호를 위한 시험에 사용되는 성인머리모형 및 어린이머리모형을 말한다.

    ㉡ **보행자다리모형** : 보행자보호를 위한 시험에 사용되는 상부다리모형 및 하부다리모형을 말한다.

    ㉢ **보행자머리충격부위** : 횡단경계선 1,000밀리미터부터 1,700밀리미터까지와 좌·우 측면기준선이 경계가 되는 어린이머리모형충격부위 및 횡단경계선 1,700밀리미터부터 2,100밀리미터와 좌·우 측면기준선이 경계가 되는 성인머리모형충격부위로 구성된 자동차 앞면 구조물 표면(창유리는 제외한다)을 말한다.

    ㉣ **보행자다리충격부위** : 보행자의 다리가 충격하는 자동차앞면 영역을 말한다.

⑥ 경고장치 관련용어

    ㉠ **타이어공기압경고장치** : 자동차에 장착된 타이어 공기압의 저하를 감지하여 운전자에게 타이어 공기압의 상태를 알려주는 장치를 말한다.

    ㉡ **차로이탈경고장치** : 자동차가 주행하는 차로를 운전자의 의도와는 무관하게 벗어나는 것을 운전자에게 경고하는 장치를 말한다.

⑦ 자동차의 종류 관련 용어

 ㉠ 어린이운송용 승합자동차 : 어린이(13세 미만)를 운송할 목적으로 운행하는 승차정원이 9인 이상인 자동차를 말한다.

 ㉡ 2층대형승합자동차 : 운전자 및 승객을 위하여 제공되는 차실의 전체 또는 일부분을 2층 구조로 하면서 위층에는 입석을 하지 아니하는 대형승합자동차를 말한다.

 ㉢ 굴절버스 : 각각 독립적인 차실을 갖춘 견인자동차와 피견인자동차를 연결하여 굴절이 되는 자동차로서 승객이 차실 사이를 자유롭게 이동할 수 있고, 연결부분이 쉽게 분리되지 아니하도록 되어 있는 자동차를 말한다.

 ㉣ 수륙양용(水陸兩用)자동차 : 수상에서 항행할 수 있는 구조와 장치 등을 갖춘 자동차를 말한다.

 ㉤ 저속전기자동차 : 최고속도가 매시 60킬로미터를 초과하지 않고, 차량 총중량이 1,361킬로그램을 초과하지 않는 전기자동차를 말한다.

 ㉥ 연결자동차 : 견인자동차와 피견인자동차를 연결한 상태의 자동차를 말한다.

 ㉦ 전방조종자동차 : 자동차의 가장 앞부분과 조향핸들중심점까지의 거리가 자동차길이의 4분의 1 이내인 자동차를 말한다.

 ㉧ 전방착석자동차 : 다음의 어느 하나에 해당하는 자동차를 말한다.
  • 자동차의 앞차축의 중심선을 포함하는 수평면과 앞차축의 중심선과 운전석의 착석기준점(R-point)을 포함하는 면 사이의 예각(α)이 22도 이상인 경우
  • 운전석의 착석기준점을 포함하는 수직면에서 뒤차축의 중심선을 포함하는 수직면까지의 거리(L2)와 운전석의 착석기준점을 포함하는 수직면에서 앞차축의 중심선을 포함하는 수직면까지의 거리(L1)의 비율이 1.30 이상인 경우

 ㉨ 전기자동차 : 전기 공급원으로부터 충전받은 전기에너지를 동력원(動力源)으로 사용하는 자동차를 말한다.

 ㉩ 연료전지자동차 : 수소를 사용하여 발생시킨 전기에너지를 동력원으로 사용하는 자동차를 말한다.

⑧ 제동 관련 용어

 ㉠ 주제동장치 : 주행 중에 주로 사용하는 제동장치를 말한다.

 ㉡ 비상제동장치 : 주행 중에 주제동장치의 계통 중 하나의 계통에서 고장이 발생하는 경우 운전자가 자동차를 정지시키기 위하여 사용할 수 있는 제동장치를 말한다.

 ㉢ 자동제어제동 : 운전자의 제동장치 조작과는 관계 없이 전자제어시스템에 의하여 자동차의 속도를 감소시키는 제동을 말한다.

ⓔ 선택적 제동 : 운전자의 제동장치 조작과는 관계 없이 전자제어시스템에 의하여 각 바퀴의 제동장치를 작동하여 자동차의 자세를 변화시키는 제동을 말한다.

ⓜ 긴급제동신호장치 : 자동차의 주행 중 급제동 시 제동감속도에 따라 자동으로 경고를 주는 장치 또는 그러한 기능을 갖춘 것을 말한다.

ⓗ 자동차안정성제어장치 : 자동차의 주행 중 각 바퀴의 브레이크 압력과 원동기 출력 등을 자동으로 제어하여 자동차의 자세를 유지시킴으로써 안정된 주행성능을 확보할 수 있도록 하는 장치를 말한다.

ⓢ 제동력지원장치 : 급제동시 제동페달에 가하여지는 힘이나 속도를 감지하여 제동력을 최대로 증가시키는 장치를 말한다.

ⓞ 보조제동장치 : 주제동장치의 부하를 감소시키기 위한 장치로서 장시간에 걸쳐 제동의 효과를 유지할 수 있는 리타더 및 배기제동장치 등을 말한다.

ⓩ 연동제동장치 : 초소형승용자동차 및 초소형화물자동차와 이륜자동차의 모든 바퀴의 브레이크가 하나의 조종장치에 의하여 작동되는 주제동장치를 말한다.

ⓒ 분할제동장치 : 초소형자동차와 이륜자동차의 주제동장치 내의 둘 이상의 계통 중 하나의 계통에 고장이 발생하더라도 다른 계통의 작동에 영향을 주지 아니하는 주제동장치로서, 하나의 조종장치로 모든 바퀴의 브레이크를 작동시키는 주제동장치를 말한다.

ⓚ 전기회생제동장치 : 자동차를 감속시킬 때 발생하는 운동에너지를 전기에너지로 변환할 수 있는 제동장치를 말한다.

ⓣ 비상자동제동장치 : 주행 중 전방충돌 상황을 감지하여 충돌을 완화하거나 회피할 목적으로 자동차를 감속 또는 정지시키기 위하여 자동으로 제동장치를 작동시키는 장치를 말한다.

ⓟ 바퀴잠김방지식 제동장치 : 바퀴의 회전량을 감지·분석하여 바퀴의 제동력을 조절하여 줌으로써 제동시 바퀴의 미끄러짐량을 자동적으로 조절하여 주는 장치를 말한다.

⑨ 충격부위 관련 용어

ⓒ 머리충격부위 : 좌석을 앞뒤로 조절할 수 있는 경우에는 착석기준점 및 착석기준점 앞 127밀리미터의 지점(조절범위가 127밀리미터 이하인 경우에는 그 최대치)에서 위로 19밀리미터지점에서, 좌석을 앞뒤로 조절할 수 없는 경우에는 착석기준점에서 지름이 165밀리미터인 구형의 머리모형을 지닌 측정장치의 머리모형의 가장 윗부분을 736밀리미터(제98조의 규정에 의한 좌석등받이 시험의 경우에는 600밀리미터)에서 838밀리미터까지 조절할 때에 그 머리모형이 정적으로 접할 수 있는 표면중 유리면외의 차실안의 표면을 말한다.

ⓒ **골반충격부위** : 착석기준점에서 위로 178밀리미터, 아래로 102밀리미터, 앞으로 204밀리미터, 뒤로 51밀리미터로 결정되는 지면과 수직인 직사각형을 좌우로 이동할 경우 포함되는 부분을 말한다.

⑩ **조향관련 용어**

ㄱ **조향기둥** : 조향핸들 축을 둘러싸고 있는 외장부분을 말한다.

ㄴ **조향비** : 조향핸들의 회전각도와 조향바퀴의 조향각도와의 비율을 말한다.

ㄷ **조향핸들 축** : 조향회전력을 조향핸들에서 조향기어로 전달하는 축을 말한다.

⑪ **전기관련 용어**

ㄱ **고전원전기장치** : 구동축전지, 전력변환장치, 구동전동기, 연료전지 등 자동차의 구동을 목적으로 하는 장치로서 작동전압이 직류 60볼트 초과 1,500볼트 이하이거나 교류(실효치를 말한다) 30볼트 초과 1,000볼트 이하의 전기장치를 말한다.

ㄴ **구동축전지** : 자동차의 구동을 목적으로 전기에너지를 저장하는 축전지 또는 이와 유사한 기능을 하는 전기에너지 저장매체를 말한다.

ㄷ **구동전동기** : 자동차의 구동을 목적으로 전기에너지를 회전운동하는 기계적 에너지로 변환하는 장치를 말한다.

ㄹ **활선도체부** : 통상 사용상태에서 전기적으로 통전(通電)되는 도체(導體) 또는 도전성(導電性)부위를 말한다.

ㅁ **연료전지** : 수소를 사용하여 전기에너지를 발생시키는 장치를 말한다.

⑫ **기준선 및 단면 관련용어**

ㄱ **차량중심선** : 차량좌표계에서 가장 앞의 차축의 중심점과 가장 뒤의 차축의 중심점을 통과하는 직선을 말한다.

ㄴ **수직종단면** : 차량좌표계에서 x축과 z축을 포함하는 단면(x-z)을 말한다.

ㄷ **수직횡단면** : 차량좌표계에서 y축과 z축을 포함하는 단면(y-z)을 말한다.

ㄹ **수평면** : 차량좌표계에서 x축과 y축을 포함는 단면(x-y)을 말한다.

ㅁ **측면기준선** : 직선자를 자동차의 너비방향면에 평행하고 지면에 수직하게 하여 자동차의 측면방향으로 45도 기울여서 자동차 측면표면과 접촉을 시킨 상태로 자동차의 측면을 따라 앞뒤로 움직일 때 직선자와 자동차구조물간의 가장 높은 접점의 연장선을 말한다.

ㅂ **횡단경계선** : 줄자의 한쪽 끝을 범퍼 앞면에서 수직한 지면에 놓고 다른 한쪽 끝을 자동차 앞면 구조물 표면에 놓은 상태로 후드와 범퍼를 따라 좌우로 움직일 때 앞면 구조물 표면에 발생하는 접점의 연장선을 말한다.

ⓐ 범퍼하부기준선높이 : 직선자를 자동차길이방향면에 평행하고 지면에 수직하게 하여 직선자를 자동차길이방향 뒤쪽으로 25도 기울여 지면 및 범퍼 표면과 접촉시킨 상태로 자동차의 앞면을 따라 좌우로 움직일 때 직선자와 범퍼간의 가장 낮은 접점의 연장선을 말한다.

⑬ 트레일러 관련용어

ⓐ 풀트레일러 : 자동차 및 적재물 중량의 대부분을 해당 자동차의 차축으로 지지하는 구조의 피견인자동차를 말한다.

ⓑ 저상트레일러 : 중량물의 운송에 적합하고 세미트레일러의 구조를 갖춘 것으로서, 대부분의 상면지상고가 1,100밀리미터 이하이며 견인자동차의 커플러 상부높이보다 낮게 제작된 피견인자동차를 말한다.

ⓒ 세미트레일러 : 그 일부가 견인자동차의 상부에 실리고, 해당 자동차 및 적재물 중량의 상당 부분을 견인자동차에 분담시키는 구조의 피견인자동차를 말한다.

ⓓ 센터차축트레일러 : 균등하게 적재한 상태에서의 무게중심이 차량축 중심의 앞쪽에 있고, 견인자동차와의 연결장치가 수직방향으로 굴절되지 아니하며, 차량총중량의 10퍼센트 또는 1천 킬로그램보다 작은 하중을 견인자동차에 분담시키는 구조로서 1개 이상의 축을 가진 피견인자동차를 말한다.

ⓔ 모듈트레일러 : 초대형 중량물의 운송을 위하여 단독으로 또는 2대 이상을 조합하여 운행할 수 있도록 되어 있는 구조로서 하중을 골고루 분산하기 위한 장치를 갖춘 피견인자동차를 말한다.

⑭ 기타 용어

ⓐ 자율주행시스템 : 운전자 또는 승객의 조작 없이 주변 상황과 도로 정보 등을 스스로 인지하고 판단하여 자동차를 운행할 수 있게 하는 자동화 장비, 소프트웨어 및 이와 관련한 일체의 장치를 말한다.

ⓑ 카메라모니터 시스템 : 카메라와 모니터를 결합하여 간접시계확보를 하는 장치를 말한다.

ⓒ 유효조광면적 : 등화렌즈의 바깥둘레를 기준으로 산정한 면적에서 반사기렌즈의 면적과 등화부착용 나사머리부의 면적등을 제외한 면적을 말한다.

ⓓ 간접시계장치 : 거울 또는 카메라모니터 시스템을 이용하여 자동차의 앞면, 뒷면 또는 옆면의 시계(視界)범위를 확보하기 위한 장치를 말한다.

ⓔ 접지부분 : 적정공기압의 상태에서 타이어가 지면과 접촉되는 부분을 말한다.

(2) 구조 및 장치의 안전성 확보 및 범위

① **구조 및 장치의 안전성 확보**〈제3조〉: 자동차 및 이륜자동차의 구조 및 장치는 안전운행을 확보할 수 있도록 제작되거나 정비되어야 한다.

② **자동차의 안전운행에 필요한 장치의 범위**〈제3조의2〉: 「자동차관리법 시행령」에 따른 자율주행시스템을 말한다.

2 자동차의 안전기준

(1) 길이·너비 및 높이〈제4조〉

① 자동차의 길이·너비 및 높이는 다음의 기준을 초과하여서는 아니된다.
   ㉠ 길이 : 13미터(연결자동차의 경우에는 16.7미터를 말한다)
   ㉡ 너비 : 2.5미터[간접시계장치·환기장치 또는 밖으로 열리는 창의 경우 이들 장치의 너비는 「자동차관리법」 제3조제1항제1호에 따른 승용자동차(이하 "승용자동차"라 한다)에 있어서는 25센티미터, 기타의 자동차에 있어서는 30센티미터. 다만, 피견인자동차의 너비가 견인자동차의 너비보다 넓은 경우 그 견인자동차의 간접시계장치에 한하여 피견인자동차의 가장 바깥쪽으로 10센티미터를 초과할 수 없다]
   ㉢ 높이 : 4미터

② 제1항에 따라 자동차의 길이·너비 및 높이를 측정할 때 다음의 기준에 따라야 한다.
   ㉠ 공차상태일 것
   ㉡ 직진상태에서 수평면에 있는 상태일 것
   ㉢ 차체 밖에 부착하는 간접시계장치, 안테나, 밖으로 열리는 창, 긴급자동차의 경광등 및 환기장치 등의 바깥 돌출부분은 이를 제거하거나 닫은 상태일 것
   ㉣ 적재 물품을 고정하기 위한 장치 등 국토교통부장관이 고시하는 항목은 측정대상에서 제외할 것

③ **최저지상고**〈제5조〉: 공차상태의 자동차에 있어서 접지부분외의 부분은 지면과의 사이에 10센티미터 이상의 간격이 있어야 한다. 다만, 특수작업용자동차, 경주용자동차등 국토교통부장관이 당해 자동차의 제작목적상 필요하다고 인정하는 자동차의 경우에는 그러하지 아니하다.

(2) **차량중량 및 중량분포**

① **차량총중량등**〈제6조〉

　　㉠ 자동차의 차량총중량은 20톤(승합자동차의 경우에는 30톤, 화물자동차 및 특수자동차의 경우에는 40톤), 축하중은 10톤, 윤중은 5톤을 초과하여서는 아니된다.

　　㉡ ㉠의 규정에 의한 차량총중량·축하중 및 윤중은 연결자동차의 경우에도 또한 같다.

　　㉢ 초소형승용자동차의 경우 차량중량은 600킬로그램을, 초소형화물자동차의 경우 차량중량은 750킬로그램을 초과하여서는 아니 된다.

② **중량분포**〈제7조〉

　　㉠ 자동차의 조향바퀴의 윤중의 합은 차량중량 및 차량총중량의 각각에 대하여 20퍼센트(3륜의 경형 및 소형자동차의 경우에는 18퍼센트)이상이어야 한다.

　　㉡ 견인자동차는 피견인자동차(풀트레일러를 제외한다)를 연결한 상태에서 제1항의 기준에 적합하여야 한다.

(3) **최대안전경사각도 및 최소회전반경**

① **최대안전경사각도**〈제8조〉

　　㉠ 자동차(연결자동차를 포함한다)는 다음에 따라 좌우로 기울인 상태에서 전복되지 아니하여야 한다.

　　　• 승용자동차, 화물자동차, 특수자동차 및 승차정원 10명 이하인 승합자동차 : 공차상태에서 35도(차량총중량이 차량중량의 1.2배 이하인 경우에는 30도)

　　　• 승차정원 11명 이상인 승합자동차 : 적차상태에서 28도

　　㉡ 다음의 자동차에 대해서는 ㉠에 따른 최대안전경사각도 기준을 적용하지 않는다.

　　　• 진공흡입청소를 위한 구조·장치를 갖춘 특수용도형 화물자동차

　　　• 고소작업·방송중계·교량점검·이삿짐운반을 위한 구조·장치를 갖춘 특수용도형 특수자동차 및 구난형 특수자동차

② **최소회전반경**〈제9조〉

　　㉠ 자동차의 최소회전반경은 바깥쪽 앞바퀴자국의 중심선을 따라 측정할 때에 12미터를 초과하여서는 아니된다.

　　㉡ ㉠에도 불구하고 승합자동차의 경우에는 해당 자동차가 반지름 5.3미터와 12.5미터의 동심원 사이를 회전하였을 때 그 차체가 각 동심원에 모두 접촉되어서는 안 된다.

> **⚙ Plus tip**
>
> **접지부분 및 접지압력〈제10조〉**
> 적차상태의 자동차의 접지부분 및 접지압력은 다음의 기준에 적합하여야 한다.
> ㉠ 접지부분은 소음의 발생이 적고 도로를 파손할 위험이 없는 구조일 것
> ㉡ 무한궤도를 장착한 자동차의 접지압력은 무한궤도 1제곱센티미터당 3킬로그램을 초과하지 아니할 것

(4) 원동기 및 동력전달장치〈제11조〉

① 자동차의 원동기는 원동기 각부의 작동에 이상이 없어야 하며, 주시동장치 및 정지장치는 운전자의 좌석에서 원동기를 시동 또는 정지시킬 수 있는 구조이어야 한다.

② 자동차의 동력전달장치는 안전운행에 지장을 줄 수 있는 연결부의 손상 또는 오일의 누출등이 없어야 한다.

③ 경유를 연료로 사용하는 자동차의 조속기(연료 분사량 조정기를 말한다)는 연료의 분사량을 임의로 조작할 수 없도록 봉인을 해야 하며, 봉인을 임의로 제거하거나 조작 또는 훼손해서는 안 된다.

④ 초소형자동차의 최고속도가 매시 80킬로미터를 초과하지 않도록 원동기 및 동력전달장치를 설계 · 제작하여야 한다.

(5) 주행장치〈제12조〉

① 자동차의 공기압타이어는 별표 1의2 기준에 적합해야 한다.

② 자동차의 타이어 및 기타 주행장치의 각부는 견고하게 결합되어 있어야 하며, 갈라지거나 금이 가고 과도하게 부식되는 등의 손상이 없어야 한다.

③ 자동차(승용자동차를 제외한다)의 바퀴 뒤쪽에는 흙받이를 부착하여야 한다.

④ 승용자동차와 차량총중량 3.5톤 이하의 승합(피견인자동차로 한정한다) · 화물 · 특수자동차에 장착되는 휠은 제112조의11에 따른 기준에 적합하여야 하고, 브레이크라이닝 마모상태를 휠의 탈거(脫去) 없이 확인할 수 있는 구조이어야 한다. 다만, 초소형자동차는 제외한다.

(6) 타이어공기압경고장치〈제12조의2〉

① 승용자동차와 차량총중량이 3.5톤 이하인 승합 · 화물 · 특수자동차에는 타이어공기압경고장치를 설치하여야 한다. 다만, 복륜(複輪)인 자동차, 피견인자동차 및 초소형자동차는 제외한다.

② 타이어공기압경고장치는 다음의 기준에 적합해야 한다.
   ㉠ 최소한 시속 40킬로미터부터 해당 자동차의 최고속도까지의 범위에서 작동될 것
   ㉡ 경고등은 다음의 기준에 적합할 것
     • 시동장치의 열쇠가 원동기 작동 위치에 있는 상태에서 점등되고 정상상태 시 소등될 것. 다만, 공유구역에 표시되는 식별표시에서는 그렇지 않다.
     • 운전자가 낮에도 운전석에서 맨눈으로 쉽게 식별할 수 있을 것

(7) 조종장치등〈제13조〉

① 자동차에 설치된 다음의 조종장치 및 표시장치는 운전자가 좌석안전띠(이하 "안전띠"라 한다)를 착용한 상태에서 쉽게 조작 및 식별할 수 있도록 배치하여야 한다.
   ㉠ 주시동장치 · 정지장치 · 가속제어장치 및 기타 원동기의 조작장치
   ㉡ 제동장치 및 동력전달장치의 조작장치
   ㉢ 변속장치 · 창닦이기 · 세정액분사장치 · 서리제거장치 · 안개제거장치 · 전조등 · 등화점등장치 · 비상경고신호등 · 방향지시등 및 경음기의 조작장치
   ㉣ 속도계 · 방향지시등 · 주행빔 · 연료장치 · 원동기냉각수 · 윤활유 · 제동경고등 · 충전장치 및 경제운전의 표시장치

② 가속제어장치의 복귀장치는 가속페달에서 작용력을 제거할 때에 원동기의 가속제어장치를 가속위치에서 공회전위치로 복귀시킬 수 있는 장치가 최소한 2개 이상이어야 하며, 변속장치의 조종레버(변속레버에 표시가 곤란한 경우에는 운전자가 식별하기 쉬운 위치)에는 변속단수별 조작위치를 표시하여야 한다.

③ 자동변속장치는 다음의 기준에 적합하여야 한다.

    ㉠ 중립위치는 전진위치와 후진위치 사이에 있을 것

    ㉡ 조종레버가 조향기둥에 설치된 경우 조종레버의 조작방향은 중립위치에서 전진위치로 조작되는 방향이 시계방향일 것

    ㉢ 주차위치가 있는 경우에는 후진위치에 가까운 끝부분에 있을 것. 다만, 순서대로 조작되지 아니하는 조종레버를 갖춘 경우에는 그러하지 아니하다.

    ㉣ 조종레버가 전진 또는 후진위치에 있는 경우 원동기가 시동되지 아니할 것. 다만, 다음의 어느 하나에 해당하는 자동차의 경우에는 그러하지 아니하다.

       • 하이브리드자동차

       • 전기자동차

       • 원동기의 구동이 모두 정지될 경우 변속기가 자동으로 중립위치로 변환되는 구조를 갖춘 자동차

       • 주행하다가 정지하면 원동기의 시동을 자동으로 제어하는 장치를 갖춘 자동차

    ㉤ 전진변속단수가 2단계 이상일 경우 매시 40킬로미터 이하의 속도에서 어느 하나의 변속단수의 원동기제동효과는 최고속변속단수에서의 원동기제동효과보다 클 것

④ 자동차에 별표 2에서 정하고 있는 손조작식 조종장치를 설치하는 경우에는 동표에서 정하는 조종장치의 식별단어·약어 또는 식별부호(이하 "식별표시"라 한다)를 표시하여야 하며, 조명기준에 적합하여야 한다. 다만, 조향기둥 좌우측에 위치한 방향지시등·비상점멸표시등·창닦이기 및 세정액분사장치 등의 레버식조종장치의 경우에는 그러하지 아니하다.

⑤ 자동차의 차실안에 별표 2에서 정하고 있는 표시장치를 설치하는 경우에는 동표에서 정하는 식별표시를 표시하여야 하며, 조명 및 색상기준에 적합하여야 한다. 다만, 자동차장치의 작동여부 및 상태의 정상여부를 나타내 주는 표시장치(이하 "자동표시기"라 한다)가 자동표시기외의 표시장치와 함께 사용되는 경우 당해자동표시기에 대하여는 그러하지 아니하다.

⑥ 자동차에 보조시동장치(전파등을 이용한 원격시동장치를 말한다)를 설치할 경우에는 조종레버가 전진 또는 후진위치에 있는 경우 원동기가 시동(크랭킹의 경우를 제외한다)되지 아니하는 구조로 설치하여야 한다.

⑦ 화물자동차 및 특수자동차에 상하로 움직일 수 있는 가변축을 설치하는 경우에는 가변축 인접축에 다음의 하중 중 작은 하중을 초과하는 하중이 가해지면 자동으로 가변축을 하향시키고 상승조작이 불가능하며 총중량의 하중을 받아 하향된 가변축이 받는 하중은 인접축이 받는 하중의 30퍼센트부터 100퍼센트까지의 하중을 분담하는 구조로 설치해야 한다.

    ㉠ 제6조에 따른 축하중

    ㉡ 「자동차관리법 시행규칙」 별지 제25호서식에 따른 자동차제원표에 적힌 축별설계허용하중(이하 "축별설계허용하중"이라 한다)

⑧ 험로(險路) 탈출 등을 위해 가변축의 일시적 조작이 필요한 경우에는 제7항에도 불구하고 다음의 기준에 적합한 가변축 수동조작장치를 설치할 수 있다.

    ㉠ 각 축이 분담하는 하중은 15톤의 범위에서 축별설계허용하중의 130퍼센트를 초과하지 않을 것

    ㉡ 수동조작장치를 사용하여 가변축을 상승조작할 때 자동차의 전방방향으로 가변축보다 앞쪽에 설치된 차축 중 최소 1개 이상의 차축은 지면에서 들리지 않을 것

    ㉢ 자동차가 험로를 탈출한 후 매시 30킬로미터를 초과하기 전에 하중을 분담하기 위해 가변축이 자동으로 하강하기 시작하는 구조일 것

(8) 조향장치〈제14조〉

① 자동차의 조향장치의 구조는 다음의 기준에 적합해야 한다.

    ㉠ 조향장치의 각부는 조작시에 차대 및 차체등 자동차의 다른 부분과 접촉되지 아니하고, 갈라지거나 금이 가고 파손되는 등의 손상이 없으며, 작동에 이상이 없을 것

    ㉡ 조향장치는 조작시에 운전자의 옷이나 장신구등에 걸리지 아니할 것

    ㉢ 다음의 자동차 구분에 따른 해당 속도로 반지름 50미터의 곡선에 접하여 주행할 때 자동차의 선회원(旋回圓)이 동일하거나 더 커지는 구조일 것

    • 승용자동차 : 시속 50킬로미터

    • 승용자동차 외의 자동차 : 시속 40킬로미터(최고속도가 시속 40킬로미터 미만인 경우에는 해당 자동차의 최고속도)

    ㉣ 자동차를 최고속도(연결자동차의 경우에는 견인자동차의 최고속도를 말한다)까지 주행하는 동안 조향핸들이 비정상적으로 조작되거나 조향장치가 비정상적으로 진동되지 아니하고 직진 주행이 가능할 것. 다만, ㉢의 첫 번째 내용에 따른 조향장치에 의한 진동은 제외한다.

ⓜ 자동차(연결자동차를 포함한다)가 정상적인 주행을 하는 동안 발생되는 응력(변형력)에 견딜 것

ⓗ 조향장치(피견인자동차를 조향하는 제어장치를 포함한다)는 자기장이나 전기장에 의하여 작동에 영향을 받지 아니할 것

ⓢ 조향장치의 결합구조를 조절하는 장치는 잠금장치에 의하여 고정되도록 할 것

ⓞ 조향바퀴는 뒷바퀴에만 있어서는 아니 될 것. 다만, 세미트레일러는 그러하지 아니하다.

ⓩ 조향장치 중 기계적인 강성이 필요한 모든 관련 부품은 제동장치 등과 같은 필수부품과 동등한 안전특성으로 충분한 크기를 갖추어야 하고, 그 부품의 고장으로 자동차를 조종하지 못할 것으로 우려되는 부품은 금속 또는 이와 동등한 특성을 갖는 재질로 제작되어야 하며, 정상적인 작동 중일 때에는 해당 부품에 심각한 변형이 발생하지 아니할 것

⓬ 조향장치의 기능을 저해시키는 고장(기계적인 부품의 고장은 제외한다)이 발생한 경우에는 운전자가 고장을 명백하게 확인할 수 있는 경고장치를 갖출 것. 다만, 다음의 어느 하나에 해당하는 경우에는 경고장치를 갖춘 것으로 본다.
  • 고장 시 조향장치에 의도적으로 진동을 발생시키도록 하는 구조인 경우
  • 고장 시 자동차(피견인자동차는 제외한다)의 조향 조종력이 증가되는 구조인 경우
  • 피견인자동차의 경우 고장 시 기계적인 표시기를 갖춘 구조인 경우

② 조향핸들의 유격(조향바퀴가 움직이기 직전까지 조향핸들이 움직인 거리를 말한다)은 당해 자동차의 조향핸들지름의 12.5퍼센트 이내이어야 한다.

③ 조향바퀴의 옆으로 미끄러짐이 1미터 주행에 좌우방향으로 각각 5밀리미터 이내이어야 하며, 각 바퀴의 정렬상태가 안전운행에 지장이 없어야 한다.

(9) 차로이탈경고장치〈제14조의2〉

① 승합자동차(경형승합자동차는 제외한다) 및 차량총중량 3.5톤을 초과하는 화물·특수자동차에는 차로 이탈 경고 장치를 설치하여야 한다.

② 다만, 다음의 어느 하나에 해당하는 자동차는 차로 이탈 경고 장치를 설치하지 않아도 된다.
  ㉠ 피견인자동차
  ㉡ 「자동차관리법 시행규칙」 별표 1에 따른 덤프형 화물자동차

ⓒ 「자동차관리법 시행규칙」별지 제25호 서식에 따른 자동차제원표에 입석
정원이 기재된 자동차

ⓓ 그 밖에 국토교통부장관이 자동차의 구조나 운행여건 등으로 차로이탈경
고장치를 설치하기가 곤란하거나 불필요하다고 인정하는 자동차

⑽ 제동장치〈제15조〉

① 자동차(초소형자동차 및 피견인자동차를 제외한다)에는 주제동장치와 주차
중에 주로 사용하는 제동장치(이하 "주차제동장치"라 한다)를 갖추어야 하
며, 그 구조와 제동능력은 다음의 기준에 적합해야 한다.

ⓐ 주제동장치와 주차제동장치는 각각 독립적으로 작용할 수 있어야 하며,
주제동장치는 모든 바퀴를 동시에 제동하는 구조일 것

ⓑ 주제동장치의 계통 중 하나의 계통에 고장이 발생하였을 때에는 그 고장
에 의하여 영향을 받지 아니하는 주제동장치의 다른 계통 등으로 자동차
를 정지시킬 수 있고, 제동력을 단계적으로 조절할 수 있으며 계속적으
로 제동될 수 있는 구조일 것

ⓒ 제동액 저장장치에는 제동액에 대한 권장규격을 표시할 것

ⓓ 주제동장치에는 라이닝 등의 마모를 자동으로 조정할 수 있는 장치를 갖
출 것. 다만, 차량총중량이 3.5톤을 초과하는 화물자동차 및 특수자동차
로서 모든 바퀴로 구동할 수 있는 자동차의 주제동장치와 차량총중량이
3.5톤 이하인 화물자동차 및 특수자동차의 후축의 주제동장치의 경우에
는 그러하지 아니하다.

ⓔ 주제동장치의 라이닝 마모상태를 운전자가 확인할 수 있도록 경고장치
(경고음 또는 황색경고등을 말한다)를 설치하거나 자동차의 외부에서 맨
눈으로 확인할 수 있는 구조일 것.

ⓕ 에너지저장장치에 의하여 작동되는 주제동장치에는 2개(에너지 저장장치
에 의하지 아니하고 운전자의 힘으로만 기계적으로 주제동장치가 작동될
수 있는 구조의 경우는 1개) 이상의 독립된 에너지저장장치를 설치하여
야 하고, 각 에너지저장장치는 제4항의 기준에 적합한 경고장치를 설치
할 것

ⓢ 주차제동장치는 기계적인 장치에 의하여 잠금상태가 유지되는 구조일 것

ⓞ 주차제동장치는 주행중에도 제동을 시킬 수 있는 구조일 것

ⓩ 공기식(공기배력유압식을 포함한다) 주제동장치를 설치한 자동차는 다음의 기준에 적합한 구조를 갖출 것

- 각 계통별 에너지저장장치의 공기압력을 나타내는 압력계는 운전자가 보기 쉬운 위치에 설치할 것
- 2개 이상의 독립된 계통을 갖춘 공기식 주제동장치는 제동조종장치와 제동바퀴 사이에서 공기누설이 발생할 경우 누설된 공기를 대기중으로 배출시키는 구조일 것

ⓒ 주제동장치의 급제동능력은 건조하고 평탄한 포장도로에서 주행중인 자동차를 급제동할 때 별표 3의 기준에 적합할 것

ⓚ 주제동장치의 제동능력과 조작력은 별표 4의 기준에 적합할 것

ⓣ 주차제동장치의 제동능력과 조작력은 별표 4의2의 기준에 적합할 것

② 초소형자동차에는 주제동장치와 주차제동장치를 갖추어야 하며, 그 구조와 제동능력은 다음의 기준에 적합해야 한다.

ㄱ 주제동장치로 발조작식 분할제동장치 또는 발조작식 연동제동장치 및 보조제동장치를 갖출 것. 다만, 주차제동장치가 보조제동장치 성능에 적합할 경우 주차제동장치를 보조제동장치로 사용할 수 있다.

ㄴ 주제동장치와 주차제동장치는 각각 독립적으로 작동할 수 있어야 하고, 주제동장치는 모든 바퀴를 동시에 제동하는 구조일 것

ㄷ 제동력을 전달하기 위하여 유압유체를 사용하는 마스터실린더를 갖춘 경우에는 다음의 기준에 적합한 제동액 저장장치를 갖출 것

- 덮개로 밀봉하여 제동액을 외부와 격리시키는 구조일 것
- 브레이크 라이닝 간극(間隙)을 최대로 한 상태에서 새로운 라이닝이 완전히 마모될 때까지의 유체 소요량의 1.5배에 상당하는 저장장치 용량을 갖출 것
- 덮개를 열지 않고도 유량 수준을 확인할 수 있는 구조일 것

ㄹ 주제동장치에는 라이닝 등의 마모를 자동으로 감지하여 조정할 수 있는 장치를 갖출 것

ㅁ 주제동장치의 라이닝 마모상태를 운전자가 확인할 수 있도록 경고장치(경고음 또는 황색경고등을 말한다)를 설치하거나 자동차의 외부에서 맨눈으로 확인할 수 있는 구조일 것

ㅂ 주차제동장치에는 기계적인 장치에 의하여 잠금상태가 유지되도록 하고, 주행 중에도 제동할 수 있는 구조일 것

ⓐ 바퀴잠김방지식 주제동장치를 갖춘 초소형자동차에는 황색경고등이 설치 되어야 하며, 시동장치의 열쇠를 작동위치로 조작할 때 켜졌다가 고장이 없으면 꺼지고, 고장이 있으면 켜진 상태가 지속되도록 할 것

ⓞ 주제동장치의 급제동능력은 건조하고 평탄한 포장도로에서 주행 중인 자 동차를 급제동할 때 별표 3의 기준에 적합할 것

ⓩ 주제동장치의 제동능력과 조작력은 별표 4의 기준에 적합할 것

ⓒ 주차제동장치의 제동능력과 조작력은 별표 4의2의 기준에 적합할 것

③ 피견인자동차(차량총중량이 0.75톤 이하인 피견인자동차를 제외한다)의 제 동장치는 다음의 기준에 적합한 구조이어야 한다.

ㄱ ①의 ㉠·㉣(차량총중량이 3.5톤 이하인 피견인자동차를 제외한다)·㉮· ⓐ 및 ⓩ 내지 ㉧의 기준에 적합할 것

ㄴ 피견인자동차의 주제동장치는 견인자동차의 주제동장치와 연동하여 작동 하는 구조일 것

ㄷ 피견인자동차의 제동장치는 주행중 견인자동차와의 연결장치가 분리되는 경우 피견인자동차를 자동적으로 정지시키는 구조일 것. 다만, 차량총중 량이 1.5톤 이하인 피견인자동차가 체인·와이어로프 등 보조연결장치에 의하여 조절되고 연결봉이 지면에 닿지 아니하는 경우에는 그러하지 아 니하다.

ㄹ 피견인자동차의 주차제동장치는 견인자동차에서 분리되어 있는 경우 독 립적으로 작동시킬 수 있는 구조일 것

④ 자동차(초소형자동차 및 피견인자동차는 제외한다)의 주제동장치에는 제동 액의 기준유량(공기식의 경우에는 기준공기압을 말한다)이 부족할 경우 등 제동기능의 결함을 운전자에게 알려주는 경고장치를 설치하여야 하고, 경 고장치는 다음 중 ㄱ 및 ㄴ 또는 ㄱ 및 ㄷ의 기준에 적합하여야 한다.

ㄱ 경고장치에 사용되는 경고음 또는 경고등은 다른 경고장치의 경고음 또 는 경고등과 구별이 될 수 있을 것. 다만, 주차제동장치의 표시장치와 겸용으로 사용하는 경우에는 그러하지 아니하다.

ㄴ 경고장치의 경고등은 충분한 밝기를 갖춘 적색의 등화로서 운전자가 쉽 게 확인할 수 있는 위치에 설치할 것

ㄷ 경고장치의 경고음은 운전자의 귀의 위치에서 측정할 때에 승용자동차의 경우에는 65데시벨 이상, 그 밖의 자동차의 경우에는 75데시벨 이상일 것. 다만, 경유를 연료로 사용하는 승용자동차의 경우에는 70데시벨 이 상이어야 한다.

⑤ 차량총중량이 3.5톤 이하인 피견인자동차(세미트레일러형을 제외한다)는 다음의 기준에 적합한 관성제동구조의 주제동장치(이하 "관성제동장치"라 한다) 또는 ⑦의 기준에 적합한 전기식 주제동장치와 주차제동장치를 설치할 수 있다.

   ㉠ 주행중에 사용하는 관성제동장치와 주차중에 사용하는 주차제동장치를 모두 갖출 것

   ㉡ 관성제동장치와 주차제동장치는 각각 독립적으로 작용할 수 있어야 하며, 관성제동장치는 모든 바퀴를 동시에 제동할 수 있는 구조일 것

   ㉢ 연결자동차의 급제동능력이 ①의 ㉪ 기준에 적합할 것

   ㉣ 주차제동장치의 제동능력(견인자동차와 피견인자동차를 연결한 경우와 분리한 경우를 모두 포함한다)은 11도 30분의 경사면에서 정지상태를 유지할 수 있을 것

   ㉤ 관성제동장치의 구조는 별표 4의4의 기준에 적합할 것

   ㉥ 국토교통부장관이 정하여 고시하는 관성제동장치 세부기준 및 시험방법에 적합할 것

⑥ 자동차에는 다음의 기준에 적합한 바퀴잠김방지식 주제동장치를 설치하여야 한다. 다만, 초소형자동차와 차량총중량이 3.5톤 이하인 캠핑용트레일러·피견인자동차는 제외한다.

   ㉠ 바퀴잠김방지식 주제동장치가 고장이 발생하였을 때 운전자가 쉽게 확인할 수 있는 황색경고등을 설치할 것

   ㉡ 바퀴잠김방지식 주제동장치가 설치된 피견인자동차를 견인하는 견인자동차의 경우에는 피견인자동차의 바퀴잠김방지식 주제동장치가 고장이 발생하였을 때 견인자동차의 운전자가 쉽게 확인할 수 있는 별도의 황색경고등을 설치할 것

   ㉢ ㉠ 및 ㉡의 황색경고등은 시동장치의 열쇠를 작동위치로 조작한 때에 켜졌다가 고장이 없는 경우에는 꺼지고, 고장이 있는 경우에는 켜진 상태가 지속되는 구조일 것

   ㉣ 피견인자동차의 바퀴잠김방지식 주제동장치는 견인자동차의 바퀴잠김방지식 주제동장치와 연동하여 작동하는 구조일 것

⑦ 전기식(제동력 전달계통이 전기식인 경우를 말한다) 주제동장치가 설치된 차량총중량 3.5톤 이하인 피견인자동차를 견인하는 견인자동차는 다음의 기준에 적합한 구조를 갖추어야 한다.

ⓒ 전원공급장치(발전기와 축전지를 말한다)는 피견인자동차의 전기식 주제 동장치에 충분한 전류를 공급하는 용량을 갖출 것

ⓛ 제동장치의 전기회로는 과부하시에도 단락(斷絡)이 발생하지 않을 것

ⓒ 2개 이상의 독립된 계통을 갖춘 주제동장치의 경우에는 하나의 계통에서 고장이 발생하였을 때 다른 계통으로 피견인자동차를 부분적 또는 전체적으로 제동시킬 수 있을 것

ⓐ 전기식 주제동장치를 작동시키기 위한 제동작동회로는 여유부하를 갖추고 있는 경우에 한하여 견인자동차의 제동등과 병렬로 연결을 할 수 있을 것

⑧ 연결자동차의 제동장치는 다음의 기준에 적합하여야 한다.

ⓒ ① 및 ③부터 ⑦까지의 기준에 적합할 것

ⓛ 공기식(공기배력유압식을 포함한다) 주제동장치가 설치된 견인자동차는 견인자동차와 피견인자동차 사이의 공기라인에 고장이 발생한 경우 자동적으로 공기가 차단되는 구조일 것

ⓒ 견인자동차의 주제동장치는 피견인자동차의 제동장치에 고장이 발생하거나 견인자동차와 피견인자동차 사이의 공기라인이 차단되는 경우에도 견인자동차를 정지시킬 수 있는 구조일 것

ⓐ 차량총중량이 3.5톤을 초과하는 피견인자동차를 견인하는 견인자동차의 제동장치는 다음의 기준에 적합할 것

• 주제동장치의 계통 중 하나의 계통에 고장이 발생하였을 때에는 그 고장에 의하여 영향을 받지 아니하는 주제동장치의 다른 계통 등으로 피견인자동차의 제동력을 조절하여 정지시킬 수 있을 것

• 피견인자동차와 연결된 공기라인 중 하나의 공기라인에 고장이 발생하였을 때에 피견인자동차가 자동으로 제동되거나 견인자동차에서 피견인자동차를 부분적 또는 전체적으로 제동시킬 수 있을 것

• 스프링제동장치가 설치된 경우에는 공기압력의 손실로 인하여 스프링제동장치가 자동적으로 작동될 때 피견인자동차도 자동적으로 제동될 것

• 차량총중량이 3.5톤을 초과하는 피견인자동차를 견인하는 견인자동차의 주제동장치·비상제동장치 또는 주차제동장치는 피견인자동차의 주제동장치와 동시에 연동하여 작동되는 구조일 것. 다만, 피견인자동차의 제동이 연결자동차의 안정성을 위하여 단독으로 자동작동하는 경우에는 그러하지 아니하다.

ⓜ 견인자동차와 공기식(공기배력유압식을 포함한다. 이하 이 호에서 같다) 제동장치를 갖춘 피견인자동차가 연결된 상태에서의 주차제동능력은 피견인자동차의 공기식 제동장치와 연동되지 아니한 상태에서 견인자동차의 주차제동장치의 기계적인 작동만으로 주차제동이 가능할 것. 다만, 견인자동차의 주차제동장치의 기계적인 작동만으로 연결자동차의 주차제동이 가능하다는 사실을 운전자가 확인할 수 있는 구조를 갖추고 있는 경우에는 피견인자동차의 공기식 제동장치와 견인자동차의 주차제동장치를 연동하여 작동하게 할 수 있다.

⑨ 제동등은 다음의 경우에 점등되고, 제동력이 해제될 때까지 점등상태가 유지되어야 한다. 다만, 선택적 제동에 의한 경우에는 제동등이 점등되지 아니하여야 하며, 보조제동장치에 의한 제동의 경우에는 감가속도에 따라 점등되거나 점등되지 아니하도록 할 수 있다.

    ㉠ 운전자의 조작에 의하여 주제동장치가 작동된 경우

    ㉡ 자동제어제동에 의하여 주제동장치가 작동된 경우. 다만, 감가속도가 매 제곱초 0.7미터($0.7^m/_s$) 미만인 경우 점등되지 아니할 수 있다.

⑩ ⑨에도 불구하고 긴급제동신호장치 또는 전기회생제동장치(승용자동차에 한정한다)를 갖춘 자동차의 제동등(보조제동등을 포함한다. 이하 이 항에서 같다) 또는 방향지시등은 다음의 작동기준에 적합하여야 한다.

    ㉠ 긴급제동신호장치를 갖춘 자동차의 제동등 또는 방향지시등은 급제동 시 별표 5의2 제1호의 긴급제동신호의 작동기준에 적합하게 작동될 것

    ㉡ 가속페달 해제에 의하여 감속도가 발생하는 전기회생제동장치를 갖춘 자동차의 제동등은 별표 5의2 제2호의 제동등 작동기준에 적합하게 작동될 것

⑪ 전기회생제동장치를 갖춘 승용자동차의 제동장치는 다음의 기준에 적합하여야 한다.

    ㉠ 전기회생제동장치가 바퀴잠김방지식 주제동장치의 작동에 영향을 주지 아니할 것

    ㉡ 전기회생제동장치가 주제동장치의 일부로 작동되는 경우에는 다음의 기준에 적합한 구조를 갖출 것

      • 주제동장치 작동 시 전기회생제동장치가 독립적으로 제어될 수 있는 경우에는 자동차에 요구되는 제동력(이하 이 호에서 "요구제동력"이라 한다)을 전기회생제동력과 마찰제동력 간에 자동으로 보상하는 구조일 것

- 전기회생제동력이 해제되는 경우에는 마찰제동력이 작동하여 1초 내에 해제 당시 요구제동력의 75퍼센트 이상 도달하는 구조일 것
- 주제동장치는 하나의 조종장치에 의하여 작동되어야 하며, 그 외의 방법으로는 제동력의 전부 또는 일부가 해제되지 아니하는 구조일 것
- 주제동장치의 제동력은 동력 전달계통으로부터의 구동전동기 분리 또는 자동차의 변속비에 영향을 받지 아니하는 구조일 것

⑫ 자동차(초소형자동차는 제외한다)에 장착되는 브레이크호스와 브레이크라이닝은 각각 제112조의2와 제112조의10에 따른 기준에 적합하여야 한다.

⑬ 자동차에는 별표 4의3의 성능기준에 적합한 제동력지원장치를 설치하여야 한다. 다만, 초소형자동차, 피견인자동차 및 차량총중량이 3.5톤을 초과하는 승합·화물·특수자동차는 제외한다.

⑭ 제동력 제어계통이 전기식인 승용자동차의 주제동장치는 별표 4의5의 주제동장치의 구조 및 성능기준에 적합하여야 한다.

(11) 자동차안정성제어장치〈제15조의2〉

① 자동차에는 자동차안정성제어장치를 설치하여야 한다. 다만, 다음 자동차는 제외한다.

ㄱ 4축 이상 자동차

ㄴ 피견인자동차

ㄷ 「자동차관리법 시행규칙」 별표 1에 따른 덤프형 화물자동차, 특수용도형 화물자동차, 구난형 특수자동차 및 특수용도형 특수자동차

ㄹ 초소형자동차

ㅁ 굴절버스

ㅂ 그 밖에 국토교통부장관이 자동차의 구조나 운행여건 등을 고려하여 자동차안정성제어장치의 설치가 곤란하거나 필요하지 않다고 인정한 자동차

② 자동차안정성제어장치는 다음 기준에 적합하여야 한다.

ㄱ 4개 바퀴(앞 차축 및 뒤 차축의 좌우 각각 한 개의 바퀴를 말한다)에 개별적으로 회전제동력(braking torque)을 발생시킬 수 있고, 이를 이용하여 제어하는 방식을 갖출 것

ㄴ 주행 중 다음의 어느 하나에 해당하는 경우 외에는 항상 작동할 수 있을 것

- 운전자가 자동차안정성제어장치의 기능을 정지시킨 경우
- 자동차의 속도가 시속 20킬로미터 미만인 경우
- 시동 시 자가 진단하는 경우
- 자동차를 후진하는 경우

ⓒ 바퀴잠김방지식 제동장치 또는 구동력 제어장치가 작동되더라도 지속적으로 작동될 것

ⓔ 고장 발생 시 점등되는 경고등(警告燈)을 갖출 것

⑿ 비상자동제동장치〈제15조의3〉

① 자동차(경형승합자동차 및 초소형자동차는 제외한다)에는 비상자동제동장치를 설치해야 한다.

② 다음의 어느 하나에 해당하는 자동차의 경우에는 그렇지 않다.

㉠ 피견인자동차

㉡ 「자동차관리법 시행규칙」 별표 1에 따른 덤프형 화물자동차

㉢ 「자동차관리법 시행규칙」 별지 제25호 서식에 따른 자동차제원표에 입석정원이 기재된 자동차

㉣ 그 밖에 국토교통부장관이 자동차의 구조나 운행여건 등으로 비상자동제동장치를 설치하기가 곤란하거나 불필요하다고 인정한 자동차

⒀ 완충장치〈제16조〉

① 자동차는 노면으로부터의 충격을 흡수할 수 있는 스프링 기타의 완충장치를 갖추어야 한다.

② ①의 규정에 의한 완충장치의 각부는 갈라지거나 금이 가고 탈락되는 등의 손상이 없어야 한다.

⑷ **연료장치**〈제17조〉

① 자동차의 연료탱크·주입구 및 가스배출구는 다음의 기준에 적합하여야 한다.

　ㄱ 연료장치는 자동차의 움직임에 의하여 연료가 새지 아니하는 구조일 것

　ㄴ 배기관의 끝으로부터 30센티미터 이상 떨어져 있을 것(연료탱크를 제외한다)

　ㄷ 노출된 전기단자 및 전기개폐기로부터 20센티미터 이상 떨어져 있을 것 (연료탱크를 제외한다)

　ㄹ 차실안에 설치하지 아니하여야 하며, 연료탱크는 차실과 벽 또는 보호판 등으로 격리되는 구조일 것

② 수소가스를 연료로 사용하는 자동차는 다음의 기준에 적합하여야 한다.

　ㄱ 자동차의 배기구에서 배출되는 가스의 수소농도는 평균 4%, 순간 최대 8%를 초과하지 아니할 것

　ㄴ 차단밸브(내압용기의 연료공급 자동 차단장치를 말한다. 이하 이 조에서 같다) 이후의 연료장치에서 수소가스 누출 시 승객거주 공간의 공기 중 수소농도는 1% 이하일 것

　ㄷ 차단밸브 이후의 연료장치에서 수소가스 누출 시 승객거주 공간, 수하물 공간, 후드 하부 등 밀폐 또는 반밀폐 공간의 공기 중 수소농도가 2±1% 초과 시 적색경고등이 점등되고, 3±1% 초과 시 차단밸브가 작동할 것

⑸ **전기장치 및 구동축전지**

① **전기장치**〈제18조〉 : 자동차의 전기장치는 다음의 기준에 적합하여야 한다.

　ㄱ 자동차의 전기배선은 모두 절연물질로 덮어씌우고, 차체에 고정시킬 것

　ㄴ 차실안의 전기단자 및 전기개폐기는 적절히 절연물질로 덮어씌울 것

　ㄷ 축전지는 자동차의 진동 또는 충격등에 의하여 이완되거나 손상되지 아니 하도록 고정시키고, 차실안에 설치하는 축전지는 절연물질로 덮어씌울 것

② **고전원전기장치**〈제18조의2〉 : 자동차의 고전원전기장치는 별표 5의 고전원 전기장치 절연 안전성 등에 관한 기준에 적합하여야 한다.

③ **구동축전지**〈제18조의3〉 : 자동차의 구동축전지는 다음 기준에 적합하여야 한다.

　ㄱ 차실과 벽 또는 보호판 등으로 격리되는 구조일 것

　ㄴ 설계된 범위를 초과하는 과충전을 방지하고 과전류를 차단할 수 있는 기능을 갖출 것

　ㄷ 국토교통부장관이 고시하는 물리적·화학적·전기적 및 열적 충격조건에서 발화 또는 폭발하지 아니할 것

⑯ 캠핑용자동차의 전기설비 및 캠핑설비의 안전기준〈제18조의4〉

① 「자동차관리법」에 따른 캠핑용자동차의 전기설비는 다음 기준에 적합해야 한다.
  ㉠ 외부전원 인입구는 물의 유입을 방지할 수 있는 구조일 것
  ㉡ 충전기는 과부하 보호기능을 갖출 것
  ㉢ 직류(DC) 60볼트 또는 교류(AC) 30볼트 이상의 고전압 부품은 별표 5 제4호가목에 따른 경고표시를 부착할 것
  ㉣ 누전차단기 및 퓨즈 등 전원차단 기능을 갖출 것

② 법 제29조제3항에 따른 캠핑용자동차의 캠핑설비는 다음 기준에 적합해야 한다.
  ㉠ 승차정원의 3분의 1 이상인 취침인원이 사용할 수 있는 취침시설(변환형 소파를 포함한다)을 갖추고 있을 것. 이 경우 취침인원을 산정할 때는 소수점 이하는 올리며, 취침인원 1인당 취침시설은 가로 1,700밀리미터, 세로 500밀리미터 이상이거나 그 면적이 8,500제곱센티미터 이상이어야 한다.
  ㉡ 캠핑용자동차 안에는 다음의 어느 하나에 해당하는 비상 탈출 공간, 비상 탈출구 또는 창문을 갖출 것
    • 운전자가 있는 차실과 캠핑 공간 사이에 가로 450밀리미터 이상, 세로 550밀리미터 이상인 비상 탈출 공간
    • 캠핑 공간의 출입문과 멀리 떨어진 위치에 비상 탈출을 위한 가로 450밀리미터 이상, 세로 550밀리미터 이상인 비상 탈출구 또는 창문
    • 캠핑 공간 내 가로축 610밀리미터, 세로축 432밀리미터 크기의 타원체가 간섭 없이 통과할 수 있는 비상 탈출구 또는 창문
  ㉢ 캠핑 공간에 설치된 수납함은 주행 중 개폐되는 것을 방지하기 위한 장치나 구조를 갖출 것

⑰ 차대 및 차체〈제19조〉

① 자동차의 차대 및 차체는 다음의 기준에 적합하여야 한다.
  ㉠ 차대(차대가 없는 구조의 자동차는 차체를 말한다)는 안전운행을 확보할 수 있는 견고한 구조이어야 하며, 차체는 차대에 견고하게 붙여져서 진동 또는 충격등에 의하여 이완되지 아니하도록 할 것
  ㉡ 차체의 가연성부분은 배기관과 접촉되지 아니하도록 할 것
  ㉢ 자동차의 가장 뒤의 차축 중심에서 차체의 뒷부분 끝(범퍼 및 견인용 장치를 제외한다)까지의 수평거리("뒤 오우버행"을 말한다)는 가장 앞의 차축중심에서 가장 뒤의 차축중심까지의 수평거리의 2분의 1 이하일 것. 다만, 다음의 경우에는 각 목에서 정하는 기준에 적합하여야 한다.

- 경형 및 소형자동차의 경우에는 20분의 11 이하일 것
- 승합자동차, 화물자동차(화물을 차체밖으로 나오게 적재할 우려가 없는 경우에 한정한다), 특수자동차의 경우에는 3분의 2 이하일 것. 다만, 차량총중량 3.5톤 이하인 센터차축트레일러의 경우에는 4미터 이내로 할 수 있다.

② 다음의 구분에 따른 자동차에는 해당 호에서 정하는 표시 기준 및 방법에 따라 차량총중량 등을 표시해야 한다.

ⓐ 화물자동차 : 자동차의 뒷면에 제작자등이 정하는 차량총중량 및 최대적재량을 별표 32의3의 화물자동차의 적재량 표시방법에 따라 표시할 것. 다만, 차량총중량이 15톤 미만인 경우에는 차량총중량을 표시하지 않을 수 있다.

ⓑ 견인형 특수자동차 : 자동차의 뒷면 또는 우측면에 차량중량에 승차정원의 중량을 합한 중량을 표시할 것

ⓒ 구난형·특수용도형 특수자동차 : 자동차의 뒷면에 제작자등이 정하는 최대 적재량을 표시할 것

③ 차량총중량이 8톤 이상이거나 최대적재량이 5톤 이상인 화물자동차·특수자동차 및 연결자동차는 포장노면위의 공차상태에서 다음의 기준에 적합한 측면보호대를 설치하여야 한다. 다만, 보행자 등이 뒷바퀴에 말려들 우려가 없는 구조의 자동차, 차체 등의 구조물과의 간섭으로 설치가 곤란한 자동차 및 조향축간 거리가 2,100밀리미터 이하인 자동차는 제외한다.

ⓐ 측면보호대의 양쪽 끝과 앞·뒷바퀴와의 간격은 각각 400밀리미터 이내일 것. 다만, 측면보호대의 양쪽 끝과 앞·뒷바퀴와의 간격을 400밀리미터 이내로 설치하기가 곤란한 구조의 자동차의 경우 앞·뒷바퀴와 가장 가까운 위치에 설치한 때는 그러하지 아니하다.

ⓑ 측면보호대의 가장 아랫 부분과 지상과의 간격은 550밀리미터 이하일 것

ⓒ 측면보호대의 가장 윗부분과 지상과의 간격은 950밀리미터 이상일 것. 다만, 측면보호대 가장 윗부분과 차체 바닥면과의 간격이 350밀리미터 이하일 경우는 제외한다.

ⓓ 측면보호대 가장 바깥쪽 면은 차체의 가장 바깥쪽 면보다 안쪽에 위치하여야 하며, 그 간격은 150밀리미터 이하일 것. 다만, 자동차의 길이방향으로 측면보호대의 뒷부분부터 최소한 250밀리미터에 해당하는 부분은 측면보호대의 가장 바깥쪽 면이 차체의 가장 바깥쪽 면부터 타이어의 가장 바깥쪽 면의 안쪽으로 30밀리미터까지에 해당하는 구간에 위치하도록 설치하여야 한다.

ⓜ 측면보호대 각각의 단면 높이는 50밀리미터 이상이고, 측면보호대 사이의 높이 간격은 300밀리미터 이하이어야 한다.

ⓗ 측면보호대에 1킬로뉴턴의 하중을 가할 때 자동차의 길이방향으로 측면보호대의 뒷부분부터 250밀리미터까지는 30밀리미터, 그 외 구간은 150밀리미터 이내로 변형되어야 한다.

④ 차량총중량이 3.5톤 이상인 화물자동차 및 특수자동차는 포장노면 위에서 공차상태로 측정하였을 때에 다음의 기준에 적합한 후부안전판을 설치하여야 한다. 다만, 다른 자동차가 추돌할 경우 그 자동차의 차체 앞부분이 들어올 우려가 없는 구조의 자동차, 세미트레일러를 견인할 목적으로 제작된 자동차, 목재ㆍ철재ㆍ기둥 등과 같이 길고 분리할 수 없는 화물운송용 특수트레일러 및 후부안전판이 차량용도에 전혀 적합하지 아니한 자동차의 경우에는 그러하지 아니하다.

　ⓐ 후부안전판의 양 끝 부분은 뒷차축 중 가장 넓은 차축의 좌ㆍ우 최외측 타이어 바깥면(지면과 접지되어 발생되는 타이어 부풀림양은 제외한다) 지점을 초과하여서는 아니 되며, 좌ㆍ우 최외측 타이어 바깥면 지점부터의 간격은 각각 100밀리미터 이내일 것

　ⓑ 가장 아랫 부분과 지상과의 간격은 550밀리미터 이내일 것

　ⓒ 차량 수직방향의 단면 최소높이는 100밀리미터 이상일 것

　ⓓ 좌ㆍ우 측면의 곡률반경은 2.5밀리미터 이상일 것

　ⓔ 지상부터 2미터 이하의 높이에 있는 차체 후단부터 차량길이 방향의 안쪽으로 400밀리미터 이내에 설치할 것. 다만, 자동차의 구조상 400밀리미터 이내에 설치가 곤란한 자동차의 경우는 제외한다.

　ⓕ 화물 하역장치 등이 설치되어 해당 작동부로 인하여 후부안전판이 양쪽으로 분리되어 설치되는 경우에는 다음의 기준에 적합하여야 한다.
　　• 화물 하역장치 등과 후부안전판 끝부분과의 간격은 각각 25밀리미터 이하일 것
　　• 분리된 후부안전판 각각의 면적은 최소 350제곱센티미터 이상일 것. 다만, 자동차의 너비가 2미터 미만인 경우는 제외한다.

⑤ 「고압가스 안전관리법 시행령」에 의한 고압가스를 운반하는 자동차의 고압가스운송용기는 그 용기의 뒤쪽 끝(가스충전구에 안전장치를 한 경우에는 그 장치의 뒤쪽 끝을 말한다)이 차체의 뒷범퍼 안쪽으로 300밀리미터 이상의 간격이 되어야 하며, 차대에 견고하게 고정시켜야 한다.

⑥ 차체의 외형은 예리하게 각이 지거나 돌출되어 안전운행에 위험을 줄 우려가 있어서는 아니된다. 다만, 특수자동차로서 기능상 부득이 할 때에는 그러하지 아니하다.

⑦ 어린이운송용 승합자동차의 색상은 황색이어야 한다.

⑧ 어린이운송용 승합자동차의 앞과 뒤에는 별표 5의3 제1호에 따른 어린이 보호표지를 붙이거나 뗄 수 있도록 하여야 한다.

⑨ 어린이운송용 승합자동차의 좌측 옆면 앞부분에는 별표 5의3 제2호에 따른 정지표시장치(이하 "정지표시장치"라 한다)를 설치하여야 한다. 이 경우 좌측 옆면 뒷부분에 1개를 추가로 설치할 수 있다.

⑩ 2층 전체 또는 일부분에 지붕이 없는 2층대형승합자동차(이하 "천정개방2층대형승합자동차"라 한다)의 위층에는 승객의 추락 등을 방지하기 위하여 다음의 기준에 적합한 보호 판넬 등을 설치하여야 한다.

  ㉠ 정면은 140센티미터 이상의 판넬을 설치할 것

  ㉡ 옆면은 110센티미터 이상, 뒷면은 120센티미터 이상의 판넬을 설치하거나 옆면과 뒷면에 70센티미터 이상의 판넬과 다음에 적합한 보호봉을 함께 설치할 것

    • 보호봉(비상구 부분은 보호봉의 일부로 본다)은 차체에 견고하게 부착된 구조이고 보호봉의 단면 크기 두께는 2센티미터 이상, 4.5센티미터 이하일 것

    • 인접한 판넬 또는 보호봉과의 간격은 20센티미터 이내의 구조일 것

⑱ 견인장치 및 연결장치〈제20조〉

① 자동차(피견인자동차를 제외한다)의 앞면 또는 뒷면에는 자동차의 길이방향으로 견인할 때에 해당 자동차 중량의 2분의 1 이상의 힘에 견딜 수 있고, 진동 및 충격 등에 의하여 분리되지 아니하는 구조의 견인장치를 갖추어야 한다.

② 자동차(초소형자동차는 제외한다)에 피견인자동차를 견인하기 위한 연결장치를 설치할 때에는 다음의 기준에 적합하게 설치하여야 한다.

  ㉠ 피견인자동차가 연결되지 아니한 상태에서 자동차의 연결장치는 등록번호판을 가리지 아니하여야 한다. 다만, 연결장치가 공구의 사용 없이 쉽게 분리되거나 등록번호판이 가리지 아니하도록 위치를 조정할 수 있는 구조인 경우는 제외한다.

  ㉡ 견인자동차와 피견인자동차의 등화장치가 연동될 수 있는 전기 커넥터를 설치하여야 한다.

기출PLUS

ⓒ 차량총중량 0.75톤 이하인 피견인자동차(주행 중 견인자동차와의 연결장치가 분리될 경우에 자동적으로 정지시킬 수 있는 구조의 제동장치를 갖춘 피견인자동차는 제외한다)에는 주행 중 연결장치가 분리될 경우에 연결봉 등이 지면에 닿지 아니하는 구조의 보조연결장치(체인 · 와이어로프 등)를 설치하여야 한다.

ⓔ 연결장치의 설치 및 강도 등은 국토교통부장관이 고시하는 기준에 적합하여야 한다.

> 🍎 Plus tip
>
> **후드걸쇠장치〈제21조〉**
> 자동차의 후드에는 견고한 후드걸쇠장치를 설치하여야 하며, 앞 방향으로 개폐되는 후드가 운행 중에 열릴 경우 운전자의 시야를 방해할 수 있는 구조의 자동차는 2차 잠금 또는 2개소 잠금이 가능한 구조이어야 한다.

⒆ **도난방지장치〈제22조〉**

① 승용자동차와 차량총중량 4.5톤 이하의 승합 · 화물 · 특수자동차에는 다음 어느 하나 이상의 기능을 갖춘 도난방지장치를 설치하여야 한다.

ⓐ 자동차의 조향기능을 억제하는 기능

ⓑ 자동차의 변속기능을 억제하는 기능

ⓒ 자동차 변속장치의 위치조작을 억제하는 기능

ⓔ 자동차 차축 또는 바퀴에 제동력이 작동하여 자동차의 움직임을 억제하는 기능

ⓜ 전자적으로 동력원의 시동을 방지하는 기능

② ①의 ⓐ~ⓜ에 따른 기능이 갖추어야 하는 세부기능 및 그에 대한 확인방법은 국토교통부장관이 정하여 고시한다.

⒇ **승차장치〈제23조〉**

① 자동차의 승차장치는 승차인이 안전하게 승차할 수 있는 구조이어야 하고, 승차정원 16인 이상의 승합자동차의 승차장치는 다음의 기준에 적합하여야 한다.

ⓐ 승강구 계단 부위에는 국토교통부장관이 정하여 고시하는 보호시설을 갖출 것

ⓑ 2층대형승합자동차의 아래층과 위층을 연결하는 계단에는 국토교통부장관이 정하여 고시하는 보호시설을 갖출 것

ⓒ 2층대형승합자동차의 아래층과 위층을 연결하는 계단의 각 수직면은 막혀있을 것

ⓓ 2층대형승합자동차의 위층 앞면 창유리 방향으로 설치되는 1열 좌석 앞부분에는 국토교통부장관이 정하여 고시하는 보호시설을 갖출 것

ⓔ 승차장치에 손잡이대 및 손잡이를 설치하는 경우에는 별표 5의27에 따른 기준에 적합할 것

② 운전자 및 승객이 타는 자동차는 외부와 차단된 차실(이하 "차실"이라 한다)을 갖추어야 한다. 다만, 소방자동차등 국토교통부장관이 그 용도상 필요없다고 인정하는 자동차의 경우에는 그러하지 아니하다.

③ 자동차의 차실에는 조명시설 및 외기와 내기를 순환시키는 환기시설(초소형자동차, 컨버터블 및 무개자동차는 제외한다)을 갖추어야 하며, 원동기의 냉각수(난방용수를 제외한다)·정류기·변환기·변압기 등 승객의 안전에 지장을 줄 우려가 있는 장치를 차실안에 설치하여서는 아니된다. 다만, 승합자동차의 차실에는 국토교통부장관이 별도로 정한 기준에 적합한 조명시설을 갖추어야 한다.

④ 천정개방2층대형승합자동차에는 위층 탑승객의 착석여부를 운전석에서 확인 및 통제할 수 있는 영상장치와 안내방송 장치를 설치하여야 한다.

(21) 운전자의 좌석〈제24조〉

① 운전자의 좌석은 다음의 기준에 적합하여야 한다.
   ㉠ 운전에 필요한 시야가 확보되고 승객 또는 화물 등에 의하여 운전조작에 방해가 되지 아니하는 구조일 것
   ㉡ 운전자가 제13조 ①에 따른 조종장치의 원활한 조작을 할 수 있는 공간이 확보될 것
   ㉢ 운전자의 좌석과 조향핸들의 중심과의 과도한 편차로 인하여 운전조작에 불편이 없을 것

② 운전자의 좌석 규격은 다음의 기준에 적합하여야 한다.
   ㉠ 승용자동차의 경우에는 별표 5의32 제1호에 따른 50퍼센트 성인남자 인체모형이 착석 가능할 것
   ㉡ 승합·화물·특수자동차의 경우에는 가로·세로 각각 40센터미터(23인승이하의 승합자동차와 좌석의 수보다 입석의 수가 많은 23인승을 초과하는 승합자동차의 좌석의 세로는 35센터미터) 이상일 것

③ 승차정원 16인 이상의 승합자동차에 설치하는 운전자의 좌석은 별표 5의28의 기준에 적합하여야 한다.

(22) 승객좌석의 규격 등〈제25조〉

① 자동차(어린이운송용 승합자동차는 제외한다)의 승객좌석 규격은 다음의 기준에 적합하여야 한다. 다만, 구급자동차·소방자동차 및 특수구조의 자동차등 국토교통부장관이 해당 자동차의 제작목적상 좌석의 설치가 곤란하다고 인정하는 자동차의 경우에는 그러하지 아니하다.

    ㉠ 승용자동차의 경우에는 별표 5의32 제2호에 따른 5퍼센트 성인여자 인체모형이 착석 가능할 것

    ㉡ 승합·화물·특수자동차의 경우에는 가로·세로 각각 40센티미터(23인승 이하의 승합자동차와 좌석의 수 보다 입석의 수가 많은 23인승을 초과하는 승합자동차의 좌석의 세로는 35센티미터) 이상일 것

    ㉢ 승합·화물·특수자동차의 경우에는 앞좌석등받이의 뒷면과 뒷좌석등받이의 앞면간의 거리는 65센티미터(승합자동차에 설치되는 마주보는 좌석등받이의 앞면 간의 거리는 130센티미터) 이상일 것

② 어린이운송용 승합자동차의 좌석 규격 및 좌석간 거리는 다음의 기준에 적합해야 한다.

    ㉠ **좌석 규격**: 별표 5의32 제2호에 따른 5퍼센트 성인여자 인체모형이 착석할 수 있도록 하되, 좌석 등받이(머리지지대를 포함한다)의 높이는 71센티미터 이상일 것

    ㉡ **좌석간 거리**: 앞좌석등받이의 뒷면으로부터 뒷좌석등받이의 앞면까지의 거리는 별표 5의32 제2호에 따른 5퍼센트 성인여자 인체모형이 착석할 수 있는 거리 이상일 것

③ 승합자동차(15인승 이하의 승합자동차 및 어린이운송용 승합자동차를 제외한다)의 승객좌석의 높이는 40센티미터 이상 50센티미터 이하이어야 한다. 다만, 자동차의 원동기부분 및 바퀴부분의 좌석등 그 구조상 40센티미터 이상 50센티미터 이하로 좌석을 설치하기가 곤란한 부분의 좌석을 제외한다.

④ 승용자동차의 경우에는 제1열좌석(운전석을 포함한다) 외의 좌석에는 공구를 사용하지 아니하고도 탈부착이 가능한 좌석을 설치할 수 있다. 다만, 탈부착으로 인하여 「자동차관리법」에 의한 자동차의 종별 구분이 변경되어서는 아니된다.

⑤ 자동차에는 옆면을 향한 좌석을 설치해서는 안 된다. 다만, 다음의 자동차는 제외한다.

ⓐ 승차정원이 16인 이상인 승합자동차

ⓑ 긴급자동차

ⓒ 제27조 ①의 단서에 따라 좌석안전띠를 설치하지 않는 자동차

> 🔖 **Plus tip**
>
> **접이식좌석 및 머리지지대의 설치**
>
> ㉠ **접이식좌석**〈제25조의2〉
> - 통로에 설치하는 접이식좌석은 30인승 이하의 승합자동차에 한하여 이를 설치할 수 있다. 다만, 안내원용 접이식좌석은 31인승 이상의 승합자동차에도 이를 설치할 수 있다.
> - 어린이운송용 승합자동차에 제1항 본문의 규정에 의하여 접이식좌석을 설치함에 있어서는 외부에서 이를 조작할 수 있도록 하여야 한다.
> ㉡ **머리지지대**〈제26조〉: 다음에 해당하는 자동차의 앞좌석(중간좌석을 제외한다)에는 추돌시 승차인의 머리부분의 충격을 감소시킬 수 있는 머리지지대를 설치하여야 한다.
> - 승용자동차(초소형승용자동차는 제외한다)
> - 차량총중량 4.5톤 이하의 승합자동차
> - 차량총중량 4.5톤 이하의 화물자동차(초소형화물자동차 및 피견인자동차는 제외한다)
> - 차량총중량 4.5톤 이하의 특수자동차

(23) 좌석안전띠장치등〈제27조〉

① 자동차의 좌석에는 안전띠를 설치하여야 한다. 다만, 다음의 어느 하나에 해당하는 좌석에는 이를 설치하지 아니할 수 있다.

　㉠ 환자수송용 좌석 또는 특수구조자동차의 좌석 등 국토교통부장관이 안전띠의 설치가 필요하지 아니하다고 인정하는 좌석

　㉡ 「여객자동차 운수사업법 시행령」제3조제1호의 규정에 의한 노선여객자동차운송사업에 사용되는 자동차로서 자동차전용도로 또는 고속국도를 운행하지 아니하는 시내버스 · 농어촌버스 및 마을버스의 승객용 좌석

② 승용자동차의 모든 좌석과 그 외의 자동차의 운전자좌석 및 운전자좌석 옆으로 나란히 되어있는 좌석에는 3점식 이상의 안전띠를 설치하여야 한다. 다만, 승용자동차 외의 자동차의 중간좌석과 좌석의 구조상 3점식 이상의 안전띠 설치가 곤란한 좌석의 경우에는 2점식 안전띠를 설치할 수 있다.

③ ①에 따른 안전띠는 제112조의3에 따른 기준에 적합하여야 한다.

④ ①에 따라 좌석안전띠를 설치한 자동차(초소형자동차는 제외한다)에는 다음에 따른 자동차의 좌석에 착석한 운전자 또는 승객이 좌석안전띠를 착용하지 아니하고 시동하거나 주행할 경우 운전자석에서 그 사실을 알 수 있도록 별표 5의24의 기준에 따른 경고장치를 설치하여야 한다. 다만, 접이식 좌석 등 국토교통부 장관이 정하여 고시하는 좌석은 그러하지 아니하다.

　　㉠ 승용자동차와 차량총중량 3.5톤 이하의 화물·특수자동차 : 모든 좌석

　　㉡ 승합자동차와 차량총중량 3.5톤 초과의 화물·특수자동차 : 운전자 및 운전자석과 옆으로 나란한 좌석

⑤ 어린이운송용 승합자동차의 승객석에 설치된 좌석안전띠의 구조는 어린이의 신체구조에 적합하게 조절될 수 있어야 한다.

> **Plus tip**
>
> **어린이보호용 좌석부착장치**〈제27조의2〉 : 승용자동채(초소형승용자동차는 제외한다)에는 다음 기준에 적합하게 어린이보호용 좌석부착장치를 설치해야 한다. 다만, 승객좌석이 1열뿐인 경우에는 그렇지 않다.
>
> ㉠ 어린이보호용 좌석부착장치는 2곳 이상의 좌석에 설치하되, 최소한 1곳은 제2열 좌석에 설치하여야 한다.
>
> ㉡ 어린이보호용 좌석부착장치는 다른 도구가 없이도 사용이 가능한 구조이어야 한다.
>
> ㉢ 어린이보호용 좌석부착장치의 설치 여부 및 설치위치를 쉽게 알아볼 수 있는 곳에 이를 표시해야 한다. 다만, 설치 여부를 맨눈으로 확인할 수 있는 상부 부착구 및 부착구의 중심을 통과하는 자동차길이방향의 수평선으로부터 위로 30도의 방향에서 설치 여부를 확인할 수 있는 하부부착구의 경우에는 그렇지 않다.
>
> ㉣ 부착구를 통하여 차실 안으로 배기가스가 유입되지 아니하도록 하여야 한다.
>
> ㉤ 하부의 부착장치는 착석기준점으로부터 뒤쪽으로 120밀리미터 이상 떨어진 위치에 설치하여야 한다.
>
> ㉥ 좌석부착장치가 제1열에 설치되고 그 전면에 에어백이 장착된 경우에는 에어백 작동을 중지할 수 있는 장치를 설치하여야 한다.
>
> ㉦ 별표 5의4의 설치기준에 적합하게 상부부착구 1개와 하부부착구 2개를 설치하여야 한다. 다만, 컨버터블자동차의 경우에는 상부부착구를 설치하지 아니할 수 있으나, 상부부착구를 설치하는 경우에는 설치기준에 적합하게 설치하여야 한다.

(24) 입석〈제28조〉

① 승합자동차의 입석 공간은 별표 5의29에 따른 통로 측정장치가 통과할 수 있어야 한다.

② 1인의 입석 면적은 별표 5의27의 기준에 적합하여야 한다.

③ 입석을 할 수 있는 자동차에는 별표 5의27의 기준에 적합한 손잡이대 또는 손잡이를 설치하여야 한다.

④ 2층대형승합자동차의 위층에는 입석을 할 수 없다.

(25) 승강구〈제29조〉

① 자동차의 차실에는 다음의 기준에 적합한 승강구를 설치하여야 한다.

　㉠ 승차정원 16인 이상의 승합자동차에는 별표 5의30의 기준에 적합한 승강구(승강구를 열고 바로 탑승하도록 좌석이 설치된 구조의 승강구는 제외한다)를 설치할 것

　㉡ 승차정원 16인 이상의 승합자동차에는 승하차의 편의를 위한 별표 5의27의 기준에 적합한 승하차용손잡이를 설치할 것

　㉢ 어린이운송용 승합자동차의 어린이 승하차를 위한 승강구는 다음의 기준에 적합하여야 한다.

　　• 제1단의 발판 높이는 30센티미터 이하이고, 발판 윗면은 가로의 경우 승강구 유효너비(여닫이식 승강구에 보조발판을 설치하는 경우 해당 보조발판 바로 위 발판 윗면의 유효너비)의 80퍼센트 이상, 세로의 경우 20센티미터 이상일 것

　　• 제2단 이상 발판의 높이는 20센티미터 이하일 것. 다만, 15인승 이하의 자동차는 25센티미터 이하로 할 수 있으며, 각 단(제1단을 포함한다. 이하 같다)의 발판은 높이를 만족시키기 위하여 견고하게 설치된 구조의 보조발판 등을 사용할 수 있다.

　　• 승하차 시에만 돌출되도록 작동하는 보조발판은 위에서 보아 두 모서리가 만나는 꼭짓점 부분의 곡률반경이 20밀리미터 이상이고, 나머지 각 모서리 부분은 곡률반경이 2.5밀리미터 이상이 되도록 둥글게 처리하고 고무 등의 부드러운 재료로 마감할 것

　　• 보조발판은 자동 돌출 등 작동 시 어린이 등의 신체에 상해를 주지 아니하도록 작동되는 구조일 것

　　• 각 단의 발판은 표면을 거친 면으로 하거나 미끄러지지 아니하도록 마감할 것

② 중형승합자동차 및 대형승합자동차를 제외한 자동차의 승강구에는 다음 기준에 적합하게 잠금장치를 설치하여야 한다.

　㉠ 모든 승강구의 잠금장치는 그 조작장치를 차실 내에 설치할 것

ⓛ 모든 승강구의 잠금장치는 잠김상태에서 바깥쪽 문걸쇠풀림장치에 의하여 승강구가 열리지 아니하도록 할 것

ⓒ 옆면 뒤쪽 승강구의 잠금장치는 다음의 기준에 적합할 것. 다만, 옆면 뒤쪽 승강구에 승강구의 잠금장치와 연동되지 아니하고 별도로 작동하는 어린이보호 잠금장치를 갖춘 경우에는 그러하지 아니하다.

• 잠김상태에서 안쪽 문걸쇠풀림장치에 의하여 승강구가 열리지 아니할 것

• 잠금장치의 조작장치와 안쪽 문걸쇠풀림장치는 구별될 것

ⓔ 뒷면 승강구에 안쪽 문걸쇠풀림장치를 설치한 경우 잠금장치의 조작장치는 안쪽 문걸쇠풀림장치와 구별될 것

(26) 비상탈출장치 및 통로

① 비상탈출장치〈제30조〉: 승차정원 16인 이상의 승합자동차에는 별표 5의31에 적합한 비상탈출장치를 설치해야 한다.

② 통로〈제31조〉: 승차정원 16인승 이상의 승합자동차에는 별표 5의29에 따른 통로 측정장치가 통과할 수 있는 통로를 갖추어야 한다. 다만, 승강구를 열고 바로 탑승하도록 좌석이 설치된 구조의 자동차는 제외한다.

(27) 물품적재장치〈제32조〉

① 자동차의 물품적재장치는 견고하고 안전하게 물품을 적재 · 운반할 수 있는 구조로서 다음의 기준에 적합해야 한다.

ⓐ 화물자동차의 적재함 및 그 밖의 물품적재장치는 폐쇄된 구조일 것. 다만, 일반형 화물자동차, 덤프형 화물자동차 및 적재물을 고정할 수 있는 장치를 설치한 화물자동차의 경우에는 그렇지 않다.

ⓑ 밴형 화물자동차는 다음의 기준에 적합할 것

• 물품적하구는 뒷쪽 또는 옆쪽으로 하되, 문은 좌우 · 상하로 열리는 구조이거나 미닫이식으로 할 것

• 승차장치와 물품적재장치 사이는 차체와 동일한 재질의 철판 또는 최대적재량의 50퍼센트의 하중을 가할 때 300밀리미터 이상 변형되지 않는 재질의 칸막이벽으로 폐쇄할 것. 다만, 통기구 등 제작공정상 불가피한 부분 및 화물의 탈락 등을 방지하기 위한 보호봉을 설치한 창유리 부분(칸막이벽면적의 20퍼센트 이내로 한정한다)은 그렇지 않다.

- 물품적재장치의 옆면벽과 뒷면벽 또는 뒷문은 차체와 동등한 성능의 재질로 하고 창유리 등을 설치하지 아니할 것. 다만, 화물의 탈락 등을 방지할 수 있도록 유리창을 지탱하는 창문틀 또는 차체에 2개 이상의 보호봉을 용접한 옆면벽과 보호봉을 설치한 뒷면벽 또는 뒷문의 경우에는 창유리를 설치할 수 있다.
  - 물품적재장치의 바닥면적이 승차장치의 바닥면적보다 넓을 것
- ㉢ 화물자동차의 물품적재장치는 「자동차관리법 시행규칙」 별지 제25호서식의 자동차제원표에 적힌 제작허용총중량 및 미완성자동차의 차량총중량의 범위에서 정한 최대적재량에 적합한 구조일 것. 다만, 「고압가스안전관리법 시행규칙」 등 다른 법령에 따라 적재용량을 산출하는 경우에는 해당 법령에 따른 기준에 적합한 구조여야 한다.
- ㉣ 초소형화물자동차의 물품적재장치는 다음의 기준에 적합할 것
  - 최대적재량은 100킬로그램 이상일 것
  - 바닥면이 지면으로부터 1미터 이하이고, 길이는 윤간거리(「자동차관리법 시행규칙」 별지 제25호 서식에 따른 자동차제원표에 기재된 윤간거리를 말하며, 전륜 또는 후륜 중 큰 값을 적용한다)의 1.4배를 초과하지 아니할 것
  - 물품적재장치 공간은 적재함의 길이×너비≥차량의 길이×너비×0.3을 충족할 것
  - 한 변의 길이가 60센티미터인 정육면체를 실을 수 있을 것

② 사체·독극물·고압가스·화약류 기타 위험물을 적재하는 장치는 차실과 완전히 격리되어야 하며, 차체외부에서 적재물품을 적하할 수 있는 구조이어야 한다.

③ ①의 ㉠에 따른 폐쇄된 구조의 기준을 갖추기 위해 개폐형 덮개를 설치하는 경우에는 다음 각 호의 기준에 적합한 덮개를 설치해야 한다. 다만, 「건설폐기물의 재활용촉진에 관한 법률」 제13조제1항 등 다른 법령에서 덮개의 설치와 관련하여 특별한 규정이 있는 경우에는 그 법령에서 정하는 바에 따른다.

- ㉠ 덮개는 방수기능을 갖춘 재질로서 쉽게 파손되지 않는 구조일 것
- ㉡ 덮개의 형태는 운행 중 적재물이 유출되는 것을 방지할 수 있도록 적재함의 상부 전체를 완전히 덮을 수 있는 구조일 것
- ㉢ 덮개는 자동으로 작동되거나 사용자가 지면에서 도구 또는 조작장치 등을 통해 덮을 수 있는 구조일 것. 다만, 다음의 어느 하나에 해당하는 경우에는 그렇지 않다.

• 발판 등 사용자를 보호할 수 있는 설비를 갖춘 경우로서 사용자가 수동으로 덮개를 덮어야 하는 구조인 경우
• 곡물수송 등 특수한 목적으로 인해 사용자가 지면에서 도구 또는 조작장치 등을 통해 덮개를 덮을 수 없는 구조인 경우

> 🏠 Plus tip
> **가스운송장치〈제33조〉**
> 가스를 운송하기 위해 자동차에 설치하는 가스운송장치는 다음 기준에 적합해야 한다.
> ㉠ 가스용기는 자동차의 움직임에 의하여 이완되지 아니하도록 차체에 견고하게 고정시킬 것
> ㉡ 가스용기는 누출된 가스 등이 차실내로 유입되지 아니하도록 차실과 벽 또는 보호판으로 격리되거나 가스가 누출되지 아니하도록 밸브주변이 견고한 재질로 밀폐되어 있고, 충격 등으로부터 용기를 보호할 수 있는 구조이어야 하며, 차체 밖으로부터 공기가 통하는 곳에 설치할 것.
> ㉢ 양끝이 고정된 도관(내유성고무관을 제외한다)은 완곡된 형태로 최소한 1미터마다 차체에 고정시킬 것
> ㉣ 가스충전밸브는 충전구 가까운 곳에 설치하고, 중간차단밸브를 작동하는 조작장치(시동장치로 작동되는 경우를 포함한다)는 운전자가 조작하기 쉬운 곳에 설치할 것

(28) 창유리 등〈제34조〉

① 자동차의 앞면창유리는 접합유리 또는 유리·플라스틱 조합유리로, 그 밖의 창유리는 강화유리, 접합유리, 복층유리, 플라스틱유리 또는 유리·플라스틱 조합유리 중 하나로 하여야 한다. 다만, 컨버터블자동차 및 캠핑용자동차 등 특수한 구조의 자동차의 앞면 외의 창유리와 피견인자동차의 창유리는 그러하지 아니하다.

② 승용자동차와 차량총중량이 4.5톤 이하인 승합자동차의 창유리·선루프 또는 격실문(이하 "창유리등"이라 한다)이 전동식장치에 의해 닫혀지는 창유리등의 경우에는 ③의 기준에 적합하여야 한다. 다만, 다음의 어느 하나에 해당하는 방식으로 닫히는 창유리등의 경우는 제외한다.
㉠ 시동장치의 열쇠가 원동기 작동 위치 또는 라디오 등 편의장치를 작동할 수 있는 위치에 있는 상태(기계식 외의 시동장치로서 위와 동등한 상태인 경우를 포함한다)에서 닫히는 경우
㉡ 자동차로부터 전원공급이 없이 완력에 의하여 닫히는 경우
㉢ 자동차 외부에서 창유리등을 자동으로 닫을 수 있는 장치(작동버튼을 계속 누르는 등 연속작동이 있어야 닫힘이 완료되는 것에 한한다)를 작동하여 닫히는 경우

기출 2017. 6. 17. 세종시 시행

다음 중 자동차의 앞면 창유리로 사용되는 유리로 맞는 것은?

① 안전유리
② 이중접합유리
③ 강화유리
④ 합성유리

‹ 정답 ②

② 시동장치의 열쇠를 원동기 작동 위치에서 제거한 후 자동차 앞문(조수석 쪽의 앞문을 포함한다)을 열 때까지 닫히는 경우

⑩ 창유리등이 4밀리미터 이하로 열린 상태에서 닫히는 경우

⑪ 창문틀이 없는 문의 경우 창유리가 12밀리미터 이하로 열려있는 상태에서 자동차의 문을 닫을 때 자동으로 닫히는 경우

⑫ 원격조종장치에 의하여 창유리등을 닫을 수 있는 경우에는 자동차와 원격조종장치간의 거리가 11미터(장애물이 있는 경우 6미터) 이하에서 원격조종장치를 연속적으로 작동하여 닫히는 경우

⑬ 운전석 창유리 및 선루프가 다음의 경우에 1회의 조작으로 닫히는 경우
　가. 시동장치의 열쇠가 원동기 작동 위치에 있는 경우
　나. 1열 승강구가 승차인이 내릴 수 있을 정도로 충분히 열리지 아니한 상태로서 시동장치의 열쇠가 원동기 작동 위치에서 벗어나거나 제거된 경우 (기계식 외의 시동장치로서 위와 동등한 조건의 경우를 포함한다)

③ 창유리등이 닫힐 때 창유리등의 윗면에 지름 4밀리미터부터 200밀리미터까지의 반강체원통(탄성계수가 밀리미터당 1킬로그램인 것을 말한다)이 닿거나 100뉴턴 이상의 하중을 가하였을 때에 다음의 어느 하나에 해당하는 기능을 갖추어야 한다.

㉠ 창유리등이 닫히기 시작하기 전의 위치로 돌아갈 것

㉡ 창유리등이 반강체원통에 닿거나 하중을 가한 위치로부터 50밀리미터이상 열릴 것

㉢ 창유리등이 200밀리미터이상 열릴 것

㉣ 사선방향의 여닫이 방식으로 열리는 기능만 갖춘 선루프의 경우에는 최대 개방 가능한 상태로 열릴 것

> **Plus tip**
>
> **소음 및 배기가스발산 방지장치**
> ㉠ 소음방지장치〈제35조〉: 자동차의 소음방지장치는 「소음 · 진동관리법」 제30조 및 제35조에 따른 자동차의 소음허용기준에 적합하여야 한다.
> ㉡ 배기가스발산방지장치〈제36조〉: 자동차의 배기가스발산방지장치는 「대기환경보전법」 제46조에 따른 배출허용기준에 적합하여야 한다.

(29) 배기관〈제37조〉

① 자동차 배기관의 열림방향은 자동차의 길이방향에 대해 왼쪽 또는 오른쪽으로 45도를 초과해 열려 있어서는 안 되며, 배기관의 끝은 차체 외측으로 돌출되지 않도록 설치해야 한다.

② 배기관은 자동차 또는 적재물을 발화시키거나 자동차의 다른 기능을 저해할 우려가 없어야 하며, 견고하게 설치하여야 한다.

02 등화장치

① 조명등

(1) 전조등〈제38조〉

① 자동차(피견인자동차를 제외한다)의 앞면에는 전방을 비출 수 있는 주행빔 전조등을 다음의 기준에 적합하게 설치하여야 한다.
  ㉠ 좌·우에 각각 1개 또는 2개를 설치할 것. 다만, 너비가 130센티미터 이하인 초소형자동차에는 1개를 설치할 수 있다.
  ㉡ 등광색은 백색일 것
  ㉢ 주행빔 전조등의 설치 및 광도기준은 별표 6의3에 적합할 것. 다만, 초소형자동차는 별표 35의 기준을 적용할 수 있다.

② 자동차(피견인자동차는 제외한다)의 앞면에는 마주오는 자동차 운전자의 눈부심을 감소시킬 수 있는 변환빔 전조등을 다음의 기준에 적합하게 설치하여야 한다.
  ㉠ 좌·우에 각각 1개를 설치할 것. 다만, 너비가 130센티미터 이하인 초소형자동차에는 1개를 설치할 수 있다.
  ㉡ 등광색은 백색일 것
  ㉢ 변환빔 전조등의 설치 및 광도기준은 별표 6의4에 적합할 것. 다만, 초소형자동차는 별표 36의 기준을 적용할 수 있다.

③ 자동차(피견인자동차는 제외한다)의 앞면에 전조등의 주행빔과 변환빔이 다양한 환경조건에 따라 자동으로 변환되는 적응형 전조등을 설치하는 경우에는 다음의 기준에 적합하게 설치하여야 한다.

ⓒ 좌·우에 각각 1개를 설치할 것

ⓛ 등광색은 백색일 것

ⓒ 적응형 전조등의 설치 및 광도기준은 별표 6의5에 적합할 것

④ 주변환빔 전조등의 광속(光束)이 2천루멘을 초과하는 전조등에는 다음의 기준에 적합한 전조등 닦이기를 설치하여야 한다.

ⓒ 매시 130킬로미터 이하의 속도에서 작동될 것

ⓛ 전조등 닦이기 작동 후 광도는 최초 광도값의 70퍼센트 이상일 것

(2) 안개등〈제38조의2〉

① 자동차(피견인자동차는 제외한다)의 앞면에 안개등을 설치할 경우에는 다음의 기준에 적합하게 설치하여야 한다.

ⓒ 좌·우에 각각 1개를 설치할 것. 다만, 너비가 130센티미터 이하인 초소형자동차에는 1개를 설치할 수 있다.

ⓛ 등광색은 백색 또는 황색일 것

ⓒ 앞면안개등의 설치 및 광도기준은 별표 6의6에 적합할 것. 다만, 초소형자동차는 별표 37의 기준을 적용할 수 있다.

② 자동차의 뒷면에 안개등을 설치할 경우에는 다음의 기준에 적합하게 설치하여야 한다.

ⓒ 2개 이하로 설치할 것

ⓛ 등광색은 적색일 것

ⓒ 뒷면안개등의 설치 및 광도기준은 별표 6의7에 적합할 것. 다만, 초소형자동차는 별표 38의 기준을 적용할 수 있다.

> **Plus tip**
> 승하차보조등〈제38조의3〉
> 자동차의 외부에 별표 6의30의 기준에 적합한 승하차보조등을 설치할 수 있다.

(3) 주간주행등 및 코너링조명등

① 주간주행등〈제38조의4〉: 주간운전 시 자동차(피견인자동차는 제외)를 쉽게 인지할 수 있도록 자동차의 앞면에 다음의 기준에 적합한 주간주행등을 설치해야 한다.

ⓒ 좌·우에 각각 1개를 설치할 것. 다만, 너비가 130센티미터 이하인 초소형자동차에는 1개를 설치할 수 있다.

ⓛ 등광색은 백색일 것

ⓒ 주간주행등의 설치 및 광도기준은 별표 6의8에 적합할 것. 다만, 초소형 자동차는 별표 39의 기준을 적용할 수 있다.

② **코너링조명등**〈제38조의5〉: 자동차의 앞면 또는 옆면의 앞쪽에 코너링조명 등을 설치하는 경우에는 다음의 기준에 적합하게 설치하여야 한다.

ⓐ 좌·우에 각각 1개를 설치할 것

ⓑ 등광색은 백색일 것

ⓒ 코너링조명등의 설치 및 광도기준은 별표 6의9에 적합할 것

> ☞ **Plus tip**
>
> **후퇴등**〈제39조〉
> 자동차(차량총중량 0.75톤 이하인 피견인자동차는 제외한다)에는 다음의 기준에 적합한 후퇴등을 설치해야 한다.
> ⓐ 자동차의 뒷면에는 다음의 구분에 따른 개수를 설치할 것. 다만, 길이 6미터 초과 자동차의 경우에는 뒷면 후방에 2개 또는 양쪽 측면 후방에 각각 1개를 추가로 설치할 수 있다.
> • 길이 6미터 이하 자동차: 1개 또는 2개
> • 길이 6미터 초과 자동차: 2개
> ⓑ 등광색은 백색일 것
> ⓒ 후퇴등의 설치 및 광도기준은 별표 6의10에 적합할 것. 다만, 초소형자동차 는 별표 40의 기준을 적용할 수 있다.

(4) 표시등

① **차폭등**〈제40조〉: 자동차(너비 160센티미터 이상인 피견인자동차를 포함한 다)의 앞면에는 다음의 기준에 적합한 차폭등을 설치하여야 한다.

ⓐ 좌·우에 각각 1개를 설치할 것. 다만, 너비가 130센티미터 이하인 초소 형자동차에는 1개를 설치할 수 있다.

ⓑ 등광색은 백색일 것

ⓒ 차폭등의 설치 및 광도기준은 별표 6의11에 적합할 것. 다만, 초소형자동 차는 별표 41을 적용할 수 있다.

> ☞ **Plus tip**
>
> **옆면보조등**〈제39조의2〉
> 자동차(피견인자동차는 제외한다)에는 별표 6의31의 기준에 적합한 옆면보조등 을 설치할 수 있다.

② **끝단표시등**〈제40조의2〉

ⓐ 너비가 210센티미터를 초과하는 자동차에는 다음의 기준에 적합한 끝단 표시등을 설치해야 한다.

- 다음의 구분에 따른 자동차의 위치에 해당 구분에서 정하는 개수를 설치할 것. 다만, 자동차의 좌·우(앞면·뒷면 또는 옆면 중 어느 하나의 면에 해당하는 면의 좌·우를 말하며, 이하 이 항에서 같다)에 각각 1개를 추가로 설치할 수 있다. 이 경우 발광면은 해당 구분에서 정하는 방향을 향하도록 설치해야 하며, 옆면에 끝단표시등을 설치하는 경우에는 최소 1개 이상을 서로 다른 옆면에 설치해야 한다.
  - 자동차의 좌·우에 발광면이 전방을 향하도록 각각 1개를 설치할 것
  - 자동차(덤프형 화물자동차 등 적재함이 개방된 구조의 자동차와 일반형 화물자동차는 제외한다)의 좌·우에 발광면이 후방을 향하도록 각각 1개를 설치할 것
- 등광색은 다음의 구분에 따를 것
  - 발광면이 전방을 향하는 끝단표시등 : 백색
  - 발광면이 후방을 향하는 끝단표시등 : 적색
- 끝단표시등의 설치 및 광도 기준은 별표 6의12에 적합할 것
  ㉡ 너비가 180센티미터 이상 210센티미터 이하인 자동차에 ㉠의 각 기준에 적합한 끝단표시등을 설치할 수 있다.

③ **주차등**〈제40조의3〉: 자동차 길이가 600센티미터 이하, 너비가 200센티미터 이하인 자동차에 주차등을 설치하는 경우에는 별표 6의32의 기준에 적합하여야 한다.

④ **번호등**〈제41조〉: 자동차의 뒷면에는 다음의 기준에 적합한 번호등(番號燈)을 설치하여야 한다.
  ㉠ 등광색은 백색일 것
  ㉡ 번호등의 설치 및 휘도(輝度)기준은 별표 6의13에 적합할 것. 다만, 초소형자동차는 별표 42의 기준을 적용할 수 있다.
  ㉢ 번호등은 등록번호판을 잘 비추는 구조일 것

⑤ **후미등**〈제42조〉: 자동차의 뒷면에는 다음의 기준에 적합한 후미등을 설치하여야 한다.
  ㉠ 좌·우에 각각 1개를 설치할 것. 다만, 다음의 자동차에는 다음의 구분에 따른 기준에 따라 후미등을 설치할 수 있다.
  - 끝단표시등이 설치되지 않은 다음의 어느 하나에 해당하는 자동차 : 좌·우에 각각 1개의 후미등 추가 설치 가능
  - 승합자동차
  - 차량 총중량 3.5톤 초과 화물자동차 및 특수자동차(구난형 특수자동차는 제외한다)
  - 구난형 특수자동차: 좌·우에 각각 1개의 후미등 추가 설치 가능

다음 중 제동등에 대한 설명으로 틀린 것은?

① 제동등의 등광색은 적색이며 좌우 각각 1개씩 설치되어 있다.
② 1등당 유효조광면적은 $22cm^2$ 이상이어야 한다.
③ 다른 등화와 겸용하는 제동등의 경우에는 제동조작을 할 때에 그 광도가 6배 이상으로 증가하는 구조이어야 한다.
④ 1등당 광도는 40cd 이상 420cd 이하이어야 한다.

다음 중 방향지시등 유효조광면적으로 옳은 것은?

① 앞면 : 1등당 $22cm^2$ 이상
② 앞면 : 1등당 $32.5cm^2$ 이상
③ 뒷면 : 1등당 $32.5cm^2$ 이상
④ 뒷면 : 1등당 $22cm^2$ 이상

• 너비가 130센티미터 이하인 초소형자동차 : 1개의 후미등 설치 가능
ⓛ 등광색은 적색일 것
ⓒ 후미등의 설치 및 광도기준은 별표 6의14에 적합할 것. 다만, 초소형자동차는 별표 43의 기준을 적용할 수 있다.

(5) 신호용 조명

① **제동등〈제43조〉**
㉠ 자동차의 뒷면에는 다음의 기준에 적합한 제동등을 설치하여야 한다.
  • 좌·우에 각각 1개를 설치할 것. 다만, 다음의 자동차는 다음의 구분에 따른 기준에 따라 제동등을 설치할 수 있다.
  – 너비가 130센티미터 이하인 초소형자동차 : 1개의 제동등 설치 가능
  – 구난형 특수자동차 : 좌·우에 각각 1개의 제동등 추가 설치 가능
  • 등광색은 적색일 것
  • 제동등의 설치 및 광도기준은 별표 6의15에 적합할 것. 다만, 초소형자동차는 별표 44의 기준을 적용할 수 있다.
㉡ 승용자동차와 차량총중량 3.5톤 이하 화물자동차 및 특수자동차의 뒷면에는 다음의 기준에 적합한 보조제동등을 설치하여야 한다. 다만, 초소형자동차와 차체구조상 설치가 불가능하거나 개방형 적재함이 설치된 화물자동차는 제외한다.
  • 자동차의 뒷면 수직중심선 상에 1개를 설치할 것. 다만, 차체 중심에 설치가 불가능한 경우에는 자동차의 양쪽에 대칭으로 2개를 설치할 수 있다.
  • 등광색은 적색일 것
  • 보조제동등의 설치 및 광도기준은 별표 6의16에 적합할 것

② **방향지시등〈제44조〉** : 자동차의 앞면·뒷면 및 옆면(피견인자동차의 경우에는 앞면을 제외한다)에는 다음의 기준에 적합한 방향지시등을 설치하여야 한다.
㉠ 자동차 앞면·뒷면 및 옆면 좌·우에 각각 1개를 설치할 것. 다만, 승용자동차와 차량총중량 3.5톤 이하 화물자동차 및 특수자동차(구난형 특수자동차는 제외한다)를 제외한 자동차에는 2개의 뒷면 방향지시등을 추가로 설치할 수 있다.
㉡ 등광색은 호박색일 것
㉢ 방향지시등의 설치 및 광도기준은 별표 6의17에 적합할 것. 다만, 초소형자동차는 별표 45의 기준을 적용할 수 있다.

〈정답 ③, ①

③ **옆면표시등**〈제44조의2〉

　㉠ 길이가 6미터를 초과하는 자동차에는 다음 각 호의 기준에 적합한 옆면
　　표시등을 설치해야 한다.

　　• 등광색은 호박색(자동차의 가장 뒷부분 옆면에 설치된 경우에는 호박색 또는
　　　적색)일 것

　　• 옆면표시등의 설치 및 광도기준은 별표 6의18에 적합할 것. 다만, 초소형자
　　　동차는 별표 46의 기준을 적용할 수 있다.

　㉡ 길이가 6미터 이하인 자동차에 ㉠의 기준에 적합한 옆면표시등을 설치할
　　수 있다.

④ **비상점멸표시등**〈제45조〉: 자동차에는 다음의 기준에 적합한 비상점멸표시
　등을 설치하여야 한다.

　㉠ 모든 비상점멸표시등은 동시에 작동하는 구조일 것

　㉡ 비상점멸표시등의 작동기준은 별표 6의19에 적합할 것. 다만, 초소형자
　　동차는 별표 47의 기준을 적용할 수 있다.

> **☼ Plus tip**
>
> **후방추돌경고등**〈제45조의2〉
> 후행하는 자동차의 추돌을 방지하기 위하여 후방추돌경고등을 설치하는 경우에
> 는 다음의 기준에 적합하게 설치하여야 한다.
> ㉠ 후방추돌경고신호의 발생과 동시에 후방추돌경고등이 작동될 것
> ㉡ 후방추돌경고등의 작동기준은 별표 6의20에 적합할 것

> **☼ Plus tip**
>
> **군용화 장치**〈제46조〉
> ㉠ 최대 적재량 8톤 이상 9톤 이하의 일반형 화물자동차로서 국토교통부장관이
> 　정하여 고시하는 화물자동차에는 핀틀후크(pintle hook: 견인용 고리를 말한
> 　다. 이하 같다)를 설치해야 한다.
> ㉡ ㉠의 규정에 의한 핀틀후크의 규격 및 설치등에 관한 사항은 국토교통부장관
> 　이 따로 정한다.

❷ 등화의 제한 및 기준

(1) 그 밖의 등화의 제한〈제47조〉

① 자동차의 앞면에는 적색의 등화, 반사기 또는 방향지시등과 혼동하기 쉬운
　점멸하는 등화를 설치하여서는 아니된다. 다만, 화약류를 운송하는 경우에

사용하는 적색등화, 버스 및 어린이운송용 승합자동차의 윗부분에 설치하는 표시등 및 긴급자동차에 설치하는 등화의 경우에는 그러하지 아니하다.

② 자동차의 뒷면에는 끝단표시등, 제동등, 방향지시등 및 옆면표시등과 혼동하기 쉬운 등화나 점멸하는 등화를 설치하여서는 아니 된다. 다만, 어린이운송용 승합자동차에 설치하는 등화와 화약류를 운송할 때에 사용하는 적색등화의 경우에는 그러하지 아니하다.

③ 자동차에는 이 규칙에 규정되지 아니한 등화나 반사기 등을 설치하여서는 아니 된다. 다만, 다음의 경우는 제외한다.

　㉠ 승합자동차에 목적지 표시등을 설치하는 경우

　㉡ 승합자동차, 화물자동차 또는 특수자동차에 뒷바퀴 조명등을 다음의 기준에 맞게 설치하는 경우

　　• 백색의 등화로서 양쪽에 1개씩 설치할 것

　　• 광원이 직접 보이지 아니하는 구조일 것

　　• 화물자동차 또는 특수자동차에 작업등을 다음의 기준에 맞게 설치하는 경우

　　– 매시 20킬로미터를 초과하여 전진방향으로 주행할 때 소등되는 구조일 것

　　– 등광색은 백색일 것

(2) 등화에 대한 그 밖의 기준〈제48조〉

① 자동차에 설치된 각종 등화는 1개의 등화로 2 이상의 용도로 겸용할 수 있다. 다만, 화약류를 운송할 때에 사용되는 적색등화의 경우에는 그러하지 아니하다.

② 자동차의 등화장치에 사용하는 광원은 별표 6의21의 기준에 적합하여야 한다.

③ 어린이운송용 승합자동차에는 다음의 기준에 적합한 표시등을 설치하여야 한다.

　㉠ 앞면과 뒷면에는 분당 60회이상 120회이하로 점멸되는 각각 2개의 적색표시등과 2개의 황색표시등 또는 호박색표시등을 설치할 것

　㉡ 적색표시등은 바깥쪽에, 황색표시등은 안쪽에 설치하되, 차량중심선으로부터 좌·우대칭이 되도록 설치할 것

　㉢ 앞면표시등은 앞면창유리 위로 앞에서 가능한 한 높게 하고, 뒷면표시등의 렌즈하단부는 뒷면 옆창문 개구부의 상단선보다 높게 하되, 좌·우의 높이가 같게 설치할 것

　㉣ 각 표시등의 발광면적은 120제곱센티미터 이상일 것

　㉤ 도로에 정지하려고 하거나 출발하려고 하는 때에는 다음의 기준에 적합할 것

- 도로에 정지하려는 때에는 황색표시등 또는 호박색표시등이 점멸되도록 운전자가 조작할 수 있어야 할 것
- 위의 점멸 이후 어린이의 승하차를 위한 승강구가 열릴 때에는 자동으로 적색표시등이 점멸될 것
- 출발하기 위하여 승강구가 닫혔을 때에는 다시 자동으로 황색표시등 또는 호박색표시등이 점멸될 것
- 위의 점멸 시 적색표시등과 황색표시등 또는 호박색표시등이 동시에 점멸되지 아니할 것
  ㅂ 앞면과 뒷면에 설치하는 표시등은 별표 28의2의 광도기준에 적합할 것

④ 자동차 등화장치 및 반사장치의 색도기준은 별표 6의22에 적합하여야 한다.

(3) 후부반사기 등〈제49조〉

① 자동차의 뒷면에는 다음의 기준에 적합한 후부반사기를 설치하여야 한다.
  ㄱ 좌·우에 각각 1개를 설치할 것. 다만, 너비가 130센티미터 이하인 초소형자동차에는 1개를 설치할 있다.
  ㄴ 반사광은 적색일 것
  ㄷ 후부반사기의 설치기준은 별표 6의23에 적합할 것. 다만, 초소형자동차는 별표 48의 기준을 적용할 수 있다.

② 피견인자동차의 뒷면에는 다음의 기준에 적합한 피견인자동차용 삼각형 반사기를 설치하여야 한다.
  ㄱ 좌·우에 각각 1개를 설치할 것
  ㄴ 반사광은 적색일 것
  ㄷ 피견인자동차용 삼각형 반사기의 설치기준은 별표 6의24에 적합할 것

③ 피견인자동차의 앞면에는 다음의 기준에 적합한 앞면반사기를 설치하여야 한다.
  ㄱ 좌·우에 각각 1개를 설치할 것
  ㄴ 반사광은 백색 또는 무색일 것
  ㄷ 앞면반사기의 설치기준은 별표 6의25에 적합할 것

④ 피견인자동차와 자동차 길이 600센티미터 이상인 자동차에는 다음의 기준에 적합한 옆면반사기를 설치하여야 하고, 그 밖의 자동차에 옆면반사기를 설치하는 경우에는 다음의 기준에 적합하게 설치하여야 한다.
  ㄱ 옆면반사기의 색상은 호박색(자동차의 가장 뒷부분 옆면에 설치된 경우에는 호박색 또는 적색)일 것

ⓛ 옆면반사기의 설치기준은 별표 6의26에 적합할 것. 다만, 초소형자동차는 별표 49의 기준을 적용할 수 있다.

⑤ ①부터 ④까지의 규정에 따른 반사기의 반사성능은 별표 6의27의 기준에 적합하여야 한다.

⑥ 차량총중량 7.5톤 이상인 화물자동차와 특수자동차의 뒷면에는 별표 6의28의 기준에 적합한 후부반사판 또는 후부반사지를 설치하여야 한다.

⑦ 최고속도가 시속 40킬로미터 이하인 자동차에는 제112조의13의 기준에 적합한 저속차량용 후부표시판을 설치하여야 한다.

⑧ 차량총중량 7.5톤 초과 화물·특수자동차(미완성자동차·견인자동차는 제외한다)와 차량총중량 3.5톤 초과 피견인자동차(미완성자동차는 제외한다)의 옆면(자동차의 길이가 6.0미터를 초과하는 경우에 한한다)과 뒷면(자동차 너비가 2.1미터를 초과하는 경우에 한한다)에는 다음의 기준에 적합한 반사띠를 설치해야 한다. 다만, 승용자동차 및 차량총중량 0.75톤 이하 피견인자동차를 제외한 자동차에도 반사띠를 설치할 수 있으며, 이 경우에도 다음의 기준에 적합해야 한다.
  ㉠ 반사띠의 반사광은 다음에 적합한 색상일 것
    • 앞면 : 백색
    • 옆면 : 황색 또는 백색
    • 뒷면 : 황색 또는 적색
  ㉡ 반사띠의 설치 및 반사성능 기준은 별표 32의2에 적합할 것

⑨ ⑥ 및 ⑧에도 불구하고 「소방장비관리법 시행령」 별표 1 제1호가목에 따른 소방자동차에는 「소방장비관리법」 제11조에 따른 도장 및 표지 기준에 따라 후부반사판·후부반사지 및 반사띠를 설치할 수 있다.

(4) 간접시계장치〈제50조〉

① 자동차에는 운전자가 교통상황을 확인할 수 있도록 다음의 어느 하나에 해당하는 간접시계장치를 설치하여야 한다.
  ㉠ 거울을 이용한 간접시계장치는 별표 5의6에 적합하게 설치하여야 하고, 별표 5의7 시계범위에 적합할 것. 다만, 초소형자동차의 경우 간접시계장치의 설치 및 시계범위는 별표 50의 기준에 적합하여야 한다.
  ㉡ 카메라모니터 시스템을 이용한 간접시계장치는 별표 5의6과 별표 5의8에 적합하게 설치하여야 하고, 별표 5의7 시계범위에 적합할 것

② 어린이운송용 승합자동차(원동기가 운전석으로부터 앞쪽에 위치해 있는 자동차는 제외한다)에는 차체 바로 앞에 있는 장애물을 확인할 수 있는 간접시계장치를 추가로 설치하여야 한다.

③ 어린이운송용 승합자동차의 좌우에 설치하는 간접시계장치는 승강구의 가장 늦게 닫히는 부분의 차체(승강구가 없는 차체 쪽의 경우는 승강구가 있는 차체의 지점과 대칭인 지점을 말한다)로부터 자동차길이방향의 수직으로 300밀리미터 떨어진 지점에 직경 30밀리미터 및 높이 1천 200밀리미터의 관측봉을 설치하고, 운전자의 착석기준점으로부터 위로 635밀리미터의 높이에서 관측봉을 확인하였을 때 관측봉의 전부가 보일 수 있는 구조로 하여야 한다.

④ ①에 따른 간접시계장치에 추가로 평균곡률반경이 200밀리미터 이상이고 반사면이 1만제곱밀리미터 이상인 광각 실외후사경 또는 영상장치를 설치하여 제3항에 따른 기준에 적합한 경우에는 어린이운송용 승합자동차에 적합한 것으로 본다.

03 창닦기 장치, 경음기, 속도계, 부품의 안전기준 등

① 창닦기 장치 및 경음기

(1) 창닦이기 장치등〈제51조〉

① 자동차의 앞면창유리(천정개방2층대형승합자동차의 위층 앞면창유리는 제외한다)에는 시야확보를 위한 자동식창닦이기·세정액분사장치·서리제거장치 및 안개제거장치를 설치하여야 하며, 필요한 경우 뒷면 및 기타 창유리의 경우에도 창닦이기·세정액분사장치·서리제거장치 또는 안개제거장치 등을 설치할 수 있다.

② 자동차(초소형자동차는 제외한다)의 앞면창유리에 설치하는 창닦이기는 다음의 기준에 적합하여야 한다.
  ㉠ 작동주기의 종류는 2가지 이상일 것
  ㉡ 최저작동주기는 매분당 20회 이상이고, 다른 하나의 작동주기는 매분당 45회 이상일 것
  ㉢ 최고작동주기와 다른 하나의 작동주기의 차이는 매분당 15회 이상일 것

ⓔ 작동을 정지시킨 경우 자동적으로 최초의 위치로 복귀되는 구조일 것

③ 초소형자동차의 앞면창유리에 설치하는 창닦이기는 다음의 기준에 적합하여야 한다.
　㉠ 분당 40회 이상 작동할 것
　㉡ 작동 정지 시 최초의 위치로 자동으로 돌아오는 구조일 것

(2) 경고음 발생장치

① 경음기〈제53조〉: 자동차의 경음기는 다음의 기준에 적합해야 한다.
　㉠ 일정한 크기의 경적음을 동일한 음색으로 연속하여 낼 것
　㉡ 자동차 전방으로 2미터 떨어진 지점으로서 지상높이가 1.2±0.05미터인 지점에서 측정한 경적음의 최소크기가 최소 90데시벨(C) 이상일 것

② 저소음자동차 경고음발생장치〈제53조의3〉: 하이브리드자동차, 전기자동차, 연료전지자동차 등 동력발생장치가 전동기인 자동차(이하 "저소음자동차"라 한다)에는 별표 6의33의 기준에 따른 경고음발생장치를 설치하여야 한다.

(3) 후방보행자 안전장치〈제53조의2〉

① 자동차에는 다음 어느 하나 이상의 장치를 설치하여야 한다. 다만, 어린이 운송용 승합자동차에는 제1호 및 제3호의 장치를 모두 설치해야 한다.
　㉠ 변속장치 조종레버(버튼식을 포함한다)가 후진위치인 경우 자동차의 차량중심선으로부터 ±y 방향으로 각각 1,000밀리미터인 지점에서 x축과 평행한 선을 각각 좌·우 한 변으로 하고, 자동차 후방 끝에서 차량중심선을 따라 300밀리미터부터 2,300밀리미터까지인 지점에서 y축과 평행한 선을 각각 다른 한 변으로 하는 수평면 상의 사각형 영역에 설치된 직경이 89밀리미터이고 높이가 500밀리미터인 관측봉을 볼 수 있는 후방영상장치
　㉡ 자동차를 후진하는 경우 운전자에게 자동차의 후방에 있는 보행자의 접근상황을 알리는 접근경고음 발생장치
　㉢ 보행자에게 자동차가 후진 중임을 알리는 후진경고음 발생장치

② ①의 ㉡에 따른 접근경고음 발생장치는 다음의 기준에 적합해야 한다.
　㉠ 변속장치 조종레버(버튼식을 포함한다)가 후진위치인 경우 자동차 좌·우 최외측에서 x축과 평행한 선을 각각 좌·우 한 변으로 하고, 자동차 후방 끝에서 차량중심선을 따라 250밀리미터부터 1,000밀리미터까지인 지점에서 y축과 평행한 선을 각각 다른 한 변으로 하는 수평면상의 사각형 영역에 있는 직경이 76밀리미터이고 높이가 1,000밀리미터인 감지봉을 감지하여 운전자에게 경고음을 발생시킬 것

ⓛ ㉠에 따른 경고음은 다음의 기준에 적합할 것

- 경고음의 발생과 정지가 반복되도록 할 것. 다만, 보행자와 가장 근접한 위치에서는 경고음을 연속하여 발생시킬 수 있다.
- 차실 안에서 경고음의 크기는 55데시벨(A) 이상으로 하되, 원동기 소음보다 클 것

③ ①의 ㉢에 따른 후진경고음 발생장치는 다음의 기준에 적합해야 한다.

㉠ 경고음은 발생과 정지가 반복되도록 하고, 같은 음색의 소리를 일정한 간격으로 발생시킬 것

㉡ 경고음의 크기는 자동차 후방 끝으로부터 2미터 떨어진 위치에서 측정하였을 때 다음의 기준에 적합할 것

- 승용자동차와 승합자동차 및 경형 · 소형의 화물 · 특수자동차는 60데시벨(A) 이상 85데시벨(A) 이하일 것
- 가목 외의 자동차는 65데시벨(A) 이상 90데시벨(A) 이하일 것

㉢ 경고음의 음색은 1/3옥타브 중심주파수대역이 500헤르츠 이상 4,000헤르츠 이하인 구간에서 가장 큰 소리를 낼 것

㉣ 경고음의 발생 횟수는 매분 40회 이상 100회 이하일 것

> 🕊 **Plus tip**
>
> **어린이 하차확인장치〈제53조의4〉**
> 어린이운송용 승합자동차에는 다음의 기준에 적합한 어린이 하차확인장치를 설치해야 한다.
> ㉠ 승합자동차의 원동기를 정지시키거나 시동장치의 열쇠를 작동 위치에서 제거한 후 3분 이내에 차실 가장 뒷열에 있는 좌석 부근에 설치된 확인버튼(근거리 무선통신 접촉을 포함한다)을 누르지 않으면 경고음 발생장치와 표시등(제45조에 따른 비상점멸표시등 또는 제48조의 ③에 따른 표시등을 말한다)이 작동하는 구조일 것
> ㉡ ㉠에 따른 경고음 발생장치와 표시등이 작동되면 확인버튼(근거리 무선통신 접촉을 포함한다)을 누르거나 승합자동차의 원동기를 다시 시동(제13조의 ⑥에 따른 보조시동장치에 의한 시동은 제외한다)하여 작동을 정지시킬 수 있는 구조일 것
> ㉢ ㉠에 따른 경고음 발생장치는 다음의 기준에 적합한 구조일 것
> - 경고음은 발생과 정지가 반복되도록 하고, 같은 음색의 경보음 또는 음성 메시지를 일정한 간격으로 발생시킬 것
> - 경고음은 자동차 전방 또는 후방 끝으로부터 2미터 떨어진 위치에서 측정하였을 때 60데시벨(A) 이상일 것

② 속도계 및 운행기록장치

(1) 속도계 및 주행거리계〈제54조〉

① 자동차에는 제110조에 따른 속도계와 통산 운행거리를 표시할 수 있는 구조의 주행거리계를 설치하여야 한다.

② 다음의 자동차(「도로교통법」에 따른 긴급자동차와 당해 자동차의 최고속도가 ③의 규정에서 정한 속도를 초과하지 아니하는 구조의 자동차를 제외한다)에는 최고속도제한장치를 설치하여야 한다.

  ㉠ 승합자동차(어린이운송용 승합자동차를 포함한다)
  ㉡ 차량총중량이 3.5톤을 초과하는 화물자동차·특수자동차(피견인자동차를 연결하는 견인자동차를 포함한다)
  ㉢ 「고압가스 안전관리법 시행령」 제2조의 규정에 의한 고압가스를 운송하기 위하여 필요한 탱크를 설치한 화물자동차(피견인자동차를 연결한 경우에는 이를 연결한 견인자동차를 포함한다)
  ㉣ 저속전기자동차

③ ②의 규정에 의한 최고속도제한장치는 자동차의 최고속도가 다음의 기준을 초과하지 아니하는 구조이어야 한다.

  ㉠ 승합자동차 : 매시 110킬로미터
  ㉡ 차량총중량이 3.5톤을 초과하는 화물자동차·특수자동차, 저속전기자동차 : 매시 90킬로미터
  ㉢ 저속전기자동차 : 매시 60킬로미터

> ☞ Plus tip
>
> **속도계**〈제110조〉
> ㉠ 자동차에 설치한 속도계의 속도표시부는 다음의 기준에 적합하여야 한다.
> • 속도표시부는 운전자의 직접시계의 범위내에 위치하고, 주·야간에 속도값을 명확히 읽을 수 있을 것
> • 속도표시범위는 자동차의 최고속도가 포함되도록 할 것
> • 눈금은 시속 1킬로미터·2킬로미터·5킬로미터 또는 10킬로미터 단위로 구분되고, 다음의 값들이 숫자로 표시될 것. 다만, 속도표시값의 간격은 균등하지 아니하여도 된다.
>   − 속도표시부의 최고속도값이 시속 200킬로미터 이하인 경우 시속 20킬로미터 이하 간격의 속도값
>   − 속도표시부의 최고속도값이 시속 200킬로미터를 초과하는 경우 시속 30킬로미터 이하 간격의 속도값
> ㉡ 자동차에 설치한 속도계의 지시오차는 평탄한 노면에서의 속도가 시속 25킬로미터 이상에서 다음 계산식에 적합하여야 한다.
> $0 \leq V_1 - V_2 \leq V_2 / 10 + 6$(킬로미터/시간)
> V_1 : 지시속도(킬로미터/시간)
> V_2 : 실제속도(킬로미터/시간)

(2) 운행 · 사고 기록장치

① **운행기록장치**〈제56조〉: 운행기록장치를 장착하여야 하는 운송사업용 자동차의 범위와 운행기록장치의 장착기준은 「교통안전법」 제55조제1항에 따른다.

② **사고기록장치**〈제56조의2〉

　⊙ 「자동차관리법」에서 "자동차의 충돌 등 국토교통부령으로 정하는 사고"란 다음의 어느 하나에 해당하는 상황이 발생한 경우를 말한다.

　　• 0.15초 이내에 진행방향의 속도 변화 누계가 시속 8킬로미터 이상에 도달하는 경우(측면방향의 속도 변화가 기록되는 자동차의 경우에는 측면방향 속도 변화 누계가 0.15초 이내에 시속 8킬로미터 이상에 도달하는 경우를 포함한다)

　　• 에어백 또는 좌석안전띠 프리로딩 장치 등 비가역안전장치가 전개되는 경우

　ⓛ 「자동차관리법」에 따라 승용자동차와 차량 총중량 3.85톤 이하의 승합자동차 · 화물자동차에 사고기록장치를 장착할 경우에는 별표 5의25에 따른 사고기록장치 장착기준에 적합하게 장착하여야 한다.

❸ 소화설비 및 경광등

(1) **소화설비**〈제57조〉

① 자동차에는 에이 · 비 · 씨 소화기를 다음의 기준에 따라 사용하기 쉬운 위치에 설치하여야 한다. 다만, 승차정원 11인 이상의 승합자동차의 경우에는 운전석 또는 운전석과 옆으로 나란한 좌석 주위에 1개 이상의 소화기를 설치하여야 한다.

　⊙ **승차정원 7인 이상의 승용자동차 및 경형승합자동차**: 「소방시설 설치 및 관리에 관한 법률」에 의한 능력단위(이하 "능력단위"라 한다) 1 이상인 소화기 1개 이상

　ⓛ 승합자동차(경형승합자동차를 제외한다)

　　• 승차정원 15인 이하의 승합자동차: 능력단위 2 이상인 소화기 1개 이상 또는 능력단위 1 이상인 소화기 2개 이상

　　• 승차정원 16인 이상 35인 이하의 승합자동차: 능력단위 2 이상인 소화기 2개 이상

　　• 승차정원 36인 이상의 승합자동차: 능력단위 3 이상인 소화기 1개 이상 및 능력단위 2 이상인 소화기 1개 이상. 다만, 2층대형승합자동차의 경우에는 위층 차실에 능력단위 3 이상인 소화기 1개 이상을 추가로 설치하여야 한다.

ⓒ 화물자동차(피견인자동차는 제외한다) 및 특수자동차
- 중형 : 능력단위 1 이상인 소화기 1개 이상
- 대형 : 능력단위 2 이상인 소화기 1개 이상 또는 능력단위 1 이상인 소화기 2개 이상

ⓔ 「위험물안전관리법 시행령」 제3조의 규정에 의한 지정수량 이상의 위험물과 「고압가스 안전관리법 시행령」 제2조의 규정에 의한 고압가스를 운송하는 자동차(피견인자동차를 연결한 경우에는 이를 연결한 견인자동차를 포함한다) : 「위험물안전관리법 시행규칙」 제41조 및 별표 17 제3호나목중 이동탱크저장소란 및 비고란에 해당하는 능력단위와 수량

② 승차정원 23인을 초과하는 승합자동차로서 너비 2.3미터를 초과하는 경우에는 운전자의 좌석 부근에 소화기를 설치할 수 있도록 가로 600밀리미터, 세로 200밀리미터 이상의 공간을 확보하여야 한다.

(2) 경광등 및 사이렌〈제58조〉

① 「도로교통법」 제2조제22호에 따른 긴급자동차에는 다음의 기준에 적합한 경광등 및 사이렌을 설치할 수 있다.
　㉠ 경광등은 다음의 기준에 적합할 것
　　• 1등당 광도는 135칸델라이상 2천5백칸델라이하일 것
　　• 등광색은 다음 기준에 적합할 것

구분	등광색
㉮ 경찰용 자동차 중 범죄수사·교통단속 그 밖의 긴급한 경찰임무 수행에 사용되는 자동차 ㉯ 국군 및 주한국제연합군용 자동차 중 군내부의 질서유지 및 부대의 질서있는 이동을 유도하는데 사용되는 자동차 ㉰ 수사기관의 자동차 중 범죄수사를 위하여 사용되는 자동차 ㉱ 교도소 또는 교도기관의 자동차 중 도주자의 체포 또는 피수용자의 호송·경비를 위하여 사용되는 자동차 ㉲ 소방용자동차	적색 또는 청색
㉮ 전신·전화의 수리공사 등 응급작업에 사용되는 자동차와 우편물의 운송에 사용되는 자동차 중 긴급배달우편물의 운송에 사용되는 자동차 ㉯ 전기사업·가스사업 그 밖의 공익사업 기관에서 위해방지를 위한 응급작업에 사용되는 자동차 ㉰ 민방위업무를 수행하는 기관에서 긴급예방 또는 복구를 위한 출동에 사용되는 자동차 ㉱ 도로의 관리를 위하여 사용되는 자동차 중 도로상의 위험을 방지하기 위하여 응급작업에 사용되는 자동차 ㉲ 전파감시업무에 사용되는 자동차 ㉳ 기타자동차	황색
구급차·혈액 공급차량	녹색

ⓛ 사이렌음의 크기는 자동차의 전방으로부터 20미터 떨어진 위치에서 90데 시벨(C) 이상 120데시벨(C) 이하일 것

② 「자동차관리법」에 의한 구난형특수자동차와 도로의 청소를 위한 노면청소 용자동차에는 다음의 기준에 적합한 경광등을 설치할 수 있다.

　　㉠ 경광등의 광도는 1등당 광도는 135칸델라이상 2천5백칸델라이하일 것
　　ⓛ 등광색은 황색일 것

📢 자율주행시스템의 안전기준

---

① 자율주행시스템의 종류〈제111조〉: 자율주행시스템의 종류는 다음과 같이 구분한다.
　㉠ 부분 자율주행시스템: 지정된 조건에서 자동차를 운행하되 작동한계상황 등 필요한 경우 운전자의 개입을 요구하는 자율주행시스템
　ⓛ 조건부 완전자율주행시스템: 지정된 조건에서 운전자의 개입 없이 자동차를 운행하는 자율주행시스템
　ⓒ 완전 자율주행시스템: 모든 영역에서 운전자의 개입 없이 자동차를 운행하는 자율주행시스템
② 자율주행시스템의 운행가능영역 지정〈제111조의2〉
　㉠ 제작자는 자율주행시스템이 주어진 조건에서 정상적이고 안전하게 작동될 수 있는 작동영역(이하 "운행가능영역"이라 한다)을 지정해야 한다.
　ⓛ 운행가능영역에는 자율주행자동차의 운행과 관련된 다음의 사항이 포함되어야 한다.
　　• 도로 · 기상 등 주행 환경
　　• 자율주행시스템의 작동한계
　　• 그 밖에 자동차의 안전한 운행과 관련된 조건

---

④ 부품의 안전기준

(1) 브레이크호스〈제112조의2〉

자동차(초소형자동차는 제외한다)에 사용되는 브레이크호스는 별표 30의4의 기준에 적합하여야 하며, 공기압브레이크호스를 제외한 다른 브레이크호스는 분해되지 아니하는 일체형 구조이어야 한다.

(2) 좌석안전띠장치〈제112조의3〉

자동차에 사용되는 좌석안전띠는 별표 16의 기준에 적합하여야 한다.

(3) 등화장치〈제112조의4〉

자동차(초소형자동차는 제외한다)에 사용되는 전조등은 별표 6의3부터 별표 6의5까지의 광도기준 및 별표 6의22의 색도기준에 적합하여야 한다.

(4) 후부반사기〈제112조의5〉

자동차(초소형자동차는 제외한다)에 사용되는 후부반사기(보조반사기를 포함한다)는 다음의 기준에 적합하여야 한다.

① 후부반사기의 반사부 모양은 삼각형 모양 외의 것일 것. 다만, 피견인자동차에 사용되는 후부반사기는 그러하지 아니하다.

② 후부반사기에 의한 반사광은 적색이어야 할 것. 다만, 보조반사기의 경우에는 황색 또는 호박색으로 할 수 있다.

③ 후부반사기의 반사성능은 별표 6의27의 기준에 적합할 것

(5) 후부안전판〈제112조의6〉

자동차에 사용되는 후부안전판은 별표 13의 기준에 적합하여야 한다.

(6) 창유리〈제112조의7〉

자동차(초소형자동차는 제외한다)에 사용되는 창유리는 기준에 적합하여야 한다.

(7) 안전삼각대〈제112조의8〉

자동차(초소형자동차는 제외한다)에 사용되는 안전삼각대는 별표 30의5의 기준에 적합하여야 한다.

(8) 후부반사판 및 후부반사지〈제112조의9〉

자동차에 사용되는 후부반사판 및 후부반사지는 다음의 기준에 적합하여야 한다.

① 형상·반사성능 및 부착방법은 별표 6의28의 기준에 적합할 것

② 반사부의 반사광은 황색 또는 적색, 형광부의 반사광은 적색일 것

(9) 브레이크라이닝〈제112조의10〉

자동차(초소형자동차는 제외한다)에 사용되는 브레이크라이닝은 별표 30의6의 기준에 적합하여야 한다.

(10) 휠〈제112조의11〉

승용자동차와 차량총중량 3.5톤 이하의 승합(피견인자동차로 한정한다)·화물·특수자동차에 사용되는 휠은 별표 30의7의 기준에 적합하여야 한다. 다만, 초소형자동차는 제외한다.

(11) 반사띠〈제112조의12〉

자동차에 사용되는 반사띠는 별표 32의2의 기준에 적합하여야 한다.

(12) 저속차량용 후부표시판〈제112조의13〉

최고속도가 시속 40킬로미터 이하인 자동차에 설치되는 저속차량용 후부표시판의 형상 및 반사성능기준은 별표 30의8의 기준에 적합하여야 한다.

1 공차상태의 자동차에 있어서 접지부분이외의 부분은 지면과의 사이에 몇 cm 이상의 간격으로 이루어져 있는가?

① 10cm 이상

② 12cm 이상

③ 14cm 이상

④ 16cm 이상

1.

공차상태의 자동차에서 접지부분 이외의 부분은 지면과의 사이에서 10cm 이상의 간격이 있어야 한다〈제5조〉.

2 공차 상태의 자동차는 좌우 각각 몇 도를 기울인 상태에서도 전복되지 아니한가?

① 20도 ② 30도

③ 35도 ④ 40도

2.

승용자동차, 화물자동차, 특수자동차, 및 승차정원 10명 이하인 승합자동차는 공차상태에서 좌우 각각 35도를 기울인 상태에서 전복되지 않아야 한다〈제8조〉.

3 다음 중 타이어공기압 경고장치를 설치해야 하는 자동차는?

① 차량 총중량 5톤 화물자동차

② 승용자동차

③ 차량 총중량이 4톤 화물자동차

④ 피견인자동차

3.

승용자동차와 차량총중량이 3.5톤 이하인 승합·화물·특수자동차에는 타이어공기압경고장치를 설치하여야 한다. 다만, 복륜인 자동차, 피견인자동차 및 초소형자동차는 제외한다〈제12조의2〉.

4 화물자동차 및 특수자동차의 차량총중량은 몇 톤을 초과해서는 안 되는가?

① 20톤 ② 25톤

③ 30톤 ④ 40톤

4.

자동차의 차량총중량은 20톤(승합자동차의 경우에는 30톤, 화물자동차 및 특수자동차의 경우에는 40톤), 축중은 10톤, 윤중은 5톤을 초과하여서는 아니 된다〈제6조〉.

Answer 1.① 2.③ 3.② 4.④

5 자동차의 조향바퀴 윤중의 합은 차량중량 및 차량총중량의 각각에 대하여 몇 % 이상이어야 하는가?

① 15% 이상
② 16% 이상
③ 18% 이상
④ 20% 이상

6 자동차의 최소회전반경은 바깥쪽 앞바퀴 자국의 중심선을 따라 측정할 때 몇 m 이내이어야 하는가?

① 8m 이내
② 10m 이내
③ 12m 이내
④ 14m 이내

7 운행 자동차 기준으로 최고속도가 80km/h 이상인 자동차는 주제동장치의 급제동 정지거리는 몇 m 이하인가?

① 5m 이내
② 14m 이내
③ 22m 이내
④ 30m 이내

5.

자동차의 조향바퀴의 윤하중의 값은 차량중량 및 차량총중량의 각각에 대하여 20% 이상이어야 한다〈제7조〉.

6.

자동차의 최소회전반경은 바깥쪽 앞바퀴자국의 중심선을 따라 측정할 때 12m를 초과하여서는 아니된다〈제9조〉.

7.

주제동장치의 급제동정지거리 및 조작력 기준

구분	최고속도가 매시 80킬로미터 이상의 자동차	최고속도가 매시 35킬로미터 이상 80킬로미터 미만의 자동차	최고속도가 매시 35킬로미터 미만의 자동차
제동초속도 (킬로미터/시간)	50	35	당해 자동차의 최고속도
급제동정지 거리(미터)	22 이하	14 이하	5 이하
측정시조작력 (킬로그램)	발조작식의 경우 : 90 이하		
	손조작식의 경우 : 30 이하		
측정자동차의 상태	공차상태의 자동차에 운전자 1인이 승차한 상태		

8 어린이운송용 승합자동차의 어린이용 좌석의 규격 중 좌석등받이의 높이는 몇 cm 이상이어야 하는가?

① 35
② 50
③ 71
④ 82

8.

어린이운송용 승합자동차의 좌석 규격은 5퍼센트 성인여자 인체모형이 착석할 수 있도록 하되, 좌석 등받이(머리지지대를 포함)의 높이는 71cm 이상이어야 한다〈제25조〉.

9 자동차에 비상탈출장치를 설치하여야 할 승차정원 기준으로 맞는 것은?

① 12인승 이상
② 15인승 이상
③ 16인승 이상
④ 25인승 이상

9.

승차정원 16인 이상의 승합자동차에는 비상탈출장치를 설치해야 한다〈제30조〉.

10 자동차 및 자동차부품의 성능과 기준에 관한 규칙에서 승차정원 23인승 이하 승합자동차에서 1인이 차지하는 입석의 면적은?

① $0.015m^2$ 이상
② $0.15m^2$ 이상
③ $0.125m^2$ 이상
④ $0.0125m^2$ 이상

10.

승차정원 23인승 이하 승합자동차의 1인당 입석면적은 $0.125m^2$ 이상이다〈제28조〉.

11 주제동력의 복원상태에 있어서 브레이크 페달을 놓을 때 제동력이 3초 이내에 당해 축중의 몇 % 이하로 감소되어야 하는가?

① 15% 이하
② 20% 이하
③ 25% 이하
④ 30% 이하

11.

주제동력의 복원상태에서 브레이크 페달을 놓을 때 제동력이 3초 이내에 당해 축중의 20% 이하로 감소되어야 한다〈제15조〉.

Answer   8.③   9.③   10.③   11.②

12 전기자동차 충전 접속구의 활선도체부와 전기적 샤시 사이의 절연저항은 최소 몇 MΩ 이상이어야 하는가?

① 1MΩ
② 2MΩ
③ 5MΩ
④ 10MΩ

13 자동차 경음기의 경적음의 크기는 차체 전방에서 2m 떨어진 지상 1.2m 높이에서 측정한 음의 최소 크기가 얼마 이상이어야 하는가?

① 120db 이상
② 90db 이상
③ 95db 이상
④ 100db 이상

14 조종장치 설치기준에 적합한 것은?

① 자동변속장치 중립위치는 주차와 후진 사이
② 자동변속장치 주차위치는 후진위치에 가까운 끝부분
③ 가속제어장치의 복귀장치는 1개 이상
④ 가속제어장치의 복귀장치는 2개 이상

12.

전기자동차 충전 접속구의 활선도체부와 전기적 샤시 사이의 절연저항은 최소 1MΩ 이상이어야 한다〈제18조의2, 별표 5〉.

13.

경음기〈제3조〉
1. 일정한 크기의 경적음을 동일한 음색으로 연속하여 낼 것
2. 자동차 전방으로 2미터 떨어진 지점으로서 지상 높이가 1.2±0.05미터인 지점에서 측정한 경적음의 최소 크기가 최소 90데시벨 이상일 것

14.

자동변속장치는 다음의 기준에 적합하여야 한다〈제13조 제3항〉.
1. 중립위치는 전진위치와 후진위치 사이에 있을 것
2. 조종레버가 조향기둥에 설치된 경우 조종레버의 조작방향은 중립위치에서 전진위치로 조작되는 방향이 시계방향일 것
3. 주차위치가 있는 경우에는 후진위치에 가까운 끝부분에 있을 것. 다만, 순서대로 조작되지 아니하는 조종레버를 갖춘 경우에는 그러하지 아니하다.
4. 조종레버가 전진 또는 후진위치에 있는 경우 원동기가 시동되지 아니할 것. 다만, 다음의 어느 하나에 해당하는 자동차의 경우에는 그러하지 아니하다.
   가. 하이브리드자동차
   나. 전기자동차
   다. 원동기의 구동이 모두 정지될 경우 변속기가 자동으로 중립위치로 변환되는 구조를 갖춘 자동차
   라. 주행하다가 정지하면 원동기의 시동을 자동으로 제어하는 장치를 갖춘 자동차
5. 전진변속단수가 2단계 이상일 경우 매시 40킬로미터 이하의 속도에서 어느 하나의 변속단수의 원동기제동효과는 최고속변속단수에서의 원동기제동효과보다 클 것

Answer 12.① 13.② 14.②

15 좌석 안전띠를 설치하지 않아도 되는 자동차는?

① 고속버스
② 화물자동차
③ 전세버스
④ 시내버스

16 차량총중량이 얼마 이상인 화물자동차에 측면보호대를 설치하여야 하는가?

① 3톤 이상
② 4톤 이상
③ 5톤 이상
④ 8톤 이상

15.

자동차전용도로 또는 고속국도를 운행하지 아니하는 시내버스·농어촌버스 및 마을버스의 승객용 좌석에는 좌석안전띠를 설치하지 아니할 수 있다〈제27조〉.

16.

차량총중량이 8톤 이상이거나 최대적재량이 5톤 이상인 화물자동차·특수자동차 및 연결자동차는 포장노면위의 공차상태에서 다음의 기준에 적합한 측면보호대를 설치하여야 한다. 다만, 보행자 등이 뒷바퀴에 말려들 우려가 없는 구조의 자동차, 차체 등의 구조물과의 간섭으로 설치가 곤란한 자동차 및 조향축간 거리가 2,100밀리미터 이하인 자동차는 제외한다〈제19조 제3항〉.
1. 측면보호대의 양쪽 끝과 앞·뒷바퀴와의 간격은 각각 400밀리미터 이내일 것. 다만, 측면보호대의 양쪽 끝과 앞·뒷바퀴와의 간격을 400밀리미터 이내로 설치하기가 곤란한 구조의 자동차의 경우 앞·뒷바퀴와 가장 가까운 위치에 설치한 때는 그러하지 아니하다.
2. 측면보호대의 가장 아랫부분과 지상과의 간격은 550밀리미터 이하일 것
3. 측면보호대의 가장 윗부분과 지상과의 간격은 950밀리미터 이상일 것. 다만, 측면보호대 가장 윗부분과 차체 바닥면과의 간격이 350밀리미터 이하일 경우는 제외한다.
4. 측면보호대 가장 바깥쪽 면은 차체의 가장 바깥쪽 면보다 안쪽에 위치하여야 하며, 그 간격은 150밀리미터 이하일 것. 다만, 자동차의 길이방향으로 측면보호대의 뒷부분부터 최소한 250밀리미터에 해당하는 부분은 측면보호대의 가장 바깥쪽 면이 차체의 가장 바깥쪽 면부터 타이어의 가장 바깥쪽 면의 안쪽으로 30밀리미터까지에 해당하는 구간에 위치하도록 설치하여야 한다.
5. 측면보호대 각각의 단면 높이는 50밀리미터 이상이고, 측면보호대 사이의 높이 간격은 300밀리미터 이하이어야 한다.
6. 측면보호대에 1킬로뉴턴의 하중을 가할 때 자동차의 길이방향으로 측면보호대의 뒷부분부터 250밀리미터까지는 30밀리미터, 그 외 구간은 150밀리미터 이내로 변형되어야 한다.

Answer 15.④ 16.④

17 후부안전판의 설치기준에 대한 설명으로 옳지 않은 것은?

① 지상부터 2미터 이하의 높이에 있는 차체 후단부터 차량 길이 방향의 안쪽으로 400밀리미터 이내에 설치하여야 한다.

② 좌·우 측면의 곡률반경은 2.5밀리미터 이상이어야 한다.

③ 차량 수직방향의 단면 최소높이는 550밀리미터 이상이어야 한다.

④ 후부안전판의 양 끝 부분은 뒷차축 중 가장 넓은 차축의 좌·우 최외측 타이어 바깥면 지점을 초과하여서는 아니 된다.

17.

차량총중량이 3.5톤 이상인 화물자동차 및 특수자동차는 포장노면 위에서 공차상태로 측정하였을 때에 다음의 기준에 적합한 후부안전판을 설치하여야 한다. 다만, 다른 자동차가 추돌할 경우 그 자동차의 차체 앞부분이 들어올 우려가 없는 구조의 자동차, 세미트레일러를 견인할 목적으로 제작된 자동차, 목재·철재·기둥 등과 같이 길고 분리할 수 없는 화물운송용 특수트레일러 및 후부안전판이 차량용도에 전혀 적합하지 아니한 자동차의 경우에는 그러하지 아니하다〈제19조 제4항〉.

1. 후부안전판의 양 끝 부분은 뒷차축 중 가장 넓은 차축의 좌·우 최외측 타이어 바깥면(지면과 접지되어 발생되는 타이어 부풀림양은 제외) 지점을 초과하여서는 아니 되며, 좌·우 최외측 타이어 바깥면 지점부터의 간격은 각각 100밀리미터 이내일 것

2. 가장 아랫 부분과 지상과의 간격은 550밀리미터 이내일 것

3. 차량 수직방향의 단면 최소높이는 100밀리미터 이상일 것

4. 좌·우 측면의 곡률반경은 2.5밀리미터 이상일 것

5. 지상부터 2미터 이하의 높이에 있는 차체 후단부터 차량길이 방향의 안쪽으로 400밀리미터 이내에 설치할 것. 다만, 자동차의 구조상 400밀리미터 이내에 설치가 곤란한 자동차의 경우는 제외한다.

6. 화물 하역장치 등이 설치되어 해당 작동부로 인하여 후부안전판이 양쪽으로 분리되어 설치되는 경우에는 다음의 기준에 적합하여야 한다.

　가. 화물 하역장치 등과 후부안전판 끝부분과의 간격은 각각 25밀리미터 이하일 것

　나. 분리된 후부안전판 각각의 면적은 최소 350제곱센티미터 이상일 것. 다만, 자동차의 너비가 2미터 미만인 경우는 제외한다.

Answer 　17.③

18 다음 중 자동차의 등광색이 적색이 아닌 것은?

① 차폭등
② 후미등
③ 후부반사기(형광부)
④ 제동등

19 자동차의 방향지시등에 대한 설명으로 틀린 것은?

① 자동차 앞·뒷면 양측에 각각 1개의 방향지시등을 설치하여야 한다.
② 승용자동차와 차량총중량 3.5톤 이하 화물자동차 및 특수자동차의 보조방향지시등 투영면은 공차상태에서 지상 350밀리미터 이상 1,500밀리미터 이하이어야 한다.
③ 방향지시등은 1분간 60±30회로 점멸하는 구조이어야 한다.
④ 방향지시등의 발광면 외측 끝은 자동차 최외측으로부터 400밀리미터 이하이어야 한다.

18.
차폭등의 등광색은 백색이어야 한다〈제40조〉.

19.
방향지시등은 1분간 90±30회로 점멸하는 구조이어야 한다〈방향지시등의 설치 및 광도기준 별표 6의17〉.

Answer   18.①   19.③

20 자동차의 길이, 너비 및 높이를 측정할 때 따라야 하는 기준으로 적당하지 않은 것은?

① 적차상태

② 공차상태

③ 직진상태에서 수평면에 있는 상태

④ 차체 외부에 부착하는 간접시계장치, 안테나 등은 이를 제거하거나 닫은 상태

20.

자동차의 길이 · 너비 및 높이를 측정할 때 다음의 기준에 따라야 한다〈제4조 제2항〉.

1. 공차상태일 것
2. 직진상태에서 수평면에 있는 상태일 것
3. 차체 밖에 부착하는 간접시계장치, 안테나, 밖으로 열리는 창, 긴급자동차의 경광등 및 환기장치 등의 바깥 돌출부분은 이를 제거하거나 닫은 상태일 것
4. 적재 물품을 고정하기 위한 장치 등 국토교통부장관이 고시하는 항목은 측정대상에서 제외할 것

Answer 20.①

PART

02 도로교통 법규

기출PLUS

01 도로교통법의 목적과 용어 정의

❶ 도로교통법

(1) 목적

도로에서 일어나는 교통상의 모든 위험과 장해를 방지하고 제거하여 안전하고 원활한 교통을 확보함을 목적으로 한다.

(2) 도로교통법의 법적지위

교통에 관한 일반법적 성격

(3) 교통관련 각종 법령

교통사고처리 특례법, 자동차관리법, 도로법, 유료도로법, 농어촌도로 정비법, 교통안전법, 특정범죄 가중처벌 등에 관한 법률 등

❷ 용어 정의

(1) 도로관련 용어

① 도로
  ㉠ 도로법에 의한 도로 : 고속국도, 일반국도, 특별시도, 광역시도, 지방도, 시도, 군도, 구도
  ㉡ 유료도로법에 의한 유료도로 : 통행료 또는 사용료를 징수하는 도로
  ㉢ 농어촌도로 정비법에 따른 농어촌도로 : 도로법에 규정되지 아니한 도로(읍 또는 면 지역의 도로만 해당)로서 농어촌지역 주민의 교통 편익과 생산·유통활동 등에 공용(共用)되는 공로(公路) 중 사권의 제한 및 도로기본계획의 수립 규정에 따라 고시된 도로를 말한다.
  ㉣ 그 밖에 현실적으로 불특정 다수의 사람 또는 차마(車馬)가 통행할 수 있도록 공개된 장소로서 안전하고 원활한 교통을 확보할 필요가 있는 장소(예 : 유원지, 공원, 사도, 광장 등)

기출 2003. 3. 30. 인천시 소방직 시행

다음 중 **도로교통법의 목적**으로 옳은 것은?

① 국민생활의 편익율 증진
② 안전하고 원활한 교통의 확보
③ 자동차의 성능과 안전을 확보
④ 공공의 복리를 증진

기출 2021. 5. 1. 전라북도 시행

다음 중 「도로교통법」상 도로의 종류가 아닌 것은?

① 「유료도로법」에 따른 유료도로
② 「농어촌도로 정비법」에 따른 농어촌도로
③ 「해상법」에 따른 해상도로
④ 불특정 다수의 사람 또는 차마가 통행할 수 있도록 공개된 장소로서 안전하고 원활한 교통을 확보할 필요가 있는 장소

‹ 정답 ②, ③

② **자동차 전용도로** : 자동차만 다닐 수 있도록 설치된 도로를 말한다.

> 🖼 Plus tip
> **고속도로** … 자동차의 고속운행에만 사용하기 위하여 지정된 도로

③ **차도** : 연석선·안전표지 또는 그와 비슷한 인공구조물을 이용하여 경계(境界)를 표시하여 모든 차가 통행할 수 있도록 설치된 도로의 부분을 말한다.

> 🖼 Plus tip
> **연석선** … 차도와 보도를 구분하는 돌 등으로 이어진 선

④ **차선** : 차로와 차로를 구분하기 위하여 그 경계지점을 안전표지로 표시한 선을 말한다.

⑤ **차로** : 차마가 한 줄로 도로의 정하여진 부분을 통행하도록 차선(車線)으로 구분한 차도의 부분을 말한다.

> 🖼 Plus tip
> **자전거 도로** … 안전표지, 위험방지용 울타리나 그와 비슷한 인공구조물로 경계를 표시하여 자전거가 통행할 수 있도록 설치된 「자전거이용 활성화에 관한 법률」 제3조 각 호의 도로

⑥ **노면전차 전용로** : 도로에서 궤도를 설치하고, 안전표지 또는 인공구조물로 경계를 표시하여 설치한 「도시철도법」에 따른 도로 또는 차로를 말한다.

⑦ **중앙선** : 차마의 통행 방향을 명확하게 구분하기 위하여 도로에 황색 실선(實線)이나 황색 점선 등의 안전표지로 표시한 선 또는 중앙분리대나 울타리 등으로 설치한 시설물을 말한다. 다만, 제14조제1항 후단에 따라 가변차로(可變車路)가 설치된 경우에는 신호기가 지시하는 진행방향의 가장 왼쪽에 있는 황색 점선을 말한다.

⑧ **보도** : 연석선, 안전표지나 그와 비슷한 인공구조물로 경계를 표시하여 보행자(유모차, 보행보조용의자차, 노약자용 보행기 등 행정안전부령으로 정하는 기구, 장치를 이용하여 통행하는 사람을 포함한다)가 통행할 수 있도록 한 도로의 부분을 말한다.

> 🖼 Plus tip
> **보행자** … 유모차와 행정안전부령으로 정하는 보행보조용 의자차를 포함

⑨ **횡단보도** : 보행자가 도로를 횡단할 수 있도록 안전표지로 표시한 도로의 부분을 말한다.

기출PLUS

🗒 2020. 10. 17. 부산광역시 시행

다음 중 도로교통법상 차도의 정의로 옳은 것은?

① 연석선, 안전표지 또는 그와 비슷한 인공구조물을 이용하여 경계를 표시하여 모든 차가 통행할 수 있도록 설치된 부분을 말한다.
② 차마가 한 줄로 도로의 정하여진 부분을 통행하도록 차선으로 구분한 차도의 부분을 말한다.
③ 차마의 통행 방향을 명확하게 구분하기 위하여 도로에 황색 실선이나 황색 점선 등의 안전표지로 표시한 선 또는 중앙분리대나 울타리 등으로 설치한 시설물을 말한다.
④ 차선변경 및 이면도로(교차로) 또는 건물로의 진출·입을 위하여 일시적으로 진입할 수 있게 구분한 청색 점선 등의 안전표지로 표시한 선을 말한다.

🗒 2020년 10월 17일 충청북도 시행

다음 중 도로교통법의 용어로 틀린 것은?

① 횡단보도 : 보행자가 도로를 횡단할 수 있도록 안전표지로 표시한 도로
② 보도 : 보행자가 통행할 수 있도록 한 도로
③ 차도 : 안전표지 또는 인공구조물을 이용하여 표시 모든 차가 통행할 수 있도록 설치된 도로
④ 자동차전용도로 : 원동기를 포함한 모든 고속차량이 다닐 수 있도록 설치된 도로

◀정답 ①, ④

⑩ **길 가장자리 구역** : 보도와 차도가 구분되지 아니한 도로에서 보행자의 안전을 확보하기 위하여 안전표지 등으로 경계를 표시한 도로의 가장자리 부분을 말한다.

⑪ **교차로** : '십'자로, 'T'자로나 그 밖에 둘 이상의 도로(보도와 차도가 구분되어 있는 도로에서는 차도를 말한다)가 교차하는 부분을 말한다.

⑫ **안전지대** : 도로를 횡단하는 보행자나 통행하는 차마의 안전을 위하여 안전표지나 이와 비슷한 인공구조물로 표시한 도로의 부분을 말한다.

⑬ **자전거도로** : 안전표지, 위험방지용 울타리나 그와 비슷한 인공구조물로 경계를 표시하여 자전거 및 개인형 이동장치가 통행할 수 있도록 설치된 도로를 말한다.

> 🕊 **Plus tip**
>
> **자전거도로의 구분**
> ㉠ 자전거 전용도로 : 자전거와 개인형이동장치(자전거등)만 통행할 수 있도록 분리대, 경계석(境界石), 그 밖에 이와 유사한 시설물에 의하여 차도 및 보도와 구분하여 설치한 자전거도로
> ㉡ 자전거·보행자 겸용도로 : 자전거등 외에 보행자도 통행할 수 있도록 분리대, 경계석, 그 밖에 이와 유사한 시설물에 의하여 차도와 구분하거나 별도로 설치한 자전거도로
> ㉢ 자전거 전용차로 : 차도의 일정 부분을 자전거등만 통행하도록 차선(車線) 및 안전표지나 노면표시로 다른 차가 통행하는 차로와 구분한 차로
> ㉣ 자전거 우선도로 : 자동차의 통행량이 대통령령으로 정하는 기준보다 적은 도로의 일부 구간 및 차로를 정하여 자전거등과 다른 차가 상호 안전하게 통행할 수 있도록 도로에 노면표시로 설치한 자전거도로

⑭ **자전거횡단도** : 자전거 및 개인형 이동장치가 일반도로를 횡단할 수 있도록 안전표지로 표시한 도로의 부분을 말한다.

⑮ **회전교차로** : 교차로 중 차마가 원형의 교통섬(차마의 안전하고 원활한 교통처리나 보행자 도로횡단의 안전을 확보하기 위하여 교차로 또는 차도의 분기점 등에 설치하는 섬 모양의 시설을 말한다)을 중심으로 반시계방향으로 통행하도록 한 원형의 도로를 말한다.

⑯ **보행자우선도로** : 보행자우선 도로를 말한다.
  ㉠ 「보행안전법」 제2조 제3호에 따른 보행자우선도로를 말한다.
  ㉡ 「보행안전법」 제2조 제3호 '보행자우선도로'란 차도와 보도가 분리되지 아니한 도로로서 보행자의 안전과 편의를 보장하기 위하여 보행자 통행이 차마 통행에 우선하도록 지정한 도로를 말한다.
  ㉢ 시·도경찰청장이나 경찰서장은 보행자우선도로에서 보행자를 보호하기 위하여 필요하다고 인정하는 경우에는 차마의 통행속도를 시속 20킬로미터 이내로 제한할 수 있다.

⑰ **보행자전용도로** : 보행자만 다닐 수 있도록 안전표지나 그와 비슷한 인공구조물로 표시한 도로를 말한다.

(2) 자동차관련 용어

① **차마** : 차와 우마를 말한다.

　㉠ **차** : 자동차, 건설기계, 원동기장치자전거, 자전거, 사람 또는 가축의 힘이나 그 밖의 동력(動力)으로 도로에서 운전되는 것. 다만, 철길이나 가설(架設)된 선을 이용하여 운전되는 것, 유모차, 보행보조용 의자차, 노약자용 보행기 등 행정안전부령으로 정하는 기구·장치는 제외한다.

　㉡ **우마** : 교통이나 운수에 사용되는 가축을 말한다.

　㉢ **차마에서 제외되는 기구장치**

　　• 너비 1미터 이하인 것으로서 다음의 기구, 장치를 말한다.

　　　– 유모차

　　　– 보행보조용의자차(의료기기의 기준 규칙에 따른 수동휠체어, 전동휠체어 및 의료용 스쿠터를 말한다.)

　　　– 노약자용 보행기

　　　– 놀이기구(어린이가 이용하는 것에 한정)

　　　– 동력이 없는 손수레

　　　– 이륜자동차, 원동기장치자전거 또는 자전거로서 운전자가 내려서 끌거나 들고 통행하는 것

　　　– 도로의 보수, 유지, 도로상의 공사 등 작업에 사용되는 기구장치(사람이 타거나 화물을 운송하지 않는 것에 한정한다)

　　• 실외이동로봇

② **노면전차** : 「도시철도법」에 따른 노면전차로서 도로에서 궤도를 이용하여 운행되는 차를 말한다.

③ **자동차** : 철길이나 가설된 선을 이용하지 아니하고 원동기를 사용하여 운전되는 차(견인되는 자동차도 자동차의 일부로 본다)로서 다음의 차를 말한다.

　㉠ **자동차관리법에 따른 자동차** (원동기장치자전거는 제외)

　　• 승용자동차 : 10인 이하를 운송하기에 적합하게 제작된 자동차

　　• 승합자동차 : 11인 이상을 운송하기에 적합하게 제작된 자동차. 다만, 다음 어느 하나에 해당하는 자동차는 승차인원과 관계없이 승합자동차로 본다.

　　　– 내부의 특수한 설비로 인하여 승차인원이 10인 이하로 된 자동차

　　　– 국토교통부령으로 정하는 경형자동차로서 승차인원이 10인 이하인 전방조종자동차

　　• 화물자동차 : 화물을 운송하기에 적합한 화물적재공간을 갖추고, 화물적재공간의 총적재화물의 무게가 운전자를 제외한 승객이 승차공간에 모두 탑승했을 때의 승객의 무게보다 많은 자동차

기출 2022. 6. 18. 인천광역시 시행

다음 중 자율주행자동차의 대한 설명으로 틀린 것은?

① "자율주행자동차"란 운전자 또는 승객의 조작 없이 자동차 스스로 운행이 가능한 자동차를 말한다.

② "완전 자율주행시스템"은 모든 영역에서 운전자의 개입 없이 자동차를 운행하는 자율주행시스템을 갖춘 자동차를 말한다.

③ "부분 자율주행시스템"은 지정된 조건에서 운전자의 개입 없이 자동차를 운행하는 자율주행시스템을 갖춘 자동차를 말한다.

④ "완전 자율주행시스템"에 해당하지 않는 자동차를 운전하는 자율주행 운전자는 자율주행시스템의 직접 운전요구에 지체 없이 대응하여 조향장치, 제동장치 및 그 밖의 장치를 직접 조작하여 운전하여야 한다.

기출 2021. 6. 5. 서울특별시 시행

〈보기〉는 「도로교통법」상 "개인형 이동장치"에 대한 정의이다. ㈎와 ㈏에 들어갈 내용으로 옳은 것은?

┌─ 보기 ─
"개인형 이동장치"란 원동기장치자전거 중 ㈎ 으로 운행할 경우 전동기가 작동하지 아니하고 차체 중량이 ㈏ 인 것으로서 행정안전부령으로 정하는 것을 말한다.
└─

① ㈎ 시속 20킬로미터 이상
  ㈏ 30킬로그램 이하
② ㈎ 시속 25킬로미터 이상
  ㈏ 30킬로그램 미만
③ ㈎ 시속 20킬로미터 이상
  ㈏ 35킬로그램 이하
④ ㈎ 시속 25킬로미터 이상
  ㈏ 35킬로그램 미만

정답 ③, ②

• **특수자동차**: 다른 자동차를 견인하거나 구난작업 또는 특수한 용도로 사용하기에 적합하게 제작된 자동차로서 승용자동차 · 승합자동차 또는 화물자동차가 아닌 자동차

• **이륜자동차**: 총배기량 또는 정격출력의 크기와 관계없이 1인 또는 2인의 사람을 운송하기에 적합하게 제작된 이륜의 자동차 및 그와 유사한 구조로 되어 있는 자동차

승합자동차의 차종 구분 (승차인원)	
소형승합차	11인승 이상~15인승 이하
중형승합차	16인승 이상~35인승 이하
대형승합차	36인승 이상

ⓛ 「건설기계관리법」에 따른 건설기계

> **Plus tip**
> 긴급자동차 … 소방차 · 구급차 · 혈액공급차량 · 그 밖에 대통령령으로 정하는 자동차로서 그 본래의 긴급한 용도로 사용되고 있는 자동차

④ **원동기장치자전거**: 자동차관리법에 따른 이륜자동차 가운데 배기량 125cc 이하(전기를 동력으로 하는 경우에는 최고정격출력 11킬로와트 이하)의 이륜자동차와 그 밖에 배기량 125시시 이하(전기를 동력으로 하는 경우에는 최고정격출력 11킬로와트 이하)의 원동기를 단 차(자전거 이용 활성화에 관한 법률에 따른 전기자전거는 제외)

⑤ **자율주행시스템**: 「자율주행자동차 상용화 촉진 및 지원에 관한 법률」에 따른 자율주행시스템을 말한다. 이 경우 그 종류는 완전자율주행시스템, 부분 자율주행시스템 등 행정안전부령으로 정하는 바에 따라 세분할 수 있다

⑥ **자율주행자동차**: 「자동차관리법」에 따른 자율주행자동차로서 자율주행시스템을 갖추고 있는 자동차를 말한다.

> **Plus tip**
> 자율주행자동차의 종류
> ㉠ **부분 자율주행자동차**: 자율주행시스템만으로는 운행할 수 없거나 운전자가 지속적으로 주시할 필요가 있는 등 운전자 또는 승객의 개입이 필요한 자율주행자동차
> ㉡ **완전 자율주행자동차**: 자율주행시스템만으로 운행할 수 있어 운전자가 없거나 운전자 또는 승객의 개입이 필요하지 아니한 자율주행자동차
> ㉢ **조건부 완전 자율주행시스템**: 지정된 조건에서 운전자의 개입없이 자동차를 운행하는 자율주행시스템

⑦ **개인형 이동장치** : 원동기장치자전거 중 시속 25킬로미터 이상으로 운행할 경우 전동기가 작동하지 아니하고 차체 중량이 30킬로그램 미만인 것으로서 행정안전부령으로 정하는 것을 말한다.

> ☝ **Plus tip**
>
> **개인형 이동장치의 기준**
> ㉠ 전동킥보드
> ㉡ 전동이륜평행차
> ㉢ 전동기의 동력만으로 움직일 수 있는 자전거

⑧ **자동차등** : 자동차와 원동기장치자전거를 말한다.

⑨ **자전거등** : 자전거와 개인형 이동장치를 말한다.

⑩ **실외이동로봇의 기준** : 「지능형로봇법」 제 2조 제 4호의 2에 따른 실외이동로봇 중 운행안전인증을 받은 것을 말하고 「지능형로봇법」 제2조 제4호의 2에 따른 "실외이동로봇"이란 배송 등을 위하여 자율주행(원격제어포함)으로 운행할 수 있는 지능형 로봇을 말한다.

(3) 주 · 정차 및 운행관련 용어

① **주차** : 운전자가 승객을 기다리거나 화물을 싣거나 고장 등으로 인하여 계속하여 정지하거나 또는 그 차의 운전자가 그 차로부터 떠나서 즉시 운전할 수 없는 상태를 말한다.

② **정차** : 운전자가 5분을 초과하지 아니하고 차를 정지시키는 것으로서 주차 외의 정지 상태를 말한다.

③ **서행** : 운전자가 차 또는 노면전차를 즉시 정지시킬 수 있는 정도의 느린 속도로 진행하는 것을 말한다.

④ **앞지르기** : 앞서가는 다른 차의 옆을 지나서 그 차의 앞으로 나가는 것을 말한다.

⑤ **일시정지** : 차 또는 노면전차의 운전자가 그 차 또는 노면전차의 바퀴를 일시적으로 완전히 정지시키는 것을 말한다.

기출 PLUS

기출 2018. 4. 27. 경기도 시행

도로교통법의 용어 중 "서행"의 뜻으로 올바른 것은?

① 운전자가 그 차의 바퀴를 일시적으로 완전히 정지시키는 것
② 규정된 속도에서 다소 높은 속도로 운행하는 것
③ 운전자가 차를 즉시 정지시킬 수 있는 정도의 느린 속도로 진행하는 것
④ 운전자가 5분을 초과하지 아니하고 차를 정지시키는 것

기출 2022. 6. 18. 경상북도 시행

도로교통법에 따른 용어의 정의로 옳지 않은 것은?

① '차마'란 사람 또는 가축의 힘이나 그 밖의 동력으로 도로에서 운전되는 것과 교통운수에 사용되는 가축
② '정차'란 10분 이내 주행하지 않고 정지하는 것
③ '원동기장치자전거'란 「자동차관리법」 제3조에 따른 이륜자동차 가운데 배기량 125시시 이하(전기를 동력으로 하는 경우에는 최고정격출력 11킬로와트 이하)의 이륜자동차
④ '일시정지'란 차 또는 노면전차의 운전자가 그 차 또는 노면전차의 바퀴를 일시적으로 완전히 정지시키는 것

❰정답 ③, ②

다음 중 안전표지에 대한 설명으로 옳은 것은?

① 지시표지: 도로상태가 위험하거나 도로 또는 그 부근에 위험물이 있는 경우에 필요한 안전 조치를 할 수 있도록 이를 도로사용자에게 알리는 표지
② 주의표지: 도로의 통행방법·통행구분 등 도로교통의 안전을 위하여 필요한 경우에 도로사용자가 이에 따르도록 알리는 표지
③ 보조표지: 도로교통의 안전을 위하여 각종 주의·규제·지시 등의 내용을 기호·문자 또는 선으로 도로사용자에게 알리는 표지
④ 규제표지: 도로교통의 안전을 위하여 각종 제한·금지 등을 하는 경우에 이를 도로사용자에게 알리는 표지

「도로교통법」 제4조제1항에 따른 안전표지의 설명으로 가장 옳지 않은 것은?

① 주의표지: 도로상태가 위험하거나 도로 또는 그 부근에 위험물이 있는 경우에 필요한 안전조치를 할 수 있도록 이를 도로사용자에게 알리는 표지
② 규제표지: 도로교통의 안전을 위하여 각종 제한·금지 등의 규제를 하는 경우에 이를 도로사용자에게 알리는 표지
③ 지시표지: 도로의 통행방법·통행구분 등 도로교통의 안전을 위하여 필요한 지시를 하는 경우에 도로사용자가 이에 따르도록 알리는 표지
④ 보조표지: 도로교통의 안전을 위하여 각종 주의·규제·지시 등의 내용을 노면에 기호·문자 또는 선으로 도로사용자에게 알리는 표지

정답 ④, ④

(4) 운전관련 용어

① **운전**: 에서 차마 또는 노면전차를 그 본래의 사용방법에 따라 사용하는 것(조종 또는 자율주행시스템을 사용하는 것을 포함)을 말한다.

② **초보운전자**: 처음 운전면허를 받은 날(처음 운전면허를 받은 날부터 2년이 지나기 전에 운전면허의 취소처분을 받은 경우에는 그 후 다시 운전면허를 받은 날을 말한다)부터 2년이 지나지 아니한 사람을 말한다. 이 경우 원동기장치자전거면허만 받은 사람이 원동기장치자전거면허 외의 운전면허를 받은 경우에는 처음 운전면허를 받은 것으로 본다.

③ **모범운전자**: 무사고운전자 또는 유공운전자의 표시장을 받거나 2년 이상 사업용 자동차 운전에 종사하면서 교통사고를 일으킨 전력이 없는 사람으로서 경찰청장이 정하는 바에 따라 선발되어 교통안전 봉사활동에 종사하는 사람을 말한다.

④ **자동차운전학원**: 자동차등의 운전에 관한 지식·기능을 교육하는 시설을 말한다.

⑤ **음주운전 방지장치**: 술에 취한 상태에서 자동차등을 운전하려는 경우 시동이 걸리지 아니하도록 하는 것으로서 행정안전부령으로 정하는 것을 말한다.

> **Plus tip**
> **자동차운전학원이 아닌 시설**
> ㉠ 교육관계법령에 따른 학교에서 소속학생 및 교직원의 연수를 위하여 설치한 시설
> ㉡ 사업장 등의 시설로서 소속직원의 연수를 위한 시설
> ㉢ 전산장치에 의한 모의운전 연습시설
> ㉣ 지방자치단체 등이 신체장애인의 운전교육을 위하여 설치하는 시설 가운데 시·도경찰청장이 인정하는 시설
> ㉤ 대가(代價)를 받지 아니하고 운전교육을 하는 시설
> ㉥ 운전면허를 받은 사람을 대상으로 다양한 운전경험을 체험할 수 있도록 하기 위하여 도로가 아닌 장소에서 운전교육을 하는 시설

02 안전표지 및 신호

1 안전표지

(1) 안전표지

안전표지란 교통안전에 필요한 주의·규제·지시 등을 표시하는 표지판이나 도로 바닥에 표시하는 문자·기호·선 등의 표지를 말한다.

(2) 안전표지의 종류

① 주의표지 : 도로상태가 위험하거나 도로 또는 그 부근에 위험물이 있는 경우에 필요한 안전조치를 할 수 있도록 이를 도로 사용자에게 알리는 표지를 말한다. (예 낙석주의 등)

② 규제표지 : 도로교통의 안전을 위하여 각종 제한·금지 등의 규제를 하는 경우에 이를 도로 사용자에게 알리는 표지를 말한다. (예 보행자 통행금지 등)

③ 지시표지 : 도로의 통행방법·통행구분 등 도로교통의 안전을 위하여 필요한 지시를 하는 경우에 도로 사용자가 이에 따르도록 알리는 표지를 말한다. (예 자동차전용도로 등)

④ 보조표지 : 주의표지·규제표지 또는 지시표지의 주기능을 보충하여 도로 사용자에게 알리는 표지를 말한다. (예 견인지역 등)

⑤ 노면표시 : 도로교통의 안전을 위하여 각종 주의·규제·지시 등의 내용을 노면에 기호·문자 또는 선으로 도로 사용자에게 알리는 표지를 말한다. (예 안전지대 등)

기출PLUS

기출 2022. 4. 23. 경기도 시행

다음 중 교통안전시설물을 설치·관리할 수 없는 자는?

① 서울특별시장 ② 울산광역시장
③ 경기도지사   ④ 수원시장

기출 2020. 10. 17. 부산광역시 시행

무인 교통단속용 장비의 설치 및 관리를 할 수 있는 자가 아닌 것은?

① 경찰청장
② 경찰서장
③ 시·도경찰청장
④ 시장

기출 2021. 6. 5. 서울특별시 시행

「도로교통법 시행규칙」상 신호등의 성능으로 가장 옳지 않은 것은?

① 등화의 밝기는 낮에 150미터 앞쪽에서 식별할 수 있도록 할 것
② 등화의 빛의 발산각도는 사방으로 각각 45도 이상으로 할 것
③ 보행자에게 남은 시간을 알려주는 장치를 설치할 것
④ 태양광선이나 주위의 다른 빛에 의하여 그 표시가 방해받지 아니하도록 할 것

◁정답 ③, ①, ③

(3) 고령운전자 표지

① 국가 또는 지방자치단체는 고령운전자의 안전운전 및 교통사고 예방을 위하여 행정안전부령으로 정하는 바에 따라 고령운전자가 운전하는 차임을 나타내는 표지를 제작하여 배부할 수 있다.

② 고령운전자는 다른 차의 운전자가 쉽게 식별할 수 있도록 차에 고령운전자 표지를 부착하고 운전할 수 있다.

❷ 신호기

(1) 정의

신호기란 도로교통에 관하여 문자나 기호 또는 등화로써 진행·정지·방향전환·주의 등의 신호를 표시하기 위하여 사람이나 전기의 힘에 의하여 조작되는 장치를 말한다.

(2) 설치장소

신호기는 시·도경찰청장 또는 경찰서장이 필요하다고 인정하는 교차로 그 밖의 도로에 설치하되, 그 앞쪽에서 잘 보이도록 설치하여야 한다.

(3) 신호등의 설치 및 관리

① 특별시장·광역시장·제주특별자치도지사 또는 시장·군수(광역시의 군수는 제외)는 도로에서의 위험을 방지하고 교통의 안전과 원활한 소통을 확보하기 위하여 필요하다고 인정하는 경우에는 신호기를 설치·관리하여야 한다. 다만, 유료도로에서는 시장등의 지시에 따라 그 도로관리자가 교통안전시설을 설치·관리하여야 한다.

② 시장등은 대통령령으로 정하는 사유로 도로에 설치된 교통안전시설을 철거하거나 원상회복이 필요한 경우에는 그 사유를 유발한 사람으로 하여금 해당 공사에 드는 비용의 전부 또는 일부를 부담하게 할 수 있다.

※ 시·도경찰청장, 경찰서장 또는 시장등은 이 법을 위반한 사실을 기록·증명하기 위하여 무인(無人) 교통단속용 장비를 설치·관리할 수 있다.

※ 교통안전시설의 설치·관리기준은 주·야간이나 기상상태 등에 관계없이 교통안전시설이 운전자 및 보행자의 눈에 잘 띄도록 정한다.

> 🔖 Plus tip
>
> **신호등의 성능**
> ㉠ 등화의 밝기는 낮에 150미터 앞쪽에서 식별할 수 있도록 할 것
> ㉡ 등화의 빛의 발산각도는 사방으로 각각 45도 이상으로 할 것
> ㉢ 태양광선이나 주위의 다른 빛에 의하여 그 표시가 방해받지 아니하도록 할 것

⑷ 신호기의 종류

신호기의 종류로는 현수식(매닮식), 옆기둥식(세로형), 옆기둥식(가로형), 중앙주식, 문형식이 있다.

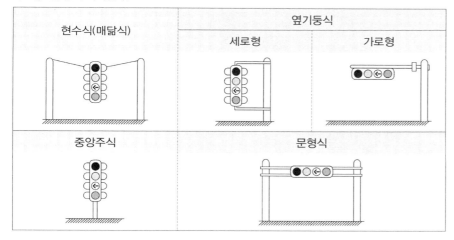

(5) 신호등의 배열과 신호순서

① 신호등의 등화 배열순서

등화 구분(신호등)		가로등 신호등(좌로부터)	세로형 신호등(위로부터)
4색		적색 | 황색 | 녹색화살표 | 녹색	적색 | 황색 | 녹색화살표 | 녹색
		<u>적색</u> | 황색 | 녹색 녹색화살표	
3색	적색, 황색, 녹색(녹색화살표)	적색 | 황색 | 녹색(녹색화살표)	적색 | 황색 | 녹색(녹색화살표)
	적색화살표, 황색화살표, 녹색화살표	적색화살표 | 황색화살표 | 녹색화살표	적색화살표 | 황색화살표 | 녹색화살표
2색	적색 및 녹색	—	적색 | 녹색

② 신호등의 신호순서

등화 구분(신호등)		신호순서
4색		녹색 → 황색 → 적색 및 녹색화살표 → 적색 및 황색 → 적색
3색	적색, 황색, 녹색(녹색화살표)	녹색(적색 및 녹색화살표) → 황색 → 적색
	적색화살표, 황색화살표, 녹색화살표	녹색화살표 → 황색화살표 → 적색화살표
2색	적색 및 녹색	녹색 → 녹색점멸 → 적색

※ 교차로와 교통여건상 특별히 필요하다고 인정되는 장소는 신호의 순서를 달리하거나 녹색화살표 및 녹색등화를 동시에 표시할 수 있다.

03 신호에 따를 의무

1 신호 또는 지시에 따를 의무

(1) 신호나 지시가 있을 때

도로를 통행하는 보행자나 모든 차마 또는 노면전차의 운전자는 교통안전시설이
표시하는 신호 또는 지시와 교통정리를 하는 경찰공무원(의무경찰 포함)과 대통
령령으로 정하는 경찰공무원을 보조하는 사람의 신호나 지시를 따라야 한다.

> ☝ **Plus tip**
>
> **경찰을 보조하는 사람의 종류**
> ㉠ 모범운전자
> ㉡ 군사훈련 및 작전에 동원되는 부대의 이동을 유도하는 헌병
> ㉢ 본래의 긴급한 용도로 운행하는 소방차·구급차를 유도하는 소방공무원

(2) 신호기와 수신호가 다를 때

교통안전시설의 지시신호와 경찰공무원 등의 지시신호가 다른 경우는 경찰공
무원 등의 수신호를 우선으로 한다.

기출 PLUS

기출 2022. 7. 16. 전라남도 시행

신호기에 대한 설명으로 옳은 것은?

① 신호기 신호와 경찰공무원의 수신호가 다를 경우 경찰공무원의 신호를 따른다.
② 신호기의 신호와 경비원의 수신호가 다를 경우 경비원의 신호를 따른다.
③ 신호기의 신호와 군사경찰의 수신호가 다를 경우 신호기의 수신호를 따른다.
④ 신호기의 신호와 구급차를 유도 중인 소방공무원의 신호가 다를 경우 신호기의 수신호를 따른다.

❮ 정답 ①

다음 중 황색 원형등화의 신호의 뜻으로 잘못 설명하고 있는 것은?

① 차마는 정지선이 있거나 횡단보도가 있을 때에는 그 직전이나 교차로의 직전에 정지하여야 한다.
② 이미 교차로에 차마의 일부라도 진입한 경우에는 신속히 교차로 밖으로 진행하여야 한다.
③ 차마는 우회전 할 수 있고 우회전하는 경우에는 보행자의 횡단을 방해하지 못한다.
④ 신호에 따라 진행하는 다른 차마의 교통을 방해되지 않는다면 일시정지한 후 주의하면서 진행할 수 있다.

「도로교통법 시행규칙」상 차량신호등의 적색 등화의 점멸 신호가 뜻하는 바로 가장 옳은 것은?

① 차마는 정지선이나 횡단보도가 있을 때에는 그 직전이나 교차로의 직전에 일시정지한 후 다른 교통에 주의하면서 진행할 수 있다.
② 차마는 정지선, 횡단보도 및 교차로의 직전에서 정지해야 한다.
③ 차마는 우회전하려는 경우 정지선, 횡단보도 및 교차로의 직전에서 정지한 후 신호에 따라 진행하는 다른 차마의 교통을 방해하지 않고 우회전할 수 있다.
④ 교차로에서 차마가 우회전하려는 경우 차마는 우회전 삼색등이 적색의 등화인 경우 우회전 할 수 없다.

《정답 ④, ①

2 신호기가 표시하는 신호의 종류 및 신호의 뜻

(1) 차량신호등

① 원형 등화

구분	내용
녹색의 등화	• 차마는 직진 또는 우회전할 수 있다. • 비보호좌회전표지 또는 비보호좌회전표시가 있는 곳에서는 좌회전 할 수 있다.
황색의 등화	• 차마는 정지선이 있거나 횡단보도가 있을 때에는 그 직전이나 교차로의 직전에 정지하여야 하며, 이미 교차로에 차마의 일부라도 진입한 경우에는 신속히 교차로 밖으로 진행하여야 한다. • 차마는 우회전할 수 있고 우회전하는 경우에는 보행자의 횡단을 방해하지 못한다.
적색의 등화	① 차마는 정지선, 횡단보도 및 교차로의 직전에서 정지하여야 한다. 다만, 신호에 따라 진행하는 다른 차마의 교통을 방해하지 아니하고 우회전 할 수 있다. ② 차마는 우회전하려는 경우 정지선, 횡단보도 및 교차로의 직전에서 정지한 후 신호에 따라 진행하는 다른 차마의 교통을 방해하지 않고, 우회전 할 수 있다. ③ ②호에도 불구하고 차마는 우회전 삼색등이 적색의 등화인 경우 우회전 할 수 없다.
황색 등화의 점멸	차마는 다른 교통 또는 안전표지의 표시에 주의하면서 진행할 수 있다.
적색 등화의 점멸	차마는 정지선이나 횡단보도가 있을 때에는 그 직전이나 교차로의 직전에 일시정지한 후 다른 교통에 주의하면서 진행할 수 있다.

② 화살표 등화

구분	내용
녹색화살표의 등화	차마는 화살표시 방향으로 진행할 수 있다.
황색화살표의 등화	화살표시 방향으로 진행하려는 차마는 정지선이 있거나 횡단보도가 있을 때에는 그 직전이나 교차로의 직전에 정지하여야 하며, 이미 교차로에 차마의 일부라도 진입한 경우에는 신속히 교차로 밖으로 진행하여야 한다.
적색화살표의 등화	화살표시 방향으로 진행하려는 차마는 정지선, 횡단보도 및 교차로의 직전에서 정지하여야 한다.
황색화살표등화의 점멸	차마는 다른 교통 또는 안전표지의 표시에 주의하면서 화살표시 방향으로 진행할 수 있다.

적색화살표등화의 점멸	차마는 정지선이나 횡단보도가 있을 때에는 그 직전이나 교차로의 직전에 일시정지한 후 다른 교통에 주의하면서 화살표시 방향으로 진행할 수 있다.

③ 사각형 등화

구분	내용
녹색화살표의 등화(하향)	차마는 화살표로 지정한 차로로 진행할 수 있다.
적색×표 표시의 등화	차마는 ×표가 있는 차로로 진행할 수 없다.
적색×표 표시 등화의 점멸	차마는 ×표가 있는 차로로 진입할 수 없고, 이미 차마의 일부라도 진입한 경우에는 신속히 그 차로 밖으로 진로를 변경하여야 한다.

(2) 보행신호등

구분	내용
녹색의 등화	보행자는 횡단보도를 횡단할 수 있다.
녹색 등화의 점멸	보행자는 횡단을 시작하여서는 아니 되고, 횡단하고 있는 보행자는 신속하게 횡단을 완료하거나 그 횡단을 중지하고 보도로 되돌아와야 한다.
적색의 등화	보행자는 횡단보도를 횡단하여서는 아니 된다.

(3) 자전거신호등

① 자전거 주행 신호등

구분	내용
녹색의 등화	자전거 등은 직진 또는 우회전할 수 있다.
황색의 등화	• 자전거 등은 정지선이 있거나 횡단보도가 있을 때에는 그 직전이나 교차로의 직전에 정지하여야 하며, 이미 교차로에 차마의 일부라도 진입한 경우에는 신속히 교차로 밖으로 진행하여야 한다. • 자전거는 우회전할 수 있고 우회전하는 경우에는 보행자의 횡단을 방해하지 못한다.
적색의 등화	자전거 등은 정지선, 횡단보도 및 교차로의 직전에서 정지하여야 한다. 다만, 신호에 따라 진행하는 다른 차마의 교통을 방해하지 아니하고 우회전할 수 있다.
황색등화의 점멸	자전거 등은 다른 교통 또는 안전표지의 표시에 주의하면서 진행할 수 있다.
적색등화의 점멸	자전거 등은 정지선이나 횡단보도가 있는 때에는 그 직전이나 교차로의 직전에 일시정지한 후 다른 교통에 주의하면서 진행할 수 있다.

② 자전거 횡단 신호등

구분	내용
녹색의 등화	자전거 등은 자전거횡단도를 횡단할 수 있다.
녹색등화의 점멸	자전거 등은 횡단을 시작해서는 안 되고, 횡단하고 있는 자전거 등은 신속하게 횡단을 종료하거나 그 횡단을 중지하고 진행하던 차도 또는 자전거도로로 되돌아와야 한다.
적색의 등화	자전거 등은 자전거횡단도를 횡단하여서는 아니 된다.

(4) 버스신호등

구분	내용
녹색의 등화	버스전용차로에 차마는 직진할 수 있다.
황색의 등화	버스전용차로에 있는 차마는 정지선이 있거나 횡단보도가 있을 때에는 그 직전이나 교차로의 직전에 정지하여야 하며, 이미 교차로에 차마의 일부라도 진입한 경우에는 신속히 교차로 밖으로 진행하여야 한다.
적색의 등화	버스전용차로에 있는 차마는 정지선, 횡단보도 및 교차로의 직전에서 정지하여야 한다.
황색 등화의 점멸	버스전용차로에 있는 차마는 다른 교통 또는 안전표지의 표시에 주의하면서 진행할 수 있다.
적색 등화의 점멸	버스전용차로에 있는 차마는 정지선이나 횡단보도가 있을 때에는 그 직전이나 교차로의 직전에 일시정지한 후 다른 교통에 주의하면서 진행할 수 있다.

(5) 비고

① 자전거 등을 주행하는 경우 자전거주행신호등이 설치되지 않은 장소에서는 차량신호등의 지시에 따른다.

② 자전거횡단도에 자전거횡단신호등이 설치되지 않은 경우 자전거 등은 보행신호등의 지시에 따른다. 이 경우 보행신호등란의 '보행자'는 '자전거 등'으로 본다.

신호등

4색 등화	① 배열순서(① 적색 → ② 황색 → ③ 녹색화살표 → ④ 녹색) ② 신호(등화)순서(① 녹색 → ② 황색 → ③ 적색 및 녹색화살표 → ④ 적색 및 황색 → 적색)
3색 등화	① 배열순서(① 적색 → ② 황색 → ③ 녹색) ② 신호(등화)순서(① 녹색 → ② 황색 → ③ 적색)
신호등의 점멸	① 황색점멸(주의하면서 진행) ② 적색점멸(반드시 일시정지 후 주의하면서 진행)
비보호 좌회전	녹색(좌회전), 적색(신호위반)
성능	등화의 발산각도	사방으로 각각 45도 이상(30도 이상 X)
	등화의 밝기	낮에 150미터(100미터 X) 앞쪽에서 식별이 가능할 것
	기타	태양광선이나 주위의 다른 빛에 의하여 표시가 방해 받지 않을 것

자동차운전학원별 비교 및 강사 배치기준

구분	자동차운전학원 (일반학원)	자동차운전전문학원 (전문학원)
설립요건		6개월 동안 도로주행사업 합격률 60%이상
자체시험	자체시험(X) / 도로교통공단(면허시험장)	자체시험 가능
지정권자		시 · 도경찰청장
학과강사	1일 교육시간 7시간 초과할 수 없다.	8시간 당 학과 강사 1명 이상
기능강사	① 1종 대형, 1, 2종 보통→차 10대(3명 이상) ② 1종 특수 → 차 2대 당(1명 이상) ③ 2종 소형 및 원동기 → 차 10대 당(1명 이상)	① 1종 대형차 10대 당 3명 이상 ② 1, 2종 보통 → 차 10대 당 5명 이상 ③ 1종 특수 → 차 2대 당 1명 이상 ④ 2종 소형 및 원동기 → 차 10대 당 1명 이상
도로주행 강사	차 1대 당 1명(동승)	차 1대 당 1명 동승
기능 검정원 (감독관)	해당 없음	수강생 정원 200명 당 기능검 정원 1명 이상
학감	해당없음	필요하다
부학감	원장이 학감을 겸할 경우 필요하다.	

기출 2024. 6. 22. 서울시 제2회 시행

「도로교통법령」상 자동차운전학원 기능교육 강사의 정원 및 배치기준이 바르게 연결된 것을 〈보기〉에서 모두 고른 것은?

─ 보기 ─

㉠ 제1종 대형면허 : 교육용 자동차 10대당 3명 이상
㉡ 제1종 특수면허 : 교육용 자동차 3대당 1명 이상
㉢ 제2종 보통연습면허 : 교육용 자동차 10대 당 2명 이상
㉣ 제2종 소형면허 : 교육용 자동차 10대당 1명 이상

① ㉠, ㉡   ② ㉠, ㉣
③ ㉡, ㉢   ④ ㉢, ㉣

기출 2021. 4. 17. 경기도 시행

다음 중 자동차운전 전문학원의 지정기준 등에 대한 설명으로 바르지 않은 것은?

① 학과교육강사는 1일 학과교육 8시간당 1명 이상이어야 한다.
② 자동차운전 전문학원으로 지정을 받으려면 일정 자격요건을 갖춘 학감을 두어야 한다. 다만, 학원을 설립 · 운영하는 자가 자격요건을 갖춘 경우에는 학감을 겸임할 수 있으며 이 경우에는 학감을 보좌하는 부학감을 두지 않아도 된다.
③ 학감이나 부학감은 도로교통에 관한 업무에 3년 이상 근무한 경력(관리직 경력만 해당한다)이 있는 사람 또는 학원 등의 운영 · 관리에 관한 업무에 3년 이상 근무한 경력이 있는 사람으로 파산선고를 받고 복권되지 아니한 사람은 될 수 없다.
④ 전문학원의 기능검정원은 교육생 정원 200명당 1명 이상이어야 한다.

❮정답 ②, ②

기출 2021. 4. 10. 대구광역시 시행

다음 중 「도로교통법」상 모범운전자 연합회 및 모범운전자의 지원에 대한 내용으로 가장 올바르지 않은 것은?

① 모범운전자들의 상호협력을 증진하고 교통안전 봉사활동을 효율적으로 운영하기 위하여 모범운전자연합회를 설립할 수 있다.
② 도로교통법에는 모범운전자연합회를 설립할 수 있는 근거가 존재한다.
③ 지방자치단체는 모범운전자에게 필요한 복장 및 장비를 지원할 수 있다.
④ 국가는 모범운전자가 교통정리 등의 업무를 수행하는 도중 부상을 입거나 사망한 경우에 이를 보상할 수 있도록 보험에 가입할 수 있다.

📢 [보충학습] 모범운전자연합회

모범운전자연합회(법 제5조의2 및 법 제5조의3)	
설립목적	모범운전자들의 상호협력 증진과 교통안전 봉사활동을 효율적 운영
지원사항	① 국가 예산의 범위에서 모범 운전자에게 대통령령으로 정하는 바에 따라 교통정리 등의 업무 수행에 필요한 복장 및 장비 지원 할 수 있다.(경적, 신호봉, 야광조끼 등) ② 국가는 모범운전자가 교통정리 등의 업무를 수행하는 도중 사망하거나 부상 등에 대비 보험에 가입 할 수 있다. ③ 지방자치단체는 예산의 범위 내에서 설립된 모범운전자연합회의 사업에 필요한 보조금을 지원할 수 있다.

모범운전자에 대한 복장 및 장비의 지원(시행령 제6조의 2)
① 경찰청장은 모범운전자에게 다음의 복장 및 장비를 지원할 수 있다. 　㉠ 복장 → 모자, 근무복, 점퍼 등 　㉡ 장비 → 경적, 신호봉, 야광조끼 등 ② 복장 및 장비의 지급 기준 및 시기 등에 관하여 필요한 사항은 경찰청장이 정하여 고시한다.

❮ 정답 ③

출제예상문제

1 다음 중 도로교통법의 목적으로 옳은 것은?

① 교통의 안전과 원활한 소통을 목적으로 한다.
② 교통 위반자의 지도와 단속을 목적으로 한다.
③ 도로의 관리와 안전을 목적으로 한다.
④ 자동차의 원활한 소통을 목적으로 한다.

2 다음 중 차마로 볼 수 있는 것은 몇 개인가?

> ㉠ 노약자용 보행기
> ㉡ 동력이 없는 손수레
> ㉢ 실외이동로봇
> ㉣ 유모차
> ㉤ 자전거를 타고 횡단보도를 건너는 운전자
> ㉥ 의료용 스쿠터
> ㉦ 어린이가 이용하는 놀이기구

① 0개
② 1개
③ 3개
④ 4개

1.

도로교통법은 도로에서 일어나는 교통상의 모든 위험과 장해를 방지·제거하여 안전하고 원활한 교통을 확보함을 목적으로 한다.

2.

㉤ 만 제외하고 모두 차마가 아니다.
㉤은 횡단보도를 타고 건너는 자전거 운전자는 보행자로 보지 않고 차를 운전하는 차의 운전자로 본다. 따라서 이런 경우의 자전거는 차로 본다(끌고 가고 있는 경우는 차로 보지 않고 보행자로 본다).

3 중앙선을 설명한 것 중 옳지 않은 것은?

① 가변차로에서 신호기가 지시하는 진행방향의 제일 왼쪽의 황색점선은 중앙선이다.

② 황색점선으로 표시한 선은 중앙선이다.

③ 가변차로에서 신호기가 지시하는 진행방향의 제일 오른쪽 황색실선은 중앙선이다.

④ 중앙분리대는 중앙선이다.

4 다음 중 도로교통법상 용어 설명으로 틀린 설명은?

① '지능형로봇'이란 외부환경을 스스로 인지하고 상황을 스스로 판단하여 자율적으로 동작하는 기계장치를 말한다.

② '실외이동로봇'이란 배송 등을 위하여 자율주행(원격제어제외)으로 운행할 수 있는 지능형 로봇을 말한다.

③ '자율주행자동차'란 운전자 또는 승객의 조작 없이 자동차 스스로 운행이 가능한 자동차를 말한다.

④ '보행자우선도로'란 차도와 보도가 분리되지 아니한 도로로서 보행자의 안전과 편의를 보장하기 위하여 보행자통행이 차마 통행에 우선하도록 지정한 도로를 말한다.

3.

③ 가변차로가 설치된 경우에는 신호기가 지시하는 진행방향의 가장 왼쪽에 있는 황색 점선이 중앙선이다.

※ 중앙선 … 차마의 통행 방향을 명확하게 구분하기 위하여 도로에 황색실선이나 황색점선 등의 안전표지로 표시한 선 또는 중앙분리대·울타리 등으로 설치한 시설물을 말한다.

4.

원격제어 제외 X / 원격제어 포함 O

5 자율주행시스템과 관련된 내용으로 틀린 설명은?

① '완전자율주행시스템'이란 모든 영역에서 운전자의 개입 없이 자동차를 운행하는 시스템을 말한다.

② '자율주행자동차'란 운전자 또는 승객의 조작 없이 자동차 스스로 운행이 가능한 자동차를 말한다.

③ '조건부 완전자율주행시스템'이란 지정된 조건에서 운전자의 개입 없이 자동차를 운행하는 시스템을 말한다.

④ '부분 자율주행시스템'이란 지정된 조건에서 자동차를 운행하되 자동 한계 상황 등에 상관없이 운전자의 개입을 요구하는 시스템을 말한다.

6 보도에 관한 설명 중 옳은 것은?

① 도로의 부분 중 차도 외의 전부를 말한다.

② 도로의 구조상 구획이 되어있지 않아도 보행자의 편의에 의해 보행이 가능한 부분을 말한다.

③ 보행자의 통행을 위하여 연석선, 안전표지 기타 이와 유사한 인공구조물에 의하여 구획된 도로의 부분을 말한다.

④ 차로가 구분되지 않는 도로의 부분을 말한다.

5.

④ '부분 자율주행시스템'이란 지정된 조건에서 자동차를 운행하되 자동 한계 상황 등 필요한 경우 운전자의 개입을 요구하는 시스템을 말한다.

6.

보도 … 연석선, 안전표지나 그와 비슷한 인공구조물로 경계를 표시하여 보행자(유모차와 행정안전부령으로 정하는 보행보조용 의자차 포함)가 통행할 수 있도록 한 도로의 부분을 말한다.

Answer 5.④ 6.③

7 다음에서 설명하고 있는 용어로 옳은 것은?

> 술에 취한 상태에서 자동차등을 운전하려는 경우 시동이 걸리지 아니하도록 하는 것으로서 행정안전부령으로 정하는 것을 말한다.

① 음주운전 검사기계
② 음주운전 제한차량
③ 음주운전 시동정지장치
④ 음주운전 방지장치

8 다음 중 자율주행시스템의 종류로 옳지 않은 것은?

① 환경 자율주행시스템
② 부분 자율주행시스템
③ 조건부 완전자율주행시스템
④ 완전 자율주행시스템

7.

음주운전 방지장치 … 술에 취한 상태에서 자동차 등을 운전하려는 경우 시동이 걸리지 아니하도록 하는 것으로서 행정안전부령으로 정하는 것을 말한다. 〈법 제2조 제34호〉

8.

자율주행시스템의 종류〈규칙 제2조의2〉
㉠ 부분 자율주행시스템 : 지정된 조건에서 자동차를 운행하되 작동한계상황 등 필요한 경우 운전자의 개입을 요구하는 자율주행시스템
㉡ 조건부 완전자율주행시스템 : 지정된 조건에서 운전자의 개입 없이 자동차를 운행하는 자율주행시스템
㉢ 완전 자율주행시스템 : 모든 영역에서 운전자의 개입 없이 자동차를 운행하는 자율주행시스템

Answer 7.④ 8.①

9 다음 개인형 이동장치의 기준으로 옳지 않은 것은?

① 전동킥보드
② 전동기의 동력만으로 움직일 수 있는 자전거
③ 차체중량이 30킬로그램 이상인 자전거
④ 전동이륜평행차

10 다음에서 설명하고 있는 용어로 옳은 것은?

> 교차로 중 차마의 안전하고 원활한 교통처리나 보행자 도로횡단의 안전을 확보하기 위하여 교차로 또는 차도의 분기점 등에 설치하는 섬 모양의 시설을 중심으로 반시계방향으로 통행하도록 한 원형의 도로를 말한다.

① 교차로
② 회전교차로
③ 자동차원형도로
④ 자전거전용도로

Answer　9.③　10.②

11 자동차전용도로를 설명한 것 중 옳은 것은?

① 차도

② 횡단보도

③ 차마의 교통에 사용되는 도로

④ 오로지 자동차의 교통에 제공하는 것을 목적으로 설치된 도로

12 차로에 관한 다음 설명 중 옳은 것은?

① 차마의 통행을 위하여 연석선, 안전표지 기타 공작물에 의해 구획된 도로

② 차마가 한 줄로 도로의 정하여진 부분을 통행하도록 차선에 의하여 구분되는 차도의 부분

③ 자동차의 통행을 위하여 연석선, 안전표지 기타 공작물에 의해 구획된 도로

④ 안전표지, 위험방지용 울타리 그 밖의 공작물에 의해 구획된 도로

13 안전지대에 관한 다음 설명 중 옳은 것은?

① 사고가 잦은 장소에 보행자의 안전을 위하여 설치된 부분이다.

② 버스정류장 표지가 있는 부분이다.

③ 도로를 횡단하는 보행자의 안전을 위하여 안전표지 등으로 표시한 도로의 부분이다.

④ 자동차가 안전하게 주차할 수 있는 부분이다.

11.

자동차전용도로 … 자동차만이 다닐 수 있도록 설치된 도로를 말한다.

12.

차로 … 차마가 한 줄로 도로의 정하여진 부분을 통행하도록 차선으로 구분한 차도의 부분을 말한다.

13.

안전지대 … 도로를 횡단하는 보행자나 통행하는 차마의 안전을 위하여 안전표지나 이와 비슷한 인공구조물로 표시한 도로의 부분을 말한다.

14 다음 중 차마의 유턴을 표시하는 신호기의 표시방법은 어느 것인가?

① 보행등의 녹색등화   ② 적색등화

③ 녹색등화   ④ 녹색화살표시

15 정차에 속하는 것은 어느 것인가?

① 화물을 내리기 위하여 10분을 정지하였다.

② 승객을 태우기 위하여 5분 이내 정지하였다.

③ 고장으로 견인차를 기다리고 있다.

④ 그 차의 운전자가 그 차로부터 떠나서 즉시 운전할 수 없다.

16 교통안전표지의 종류로만 바르게 묶인 것은?

① 주의표지, 규제표지. 지시표지, 노면표시

② 주의표지, 규제표지, 안내표지, 노면표시

③ 주의표지, 규제표지, 지시표지, 보조표시, 노면표시

④ 규제표지, 지시표지, 안내표지, 주의표지, 노면표시

17 다음 신호기가 표시하는 차량신호등에 있어서 적색의 원형 등화 및 점멸 시 내용으로 틀린 설명은?

① 적색의 등화 시 차마는, 정지선, 횡단보도 및 교차로의 직전에서 정지해야 한다.

② 적색의 등화 시 차마는 우회전하려는 경우는 정지선, 횡단보도, 및 교차로의 직전에서 정지한 후 신호에 따라 진행하는 다른 차마의 교통을 방해하지 않고 우회전 할 수 있다.

③ 적색의 등화 시 차마는 우회전 삼색등이 적색의 등화인 경우 우회전 할 수 있다.

④ 적색의 등화 점멸 시 차마는 정지선이나 횡단보도가 있을 때에는 그 직전이나 교차로의 직전에 일시정지한 후 다른 교통에 주의하면서 진행 할 수 있다.

14.

녹색화살표시의 등화가 켜지는 때에 차마는 화살표 방향으로 진행할 수 있다.

15.

정차 … 운전자가 5분을 초과하지 않고 차를 정지시키는 것으로 주차 외의 정지 상태를 말한다.

16.

안전표지 … 교통의 안전에 필요한 주의·규제·지시 등을 표시하는 표지판 또는 도로의 바닥에 표시하는 기호나 문자 또는 선 등을 말한다.

※ 안전표지의 종류 … 주의표지. 규제표지. 지시표지. 보조표지. 노면표시

17.

③ 차마는 우회전 삼색등이 적색의 등화인 경우 우회전 할 수 없다.

Answer   14.④ 15.② 16.③ 17.③

18 도로교통에서 신호에 따를 의무에 관한 설명 중 옳은 것은?

① 신호기, 안전표지보다 경찰관의 신호를 우선으로 따라야 한다.
② 안전표지에만 따르고 경찰관의 신호는 무시해도 된다.
③ 경찰관의 신호보다 신호기, 안전표지를 우선으로 따라야 한다.
④ 신호기가 표시하는 신호와 안전표지에 따르면 된다.

18.
도로를 통행하는 보행자와 모든 차마 또는 노면전차의 운전자는 교통안전시설이 표시하는 신호 또는 지시와 교통정리를 하는 경찰공무원 또는 경찰보조자의 신호 또는 지시가 서로 다른 경우에는 경찰공무원 등의 신호 또는 지시에 따라야 한다.

19 다음 중 4색등화의 신호순서로 옳은 것은?

① 적색 → 녹색 → 녹색화살표 → 황색
② 적색 및 녹색화살표 → 황색 → 녹색 → 황색 → 적색
③ 녹색 및 녹색화살표 → 황색 → 적색 → 황색 → 녹색
④ 녹색 → 황색 → 적색 및 녹색화살표 → 적색 및 황색 → 적색

19.
4색등화
㉠ 배열순서 : 적색 → 황색 → 녹색화살표 → 녹색
㉡ 신호순서 : 녹색 → 황색 → 적색 및 녹색화살표 → 적색 및 황색 → 적색

20 다음 안전표지는 무슨 표지인가?

① ㅏ자형 교차로가 있음
② 우선도로가 있음
③ 우측에서 좁은 도로와 합류됨
④ 좌측에서 좁은 도로와 합류됨

20.
위의 안전표지는 주의표지로서 우측 합류도로가 있음을 나타낸다.

21 다음 안전표지는 무슨 표지인가?

① 주차금지표지
② 정차금지표지
③ 진입금지표지
④ 주·정차금지표지

22 다음의 교통안전표지는?

① 좌측면통행표지
② 제차통행제한표지
③ 회전표지
④ 우측면통행표지

21.

규제표지로 쓰여있는 글씨에 따라 통행금지표지 또는 주·정차금지표지이다.

22.

지시표지로 좌측면통행표지이다.

23 교차로 부근에서 녹색등화가 황색등화로 바뀌었을 때 차는 어떻게 해야 하는가?

① 속도를 높여 빠르게 직진한다.
② 속도를 낮추어 직진한다.
③ 서행으로 좌회전한다.
④ 정지선에 정지한다.

23.

황색등화
㉠ 차마는 정지선이 있거나 횡단보도가 있을 때에는 그 직전이나 교차로의 직전에 정지하여야 한다.
㉡ 이미 교차로에 차마의 일부라도 진입한 경우에는 신속히 교차로 밖으로 진행하여야 한다.
㉢ 차마는 우회전할 수 있고 우회전하는 경우에는 보행자의 횡단을 방해하지 못한다.

24 원동기장치자전거에 대한 설명으로 옳지 않은 것은?

① 배기량 125cc이하(전기를 동력으로 하는 경우 최고 정격 출력 11킬로와트 미만)의 원동기를 단 차를 말한다.
② 자동차등이란 자동차와 원동기장치자전거를 말한다.
③ 원동기장치자전거에 전기자전거는 포함되지 않는다.
④ 1종 보통면허로 원동기장치 자전거를 운전할 수 있다.

24.

전기를 동력으로 하는 경우 11킬로와트 이하이다. (미만 아님)

25 개인형 이동장치에 대한 설명으로 틀린 설명은?

① 개인형 이동장치란 시속 30킬로미터 이상으로 운행할 경우 전동기가 작동하지 아니하고 자체중량이 25킬로그램 미만인 이동수단을 말한다.
② 개인형 이동장치는 16세미만은 운전할 수 없고 원동기면허이상을 취득하여야 한다.
③ 도로에서 어린이가 개인형 이동장치를 운전하게 한 보호자는 처벌한다.
④ 자전거 등이란 자전거와 개인형 이동장치를 말한다.

25.

개인형 이동장치 … 원동기장치자전거 중 시속 25 킬로미터 이상으로 운행할 경우 전동기가 작동하지 아니하고 차체 중량이 30킬로그램 미만인 것으로서 행정안전부령으로 정하는 것을 말한다.

Answer   23.④ 24.① 25.①

26 아래에 들어갈 숫자의 총합으로 옳은 것은?

> ⓐ 원동기장치자전거 중 시속 (㉠)킬로미터 이상으로 운행할 경우 전동기가 작동하지 아니하고 차체 중량이 (㉡) 킬로그램 미만인 것으로서 행정안전부령으로 정하는 것
> ⓑ 「자동차관리법」 제3조에 따른 이륜자동차 가운데 배기량 (㉢)cc 이하(전기를 동력으로 하는 경우에는 최고정격출력 (㉣) 킬로와트 이하)의 이륜자동차 또는 원동기를 단 차

① 191   ② 190
③ 189   ④ 192

27 다음 중 원동기장치자전거에 해당하는 것은?

① 배기량 125cc 이하의 이륜자동차
② 배기량 125cc 초과의 이륜자동차
③ 배기량 125cc 미만의 원동기를 단 차
④ 배기량 125cc이하(전기를 동력으로 하는 경우 최고정격출력 20킬로와트 미만)의 원동기를 단 차

28 「도로교통법」상 용어의 정의로 틀린 설명은?

① 자동차에는 특수자동차, 이륜자동차가 포함되며, 건설기계관리법에 의한 건설기계는 해당되지 않는다.
② 긴급자동차에는 소방차, 구급차, 혈액 공급차량 등이 포함된다.
③ 정차란 운전자가 5분을 초과하지 아니하고 차를 정지시키는 것으로서 주차 외의 정지상태를 말한다.
④ 자동차등이란 자동차와 원동기장치자전거를 말한다.

26.

ⓐ 원동기장치자전거 중 시속 (25)킬로미터 이상으로 운행할 경우 전동기가 작동하지 아니하고 차체 중량이 (30)킬로그램 미만인 것으로서 행정안전부령으로 정하는 것
ⓑ 「자동차관리법」 제3조에 따른 이륜자동차 가운데 배기량 (125)시시 이하(전기를 동력으로 하는 경우에는 최고정격출력 (11)킬로와트 이하)의 이륜자동차 또는 원동기를 단 차 25+30+125+11=191

27.

원동기장치자전거란 다음의 어느 하나에 해당하는 차를 말한다.
㉠ 「자동차관리법」 제3조에 따른 이륜자동차 가운데 배기량 125시시 이하(전기를 동력으로 하는 경우에는 최고정격출력 11킬로와트 이하)의 이륜자동차
㉡ 그 밖에 배기량 125시시 이하(전기를 동력으로 하는 경우에는 최고정격출력 11킬로와트 이하)의 원동기를 단 차(「자전거 이용 활성화에 관한 법률」에 따른 전기자전거는 제외한다)

28.

자동차란 철길이나 가설된 선을 이용하지 아니하고 원동기를 사용하여 운전되는 차(견인되는 자동차도 자동차의 일부로 본다)로서 다음의 차를 말한다.
㉠ 「자동차관리법」에 따른 다음의 자동차. 다만, 원동기장치자전거는 제외한다.
• 승용자동차
• 승합자동차
• 화물자동차
• 특수자동차
• 이륜자동차
㉡ 「건설기계관리법」에 따른 건설기계

29 다음 중 교통안전표지에 대한 설명으로 옳은 것은?

① 규제표지 : 도로의 통행방법·통행구분 등 도로교통의 안전을 위하여 필요한 지시를 하는 경우에 도로사용자가 이에 따르도록 알리는 표지

② 지시표지 : 도로교통의 안전을 위하여 각종 제한·금지 등의 규제를 하는 경우에 이를 도로사용자에게 알리는 표지

③ 주의표지 : 도로상태가 위험하거나 도로 또는 그 부근에 위험물이 있는 경우에 필요한 안전조치를 할 수 있도록 이를 도로사용자에게 알리는 표지

④ 보조표지 : 도로교통의 안전을 위하여 노면에 기호·문자 또는 선으로 도로사용자에게 알리는 표지

30 안전표지와 그에 대한 설명이 가장 바르게 연결된 것은?

①

승합자동차
통행금지표지

②

미끄러운 도로표지

③

양측방향통행표지

④

자전거주차장표지

29.

교통안전표지〈시행규칙 제8조〉

㉠ 주의표지 : 도로상태가 위험하거나 도로 또는 그 부근에 위험물이 있는 경우에 필요한 안전조치를 할 수 있도록 이를 도로사용자에게 알리는 표지

㉡ 규제표지 : 도로교통의 안전을 위하여 각종 제한·금지 등의 규제를 하는 경우에 이를 도로사용자에게 알리는 표지

㉢ 지시표지 : 도로의 통행방법·통행구분 등 도로교통의 안전을 위하여 필요한 지시를 하는 경우에 도로사용자가 이에 따르도록 알리는 표지

㉣ 보조표지 : 주의표지·규제표지 또는 지시표지의 주기능을 보충하여 도로사용자에게 알리는 표지

㉤ 노면표시 : 도로교통의 안전을 위하여 각종 주의·규제·지시 등의 내용을 노면에 기호·문자 또는 선으로 도로사용자에게 알리는 표지

30.

① 화물자동차통행금지표지
③ 중앙분리대시작표지
④ 자전거 나란히 통행 허용 표지

31 「도로교통법」상 용어에 대한 설명으로 가장 옳지 않은 것은?

① "안전표지"란 교통안전에 필요한 주의ㆍ규제ㆍ지시등을 표시하는 표지판이나 도로의 바닥에 표시하는 기호ㆍ문자 또는 선 등을 말한다.

② "차선"이란 차로와 차로를 구분하기 위하여 그 경계지점을 안전표지로 표시한 선을 말한다.

③ "초보운전자"란 처음 운전면허를 받은 날로부터 3년이 지나지 아니한 사람을 말한다.

④ "정차"란 운전자가 5분을 초과하지 아니하고 차를 정지시키는 것으로서 주차 외의 정지 상태를 말한다.

32 아래의 노면표시가 뜻하는 것은?

① 횡단보도예고
② 안전지대
③ 구간 내 정차ㆍ주차금지
④ 유턴구역선

31.

③ 초보운전자란 처음 운전면허를 받은 날(처음 운전면허를 받은 날부터 2년이 지나기 전에 운전면허의 취소처분을 받은 경우에는 그 후 다시 운전면허를 받은 날을 말한다)부터 2년이 지나지 아니한 사람을 말한다. 이 경우 원동기장치자전거면허만 받은 사람이 원동기장치자전거면허 외의 운전면허를 받은 경우에는 처음 운전면허를 받은 것으로 본다.

32.

안전지대의 표시이다.

Answer　31.③　32.②

33 도로교통법상 자동차등이란?

① 자동차와 건설기계

② 자동차와 교통이나 운수에 사용되는 가축

③ 자동차와 원동기장치자전거

④ 자동차와 자전거

34 다음 중 신호기가 표시하는 신호의 뜻으로 잘못된 것은?

① 녹색의 등화 : 비보호좌회전표지 또는 비보호좌회전표시가 있는 곳에서는 좌회전할 수 있다.

② 적색의 등화 : 차마는 정지선, 횡단보도 및 교차로의 직전에서 정지하여야 한다. 다만, 신호에 따라 진행하는 다른 차 마의 교통을 방해 하지 아니 하고 우회전할 수 있다.

③ 황색의 등화 : 차마는 우회전할 수 있고 우회전하는 경우에는 보행자의 횡단을 방해하지 못한다.

④ 적색 등화의 점멸 : 차마는 다른 교통 또는 안전표지의 표시에 주의하면서 진행할 수 있다.

35 도로교통법 용어의 정의 중 "정차"에 관한 설명으로 가장 옳은 것은?

① 5분을 초과하지 않은 주차 외의 정지 상태

② 차의 고장으로 즉시 운전이 어려운 상태

③ 운전자가 차에서 떠나서 즉시 그 차를 운전할 수 없는 상태

④ 버스가 승객을 기다리고 있는 정지 상태

33.

③ 자동차 등이란 자동차와 원동기장치자전거를 말한다.

34.

차마는 정지선이나 횡단보도가 있을 때에는 그 직전이나 교차로의 직전에 일시정지한 후 다른 교통에 주의하면서 진행 할 수 있다.

35.

정차 … 운전자가 5분을 초과하지 아니하고 차를 정지시키는 것으로써 주차 외의 정지 상태를 말한다.

36 다음 중 교통경찰의 수신호를 대신할 수 있는 것이 아닌 것은?

① 의경의 수신호
② 헌병의 수신호
③ 무사고 운전자의 수신호
④ 외근경찰관의 수신호

37 다음 중 고령운전자 표지에 대한 설명으로 옳지 않은 것은?

① 고령운전자 표지란 고령운전자의 안전운전 및 교통사고 예방을 위하여 고령운전자가 운전하는 차임을 나타내는 표지를 말한다.
② 고령운전자 표지는 다른 차의 운전자가 쉽게 식별할 수 있도록 차량제작업체에서 제작하여 배부하여야 한다.
③ 고령운전자 표지의 제작방법은 바탕은 하늘색, 글씨는 흰색으로 한다.
④ 고령운전자 표지 부착장소는 차의 뒷면 중 안전운전에 지장을 주지 않고, 시인성을 확보할 수 있는 장소에 부착한다.

36.

③ 무사고 운전자가 아니라 모범운전자 표지 장을 수여받은 운전자이다.

37.

고령운전자 표지
㉠ 국가 또는 지방자치단체는 고령운전자의 안전 운전 및 교통사고 예방을 위하여 행정안전부령 으로 정하는 바에 따라 고령운전자가 운전하는 차임을 나타내는 표지(이하 "고령운전자 표지" 라 한다)를 제작하여 배부할 수 있다.
㉡ 고령운전자는 다른 차의 운전자가 쉽게 식별할 수 있도록 차에 고령운전자 표지를 부착하고 운전할 수 있다.
  ※ 고령운전자 표지 및 제작방법〈규칙 제10조의 2 별표 8의2〉

어르신 운전중

㉠ 제작방법
  • 바탕은 하늘색, 글씨는 흰색으로 한다.
  • 앞면은 반사지로 제작하고, 뒷면은 탈부착이 가능하도록 고무자석으로 제작한다.
  • 글씨체는 문체부 제목 돋움체로 한다.
  • 표지 규격 및 글씨 크기를 변경하지 않는 범위 에서 필요한 문구 등을 삽입할 수 있다.
㉡ 부착장소
  차의 뒷면 중 안전운전에 지장을 주지 않고, 시 인성을 확보할 수 있는 장소에 부착한다.

Answer 36.③ 37.②

보행자의 통행방법

01 보행자 및 행렬의 통행

1 보행자의 통행

(1) 보도와 차도

① 보도 : 연석선(보도와 차도를 구분하는 돌 등으로 이어진 선), 안전표지나 그와 비슷한 인공구조물로써 경계를 표시하여 보행자(유모차 및 행정안전부령으로 정하는 보행보조용 의자차를 포함)의 통행에 사용하도록 된 도로의 부분을 말한다.

② 차도 : 연석선, 안전표지나 그와 비슷한 인공구조물로써 경계를 표시하여 모든 차가 통행할 수 있도록 설치된 도로의 부분을 말한다.

(2) 보도의 통행과 우측통행의 원칙

① 보도와 차도가 구분된 도로 : 보행자는 차도를 횡단하는 경우, 도로공사 등으로 보도의 통행이 금지된 경우, 그 밖의 부득이한 경우를 제외하고 언제나 보도로 통행하여야 한다.

② 보행자는 보도와 차도가 구분되지 아니한 도로 중 중앙선이 있는 도로 : 보행자는 보도와 차도가 구분되지 아니한 도로 중 중앙선이 있는 도로(일방통행인 경우에는 차선으로 구분된 도로를 포함한다)에서는 길가장자리 또는 길가장자리구역으로 통행하여야 한다.

③ 보행자는 보도와 차도가 구분되지 아니한 도로 중 중앙선이 없는 도로 : 보행자는 보도와 차도가 구분되지 아니한 도로 중 중앙선이 없는 도로(일방통행인 경우에는 차선으로 구분되지 아니한 도로에 한정한다)에서는 도로의 전 부분으로 통행할 수 있다. 이 경우 보행자는 고의로 차마의 진행을 방해하여서는 아니 된다

④ 보행차우선도로에서도 도로의 전부분으로 통행할 수 있다.

⑤ 보행자의 보도 통행 : 보행자는 보도에서 우측통행을 원칙으로 한다.

(3) 실외이동로봇 운용자의 의무

① 실외이동로봇을 운용하는 사람(실외이동로봇을 조작, 관리하는 사람을 포함하며, 이하 "실외이동로봇 운용자"라 한다)은 실외이동로봇의 운용 장치와 그 밖의 장치를 정확하게 조작하여야 한다.

② 실외이동로봇 운용자는 실외이동로봇의 운용 장치를 도로의 교통상황과 실외이동 로봇의 구조 및 성능에 따라 차, 노면전차 또는 다른 사람에게 위험과 장해를 주는 방법으로 운용하여서는 아니 된다.

❷ 행렬의 통행

(1) 행렬의 정의

학생의 대열이나 군부대 등 그 밖에 보행자의 통행에 지장을 줄 염려가 있는 대열 등을 말한다.

(2) 차도의 우측통행

학생의 대열과 보행자의 통행에 지장을 줄 염려가 있는 사람이나 행렬은 차도로 통행할 수 있으며 이때에는 그 차도의 우측으로 통행하여야 한다.

(3) 도로의 중앙통행

사회적으로 중요한 행사에 따른 시가행진인 경우에는 도로의 중앙을 통행할 수 있다.

(4) 학생의 대열 외에 차도를 통행할 수 있는 행렬 및 보행자

① 군부대 그 밖에 이에 준하는 단체의 행렬

② 기 또는 현수막 등을 휴대한 행렬

③ 말·소 등의 큰 동물을 몰고 가는 사람

④ 사다리·목재 그 밖에 보행자의 통행에 지장을 줄 염려가 있는 물건을 운반 중인 사람

⑤ 도로의 청소·보수 등 도로에서 작업중인 사람

⑥ 장의(葬儀) 행렬

기출PLUS

기출 2022. 6. 18. 대전광역시 시행

다음 중 차도의 우측을 통행할 수 없는 경우는?

① 말·소 등의 큰 동물을 몰고 가는 사람
② 군부대나 그 밖에 이에 준하는 단체의 행렬
③ 신체장애인
④ 사다리, 목재, 그 밖에 보행자의 통행에 지장을 줄 우려가 있는 물건을 운반 중인 사람

기출 2022. 6. 18. 울산광역시 시행

다음 중 「도로교통법 시행령」 제7조에 의거 차도의 우측으로 통행할 수 있는 경우가 아닌 것은?

① 장의 행렬
② 5인 이상 차도의 통행
③ 도로에서 청소나 보수 등의 작업을 하고 있는 사람
④ 군부대의 행렬

기출 2022. 6. 18. 서울특별시 시행

「도로교통법 시행령」상 차도를 통행할 수 있는 경우로 가장 옳지 않은 것은?

① 사다리, 목재, 그 밖에 보행자의 통행에 지장을 줄 우려가 있는 물건을 운반 중인 사람
② 기(旗) 또는 현수막 등을 휴대한 행렬
③ 말·소 등의 큰 동물을 몰고 가는 사람
④ 신체의 평형기능에 장애가 있는 사람

❮정답 ③, ②, ④

❸ 도로의 횡단

(1) 보행자의 횡단

① **횡단보도의 통행**: 보행자는 횡단보도, 지하도·육교 그 밖의 도로 횡단시설이 설치되어 있는 도로에서는 그 곳으로 횡단하여야 한다.

② **도로를 횡단할 수 있는 경우**: 지하도·육교 등 도로 횡단시설을 이용할 수 없는 지체장애인의 경우에는 다른 교통에 방해되지 않는 방법으로 도로 횡단시설을 이용하지 않고 도로를 횡단할 수 있다.

③ **횡단보도가 없는 경우**: 보행자는 횡단보도가 설치되어 있지 않은 도로에서는 가장 짧은 거리로 횡단하여야 한다.

> 🌀 **Plus tip**
> **횡단보도의 설치기준**(시행규칙 제11조)
> ⊙ **횡단보도**: 횡단보도에는 횡단보도 표시와 횡단보도 표지판을 설치한다.
> ⓛ **신호기가 설치되어 있는 경우**: 횡단보도를 설치하고자 하는 장소에 횡단보행자용 신호기가 설치되어 있는 경우에는 횡단보도 표시를 설치한다.
> ⓒ **비포장도로인 경우**: 횡단보도를 설치하고자 하는 도로의 표면이 포장이 되지 아니하여 횡단보도 표시를 할 수 없는 때에는 횡단보도 표지판을 설치한다. 이 경우에는 그 횡단보도 표지판에 횡단보도의 너비를 표시하는 보조표지를 설치한다.
> ⓔ **200m 이내 설치 기준**: 횡단보도는 육교·지하도 및 다른 횡단보도로부터 200m(집산도로 및 국지도로는 100m) 이내에는 설치하지 않는다.

(2) 횡단의 금지

① **자동차의 앞·뒤로 횡단금지**: 보행자는 모든 차와 노면전차의 바로 앞이나 뒤로 횡단하여서는 안 된다.

> 🌀 **Plus tip**
> 횡단보도를 횡단하거나 신호기 또는 경찰공무원 등의 신호 또는 지시에 따라 도로를 횡단하는 경우를 제외한다.

② **안전표지에 의해 금지된 도로 횡단금지**: 보행자는 안전표지 등에 의하여 금지되어 있는 도로의 부분에서는 그 도로를 횡단하여서는 안 된다.

기출 2020. 10. 17. 충청북도 시행

다음 중 보행자 통행방법이 아닌 것은?
① 지하도나 육교 등의 도로 횡단시설을 이용할 수 없는 지체장애인의 경우 다른 교통에 방해가 되지 않는 방법으로 도로를 횡단할 수 있다.
② 횡단보도가 설치되지 있지 아니한 곳에서는 도로에서 가장 짧은 거리로 횡단하여야 한다.
③ 보행자는 차와 노면전차의 바로 앞이나 뒤로 횡단하면 안 된다.
④ 보행자는 안전표지 등에 의하여 횡단이 금지되어 있는 도로의 부분에서는 차량 통행이 없으면 빠르게 횡단하여야 한다.

《정답 ④

02 맹인 및 어린이 등의 보호

1 맹인

(1) 맹인(앞을 보지 못하는 사람)

앞을 보지 못하는 사람(이에 준하는 사람을 포함)의 보호자는 그 사람이 도로를 보행할 때에는 흰색 지팡이를 갖고 다니도록 하거나 앞을 보지 못하는 사람에게 길을 안내하는 개로서 행정안전부령으로 정하는 장애인보조견을 동반하도록 하여야 한다.

(2) 맹인에 준하는 자

① 듣지 못하는 사람

② 신체평형기능에 장애가 있는 사람

③ 의족 등을 사용하지 않고는 보행이 불가능한 사람

2 유아 및 어린이

(1) 유아 및 어린이의 보호

① 어린이의 보호자는 교통이 빈번한 도로에서 어린이를 놀게 하여서는 아니 되며, 영유아의 보호자는 교통이 빈번한 도로에서 영유아가 혼자 보행하게 하여서는 아니 된다.

② 어린이의 보호자는 도로에서 어린이가 자전거를 타거나 행정안전부령으로 정하는 위험성이 큰 움직이는 놀이기구를 타는 경우에는 어린이의 안전을 위하여 행정안전부령으로 정하는 인명보호 장구를 착용하도록 하여야 한다.

> ☆ Plus tip
> **행정안전부령이 정하는 위험성이 큰 놀이기구**
> ㉠ 킥보드
> ㉡ 롤러스케이트
> ㉢ 인라인스케이트
> ㉣ 스케이트보드
> ㉤ 위 놀이기구와 비슷한 놀이기구

기출 PLUS

기출 2022. 6. 18. 서울시 보훈청 시행
「도로교통법」상 도로에서 어린이 또는 영유아를 보호하기 위한 보호자의 조치 내용으로 가장 옳지 않은 것은?
① 어린이의 보호자는 도로에서 어린이가 개인형 이동장치를 안전하게 운전하도록 하여야 한다.
② 어린이의 보호자는 교통이 빈번한 도로에서 어린이를 놀게 하여서는 아니 된다.
③ 영유아의 보호자는 교통이 빈번한 도로에서 영유아가 혼자 보행하게 하여서는 아니 된다.
④ 어린이의 보호자는 도로에서 어린이가 자전거를 타는 경우에는 인명 보호 장구를 착용하도록 하여야 한다.

기출 2022. 6. 18. 울산광역시 시행
다음 중 경찰공무원이 안전을 위하여 적절한 조치를 하여야 할 경우가 아닌 사람은?
① 교통이 빈번한 도로에서 놀고 있는 어린이
② 보호자 없이 도로를 보행하는 영유아
③ 앞을 보지 못하는 사람으로서 흰색 지팡이를 가지고 장애인보조견을 동반하여 걷고 있는 사람
④ 횡단보도나 교통이 빈번한 도로에서 보행에 어려움을 겪고 있는 노인(65세 이상)

◀정답 ①, ③

도로교통법상 경찰공무원이 안전을 위해서 적절한 조치를 하여할 사람으로 옳지 않은 것은?

① 횡단보도와 교통이 빈번한 도로에서 보행이 불편한 60대 노인
② 교차로 및 교통이 빈번한 도로에서 노는 어린이
③ 보호자 없이 혼자 도로를 보행하는 어린이
④ 앞이 보이지 않은 사람이 흰색 지팡이가 없고, 보조견도 없으며 보행에 적절한 조치가 없는 사람

③ 어린이의 보호자는 도로에서 어린이가 개인형 이동장치를 운전하게 하여서는 아니 된다.

④ 경찰공무원은 신체에 장애가 있는 사람이 도로를 통행하거나 횡단하기 위하여 도움을 요청하거나 도움이 필요하다고 인정하는 경우에는 그 사람이 안전하게 통행하거나 횡단할 수 있도록 필요한 조치를 하여야 한다.

⑤ 경찰공무원은 다음의 어느 하나에 해당하는 사람을 발견한 경우에는 그들의 안전을 위하여 적절한 조치를 하여야 한다.
ㄱ 교통이 빈번한 도로에서 놀고 있는 어린이
ㄴ 보호자 없이 도로를 보행하는 영유아
ㄷ 앞을 보지 못하는 사람으로서 흰색 지팡이를 가지지 아니하거나 장애인보조견을 동반하지 아니하는 등 필요한 조치를 하지 아니하고 다니는 사람
ㄹ 횡단보도나 교통이 빈번한 도로에서 보행에 어려움을 겪고 있는 노인(65세 이상인 사람)

⑥ 시장 등은 교통사고의 위험으로부터 어린이를 보호하기 위하여 필요하다고 인정하는 경우에는 다음의 어느 하나에 해당하는 시설이나 장소의 주변도로 가운데 일정구간을 어린이 보호구역으로 지정하여 자동차등과 노면전차의 통행속도를 시속 30킬로미터 이내로 제한 할 수 있다.
- 유치원(유아교육법)
- 초등학교 또는 특수학교(초, 중등교육법)
- 어린이집(영유아보육법)
- 학원(학원의 설립, 운영 및 과외교습에 관한 법률)
- 외국인학교, 대안학교(초중등교육법)
- 국제학교(제주, 특별자치도 설치 및 국제 자유도시 조성을 위한 특별법)
- 외국교육 기관 중 유치원 초등학교 교과과정이 있는 학교
- 그 밖에 어린이가 자주 왕래하는 곳으로서 조례로 정하는 시설 또는 장소

(2) 유아 및 어린이

① **영유아**: 6세 미만의 사람

② **어린이**: 13세 미만의 사람

(3) 노인 및 장애인 보호구역의 지정 및 관리

① 시장 등은 교통사고의 위험으로부터 노인 또는 장애인을 보호하기 위하여 필요하다고 인정하는 경우에는 제ㄱ호부터 제ㄷ호까지 및 제ㄹ호의2에 따른 시

설의 주변도로 가운데 일정 구간을 노인 보호구역으로, 제⑩호에 따른 시설의 주변도로 가운데 일정 구간을 장애인 보호구역으로 각각 지정하여 차마와 노면전차의 통행을 제한하거나 금지하는 등 필요한 조치를 할 수 있다.

ⓐ 「노인복지법」 제31조에 따른 노인복지시설

ⓑ 「자연공원법」 제2조 제1호에 따른 자연공원 또는 「도시공원 및 녹지 등에 관한 법률」 제2조 제3호에 따른 도시공원

ⓒ 「체육시설의 설치·이용에 관한 법률」 제6조에 따른 생활체육시설

ⓓ 그 밖에 노인이 자주 왕래하는 곳으로서 조례로 정하는 시설

ⓔ 「장애인복지법」 제58조에 따른 장애인복지시설

② ①에 따른 노인 보호구역 또는 장애인 보호구역의 지정절차 및 기준 등에 관하여 필요한 사항은 행정안전부, 보건복지부 및 국토교통부의 공동부령으로 정한다.

③ 차마 또는 노면전차의 운전자는 노인 보호구역 또는 장애인 보호구역에서 ①에 따른 조치를 준수하고 노인 또는 장애인의 안전에 유의하면서 운행하여야 한다.

📢 어린이 보호구역 지정 및 관리

지정 및 조치 등	지정(대상)
① 시장 등은 교통사고의 위험으로부터 어린이를 보호하기 위하여 필요하다고 인정하는 경우에는 다음에 해당하는 시설의 주변도로 가운데 일정 구간을 스쿨존 내 자동차 등의 통행속도를 시속 30킬로미터 이내로 제한할 수 있다. ② 어린이 보호구역의 지정절차 및 기준에 관한 사항은 교육부, 행정안전부 및 국토교통부의 공동부령으로 정한다. ③ 차마의 운전자는 어린이 보호구역에서 조치를 준수하고 어린이의 안전에 유의하면서 운행하여야 한다.	① 「유아교육법」 따른 유치원 ② 「영유아보육법」에 따른 어린이집 가운데 행정안전부령으로 정하는 어린이집(정원 100인 이상의 어린이집) (다만, 경찰서장이 교통여건을 고려하여 100인 미만의 보육시설 주변도로 등에 대해서도 지정이 가능하다.) ③ 「초·중등교육법」에 따른 초등학교 또는 특수학교 ④ 「학원의 설립·운영 및 과외교습에 관한 법률」에 따른 학원 가운데 행정안전부령으로 정하는 학원(수강생 100인 이상의 학원을 말한다.) (다만, 시장 등이 관할 경찰서장과 협의하여 교통여건 등을 고려하여 수강생 100인 미만의 학원 주변도로 등에 대해서도 지정이 가능) ⑤ 「초·중등교육법」에 따른 외국인학교 또는 대안학교 ⑥ 「제주특별자치도 설치 및 국제자유도시 조성을 위한 특별법」에 따른 국제학교 ⑦ 「경제자유구역 및 제주국제자유도시의 외국교육기관 설립·운영에 관한 특별법」에 따른 외국교육기관 중 유치원·초등학교 교과과정이 있는 학교

기출PLUS

[기출] 2024. 6. 22. 서울시 제2회 시행

「도로교통법」 제12조에서 어린이 보호구역 지정에 대한 설명으로 가장 옳지 않은 것은?

① 「학원의 설립·운영 및 과외교습에 관한 법률」 제2조에 따른 학원 가운데 행정안전부령으로 정하는 학원의 주변도로 가운데 일정 구간을 어린이 보호구역으로 지정할 수 있다.

② 「유아교육법」 제2조에 따른 유치원의 주변도로 가운데 일정 구간을 어린이 보호구역으로 지정할 수 있다.

③ 「영유아보육법」 제10조에 따른 어린이집 가운데 보건복지부령으로 정하는 어린이집의 주변도로 가운데 일정 구간을 어린이 보호구역으로 지정할 수 있다.

④ 어린이 보호구역 지정시 자동차등과 노면전차의 통행속도를 시속 30킬로미터 이내로 제한할 수 있다.

《 정답 ③

어린이, 노인 및 장애인 보호구역의 지정 및 관리에 관한 규칙 제3조		
시장 등은 어린이 보호구역, 노인 보호구역 및 장애인 보호구역의 지정 신청을 받았을 때는 아래의 사항을 조사하여야 한다.		
보호구역 지정대상시설 또는 장소 주변	도로의 신호기, 안전표지 및 도로 부속물 설치현황	
	도로에서의 연간 교통사고 발생현황	
	도로의 자동차 통행량 및 주차수요	
	도로를 통행하는 어린이, 노인 또는 장애인의 수와 통행로의 체계 등	
시장 등은 보호구역으로 지정 관리할 필요가 인정되는 경우에는 관할 시, 도 경찰청장 또는 경찰서장과 협의하여 해당 보호구역 지정 대상 시설의 주(主)출입문을 중심으로 반경 300미터 이내의 도로 중 일정구간을 보호구역으로 지정한다. 다만 시장 등은 해당지역의 교통여건 등을 검토하여 필요한 경우 주(主)출입문을 중심으로 반경 500미터 이내의 도로에 대해서도 보호구역으로 지정할 수 있다		

1 보행자의 통행방법에 관한 설명 중 옳은 것은?

① 보행자는 보도와 차도의 구분이 없는 도로에서는 길가장자리구역으로 통행하여야 한다.

② 사회적으로 중요한 행사에 따른 시가행진의 경우에만 우측으로 통행할 수 있다.

③ 횡단보도가 설치되어 있는 도로에서는 가장 짧은 거리로 횡단하여야 한다.

④ 어떠한 경우라 할지라도 보행자는 우측통행을 하여야 한다.

2 차의 운전자가 보행자의 옆을 지나는 경우에 보행자의 안전과 통행에 방해를 주지 않기 위하여 서행 또는 일시정지 해야 하는 장소가 아닌 곳은?

① 도로 이외의 곳

② 보도와 차도가 구분되지 아니한 도로 중 중앙선이 없는 도로

③ 보행자 우선도로

④ 보도와 차도가 구분되지 아니한 도로 중 중앙선이 있는 도로

1.

보행자의 통행방법

㉠ 보행자는 보도와 차도가 구분된 도로에서는 차도를 횡단하는 경우, 도로공사 등으로 보도의 통행이 금지된 경우 그 밖의 부득이한 경우를 제외하고는 언제나 보도로 통행하여야 한다.

㉡ 보행자는 보도와 차도가 구분되지 아니한 도로에서는 차마와 마주보는 방향의 길가장자리 또는 길가장자리 구역으로 통행하여야 한다.

㉢ 행렬 등은 사회적으로 중요한 행사에 따라 시가를 행진하는 경우에는 도로의 중앙을 통행할 수 있다.

2.

보행자의 통행에 방해가 될 때 서행하거나 일시정지 하여야 하는 경우

① 보도와 차도가 구분되지 아니한 도로 중 중앙선이 없는 도로

② 보행자 우선도로

③ 도로이외의 곳

3 실외이동로봇 운용자에 대한 설명으로 옳지 않은 것은?

① 실외이동로봇을 운용하는 사람을 실외이동로봇 운용자라
한다.

② 실외이동로봇 운용자는 실외이동로봇의 운용장치를 정확
하게 조작하여야 한다.

③ 실외이동로봇 운용자의 의무사항을 위반하면 100만원 이
하의 벌금이나 구류 또는 과료에 처한다.

④ 실외이동로봇의 운용 장치를 도로의 교통상황과 차, 노면
전차에게 위험과 장해를 주는 방법으로 운용하여서는 아
니 된다.

4 보호구역 통합관리시스템 구축·운영 등에 필요한 사항을 정
하는 기관으로 옳지 않은 곳은?

① 교육부

② 행정안전부

③ 국토교통부

④ 고용노동부

5 다음은 보호구역에 대한 실태조사에 대한 설명이다. (   ) 안
에 알맞은 것은?

> 시장등은 어린이 보호구역과 노인 및 장애인 보호구역에
> 서 발생한 교통사고 현황 등 교통환경에 대한 실태조사를
> (   )회 이상 실시하고, 그 결과를 보호구역의 지정·해
> 제 및 관리에 반영하여야 한다.

① 연 1회   ② 연 2회
③ 연 3회   ④ 연 5회

6 다음 중 시장등이 보호구역에 대한 실태조사 업무를 위탁할
수 있는 기관으로 옳지 않은 곳은?

① 한국도로교통공단
② 관할 경찰서
③ 지방공기업 중 교통관련기관
④ 공공기관 중 교통관련기관

5.

시장등은 어린이 보호구역과 노인 및 장애인 보호
구역에서 발생한 교통사고 현황 등 교통환경에 대
한 실태조사를 연 1회 이상 실시하고, 그 결과를
보호구역의 지정·해제 및 관리에 반영하여야 한
다.

6.

보호구역에 대한 실태조사 업무를 위탁할 수 있는
기관〈영 제8조의2 제1항〉
㉠ 한국도로교통공단
㉡ 공공기관 중 교통 관련 기관
㉢ 지방공기업 중 교통 관련 기관
㉣ 지방자치단체출연 연구원 중 교통 관련 기관
㉤ 정관이나 규약 등에 교통안전에 관한 업무를
   사업 내용으로 정한 비영리법인이나 단체

Answer   5.① 6.②

7 도로교통법상 보행자의 보호와 관련된 내용 중 틀린 것은 몇 개인가?

> ㉠ 시·도 경찰청장이나 경찰서장은 보행자우선도로에서 보행자를 보호하기 위하여 필요하다고 인정하는 경우에는 차마의 통행속도를 시속 30킬로미터 이내로 제한할 수 있다
>
> ㉡ 모든 차 또는 노면전차의 운전자는 어린이 보호구역 내에 설치된 횡단보도 중 신호기가 설치되지 아니한 횡단보도 앞 (정지선이 설치된 경우에는 그 정지선)에서는 보행자가 횡단 시에 일시정지 하여야 한다.
>
> ㉢ 시·도 경찰청장이나 경찰서장은 보행자의 통행을 보호하기 위하여 특히 필요한 경우에는 보행자 전용도로를 설치할 수 있다.
>
> ㉣ 차마 또는 노면전차의 운전자는 보행자 전용도로를 통행하여서는 아니 된다.

① 0개
② 1개
③ 2개
④ 3개

8 다음 중 횡단보도의 설치기준에 대한 설명으로 옳지 않은 것은?

① 비포장도로에 횡단보도를 설치할 경우 횡단보도 표지판을 설치한다.
② 어린이 보호구역에서는 횡단보도를 200m마다 설치하면 안 된다.
③ 횡단보도에는 횡단보도 표시와 횡단보도 표지판을 설치한다.
④ 횡단보도를 설치하고자 하는 장소에 횡단보행자용 신호기가 설치되어 있는 경우에는 횡단보도 표시를 설치한다.

7.

㉠ 30km(X) 20km(O)
㉡ 보행자의 횡단여부와 관계없이 일시 정지하여야 한다.

8.

횡단보도의 설치제한 : 횡단보도는 육교·지하도 및 다른 횡단보도로부터 200미터 이내에는 설치하지 아니한다. 다만, 어린이 보호구역, 노인 보호구역 또는 장애인 보호구역으로 지정된 구간인 경우 또는 보행자의 안전이나 통행을 위하여 특히 필요하다고 인정되는 경우에는 그러하지 아니하다.

9 다음 행렬 중에서 차도를 통행할 경우에는 그 우측을 통행해야 함에도 불구하고 차도의 중앙을 통행할 수 있는 경우에 해당되는 것은?

① 군대행렬

② 기 또는 현수막 등을 휴대한 행렬

③ 도로의 청소·보수 등 도로에서 작업 중인 사람

④ 사회적으로 중요한 행사에 따른 시가행진의 경우

10 보행자는 횡단보도가 설치되어 있지 않은 도로에서는 어떻게 횡단해야 옳은가?

① 최단선으로 횡단한다.

② 횡단보도를 찾아 횡단한다.

③ 사선으로 횡단한다.

④ 특별한 규정이 없다.

11 보도통행과 관련한 내용으로 틀린 설명은?

① 보행자는 보도에서 우측통행을 원칙으로 하며 보도와 차도가 구분된 도로에서는 보행자는 언제나 보도로 통행하여야 한다.

② 보행자는 보도와 차도가 구분되지 아니한 도로 중 중앙선이 있는 도로에서는 길가장자리 또는 길가장자리구역으로 통행하여야 한다.

③ 보행자는 보도와 차도가 구분된 도로에서도 도로공사 등으로 보도로 통행하기가 곤란한 경우에는 예외적으로 차도를 통행할 수 있다.

④ 보행자는 보행자 우선도로라 하더라도 도로의 전부분을 이용하여 통행할 수는 없다.

9.

행렬 등의 통행

㉠ 학생의 대열과 그 밖에 보행자의 통행에 지장을 줄 염려가 있다고 인정하여 대통령령이 정하는 사람이나 행렬은 규정에도 불구하고 차도로 통행할 수 있다. 이 경우 그 차도의 우측을 통행하여야 한다.

㉡ 사회적으로 중요한 행사에 따른 시가행진인 경우에는 도로의 중앙을 통행할 수 있다.

10.

도로의 횡단

㉠ 시·도경찰청장은 도로를 횡단하는 보행자의 안전을 위하여 행정안전부령으로 정하는 기준에 따라 횡단보도를 설치할 수 있다.

㉡ 보행자는 횡단보도가 설치되어 있지 아니한 도로에서는 가장 짧은 거리로 횡단하여야 한다.

11.

보행자가 도로의 전 부분으로 통행이 가능한 경우
① 보행자 우선도로
② 보도와 차도가 구분되지 아니한 도로 중 중앙선이 없는 도로(일방통행인 경우에는 차선으로 구분되지 아니한 도로에 한정)

12 보도와 차도가 구분된 도로에서 보행자가 차도로 통행할 수 있는 경우는?

① 신체장애인용 의자차를 타고 갈 때
② 유모차를 끌고 갈 때
③ 보도에 보행자가 지나치게 많을 때
④ 도로공사 등으로 보도의 통행이 금지된 때

13 맹인, 어린이 등의 보호에 관한 설명 중 옳지 않은 것은?

① 어린이의 보호자는 교통이 빈번한 도로에서 어린이를 놀게 하여서는 안 된다.
② 앞을 보지 못하는 사람은 도로를 보행할 경우에 흰색지팡이를 가지고 다니거나, 장애인보조견을 동반하여야 한다.
③ 노인들은 흰색지팡이를 가지고 도로를 통행하여야 한다.
④ 영유아의 보호자는 영유아만을 보행하게 하여서는 안 된다.

14 다음 중 어린이 보호구역과 관련한 내용 중 틀린 것은?

① 시·도경찰청장, 경찰서장 또는 시장 등은 어린이 보호구역상의 도로상에 우선적으로 무인 교통단속용 장비를 설치하여야 한다.
② 시장 등은 지정한 어린이 보호구역에 어린이의 안전을 위하여 시설 또는 장비를 우선적으로 설치하거나 도로관리청에 해당시설 또는 장비의 설치를 요청하여야 한다.
③ 어린이 보호구역내에서의 자동차등과 노면전차의 통행속도는 시속 30킬로미터 이내로 제한할 수 있다.
④ 어린이 보호구역의 지정절차 및 기준 등에 관하여 필요한 사항은 보건복지부, 행정안전부 및 국토교통부의 공동부령으로 정한다.

12.

보행자는 보도와 차도가 구분된 도로에서는 차도를 횡단하는 경우, 도로공사 등으로 보도의 통행이 금지된 경우 그 밖의 부득이한 경우를 제외하고는 언제나 보도로 통행하여야 한다.

13.

맹인 및 어린이 등의 보호
㉠ 어린이의 보호자는 교통이 빈번한 도로에서 어린이를 놀게 하여서는 아니 되며, 영유아(6세 미만)의 보호자는 교통이 빈번한 도로에서 영유아가 혼자 보행하게 하여서는 아니 된다.
㉡ 앞을 보지 못하는 사람(이에 준하는 사람 포함)의 보호자는 그 사람이 도로를 보행할 때에는 흰색 지팡이를 갖고 다니도록 하거나 앞을 보지 못하는 사람에게 길을 안내하는 개로서 행정안전부령으로 정하는 개(장애인보조견)를 동반하도록 하여야 한다.

14.

어린이 보호구역의 지정절차 및 기준 등에 관하여 필요한 사항은 교육부, 행정안전부 및 국토교통부의 공동부령으로 정한다.

15 어린이 보호구역의 지정 등 운전자의 의무와 관련한 내용으로 틀린 설명은?

① 어린이 보호구역의 지정, 해제 절차 및 기준 등에 관하여 필요한 사항은 교육부, 행정안전부 및 보건복지부의 공동부령으로 정한다.

② 시·도경찰청장, 경찰서장 또는 시장 등은 제한속도 및 안전운행에 위반하는 행위 등의 단속을 위하여 어린이 보호구역의 도로 중에서 행정안전부령에 정하는 곳에 우선적으로 무인 교통단속용 장비를 설치하여야 한다.

③ 차마 또는 노면전차의 운전자는 어린이 보호구역에서 통행속도를 30킬로미터 이내로 유지하면서 어린이의 안전에 유의하면서 운행하여야 한다.

④ 어린이보호구역의 지정권자는 시장 등이며 국가는 예산의 범위에서 지방자치단체에 대 하여 어린이 보호구역 및 노인 및 장애인 보호구역의 설치 및 관리에 필요한 비용의 전부 또는 일부를 보조 할 수 있다.

16 도로교통법에 규정된 보행자의 통행에 관한 사항이다. ㈎에 들어갈 내용으로 옳은 것은?

> 보행자는 보도와 차도가 구분되지 아니한 도로에서는 차마와 마주 보는 방향의 ㈎으로 통행하여야 한다.

① 길중앙자리 또는 길중앙자리구역
② 길가장자리 또는 길가장자리구역
③ 길가장자리 또는 길중앙자리구역
④ 길중앙자리 또는 길가장자리구역

15.

교육부, 행정안전부, 보건복지부령(X) 국토교통부령 (O)

16.

② 보행자는 길 가장자리 또는 길가장자리구역으로 통행하여야 한다.

기출PLUS

01 차마의 통행

[기출] 2022. 4. 23. 경기도 시행

다음 중 차마 및 노면전차의 통행방법에 대해 잘못된 설명은?

① 도로가 일방통행인 경우에는 도로의 중앙이나 좌측 부분을 통행할 수 있다.
② 도로의 파손, 도로공사나 그 밖의 장애 등으로 도로의 우측 부분을 통행할 수 없는 경우에는 도로의 중앙이나 좌측 부분으로 통행할 수 있다.
③ 도로 우측 부분의 폭이 5미터가 되지 아니하는 도로에서 다른 차를 앞지르려는 경우에는 도로의 중앙이나 좌측 부분으로 통행할 수 있다.
④ 가파른 비탈길의 구부러진 곳에서 교통의 위험을 방지하기 위하여 시·도경찰청장이 필요하다고 인정하여 구간 및 통행방법을 지정하고 있는 경우에 그 지정에 따라 통행하는 경우에는 도로의 중앙이나 좌측 부분으로 통행할 수 있다.

1 통행구분

(1) 보도와 차도가 구분된 도로의 경우

① **차마의 통행** : 차마의 운전자는 보도와 차도가 구분된 도로에서는 차도로 통행하여야 한다. 다만, 도로 이외의 곳을 출입할 때는 보도를 횡단할 수 있다.

② **도로를 횡단하는 경우** : 도로 이외의 곳으로 출입할 때 보도를 횡단하여 통행하는 경우 차마의 운전자는 보도를 횡단하기 직전에 일시정지하여 좌측과 우측 부분 등을 살핀 후 보행자의 통행을 방해하지 아니하도록 횡단하여야 한다.

③ **차마의 우측통행** : 차마의 운전자는 도로(보도와 차도가 구분된 도로에서는 차도)의 중앙(중앙선이 설치되어 있는 경우에는 그 중앙선)으로부터 우측부분을 통행하여야 한다.

(2) 차마의 운전자가 도로의 중앙이나 좌측부분을 통행할 수 있는 경우

[기출] 2020. 6. 13. 서울시 제2회 시행

「도로교통법」상 차마의 운전자가 도로의 중앙이나 좌측 부분으로 통행할 수 있는 경우로 가장 옳지 않은 것은?

① 도로가 일방통행인 경우
② 도로 우측 부분의 폭이 차마의 통행에 충분하지 아니한 경우
③ 안전표지 등으로 앞지르기를 금지하거나 제한하고 있는 경우
④ 도로의 파손, 도로공사나 그 밖의 장애 등으로 도로의 우측 부분을 통행할 수 없는 경우

① **일방통행 도로일 경우** : 도로가 일방통행으로 된 때

② **장애물이 있는 경우** : 도로의 파손·도로공사 그 밖의 장애 등으로 도로의 우측부분을 통행할 수 없는 때

③ **앞지르기를 할 경우** : 도로 우측부분의 폭이 6m가 되지 않는 도로에서 다른 차를 앞지르고자 하는 때, 다만 그 도로의 좌측부분을 확인하여 반대 방향의 교통을 방해할 염려가 없고 앞지르기가 금지 또는 제한되지 않는 경우에 한한다.

④ **도로 폭이 좁을 경우** : 도로 우측부분의 폭이 차마의 통행에 충분하지 않은 때

⑤ **시·도경찰청장의 지정에 따를 경우** : 가파른 비탈길의 구부러진 곳에서 교통의 위험을 방지하기 위하여 시·도경찰청장이 필요하다고 인정하여 구간 및 통행방법을 지정하고 있는 경우에 그 지정에 따라 통행하는 때

《 정답 ③, ③

(3) 자전거도로 및 길가장자리구역의 통행

차마(자전거등은 제외)의 운전자는 안전표지로 통행이 허용된 장소를 제외하고는 자전거도로 또는 길가장자리구역으로 통행하여서는 아니 된다. 다만, 「자전거 이용 활성화에 관한 법률」에 따른 자전거우선도로의 경우에는 그러하지 아니하다.

(4) 안전지대의 진입금지 및 자전거도로

① **안전지대 진입금지** : 차마의 운전자는 안전지대 등 안전표지에 의하여 진입이 금지된 장소에 들어가서는 안 된다.

② **자전거도로** : 자전거의 운전자는 자전거도로가 따로 있는 곳에서는 그 자전거도로로 통행하여야 한다.

(5) 자전거등의 통행방법의 특례

① 자전거등의 운전자는 자전거도로(자전거만 통행할 수 있도록 설치된 전용차로를 포함)가 따로 있는 곳에서는 그 자전거도로로 통행하여야 한다.

② 자전거등의 운전자는 자전거도로가 설치되지 아니한 곳에서는 도로 우측 가장자리에 붙어서 통행하여야 한다.

③ 자전거등의 운전자는 길가장자리구역(안전표지로 자전거등의 통행을 금지한 구간은 제외)을 통행할 수 있다. 이 경우 자전거등의 운전자는 보행자의 통행에 방해가 될 때에는 서행하거나 일시정지하여야 한다.

④ 자전거등의 운전자는 다음에 해당하는 경우에는 보도를 통행할 수 있다. 이 경우 자전거등의 운전자는 보도 중앙으로부터 차도 쪽 또는 안전표지로 지정된 곳으로 서행하여야 하며, 보행자의 통행에 방해가 될 때에는 일시정지하여야 한다.
  ㉠ 어린이, 노인, 그 밖에 행정안전부령으로 정하는 신체장애인이 자전거를 운전하는 경우. 다만, 「자전거 이용 활성화에 관한 법률」에 따른 전기자전거의 원동기를 끄지 아니하고 운전하는 경우는 제외한다.
  ㉡ 안전표지로 자전거등의 통행이 허용된 경우
  ㉢ 도로의 파손, 도로공사나 그 밖의 장애 등으로 도로를 통행할 수 없는 경우

⑤ 자전거등의 운전자는 안전표지로 통행이 허용된 경우를 제외하고는 2대 이상이 나란히 차도를 통행하여서는 아니 된다.

기출PLUS

기출 2022. 6. 18. 경상북도 시행

도로교통법에 차마의 통행방법으로 옳지 않은 것은?

① 도로 외의 곳으로 출입할 때에는 보도를 횡단하여 통행할 수 있다.

② 도로 우측 부분의 폭이 6미터가 되지 아니하는 도로에서 다른 차를 앞지르려는 경우에는 도로의 중앙이나 좌측 부분을 통행할 수 있다.

③ 규정 속도로 주행하는 것이 원칙이나, 교통이 밀리거나 그 밖의 부득이한 사유로 최저속도보다 느리게 운전할 수밖에 없는 경우에는 그러하지 아니하다.

④ 경사진 곳에서 차량을 마주쳤을 때에는 내려가는 차량이 도로 우측 가장자리로 양보한다.

◀정답 ④

⑥ 자전거등의 운전자가 횡단보도를 이용하여 도로를 횡단할 때에는 자전거등에서 내려서 자전거등을 끌거나 들고 보행하여야 한다.

다음 괄호 안에 들어갈 숫자로 알맞은 것은?

┌─ • 보기 ──────────────┐
│ 차로의 너비는 (㉠)미터 이상 │
│ 으로 하여야 한다. 다만, (㉡) │
│ 설치 등 부득이하다고 인정되는 │
│ 때에는 (㉢)센티미터 이상으로 │
│ 할 수 있다. │
└────────────────────┘

	㉠	㉡	㉢
①	3	버스전용차로	265
②	3	일방통행차로	265
③	3	좌회전전용차로	275
④	3	우회전전용차로	275

〈보기〉는 「도로교통법 시행규칙」 제15조(차로의 설치)에 대한 내용이다. ㈎와 ㈏에 들어갈 내용으로 가장 옳은 것은?

┌─ • 보기 ──────────────┐
│ 제1항 시 · 도경찰청장은 법 제14 │
│ 조 제1항에 따라 도로에 차로 │
│ 를 설치하고자 하는 때에는 별 │
│ 표 6에 따른 노면표시로 표시 │
│ 하여야 한다. │
│ 제2항 제1항에 따라 설치되는 차 │
│ 로의 너비는 ㈎ 미터 이상으 │
│ 로 하여야 한다. 다만, 좌회전 │
│ 전용차로의 설치 등 부득이하 │
│ 다고 인정되는 때에는 ㈏ 센 │
│ 티미터 이상으로 할 수 있다. │
└────────────────────┘

	㈎	㈏
①	2	175
②	3	275
③	4	375
④	5	475

< 정답 ③, ②

② 차로의 설치 · 통행

(1) 차로의 설치

① **설치** : 시 · 도경찰청장은 차마의 교통을 원활하게 하기 위하여 필요한 경우에는 도로에 행정안전부령이 정하는 차로를 설치할 수 있다.

② **가변차로의 설치** : 시간대에 따라 양방향의 통행량이 현저하게 다른 도로에는 교통량이 많은 쪽으로 차로의 수가 확대될 수 있도록 신호기에 의하여 차로의 진행방향을 지시하는 가변차로를 설치할 수 있다.

③ **차도에 노면표시** : 시 · 도경찰청장은 도로에 차로를 설치하고자 하는 때에는 노면표시로 표시하여야 한다.

④ **보도와 차도의 구분이 없는 도로에 차로를 설치하는 경우** : 보행자가 안전하게 통행할 수 있도록 그 도로의 양쪽에 길 가장자리 구역을 설치하여야 한다.

⑤ **차로의 너비** : 설치되는 차로의 너비는 3m 이상으로 하여야 한다. 다만, 좌회전전용차로의 설치 등 부득이하다고 인정되는 때에는 275㎝ 이상으로 할 수 있다.

⑥ **차로의 설치금지** : 차로는 횡단보도 · 교차로 및 철길 건널목에는 설치하지 못한다.

⑦ **설치금지구역** : 차로는 횡단보도 · 교차로 및 철길건널목에는 설치할 수 없다.

(2) 차로의 통행

① **항상 차로로 통행** : 차마의 운전자는 차로가 설치되어 있는 도로에서는 특별한 규정이 있는 경우를 제외하고는 차로를 따라 통행하여야 한다. 다만, 시 · 도경찰청장이 통행방법을 따로 지정한 때에는 그 방법으로 통행하여야 한다.

② 차의 너비가 차로보다 넓은 경우
 ㉠ 통행의 금지 : 차의 너비가 행정안전부령으로 정하는 차로의 너비보다 넓어 교통의 안전이나 원활한 소통에 지장을 줄 우려가 있는 경우 그 차의 운전자는 도로를 통행할 수 없다.
 ㉡ 허가 후 통행 : 행정안전부령으로 정하는 바에 따라 그 차의 출발지를 관할하는 경찰서장의 허가를 받은 경우에는 통행할 수 있다.

③ 차로 변경 금지 : 차마의 운전자는 안전표지가 설치되어 특별히 진로 변경이 금지된 곳에서는 차마의 진로를 변경하여서는 아니 된다. 다만, 도로의 파손이나 도로공사 등으로 인하여 장애물이 있는 경우에는 진로를 변경할 수 있다.

📢 차로에 따른 통행차량

구분		통행할 수 있는 차량
고속도로 외의 도로	왼쪽 차로	승용, 경형, 소형, 중형 승합
	오른쪽 차로	대형승합, 화물, 특수, 건설기계, 이륜, 원동기장치자전거
고속도로	편도 2차로 / 1차로	앞지르기 차로(다만 차량 통행량 증가 등 도로 상황으로 인하여 부득이 하게 시속 80KM 미만으로 통행할 수밖에 없는 경우에는 주행 가능)
	편도 2차로 / 2차로	모든 자동차
	편도 3차로 이상 / 1차로	왼쪽차로 통행 차량의 앞지르기 차로 (다만 차량 통행량 증가 등 도로 상황으로 인하여 부득이 하게 시속 80KM 미만으로 통행할 수밖에 없는 경우에는 주행 가능)
	편도 3차로 이상 / 왼쪽 차로	승용, 경형, 소형, 중형 승합
	편도 3차로 이상 / 오른쪽 차로	대형승합, 화물, 특수, 건설기계
차로 구분 방법		– 왼쪽 차로는 1차로 가까운 쪽을 말하고 차로가 홀수인 경우에는 가운데 차로가 오른쪽 차로가 됨 예) 편도 2차로는 1차로가 왼쪽차로, 2차로가 오른쪽 차로가 되고 편도 3차로는 1차로가 왼쪽이고 2, 3차로가 오른쪽이 됨 – 차로가 짝수 경우는 예) 편도 4차로는 1차로와 2차로가 왼쪽차로가 되고 3차로와 4차로는 오른쪽 차로가 됨

(3) 차로 통행의 제한 및 진로변경 금지
① 통행의 제한 : 차로가 설치된 도로를 통행하고자 하는 경우 차의 너비가 행정안전부령이 정하는 차로의 너비보다 넓어 교통의 안전이나 원활한 소통

기출 PLUS

기출 2022. 16. 전라남도 시행
아래 (   )안의 들어갈 말로 올바른 것은?

┌ 보기 ────────
도로 폭 초과차에 대하여 (   )의 허가를 받으면 운행이 가능하다.
└────────────

① 행정안전부장관
② 출발지를 관할하는 시도지사
③ 출발지를 관할하는 경찰서장
④ 도착지를 관할하는 경찰서장

❮정답 ③

에 지장을 줄 우려가 있는 경우 당해 차의 운전자는 그 도로를 통행하여서는 안 된다. 다만, 행정안전부령이 정하는 바에 의하여 출발지를 관할하는 경찰서장의 허가를 받은 경우에는 그렇지 않다.

② **진로변경 금지**: 차마의 운전자는 안전표지가 설치되어 특별히 진로변경이 금지된 곳에서는 차마의 진로를 변경하여서는 안 된다. 다만, 도로의 파손·도로공사 등으로 인하여 장애물이 있는 때에는 그렇지 않다.

❸ 전용차로

(1) 전용차로의 설치

① **전용차로**: 차의 종류나 승차 인원에 따라 지정된 차만 통행할 수 있는 차로를 말한다.

② **전용차로의 설치**: 시장 등은 원활한 교통을 확보하기 위하여 특히 필요한 경우에는 시·도경찰청장이나 경찰서장과 협의하여 도로에 전용차로를 설치할 수 있다.

③ **통행의 금지**: 전용차로로 통행할 수 있는 차가 아니면 전용차로로 통행하여서는 아니 된다. 다만, 긴급자동차가 그 본래의 긴급한 용도로 운행되고 있는 경우처럼 다음에 해당하는 경우는 그러하지 아니하다.
   ㉠ 전용차로통행차의 통행에 장해를 주지 아니하는 범위에서 택시가 승객을 태우거나 내려주기 위하여 일시 통행하는 경우. 이 경우 택시 운전자는 승객이 타거나 내린 즉시 전용차로를 벗어나야 한다.
   ㉡ 도로의 파손, 공사, 그 밖의 부득이한 장애로 인하여 전용차로가 아니면 통행할 수 없는 경우

(2) 전용차로의 종류와 전용차로로 통행할 수 있는 차

① **버스전용차로**
   ㉠ **고속도로**: 9인승 이상 승용자동차 및 승합자동차(승용자동차 또는 12인승 이하의 승합자동차는 6명 이상이 승차한 경우로 한정)는 고속도로의 버스전용차로를 이용할 수 있다.
   ㉡ **고속도로 이외의 도로**
     • 「자동차관리법」에 따른 36인승 이상의 대형승합자동차
     • 「여객자동차 운수사업법」에 따른 36인승 미만의 사업용 승합자동차

- 증명서를 발급받아 어린이를 운송할 목적으로 운행 중인 어린이통학버스
- 대중교통수단으로 이용하기 위한 자율주행자동차로서 「자동차관리법」에 따라 시험·연구 목적으로 운행하기 위하여 국토교통부장관의 임시운행허가를 받은 자율주행자동차
- 도로에서의 원활한 통행을 위하여 시·도경찰청장이 지정한 다음의 어느 하나에 해당하는 승합자동차
  - 노선을 지정하여 운행하는 통학·통근용 승합자동차 중 16인승 이상 승합자동차
  - 국제행사 참가인원 수송 등 특히 필요하다고 인정되는 승합자동차(시·도경찰청장이 정한 기간 이내로 한정)
  - 「관광진흥법」에 따른 관광숙박업자 또는 「여객자동차 운수사업법 시행령」에 따른 전세버스운송사업자가 운행하는 25인승 이상의 외국인 관광객 수송용 승합자동차(외국인 관광객이 승차한 경우만 해당)

② **다인승전용차로** : 3명 이상 승차한 승용·승합자동차(다인승전용차로와 버스전용차로가 동시에 설치되는 경우에는 버스전용차로를 통행할 수 있는 차는 제외)

③ **자전거 전용차로** : 자전거

(3) 노면전차 전용로

① 시장등은 교통을 원활하게 하기 위하여 노면전차 전용도로 또는 전용차로를 설치하려는 경우에는 「도시철도법」에 따른 도시철도사업계획의 승인 전에 다음의 사항에 대하여 시·도경찰청장과 협의하여야 한다. 사업 계획을 변경하려는 경우에도 또한 같다.
  ㉠ 노면전차의 설치 방법 및 구간
  ㉡ 노면전차 전용로 내 교통안전시설의 설치
  ㉢ 그 밖에 노면전차 전용로의 관리에 관한 사항

② 노면전차의 운전자는 노면전차 전용도로 또는 전용차로로 통행하여야 하며, 차마의 운전자는 노면전차 전용도로 또는 전용차로를 다음의 경우를 제외하고는 통행하여서는 아니 된다.
  ㉠ 좌회전, 우회전, 횡단 또는 회전하기 위하여 궤도부지를 가로지르는 경우
  ㉡ 도로, 교통안전시설, 도로의 부속물 등의 보수를 위하여 진입이 불가피한 경우
  ㉢ 노면전차 전용차로에서 긴급자동차가 그 본래의 긴급한 용도로 운행되고 있는 경우

기출PLUS

기출 2022. 4. 23. 경기도 시행

다음 중 도로교통법에서 규정하고 있는 내용을 잘못 설명한 것은?

① 시장 등은 교통을 원활하게 하기 위하여 노면전차 전용도로 또는 전용차로를 설치하려는 경우에는 「도시철도법」 제7조 제1항에 따른 도시철도사업계획의 승인 후에 시·도경찰청장과 협의 하여야 한다.

② 차마의 운전자는 길가의 건물이나 주차장 등에서 도로에 들어갈 때에는 일단 정지한 후에 안전한지 확인하면서 서행하여야 한다.

③ 자동차 등의 운전자는 같은 방향으로 가고 있는 자전거 등의 운전자에 주의하여야 하며, 그 옆을 지날 때에는 자전거등과의 충돌을 피할 수 있는 필요한 거리를 확보하여야 한다.

④ 모든 차의 운전자는 차의 진로를 변경하려는 경우에 그 변경하려는 방향으로 오고 있는 다른 차의 정상적인 통행에 장애를 줄 우려가 있을 때에는 진로를 변경하여서는 아니 된다.

❮정답 ①

02 통행우선순위와 긴급자동차

1 긴급자동차

(1) 긴급자동차 정의

긴급자동차란 소방차, 구급차, 혈액공급차량, 그 밖에 대통령령으로 정하는 자동차들로 그 본래의 긴급한 용도로 사용되고 있는 자동차를 말한다.

(2) 대통령령으로 정한 긴급자동차

① 경찰용 자동차 중 범죄수사, 교통단속, 그 밖의 긴급한 경찰업무 수행에 사용되는 자동차

② 국군 및 주한 국제연합군용 자동차 중 군 내부의 질서 유지나 부대의 질서 있는 이동을 유도하는 데 사용되는 자동차

③ 수사기관의 자동차 중 범죄수사를 위하여 사용되는 자동차

④ 다음의 어느 하나에 해당하는 시설 또는 기관의 자동차 중 도주자의 체포 또는 수용자, 보호관찰 대상자의 호송·경비를 위하여 사용되는 자동차
- ㉠ 교도소·소년교도소 또는 구치소
- ㉡ 소년원 또는 소년분류심사원
- ㉢ 보호관찰소

⑤ 국내외 요인(要人)에 대한 경호업무 수행에 공무(公務)로 사용되는 자동차

(3) 신청에 의해 시·도경찰청장이 지정하는 긴급자동차

① 전기사업, 가스사업, 그 밖의 공익사업을 하는 기관에서 위험 방지를 위한 응급작업에 사용되는 자동차

② 민방위업무를 수행하는 기관에서 긴급예방 또는 복구를 위한 출동에 사용되는 자동차

③ 도로관리를 위하여 사용되는 자동차 중 도로상의 위험을 방지하기 위한 응급작업에 사용되거나 운행이 제한되는 자동차를 단속하기 위하여 사용되는 자동차

기출 2022. 7. 16. 전라남도 시행

시도경찰청장이 긴급자동차로 지정할 수 있는 차는?

① 경찰용 긴급 차에 유도중인차량
② 긴급 경찰업무 수행 차
③ 군용차
④ 가스 사업 기관에서 응급작업 중인 차량

기출 2021. 6. 5. 서울특별시 시행

「도로교통법 시행령」에서 규정한 긴급자동차가 아닌 것은?

① 혈액 공급차량
② 국내외 요인에 대한 경호업무 수행에 공무로 사용되는 자동차
③ 전파감시업무에 사용되는 자동차
④ 경찰용 자동차 중 범죄수사 업무 수행에 사용되는 자동차

기출 2020. 10. 17. 부산광역시 시행

다음 중 도로교통법상 긴급자동차로 볼 수 없는 것은?

① 전기사업·가스사업 그 밖의 공익사업기관에서 위험방지를 위한 응급작업에 사용되는 자동차
② 개인경호업무수행에 사용되는 사설경비업체의 자동차
③ 교도소·소년교도소 또는 구치소의 자동차 중 도주자의 체포 또는 수용자·보호관찰대상자의 호송·경비를 위하여 사용되는 자동차
④ 국군 및 주한 국제연합군용 자동차중 군 내부의 질서유지나 부대의 질서있는 이동을 유도하는데 사용되는 자동차

≪정답 ④, ①, ②

④ 전신·전화의 수리공사 등 응급작업에 사용되는 자동차

⑤ 긴급한 우편물의 운송에 사용되는 자동차

⑥ 전파감시업무에 사용되는 자동차

(4) 긴급자동차로 의제되는 자동차(준긴급자동차)

① 경찰용 긴급자동차에 의하여 유도되고 있는 자동차

② 국군 및 주한 국제연합군용의 긴급자동차에 의하여 유도되고 있는 국군 및 주한 국제연합군의 자동차

③ 생명이 위급한 환자 또는 부상자나 수혈을 위한 혈액을 운송 중인 자동차

2 긴급(緊急)자동차의 운행(運行)

(1) 긴급자동차의 운행

① 긴급자동차는 그 본래의 긴급한 용도로 이용 중이어야 한다.

② 긴급자동차 구조를 갖춰야 한다.

③ 운행 중 우선 및 특례의 적용을 받으려면 사이렌이나 경광등을 켠다.

④ 긴급자동차는 전조등 켜거나 그 밖의 적당한 방법으로 긴급차 임을 표시한다.

⑤ 긴급자동차는 전방 20M 떨어진 위치에서 90dbd 이상~120db 이하의 소리를 들을 수 있을 것

> ☆ Plus tip
> **경광등, 사이렌이 없어도 긴급자동차로 인정되는 경우**
> ㉠ 과속단속차
> ㉡ 관례적인 긴급차(준 긴급자동차)
> ㉢ 요인경호업무 "공무" 사용 차

(2) 긴급자동차의 우선 통행권

① 긴급하고 부득이한 경우에는 도로의 중앙이나 좌측통행 가능

② 정지하여야 하는 경우에도 불구하고 긴급하고 부득이한 경우에는 정지하지 아니할 수 있다.

기출 2021. 5. 1. 전라북도 시행

다음 중 긴급자동차의 우선 통행에 대한 설명으로 틀린 내용은?

① 긴급자동차는 긴급하고 부득이 한 경우에는 도로의 중앙이나 좌측 부분을 통행할 수 있다.

② 긴급자동차는 도로교통법에 따른 명령에 따라 정지하여야 하는 경우에도 불구하고 긴급하고 부득이한 경우에는 정지하지 아니할 수 있다.

③ 교차로나 그 부근에서 긴급자동차가 접근하는 경우에는 차마와 노면전차의 운전자는 교차로를 피하여 서행하여야 한다.

④ 긴급자동차 운전자는 해당 자동차를 그 본래의 긴급한 용도로 운행하지 아니하는 경우에는 「자동차관리법」에 따라 설치된 경광등을 켜거나 사이렌을 작동하여서는 아니 된다.

◀ 정답 ③

「도로교통법」상 긴급자동차의 우선 통행에 대한 설명으로 가장 옳지 않은 것은?

① 긴급하고 부득이한 경우에는 도로의 중앙이나 좌측 부분을 통행할 수 있다.
② 긴급자동차는 이 법에 따른 명령에 따라 정지해야 하는 경우에도 불구하고 부득이한 경우 정지하지 않을 수 있다.
③ 교차로나 그 부근에서 긴급자동차가 접근하는 경우에는 차마와 노면전차의 운전자는 교차로와 상관없이 일시정지 해야 한다.
④ 모든 차와 노면전차의 운전자는 교차로나 그 부근 외의 곳에서 긴급자동차가 접근하는 경우 우선 통행할 수 있도록 양보해야 한다.

「도로교통법 시행규칙」상 시·도경찰청장이 긴급자동차의 지정을 취소할 수 있는 경우에 해당하지 않는 것은?

① 자동차의 사이렌 또는 경광등이 긴급자동차에 관한 구조에 적합하지 않은 경우
② 자동차의 색칠이 긴급자동차에 관한 구조에 적합하지 않은 경우
③ 자동차의 고장으로 인하여 긴급자동차로 사용할 수 없게 된 경우
④ 자동차가 지정된 기간 내에 정기검사를 받지 않은 경우

〈 정답 ③, ④

③ 교통의 안전에 특히 주의하면서 통행하여야 한다.(서행의 예외)

(3) 긴급자동차 특례

① 속도제한

② 앞지르기금지

③ 끼어들기금지

④ 신호위반

⑤ 보도침범

⑥ 중앙선침범

⑦ 횡단 등의 금지

⑧ 안전거리 확보

⑨ 앞지르기 방법

⑩ 정차 및 주차금지

⑪ 주차금지

⑫ 고장 등의 조치

※ ④부터 ⑫까지는 소방차, 구급차, 혈액공급차량, 경찰용자동차에 대해서만 적용하지 않는다.(다른 긴급차는 대상이 아니다)

(4) 지정 긴급자동차 취소사유

① 취소 권자는 시·도경찰청장이다.

② 취소사유
  ㉠ 목적 외 사용 시
  ㉡ 고장 등 부득이한 경우
  ㉢ 긴급자동차 구조로 적합하지 않은 경우

(5) 긴급자동차 접근시 피양방법

① 교차로나 그 부근 → 교차로를 피하여 일시정지

② 기타 → 긴급자동차가 우선 통행할 수 있도록 진로를 양보

03 자동차의 속도와 안전거리

❶ 자동차 등의 속도

(1) 속도의 준수

자동차 등과 노면전차의 운전자는 규정에 의한 최고속도를 초과하거나 최저속도에 미달하여 운전하여서는 안 된다. 다만, 교통이 밀리거나 그 밖의 부득이한 사유로 최저속도보다 느리게 운전할 수밖에 없는 경우에는 그러하지 아니하다.

(2) 정상적인 기후일 때

구분			운행속도	
			최고속도	최저속도
일반도로	「국토의 계획 및 이용에 관한 법률」의 규정에 따른 주거지역·상업지역 및 공업지역의 일반도로에서는 50Km/h. 다만, 시·도경찰청장이 원활한 소통을 위하여 특히 필요하다고 인정하여 지정한 노선 또는 구간		60km/h	제한없음
	편도 1차로		60km/h	제한없음
	편도 2차로 이상		80km/h	제한없음
자동차전용도로			90km/h	30km/h
고속도로	편도 1차로		80km/h	50km/h
	편도 2차로 이상	승용차, 승합차, 화물자동차(적재중량 1.5톤 이하)	100km/h	50km/h
		화물자동차(적재중량 1.5톤 초과), 특수자동차, 위험물운반자동차 및 건설기계	80km/h	50km/h
	경찰청장이 고속도로의 원활한 소통을 위하여 특히 필요하다고 인정하여 지정·고시한 노선 또는 구간	승용차, 승합차	120km/h	50km/h
		화물자동차, 특수자동차, 위험물운반자동차 및 건설기계	90km/h	50km/h

※ 규정 속도의 제한
  ㉠ 제한사유 : 도로에서 일어나는 위험을 방지하고 교통의 안전과 원활한 소통을 확보하기 위하여 필요하다고 인정하는 경우
  ㉡ 제한권자 및 구역·구간
   • 경찰청장 : 고속도로
   • 시·도경찰청장 : 고속도로를 제외한 도로

「도로교통법령」상 자동차의 속도 제한에 대한 설명으로 가장 옳은 것은? (단, 개인형 이동장치는 제외한다.)

① 고속도로와 자동차전용도로 외의 일반도로에서 자동차의 최고속도는 시속 90킬로미터까지 지정할 수 있다.
② 일반적인 자동차 전용도로에서의 최고속도는 시속 60킬로미터, 최저속도는 시속 40킬로미터이다.
③ 자동차의 통행 속도는 국토교통부령으로 정하나 경찰청장이나 시·도경찰청장이 필요하다고 인정하는 경우에는 구간을 지정하여 추가로 속도를 제한할 수 있다.
④ 비가 내려 노면이 젖어 있고, 가변형 속도제한표지가 없는 경우 최고속도의 100분의 20을 줄인 속도로 운행해야 한다.

「도로교통법 시행규칙」상 〈보기〉의 (개), (내)에 들어갈 내용으로 가장 옳은 것은?

┌─ 보기 ─────────────┐
│ 견인자동차가 아닌 자동차로 다른 │
│ 자동차를 견인하여 도로(고속도로 │
│ 를 제외한다)를 통행하는 때의 속 │
│ 도는 제19조에 불구하고 다음 각 │
│ 호에서 정하는 바에 의한다. │
│ 1. 총중량 2천킬로그램 미만인 자 │
│   동차를 총중량이 그의 3배 이 │
│   상인 자동차로 견인하는 경우 │
│   에는 매시 (개) 킬로미터 이내 │
│ 2. 제1호 외의 경우 및 이륜자동 │
│   차가 견인하는 경우에는 매시 │
│   (내) 킬로미터 이내(M) │
└──────────────────┘

	(개)	(내)
①	30	20
②	30	25
③	35	20
④	35	25

《 정답 ④, ②

---

(3) 이상기후(비·안개·눈 등으로 인한 악천후)일 때(감속운행)

① 최고속도의 100분의 20을 줄인 속도를 운행해야 할 경우
  ㉠ 비가 내려 노면이 젖어있는 경우
  ㉡ 눈이 20mm 미만 쌓인 경우

② 최고속도의 100분의 50을 줄인 속도로 운행해야 할 경우
  ㉠ 폭우·폭설·안개 등으로 가시거리가 100m 이내인 경우
  ㉡ 노면이 얼어붙은 경우
  ㉢ 눈이 20mm 이상 쌓인 경우

(4) 견인자동차가 아닌 자동차로 자동차를 견인할 때의 속도(고속도로 제외)

① 매시 30km 이내인 경우 : 총 중량 2,000kg에 미달하는 자동차를 그의 3배 이상인 자동차로 견인하는 경우

② 매시 25km 이내인 경우 : 위 ① 이외의 경우 및 이륜자동차가 견인하는 경우

② 안전거리 확보 및 진로변경 금지

(1) 안전거리 확보

같은 방향으로 가는 앞차의 뒤를 따를 때 앞차가 갑자기 정지하게 되는 경우에 앞차와의 충돌을 피할만한 필요한 거리를 확보하여야 한다.

┌─ Plus tip ──────────────────────────────────┐
│ 공주거리와 제동거리 및 정지거리 │
│ ㉠ 공주거리 : 차를 정지하기 위해 운전자가 브레이크를 밟아 브레이크가 실제로 │
│   작동을 시작할 때까지 차가 달려간 거리 │
│ • 지각반응시간과 공주거리 : 운전자가 주행중에 위험을 인지하고 행동에 옮기 │
│   기까지에는 다소의 시간이 걸리므로 장애물과의 거리, 간격, 주행속도 등에 │
│   대한 운전자의 판단과 행동능력의 한계를 염두에 두고 운전해야 한다. │
│ • 운전자가 피로한 경우의 공주거리 : 판단할 시간이 더 걸리므로 공주거리가 │
│   길어진다. │
│ ㉡ 제동거리 : 브레이크가 작동하여 정지할 때까지 자동차가 이동한 거리 │
│ • 비가 올 경우의 제동거리 : 비에 젖은 도로를 주행할 때와 무거운 화물을 실을 │
│   때에는 제동거리가 길어진다. │
│ ㉢ 정지거리 : 공주거리와 제동거리를 합친 거리 │
│ • 타이어가 마모된 경우 : 타이어가 양호한 상태의 경우보다 정지거리가 길어진다. │
└──┘

(2) 급제동 금지 및 진로변경 금지

① 위험방지·부득이한 경우가 아니면 차를 갑자기 정지시키거나 속도를 줄이는 등의 급제동을 하여서는 안 된다.

② 변경하고자 하는 방향으로 오고 있는 모든 차의 정상적인 통행에 장애를 줄 우려가 있을 때에는 진로를 변경하여서는 안 된다.

(3) 횡단 등의 금지

차마의 운전자는 보행자나 다른 차마의 정상적인 통행을 방해할 우려가 있는 경우에는 도로를 횡단하거나 유턴 또는 후진하여서는 안 된다.

(4) 도로에 진입시 일단정지

차마의 운전자는 길가의 건물이나 주차장 등에서 도로에 들어가려고 할 때에는 일단 정지한 후에 안전여부를 확인하면서 서행해야 한다.

③ 진로 양보의 의무

(1) 서행하려는 차의 양보

모든 차(긴급자동차 제외)의 운전자는 뒤에서 따라오는 차보다 느린 속도로 가려는 경우에는 도로의 우측 가장자리로 피하여 진로를 양보하여야 한다. 다만, 통행구분이 설치된 도로의 경우에는 그러하지 아니하다.

(2) 비탈진 좁은 도로에서의 양보

좁은 도로에서 긴급자동차 외의 자동차가 서로 마주보고 진행할 때에는 다음의 구분에 따른 자동차가 도로의 우측 가장자리로 피하여 진로를 양보하여야 한다.

① 비탈진 좁은 도로에서 자동차가 서로 마주보고 진행하는 경우에는 올라가는 자동차

② 비탈진 좁은 도로 외의 좁은 도로에서 사람을 태웠거나 물건을 실은 자동차와 동승자(同乘子)가 없고 물건을 싣지 아니한 자동차가 서로 마주보고 진행하는 경우에는 동승자가 없고 물건을 싣지 아니한 자동차

기출PLUS

기출 2022. 6. 18. 서울시 보훈청 시행

「도로교통법」상 차량 운행 중 안전거리 확보에 대한 설명으로 가장 옳지 않은 것은?

① 모든 차의 운전자는 같은 방향으로 가고 있는 앞차의 뒤를 따르는 경우에는 앞차가 갑자기 정지하게 되는 경우 그 앞차와의 충돌을 피할 수 있는 필요한 거리를 확보하여야 한다.

② 자동차 등의 운전자는 같은 방향으로 가고 있는 자전거 등의 운전자에 주의하여야 하며, 그 옆을 지날 때에는 자전거 등과의 충돌을 피할 수 있는 필요한 거리를 확보하여야 한다.

③ 모든 차의 운전자는 차의 진로를 변경하려는 경우에 그 변경하려는 방향으로 오고 있는 다른 차의 정상적인 통행에 장애를 줄 우려가 있을 때에는 빠른 진로 변경을 통해 안전거리를 확보하여야 한다.

④ 모든 차의 운전자는 위험방지를 위한 경우와 그 밖의 부득이한 경우가 아니면 운전하는 차를 갑자기 정지시키거나 속도를 줄이는 등의 급제동을 하여서는 아니 된다.

◀정답 ③

04 앞지르기와 철길 · 교차로 통행

❶ 앞지르기

(1) 앞지르기 방법

① 모든 차의 운전자는 다른 차를 앞지르고자 할 때에는 앞차의 좌측을 통행하여야 한다.

② 자전거 등의 운전자는 서행하거나 정지한 다른 차를 앞지르려면 앞차의 우측으로 통행할 수 있다. 이 경우 자전거 등의 운전자는 승차하거나 하차하는 사람의 안전에 유의하여 서행하거나 필요한 경우 일시 정지하여야 한다.

③ 다른 차를 앞지르고자 하는 모든 차의 운전자는 반대방향의 교통 및 앞차의 전방교통에도 충분한 주의를 기울여야 한다.

④ 앞차의 속도나 진로 그 밖의 도로 상황에 따라 방향지시기 · 등화 또는 경음기를 사용한다.

> 🐷 Plus tip
> 앞지르기 ··· 차의 운전자가 앞서가는 다른 차의 옆을 지나서 그 차의 앞으로 나가는 것을 말한다.

(2) 앞지르기 방해금지

모든 차의 운전자는 앞지르기를 하려는 차가 위의 방법으로 앞지르기를 하는 때에는 속도를 높여 경쟁하거나 앞지르기하려는 차의 앞을 가로막는 등의 방해를 해서는 안 된다.

(3) 앞지르기 금지시기 및 금지장소

① 앞지르기 금지시기

  ㉠ 앞차의 좌측에 다른 차가 앞차와 나란히 가고 있는 경우

  ㉡ 앞차가 다른 차를 앞지르고 있거나 앞지르고자 하는 경우

  ㉢ 앞차가 도로교통법에 의한 명령 또는 경찰공무원의 지시를 따르거나 위험을 방지하기 위해 정지 또는 서행하고 있는 경우

도로교통법상 앞지르기가 금지 시기 및 장소에 대한 내용으로 틀린 것은?

① 도로가 구부러진 곳과 고갯마루 또는 비탈길 오르막은 앞지르기가 금지되는 장소이다.
② 교차로, 터널 안, 다리 위는 앞지르기가 금지 된다.
③ 앞차의 좌측에 다른 차가 앞차와 나란히 가고 있는 경우 앞지르기가 금지 된다.
④ 앞차가 다른 차를 앞지르고 있거나 앞지르려고 하는 경우 앞지르기가 금지 된다.

〈정답 ①

② 앞지르기 금지장소

　ⓐ 교차로·터널 안 또는 다리 위

　ⓑ 도로의 구부러진 곳, 비탈길의 고개마루 부근 또는 가파른 비탈길의 내리막 등, 시·도경찰청장이 도로에서의 위험을 방지하고 교통의 안전과 원활한 소통을 확보하기 위하여 필요하다고 인정하는 곳으로서 안전표지로 지정한 곳

② 철길 건널목 통과

(1) 건널목 통과 및 통과금지

① 철길 건널목을 통과하고자 하는 때에는 그 건널목 앞에서 일시정지하여 안전함을 확인한 후에 통과하여야 한다. 다만, 신호기 등이 표시하는 신호에 따르는 때에는 정지하지 아니하고 통과할 수 있다.

② 건널목을 통과하고자 하는 때에 그 건널목의 차단기가 내려져 있거나 내려지려고 하는 때 또는 건널목의 경보기가 울리고 있는 동안에는 그 건널목으로 들어가서는 안 된다.

(2) 건널목에서 운행할 수 없게 된 때의 조치

① 즉시 승객을 대피시켜야 한다.

② 비상신호기를 사용하거나 그 밖의 방법으로 즉시 철도공무원 또는 경찰공무원에게 알린다.

③ 교차로의 통행방법

(1) 교차로 통과요령

① 우회전할 때

　ⓐ 미리 도로의 우측 가장자리를 서행하면서 우회전하여야 한다. 이 경우 우회전하는 차의 운전자는 신호에 따라 정지하거나 진행하는 보행자 또는 자전거 등에 주의하여야 한다.

　ⓑ 자전거 등의 운전자는 교차로에서 좌회전하려는 경우에는 미리 도로의 우측 가장자리로 붙어 서행하면서 교차로의 가장자리 부분을 이용하여 좌회전하여야 한다.

「도로교통법령」상 교통정리가 없는 교차로에서의 양보운전에 대한 설명으로 가장 옳지 않은 것은?

① 교차로에서의 양보운전 위반은 승용자동차등은 4만원, 승합자동차등은 5만원의 범칙금이 부과된다.
② 교통정리를 하고 있지 아니하는 교차로에 동시에 들어가려고 하는 차의 운전자는 좌측도로의 차에 진로를 양보하여야 한다.
③ 교통정리를 하고 있지 아니하는 교차로에 들어가려고 하는 차의 운전자는 이미 교차로에 들어가 있는 다른 차가 있을 때에는 그 차에 진로를 양보하여야 한다.
④ 교통정리를 하고 있지 아니하는 교차로에서 좌회전하려고 하는 차의 운전자는 그 교차로에서 직진하거나 우회전하려는 다른 차가 있을 때에는 그 차에 진로를 양보하여야 한다.

다음 교통정리가 없는 교차로에서 양보운전 중 올바르지 않은 것은?

① 이미 교차로에 들어가 있는 다른 차가 있을 때에는 그 차에 진로를 양보한다.
② 폭이 넓은 도로로부터 교차로에 들어가려고 하는 차에 진로를 양보한다.
③ 교차로에 동시에 들어가려고 하는 차의 운전자는 우측도로의 차에 진로를 양보한다.
④ 교차로에서 직진하려고 하는 차의 운전자는 좌회전하려는 차에 진로를 양보한다.

정답 ②, ④

② 좌회전할 때 : 미리 도로의 중앙선을 따라 서행하면서 교차로의 중심 안쪽을 이용하여 좌회전하여야 한다. 다만, 시·도경찰청장이 교차로의 상황에 따라 특히 필요하다고 인정하여 지정한 곳에서는 교차로의 중심 바깥쪽을 통과할 수 있다.

③ 신호하는 차의 진행 방해금지 : 우회전이나 좌회전을 하기 위하여 손이나 방향지시기 또는 등화로써 신호를 하는 차가 있는 경우에 그 뒤차의 운전자는 신호를 한 앞차의 진행을 방해하여서는 아니 된다.

④ 다른 차 또는 노면전차의 통행에 방해될 경우 교차로 진입금지 : 신호기로 교통정리를 하고 있는 교차로에 들어가려는 경우에는 진행하려는 진로의 앞쪽에 있는 차 또는 노면전차의 상황에 따라 교차로(정지선이 설치되어 있는 경우에는 그 정지선을 넘은 부분)에 정지하게 되어 다른 차 또는 노면전차의 통행에 방해가 될 우려가 있는 경우에는 그 교차로에 들어가서는 아니 된다.

⑤ 교통정리를 하고 있지 아니하고 일시정지나 양보를 표시하는 안전표지가 설치되어 있는 교차로에 들어가려고 할 때에는 다른 차의 진행을 방해하지 아니하도록 일시정지하거나 양보하여야 한다.

(2) 교통정리가 없는 교차로에서의 양보운전

① 교통정리를 하고 있지 아니하는 교차로에 들어가려고 하는 차의 운전자는 이미 교차로에 들어가 있는 다른 차가 있을 때에는 그 차에 진로를 양보하여야 한다.

② 교통정리를 하고 있지 아니하는 교차로에 들어가려고 하는 차의 운전자는 그 차가 통행하고 있는 도로의 폭보다 교차하는 도로의 폭이 넓은 경우에는 서행하여야 하며, 폭이 넓은 도로로부터 교차로에 들어가려고 하는 다른 차가 있을 때에는 그 차에 진로를 양보하여야 한다.

③ 교통정리를 하고 있지 아니하는 교차로에 동시에 들어가려고 하는 차의 운전자는 우측도로의 차에 진로를 양보하여야 한다.

④ 교통정리를 하고 있지 아니하는 교차로에서 좌회전하려고 하는 차의 운전자는 그 교차로에서 직진하거나 우회전하려는 다른 차가 있을 때에는 그 차에 진로를 양보하여야 한다.

(3) 회전교차로 통행방법

① 모든 차의 운전자는 회전교차로에서는 반시계방향으로 통행하여야 한다.

② 모든 차의 운전자는 회전교차로에 진입하려는 경우에는 서행하거나 일시 정지하여야 하며, 이미 진행하고 있는 다른 차가 있는 때에는 그 차에 진로를 양보하여야 한다.

③ ① 및 ②에 따라 회전교차로 통행을 위하여 손이나 방향지시기 또는 등화로써 신호를 하는 차가 있는 경우 그 뒤차의 운전자는 신호를 한 앞차의 진행을 방해하여서는 아니 된다.

05 서행 · 일시정지

① 보행자의 보호

(1) 횡단보도 및 안전지대 · 좁은 도로에서의 보행자 보호

① 모든 차 또는 노면전차의 운전자는 보행자가 횡단보도를 통행하고 있거나 통행하려고 하는 때에는 보행자의 횡단을 방해하거나 위험을 주지 아니하도록 그 횡단보도 앞(정지선이 설치되어 있는 곳에서는 그 정지선)에서 일시 정지하여야 한다.

② 도로에 설치된 안전지대에 보행자가 있을 때와 차로가 설치되지 않은 좁은 도로에서 보행자의 옆을 지나는 때에는 안전한 거리를 두고 서행하여야 한다.

(2) 교통정리가 있거나 없는 곳에서의 보행자 보호

① 교통정리가 있는 곳 : 모든 차 또는 노면전차의 운전자는 교통정리가 행해지고 있는 교차로에서 좌회전 또는 우회전하려는 경우에 신호기 또는 경찰공무원 등의 신호나 지시에 따라 도로를 횡단하는 보행자의 통행을 방해해서는 안 된다.

② **교통정리가 없는 곳** : 운전자는 교통정리가 행하여지고 있지 않는 교차로 또는 그 부근의 도로를 횡단하는 보행자의 통행을 방해하여서는 안 된다.

(3) **보행자의 통행에 방해가 될 때 서행하거나 일시정지 하여야 하는 경우**

모든 차의 운전자는 다음의 어느 하나에 해당하는 곳에서 보행자의 옆을 지나는 경우에는 안전한 거리를 두고 서행하여야 하며, 보행자의 통행에 방해가 될 때에는 서행하거나 일시 정지하여 보행자가 안전하게 통행할 수 있도록 하여야 한다.

① 보도와 차도가 구분되지 아니한 도로 중 중앙선이 없는 도로

② 보행자 우선도로

③ 도로 이외의 곳

> ☞ Plus tip
>
> **보행자 전용 · 우선도로의 설치**
> ㉠ 시행자 : 시 · 도경찰청장이나 경찰서장
> ㉡ 보행자 전용도로의 설치 : 보행자의 통행을 보호하기 위하여 특히 필요한 경우에 설치 → 차마 또는 노면전차의 운전자는 통행금지
> ㉢ 보행자 우선도로 : 보행자를 보호를 위해 필요한 경우 차마의 통행속도를 시속 20킬로미터 이내로 제한

(4) **횡단보도가 없는 도로와 어린이 보호구역에서의 보행자 보호**

① **횡단보도가 설치되어 있지 않은 도로** : 보행자가 횡단보도가 설치되어 있지 않아 가장 짧은 도로를 횡단하고 있는 경우에는 안전거리를 두고 일시정지하여 보행자가 안전하게 횡단할 수 있도록 하여야 한다.

② **어린이 보호구역 내의 횡단보도 중 신호기가 없는 횡단보도 앞** : 어린이 보호구역 내에 설치된 횡단보도 중 신호기가 설치되지 아니한 횡단보도 앞(정지선이 설치된 경우 정지선)에서는 보행자의 횡단 여부와 관계없이 일시정지하여야 한다.

다음 중 서행을 해야 하는 경우에 대한 설명으로 틀린 것은?

① 차마의 운전자는 길가의 건물이나 주차장 등에서 도로에 들어갈 때에는 서행하여야 한다.
② 교통정리를 하고 있지 아니하는 교차로에 들어가려고 하는 차의 운전자는 그 차가 통행하고 있는 도로의 폭보다 교차하는 도로의 폭이 넓은 경우에는 서행하여야 한다.
③ 도로에 설치된 안전지대에 보행자가 있는 경우 서행하여야 한다.
④ 차로가 설치되지 아니한 좁은 도로에서 보행자의 옆을 지나는 경우에는 안전한 거리를 두고 서행하여야 한다.

❮정답 ①

② 서행 및 일시정지

(1) 서행해야 할 장소

① 교통정리를 하고 있지 않은 교차로

② 도로가 구부러진 부근

③ 비탈길의 고갯마루 부근

④ 가파른 비탈길의 내리막

⑤ 시 · 도경찰청장이 도로에서의 위험을 방지하고 교통의 안전과 원활한 소통을 확보하기 위하여 필요하다고 인정하여 안전표지로 지정한 곳

(2) 일시정지해야 할 장소

① 교통정리가 행하여지고 있지 아니하고 좌우를 확인할 수 없거나 교통이 빈번한 교차로

② 시 · 도경찰청장이 도로에서의 위험을 방지하고 교통의 안전과 원활한 소통을 확보하기 위하여 필요하다고 인정하여 안전표지로 지정한 곳

📢 주차 및 정차의 금지장소

정차 및 주차 금지장소	① 교차로 · 횡단보도 · 건널목이나 보도와 차도가 구분된 도로의 보도(「주차장법」에 따라 차도와 보도에 걸쳐서 설치된 노상주차장은 제외) ② 교차로의 가장자리나 도로의 모퉁이로부터 5미터 이내인 곳 ③ 안전지대가 설치된 도로에서는 그 안전지대 사방으로부터 각각 10미터 이내인 곳 ④ 버스여객자동차의 정류지(停留地)임을 표시하는 기둥이나 표지판 또는 선이 설치된 곳으로부터 10미터 이내인 곳. 다만, 버스여객자동차의 운전자가 그 버스여객자동차의 운행 시간 중에 운행노선에 따르는 정류장에서 승객을 태우거나 내리기 위하여 차를 정차하거나 주차하는 경우에는 그러하지 아니하다. ⑤ 건널목의 가장자리 또는 횡단보도로부터 10미터 이내인 곳 ⑥ 다음의 곳으로부터 5미터 이내인 곳 　가. 「소방기본법」에 따른 소방용수시설 또는 비상소화장치가 설치된 곳 　나. 「소방시설 설치, 유지 및 안전관리에 관한 법률」에 따른 소방시설로서 대통령령으로 정하는 시설이 설치된 곳 　※ 대통령령으로 정하는 시설 　　ⓐ 옥내소화전설비(호스릴 옥내소화전 설비를 포함) 　　　• 스프링클러 설비 등 　　　• 물 분무 등 소화설비의 송수구 　　ⓑ 소화용수설비 　　ⓒ 연결송수관설비 · 연결 살수설비 · 연소방지설비의 송수구 및 무선 통신보조설비의 무선기 기접속단자 ⑦ 어린이보호구역 ⑧ 시 · 도경찰청장이 도로에서의 위험을 방지하고 교통의 안전과 원활한 소통을 확보하기 위하여 필요하다고 인정하여 지정한 곳
※ 다만, 이 법이나 이 법에 따른 명령 또는 경찰공무원의 지시를 따르는 경우와 위험방지를 위하여 일시정지 하는 경우에는 그러하지 아니하다.	
주차금지의 장소	1. 터널 안 및 다리 위 2. 다음의 곳으로부터 5미터이내 인 곳 　가. 도로공사를 하고 있는 경우에는 그 공사 구역의 양쪽 가장자리 　나. 「다중이용업소의 안전관리에 관한 특별법」에 따른 다중이용업소의 영업장이 속한 건축물로 소방본부장의 요청에 의하여 시 · 도경찰청장이 지정한 곳 3. 시 · 도경찰청장이 도로에서의 위험을 방지하고 교통의 안전과 원활한 소통을 확보하기 위하여 필요하다고 인정하여 지정한 곳

기출PLUS

기출 2022. 6. 18. 서울특별시 시행

「도로교통법」상 정차 및 주차 금지인 위치가 아닌 것은?

① 노상주차장을 제외하고, 보도와 차도가 구분된 도로의 보도

② 안전지대가 설치된 도로에서 그 안전지대의 사방으로부터 8미터 떨어진 곳

③ 횡단보도로부터 8미터 떨어진 곳

④ 「소방기본법」 제10조에 따른 소방용수시설로부터 8미터 떨어진 곳

기출 2022. 6. 18. 울산광역시 시행

다음 중 주차 및 정차의 금지장소가 아닌 곳은?

① 건널목의 가장자리 또는 횡단보도로부터 10m 이내인 곳

② 「주차장 법」에 따라 차도와 보도에 걸쳐서 설치된 노상주차장

③ 안전지대가 설치된 도로에서는 그 안전지대 사방으로부터 각각 10m 이내인 곳

④ 교차로의 가장자리나 도로의 모퉁이로부터 5m 이내인 곳

기출 2022. 6. 18. 인천광역시 시행

다음 중 주정차 금지장소가 아닌 것은?

① 도로의 모퉁이로부터 5미터 이내인 곳

② 안전지대가 설치된 도로에서는 그 안전지대의 사방으로부터 각각 10미터 이내인 곳

③ 건널목의 가장자리 또는 횡단보도로부터 10미터 이내인 곳

④ 도로공사를 하고 있는 경우 그 공사 구역의 양쪽 가장자리로부터 5미터 이내인 곳

《정답 ④, ②, ④

「도로교통법 시행령」 제11조에서 규정한 자동차의 정차 또는 주차의 방법 등에 대한 설명으로 가장 옳지 않은 것은?

① 차도와 보도의 구별이 없는 도로의 경우에는 도로의 오른쪽 가장자리로부터 중앙으로 30센티미터의 거리를 두어야 한다.

② 여객자동차의 운전자는 승객을 태우거나 내려주기 위하여 정류소에 정차하였을 때에는 승객이 타거나 내린 즉시 출발하여야 한다.

③ 정차하거나 주차할 때에는 다른 교통에 방해가 되지 아니하도록 하여야 하지만, 고장으로 인하여 부득이하게 주차하는 경우는 예외가 될 수 있다.

④ 경사진 곳에 주차하는 경우, 주차제동장치를 작동한 후에 운전자가 운전석을 떠나지 않고 직접 제동장치를 작동하고 있으면 별도의 미끄럼 사고 방지 조치를 할 필요가 없다.

다음 중 경사진 곳에 주차 시 해야 할 일로 가장 옳은 것은?

① 고임목을 설치해야 하며, 핸들을 도로 가장자리로 돌려놓는다.

② 고임목을 설치해야 하며, 핸들을 차도로 돌려놓는다.

③ 주차제동장치를 가동하여 안전을 방지한다.

④ 도로 턱이 차량 오른쪽에 있으면 운전대를 왼쪽으로 완전히 꺾어야 한다.

(3) 정차 및 주차의 방법과 시간

① **도로에서의 정차**: 차도의 우측 가장자리에 정차를 하여야 한다.

② **차도와 보도의 구별이 없는 도로에서의 정차**: 도로의 우측 가장자리로부터 중앙으로 50㎝ 이상의 거리를 두고 정차하여야 한다.

③ **정류소에서의 정차**: 정류소에서 정차하는 때에는 승객이 타거나 내린 즉시 출발하여야 하며 뒤따르는 다른 차의 정차를 방해해서는 안 된다.

④ **도로에서의 주차**: 시·도경찰청장이 정한 주차장소 및 시간과 방법에 따라야 한다.

⑤ **경사진 곳에서의 정차 또는 주차**: 자동차의 주차제동장치를 작동한 후에 다음의 어느 하나에 해당하는 조치를 취하여야 한다. 다만, 운전자가 운전석을 떠나지 아니하고 직접 제동장치를 작동하고 있는 경우는 제외한다.
   - ㉠ 경사의 내리막 방향으로 바퀴에 고임목, 고임돌, 그 밖에 고무, 플라스틱 등 자동차의 미끄럼 사고를 방지할 수 있는 것을 설치할 것
   - ㉡ 조향장치(操向裝置)를 도로의 가장자리(자동차에서 가까운 쪽을 말한다) 방향으로 돌려놓을 것
   - ㉢ 그 밖에 ㉠ 또는 ㉡에 준하는 방법으로 미끄럼 사고의 발생 방지를 위한 조치를 취할 것

⑥ **정차 또는 주차를 금지하는 장소의 특례**
   - ㉠ 교차로, 횡단보도, 건널목이나 보도와 차도가 구분된 도로의 보도
   - ㉡ 버스 정류 지임을 표시하는 곳으로부터 10미터 이내인 곳
   - ㉢ 건널목의 가장자리 또는 횡단보도로부터 10미터이내인 곳
   - ㉣ 시, 도 경찰청장이 필요하다고 인정하여 지정한 곳
   - ㉤ 어린이 보호 구역

> 🌱 **Plus tip**
> 위 5개 지역은 주 정차 금지구역임에도 불구하고 아래 2개소는 주 정차가 예외적으로 가능하다.
> • 「자전거법」에 따른 자전거 이용시설 중 전기자전거 충전소 및 자전거 주차 장치에 자전거를 정차 또는 주차하는 경우
> • 시장 등의 요청에 따라 시, 도 경찰청장이 안전표지로 자전거 등의 정차 또는 주차를 허용한 경우

정답 ①, ①

(4) 정차 · 주차위반에 대한 조치

① 운전자 등이 현장에 있을 때

   ⊙ 경찰공무원 또는 시장 · 도지사 등이 임명하는 시 · 군 공무원은 불법으로 주 · 정차한 차의 운전자에게 주차방법의 변경 또는 그 곳으로부터의 이동을 명할 수 있다.

   ⓒ 시 · 군 공무원은 정차 및 주차 금지 의무를 위반한 운전자가 있으면 현장에서 위반행위의 요지와 경찰서장에게 출석할 기일 및 장소 등을 구체적으로 밝힌 고지서를 발급하고, 운전면허증의 제출을 요구하여 이를 보관할 수 있다.

② 운전자 등이 현장에 없을 때

   ⊙ 경찰서장이나 시장 등은 그 차의 주차방법을 직접 변경하거나 변경에 필요한 조치를 할 수 있으며 관할 경찰서 또는 경찰서장이나 시장 등이 지정하는 곳으로 이동하게 할 수 있다.

   ⓒ 경찰서장이나 시장 등은 주차위반 차를 관할 경찰서나 경찰서장 또는 시장 등이 지정하는 곳으로 이동시킨 경우에는 선량한 관리자로서의 주의의무를 다하여 보관하여야 하며 그 사실을 차의 사용자 또는 운전자에게 신속히 알리는 등 반환에 필요한 조치를 하여야 한다.

(5) 차의 견인 · 보관 · 반환을 위한 조치

① **과태료부과대상차표지 부착**: 경찰서장, 도지사 또는 시장 등은 차를 견인하려는 경우에는 행정안전부령으로 정하는 바에 따라 과태료 부과 대상차 표지를 보기 쉬운 곳에 부착하여야 한다.

② **견인 후 차량 소재지 표기**: 경찰서장, 도지사 또는 시장 등은 차를 견인한 경우에는 행정안전부령으로 정하는 바에 따라 그 차의 사용자 또는 운전자가 그 차의 소재를 쉽게 알 수 있도록 조치하여야 한다.

③ **미 인수 차량 관계자에게 통지**: 경찰서장, 도지사 또는 시장 등은 차를 견인하였을 때부터 24시간이 경과되어도 이를 인수하지 아니하는 때에는 해당 차의 보관장소 등 행정안전부령이 정하는 사항을 해당 차의 사용자 또는 운전자에게 등기우편으로 통지하여야 한다.

④ **공고내용 및 열람부 작성**: 경찰서장, 도지사 또는 시장 등은 견인하여 보관하고 있는 차의 사용자나 운전자를 알 수 없는 경우에는 차를 견인한 날부터 14일간 해당 기관의 게시판에 다음의 사항을 공고하고, 행정안전부령으로 정하는 바에 따라 열람부를 작성 · 비치하여 관계자가 열람할 수 있도록 하여야 한다.

기출 2020. 10. 17. 부산광역시 시행

차를 견인하였을 경우, 차의 사용자 등에게 고지할 사항이 아닌 것은?

① 차의 등록번호, 차종 및 형식
② 위반 장소
③ 견인 일시
④ 통지한 날로부터 1월이 지나도 반환을 요구하지 아니한 때에는 그 차를 매각 또는 폐차할 수 있다는 내용

❮정답 ③

○ 보관하고 있는 차의 종류 및 형상

○ 보관하고 있는 차가 있던 장소 및 그 차를 견인한 일시

○ 차를 보관하고 있는 장소

○ 그 밖에 차를 보관하기 위하여 필요하다고 인정되는 사항

⑤ 공고

○ 경찰서장, 도지사 또는 시장 등은 공고기간이 지나도 차의 사용자나 운전자를 알 수 없는 경우에는 공고한 내용을 일간신문, 관보, 공보 중 하나 이상에 공고하고, 인터넷 홈페이지에도 공고해야 한다.

○ 일간신문 등에 공고할 만한 재산적 가치가 없다고 인정되는 경우에는 공고하지 않아도 된다.

06 차의 등화 및 신호

① 차의 등화

(1) 등화

① 밤(해가진 후부터 해가 뜨기 전까지)에 도로에 있는 때에는 전조등 · 차폭등 · 미등 그 밖의 등화를 켜야 한다.

> ☆ Plus tip
> **등화를 켜야 하는 경우**
> ○ 도로에서 차 또는 노면전차를 운행하거나 고장 등 부득이한 사유로 정차 또는 주차하는 경우
> ○ 안개가 끼거나 비 또는 눈이 올 때에 도로에서 차 또는 노면전차를 운행하거나 고장 등 부득이한 사유로 정차 또는 주차하는 경우
> ○ 터널 안을 운행하거나 고장 등 부득이한 사유로 터널 안 도로에서 차 또는 노면전차를 정차 또는 주차하는 경우

② 밤에 서로 마주보고 진행하거나 앞차의 바로 뒤를 따라가는 경우에 운전자는 등화의 밝기를 줄이거나 또는 잠시 등화를 끄는 등의 필요한 조작을 하여야 한다.

밤에 도로에서 견인되는 차가 켜야 하는 등화로 옳은 것은?

① 전조등, 차폭등, 미등, 번호등, 실내조명등
② 미등, 차폭등, 번호등
③ 미등, 차폭등
④ 전조등, 미등

‹ 정답 ②

(2) 도로를 통행하는 때의 등화

① **자동차** : 전조등·차폭등·미등·번호등·실내조명등(승합자동차와 여객자동차운송사업용 승용자동차에 한함)

② **원동기장치자전거** : 전조등·미등

③ **견인되는 차** : 미등·차폭등·번호 등

④ **노면전차** : 전조등·차폭등·미등·실내조명등

⑤ **자동차 외의 모든 차** : 시·도경찰청장이 정하여 고시하는 등화

(3) 정차 및 주차하는 때의 등화

① **자동차** : 미등·차폭등

② **이륜자동차**(원동기장치자전거 포함) : 미등(후부 반사기를 포함)

③ **노면전차** : 차폭등·미등

④ **자동차 등 외의 모든 차** : 시·도경찰청장이 정하여 고시하는 등화

(4) 밤에 준하여 등화를 켜야 하는 경우

① 안개가 끼거나 비 또는 눈이 올 때에 도로에서 차를 운행하거나 고장이나 그 밖의 부득이한 사유로 도로에서 차를 정차 또는 주차하는 경우

② 터널 안을 운행하거나 고장 또는 그 밖의 부득이한 사유로 터널 안 도로에서 차를 정차 또는 주차하는 경우

(5) 밤에 서로 마주보고 진행하는 경우 등의 등화

① **서로 마주보고 진행할 때** : 전조등의 밝기를 줄이거나 빛의 방향을 아래로 향하게 하거나 일시 등을 꺼야 한다(마주보고 진행하는 차 서로간의 교통에 방해가 없는 때에는 예외).

② **밤에 앞차의 바로 뒤를 따라가는 때** : 전조등 빛의 방향을 아래로 향하도록 하여야 하며, 함부로 전조등의 밝기를 조작하여 앞차의 운전을 방해해서는 안 된다.

③ **교통이 빈번한 곳에서 운행하는 때** : 전조등의 불빛을 계속 아래로 유지하여야 한다(시·도경찰청장이 지정한 지역은 예외).

기출PLUS

기출 2024. 2. 24. 서울시 제1회 시행

「도로교통법 시행령」상 밤에 도로에서 차 또는 노면전차를 운행할 때 켜야 하는 등화(燈火)의 종류로 가장 옳지 않은 것은?

① 노면전차 : 전조등, 미등, 번호등 및 실내조명등
② 견인되는 차 : 미등·차폭등 및 번호등
③ 원동기장치자전거 : 전조등 및 미등
④ 승합자동차 : 자동차안전기준에서 정하는 전조등, 차폭등, 미등, 번호등과 실내조명등

기출 2021. 4. 17. 경기도 시행

다음 중 차 또는 노면전차의 운전자가 밤에 도로에서 차를 운행할 때 켜야 하는 등화의 내용으로 틀린 설명은?

① 자동차는 전조등, 차폭등, 미등, 번호등과 실내조명등을 켜야 하며, 이때 실내조명등은 승합자동차와 「여객자동차 운수사업법」에 따른 여객자동차운송사업용 승용자동차만 해당한다.
② 원동기장치자전거는 차폭등은 켜지 않아도 된다.
③ 견인되는 차는 전조등·차폭등·미등 및 번호등을 켜야 한다.
④ 노면전차는 전조등, 차폭등, 미등 및 실내조명등을 켜야 한다.

《정답 ①, ③

② 차의 신호

(1) 방향전환시 신호

모든 차의 운전자는 좌회전·우회전·횡단·유턴·서행·정지 또는 후진을 하거나 같은 방향으로 진행하면서 진로를 바꾸려고 하는 경우와 회전교차로에 진입하거나 회전교차로에서 진출하는 경우에는 손이나 방향지시기 또는 등화로써 그 행위가 끝날 때까지 신호를 하여야 한다.

(2) 신호의 시기

① 좌회전·횡단·유턴 또는 같은 방향으로 진행하면서 진로를 왼쪽으로 바꾸려는 때 : 그 행위를 하려는 지점(좌회전할 경우에는 그 교차로의 가장자리)에 이르기 전 30m(고속도로에서는 100m) 이상의 지점에 이르렀을 때

② 우회전 또는 같은 방향으로 진행하면서 진로를 오른쪽으로 바꾸려는 때 : 그 행위를 하려는 지점(우회전할 경우에는 그 교차로의 가장자리)에 이르기 전 30m(고속도로에서는 100m) 이상의 지점에 이르렀을 때

③ 정지·후진·서행할 때 : 그 행위를 하려는 때

④ 뒤차에게 앞지르기를 시키려는 때 : 그 행위를 시키려는 때

(3) 신호의 방법

① 좌회전·횡단·유턴 또는 같은 방향으로 진행하면서 진로를 왼쪽으로 바꾸려는 때 : 왼팔을 수평으로 펴서 차체의 왼쪽 밖으로 내밀거나 오른팔을 차체의 오른쪽 밖으로 내어 팔꿈치를 굽혀 수직으로 올리거나 왼쪽의 방향지시기 또는 등화를 조작할 것

② 우회전 또는 같은 방향으로 진행하면서 진로를 오른쪽으로 바꾸려는 때 : 오른팔을 수평으로 펴서 차체의 오른쪽 밖으로 내밀거나 왼팔을 차체의 왼쪽 밖으로 내어 팔꿈치를 굽혀 수직으로 올리거나 오른쪽의 방향지시기 또는 등화를 조작할 것

③ 정지할 때 : 팔을 차체의 밖으로 내어 45도 밑으로 펴거나 자동차안전기준에 따라 장치된 제동등을 켤 것

④ 후진할 때 : 팔을 차체의 밖으로 내어 45도 밑으로 펴서 손바닥을 뒤로 향하게 하여 그 팔을 앞뒤로 흔들거나 자동차안전기준에 따라 장치된 후진등을 켤 것

⑤ 뒤차에게 앞지르기를 시키려는 때 : 오른팔 또는 왼팔을 차체의 왼쪽 또는 오른쪽 밖으로 수평으로 펴서 손을 앞뒤로 흔들 것

⑥ 서행할 때 : 팔을 차체의 밖으로 내어 45도 밑으로 펴서 위아래로 흔들거나 자동차안전기준에 따라 장치된 제동등을 깜박일 것

좌회전, 횡단, 유턴 시   우회전 시   정지 시   서행 시

07 승차 및 적재 · 견인

① 승차 또는 적재의 방법과 제한

(1) 운행상의 안전기준

① **승차정원** : 자동차(고속버스 운송사업용 자동차 및 화물자동차 제외)의 승차 인원은 승차정원의 110% 이내. 다만 고속도로에서는 승차정원을 넘어서 운행할 수 없다.

② **화물자동차의 적재중량** : 구조 및 성능에 따르는 적재중량의 110% 이내이다.

③ **자동차**(화물자동차, 이륜자동차 및 소형 3륜자동차만 해당)의 적재용량

　㉠ **길이** : 자동차 길이에 그 길이의 10분의 1의 길이를 더한 길이(이륜자동차는 그 승차장치의 길이 또는 적재장치의 길이에 30㎝를 더한 길이)

　㉡ **너비** : 자동차의 후사경으로 후방을 확인할 수 있는 범위(후사경의 높이보다 낮게 적재한 경우에는 그 화물을, 후사경의 높이보다 높게 적재한 경우에는 후방을 확인할 수 있는 범위)의 너비

　㉢ **높이** : 화물자동차는 지상으로부터 4m(도로구조의 보전과 통행의 안전에 지장이 없다고 인정하여 고시한 도로노선의 경우에는 4m 20cm), 소형 3륜자동차는 지상으로부터 2m 50cm, 이륜자동차는 지상으로부터 2m의 높이

(2) 승차 또는 적재의 제한 및 방법

① **승차 및 적재의 제한** : 운전자는 승차인원 · 적재중량 및 적재용량에 관하여 운행상의 안전기준을 넘어서 승차시키거나 적재하고 운행하여서는 안 된다. 다만, 출발지를 관할하는 경찰서장의 허가를 받을 때에는 그렇지 않다.

기출PLUS

기출 2021. 6. 5. 서울특별시 시행

「도로교통법」상 승차 또는 적재의 방법과 제한으로 가장 옳지 않은 것은?

① 모든 차 또는 노면전차의 운전자는 운전 중 타고 있는 사람 또는 타고 내리는 사람이 떨어지지 아니하도록 하기 위하여 문을 정확히 여닫는 등 필요한 조치를 하여야 한다.

② 모든 차의 운전자는 운전 중 실은 화물이 떨어지지 아니하도록 덮개를 씌우거나 묶는 등 확실하게 고정될 수 있도록 필요한 조치를 하여야 한다.

③ 모든 차의 운전자는 영유아나 동물을 안고 운전 장치를 조작하거나 운전석 주위에 물건을 싣는 등 안전에 지장을 줄 우려가 있는 상태로 운전하여서는 아니 된다.

④ 모든 차의 운전자는 승차 인원, 적재중량 및 적재용량에 관하여 대통령령으로 정하는 운행상의 안전기준을 넘어서 승차시키거나 적재한 상태로 운전하여서는 아니 된다. 다만, 출발지를 관할하는 시장의 허가를 받은 경우에는 그러하지 아니하다.

❰정답 ④

② **문을 닫고 운행** : 운전자는 운전 중 타고 있는 사람이나 타고 내리는 사람이 떨어지지 않도록 하기 위하여 문을 정확히 여닫는 등 필요한 조치를 하여야 한다.

③ **화물 덮개 사용** : 운전자는 운전 중 실은 화물이 떨어지지 않도록 덮개를 씌우거나 묶는 등 확실하게 고정될 수 있도록 필요한 조치를 하여야 한다.

④ **운전석 주위 정리** : 운전자는 영유아나 동물을 안고 운전을 하거나 운전석 주위에 물건을 싣는 등 안전에 지장을 줄 우려가 있는 상태로 운전하여서는 안 된다.

(3) 안전기준을 넘는 승차 및 적재의 허가

① **경찰서장이 허가하는 경우**

   ㉠ 전신·전화·전기공사·수도공사·제설작업, 그 밖에 공익을 위한 공사 또는 작업을 위하여 부득이 화물자동차의 승차정원을 넘어서 운행하고자 하는 경우

   ㉡ 분할이 불가능한 적재중량 및 적재용량의 화물을 수송하고자 하는 경우

   > 🌱 **Plus tip**
   >
   > 예비군 훈련시 인원수송, 이삿짐, 모래, 자갈 등 건축자재를 운송시에는 경찰서장의 안전기준 초과 허가대상에 해당되지 않는다.

② **안전기준을 넘는 화물적재인 경우**

   ㉠ 안전기준을 넘는 화물의 적재허가를 받은 사람은 그 길이 또는 폭의 양 끝에 너비 30㎝, 길이 50㎝ 이상의 빨간 헝겊으로 된 표지를 달아야 한다.

   ㉡ 밤에 운행하는 경우에는 반사체로 된 표지를 달아야 한다.

❷ 정비불량차의 조치 및 점검

(1) 정비불량차의 운전금지 및 운전정지

① **운전금지** : 모든 차의 사용자, 정비책임자 또는 운전자는 자동차관리법, 건설기계관리법 또는 그에 의한 명령에 따른 장치가 정비되어 있지 않은 차를 운전시키거나 운전하여서는 안 된다.

② 운전정지

　　㉠ 경찰공무원은 정비불량으로 인하여 운전의 일시정지를 명하는 때에는 정비불량표지를 앞면 창유리에 붙이고 정비명령서를 교부하여야 한다.

　　㉡ 누구든지 정비불량표지를 찢거나 훼손하여 못쓰게 하여서는 안 되며, 정비확인을 받지 않고는 이를 떼어내지 못한다.

(2) 사용정지의 통고

① **정비불량 상태에 따른 구분** : 경찰공무원은 점검한 결과 정비불량 사항이 발견된 경우에는 그 정비불량 상태의 정도에 따라 그 차의 운전자로 하여금 응급조치를 하게 한 후에 운전을 하도록 하거나 도로 또는 교통 상황을 고려하여 통행구간, 통행로와 위험방지를 위한 필요한 조건을 정한 후 그에 따라 운전을 계속하게 할 수 있다.

② **자동차사용정지통고서를 교부하는 경우** : 시·도경찰청장은 정비확인을 위하여 점검한 결과 필요한 정비가 행하여지지 아니하였다고 인정하여 자동차 등의 사용을 정지시키고자 하는 때에는 행정안전부령이 정하는 자동차사용정지통고서를 교부하여야 한다.

> 🐾 **Plus tip**
>
> **정비불량차 사용정지기간** … 정비 상태가 매우 불량하여 위험발생의 우려가 있는 경우에는 그 차의 자동차등록증을 보관하고 운전의 일시정지를 명할 수 있다. 이 경우 필요하면 10일의 범위에서 정비기간을 정하여 그 차의 사용을 정지시킬 수 있다.

(3) 정비불량차의 정비확인 및 사용정지

① **시·도경찰청장의 정비확인** : 정비불량차를 운행하다 일시정지처분을 받은 자동차의 운전자 또는 관리자는 필요한 정비를 하여 관할 시·도경찰청장의 확인을 받아야 한다.

② **정비명령서 제출** : 정비확인을 받고자 하는 때에는 정비명령서를 제출하여야 한다.

1 다음 중 회전교차로 통행방법에 대한 설명으로 가장 적절한 것은?

① 회전교차로에서는 시계방향으로 주행한다.
② 회전교차로에 진입하고자 하는 경우 신속히 진입한다.
③ 회전교차로에서 이미 회전하고 있는 차량이 우선이다.
④ 회전교차로 진입 시 비상점멸등을 켜고 진입을 알린다.

2 보행자우선도로에 대한 설명으로 다음 (   ) 안에 알맞은 것은?

> 시·도경찰청장이나 경찰서장은 보행자우선도로에서 보행자를 보호하기 위하여 필요하다고 인정하는 경우에는 차마의 통행속도를 시속 (   ) 이내로 제한할 수 있다.

① 20킬로미터   ② 30킬로미터
③ 40킬로미터   ④ 50킬로미터

3 차마의 통행방법에 대한 설명 중 옳지 않은 것은?

① 비탈진 좁은 도로에서 서로 마주보고 진행하는 경우 올라가는 자동차가 양보하여야 한다.
② 통행이 구분된 도로이더라도 뒤에서 따라오는 차보다 느린 속도로 가려는 경우에는 도로의 우측 가장자리로 피하여 양보하여야 한다.
③ 다른 차를 앞지르려면 앞차의 좌측으로 통행하여야 한다.
④ 운행 중 위험방지와 같은 부득이한 경우가 아니면 급제동을 하여서는 안 된다.

1.

회전교차로 통행방법
㉠ 모든 차의 운전자는 회전교차로에서는 반시계 방향으로 통행하여야 한다.
㉡ 모든 차의 운전자는 회전교차로에 진입하려는 경우에는 서행하거나 일시정지하여야 하며, 이미 진행하고 있는 다른 차가 있는 때에는 그 차에 진로를 양보하여야 한다.
㉢ 회전교차로 통행을 위하여 손이나 방향지시기 또는 등화로써 신호를 하는 차가 있는 경우 그 뒤차의 운전자는 신호를 한 앞차의 진행을 방해하여서는 아니 된다.

2.

시·도경찰청장이나 경찰서장은 보행자우선도로에서 보행자를 보호하기 위하여 필요하다고 인정하는 경우에는 차마의 통행속도를 시속 20킬로미터 이내로 제한할 수 있다.

3.

진로 양보의 의무
긴급자동차를 제외한 모든 차의 운전자는 뒤에서 따라오는 차보다 느린 속도로 가려는 경우에는 도로의 우측 가장자리로 피하여 진로를 양보하여야 한다. 다만, 통행 구분이 설치된 도로의 경우에는 그러하지 아니하다.

Answer   1.③ 2.① 3.②

4 다음의 긴급자동차의 우선 및 특례 중 옳지 않은 것은?

① 앞지르기 금지의 적용을 받지 아니하고 통행할 수 있다.

② 일시정지 장소에서 정지하지 않고 통행할 수 있다.

③ 항상 도로의 우측만을 통행할 수 있다.

④ 제한속도를 준수하지 아니하고 통행할 수 있다.

5 다음 중 서행하여야 할 곳이 아닌 곳은?

① 가파른 비탈길의 내리막

② 교통정리가 행하여지고 있지 아니하는 교차로

③ 교통정리가 행하여지고 교통이 한산한 교차로

④ 비탈길의 고갯마루 부근

6 다음 중 주, 정차를 금지하는 장소가 아닌 것은 몇 개있는가?

┌────────────────────────────────────┐
│ ㉠ 교차로의 가장자리나 도로의 모퉁이로부터 5미터이내 │
│   인 곳   │
│ ㉡ 안전지대가 설치된 도로에서는 그 안전지대의 사방으 │
│   로부터 각각 10미터 이내인 곳   │
│ ㉢ 어린이보호구역에 설치되어 있는 자전거 이용시설중 │
│   전기자전거 충전소 및 자전거 주차장   │
│ ㉣ 터널 안다리 위   │
│ ㉤ 도로공사 양쪽 가장자리 5미터이내   │
│ ㉥ 시장등의 요청에 따라 시, 도 경찰청장이 안전표지로 │
│   자전거 등의 정차 또는 주차를 허용한 경우   │
└────────────────────────────────────┘

① 1개

② 2개

③ 3개

④ 4개

4.

③ 긴급하고 부득이한 경우에는 도로의 중앙이나 좌측부분을 통행할 수 있다.

5.

서행해야 할 장소

㉠ 교통정리를 하고 있지 아니하는 교차로

㉡ 도로가 구부러진 부근

㉢ 비탈길의 고갯마루 부근

㉣ 가파른 비탈길의 내리막

㉤ 시·도경찰청장이 도로에서의 위험을 방지하고 교통의 안전과 원활한 소통을 확보하기 위하여 필요하다고 인정하여 안전표지로 지정한 곳

6.

㉢㉣㉤㉥은 주정차 금지장소가 아니다.

㉣㉤은 주차금지장소(정차가능)

㉢㉥은 주, 정차가 허용되는 특례(도로교통제 34조의 2)

7 다음 중 고속도로 상에 예외적으로 주, 정차가 허용되는 경우가 아닌 것은?

① 교통이 밀리거나 부득이한 사유로 움직일 수 없을 때에 고속도로 등의 차로에 일시정차 또는 주차시키는 경우
② 통행료를 내기 위하여 통행료를 받는 곳에서 정차하는 경우
③ 경찰용 긴급자동차가 고속도로 등에서 범죄수사, 교통단속이나 그 밖의 경찰임무를 수행하기 위하여 정차 또는 주차시키는 경우
④ 도로상에서 발생한 화재의 상황을 구경하기 위하여 갓길에 주차하는 경우

8 차의 견인 등 대행법인의 요건으로 옳지 않은 것은?

① 주차시설 및 부대시설
② 2대 이상의 견인차
③ 사무소, 차의 보관장소와 견인차 간에 서로 연락할 수 있는 통신장비
④ 대행업무의 수행에 필요하다고 인정되는 인력

7.

각종 상황 등을 구경하기 위한 주*정차는 허용되지 않는다.

8.

② 1대 이상의 견인차

9 다음의 수신호 방법 중 잘못 설명한 것은?

① 서행할 때는 팔을 차체 밖으로 내어 45도 밑으로 펴서 위 아래로 흔든다.

② 정지할 때는 팔을 차체 밖으로 45도 밑으로 편다.

③ 뒤차에 앞지르기를 시키고자 할 때는 팔을 차체 밖으로 내어 45도 밑으로 펴서 상하로 흔든다.

④ 후진할 때는 팔을 차체 밖으로 내어 45도 밑으로 펴서 손 바닥을 뒤로 향하게 하여 팔을 앞뒤로 흔든다.

10 차의 등화에 대한 설명으로 옳지 않은 것은?

① 앞차의 바로 뒤를 따라갈 때에는 전등 불빛의 방향을 아래로 향하게 한다.

② 밤에 서로 마주보고 진행할 때에는 전조등의 밝기를 크게 하여 최대한 밝게 해야 한다.

③ 안개가 끼거나 비 또는 눈이 올 때에 도로에서 차를 운행하는 경우 등화를 켜야 한다.

④ 교통이 빈번한 곳에서 운행할 때에는 전조등 불빛의 방향을 계속 아래로 유지하여야 한다.

11 야간에 도로를 통행할 경우 견인되는 차가 켜야 할 등화는 어느 것인가?

① 미등, 전조등, 차폭등, 번호등

② 미등, 번호등, 실내조명등

③ 미등, 차폭등, 번호등

④ 미등, 번호등, 차폭등, 실내조명등

12 다음 중 운전자가 반드시 일단 정지하여야 할 경우로 적당하지 않은 것은?

① 연도의 건물이나 주차장에서 도로로 진입하고자 할 경우
② 교통정리가 이루어지고 있는 교차로를 통과하고자 할 경우
③ 도로 이외의 장소에 출입하고자 할 경우
④ 신호에 따라 횡단하는 보행자를 보호하고자 할 경우

12.

일시정지할 장소
㉠ 교통정리를 하고 있지 아니하고 좌우를 확인할 수 없거나 교통이 빈번한 교차로
㉡ 시·도경찰청장이 도로에서의 위험을 방지하고 교통의 안전과 원활한 소통을 확보하기 위하여 필요하다고 인정하여 안전표지에 의하여 지정한 곳

13 전용차로통행차 외에 전용차로로 통행할 수 있는 경우가 아닌 것은?

① 긴급자동차가 그 본래의 긴급한 용도로 운행되고 있는 경우
② 택시가 승객을 태우거나 내려주기 위하여 일시 통행하는 경우
③ 도로의 파손, 공사, 그 밖의 부득이한 장애로 인하여 전용차로가 아니면 통행할 수 없는 경우
④ 비탈진 좁은 도로인 경우

13.

전용차로통행차 외에 전용차로로 통행할 수 있는 경우
㉠ 긴급자동차가 그 본래의 긴급한 용도로 운행되고 있는 경우
㉡ 전용차로통행차의 통행에 장해를 주지 아니하는 범위에서 택시가 승객을 태우거나 내려주기 위하여 일시 통행하는 경우. 이 경우 택시 운전자는 승객이 타거나 내린 즉시 전용차로를 벗어나야 한다.
㉢ 도로의 파손, 공사, 그 밖의 부득이한 장애로 인하여 전용차로가 아니면 통행할 수 없는 경우

14 다음에서 설명한 신호의 방법 중 옳지 않은 것은?

① 정지할 때에는 제동등을 켠다.
② 서행할 때에는 제동등을 깜박인다.
③ 우회전할 때는 오른쪽의 방향지시등을 조작한다.
④ 후진할 때는 제동등을 깜박인다.

14.

④ 후진할 때는 후진등을 켠다.

Answer   12.②   13.④   14.④

15 다음 중 보통승합자동차를 운전하여 차단기가 설치되어 있는 건널목을 통과하게 될 때의 옳은 통과방법은?

① 서행으로 주위의 안전을 확인하고 통과
② 건널목 직전에서 일시정지하여 안전을 확인하고 통과
③ 차단기가 올라가 있으면 그대로 통과
④ 전조등을 켜고 통과

16 뒤따라오는 차가 앞지르기를 하려고 할 경우 운전방법으로서 옳지 않은 행위는?

① 뒤따라오는 차가 앞지르기를 하려고 할 때에는 우측으로 양보한다.
② 앞을 가로막지 않고 양보한다.
③ 속도를 낮추고 양보한다.
④ 속도를 높여 앞을 가로막는다.

17 앞지르기를 할 수 없는 곳으로 묶인 것은?

① 횡단보도 안, 교차로 부근
② 학교 앞, 가파른 비탈길의 내리막
③ 가파른 비탈길의 오르막, 교차로 부근
④ 도로의 구부러진 장소, 가파른 비탈길의 내리막

18 화물차가 짐을 싣고 비탈진 좁은 골목길을 통행하다가 반대 방향에서 빈차인 택시와 교행하게 되었을 경우 통행의 우선권은 누구에게 있는가?

① 내려가는 차
② 올라가는 차
③ 짐을 실은 화물차
④ 택시

15.

철길 건널목 통과 : 모든 차 또는 노면전차의 운전자는 철길 건널목을 통과하려는 경우에는 그 건널목 앞에서 일시정지하여 안전함을 확인한 후에 통과하여야 한다. 다만, 신호기 등이 표시하는 신호에 따르는 경우에는 정지하지 아니하고 통과할 수 있다.

16.

모든 차의 운전자는 앞지르기를 하는 차가 있을 때에는 속도를 높여 경쟁하거나 그 차의 앞을 가로막는 등의 방법으로 앞지르기를 방해하여서는 안 된다.

17.

앞지르기 금지장소
㉠ 교차로 · 터널 안 또는 다리 위
㉡ 도로의 구부러진 곳, 비탈길의 고갯마루 부근 또는 가파른 비탈길의 내리막 등 시 · 도경찰청장이 도로에서의 위험을 방지하고 교통의 안전과 원활한 소통을 확보하기 위하여 필요하다고 인정하는 곳으로서 안전표지로 지정한 곳

18.

교행시 자동차 서로간의 우선순위
㉠ 올라가는 차와 내려가는 차의 교행시 : 내려가는 차 우선
㉡ 화물 · 승객을 실은 차와 빈차의 교행시 : 화물을 실었거나 승객을 태운 차 우선

Answer　　15.② 16.④ 17.④ 18.③

19 다음의 안전거리에 관한 설명 중 옳지 않은 것은?

① 안전거리는 노면이 미끄러우면 배로 확보하는 것이 안전하다.

② 안전거리는 길게 확보할수록 좋다.

③ 안전거리는 속도와 관계없이 항상 일정하다.

④ 안전거리는 속도가 빠를수록 길게 확보하여야 한다.

19.

모든 차의 운전자는 같은 방향으로 가고 있는 앞차의 뒤를 따르는 경우에는 앞차가 갑자기 정지하게 되는 경우 그 앞차와의 충돌을 피할 수 있는 필요한 거리를 확보하여야 한다.

20 다음 중 분할할 수 없는 화물을 초과 적재할 때의 방법으로 옳지 않은 것은?

① 출발지 관할 경찰서장의 허가를 받아야 한다.

② 야간에는 반사체로 된 표지를 달아야 한다.

③ 적재물의 양 끝에 빨간 헝겊의 표지를 달아야 한다.

④ 차량 전·후면에 적재초과 중량 및 용량을 표시한다.

20.

안전기준을 넘는 화물의 적재허가를 받은 사람은 그 길이 또는 폭의 양 끝에 너비 30cm, 길이 50cm 이상의 빨간 헝겊으로 된 표지를 달아야 한다. 다만, 밤에 운행하는 경우에는 반사체로 된 표지를 달아야 한다.

21 다음 중 최고속도의 100분의 50을 줄인 속도로 운행해야 하는 경우가 아닌 것은?

① 폭우·폭설·안개 등으로 가시거리가 100m 이내인 경우

② 비가 내려 노면이 젖어있는 경우

③ 노면이 얼어 붙은 경우

④ 눈이 20mm 이상 쌓인 경우

21.

②의 경우 100분의 20을 줄인 속도로 운행하여야 한다.

22 다음 승차정원에 대한 설명 중 옳지 않은 것은?

① 공익을 위한 작업을 위해 부득이 승차정원을 넘는 경우 허가가 필요하다.

② 운전자와 안내원도 승차정원에 포함된다.

③ 자동차의 승차인원은 승차정원의 110% 이내로 한다.

④ 고속도로에서의 승차인원은 승차정원의 110% 이내이다.

22.

④ 고속도로에서는 승차정원을 넘어서 운행할 수 없다.

23 고속도로에서 우회전 또는 동일 방향으로 진행하면서 진로를 오른쪽으로 바꾸고자 할 때 신호를 행할 시기는?

① 그 행위를 하고자 하는 지점에 이르기 전 15m 이상의 지점

② 그 행위를 하고자 하는 지점에 이르기 전 30m 이상의 지점

③ 그 행위를 하고자 하는 지점에 이르기 전 50m 이상의 지점

④ 그 행위를 하고자 하는 지점에 이르기 전 100m 이상의 지점

24 교차로에서 긴급자동차가 접근하였을 때 양보하는 방법으로 옳은 것은?

① 교차로 우측 가장자리에 일시정지한다.

② 교차로를 피하여 일시정지하여야 한다.

③ 서행하면서 앞지르기를 하라는 신호를 한다.

④ 교차로 우측 가장자리로 피하여 서행한다.

25 정비불량차의 운전금지 책임이 있는 사람은 누구인가?

① 모든 차의 사용자, 정비책임자, 운전자

② 모든 차의 운전자

③ 모든 차의 차주, 운전자, 정비책임자

④ 모든 차의 차주, 운전자

23.

신호의 시기

㉠ 좌회전 · 우회전할 때 : 교차로의 가장자리에 이르기 전 30m(고속도로에서는 100m) 이상의 이점에 이르렀을 때

㉡ 횡단 · 유턴 · 진로 변경할 때 : 그 행위를 하려는 지점에 이르기 전 30m(고속도로에서는 100m) 이상의 지점에 이르렀을 때

㉢ 정지 · 후진 · 서행할 때 : 그 행위를 하려는 때

㉣ 뒤차에게 앞지르기를 시키려는 때 : 그 행위를 시키려는 때

24.

교차로 또는 그 부근에서 긴급자동차가 접근한 때 : 차마와 노면전차의 운전자는 교차로를 피하여 일시정지하여야 한다.

25.

정비불량차의 운전금지 책임은 모든 차의 사용자, 정비책임자, 운전자에게 있다.

26 소형 화물차가 짐을 싣고 비탈진 좁은 골목길을 통행하다가 반대방향에서 빈차인 택시와 교행하게 되었을 때 통행의 우선권은?

① 택시가 우선 통행한다.
② 짐을 실은 소형 화물차가 우선 통행할 수 있다.
③ 올라가는 차가 우선 통행한다.
④ 내려가는 차가 우선 통행한다.

26.

교행 시 우선순위
㉠ 비탈진 좁은 도로 : 내려가는 차가 우선
㉡ 좁은 도로, 비탈진 좁은 도로 : 승차 · 화물적재 차가 우선

27 다음 중 정차 또는 주차의 방법으로 바르지 않는 설명은?

① 도로에서 정차할 때에는 차도의 오른쪽 가장자리에 정차하여야 한다.
② 여객자동차의 운전자는 승객을 태우거나 내려주기 위하여 정류소 또는 이에 준하는 장소에서 정차하였을 때에는 승객이 타거나 내린 즉시 출발하여야 하며 뒤따르는 다른 차의 정차를 방해하지 아니하여야 한다.
③ 경사진 곳에 정차하거나 주차하려는 경우에는 자동차의 주차제동장치를 작동한 후, 경사의 내리막 방향으로 바퀴에 고임목, 고임돌, 그 밖에 고무, 플라스틱 등 자동차의 미끄럼 사고를 방지할 수 있는 것을 설치하여야 한다.
④ 경사진 곳에 정차하거나 주차하려는 경우에는 조향장치를 도로의 중앙자리 방향으로 돌려놓아야 한다.

27.

조향장치는 도로의 가장자리 방향으로 돌려놓아야 한다.

28 다음 중 도로 운행시 서행해야 하는 곳이 아닌 곳은?

① 도로가 구부러진 부근
② 다리 위, 터널 안
③ 가파른 비탈길의 내리막길
④ 교통정리를 하지 아니하는 교차로

28.

② 앞지르기 금지장소이다.

Answer 26.② 27.④ 28.②

29 다음 중 앞지르기 금지 시기가 아닌 것은?

① 앞차와 나란히 가고 있을 경우 할 수 없다.

② 앞차가 다른 차를 앞지르고 있거나 앞지르려고 하는 경우 할 수 없다.

③ 교차로, 터널 구분이 있는 도로에서는 안 되고 다리 위에서는 앞지르기 할 수 있다.

④ 경찰 공무원의 지시에 따라 정지, 서행하고 있는 차량을 앞지르기 할 수 없다.

30 「도로교통법」상 주차금지의 장소로 가장 옳지 않은 것은?

① 터널 안 및 다리 위

② 도로공사를 하고 있는 경우에는 그 공사 구역의 양쪽 가장자리로부터 10미터인 곳

③ 「다중이용업소의 안전관리에 관한 특별법」에 따른 다중이용업소의 영업장이 속한 건축물로 소방본부장의 요청에 의하여 시·도경찰청장이 지정한 곳으로부터 5미터 이내인 곳

④ 시·도경찰청장이 도로에서의 위험을 방지하고 교통의 안전과 원활한 소통을 확보하기 위하여 필요하다고 인정하여 지정한 곳

31 밤에 도로에서 차를 마주보고 진행하는 경우 운전자의 등화조작으로 틀린 설명은?

① 전조등의 밝기를 줄였다.

② 불빛 방향을 상향과 하향으로 반복하였다.

③ 불빛 방향을 아래로 향하였다.

④ 잠시 전조등을 꺼두었다. 하였다.

29.

터널 안, 다리 위는 앞지르기 금지장소이다.

30.

주차금지의 장소〈법 제33조〉

㉠ 터널 안 및 다리 위

㉡ 다음의 곳으로부터 5미터 이내인 곳

　가. 도로공사를 하고 있는 경우에는 그 공사 구역의 양쪽 가장자리

　나. 「다중이용업소의 안전관리에 관한 특별법」에 따른 다중이용업소의 영업장이 속한 건축물로 소방본부장의 요청에 의하여 시·도경찰청장이 지정한 곳

㉢ 시·도경찰청장이 도로에서의 위험을 방지하고 교통의 안전과 원활한 소통을 확보하기 위하여 필요하다고 인정하여 지정한 곳

31.

②와 같은 행위는 야간에 특히 위험한 운전조작이다

Answer　29.③　30.②　31.②

32 「도로교통법」상 정비 불량차의 점검 관련 사항 중 가장 옳지 않은 것은?

① 경찰공무원이 점검한 결과 정비불량 사항이 발견된 경우 장치의 점검 및 사용의 정지에 필요한 사항은 시·도경찰 청장이 정한다.

② 경찰공무원은 정비불량차에 해당한다고 인정하는 차가 운행되고 있는 경우에는 우선 그 차를 정지시킨 후, 운전자에게 그 차의 자동차등록증 또는 자동차 운전면허증을 제시하도록 요구하고 그 차의 장치를 점검할 수 있다.

③ 시·도경찰청장은 정비 상태가 매우 불량하여 위험발생의 우려가 있는 경우에는 그 차의 자동차등록증을 보관하고 운전의 일시정지를 명할 수 있다. 이 경우 필요하면 10일의 범위에서 정비기간을 정하여 그 차의 사용을 정지시킬수 있다.

④ 경찰공무원은 점검한 결과 정비불량 사항이 발견된 경우에는 그 정비불량 상태의 정도에 따라 그 차의 운전자로 하여금 응급조치를 하게 한 후에 운전을 하도록 하거나 도로 또는 교통 상황을 고려하여 통행구간, 통행로와 위험방지를 위한 필요한 조건을 정한 후 그에 따라 운전을 계속하게 할 수 있다.

33 「도로교통법 시행령」상 「자동차 운행상의 안전기준」에 대한 설명으로 가장 옳지 않은 것은?

① 자동차의 승차인원은 승차정원 이내일 것

② 화물자동차의 승차인원은 삭제되었다

③ 화물자동차의 적재중량은 구조 및 성능에 따르는 적재중량의 110퍼센트 이내이어야 한다.

④ 화물자동차의 적재용량높이는 지상으로부터 4.5m 이내이어야 한다.

32.

정비불량차의 점검〈법 제41조〉

㉠ 경찰공무원은 정비불량차에 해당한다고 인정하는 차가 운행되고 있는 경우에는 우선 그 차를 정지시킨 후, 운전자에게 그 차의 자동차등록증 또는 자동차 운전면허증을 제시하도록 요구하고 그 차의 장치를 점검할 수 있다.

㉡ 경찰공무원은 점검한 결과 정비불량 사항이 발견된 경우에는 그 정비불량 상태의 정도에 따라 그 차의 운전자로 하여금 응급조치를 하게 한 후에 운전을 하도록 하거나 도로 또는 교통 상황을 고려하여 통행구간, 통행로와 위험방지를 위한 필요한 조건을 정한 후 그에 따라 운전을 계속하게 할 수 있다.

㉢ 시·도경찰청장은 정비 상태가 매우 불량하여 위험발생의 우려가 있는 경우에는 그 차의 자동차등록증을 보관하고 운전의 일시정지를 명할 수 있다. 이 경우 필요하면 10일의 범위에서 정비기간을 정하여 그 차의 사용을 정지시킬 수 있다.

㉣ 장치의 점검 및 사용의 정지에 필요한 사항은 대통령령으로 정한다.

33.

화물자동차는 지상으로부터 4미터 이내이고 소형 3륜 자동차는 지상으로부터 2미터 50센티, 이륜자동차는 지상으로부터 2미터의 높이 이내이어야 한다.

34 다음 중 자전거의 운전자가 교차로에서 좌회전하는 경우 교차로 통행방법으로 맞는 것은?

① 미리 도로의 중앙선을 따라 서행하면서 교차로 중심안쪽을 이용하여 좌회전한다.

② 미리 도로의 우측 가장자리로 붙여 서행하면서 교차로 가장자리로 좌회전한다.

③ 미리 보도로 통행하고 있다가 교차로 30m전 도로로 진입한다.

④ 미리 도로의 중앙선을 따라 서행하면서 교차로 가장자리로 좌회전한다.

35 다음 중 차마가 좌측으로 통행할 수 없는 것은?

① 도로가 일방통행인 경우

② 도로의 좌측 부분을 확인할 수 없는 경우

③ 도로 우측 부분의 폭이 차마의 통행에 충분하지 아니한 경우

④ 도로의 파손·도로공사나 그 밖의 장애 등으로 도로의 우측 부분을 통행할 수 없는 경우

36 다음 중 자동차 전용도로에서의 최고속도와 최저속도는?

	최고속도	최저속도
①	매시 70킬로미터	매시 20킬로미터
②	매시 80킬로미터	매시 25킬로미터
③	매시 90킬로미터	매시 30킬로미터
④	매시 100킬로미터	매시 40킬로미터

34.

미리 도로의 우측 가장자리로 붙여 서행하면서 교차로 가장자리로 좌회전한다.

35.

도로의 좌측 부분을 확인할 수 없는 경우 좌측으로 통행할 수 없다.

36.

자동차전용도로에서의 최고속도 90킬로 최저속도는 30킬로이다.

37 눈이 20mm 이내로 쌓인 편도 2차로 일반도로의 1.5톤 화물차의 통행속도로 옳은 것은?

① 80km

② 72km

③ 64km

④ 56km

37.

③ 눈이 20mm 이내로 쌓인 경우는 100분의 20을 감속운행하는 경우이므로 80km × 0.8 = 64km/h

38 다음 중 차마간 통행순위에서 가장 우선권이 있는 차는?

① 긴급차

② 긴급차외의 차

③ 원동기장치자전거

④ 자동차 및 원동기장치자전거 외의 차마

38.

① 긴급차가 통행순위에서는 가장 우선권이 있다.

39 다음 중 철길 건널목통과방법으로 잘못된 것은?

① 차단기가 내려지려고 하는 때에는 건널목 내에서 앞지르기를 하여 신속히 지나간다.

② 건널목 앞에서 일시 정지하여 안전함을 확인한 후에 통과하여야 한다.

③ 신호기 등이 표시하는 신호에 따르는 때에는 정지하지 아니하고 통과할 수 있다.

④ 건널목의 경보기가 울리고 있는 동안에는 그 건널목으로 들어가서는 아니 된다.

39.

① 일단 일시 정지한다.

Answer 37.③ 38.① 39.①

40 다음 중 최고속도의 100분의 50을 감속 운행하여야 할 경우에 해당하지 않는 것은?

① 눈이 20mm 이상 쌓인 경우

② 노면이 얼어붙은 경우

③ 폭우, 폭설, 안개 등으로 가시거리가 100m 이내인 경우

④ 비가 내려 노면이 젖어있는 경우

40.

④ 100분의 20을 감속 운행하는 경우이다

41 차마의 통행방법에 대한 설명으로 옳은 것은?

① 차마는 안전지대 등 안전표지가 표시된 곳에서는 안전하게 정차할 수 있다.

② 차마는 도로의 중앙 우측부분을 통행하여야 한다.

③ 차마가 보도를 횡단하는 때에는 보도 직전에서 등화를 켜야 한다.

④ 차마는 어떤 경우에도 보도를 횡단할 수 없다.

41.

② 옳은 설명이다.
① 안전지대에는 차를 정차할 수 없다.
③ 일시정지해야 한다.
④ 차마는 예외적으로 보도를 횡단할 수 있다.

42 다음 중 자동차가 야간에 주. 정차 할 때 켜야 할 등화로 맞는 것은?

① 실내조명등 및 전조등

② 번호 등 및 차폭등

③ 미등 및 차폭등

④ 전조등 및 미등

42.

③ 미등과 차폭등을 등화한다.

43 본래의 긴급한 용도로 사용하는 긴급자동차가 아닌 것은?

① 소방자동차

② 교통 단속 등 긴급한 경찰임무수행에 사용되는 경찰용자
동차

③ 우편물 운송에 사용되는 자동차

④ 구급자동차

43.

③ 신청에 의하여 시·도경찰청장이 지정하는 긴
급자동차이다.

44 주차금지장소로 잘못 설명한 것은?

① 터널 안

② 도로공사를 하고 있는 경우에 그 공사 구역의 양쪽 가장
자리로부터 5미터

③ 다중이용업소의 영업장이 속한 건축물로 소방본부장의 요
청에 의하여 시·도경찰청장이 지정한 곳

④ 안전지대가 설치된 도로에서는 그 안전지대 사방으로부터
각각 10M 이내인 곳

44.

④ 주·정차 금지장소이다.

45 다음 중 서행하여야 하는 곳이 아닌 장소는?

① 교통정리가 행하여지고 있지 아니하는 교차로

② 도로가 구부러진 부근

③ 가파른 비탈길의 내리막

④ 터널 안 또는 다리 위

45.

④는 앞지르기 금지장소이다.

Answer 43.③ 44.④ 45.④

46 비, 안개, 눈 등에 따른 감속 운행 조건으로 옳은 것은?

① 비로 젖은 도로를 주행 시에는 최고속도의 100분의 10을 줄인 속도로 운행하여야 한다.

② 폭우, 눈, 안개로 가시거리가 100m 이하일 때 도로를 주행 시에는 최고속도의 100분의 30을 줄인 속도로 운행하여야 한다.

③ 빙판 도로를 주행 시에는 최고속도의 100분의 90을 줄인 속도로 운행하여야 한다.

④ 눈이 20mm 이상 쌓여있는 도로를 주행 시에는 최고속도의 100분의 50을 줄인 속도로 운행하여야 한다.

47 「도로교통법」상 차량 운행 시 통행방법에 대한 설명으로 가장 옳지 않은 것은?

① 모든 차(긴급자동차는 제외한다)의 운전자는 뒤에서 따라오는 차보다 느린 속도로 가려는 경우에는 도로의 우측 가장자리로 피하여 진로를 양보하여야 한다. 다만, 통행구분이 설치된 도로의 경우에는 그러하지 아니하다.

② 모든 차의 운전자는 다른 차를 앞지르려면 앞차의 좌측으로 통행하여야 한다.

③ 비탈진 좁은 도로에서 긴급자동차 외의 자동차가 서로 마주보고 진행하는 경우에는 내려가는 자동차가 우측 가장자리로 피하여 진로를 양보하여야 한다.

④ 모든 차의 운전자는 앞차의 좌측에 다른 차가 앞차와 나란히 가고 있는 경우 앞지르기를 하여서는 아니 된다.

46.

최고 속도의 20/100
• 비가 내려 노면이 젖어 있는 경우
• 눈이 20mm 미만 쌓인 경우
최고 속도의 50/100
• 폭우 · 폭설 · 안개 등으로 가시거리가 100m 이내인 경우
• 노면이 얼어붙은 경우
• 눈이 20mm 이상 쌓인 경우

47.

③ 비탈진 좁은 도로에서 자동차가 서로 마주보고 진행하는 경우에는 올라가는 자동차가 도로의 우측 가장자리로 피하여 진로를 양보하여야 한다.

기출PLUS

01 운전자

① 운전 및 운전행위의 금지사항

(1) 무면허운전 금지

누구든지 시·도경찰청장으로부터 운전면허를 받지 아니하거나 운전면허의 효력이 정지된 경우에는 자동차 등(개인형 이동장치는 제외)을 운전하여서는 안 된다.

기출 2021. 4. 10. 대구광역시 시행

다음 중 도로교통법상 운전자의 의무 등에 대한 설명으로 가장 올바르지 않은 것은?

① 경찰공무원은 술에 취한 상태에서 자동차등, 노면전차 또는 자전거를 운전하였다고 인정할 만한 상당한 이유가 있는 경우에는 운전자가 술에 취하였는지를 호흡조사와 혈액채취 등의 방법으로 측정할 수 있다. 이 경우 운전자는 경찰공무원의 측정에 응하여야 한다.

② 자동차등(개인형 이동장치는 제외한다)의 운전자는 도로에서 2명 이상이 공동으로 2대 이상의 자동차등을 정당한 사유 없이 앞뒤로 또는 좌우로 줄지어 통행하면서 다른 사람에게 위해를 끼치거나 교통상의 위험을 발생하게 하여서는 아니 된다.

③ 요인 경호용, 구급용 및 장의용 자동차를 제외하고는 자동차 앞면 창유리의 가시광선 투과율이 70% 미만보다 낮아 교통안전 등에 지장을 줄 수 있는 차를 운전하지 말아야 한다.

④ 운전자는 긴급자동차를 운전하는 경우 운전 중 휴대용 전화를 사용할 수 있다.

> 💭 **Plus tip**
>
> **무면허운전에 해당하는 경우**
> ㉠ 면허를 받지 않고 운전하는 경우
> ㉡ 정기 적성검사기간(유효기간)이 지난 면허증으로 운전하는 경우
> ㉢ 면허의 취소처분을 받은 사람이 운전하는 경우
> ㉣ 면허의 정지기간 중에 운전하는 경우
> ㉤ 면허시험 합격 후 면허증 교부일 이전에 운전하는 경우
> ㉥ 법이 정한 면허 외의 자동차를 운전하는 경우(제2종 면허로 제1종 면허로 운전하여야 하는 자동차를 운전하는 경우)

(2) 주취 중 운전금지

① **음주운전 금지**: 술에 취한 상태에서는 자동차 등, 노면전차 또는 자전거를 운전하여서는 안 된다.

② **음주운전의 측정**: 경찰공무원은 술에 취한 상태에서 자동차 등, 노면전차 또는 자전거를 운전하였다고 인정할 만한 이유가 있는 때에는 운전자가 술에 취하였는지의 여부를 호흡조사로 측정할 수 있다. 이 경우 운전자는 경찰공무원의 측정에 응하여야 한다.

③ **측정결과 불복시**: 술에 취하였는지의 여부를 측정한 결과에 불복하는 운전자에 대하여는 동의를 얻어 혈액채취 등의 방법으로 다시 측정할 수 있다.

④ **주취의 기준**: 술에 취한 상태의 기준은 혈중알코올농도 0.03% 이상으로 한다.

《정답 ①

⑤ 음주운전의 형사처벌 및 행정처분기준

혈중알코올농도기준	형사처벌	행정처분(면허취소, 정지)
0.03% 이상 0.08% 미만	1년 이하의 징역이나 500만원 이하의 벌금	벌점 100점(면허정지 100일) 인피교통사고 : 면허 취소
0.08% 이상 0.2% 미만	1년 이상 2년 이하의 징역이나 500만원 이상 1천만원 이하의 벌금	면허 취소
0.2%이상	2년 이상 5년 이하의 징역이나 1천만원 이상 2천만원 이하의 벌금	
음주측정불응	1년 이상 5년 이하의 징역이나 500만원 이상 2천만원 이하의 벌금	

⑥ 음주운전의 형사처벌기준(2진 아웃)

음주운전, 음주측정불응을 위반하여 벌금이상의 형을 선고받고 그 형이 확정된 날로 부터 10년 이내에 다시 같은 내용을 위반한 사람(개인 형 이동장치는 제외)

혈중알코올농도기준	형사처벌
음주측정불응	1년 이상 6년 이하의 징역이나 500만원 이상 3천만원 이하의 벌금
0.2% 이상	2년 이상 6년 이하의 징역이나 1천만원 이상 3천만원 이하의 벌금
0.03%이상 0.2% 미만	1년 이상 5년 이하의 징역이나 500만원 이상 2천만원 이하의 벌금

(3) 과로운전 및 공동 위험행위의 금지

① **과로운전의 금지** : 운전자는 과로 · 질병 · 약물(마약 · 대마 · 향정신성의약품)의 영향과 그 밖의 사유로 정상적으로 운전하지 못할 우려가 있는 상태에서 자동차 등 또는 노면전차를 운전하여서는 안 된다.

② **공동 위험행위의 금지** : 자동차 등의 운전자는 도로에서 2인 이상이 공동으로 2대 이상의 자동차 등을 정당한 사유없이 앞뒤로 또는 좌우로 줄을 지어 통행하면서 다른 사람에게 위해를 주거나 교통상의 위험을 발생하게 하여서는 안 된다.

기출PLUS

기출 2022. 6. 18. 서울시 보훈청 시행

「도로교통법」상 명시된 자동차 등 (개인형 이동장치는 제외한다)의 운전자의 난폭운전 행위가 아닌 것은?

① 횡단 · 유턴 · 후진 금지 위반
② 정당한 사유 없는 소음 발생
③ 고속도로에서의 앞지르기 방법 위반
④ 앞뒤로 줄지어 통행

기출 2022. 6. 18. 대전광역시 시행

다음 중 도로교통법상 난폭운전의 경우가 아닌 것은?

① 속도를 위반하는 경우
② 정당한 사유 없이 소음을 발생하는 경우
③ 신호를 위반하는 경우
④ 차선변경을 무리하게 하는 경우

〈정답 ④, ④

도로교통법에 따른 운전자의 준수사항으로 옳은 것은?

① 원동기 동력을 바퀴에 전달하지 않을 시 원동기 회전수를 증가할 수 있다.
② 차량이 정지 시 휴대폰을 사용하면 안 된다.
③ 운전 시 자동차 등 또는 노면전차의 좌우 또는 전후방을 볼 수 있도록 도움을 주는 영상 표시장치는 영상이 표시되도록 할 수 있다.
④ 화물적재함에 적재중량과 동일한 사람을 태울 수 있다.

다음 중 모든 운전자의 준수사항 등에 대한 내용으로 바르지 않은 것은?

① 모든 차 또는 노면전차의 운전자는 물이 고인 곳을 운행할 때에는 고인 물을 튀게 하여 다른 사람에게 피해를 주는 일이 없도록 하여야 한다.
② 어린이가 보호자 없이 도로를 횡단할 때, 어린이가 도로에서 앉아 있거나 서 있을 때 또는 어린이가 도로에서 놀이를 할 때 등 어린이에 대한 교통사고의 위험이 있는 것을 발견한 경우에는 일시정지 하여야 한다.
③ 앞을 보지 못하는 사람이 흰색 지팡이를 가지거나 장애인보조견을 동반하는 등의 조치를 하고 도로를 횡단하고 있는 경우에는 일시정지 하여야 한다.
④ 지하도나 육교 등 도로 횡단시설을 이용할 수 없는 지체장애인이나 노인 등이 도로를 횡단하고 있는 경우에는 서행하여야 한다.

〈정답 ③, ④

(4) 난폭운전 금지

운전자는 다른 사람에게 위협 또는 위해를 가하거나 교통상의 위험을 발생하게 하는 행위를 연달아 하거나, 하나의 행위를 지속 또는 반복하여서는 안 된다.

> ☆ Plus tip
>
> 난폭운전에 해당하는 기준
> ㉠ 신호 또는 지시위반
> ㉡ 중앙선 침범
> ㉢ 속도위반
> ㉣ 횡단 · 유턴 · 후진 금지 위반
> ㉤ 안전거리 미확보, 진로변경 금지 위반, 급제동 금지 위반
> ㉥ 앞지르기 방법 또는 앞지르기의 방해금지 위반
> ㉦ 정당한 사유 없는 소음 발생
> ㉧ 고속도로에서의 앞지르기 방법 위반
> ㉨ 고속도로에서의 횡단 · 유턴 · 후진 금지 위반

(5) 위험방지 조치

① **운전면허증 제시요구** : 경찰공무원은 무면허운전 금지 및 음주운전, 과로운전 금지규정을 위반하여 자동차 등 또는 노면전차를 운전하고 있다고 인정되는 때에는 자동차 등 또는 노면전차를 일시 정지시키고 그 운전자에게 운전면허증의 제시를 요구할 수 있다.

② **운전금지 명령** : 경찰공무원은 음주운전 금지 및 과로운전 금지의 규정을 위반하여 자동차 등 또는 노면전차를 운전하는 사람이나 음주운전 금지규정을 위반하여 자전거등을 운전하는 사람에 대하여는 정상적으로 운전할 수 있는 상태가 될 때까지 운전금지를 명하고 차를 이동시키는 등 필요한 조치를 할 수 있다.

> ☆ Plus tip
>
> **안전운전의 의무** … 모든 차 또는 노면전차의 운전자는 조향장치 · 제동장치 그 밖의 장치를 정확히 조작하여야 하며, 도로의 교통상황과 차 또는 노면전차의 구조 · 성능에 따라 다른 사람에게 위험과 장해를 주는 속도나 방법으로 운전해서는 안 된다.

❷ 운전자의 준수사항

(1) 모든 운전자 준수사항

① 물이 고인 곳을 운행할 때에는 고인 물을 튀게 하여 다른 사람에게 피해를 주는 일이 없도록 하여야 한다.

② 다음에 해당하는 경우에는 일시정지를 하여야 한다.
  ㉠ 어린이가 보호자 없이 도로를 횡단할 때, 어린이가 도로에서 앉아 있거나 서 있을 때, 어린이가 도로에서 놀이를 할 때 등 어린이에 대한 교통사고의 위험이 있는 것을 발견한 경우
  ㉡ 앞을 보지 못하는 사람이 흰색 지팡이를 가지거나 장애인보조견을 동반하고 도로를 횡단하고 있는 경우
  ㉢ 지하도나 육교 등 도로 횡단시설을 이용할 수 없는 지체장애인이나 노인 등이 도로를 횡단하고 있는 경우

③ 자동차의 앞면 창유리와 운전석 좌우 옆면 창유리의 가시광선의 투과율이 대통령령으로 정하는 기준보다 낮아 교통안전 등에 지장을 줄 수 있는 차를 운전하지 않아야 한다[다만, 요인(要人)경호용, 구급용 및 장의용 자동차는 제외].

> 🖐 Plus tip
> 대통령령으로 정하는 자동차 창유리 가시광선 투과율의 기준
> ㉠ 앞면 창유리 : 70퍼센트
> ㉡ 운전석 좌우 옆면 창유리 : 40퍼센트

④ 교통단속용 장비의 기능을 방해하는 장치를 한 차나 그 밖에 안전운전에 지장을 줄 수 있는 것으로서 행정안전부령으로 정하는 기준에 적합하지 아니한 장치를 한 차를 운전하지 않아야 한다. 다만, 자율주행자동차의 신기술 개발을 위한 장치를 장착하는 경우에는 그러하지 아니하다.

> 🖐 Plus tip
> 안전운전에 지장을 줄 수 있는 것으로서 행정안전부령으로 정하는 불법부착장치
> ㉠ 경찰관서에서 사용하는 무전기와 동일한 주파수의 무전기
> ㉡ 긴급자동차가 아닌 자동차에 부착된 경광등, 사이렌 또는 비상등
> ㉢ 「자동차 및 자동차부품의 성능과 기준에 관한 규칙」에서 정하지 아니한 것으로서 안전운전에 현저히 장애가 될 정도의 장치

기출PLUS

기출 2024. 2. 24. 서울시 제1회 시행

「도로교통법」 제49조의 모든 운전자의 준수사항을 이행한 것으로 가장 옳은 것은?

① 자동차의 앞면 창유리와 운전석 좌우 옆면 창유리의 가시광선의 투과율이 대통령령으로 정하는 기준보다 낮아 교통안전 등에 지장을 줄 수 있는 차를 운전한 경우
② 행정안전부령으로 정하는 기준에 적합하지 않은 장치이지만, 자율주행자동차의 신기술 개발을 위한 장치를 장착한 차를 운전한 경우
③ 도로 횡단시설을 이용할 수 없는 지체장애인이나 노인 등이 도로를 횡단하고 있어 서행운전 하는 경우
④ 도로에서 자동차를 세워둔 채 시비·다툼 등의 행위를 하여 다른 차마의 통행을 방해한 경우

기출 2024. 6. 22. 서울시 제2회 시행

「도로교통법 시행령」 제28조에서 자동차 운전석 좌우 옆면 창유리 가시광선 투과율의 기준으로 가장 옳은 것은?

① 30퍼센트　② 40퍼센트
③ 60퍼센트　④ 70퍼센트

기출 2022. 6. 18. 울산광역시 시행

다음 중 자동차 등 또는 노면전차의 운전 중에는 휴대용 전화(자동차용 전화를 포함한다)를 사용이 불가한 경우는?

① 자동차 등 또는 노면전차가 천천히 서행하면서 이동하는 경우
② 안전운전에 장애를 주지 아니하는 장치로서 대통령령으로 정하는 장치를 이용하는 경우
③ 긴급자동차를 운전하는 경우
④ 각종 범죄 및 재해 신고 등 긴급한 필요가 있는 경우

❮정답 ②, ②, ①

⑤ 도로에서 자동차 등(개인형 이동장치는 제외) 또는 노면전차를 세워둔 채 시비·다툼 등의 행위를 하여 다른 차마의 통행을 방해하지 않아야 한다.

⑥ 운전자가 차 또는 노면전차를 떠나는 경우에는 교통사고를 방지하고 다른 사람이 함부로 운전하지 못하도록 필요한 조치를 해야 한다.

⑦ 운전자는 안전을 확인하지 아니하고 차 또는 노면전차의 문을 열거나 내려서는 안 되며, 동승자가 교통의 위험을 일으키지 아니하도록 필요한 조치를 해야 한다.

⑧ 운전자는 정당한 사유 없이 다음의 어느 하나에 해당하는 행위를 하여 다른 사람에게 피해를 주는 소음을 발생시키지 않아야 한다.
　㉠ 자동차 등을 급히 출발시키거나 속도를 급격히 높이는 행위
　㉡ 자동차 등의 원동기 동력을 차의 바퀴에 전달시키지 아니하고 원동기의 회전수를 증가시키는 행위
　㉢ 반복적이거나 연속적으로 경음기를 울리는 행위

⑨ 운전자는 승객이 차 안에서 안전운전에 현저히 장해가 될 정도로 춤을 추는 등 소란행위를 하도록 내버려두고 차를 운행하지 않아야 한다.

⑩ 운전자는 자동차 등 또는 노면전차의 운전 중에는 휴대용 전화(자동차용 전화 포함)를 사용하지 않아야 한다(다만, 다음의 어느 하나에 해당하는 경우는 예외).
　㉠ 자동차 등 또는 노면전차가 정지하고 있는 경우
　㉡ 긴급자동차를 운전하는 경우
　㉢ 각종 범죄 및 재해 신고 등 긴급한 필요가 있는 경우
　㉣ 안전운전에 장애를 주지 아니하는 장치로서 대통령령으로 정하는 장치를 이용하는 경우

⑪ 자동차 등 또는 노면전차 운전 중에는 방송 등 영상물을 수신하거나 재생하는 장치를 통하여 운전자가 운전 중 볼 수 있는 위치에 영상이 표시되지 않도록 하여야 한다(다만, 다음의 어느 하나에 해당하는 경우에는 예외).
　㉠ 자동차 등 또는 노면전차가 정지하고 있는 경우
　㉡ 자동차 등 또는 노면전차에 장착하거나 거치하여 놓은 영상표시장치에 다음의 영상이 표시되는 경우

- 지리안내 영상 또는 교통정보안내 영상
- 국가비상사태·재난상황 등 긴급한 상황을 안내하는 영상
- 운전을 할 때 자동차 등 또는 노면전차의 좌우 또는 전후방을 볼 수 있도록 도움을 주는 영상

⑫ 자동차 등 또는 노면전차의 운전 중에는 영상표시장치를 조작하지 않아야 한다. (다만, 다음의 어느 하나에 해당하는 경우에는 제외)

　　㉠ 자동차 등과 노면전차가 정지하고 있는 경우

　　㉡ 노면전차 운전자가 운전에 필요한 영상표시장치를 조작하는 경우

⑬ 운전자는 자동차의 화물 적재함에 사람을 태우고 운행하지 않아야 한다.

⑭ 그 밖에 시·도경찰청장이 교통안전과 교통질서 유지에 필요하다고 인정하여 지정·공고한 사항에 따라야 한다.

> **🌱 Plus tip**
>
> **불법 부착물 현장 단속**
>
> ㉠ 경찰공무원은 자동차의 앞면 창유리와 운전석 좌우 옆면 창유리에 가시광선의 투과율이 대통령령으로 정하는 기준보다 낮아 교통안전 등에 지장을 줄 수 있는 경우나 교통단속용 장비의 기능을 방해하는 장치를 한 차나 안전운전에 지장을 줄 수 있는 장치를 한 자동차를 발견한 경우에는 현장에서 운전자에게 위반사항을 제거하게 하거나 필요한 조치를 명할 수 있다.
>
> ㉡ 운전자가 명령을 따르지 아니할 때에는 경찰공무원이 직접 위반사항을 제거하거나 필요한 조치를 할 수 있다.

(3) 자율주행자동차 운전자의 준수사항

① 완전 자율주행시스템에 해당하지 아니하는 자율주행시스템을 갖춘 자동차의 운전자는 자율주행시스템의 직접 운전 요구에 지체 없이 대응하여 조향장치, 제동장치 및 그 밖의 장치를 직접 조작하여 운전하여야 한다.

② 운전자가 자율주행시스템을 사용하여 운전하는 경우에는 다음 규정을 적용하지 아니한다.

　　㉠ 운전자는 자동차 등 또는 노면전차의 운전 중에는 휴대용 전화(자동차용 전화 포함)를 사용하지 아니할 것.(다만, 다음의 어느 하나에 해당하는 경우에는 제외)

좌석안전띠를 매지 아니하거나 승차자에게 좌석안전띠를 매지 않도록 하여도 되는 경우로 틀린 것은?

① 부상·질병·장애 또는 임신 등으로 인하여 좌석안전띠의 착용이 적당하지 아니하다고 인정되는 자가 자동차를 운전하거나 승차하는 때

② 자동차를 후진시키기 위하여 운전하는 때

③ 「국민투표법」 및 공직선거관계 법령에 의하여 국민투표운동·선거운동 및 국민투표·선거관리업무에 사용되는 자동차를 운전하거나 승차하는 때

④ 긴급자동차가 그 본래의 용도로 운행되고 있는 때

⑤ 올림픽 대표선수를 환송, 환영하는 자동차를 운전하거나 승차하는 때

◀ 정답 ⑤

- 자동차 등 또는 노면전차가 정지하고 있는 경우
- 긴급자동차를 운전하는 경우
- 각종 범죄 및 재해 신고 등 긴급한 필요가 있는 경우
- 안전운전에 장애를 주지 아니하는 장치로서 대통령령으로 정하는 장치를 이용하는 경우
ⓛ 자동차등 또는 노면전차의 운전 중에는 영상표시장치를 통하여 운전자가 운전 중 볼 수 있는 위치에 영상이 표시되지 아니하도록 할 것. (다만, 다음의 어느 하나에 해당하는 경우에는 제외)
- 자동차 등 또는 노면전차가 정지하고 있는 경우
- 자동차 등 또는 노면전차에 장착하거나 거치하여 놓은 영상표시장치에 다음의 영상이 표시되는 경우
  - 지리안내 영상 또는 교통정보안내 영상
  - 국가비상사태 · 재난상황 등 긴급한 상황을 안내하는 영상
  - 운전을 할 때 자동차 등 또는 노면전차의 좌우 또는 전후방을 볼 수 있도록 도움을 주는 영상
ⓒ 자동차 등 또는 노면전차의 운전 중에는 영상표시장치를 조작하지 아니할 것. (다만, 다음의 어느 하나에 해당하는 경우에는 제외)
- 자동차등 과 노면전차가 정지하고 있는 경우
- 노면전차 운전자가 운전에 필요한 영상표시장치를 조작하는 경우

(3) 특정 운전자 준수사항

① 자동차 운전자는 자동차를 운전할 때에는 좌석안전띠를 매어야 하며, 모든 좌석의 동승자에게도 좌석안전띠를 매도록 하여야 한다.

② 영유아인 경우에는 유아보호용 장구를 장착한 후 좌석안전띠를 매어야 한다.

③ 이륜자동차와 원동기장치자전거(개인형 이동장치는 제외)의 운전자는 인명보호장구를 착용하고 운행하여야 하며, 동승자에게도 인명보호장구를 착용토록 하여야 한다.

④ 자전거등의 운전자는 자전거도로 및 「도로법」에 따른 도로를 운전할 때에는 인명보호 장구를 착용하여야 하며, 동승자에게도 이를 착용하도록 하여야 한다.

⑤ 자전거등의 운전자는 행정안전부령으로 정하는 크기와 구조를 갖추지 아니하여 교통안전에 위험을 초래할 수 있는 자전거를 운전하여서는 아니 된다.

⑥ 자전거등의 운전자는 약물의 영향과 그 밖의 사유로 정상적으로 운전하지 못할 우려가 있는 상태에서 자전거를 운전하여서는 아니 된다.

⑦ 자전거등의 운전자는 밤에 도로를 통행하는 때에는 전조등과 미등을 켜거나 야광띠 등 발광 장치를 착용하여야 한다.

⑧ 개인형 이동장치의 운전자는 행정안전부령으로 정하는 승차정원을 초과하여 등승자를 태우고 개인형 이동장치를 운전하여서는 아니 된다.

> 🏠 **Plus tip**
>
> **개인형 이동장치의 승차정원**
>
> | 전동킥보드 및 전동이륜평행차 | 1명 |
> |---|---|
> | 전동기의 동력만으로 움직일 수 있는 자전거 | 2명 |

> 🏠 **Plus tip**
>
> **좌석안전띠를 매지 않아도 되는 특별한 경우**
>
> ㉠ 부상 · 질병 · 장애 또는 임신 등으로 인하여 좌석안전띠의 착용이 적당하지 아니하다고 인정되는 자가 자동차를 운전하거나 승차하는 때
>
> ㉡ 자동차를 후진시키기 위하여 운전하는 때
>
> ㉢ 신장 · 비만 기타 신체의 상태에 의하여 좌석안전띠의 착용이 적당하지 아니하다고 인정되는 자가 자동차를 운전하거나 승차하는 때
>
> ㉣ 긴급자동차가 그 본래의 용도로 운행되고 있는 때
>
> ㉤ 경호 등을 위한 경찰용 자동차에 의하여 호위되거나 유도되고 있는 자동차를 운전하거나 승차하는 때
>
> ㉥ 국민투표법 및 공직선거관계법령에 의하여 국민투표운동 · 선거운동 및 국민투표 선거관리업무에 사용되는 자동차를 운전하거나 승차하는 때
>
> ㉦ 우편물의 집배, 폐기물의 수집 기타 빈번히 승강하는 것을 필요로 하는 업무에 종사하는 자가 당해 업무를 위하여 자동차를 운전하거나 승차하는 때
>
> ㉧ 「여객자동차 운수사업법」에 의한 여객자동차운송사업용 자동차의 운전자가 승객의 주취 · 약물복용 등으로 좌석안전띠를 매도록 할 수 없거나 승객에게 좌석 안전띠 착용을 안내하였음에도 불구하고 승객이 착용하지 않는 때

기출PLUS

📖 기출 2022. 6. 18. 대전광역시 시행

도로교통법상 좌석안전띠를 매지 않아도 되는 경우가 아닌 것은?

① 자동차를 주차시키고 있을 때
② 긴급자동차가 그 본래의 용도로 운행되고 있는 때
③ 부상 · 질병 · 장애 또는 임신한 자가 자동차를 운전하거나 승차하는 때
④ 경호 등을 위한 경찰용 자동차에 의하여 호위되거나 유도되고 있는 자동차를 운전하거나 승차하는 때

📖 기출 2019. 6. 15. 서울시 제2회 시행

「도로교통법 시행규칙」상 좌석안전띠를 매지 아니하거나 승차자에게 좌석안전띠를 매도록 하지 아니하여도 되는 경우가 아닌 것은?

① 경호 등을 위한 경찰용 자동차에 의하여 호위되거나 유도되고 있는 자동차를 운전하거나 승차하는 때
② 자동차를 후진시키기 위하여 운전하는 때
③ 긴급자동차가 그 본래의 용도로 운행되고 있는 때
④ 여객자동차운송사업용 자동차의 운전자가 운전하는 때

❮정답 ①, ④

❸ 음주운전 방지장치

(1) 음주운전 방지장치
자동차등의 시동을 걸기 전 운전자의 호흡을 측정하여 혈중알코올농도가 기준치 이상인 경우 시동이 걸리지 않도록 하는 장치를 말한다.

(2) 음주운전 방지장치 부착 조건부 운전면허를 받은 운전자등의 준수사항
① 음주운전 방지장치 부착 조건부 운전면허를 받은 사람이 자동차등을 운전하려는 경우 음주운전 방지장치를 설치하고, 시·도경찰청장에게 등록하여야 한다. 등록한 사항 중 행정안전부령으로 정하는 중요한 사항을 변경할 때에도 또한 같다. 다만, ②에 따라 음주운전 방지장치가 설치·등록된 자동차등을 운전하려는 경우에는 그러하지 아니하다.

② 「여객자동차 운수사업법」에 따른 여객자동차 운수사업자의 사업용 자동차, 「화물자동차 운수사업법」에 따른 화물자동차 운수사업자의 사업용 자동차 및 그 밖에 대통령령으로 정하는 자동차등에 음주운전 방지장치를 설치한 자는 시·도경찰청장에게 등록하여야 한다. 등록한 사항 중 행정안전부령으로 정하는 중요한 사항을 변경할 때에도 또한 같다.

③ 음주운전 방지장치 부착 조건부 운전면허를 받은 사람은 음주운전 방지장치가 설치되지 아니하거나 설치기준에 적합하지 아니한 음주운전 방지장치가 설치된 자동차등을 운전하여서는 아니 된다.

④ 누구든지 다음의 어느 하나에 해당하는 경우를 제외하고는 자동차등에 설치된 음주운전 방지장치를 해체하거나 조작 또는 그 밖의 방법으로 효용을 해치는 행위를 하여서는 아니 된다.
　㉠ 음주운전 방지장치의 점검 또는 정비를 위한 경우
　㉡ 폐차하는 경우
　㉢ 교육·연구의 목적으로 사용하는 등 대통령령으로 정하는 사유에 해당하는 경우
　㉣ 음주운전 방지장치의 부착 기간이 경과한 경우

⑤ 누구든지 음주운전 방지장치 부착 조건부 운전면허를 받은 사람을 대신하여 음주운전 방지장치가 설치된 자동차등을 운전할 수 있도록 해당 장치에 호흡을 불어넣거나 다른 부정한 방법으로 음주운전 방지장치가 설치된 자동차등에 시동을 거는 행위를 하여서는 아니 된다.

⑥ ① 및 ②에 따라 음주운전 방지장치의 설치 사항을 시·도경찰청장에게 등록한 자는 연 2회 이상 음주운전 방지장치 부착 자동차등의 운행기록을 시·도경찰청장에게 제출하여야 하며, 음주운전 방지장치의 정상 작동여부 등을 점검하는 검사를 받아야 한다.

⑦ ① 및 ②에 따른 음주운전 방지장치 설치 기준·방법 및 등록 기준·등록 절차, ⑥에 따른 운행기록 제출 및 검사의 시기·방법, 그 밖에 필요한 사항은 행정안전부령으로 정한다.

(3) 음주운전 방지장치 부착 조건부 운전면허

① 음주운전 금지를 위반(자동차등 또는 노면전차를 운전한 경우로 한정한다. 다만, 개인형 이동장치를 운전한 경우는 제외한다. 이하 같다)한 날부터 5년 이내에 다시 위반하여 운전면허 취소처분을 받은 사람이 자동차등을 운전하려는 경우에는 시·도경찰청장으로부터 음주운전 방지장치 부착 조건부 운전면허(이하 "조건부 운전면허"라 한다. 이하 같다)를 받아야 한다.

② 음주운전 방지장치는 조건부 운전면허 발급 대상에게 적용되는 운전면허 결격기간과 같은 기간 동안 부착하며, 운전면허 결격기간이 종료된 다음 날부터 부착기간을 산정한다.

③ ①에 따른 조건부 운전면허의 범위·발급·종류 등에 필요한 사항은 행정안전부령으로 정한다.

(4) 음주운전 방지장치의 설치기준

음주운전 방지장치를 설치하는 경우에는 다음의 기준에 적합하도록 해야 한다.

① 별표 13의2에서 정하는 기준을 갖출 것

② 음주운전 방지장치를 임의로 해체하거나 조작 또는 그 밖의 방법으로 효용을 해칠 수 없도록 할 것

③ 자동차등의 운행에 영향이 없도록 할 것

(5) 음주운전 방지장치의 등록 절차

① (2)의 ①에 따라 음주운전 방지장치를 등록하려는 사람은 음주운전 방지장치 등록(변경)신청서(개인용)를 한국도로교통공단에 제출하고 신분증명서를 제시해야 한다. 다만, 음주운전 방지장치를 등록하려는 사람이 원하는 경우에는 신분증명서 제시를 갈음하여 전자적 방법으로 지문정보를 대조하여 본인 확인을 할 수 있다.

② (2)의 ②에 따라 음주운전 방지장치를 등록하려는 사람은 음주운전 방지장치 등록(변경)신청서(사업자용)를 한국도로교통공단에 제출해야 한다.

③ ① 및 ②에 따라 음주운전 방지장치의 등록을 신청하는 경우 ㉠부터 ㉢까지의 자료를 첨부해야 한다. 다만, ②에 따라 등록하는 경우에는 ㉣에 따른 자료를 추가로 제출해야 한다.

㉠ 음주운전 방지장치 설치확인서

㉡ 자동차등의 소유자와 음주운전 방지장치의 등록신청자가 다른 경우 소유자의 신분증 사본 및 음주운전 방지장치 등록동의서

㉢ 자동차에 부착한 경우 음주운전 방지장치가 부착된 자동차의 등록증 사본(「자동차관리법」에 따라 이륜자동차 사용신고를 한 경우 이륜자동차사용신고필증 사본, 「건설기계관리법」에 따라 건설기계 등록을 한 경우 건설기계등록증 사본). 다만, 등록 및 사용신고 대상이 아닌 경우 음주운전 방지장치를 부착한 사실을 확인할 수 있는 사진

㉣ (2)의 ②에 따라 등록하는 경우 다음 각 목의 어느 하나에 해당하는 자료

- 여객자동차 운수사업자 : 「여객자동차 운수사업법」에 따른 여객자동차운수사업에 관한 면허 · 허가 · 등록 · 인가 또는 신고를 증명하는 서류
- 화물자동차 운수사업자 : 「화물자동차 운수사업법」에 따른 화물자동차운수사업에 관한 면허 · 허가 · 등록 · 인가 또는 신고를 증명하는 서류
- 어린이통학버스 운영자 : 어린이통학버스 신고증명서 및 운영자 신분증 사본.

④ 한국도로교통공단은 ① 및 ②에 따른 등록신청을 받은 경우 그 사실을 음주운전 방지장치 등록대장에 기재하고, 음주운전 방지장치 등록증명서를 발급해야 한다.

⑹ 음주운전 방지장치의 변경등록

① (2)의 ① 후단에서 "행정안전부령으로 정하는 중요한 사항"이란 다음의 사항을 말한다.

㉠ 부착한 음주운전 방지장치의 장치명 등 장치 정보

㉡ 차종, 차대번호 등 음주운전 방지장치가 부착된 자동차등의 정보

② (2)의 ② 후단에서 "행정안전부령으로 정하는 중요한 사항"이란 다음의 사항을 말한다.

㉠ 부착한 음주운전 방지장치의 장치명 등 장치 정보

㉡ 다음의 어느 하나에 해당하는 정보

- 차종, 차대번호 등 음주운전 방지장치가 부착된 자동차에 관한 정보

- 사업자 상호 및 대표자 명의(「여객자동차 운수사업법」에 따른 여객자동차 운수사업자와 「화물자동차 운수사업법」에 따른 화물자동차 운수사업자의 경우만 해당한다)
- 운영자 명의(어린이통학버스 운영자의 경우만 해당한다)

③ 음주운전 방지장치를 등록한 사람(이하 "음주운전 방지장치 등록자"라 한다)은 ① 및 ②의 어느 하나에 해당하는 사항이 변경된 경우 변경된 날부터 14일 이내에 시·도경찰청장에게 변경등록을 신청해야 한다. 이 경우 변경등록 신청 절차는 음주운전 방지장치의 등록 절차를 준용한다.

(7) 음주운전 방지장치의 등록 말소

① 음주운전 방지장치 등록자 및 음주운전 방지장치가 부착된 자동차등의 소유자는 다음의 어느 하나에 해당하는 사유가 있는 경우 한국도로교통공단에 음주운전 방지장치의 등록 말소를 신청할 수 있다. 다만, ⓒ에 해당하는 경우에는 그 사유가 발생한 날부터 30일 이내에 등록 말소를 신청해야 한다.
ⓐ 음주운전 방지장치 부착기간이 지난 경우
ⓑ 해당 음주운전 방지장치를 사용하지 않는 경우
ⓒ 고장·파손·분실 등으로 인해 음주운전 방지장치가 본래의 기능을 회복할 수 없게 되거나 멸실된 경우

② 한국도로교통공단은 다음 각 호의 어느 하나에 해당하는 경우에는 지체 없이 직권으로 음주운전 방지장치의 등록을 말소해야 한다.
ⓐ ①의 ⓒ에 따라 등록 말소를 신청해야 할 사람이 신청하지 않은 경우
ⓑ 속임수나 그 밖의 부정한 방법으로 등록한 경우
ⓒ 운행기록 제출과 음주운전 방지장치 정상 작동여부 검사를 이행하지 않은 기간이 30일을 초과하는 경우

③ 한국도로교통공단은 ②에 따라 직권으로 음주운전 방지장치의 등록을 말소한 경우 음주운전 방지장치 등록자에게 이를 알려야 한다. 이 경우 음주운전 방지장치 등록자와 음주운전 방지장치가 설치된 자동차등의 소유자가 다른 경우에는 소유자에게도 알려야 한다.

(8) 음주운전 방지장치의 검사 기간과 기준 및 방법

① 음주운전 방지장치 등록자는 다음의 어느 하나에 해당하는 날부터 6개월마다 정기적으로 음주운전 방지장치의 정상 작동여부 등을 점검하는 검사(이하 "정기검사"라 한다)를 받아야 한다.

ㄱ 신규 등록한 경우 : 신규 등록한 날

ㄴ 정기검사 기간 내에 정기검사를 받은 경우 : 정기검사 유효기간 만료일(①의 어느 하나에 해당하는 날부터 6개월이 되는 날을 말한다. 이하 같다)의 다음 날

ㄷ 정기검사 기간을 지나 검사를 받은 경우 : 검사를 받은 날의 다음 날

② ①에 따른 정기검사 기간은 정기검사 유효기간 만료일 전후 각각 15일 이내로 한다.

③ 정기검사는 한국도로교통공단에서 실시하며, 검사기준 및 방법은 별표 13의 3과 같다.

④ 음주운전 방지장치 등록자가 ①의 어느 하나에 해당하는 날부터 1년간 정기검사를 2회 받은 경우 연 2회 검사를 받은 것으로 본다.

(9) 음주운전 방지장치의 운행기록 제출

① 음주운전 방지장치 등록자는 해당 장치에 기록된 운행기록을 정기검사 기간 말일의 다음 날부터 6개월마다 제출해야 한다. 이 경우 정기검사 기간 말일의 다음 날부터 1년간 운행기록을 2회 제출한 경우 연 2회 제출한 것으로 본다.

② ①에 따른 음주운전 방지장치 운행기록의 제출은 정기검사를 받을 때 운행기록이 저장된 음주운전 방지장치를 한국도로교통공단에 제시하는 방법으로 한다.

③ 한국도로교통공단은 ②에 따라 제출받은 운행기록을 3년간 보관·관리해야 한다.

(10) 음주운전 방지장치 검사의 신청

정기검사를 받으려는 음주운전 방지장치 등록자는 음주운전 방지장치 검사신청서를 한국도로교통공단에 제출하고 해당 자동차등을 제시해야 한다.

(11) 음주운전 방지장치 검사 기간 경과의 통지

한국도로교통공단은 등록된 음주운전 방지장치 중 정기검사 기간이 지난 장치를 조사하여 그 기간이 지난날부터 10일 이내에 음주운전 방지장치 등록자에게 다음의 사항을 우편, 전자우편 또는 휴대전화를 이용한 문자메시지 등으로 통지해야 한다.

① 정기검사 기간이 지난 사실

② 정기검사를 받지 않는 경우에 부과되는 과태료의 금액 및 근거 법규

(12) 음주운전 방지장치 검사의 실시

① 정기검사 신청을 받은 한국도로교통공단은 검사를 실시하고 그 결과를 음주운전 방지장치 검사표에 기록하여 그때부터 3년간 보관해야 한다.

② 한국도로교통공단은 ①에 따른 검사결과가 검사기준에 적합한지를 판정하여 음주운전 방지장치 검사결과 통지서를 발급해야 한다. 이 경우 검사결과 부적합한 사항이 경미한 경우로서 다음의 어느 하나에 해당하지 않으면 적합판정을 하고 음주운전 방지장치 등록자에게 그 시정을 권고할 수 있다.

   ㉠ 음주 측정이 안 되는 경우

   ㉡ 음주 측정 결과값이 정확하지 않은 경우

   ㉢ 시동제한 기능에 오류가 있는 경우

   ㉣ 운행기록이 정상적으로 저장되지 않는 경우

   ㉤ 카메라가 운전자의 얼굴을 식별 가능한 상태로 촬영할 수 없는 경우

③ 한국도로교통공단은 ②에 따라 시정을 권고하는 경우 음주운전 방지장치 시정 권고 통지서를 발급해야 한다.

⒀ 음주운전 방지장치의 재검사

① 정기검사결과 부적합 판정을 받은 음주운전 방지장치 등록자는 음주운전 방지장치 검사결과 통지서를 받은 날부터 10일 이내에 재검사를 받아야 한다. 이 경우 재검사 신청은 음주운전 방지장치 검사의 신청을 준용한다.

② 한국도로교통공단은 ①에 따라 재검사 신청을 받은 경우 부적합한 항목에 대하여 다시 검사해야 한다.

③ ①에 따른 재검사기간 내에 적합판정을 받은 경우에는 음주운전 방지장치 검사결과 통지서를 받은 날에 검사를 받은 것으로 본다.

⒁ 음주운전 방지장치 부착 조건부 운전면허

① 시·도경찰청장은 음주운전 방지장치 부착 조건부 운전면허를 받을 사람에게 음주운전 방지장치가 부착된 자동차등만을 운전하도록 하는 조건을 붙여야 한다.

② ①에 따른 조건의 부과기준은 별표 20과 같다. 다만, 운전면허를 받을 사람의 신체 상태 또는 운전능력에 따라 부과할 수 있다.

③ 조건 부과의 통지 및 기재는 다음을 준용한다.

   ㉠ 시·도경찰청장이 운전에 필요한 조건을 붙이거나 바꾼 때에는 그 내용을 한국도로교통공단에 통보하고, 그 통보를 받은 한국도로교통공단은 운전면허의 조건이 부과되거나 변경되는 사람에게 조건부과(변경)통지서에 따라 그 내용을 통지하여야 한다.

   ㉡ 한국도로교통공단은 ㉠에 따라 시·도경찰청장으로부터 통보를 받은 때에는 그 사람의 운전면허증과 자동차운전면허대장, 정기적성검사대장 또는 수시적성검사대장에 그 내용을 기재하여야 한다.

기출PLUS

기출 2022. 6. 18. 서울시 보훈청 시행

「도로교통법」상 어린이통학버스에 대한 설명으로 가장 옳지 않은 것은?

① 모든 차의 운전자는 어린이나 영유아를 태우고 있다는 표시를 한 상태로 도로를 통행하는 어린이통학버스를 앞지르지 못한다.
② 어린이통학버스로 사용할 수 있는 자동차는 관할시·도지사의 령으로 정하는 자동차로 한정한다.
③ 중앙선이 설치되지 아니한 도로와 편도 1차로인 도로에서는 반대방향에서 진행하는 차의 운전자도 어린이 통학버스에 이르기 전에 일시 정지하여 안전을 확인한 후 서행하여야 한다.
④ 어린이통학버스로 사용할 수 있는 자동차는 도색·표지, 보험가입, 소유 관계 등 대통령령으로 정하는 요건을 갖추어야 한다.

기출 2022. 4. 23. 경기도 시행

다음 중 어린이통학버스에 신고에 관한 사항으로 맞는 내용은?

① 시·도경찰청장은 신고서를 접수한 경우 구비요건을 확인한 후 기준에 적합한 때에는 어린이통학버스 신고증명서를 교부하여야 한다.
② 어린이통학버스 신고증명서는 그 자동차의 앞면 창유리 우측하단의 보기 쉬운 곳에 부착하여야 한다.
③ 어린이통학버스 신고증명서를 잃어버리거나 헐어 못쓰게 된 때에는 어린이통학버스 신고증명서 재교부신청서를 도로교통공단에 제출하여 다시 교부받아야 한다.
④ 어린이통학버스 신고증명서가 헐어 못쓰게 되어 다시 신청하는 때에는 어린이통학버스 신고증명서 재교부신청서에 헐어 못쓰게 된 신고증명서를 첨부하여 관할 경찰서장에게 제출하여야 한다.

❮정답 ②, ④

02 어린이통학버스

① 특별보호 및 신고

(1) 어린이통학버스의 특별보호

① 어린이통학버스가 도로에 정차하여 어린이나 영유아가 타고 내리는 중임을 표시하는 점멸등 등의 장치를 작동 중일 때에는 어린이통학버스가 정차한 차로와 그 차로의 바로 옆 차로로 통행하는 차의 운전자는 어린이통학버스에 이르기 전에 일시정지하여 안전을 확인한 후 서행하여야 한다.

② 중앙선이 설치되지 아니한 도로와 편도 1차로인 도로에서는 반대방향에서 진행하는 차의 운전자도 어린이통학버스에 이르기 전에 일시정지하여 안전을 확인한 후 서행하여야 한다.

③ 모든 차의 운전자는 어린이나 영유아를 태우고 있다는 표시를 한 상태로 도로를 통행하는 어린이통학버스를 앞지르지 못한다.

(2) 어린이통학버스의 신고 등

① 어린이통학버스를 운영하려는 자는 행정안전부령으로 정하는 바에 따라 미리 관할 경찰서장에게 신고하고 신고증명서를 발급받아야 한다.

　※ 「여객자동차 운수사업법」에 따른 한정면허를 받아 어린이를 여객대상으로 하여 운행되는 운송사업용 자동차는 제외한다)

② 어린이통학버스를 운영하는 자는 어린이통학버스 안에 제1항에 따라 발급받은 신고증명서를 항상 갖추어 두어야 한다.

③ 어린이통학버스로 사용할 수 있는 자동차는 행정안전부령으로 정하는 자동차로 한정한다. 이 경우 그 자동차는 도색·표지, 보험가입, 소유 관계 등 대통령령으로 정하는 요건을 갖추어야 한다.

④ 누구든지 신고를 하지 아니하거나 어린이를 여객대상으로 하는 한정면허를 받지 아니하고 어린이통학버스와 비슷한 도색 및 표지를 하거나 이러한 도색 및 표지를 한 자동차를 운전하여서는 아니 된다.

② 운전자 및 운영자의 의무

(1) 어린이통학버스를 운전하는 사람

① 어린이나 영유아가 타고 내리는 경우에만 점멸등 등의 장치를 작동해야 하며, 어린이나 영유아를 태우고 운행 중인 경우에만 어린이나 영유아를 태우고 있다는 표시를 하여야 한다.

② 어린이나 영유아가 어린이통학버스를 탈 때에는 승차한 모든 어린이나 영유아가 좌석안전띠를 매도록 한 후에 출발하여야 하며, 내릴 때에는 보도나 길가장자리구역 등 자동차로부터 안전한 장소에 도착한 것을 확인 후에 출발하여야 한다.(다만 좌석안전띠 착용과 관련하여 질병 등으로 인하여 좌석안전띠를 매는 것이 곤란하거나 행정안전부령으로 정하는 사유가 있는 경우에는 그러하지 아니하다.)

③ 어린이통학버스에 어린이나 영유아를 태울 때에는 성년인 사람 중 어린이통학버스를 운영하는 자가 지명한 보호자를 함께 태우고 운행하여야 한다.

④ 동승한 보호자는 어린이나 영유아가 승차 또는 하차하는 때에는 자동차에서 내려서 어린이나 영유아가 안전하게 승하차하는 것을 확인하고 운행 중에는 어린이나 영유아가 좌석에 앉아 좌석안전띠를 매고 있도록 하는 등 어린이 보호에 필요한 조치를 하여야 한다.

⑤ 어린이통학버스 운행을 마친 후 어린이나 영유아가 모두 하차하였는지를 확인하여야 한다.

⑥ 어린이통학버스를 운전하는 사람이 어린이나 영유아의 하차여부를 확인할 때에는 행정안전부령으로 정하는 어린이나 영유아의 하차를 확인할 수 있는 장치(이하 "어린이 하차 확인 장치")를 작동하여야 한다.

(2) 어린이통학버스를 운영하는 사람

① 어린이통학버스를 운영하는 자는 보호자를 함께 태우고 운행하는 경우에는 행정안전부령으로 정하는 보호자 동승을 표시하는 표지(보호자 동승표지)를 부착할 수 있으며, 누구든지 보호자를 함께 태우지 아니하고 운행하는 경우에는 보호자 동승표지를 부착하여서는 아니 된다.

② 어린이통학버스를 운영하는 자는 좌석안전띠 착용 및 보호자 동승 확인 기록(안전운행기록)을 작성, 보관하고 매 분기 어린이통학버스를 운영하는 시설을 감독하는 주무기관의 장에게 안전운행기록을 제출하여야 한다.

「도로교통법」상 어린이통학버스 운영자 등에 대한 안전교육 중 〈보기〉의 ㈎에 들어갈 말로 가장 옳은 것은?

• 보기 •
어린이통학버스를 운영하는 사람과 운전하는 사람은 어린이통학버스 안전교육을 받아야 한다. 어린이통학버스 안전교육 중 정기 안전교육은 어린이통학버스를 계속하여 운전하는 사람과 운전하는 사람 및 동승한 보호자를 대상으로 (가) 마다 정기적으로 실시하는 교육이다.

① 1년　　② 2년
③ 3년　　④ 5년

② 안전교육 및 위반정보 제공

(1) 어린이통학버스 운영자 등에 대한 안전교육

① 안전교육 : 어린이통학버스를 운영하는 사람·운전하는 사람·동승한 보호자는 어린이통학버스의 안전운행 등에 관한 교육을 받아야 한다.

② 어린이통학버스 안전교육의 실시
　㉠ 신규 안전교육 : 어린이통학버스를 운영하려는 사람·운전하려는 사람·동승하는 보호자를 대상으로 그 운영, 운전 또는 동승을 하기 전에 실시하는 교육
　㉡ 정기 안전교육 : 어린이통학버스를 계속하여 운영하는 사람·운전하는 사람·동승한 보호자를 대상으로 2년마다 정기적으로 실시하는 교육

③ 어린이통학버스를 운영하는 사람은 어린이통학버스 안전교육을 받지 아니한 사람에게 어린이통학버스를 운전하게 하거나 어린이통학버스에 동승하게 하여서는 아니 된다.

④ 그 밖에 어린이통학버스 안전교육의 방법·절차 등에 관하여 필요한 사항은 대통령령으로 정한다.

(2) 어린이통학버스의 위반 정보 등 제공

① 경찰서장은 어린이통학버스를 운영하는 사람이나 운전하는 사람이 법을 위반한 후 어린이를 사상(死傷)하는 사고를 유발한 때에는 어린이 교육시설을 감독하는 주무기관의 장에게 그 정보를 제공하여야 한다.

② 경찰서장 및 어린이 교육시설을 감독하는 주무기관의 장은 ①에 따른 정보를 해당 기관에서 운영하는 홈페이지에 각각 게재하여야 한다.

③ ①에 따른 정보 제공의 구체적 기준·방법 및 절차 등 필요한 사항은 행정안전부령으로 정한다.

> 🌀 Plus tip 시험에 잘 출제되는 어린이통학버스
>
> | 인승 | 9인승 이상(11인승 ×) |
> |---|---|
> | 신고 | 경찰서장(시·도경찰청장 ×) |
> | 행위 | 일시정지(서행 ×) |
> | 안전교육 | 3시간(운행자, 운영자)(2시간 ×) |
> | 재교육 | 2년마다(1년마다 ×) |

《 정답 ②

03 사고발생 조치, 교통안전교육

① 교통사고

(1) 교통사고시의 조치

차 또는 노면전차의 운전 등 교통으로 인하여 사람을 사상하거나 물건을 손괴 (이하 "교통사고")한 경우에는 그 차 또는 노면전차의 운전자나 그 밖의 승무원(이하 "운전자등")은 즉시 정차하여 다음의 조치를 하여야 한다.

① 사상자를 구호하는 등 필요한 조치

② 피해자에게 인적 사항(성명 · 전화번호 · 주소 등) 제공

(2) 신고사항

① 차 또는 노면전차의 운전자 등은 경찰공무원이 현장에 있을 때에는 그 경찰공무원에게 지체 없이 신고하여야 한다.

② 경찰공무원이 현장에 없을 때에는 가장 가까운 국가경찰관서(지구대, 파출소 및 출장소를 포함)에 다음의 사항을 지체 없이 신고하여야 한다. 다만, 차 또는 노면전차만 손괴된 것이 분명하고 도로에서의 위험방지와 원활한 소통을 위하여 필요한 조치를 한 경우에는 그러하지 아니하다.
  ⊙ 사고가 일어난 곳
  ⊙ 사상자 수 및 부상 정도
  ⊙ 손괴한 물건 및 손괴 정도
  ⊙ 그 밖의 조치사항 등

(3) 경찰공무원의 지시사항

① 신고를 받은 국가경찰관서의 경찰공무원은 부상자의 구호와 그 밖의 교통 위험 방지를 위하여 필요하다고 인정하면 경찰공무원(자치경찰공무원은 제외)이 현장에 도착할 때까지 신고한 운전자 등에게 현장에서 대기할 것을 명할 수 있다.

② 경찰공무원은 교통사고를 낸 차 또는 노면전차의 운전자 등에 대하여 그 현장에서 부상자의 구호와 교통안전을 위하여 필요한 지시를 명할 수 있다.

③ 경찰공무원(자치경찰공무원은 제외)은 교통사고가 발생한 경우에는 대통령령으로 정하는 바에 따라 필요한 조사를 하여야 한다.

(4) 사고시 운전계속 및 사고조치 방해금지

① 사고시 계속 운전할 수 있는 경우 : 다음에 해당하는 경우 운전자는 동승자 등으로 하여금 교통사고 조치나 신고하게 한 후 운전을 계속할 수 있다.
  ㉠ 긴급자동차
  ㉡ 부상자를 운반 중인 차
  ㉢ 우편물자동차 및 노면전차 등

② 사고발생 시 조치에 대한 방해의 금지 : 교통사고가 일어난 경우에는 누구든지 운전자등의 조치 또는 신고행위를 방해하여서는 아니 된다.

❷ 교통안전교육

(1) 교통안전교육

① 교육 내용
  ㉠ 운전자가 갖추어야 하는 기본예절
  ㉡ 도로교통에 관한 법령과 지식
  ㉢ 안전운전 능력
  ㉣ 교통사고의 예방과 처리에 관한 사항
  ㉤ 어린이 · 장애인 및 노인의 교통사고 예방에 관한 사항
  ㉥ 친환경 경제운전에 필요한 지식과 기능
  ㉦ 긴급자동차에 길터주기 요령
  ㉧ 그 밖에 교통안전의 확보를 위하여 필요한 사항

「도로교통법령」상 운전면허를 받으려는 사람이 시험에 응시하기 전에 받아야 하는 교통안전교육에 대한 설명으로 가장 옳지 않은 것은?

① 교통안전교육은 시청각교육 등의 방법으로 1시간 실시한다.
② 운전면허 및 자동차관리에 관한 교통안전교육을 받아야 한다.
③ 교육의 과목 · 내용 · 방법 및 시간 등에 관하여 필요한 사항은 행정안전부령으로 정한다.
④ 운전자가 갖추어야 하는 기본예절에 관한 교통안전교육을 받아야 한다.

다음 중 교통안전교육에서의 교육사항이 아닌 것은?

① 기본예절
② 법령과 지식
③ 안전운전능력
④ 자율주행자동차의 기식과 기능

신규로 교통안전교육을 받으려는 사람이 받는 교통안전교육의 내용으로 옳은 것은?

① 음주운전 주요 원인
② 알코올이 운전에 미치는 영향
③ 친환경 경제운전에 필요한 지식과 기능
④ 보복운전과 교통안전

정답 ②, ④, ③

운전면허를 받으려는 사람

㉠ 운전면허를 받으려는 사람은 대통령령으로 정하는 바에 따라 자동차등 및 도로교통에 관한 법령에 대한 지식, 자동차등의 관리방법과 안전운전에 필요한 점검의 요령 시험에 응시하기 전에 다음 각 호의 사항에 관한 교통안전교육을 받아야 한다.

㉡ 운전면허를 다시 받으려고 특별교통안전 의무교육을 받은 사람과 자동차운전전문학원에서 학과교육을 수료한 사람은 교통안전교육을 받지 않아도 된다.

㉢ 운전면허를 신규로 받으려는 사람의 교육시간(시청각교육 방법) : 1시간

② **교통안전교육의 실시** : 교통안전교육은 운전면허 학과시험 전에 함께 실시할 수 있다. 교육과목, 교육내용 및 교육방법은 교통여건 등 변화에 따라 조정할 수 있다.

(2) 특별교통안전교육

① **특별교통안전 의무교육 대상**

㉠ 운전면허 취소처분을 받은 사람으로서 운전면허를 다시 받으려는 사람

㉡ 운전면허효력 정지처분을 받게 되거나 받은 사람으로서 그 정지기간이 끝나지 아니한 사람

㉢ 운전면허 취소처분 또는 운전면허효력 정지처분이 면제된 사람으로서 면제된 날부터 1개월이 지나지 아니한 사람

㉣ 운전면허효력 정지처분을 받게 되거나 받은 초보운전자로서 그 정지기간이 끝나지 아니한 사람

㉤ 어린이보호구역에서 운전 중 어린이를 사상하는 사고를 유발하여 벌점을 받은 날부터 1년 이내인 사람

② **특별교통안전 권장교육 대상** : 1년 이내에 해당 교육을 받지 아니한 사람에 한정한다.

㉠ 교통법규 위반 등의 사유로 인하여 운전면허효력 정지처분을 받게 되거나 받은 사람

㉡ 교통법규 위반 등으로 인하여 운전면허효력 정지처분을 받을 가능성이 있는 사람

㉢ 특별교통안전 의무교육을 받은 사람

㉣ 운전면허를 받은 사람 중 교육을 받으려는 날에 65세 이상인 사람

기출 2021. 4. 10. 대구광역시 시행

교통안전교육 등에 대한 설명으로 옳은 것은?

① 시·도경찰청장은 지정이 취소된 교통안전교육기관을 설립·운영한 자가 그 지정이 취소된 날로부터 4년 이내에 설립·운영하는 기관 또는 시설을 교통안전교육기관으로 지정하여서는 아니 된다.

② 교통안전교육강사는 도로교통 관련 행정 또는 교육 업무에 1년 이상 종사한 경력이 있는 사람으로서 대통령령으로 정하는 교통안전교육강사 자격교육을 받은 사람이 될 수 있다.

③ 시·도경찰청장은 교통안전교육기관이 시정명령을 받고 30일 이내에 시정하지 아니한 경우 2년 이내의 기간을 정하여 운영의 정지를 명할 수 있다

④ 교통안전교육기관의 장은 해당 교통안전교육기관의 운영을 1개월 이상 정지하거나 폐지하려면 정지 또는 폐지하려는 날의 7일 전까지 시·도경찰청장에게 신고하여야 한다.

기출 2022. 6. 18. 인천광역시 시행

다음 중 특별교통안전 권장교육의 종류가 아닌 것은?

① 벌점감경교육
② 배려운전교육
③ 현장참여교육
④ 고령운전교육

◀정답 ④, ②

다음 중 교통안전교육관련 내용으로 옳지 않은 설명은?

① 75세 이상인 사람으로서 운전 면허를 받으려는 사람은 교통 안전교육을 받아야 한다.

② 교통안전교육 기관이나 시설은 대통령령으로 정하는 시설·설비 및 강사 등의 요건을 갖추어야 한다.

③ 도로교통 관련 행정 또는 교육 업무에 2년 이상 종사한 경력이 있는 사람으로서 대통령령으로 정하는 교통안전교육강사 자격교육을 받은 사람은 20세 미만인 사람도 강사가 가능하다.

④ 교통안전교육기관의 장은 해당 교통안전교육기관의 운영을 1개월 이상 정지하거나 폐지하려면 정지 또는 폐지하려는 날의 7일 전까지 행정안전부령으로 정하는 바에 따라 시·도경찰청장에게 신고하여야 한다.

◀ 정답 ③

③ 특별교통안전 의무교육 및 특별교통안전 권장교육 교육내용 및 시간

　ⓐ 교육내용

　　• 교통질서

　　• 교통사고와 그 예방

　　• 안전운전의 기초

　　• 교통법규와 안전

　　• 운전면허 및 자동차관리

　　• 그 밖에 교통안전의 확보를 위하여 필요한 사항

　ⓑ 강의방법 및 시간

　　• 강의 방법 : 강의·시청각교육 또는 현장체험교육

　　• 강의 시간 : 3시간 이상 48시간 이하로 각각 실시

　　• 실시기관 : 도로교통공단

③ 긴급자동차의 운전자의 교육

　ⓐ 긴급자동차 교통안전교육 : 긴급자동차의 운전업무에 종사하는 사람은 대통령령으로 정하는 바에 따라 정기적으로 긴급자동차의 안전운전 등에 관한 교육을 받아야 한다.

　ⓑ 긴급자동차 교통안전교육의 구분

　　• 신규 교통안전교육 : 최초로 긴급자동차를 운전하려는 사람을 대상으로 실시하는 교육

　　• 정기 교통안전교육 : 긴급자동차를 운전하는 사람을 대상으로 3년마다 정기적으로 실시하는 교육. 이 경우 직전에 긴급자동차 교통안전교육을 받은 날부터 기산하여 3년이 되는 날이 속하는 해의 1월 1일부터 12월 31일 사이에 교육을 받아야 한다.

　ⓒ 교육기관 : 도로교통공단(다만, 긴급자동차 교통안전교육 대상자가 국가기관 및 지방자치단체에 소속된 사람인 경우에는 소속 기관에서 실시하는 교육훈련의 방법으로 실시할 수 있다.)

　ⓓ 교육내용

　　• 긴급자동차와 관련된 도로교통법령

　　• 긴급자동차의 주요 특성

　　• 긴급자동차 교통사고의 주요 사례

　　• 교통사고 예방 및 방어운전

　　• 긴급자동차 운전자의 마음가짐

ⓛ 강의방법 및 시간
- 강의 방법 : 강의 · 시청각교육 등의 방법
- 강의 시간 : 신규 교통안전교육은 3시간 이상, 정기 교통안전교육은 2시간 이상 실시

> **Plus tip**
>
> 제73조 제5항 : 75세 이상인 사람으로서 운전면허를 받으려는 사람은 시험에 응시하기 전에, 운전면허증 갱신일에 75세 이상인 사람은 운전면허증 갱신기간 이내에 각각 다음 사항에 관한 교통안전교육을 받아야 한다.
> ㄱ 노화와 안전운전에 관한 사항
> ㄴ 약물과 운전에 관한 사항
> ㄷ 기억력과 판단능력 등 인지능력별 대처에 관한 사항
> ㄹ 교통관련 법령 이해에 관한 사항

1 다음 중 안전운전상 위반이 되는 운전행위에 해당되는 것은?

① 피로방지를 위해 휴식을 자주한 행위
② 주취 중이므로 차주의 운전명령을 거부한 행위
③ 약물중독 상태이기 때문에 타인에게 운전을 하게 한 행위
④ 피로를 극복하기 위해 각성제를 복용하고 계속 운전한 행위

1.

과로운전의 금지 : 자동차 등 또는 노면전차의 운전자는 과로·질병·약물(마약·대마·향정신성의약품)의 영향과 그 밖의 사유로 정상적으로 운전하지 못할 우려가 있는 상태에서 자동차 등 또는 노면전차를 운전하여서는 안 된다.

2 다음 중 무면허운전이 되는 것은?

① 면허의 정지기간 중에 운전하는 행위
② 외국에서 발급받은 국제운전면허증으로 운전하는 행위
③ 면허증을 분실한 후 신고하지 아니하고 운전하는 행위
④ 운전연습지도 허가를 받은 사람으로부터 운전연습지도를 받은 행위

2.

무면허운전
㉠ 면허를 받지 않는 자가 운전하는 경우
㉡ 면허의 취소처분을 받은자 운전하는 경우
㉢ 시험은 합격했으나 면허증 교부 전에 운전하는 경우
㉣ 해당 면허 외의 운전(제2종 면허로 제1종 면허가 필요한 자동차를 운전하는 경우 등)

3 다음 중 운전자의 준수사항에 관한 설명 중 잘못된 것은?

① 승객을 태우고 운행 중 급유해도 된다.
② 어린이가 횡단보도로 횡단하고 있을 때에는 일시정지해야 한다.
③ 자동차의 화물 적재함에 사람을 태우고 운행하여서는 안 된다.
④ 도로에서 자동차를 세워두고 다툼을 해서는 안 된다.

3.

① 운전자의 준수사항에 포함되지 않는다.

4 도로교통법에서 정한 운전이 금지되는 술에 취한 상태의 기준으로 옳은 것은?

① 혈중알코올농도 0.03퍼센트 이상인 상태로 운전
② 혈중알코올농도 0.08퍼센트 이상인 상태로 운전
③ 혈중알코올농도 0.1퍼센트 이상인 상태로 운전
④ 혈중알코올농도 0.12퍼센트 이상인 상태로 운전

5 다음 중 음주운전에 대한 설명으로 옳은 것은?

① 호흡 측정에 의한 음주측정 결과에 불복하는 경우 다시 호흡측정을 할 수 있다.
② 이미 운전이 종료되고 귀가하여 교통안전과 위험 방지의 필요성이 소멸되었다면 음주측정 대상이 아니다.
③ 자동차가 아닌 건설기계관리법상 건설기계는 도로교통법상 음주운전 금지대상이다.
④ 술에 취한 상태에 있다고 인정할 만한 상당한 이유가 있음에도 경찰공무원의 음주 측정에 응하지 않은 사람은 운전면허가 취소된다.

6 조건부 운전면허를 받은 사람이 음주운전 방지장치를 설치한 후 이를 등록해야 하는 기관은?

① 시 · 도경찰청장
② 시 · 도지사
③ 한국도로교통공단
④ 시 · 군 · 구청

Answer ▶ 4.① 5.④ 6.①

7 음주운전 방지장치를 해체하거나 효용을 해칠 수 있는 경우는?

① 음주운전 방지장치의 점검 또는 정비를 위한 경우

② 폐차하는 경우

③ 음주운전 방지장치의 부착 기간이 경과한 경우

④ 음주운전 방지장치가 부착된 자동차를 제3자가 운전하는 경우

8 자율주행자동차 운전자의 마음가짐으로 옳지 않은 것은?

① 자율주행자동차이므로 술에 취한 상태에서 운전해도 된다.

② 과로한 상태에서 자율주행자동차를 운전하면 아니 된다.

③ 자율주행자동차라 하더라도 향정신성의약품을 복용하고 운전하면 아니 된다.

④ 자율주행자동차의 운전 중에 휴대용 전화 사용이 가능하다.

7.

누구든지 다음의 어느 하나에 해당하는 경우를 제외하고는 자동차등에 설치된 음주운전 방지장치를 해체하거나 조작 또는 그 밖의 방법으로 효용을 해치는 행위를 하여서는 아니 된다〈법 제50조의3 제4항〉.

㉠ 음주운전 방지장치의 점검 또는 정비를 위한 경우

㉡ 폐차하는 경우

㉢ 교육·연구의 목적으로 사용하는 등 대통령령으로 정하는 사유에 해당하는 경우

㉣ 음주운전 방지장치의 부착 기간이 경과한 경우

8.

① 누구든지 술에 취한 상태에서 자동차등, 노면전차 또는 자전거를 운전하여서는 아니 된다.

※ 자율주행자동차 운전자의 준수사항 등〈법 제56조의2〉

㉠ 행정안전부령으로 정하는 완전 자율주행시스템에 해당하지 아니하는 자율주행시스템을 갖춘 자동차의 운전자는 자율주행시스템의 직접 운전 요구에 지체 없이 대응하여 조향장치, 제동장치 및 그 밖의 장치를 직접 조작하여 운전하여야 한다.

㉡ 운전자가 자율주행시스템을 사용하여 운전하는 경우에는 휴대용 전화사용금지, 영상표시장치 시청금지 및 영상표시장치 조작금지를 적용하지 아니한다.

Answer 7.④ 8.①

9 연습운전면허를 받은 사람의 준수사항으로 옳지 않은 것은?

① 운전면허를 받은 날부터 2년이 경과된 사람과 함께 승차해야 한다.

② 주행연습 외의 목적으로 운전하여서는 안 된다.

③ 주행연습 중이라는 사실을 다른 차의 운전자가 알 수 있도록 해야 한다.

④ 주행연습이라는 표지는 운전석을 중심으로 하여 앞면유리 좌측 하단에 부착한다.

10 교통사고 발생시 동승자로 하여금 신고 및 구호 등에 필요한 조치를 하게 하고 계속 운전할 수 없는 경우는?

① 업무수행중인 특수자동차

② 부상자를 운반 중인 자동차

③ 화재현장으로 출동 중인 소방자동차

④ 긴급우편물을 운반 중인 자동차

11 특별교통안전 의무교육을 받아야 할 대상자가 아닌 것은?

① 모든 운전자와 적성검사 미필자

② 운전면허 취소자

③ 운전면허효력 정지처분을 받은 자

④ 어린이 보호구역에서 사고를 유발하여 벌점을 받은 자

9.

운전석을 중심으로 하며 앞면유리 우측 하단 및 뒷면유리 중앙상단(제1종 보통연습면허의 경우에는 뒤 적재함 중앙)에 각각 부착한다.

10.

긴급자동차, 부상자를 운반중인 차, 우편물자동차 및 노면전차 등의 운전자는 긴급한 경우에는 동승자 등으로 하여금 교통사고 신고와 구호 등에 필요한 조치를 하게 하고 운전을 계속할 수 있다.

11.

다음의 어느 하나에 해당하는 사람은 특별교통안전 의무교육을 받아야 한다. 이 경우 부득이한 사유가 있으면 대통령령으로 정하는 바에 따라 의무교육의 연기(延期)를 받을 수 있다(법 제73조 제2항).

1. 운전면허 취소처분을 받은 사람으로서 운전면허를 다시 받으려는 사람

2. 운전면허효력 정지처분을 받게 되거나 받은 사람으로서 그 정지기간이 끝나지 아니한 사람

3. 운전면허 취소처분 또는 운전면허효력 정지처분이 면제된 사람으로서 면제된 날부터 1개월이 지나지 아니한 사람

4. 운전면허효력 정지처분을 받게 되거나 받은 초보운전자로서 그 정지기간이 끝나지 아니한 사람

5. 어린이 보호구역에서 운전 중 어린이를 사상하는 사고를 유발하여 벌점을 받은 날부터 1년 이내의 사람

Answer 9.④ 10.① 11.①

12 특별교통안전교육의 교육시간이 틀리게 연결된 것은?

① 배려운전교육– 6시간
② 법규준수교육– 6시간
③ 음주운전교육(최근 5년동안 1회)– 16시간
④ 음주운전교육(최근 5년동안 3회)– 48시간

13 75세 이상 교통안전교육에 대한 설명으로 틀린 내용은?

① 75세 이상인 사람이 운전면허증 갱신발급 신청일 전 1년 이내에 고령안전교육을 받은 경우에도 갱신기간 내에 반드시 받아야 하는 교통안전교육은 면제될 수 없다.
② 도로교통공단 이사장은 75세 이상인 사람에 대한 교통안전교육을 받은 사람에게 교통안전교육 확인증을 발급해야 한다.
③ 교육과목등 내용 및 방법에 관한 세부적인 사항은 도로교통공단이 정한다.
④ 75세 이상인 사람에 대한 교통안전교육은 도로교통공단에서 실시한다.

14 지체장애인이 도로를 횡단하고 있을 경우에 차량운전자의 올바른 조치는?

① 안전거리를 두고 일시 정지하여야 한다.
② 안전거리를 두고 서행하여야 한다.
③ 교통의 흐름을 방해하지 않게 신속히 통과한다.
④ 상황에 따라 일시 정지한다.

12.

음주운전교육
① 최근 5년동안 1회 음주운전 12시간(3회 회당 4시간)
② 최근 5년동안 2회 음주운전 16시간(4회 회당 4시간)
③ 최근 5년동안 3회 음주운전 48시간(12회 회당 4시간)

13.

75세 이상인 사람이 교통안전 교육과 고령운전교육은 내용이 중복되므로 75세 이상인 사람이 갱신발급 신청일 전 1년 이내에 고령운전교육을 받은 경우에는 갱신기간 내에 받아야 하는 75세 이상인 사람의 교통안전교육을 면제함

14.

앞을 보지 못하는 사람이 흰색 지팡이를 가지거나 장애인 보조견을 동반하는 등의 조치를 하고 도로를 횡단하고 있는 경우에는 일시 정지하여야 한

Answer   12.③ 13.① 14.①

15 다음 중 어린이통학버스에 관한 설명으로 틀린 것은 모두 몇 개인가?

> ㉠ 어린이통학버스를 운영하는 자는 어린이 통학버스에 어린이나 영유아를 태울 때에는 반드시 보육원 교직원, 학교직원, 학원 강사, 체육시설의 종사자 중 어린이 통학버스를 운영하는 자가 지명한 보호자를 함께 태우고 운행하여야 한다.
> ㉡ 어린이통학버스는 도색, 표지, 보험가입, 소유관계 등 행정안전부령으로 정하는 요건을 갖추어야 한다.
> ㉢ 어린이통학버스를 운영하는 자는 좌석안전띠 착용 및 보호자 동승 확인 기록을 작성·보관하고 월별로 어린이 통학버스를 운영하는 시설을 감독하는 주무기관의 장에게 안전운행기록을 제출하여야 한다.
> ㉣ 어린이통학버스를 운전하는 사람은 어린이 통학버스 운행을 마친 후 어린이나 영유아가 모두 하차하였는지를 확인하여야 한다.
> ㉤ 어린이통학버스에 동승한 보호자는 어린이나 영유아가 승차 또는 하차하는 때에는 자동차에서 내려서 어린이나 영유아가 안전하게 승하차하는 것을 확인하고 운행 중에는 어린이나 영유아가 좌석에 앉아 좌석안전띠를 매고 있도록 하는 등 어린이 보호에 필요한 조치를 하여야 한다.
> ㉥ 어린이통학버스를 운전하는 사람은 어린이나 영유아가 승, 하차하는 경우에만 점멸등 등의 장치를 작동하여야 하며, 어린이나 영유아를 태우고 운행 중인 경우에만 어린이나 영유아를 태우고 있다는 표시를 하여야 한다.

① 1개   ② 2개
③ 3개   ④ 4개

15.

> ㉠ 어린이통학버스를 운영하는 자는 어린이통학버스에 어린이나 영유아를 태울 때에는 성년인 사람 중 어린이통학버스를 운영하는 자가 지명한 보호자를 함께 태우고 운행하여야 하며, 동승한 보호자는 어린이나 영유아가 승차 또는 하차하는 때에는 자동차에서 내려서 어린이나 영유아가 안전하게 승하차하는 것을 확인하고 운행 중에는 어린이나 영유아가 좌석에 앉아 좌석안전띠를 매고 있도록 하는 등 어린이 보호에 필요한 조치를 하여야 한다.
> ㉡ 어린이통학버스로 사용할 수 있는 자동차는 행정안전부령으로 정하는 자동차로 한정한다. 이 경우 그 자동차는 도색·표지, 보험가입, 소유관계 등 대통령령으로 정하는 요건을 갖추어야 한다.
> ㉢ 어린이통학버스를 운영하는 자는 좌석안전띠 착용 및 보호자 동승 확인 기록(이하 "안전운행기록")을 작성·보관하고 매 분기 어린이통학버스를 운영하는 시설을 감독하는 주무기관의 장에게 안전운행기록을 제출하여야 한다.

16 다음 중 난폭운전의 대상 행위가 아닌 것은?

① 안전거리 미확보, 진로변경 금지 위반, 급제동 금지 위반

② 신호 또는 지시 위반

③ 중앙선이 설치되어 있는 일반도로에 중앙선 침범

④ 선행 차에 대한 지속적인 점멸

16.

선행 차에 대한 지속적인 점멸은 난폭운전의 유형에 들어가지 않는다.

17 도로교통법상 자동차 등의 운전 중 휴대용 전화를 사용할 수 없는 경우는?

① 자동차 등이 서행 운전하고 있는 경우

② 자동차 등이 정지하고 있는 경우

③ 재해신고 등 긴급한 필요가 있는 경우

④ 긴급자동차를 운전하고 있는 경우

17.

서행하고 있는 경우에는 휴대폰 등을 사용할 수 없다.

18 도로교통법에 운전면허시험 전 받아야만 하는 교통안전교육 사항이 아닌 것은?

① 도로교통에 관련 법령과 지식

② 안전운전 능력

③ 어린이 · 장애인 및 노인의 교통사고 예방에 관한 사항

④ 도로운전에 필요한 지식과 기능

18.

교통안전교육 사항
㉠ 운전자가 갖추어야 하는 기본예절
㉡ 도로교통에 관한 법령과 지식
㉢ 안전운전 능력
㉣ 교통사고의 예방과 처리에 관한 사항
㉤ 어린이 · 장애인 및 노인의 교통사고 예방에 관한 사항
㉥ 친환경 경제운전에 필요한 지식과 기능
㉦ 긴급자동차에 길터주기 요령
㉧ 그 밖에 교통안전의 확보를 위하여 필요한 사항

Answer 16.④ 17.① 18.④

19 다음 중 좌석안전띠 미착용 사유가 아닌 것은?

① 부상 · 질병 등으로 안전띠의 착용이 적당하지 않다고 인정되는 경우

② 국민투표법에 의거 선거운동 및 국민투표에 사용되는 경우

③ 우편물의 집배 등 빈번히 승하차하는 것을 필요로 하는 경우

④ 화재진압 후 복귀하는 소방차를 운전하는 경우

20 어린이통학버스에 대한 설명으로 옳지 않은 것은?

① 어린이통학버스를 운전하는 사람은 어린이나 영유아가 타고 내리는 경우에만 어린이나 영유아가 타고 내리는 중임을 표시하는 점멸등 등의 장치를 작동하여야 한다.

② 어린이통학버스가 도로에 정차하여 점멸등 등의 장치를 작동 중일 때에는 어린이 통학버스가 정차한 차로와 그 차로의 옆 차로로 통행하는 차의 운전자는 어린이통학버스에 이르기 전에 일시 정지하여 안전을 확인한 후 서행하여야 한다.

③ 중앙선이 설치되지 아니한 도로와 편도 1차로인 도로에서는 반대방향에서 진행하는 차의 운전자는 어린이통학버스에 이르기 전에 일시정지할 필요 없이 그냥 진행해도 된다.

④ 모든 차의 운전자는 어린이나 영유아를 태우고 있다는 표시를 한 상태로 도로를 통행하는 어린이통학버스를 앞지르지 못한다.

19.

④ 진압 후 복귀하는 경우이기 때문에 안전띠를 착용해야 한다.

20.

③ 일시정지 하여야 한다.

기출PLUS

기출 2022. 4. 23. 경기도 시행

다음 중 고속도로에서의 관리 및 조치 등에 대한 설명으로 틀린 설명은?

① 고속도로의 관리자는 고속도로에서 일어나는 위험을 방지하고 교통의 안전과 원활한 소통을 확보하기 위하여 교통안전시설을 설치·관리하여야 한다.

② 고속도로의 관리자가 교통안전시설을 설치하려면 경찰청장과 협의하여야 한다.

③ 경찰청장은 고속도로의 원활한 소통을 위하여 특히 필요한 경우에는 고속도로에 전용차로를 설치할 수 있다.

④ 자치경찰공무원은 도로의 손괴, 교통사고의 발생이나 그 밖의 사정으로 고속도로 등에서 교통이 위험 또는 혼잡하거나 그러할 우려가 있을 때에는 교통의 위험 또는 혼잡을 방지하고 교통의 안전 및 원활한 소통을 확보하기 위하여 필요한 범위에서 진행 중인 자동차의 통행을 일시 금지 또는 제한하거나 그 자동차의 운전자에게 필요한 조치를 명할 수 있다.

〈 정답 ④

01 고속도로의 통행방법

1 고속도로

(1) 개념

고속도로라 함은 자동차의 고속운행에만 사용하기 위하여 지정된 도로를 말한다.

(2) 고속도로의 특성

① 고속교통에 공용되는 유료도로

② 자동차 전용도로로서 2륜차 및 사람 출입제한

③ 인터체인지에서만 진·출입가능

④ 타 시설과의 연계 제한

⑤ 고속도로간, 또는 타 도로와 연결시 특별한 사유가 없는 한 입체교차

(3) 위험방지 조치 및 안전시설의 관리

① **위험방지 조치**: 경찰공무원은 도로의 손괴, 교통사고의 발생이나 그 밖의 사정으로 고속도로 등에서 교통이 위험 또는 혼잡하거나 그러할 우려가 있을 때에는 교통의 위험 또는 혼잡을 방지하고 교통의 안전 및 원활한 소통을 확보하기 위하여 필요한 범위에서 진행 중인 자동차의 통행을 일시 금지 또는 제한하거나 그 자동차의 운전자에게 필요한 조치를 명할 수 있다.

② **안전시설의 설치 및 관리**

　㉠ 고속도로의 관리자는 고속도로에서 일어나는 위험을 방지하고 교통의 안전과 원활한 소통을 확보하기 위하여 교통안전시설을 설치·관리하여야 한다. 이 경우 고속도로의 관리자가 교통안전시설을 설치하려면 경찰청장과 협의하여야 한다.

　㉡ 경찰청장은 고속도로의 관리자에게 교통안전시설의 관리에 필요한 사항을 지시할 수 있다.

❷ 고속도로의 차로

(1) 차로에 따른 통행차량의 기준

① 편도 2차로

　　㉠ 1차로 : 앞지르기를 하려는 모든 자동차. 다만, 차량통행량 증가 등 도로
　　　상황으로 인하여 부득이하게 시속 80km 미만으로 통행할 수밖에 없는
　　　경우에는 앞지르기를 하는 경우가 아니라도 통행할 수 있다.

　　㉡ 2차로 : 모든 자동차

② 편도 3차로 이상

　　㉠ 1차로 : 앞지르기를 하려는 승용자동차 및 앞지르기를 하려는 경형·소
　　　형·중형 승합자동차. 다만, 차량통행량 증가 등 도로상황으로 인하여
　　　부득이하게 시속 80km 미만으로 통행할 수밖에 없는 경우에는 앞지르
　　　기를 하는 경우가 아니라도 통행할 수 있다.

　　㉡ 왼쪽 차로 : 승용자동차 및 경형·소형·중형 승합자동차

　　㉢ 오른쪽 차로 : 대형 승합자동차, 화물자동차, 특수자동차, 건설기계

> ☆ Plus tip
> 왼쪽 차로와 오른쪽 차로
> ㉠ 왼쪽 차로
> • 고속도로의 경우 : 1차로를 제외한 차로를 반으로 나누어 그 중 1차로에 가까
> 　운 부분의 차로를 말한다. (다만, 1차로를 제외한 차로의 수가 홀수인 경우
> 　그 중 가운데 차로는 제외한다)
> • 고속도로 외의 도로의 경우 : 차로를 반으로 나누어 1차로에 가까운 부분의
> 　차로를 말한다. (다만, 차로수가 홀수인 경우 가운데 차로는 제외한다)
> ㉡ 오른쪽 차로
> • 고속도로의 경우 : 1차로와 왼쪽 차로를 제외한 나머지 차로를 말한다.
> • 고속도로 외의 도로의 경우 : 왼쪽 차로를 제외한 나머지 차로를 말한다.

③ 차로에 따른 통행기준의 예외

　　㉠ 모든 차는 지정된 차로보다 오른쪽에 있는 차로를 통행할 수 있다.

　　㉡ 앞지르기를 할 때에는 지정된 차로의 왼쪽 바로 옆 차로로 통행할 수 있다.

　　㉢ 도로의 진출입 부분에서 진출입하는 때와 정차 또는 주차한 후 출발하는
　　　때의 상당한 거리 동안은 이 기준에 따르지 아니할 수 있다.

기출 2020. 10. 17. 충청북도 시행

다음 중 최고속도 100km/h 편도 2
차선 고속도로에서 적재중량 2톤
화물 자동차의 최고속도로 알맞은
것은?

① 60km/h　　② 80km/h
③ 90km/h　　④ 100km/h

기출 2020. 6. 13. 서울시 제2회 시행

「도로교통법 시행규칙」상 편도 1차
로 고속도로에서의 최고속도는?

① 매시 60킬로미터
② 매시 80킬로미터
③ 매시 100킬로미터
④ 매시 120킬로미터

◀ 정답 ②, ②

② 도로의 가장 오른쪽에 있는 차로로 통행하여야 하는 차마
- 자전거등 및 우마
- 건설기계 이외의 건설기계
- 지정수량 이상의 위험물, 화약류, 유독물질, 지정폐기물과 의료폐기물, 고압가스, 액화석유가스, 방사성물질 또는 그에 따라 오염된물질, 유해물질, 농약 원제, 그 밖에 사람 또는 가축의 힘이나 그 밖의 동력으로 도로에서 운행되는 것 등을 운반하는 자동차
⑩ 좌회전 차로가 2차로 이상 설치된 교차로에서 좌회전하려는 차는 그 설치된 좌회전 차로 내에서 '차로에 따른 통행차량의 기준' 중 고속도로 외의 도로에서의 차로 구분에 따라 좌회전하여야 한다.

(2) 고속도로에서의 속도

① 편도 1차로 고속도로에서의 최고속도는 80km/h, 최저속도는 50km/h

② 편도 2차로 이상 고속도로에서의 최고속도는 100km/h[화물자동차(적재중량 1.5톤을 초과하는 경우에 한함)·특수자동차·위험물운반자동차 및 건설기계의 최고속도는 80km/h], 최저속도는 50km/h

③ ②에도 불구하고 편도 2차로 이상의 고속도로로서 경찰청장이 고속도로의 원활한 소통을 위하여 특히 필요하다고 인정하여 지정·고시한 노선 또는 구간의 최고속도는 120km/h(화물자동차·특수자동차·위험물운반자동차 및 건설기계의 최고속도는 90km/h) 이내, 최저속도는 50km/h

④ 경찰청장이 고속도로의 원활한 소통을 위하여 특히 필요하다고 인정하여 지정·고시한 노선 또는 구간은 경부고속도로, 중부고속도로 등을 말하며 최고속도는 120km/h(화물차, 특수차, 위험물운반자동차 및 건설기계의 최고속도는 90km/h), 최저속도는 50km/h이다.

> **Plus tip**
>
> 고속도로에서의 속도
> ㉠ 도로교통법 시행규칙 제19조 제1항 제3호 다목 : 편도 2차로 이상의 고속도로로서 경찰청장이 고속도로의 원활한 소통을 위하여 특히 필요하다고 인정하여 지정·고시한 노선 또는 구간의 최고속도는 매시 120km(화물자동차·특수자동차·위험물운반자동차 및 건설기계의 최고속도는 매시 90킬로미터) 이내, 최저속도는 매시 50km 이내로 규정하고 있다.
> ㉡ 2010년 9월 1일 공표된 경찰청고시 : 매시 110km로 규정되어 있다.

02 금지 및 조치 · 준수사항

1 고속도로에서의 금지사항

(1) 갓길 통행금지

① 차로에 따른 통행 : 자동차는 고속도로에서 자동차의 고장 등 부득이한 사정이 있는 경우를 제외하고는 차로에 따라 통행하여야 하며, 갓길(도로법에 의한 길어깨)로 통행하여서는 안 된다.

② 앞지르기 : 고속도로에서 자동차가 앞지르기를 할 때에는 방향지시기 · 등화 또는 경음기를 사용하여 차로로 안전하게 통행해야 한다.

(2) 횡단 및 통행 등의 금지

① 횡단 · 유턴 · 후진의 금지 : 자동차 운전자는 고속도로 또는 자동차전용도로를 횡단 · 유턴 · 후진을 하여서는 안 된다.

> 🖑 Plus tip
> **횡단 · 유턴 · 후진 금지의 예외**
> 긴급자동차 또는 도로의 보수 · 유지 등의 작업을 하는 자동차 가운데 고속도로 등에서의 위험을 방지 · 제거하거나 교통사고에 대한 응급조치작업을 위한 자동차로서 그 목적을 위하여 반드시 필요한 경우에는 가능하다.

② 통행 등의 금지 : 자동차(이륜자동차는 긴급자동차에 한함) 이외의 차마의 운전자 또는 보행자는 고속도로 등을 통행하거나 횡단하여서는 안 된다.

(3) 정차 및 주차의 금지 예외사항

① 법령의 규정 또는 경찰공무원(자치경찰공무원은 제외)의 지시에 따르거나 위험을 방지하기 위하여 일시 정차 또는 주차시키는 경우

② 정차 또는 주차할 수 있도록 안전표지를 설치한 곳이나 정류장에서 정차 또는 주차시키는 경우

③ 고장이나 그 밖의 부득이한 사유로 길가장자리구역(갓길을 포함)에 정차 또는 주차시키는 경우

④ 통행료를 내기 위하여 통행료를 받는 곳에서 정차하는 경우

기출PLUS

기출 2024. 6. 22. 서울시 제2회 시행

「도로교통법」제64조에서 자동차의 운전자는 고속도로 등에서 차를 정차하거나 주차시켜서는 아니 되나, 예외가 되는 경우가 아닌 것은?

① 통행료를 내기 위하여 통행료를 받는 곳에서 정차하는 경우
② 도로의 관리자가 고속도로 등을 보수 · 유지 또는 순회하기 위하여 정차 또는 주차시키는 경우
③ 자치경찰공무원의 지시에 따르거나 위험을 방지하기 위하여 일시 정차 또는 주차시키는 경우
④ 정차 또는 주차할 수 있도록 안전표지를 설치한 곳이나 정류장에서 정차 또는 주차시키는 경우

◀정답 ③

기출PLUS

⑤ 도로의 관리자가 고속도로 등을 보수·유지 또는 순회하기 위하여 정차 또는 주차시키는 경우

⑥ 경찰용 긴급자동차가 고속도로 등에서 범죄수사, 교통단속이나 그 밖의 경찰임무를 수행하기 위하여 정차 또는 주차시키는 경우

⑦ 소방차가 고속도로 등에서 화재진압 및 인명구조·구급 등 소방활동, 소방지원활동 및 생활안전활동을 수행하기 위하여 정차 또는 주차시키는 경우

⑧ 경찰용 긴급자동차 및 소방차를 제외한 긴급자동차가 사용 목적을 달성하기 위하여 정차 또는 주차시키는 경우

⑨ 교통이 밀리거나 그 밖의 부득이한 사유로 움직일 수 없을 때에 고속도로 등의 차로에 일시 정차 또는 주차시키는 경우

❷ 고속도로에서의 우선순위 및 준수사항

(1) 고속도로 진입시의 우선순위

① **고속도로 진입시**: 자동차(긴급자동차 제외)의 운전자는 고속도로에 진입하고자 할 때에 그 고속도로를 통행하고 있는 다른 자동차의 통행을 방해하여서는 안 된다.

② **긴급자동차 진입방해 금지**: 긴급자동차 이외의 자동차의 운전자는 긴급자동차가 고속도로에 들어가는 때에는 그 진입을 방해하여서는 안 된다.

(2) 운전자의 고속도로 등에서의 준수사항

① **고장자동차 표지 비치**: 고속도로 등을 운행하는 자동차의 운전자는 교통의 안전과 원활한 소통을 확보하기 위하여 고장자동차의 표지를 항상 비치하여야 한다.

② **자동차 고장시 도로의 우측에 정지**: 고장이나 그 밖의 부득이한 사유로 자동차를 운행할 수 없게 되었을 때에는 자동차를 도로의 우측 가장자리에 정지시켜야 한다.

③ **고장 표지의 설치**: 행정안전부령으로 정하는 바에 따라 고장 등 그 표지를 설치하여야 한다.

기출 2021. 4. 10. 대구광역시 시행

다음 중 「도로교통법」상 고속도로 등에 대한 내용으로 틀린 것은?

① 긴급자동차와 고속도로 등의 보수·유지 등의 작업을 하는 자동차를 운전하는 경우 고속도로 등에서 갓길을 통행할 수 있다.
② 고속도로 전용차로의 종류 등에 필요한 사항은 행정안전부령으로 정한다.
③ 고속도로 등에서 정차 또는 주차할 수 있도록 안전표지를 설치한 곳이나 정류장에서 정차 또는 주차시키는 경우 차를 정차 또는 주차할 수 있다.
④ 밤에 고장이나 그 밖의 사유로 고속도로 등에서 자동차를 운행할 수 없게 되었을 때에는 고장자동차의 표지와 사방 500미터 지점에서 식별할 수 있는 적색의 섬광신호·전기제등 또는 불꽃신호를 설치하여야 한다.

◀정답 ②

❸ 고장 등의 경우의 조치

(1) 고장시의 조치

① 고장차를 고속도로 등이 아닌 다른 곳으로 옮겨 놓는 조치를 하여야 한다.

② 고장차의 보닛이나 트렁크를 열어 고장차임을 표시한다.

③ 고장자동차의 표지을 설치하여야 한다.

(2) 고장자동차의 표지

① 자동차의 운전자는 고장이나 그 밖의 사유로 고속도로 또는 자동차전용도로에서 자동차를 운행할 수 없게 되었을 때에는 다음의 표지를 설치하여야 한다.
  ㉠ 「자동차관리법 시행령」, 「자동차 및 자동차부품의 성능과 기준에 관한 규칙」에 따른 안전삼각대
  ㉡ 사방 500미터 지점에서 식별할 수 있는 적색의 섬광신호·전기제등 또는 불꽃신호. 다만, 밤에 고장이나 그 밖의 사유로 고속도로 등에서 자동차를 운행할 수 없게 되었을 때로 한정한다.

② 자동차의 운전자는 ①에 따른 표지를 설치하는 경우 그 자동차의 후방에서 접근하는 자동차의 운전자가 확인할 수 있는 위치에 설치하여야 한다.

1 고속도로에서의 속도규정으로 옳지 않은 것은?

① 편도 1차로 고속도로에서의 최저속도는 매시 50km이다.

② 편도 2차로 이상 고속도로에서의 최고속도는 매시 90km
   이다.

③ 편도 2차로 이상 고속도로에서 특수자동차의 최고속도는
   매시 80km이다.

④ 편도 2차로 이상 고속도로에서의 최저속도는 매시 50km
   이다.

2 다음 중 고속도로를 통행할 수 있는 자동차는?

① 자전거

② 원동기장치자전거

③ 이륜자동차

④ 덤프트럭

3 다음 중 고속도로 진입의 우선순위가 최우선에 해당되는 자동
차는?

① 긴급자동차

② 고속도로의 수리 · 관리를 위한 차

③ 고속도로를 순회중인 차

④ 위험물적재 화물자동차

1.

편도 2차로 이상 고속도로에서의 최고속도는 매시 100km이다.

2.

고속도로를 통행할 수 있는 차 : 승용자동차, 승합자동차, 특수자동차, 화물자동차, 건설기계 등

3.

긴급자동차 외의 자동차의 운전자는 긴급자동차가 고속도로에 들어가는 경우에는 그 진입을 방해하여서는 아니 된다.

Answer 1.② 2.④ 3.①

4 고속도로 관리자가 교통의 안전과 원활한 소통을 확보하기 위하여 교통안전시설을 설치하려면 누구와 협의하여야 하는가?

① 경찰공무원
② 경찰청장
③ 지방자치단체장
④ 관할 경찰서장

5 고속도로 통행방법을 설명한 것 중 옳은 것은?

① 고속도로 관리자가 순회하는 경우는 긴급회전로에서 회전할 수가 있다.
② 긴급자동차는 반드시 주행차로로 통행하여야 한다.
③ 편도 1차로 고속도로에서의 최고속도는 매시 80km이다.
④ 편도 4차로 고속도로에서 특수자동차는 2차로로 통행할 수 있다.

6 다음 중 고속도로에서 안전을 유지하기 위하여 절대 금지되고 있는 사항은?

① 유턴·횡단·후진 행위
② 편도 1차로에서 앞지르기를 하는 행위
③ 터널 통과시 실내조명등을 켜는 행위
④ 고장시 길 가장자리에 주차하는 행위

7 최고 시속 100km 속도로 지정되어 있는 편도 2차로 이상의 고속도로에서 트레일러를 운전할 때 최고속도는 얼마인가?

① 매시 50km

② 매시 80km

③ 매시 90km

④ 매시 100km

7.

편도 2차로 이상 고속도로에서의 최고속도는 매시 100km이다. 단, 화물자동차(적재중량 1.5톤을 초과)·특수자동차·위험물운반자동차 및 건설기계의 최고속도는 매시 80km이다.

8 고속도로의 원활한 소통을 위하여 필요한 경우에 고속도로에 전용차로를 설치할 수 있는 자는?

① 시장 또는 도지사

② 관할 경찰서장

③ 고속도로 관리자

④ 경찰청장

8.

경찰청장은 고속도로의 원활한 소통을 위하여 특히 필요한 경우에는 고속도로에 전용차로를 설치할 수 있다.

9 고속도로에서 목적지인 인터체인지를 무심코 지나쳤을 경우는 어떻게 해야 하는가?

① 다른 차의 진행을 방해하지 않으면서 후진한다.

② 그대로 다음 인터체인지가 있는 곳까지 진행한다.

③ 적당한 장소에서 유턴한다.

④ 중앙분리대가 없는 도로에서 반대 차선에 차가 없을 경우 유턴한다.

9.

자동차의 운전자는 고속도로에서 횡단, 유턴, 후진을 할 수 없으므로 다음 인터체인지까지 그대로 진행해야 한다.

Answer 7.② 8.④ 9.②

10 고속도로에서 자동차가 정차 또는 주차를 할 수 있는 경우로 알맞지 않은 것은?

① 고장이나 그 밖의 부득이한 사유로 갓길에 주차하는 경우
② 경찰공무원이 범죄수사를 위해 경찰용 긴급자동차를 주차하는 경우
③ 통행료를 내기 위해 톨게이트에서 정차하는 경우
④ 장시간 운전 중 휴식을 위해 갓길에 주차하는 경우

11 고속도로상에서 정차할 수 있는 장소로 옳지 않은 것은?

① 주행차로
② 도로의 유지 · 보수 장소
③ 통행료 징수 장소
④ 정류장

10.

고속도로 등에서의 정차 및 주차의 허용

㉠ 법령의 규정 또는 자치경찰공무원을 제외한 경찰공무원의 지시에 따르거나 위험을 방지하기 위하여 일시 정차 또는 주차시키는 경우
㉡ 정차 또는 주차할 수 있도록 안전표지를 설치한 곳이나 정류장에서 정차 또는 주차시키는 경우
㉢ 고장이나 그 밖의 부득이한 사유로 갓길을 포함한 길 가장자리 구역에 정차 또는 주차시키는 경우
㉣ 통행료를 내기 위하여 통행료를 받는 곳에서 정차하는 경우
㉤ 도로의 관리자가 고속도로 등을 보수 · 유지 또는 순회하기 위하여 정차 또는 주차시키는 경우
㉥ 경찰용 긴급자동차가 고속도로 등에서 범죄수사 · 교통단속이나 그 밖의 경찰임무를 수행하기 위하여 정차 또는 주차시키는 경우
㉦ 소방차가 고속도로 등에서 화재진압 및 인명구조 · 구급 등 소방활동, 소방지원활동 및 생활안전활동을 수행하기 위하여 정차 또는 주차시키는 경우
㉧ 경찰용 긴급자동차 및 소방차를 제외한 긴급자동차가 사용 목적을 달성하기 위하여 정차 또는 주차시키는 경우
㉨ 교통이 밀리거나 그 밖의 부득이한 사유로 움직일 수 없을 때에 고속도로 등의 차로에 일시 정차 또는 주차시키는 경우

11.

주차 및 정차할 수 있는 곳

㉠ 정차 또는 주차할 수 있도록 안전표지를 설치한 곳이나 정류장에서 정차 또는 주차시키는 경우
㉡ 고장이나 부득이한 사유로 길 가장자리(갓길 포함)에 정차 또는 주차시키는 경우
㉢ 통행료를 지불하기 위하여 통행료를 받는 곳에서 정차하는 경우
㉣ 도로의 관리자가 고속도로 등을 보수 · 유지 또는 순회하기 위하여 정차 또는 주차시키는 경우
㉤ 경찰용 긴급자동차가 고속도로 등에서의 범죄수사 · 교통단속 그 밖의 경찰임무수행을 위하여 정차 또는 주차시키는 경우

Answer 10.④ 11.①

12 다음 중 고속도로상에서 경찰공무원이 자동차의 통행을 제한할 수 있는 경우에 해당하지 않는 것은?

① 도로 청소시
② 교통사고의 발생시
③ 위험 우려가 있을 시
④ 도로의 파손시

13 다음 중 좌석안전띠 미착용 사유가 아닌 것은?

① 임신으로 인하여 좌석안전띠 착용이 적당하지 않은 때
② 긴급자동차에 길을 터줄 때
③ 긴급자동차가 그 본래의 용도로 운행되고 있는 때
④ 비만으로 인하여 좌석안전띠 착용이 적당하지 않은 때

14 앞서가는 다른 차를 앞지르기 할 때 운전방법으로 옳은 것은?

① 앞차의 좌측으로 앞지르기를 하였다.
② 위험 방지를 위해 앞차가 정지 중일 때 하였다.
③ 위험 방지를 위해 앞차가 서행 중일 때 하였다.
④ 다리 위에서 앞지르기를 하였다.

12.

경찰공무원은 도로의 손괴, 교통사고의 발생이나 그 밖의 사정으로 인한 고속도로 등에서 교통이 위험 또는 혼잡하거나 그러할 우려가 있을 때에는 교통의 위험 또는 혼잡을 방치하고 교통의 안전 및 원활한 소통을 위하여 필요한 범위에서 진행중인 자동차의 통행을 일시 금지 또는 제한하거나 그 자동차의 운전자에게 필요한 조치를 명할 수 있다.

13.

좌석안전띠 미착용 사유에 긴급자동차가 그 본래의 용도로 운행되고 있는 때는 포함되지만 긴급자동차에 길을 터줄 때는 포함되지 않는다.

14.

모든 차의 운전자는 다른 차를 앞지르려면 앞차의 좌측으로 통행하여야 한다.

Answer 12.① 13.② 14.①

15 야간에 고속도로에서 자동차를 운행 중 고장이 발생하였을 경우 도로교통법상 고장자동차표지를 설치하여야 한다. 이 때 설치지점은?

① 전방 300미터 지점

② 후방 500미터 지점

③ 전후방 300미터 지점

④ 사방 500미터 지점

16 다음 중 고속도로에 전용차로를 설치할 수 있는 사람은?

① 국토교통부장관

② 시장 · 도지사

③ 경찰청장

④ 도로관리청장

chapter 06 도로의 사용

01 도로에서의 금지행위

① 금지행위

(1) 신호기 조작 및 교통장애물의 금지

① 신호기의 조작 및 교통안전시설의 철거·이전·손괴 등의 금지와 교통안전 시설이나 이와 비슷한 인공구조물을 설치하여서는 안 된다.

② 누구든지 교통에 방해될 만한 물건을 함부로 도로에 방치하여서는 안 된다.

(2) 기타 금지행위

① 술에 취하여 도로에서 갈팡질팡하는 행위

② 도로에서 교통에 방해되는 방법으로 눕거나 앉거나 또는 서있는 행위

③ 교통이 빈번한 도로에서 공놀이, 썰매타기 등의 놀이를 하는 행위

④ 돌·유리병·쇳조각 그 밖에 도로상의 사람이나 차마를 손상시킬 염려가 있는 물건을 던지거나 발사하는 행위

⑤ 도로를 통행하고 있는 차마에서 밖으로 물건을 던지는 행위

⑥ 도로를 통행하고 있는 차마에 뛰어오르거나 매달리거나 차마에서 뛰어내리는 행위

⑦ 시·도경찰청장이 교통상의 위험을 방지하기 위하여 필요하다고 인정하여 지정·공고한 행위

기출PLUS

기출 2020. 6. 13. 서울시 제2회 시행

「도로교통법」상 도로에서의 금지행위로 가장 옳지 않은 것은?

① 정차되어 있는 차마에서 뛰어내리는 행위
② 교통이 빈번한 도로에서 공놀이 또는 썰매타기 놀이를 하는 행위
③ 술에 취하여 도로에서 갈팡질팡하는 행위
④ 돌·유리병이나 그 밖에 도로에 있는 사람이나 차마를 손상시킬 우려가 있는 물건을 던지는 행위

정답 ①

❷ 도로공사 신고 및 안전조치

(1) 공사의 신고

① 공사시행자는 공사시행 3일 전에 그 일시·공사구간·공사기간·시행방법 그 밖의 필요한 사항을 관할 경찰서장에게 신고하여야 한다.

② 산사태·수도관 파열 등 긴급한 시공이 필요한 경우 안전조치를 하고 공사 시작 후 지체 없이 신고하여야 한다.

③ 관할 경찰서장은 공사장 주변의 교통정체가 예상하지 못한 수준까지 현저히 증가하고, 교통의 안전과 원활한 소통에 미치는 영향이 중대하다고 판단하면 해당 도로관리청과 사전 협의하여 공사시행자에 대하여 공사시간의 제한 등 필요한 조치를 할 수 있다.

(2) 교통안전시설 설치

① 공사시행자는 공사기간 중 차마의 통행을 유도하거나 지시 등을 할 필요가 있을 때에는 관할 경찰서장의 지시에 따라 교통안전시설을 설치하여야 한다.

② 공사시행자는 공사기간 중 공사의 규모, 주변 교통환경 등을 고려하여 필요한 경우 관할 경찰서장의 지시에 따라 안전요원 또는 안전유도 장비를 배치하여야 한다.

③ 교통안전시설 설치 및 안전요원 또는 안전유도 장비 배치에 필요한 사항은 행정안전부령으로 정한다.

④ 교통안전시설의 원상회복

   ㉠ 공사시행자는 공사로 인하여 교통안전시설을 훼손한 경우에는 그 결과를 관할 경찰서장에게 신고하여야 한다.

   ㉡ 공사시행자는 공사로 인하여 교통안전시설을 훼손한 때에는 부득이한 사유가 없는 한 해당공사가 끝난 날부터 3일 이내에 이를 원상회복하고 그 결과를 관할경찰서장에게 신고하여야 한다.

02 도로의 점용

① 도로의 점용허가 등에 관한 통보

(1) 점용허가 및 차량운행 제한 통보

도로관리청이 도로에서 다음의 어느 하나에 해당하는 행위를 하였을 때에는 고속도로의 경우에는 경찰청장에게 그 내용을 즉시 통보하고, 고속도로 외의 도로의 경우에는 관할 경찰서장에게 그 내용을 즉시 통보하여야 한다.

① 「도로법」에 따른 도로의 점용허가

② 「도로법」에 따른 통행의 금지나 제한 또는 차량의 운행제한

(2) 필요한 조치의 요구

① 통보를 받은 경찰청장이나 관할 경찰서장은 교통의 안전과 원활한 소통을 확보하기 위하여 필요하다고 인정하면 도로관리청에 필요한 조치를 요구할 수 있다.

② 도로관리청은 정당한 사유가 없으면 필요한 조치를 하여야 한다.

② 위법 공작물에 대한 조치

(1) 도로의 위법 인공구조물에 대한 조치

① 경찰서장은 다음의 어느 하나에 해당하는 사람에 대하여 위반행위를 시정하도록 하거나 그 위반행위로 인하여 생긴 교통장해를 제거할 것을 명할 수 있다.

  ㉠ 교통안전시설이나 그 밖에 이와 비슷한 인공구조물을 함부로 설치한 사람

  ㉡ 물건을 도로에 내버려 둔 사람

  ㉢ 「도로법」을 위반하여 교통에 방해가 될 만한 인공구조물 등을 설치하거나 그 공사 등을 한 사람

② 도로의 위법 인공구조물의 보관 및 매각

   ㉠ 경찰서장은 위 행위에 해당하는 사람의 성명·주소를 알지 못하여 조치를 명할 수 없을 때에는 스스로 그 인공구조물 등을 제거하는 등 조치를 한 후 보관하여야 한다.

   ㉡ 인공구조물이 닳아 없어지거나 파괴될 우려가 있거나 보관하는 것이 매우 곤란한 인공구조물 등은 매각하여 그 대금을 보관할 수 있다.

(2) 도로의 지상 인공구조물 등에 대한 위험방지 조치

① 위험방지 조치 : 경찰서장은 도로의 지상 인공구조물이나 그 밖의 시설 또는 물건이 교통에 위험을 일으키게 하거나 교통에 뚜렷이 방해될 우려가 있으면 그 인공구조물 등의 소유자·점유자 또는 관리자에게 그것을 제거하도록 하거나 그 밖에 교통안전에 필요한 조치를 명할 수 있다.

② 도로의 지상 인공구조물의 보관 및 매각

   ㉠ 경찰서장은 인공구조물 등의 소유자·점유자 또는 관리자의 성명·주소를 알지 못하여 조치를 명할 수 없을 때에는 스스로 그 인공구조물 등을 제거하는 등 조치를 한 후 보관하여야 한다.

   ㉡ 인공구조물이 닳아 없어지거나 파괴될 우려가 있거나 보관하는 것이 매우 곤란한 인공구조물 등은 매각하여 그 대금을 보관할 수 있다.

     ※ 도로의 지상 인공구조물 등의 보관 및 매각 등에 필요한 사항은 대통령령으로 정한다.

(3) 인공구조물 등의 보관 등

① 공고 및 열람

   ㉠ 공고 : 경찰서장은 스스로 제거한 인공구조물 등이나 매각대금을 보관하는 경우에는 보관한 날부터 14일간 그 경찰서의 게시판에 공고하여야 한다.

   ㉡ 열람 : 경찰서장은 행정안전부령으로 정하는 바에 따라 열람부를 작성·비치하여 관계자가 열람할 수 있도록 하여야 한다.

② 공고사항

   ㉠ 해당 인공구조물 등의 명칭·종류·형상 및 수량

   ㉡ 해당 인공구조물 등이 설치되어 있던 장소 및 그 인공구조물 등을 제거한 일시

   ㉢ 해당 인공구조물 등 또는 그 매각대금을 보관한 장소

   ㉣ 그 밖에 해당 인공구조물 등 또는 그 매각대금을 보관하기 위하여 필요하다고 인정되는 사항

출제예상문제

1 도로상에서의 금지행위에 대한 설명 중 옳지 않은 것은?

① 도로상에서 청소부가 청소하는 행위
② 도로에서 술에 취하여 갈팡질팡하는 행위
③ 교통에 방해될 만한 물건을 도로에 함부로 방치하는 행위
④ 시·도경찰청장이 교통상의 위험방지를 위하여 금지할 것으로 지정된 행위

2 도로공사 신고 등 교통안전시설의 설치와 관련된 규정으로 틀린 설명은?

① 도로공사 신고의무자는 공사시행 3일전에 그 일시, 공사구간, 공사기간 및 시행방법, 그 밖에 필요한 사항을 관할 경찰서장에게 신고하여야 한다.
② 공사시행자는 공사기간중 공사의 규모, 주변 교통 환경 등을 고려하여 필요한 경우 시도경찰청장의 지시에 따라 안전요원 또는 안전유도 장비를 배치하여야 한다.
③ 교통안전시설 설치 및 안전요원 또는 안전유도 장비 배치에 필요한 사항은 행정안전부령으로 정한다.
④ 공사시행자는 공사로 인하여 교통안전시설을 훼손한 때에는 부득이한 사유가 없는 한 해당공사가 끝난 날부터 3일 이내에 이를 원상회복하고 그 결과를 관할 경찰서장에게 신고하여야 한다.

1.

① 도로상에서 청소하는 행위는 도로상에서의 금지행위에 포함되지 않는다.

2.

② 시도경찰청장(X) 관할경찰서장(O)

Answer   1.① 2.②

3 도로공사로 인하여 신호기가 훼손된 경우 신호기를 원상회복
하여야 하는 시기는?

① 도로공사가 끝나는 즉시
② 도로공사가 끝난 후 3일 이내
③ 도로공사가 끝난 후 7일 이내
④ 도로공사가 끝난 후 10일 이내

4 시·도지사가 도로의 점용허가 또는 통행금지제한을 하고자
할 때 의견을 들어야 하는 사람은?

① 경찰청장
② 시·도경찰청장
③ 경찰서장
④ 시·도경찰청장 또는 경찰서장

5 도로관리청이 도로의 점용허가를 하였을 때에 고속도로의 경
우 누구에게 즉시 통보해야 하는가?

① 행정안전부장관
② 관할 경찰서장
③ 국토교통부장관
④ 경찰청장

3.

신호기 등의 원상회복 ⋯ 공사시행자는 공사로 인
하여 교통안전시설을 훼손한 때에는 부득이한 사
유가 없는 한 해당 공사가 끝나는 날부터 3일 이
내에 이를 원상회복하고 그 결과를 관할 경찰서장
에게 신고하여야 한다.

4.

③ 경찰서장의 의견을 들어야 한다.

5.

도로관리청이 도로에서 도로의 점용허가, 통행의
금지나 제한 또는 차량의 운행제한을 하였을 때에
는 고속도로의 경우에는 경찰청장에게 그 내용을
즉시 통보하고, 고속도로 외의 도로의 경우에는 관
할 경찰서장에게 그 내용을 즉시 통보하여야 한다.

6 도로의 위법 인공구조물에 대한 경찰서장의 조치 중 적당하지 않은 것은?

① 인공구조물을 함부로 설치한 사람에게 그 설치물을 제거할 것을 명할 수 있다.

② 인공구조물을 보관한 경우에는 보관한 날부터 20일간 그 경찰서의 게시판에 공고하여야 한다.

③ 조치를 명할 수 없을 때에는 스스로 인공구조물을 제거한 후 보관하여야 한다.

④ 파괴될 우려가 있거나 보관하는 것이 매우 곤란한 인공구조물은 매각하여 그 대금을 보관할 수 있다.

7 도로관리청 그 밖의 공사시행청의 명령에 따라 도로를 파거나 뚫는 등 공사를 하고자 할 경우에 신고는 누구에게, 언제 해야 하는가?

① 3일 전에 관할 파출소장에게 신고한다.

② 5일 전에 읍·면·동장에게 신고한다.

③ 5일 전에 관할 구청장 및 군수에게 신고한다.

④ 3일 전에 관할 경찰서장에게 신고한다.

8 경찰서장이 스스로 제거한 위법 인공구조물이나 매각대금을 보관하는 경우 공고 게시 기간은?

① 보관한 날로부터 3일간

② 보관한 날로부터 7일간

③ 보관한 날로부터 14일간

④ 보관한 날로부터 21일간

6.

② 경찰서장은 스스로 제거한 인공구조물 등이나 그 매각대금을 보관하는 경우에는 이를 보관한 날부터 14일간 그 경찰서의 게시판에 공고하고, 행정안전부령으로 정하는 바에 따라 열람부를 작성·비치하여 관계자가 열람할 수 있도록 하여야 한다.

7.

도로공사신고 … 도로관리청 그 밖의 공사시행청의 명령에 따라 도로를 파거나 뚫는 등 공사를 하고자 하는 사람은 공사시행 3일 이전에 그 일시·구간·공사기간·시행방법, 그 밖의 필요한 사항을 관할 경찰서장에게 신고하여야 한다. 다만, 산사태·수도관 파열 등 긴급한 시공이 필요한 경우에는 그에 알맞은 안전조치를 하고 공사를 시작한 후에 지체없이 신고하여야 한다.

8.

③ 경찰서장은 스스로 제거한 인공구조물 등이나 매각대금을 보관하는 경우에는 보관한 날부터 14일간 그 경찰서의 게시판에 공고하여야 한다.

Answer　6.② 7.④ 8.③

9 다음은 인공구조물 등의 점유자가 없는 경우의 조치이다. 빈칸에 들어갈 알맞은 말을 순서대로 나열한 것은?

> • 경찰서장은 공고를 한 날부터 (   )이 지나도 해당 인공구조물 등을 반환받을 점유자 등을 알 수 없거나 점유자 등이 반환을 요구하지 아니하는 경우에는 그 인공구조물 등을 매각하여 그 대금을 보관할 수 있다.
> • 매각대금은 공고한 날부터 (   )이 지나도 그 대금을 반환받을 자를 알 수 없거나 점유자 등이 반환을 요구하지 아니하는 경우에는 국고에 귀속한다.

① 3개월, 3년
② 5개월, 4년
③ 6개월, 5년
④ 9개월, 10년

9.

도로교통법 시행령 제36조 규정으로 공고를 한 날부터 6개월이 지나면 매각을 할 수 있고, 공고한 날부터 5년이 지나면 국고에 귀속한다.

10 경찰서장이 인공구조물을 보관한 때 공고 또는 열람부에 작성하여야 할 사항이 아닌 것은?

① 보관한 인공구조물 등의 종류
② 보관한 인공구조물 등의 가격
③ 보관한 인공구조물 등의 명칭
④ 보관한 인공구조물 등의 수량

10.

인공구조물 보관시 공고하여야 할 사항
㉠ 해당 인공구조물 등의 명칭·종류·형상 및 수량
㉡ 해당 인공구조물 등이 설치되어 있던 장소 및 그 인공구조물 등을 제거한 일시
㉢ 해당 인공구조물 등 또는 그 매각대금을 보관한 장소
㉣ 그 밖에 해당 인공구조물 등 또는 그 매각대금을 보관하기 위하여 필요하다고 인정되는 사항

Answer   9.③ 10.②

01 운전면허

❶ 운전면허의 종류

(1) 운전면허의 종류

① 제1종 운전면허 : 대형면허, 보통면허, 소형면허, 특수면허(대형견인차면허, 소형견인차면허, 구난차면허)

② 제2종 운전면허 : 보통면허, 소형면허, 원동기장치자전거면허

③ 연습운전면허 : 제1종 보통연습면허, 제2종 보통연습면허

> 📝 Plus tip
>
> **연습운전면허**
> ㉠ **효력** : 연습운전면허는 그 면허를 받은 날로부터 1년간의 효력을 가진다. 다만, 그 이전이라도 연습운전면허를 받은 사람이 제1종 보통면허 또는 제2종 보통면허를 받은 경우에는 연습운전면허의 효력이 상실된다.
> ㉡ **연습운전면허를 받은 사람의 준수사항**
> • 운전면허를 받은 날부터 2년이 경과된 사람(소지하고 있는 운전면허의 효력이 정지기간 중인 사람 제외)과 함께 승차하여 그 사람의 지도를 받아야 한다.
> • 사업용 자동차를 운전하는 등 주행연습 외의 목적으로 운전하여서는 아니된다.
> • 주행연습 중이라는 사실을 다른 차의 운전자가 알 수 있도록 연습 중인 자동차에 표지를 붙여야 한다.

(2) 운전면허의 조건

① 운전면허에 필요한 조건
　㉠ 시·도경찰청장은 운전면허를 받을 사람의 신체상태 또는 운전능력에 따라 운전할 수 있는 자동차등의 구조를 한정하는 등 운전면허에 필요한 조건을 붙일 수 있다.
　㉡ 시·도경찰청장은 적성검사를 받은 사람의 신체상태 그 밖의 운전능력에 따라 운전면허에 필요한 조건을 새로이 붙이거나 바꿀 수 있다.

기출PLUS

기출 2020. 10. 17. 충청북도 시행

다음 중 도로교통법상 운전면허 종별로 맞는 것은?
① 1종 운전면허, 2종 운전면허, 3종 운전면허
② 1종 운전면허, 2종 운전면허, 특수면허
③ 1종 운전면허, 2종 운전면허, 연습면허
④ 1종 운전면허, 2종 운전면허, 국제운전면허, 연습면허

＜정답 ③

② 운전면허의 조건 변경

  ⊙ 통보 : 도로교통공단은 적성검사 결과가 운전면허에 조건을 붙여야 하거나 변경이 필요하다고 판단되는 경우에는 그 내용을 시·도경찰청장에게 통보하여야 한다.

  ⓒ 조건구분 : 도로교통공단으로부터 통보를 받은 시·도경찰청장이 운전면허를 받을 사람 또는 적성검사를 받은 사람에게 붙이거나 바꿀 수 있다.

    • 자동차등의 구조를 한정하는 조건

      - 자동변속기장치 자동차만을 운전하도록 하는 조건

      - 삼륜 이상의 원동기장치자전거(이하 "다륜형 원동기장치자전거"라 한다)만을 운전하도록 하는 조건

      - 가속페달 또는 브레이크를 손으로 조작하는 장치, 오른쪽 방향지시기 또는 왼쪽 엑셀러레이터를 부착하도록 하는 조건

      - 신체장애 정도에 적합하게 제작·승인된 자동차등만을 운전하도록 하는 조건

    • 의수·의족·보청기 등 신체상의 장애를 보완하는 보조수단을 사용하도록 하는 조건

    • 청각장애인이 운전하는 자동차에는 별표 19의 청각장애인표지와 충분한 시야를 확보할 수 있는 볼록거울을 별도로 부착하도록 하는 조건

  ⓒ 병합부과 : 운전면허를 받을 사람 또는 적성검사를 받은 사람의 신체상의 상태 또는 운전능력에 따라 2 이상의 조건을 병합하여 부과할 수 있다.

❷ 면허의 종류에 따라 운전할 수 있는 차량

(1) 제1종 운전면허

① 대형면허

  ⊙ 승용자동차

  ⓒ 승합자동차

  ⓒ 화물자동차

  ⓒ 건설기계 : 덤프트럭, 아스팔트살포기, 노상안정기, 콘크리트믹서트럭, 콘크리트펌프, 천공기(트럭 적재식), 도로보수트럭, 3톤 미만의 지게차, 콘크리트믹서트레일러, 아스팔트콘크리트재생기

  ⓜ 특수자동차(대형견인차, 소형견인차 및 구난차는 제외)

  ⓗ 원동기장치자전거

기출PLUS

기출 2022. 6. 18. 경상북도 시행

도로교통 안전공단으로 부터 통보 받은 시도경찰청장이 운전면허를 받을 사람 또는 적성검사를 받은 사람에게 붙이거나 바꿀 수 있는 자동차 등의 구조를 한정하는 조건으로 옳지 않은 것은?

① 신체장애에 적합하게 제작 및 승인된 자동차 조건

② 가속페달과 브레이크를 손으로 조작하는 장치, 왼쪽 방향지시기, 오른쪽 가속페달을 부착하는 조건

③ 삼륜이상 원동기장치자전거만 운전하는 조건

④ 자동변속기장착 자동차만 운전하는 조건

기출 2016. 6. 18. 충청북도교육청

제1종 대형면허로 운전할 수 있는 차의 종류로 바른 것은?

① 250cc이륜차, 원동기장치자전거

② 3륜 화물 자동차, 긴급자동차

③ 트레일러, 건설기계

④ 화물자동차, 원동기장치자전거

❮정답 ②, ④

제1종 보통면허로 운전할 수 있는 차량에 해당하지 않는 것은? (단, 차량의 형식·구조·장치의 변경승인이나 위험물 등의 적재는 없다)

① 승차정원 15명 이하의 승합자동차
② 적재중량 12톤 미만의 화물자동차
③ 도로를 운행하는 3톤 미만의 지게차
④ 총중량 3.5톤 미만의 구난차

② 보통면허

   ㉠ 승용자동차

   ㉡ 15인 이하 승합자동차

   ㉢ 적재중량 12톤 미만 화물자동차

   ㉣ 원동기장치자전거

   ㉤ 건설기계(도로를 운행하는 3톤 미만의 지게차에 한정)

   ㉥ 총중량 10톤 미만의 특수자동차(구난차 등은 제외)

③ 소형면허

   ㉠ 3륜화물자동차

   ㉡ 3륜승용자동차

   ㉢ 원동기장치자전거

④ 특수면허

   ㉠ 대형견인차

   • 견인형 특수자동차

   • 제2종 보통면허로 운전할 수 있는 차량

   ㉡ 소형견인차

   • 총중량 3.5톤 이하의 견인형 특수자동차

   • 제2종 보통면허로 운전할 수 있는 차량

   ㉢ 구난차

   • 구난형 특수자동차

   • 제2종 보통면허로 운전할 수 있는 차량

(2) 제2종 운전면허

① 보통면허

   ㉠ 승용자동차

   ㉡ 승차정원 10인 이하 승합자동차

   ㉢ 적재중량 4톤 이하 화물자동차

   ㉣ 원동기장치자전거

   ㉤ 총중량 3.5톤 이하의 특수자동차(구난차 등은 제외)

② 소형면허

   ㉠ 이륜자동차(측차부 포함)

   ㉡ 원동기장치자전거

③ 원동기장치자전거면허 : 원동기장치자전거

◀정답 ④

(3) 연습면허

① 제1종 보통

    ㉠ 승용자동차

    ㉡ 승차정원 15인 이하의 승합자동차

    ㉢ 적재중량 12톤 미만의 화물자동차

② 제2종 보통

    ㉠ 승용자동차

    ㉡ 승차정원 10인 이하의 승합자동차

    ㉢ 적재중량 4톤 이하의 화물자동차

> **☞ Plus tip**
>
> 운전할 수 있는 자동차의 범위
>
> | 구분 | 승용 및 승합자동차 | 화물자동차 | 위험물운반 자동차 | 특수자동차 (트레일러, 레커 제외) |
> |---|---|---|---|---|
> | 제2종 보통면허 | 10인 이하 | 4톤 이하 | 운전 못함 | 3.5톤 이하 |
> | 제1종 보통면허 | 15인 이하 | 12톤 미만 | 3톤 이하 3,000리터 이하 | 10톤 미만 |
> | 제1종 대형면허 | 모든 자동차(트레일러, 레커, 이륜자동차는 제외) | | | |
> | 긴급자동차는 차종에 따라 일반 자동차 규정을 적용함 | | | | |

❸ 운전면허의 결격사유 및 기간

(1) 운전면허의 결격사유

① 18세 미만(원동기장치자전거의 경우에는 16세 미만)인 사람

② 교통상의 위험과 장해를 일으킬 수 있는 정신질환자 또는 뇌전증[=간질(癎疾)]환자로서 대통령령으로 정하는 사람

> **대통령령으로 정하는 사람**
> 치매 · 조현병 · 조현정동장애(情動障碍) · 양극성 정동장애(조울병) · 재발성 우울장애등의 정신질환 또는 정신 발육지연 · 뇌전증(간질환자) 등으로 인하여 해당 분야 전문의가 정상적인 운전을 할 수 없다고 인정하는 사람

기출 PLUS

기출 2022. 6. 18. 서울특별시 시행

「도로교통법」상 운전면허의 결격사유에 대한 설명으로 가장 옳지 않은 것은?

① 무면허운전 금지를 위반하여 자동차를 운전한 경우에는 그 위반한 날부터 1년간 운전면허를 받을 수 없다.

② 음주운전 금지를 위반하여 운전을 하다가 사람을 사상한 후 사고발생 시의 조치에 따른 필요한 조치 및 신고를 하지 아니한 경우에는 그 위반한 날부터 3년간 운전면허를 받을 수 없다.

③ 자동차 등을 이용하여 범죄행위를 하거나 다른 사람의 자동차 등을 훔치거나 빼앗은 사람이 무면허운전 금지를 위반하여 그 자동차 등을 운전한 경우에는 그 위반한 날부터 3년간 운전면허를 받을 수 없다.

④ 음주운전 금지를 위반하여 운전을 하다가 교통사고를 일으킨 경우에는 운전면허가 취소된 날부터 2년간 운전면허를 받을 수 없다.

‹ 정답 ②

운전면허의 결격사유로 옳은 것은?

① 치매, 조현병, 조현정동장애, 양극성 정동장애(조울병), 재발성 우울장애 등의 정신질환 또는 정신 발육지연, 뇌전증 등으로 인하여 정상적인 운전을 할 수 없다고 해당 분야 전문의가 인정하는 사람

② 한쪽 팔의 팔꿈치관절 이상을 잃은 사람이나 양쪽 팔을 전혀 쓸 수 없는 사람

③ 제1종 대형면허 또는 제1종 특수면허를 받으려는 경우로서 20세 미만이거나 자동차(이륜자동차는 제외한다)의 운전경험이 2년 미만인 사람

④ 듣지 못하는 사람(제1종 운전면허 중 보통면허·특수면허만 해당한다), 앞을 보지 못하는 사람(한쪽 눈만 보지 못하는 사람의 경우에는 제1종 운전면허 중 보통면허·특수면허만 해당한다)이나 그 밖에 대통령령으로 정하는 신체장애인

운전면허취득 결격사유로 틀린 것은?

① 다리, 머리, 척추, 그 밖의 신체의 장애로 인하여 앉아 있을 수 없는 대통령령으로 정하는 신체장애인

② 마약, 대마, 향정신성의약품 또는 알코올관련 장애 등으로 인하여 정상적인 운전을 할 수 없다고 해당 분야 전문의가 인정하는 사람

③ 정신 발육지연, 뇌전증 등으로 인하여 정상적인 운전을 할 수 없다고 해당 분야 전문의가 인정하는 사람

④ 술에 취한 상태 외에 과로, 질병 또는 약물의 영향과 그 밖의 사유로 운전면허 취소 처분을 받은 사람

◀정답 ①, ④

③ 듣지 못하는 사람(제1종 운전면허 중 대형면허·특수면허만 해당한다), 앞을 보지 못하는 사람이나 그 밖에 대통령령으로 정하는 신체장애인 : 다리, 머리, 척추, 그 밖에 신체의 장애로 인하여 앉아 있을 수 없는 사람을 말한다.

④ 양쪽 팔의 팔꿈치관절 이상을 잃은 사람이나 양쪽 팔을 전혀 쓸 수 없는 사람. 다만, 본인의 신체장애 정도에 적합하게 제작된 자동차를 이용하여 정상적인 운전을 할 수 있는 경우에는 그러하지 아니하다.

⑤ 교통상의 위험과 장해를 일으킬 수 있는 마약·대마·향정신성의약품 또는 알코올 중독자로 서 대통령령으로 정하는 사람

> **대통령령으로 정하는 사람**
> 마약·대마·향정신성의약품 또는 알코올 관련 장애 등으로 인하여 정상적인 운전을 할 수 없다고 해당 분야 전문의가 인정하는 사람

⑥ 제1종 대형면허 또는 제1종 특수면허를 받으려는 경우로서 19세 미만이거나 자동차(이륜자동차는 제외)의 운전경험이 1년 미만인 사람

⑦ 대한민국의 국적을 가지지 아니한 사람 중 「출입국관리법」에 따라 외국인 등록을 하지 아니한 사람(외국인등록이 면제된 사람은 제외)이나 「재외동포의 출입국과 법적지위에 관한 법률」에 따라 국내 거소 신고를 하지 아니한 사람

⑧ 국제운전면허증 또는 상호인정외국면허증으로 운전하는 운전자가 운전금지 처분을 받은 경우에는 그 금지기간

(2) 운전면허의 결격기간

5년	㉠ 무면허 (면허 정지 기간 중 운전) – 도주 ㉡ 운전면허발급 제한기간 중에 국제운전면허증으로 운전 – 도주 ㉢ 음주운전 – 도주 ㉣ 과로 (질병, 약물)운전 – 도주 ㉤ 공동위험행위 중에 사람을 사상한 후 구호 조치 및 신고를 하지 아니하고 도주한 경우 ㉥ 음주운전·무면허운전·국제운전면허증 결격 기간 중 사망사고 야기 무면허는 위반한 날부터 음주, 과로, 공동위험행위는 취소된 날부터 기산
4년	5년의 제한사유 이외의 사유로 교통사고를 야기한 후에 도주한 경우 (일반교통사고 야기 후 도주)

3년	㉠ 2회 이상 음주운전 교통사고 야기(측정거부 포함) (취소한 때로부터) (면허 유무 무관) ㉡ 자동차 등을 이용하여 범죄를 범한 자가 무면허 운전을 한 경우(위반한 날부터) ㉢ 자동차를 강, 절도한자가 무면허 운전한 경우 (위반한 날부터)
2년	㉠ 2회 이상 음주 측정거부 (면허 유무 무관) ㉡ 2회 이상 음주운전 (취소된 날부터) ㉢ 1회 음주 운전 교통사고로 면허취소 ㉣ 무면허 운전 3회 이상 위반 또는 운전면허 발급제한기간 중에 국제운전면허증으로 자동차 등을 운전 3회 이상 위반한 자 (위반한 날 또는 취소된 날부터) ㉤ 2회 이상 공동위험 행위(취소된 날부터) (면허 유무 무관) ㉥ 다른 사람의 자동차 등을 훔치거나 빼앗은 자가 운전면허가 있는 상태에서 운전한 경우 (취소된 날부터) ㉦ 운전면허시험 대리응시 (취소된 날부터) ㉧ 운전면허를 받을 자격이 없는 사람이 운전면허를 받았을 경우 ㉨ 운전면허효력의 정지기간 중 운전면허증 또는 운전면허증에 갈음하는 증명서를 교부받은 사실이 드러난 때
1년	2-5년 제한 사유 이외의 사유로 운전면허가 취소된 경우 ㉠ 누적벌점초과에 의한 취소 → 1년간(121점), 2년간(201점), 3년간(271점) ㉡ 공동 위험 행위 (원동기 면허 취득 포함) ㉢ 음주운전으로 운전면허가 취소된 때 ㉣ 교통사고로 인하여 운전면허가 취소된 때 (사고야기도주는 제외) ㉤ 무면허 운전 (위반한 날부터) ㉥ 운전면허를 받은 사람이 자동차 등을 이용하여 범죄행위 (아래 기타사항에서 상술함)를 한 때 ㉦ 음주측정불응, 약물운전 ㉧ 면허증대여 또는 대여받아 운전 ㉨ 면허 정지 기간 중에 자동차 등을 운전한 자 ㉩ 무등록 차량운전 ㉪ 경찰공무원을 폭행한 경우 ㉫ 연습면허 취소사유가 있었던 경우 ㉬ 허위 등 부정한 방법으로 면허증 또는 증명서를 교부받은 때
6월	원동기장치자전거 면허를 받고자 하는 경우는 6개월이 경과하면 취득이 가능 (단 1년간 운전면허발급이 제한되는 공동위험행위는 제외)
즉시응시 가능	적성검사를 받지 아니하거나 그 적성검사에 불합격한 사유로 운전면허가 취소된 사람 또는 제1종 운전면허를 받은 사람이 적성검사에 불합격되어 다시 2종 운전면허를 받으려 하는 경우에는 그러하지 아니하다

기출 2017. 6. 17. 강원도교육청 시행

운전면허 결격기간의 내용이 바르게 연결된 것은?

① 자동차 등을 이용하여 범죄행위를 하거나 다른 사람의 자동차 등을 훔치거나 빼앗은 사람이 무면허로 그 자동차등을 운전한 경우 : 그 위반한 날부터 5년
② 운전면허 정지 기간 중에 사람을 사상한 후 구호조치 및 신고 없이 도주한 경우 : 그 위반한 날부터 5년
③ 허위 또는 부정한 방법으로 운전면허를 받은 자 : 1년
④ 2회 이상의 공동 위험행위(면허유무 무관) : 3년

기출 2021. 4. 10. 대구광역시 시행

다음 중 운전면허 발급제한이 2년이 되는 것은 모두 몇 개인가?

┌ 보기 ┐
가. 무면허인 자가 원동기장치자전거를 운전한 경우
나. 음주운전의 규정을 2회 이상 위반해서 취소된 경우
다. 음주운전 또는 음주측정을 위반하여 운전을 하다가 교통사고를 일으켜 취소된 경우
라. 공동위험행위 2회 이상 위반으로 취소된 경우
└────────────────┘

① 1개   ② 2개
③ 3개   ④ 4개

❮정답 ②, ③

기타	㉠ 운전면허의 효력정지처분을 받고 있는 경우, 그 정지처분기간동안 면허발급이 제한된다. ㉡ 자동차이용범죄의 유형 : 국가보안법위반, 살인, 사체유기, 방화, 강도, 강간, 강제추행, 약취·유인·감금, 상습절도(절취한 물건을 운반한 경우에 한한다), 교통방해(단체에 소속되거나 다수인에 포함되어 교통을 방해한 경우에 한한다) ㉢ 면허가 취소되어 벌금 미만의 형이 확정되거나 선고유예의 판결이 확정된 경우 또는 기소유예나 소년법에 따른 보호처분의 결정이 있는 경우에는 면허 발급 제한 기간 이내라고 운전면허를 받을 수 있다. ㉣ 운전면허 취소처분을 받은 사람은 운전면허 결격기간이 끝났다 하더라도 그 취소 처분을 받은 이후에 특별교통안전의무교육을 받지 아니하면 운전면허를 받을 수 없다.

> 🏠 Plus tip
>
> 운전면허취소 후 발급제한기간
> ㉠ 2회 이상 음주운전(측정거부포함) 적발 – 2년
> ㉡ 음주운전을 하다가 교통사고를 일으킨 경우 – 2년
> ㉢ 음주운전을 하다가 2회 이상 교통사고를 일으킨 경우 – 3년
> ㉣ 음주운전을 하다가 사람을 사망에 이르게 한 경우 – 5년

❹ 운전면허시험

(1) 운전면허시험 등

① **시행기관** : 도로교통공단(제1종 보통면허시험 및 제2종 보통면허시험 제외)

② **시험내용**
  ㉠ 자동차등의 운전에 필요한 적성
  ㉡ 자동차등 및 도로교통에 관한 법령에 대한 지식
  ㉢ 자동차등의 관리방법과 안전운전에 필요한 점검의 요령
  ㉣ 자동차등의 운전에 필요한 기능
  ㉤ 친환경 경제운전에 필요한 지식과 기능

③ **제1종 보통면허시험과 제2종 보통면허시험**
  ㉠ 도로교통공단이 응시자가 도로에서 자동차를 운전할 능력이 있는지에 대하여 실시한다.
  ㉡ 제1종 보통면허시험은 제1종 보통연습면허를 받은 사람을 대상으로 하고, 제2종 보통면허시험은 제2종 보통연습면허를 받은 사람을 대상으로 한다.

④ 자동차등 및 도로교통에 관한 법령에 대한 지식과 자동차 등의 관리방법과 안전운전에 필요한 점검의 요령에 대하여 운전면허시험에 응시하려는 사람은 시험에 응시하기 전에 교통안전교육 또는 자동차운전전문학원에서 학과교육을 받아야 한다.

> ☆ **Plus tip**
>
> **운전면허시험의 일부를 면제**
> ㉠ 대학·전문대학 또는 공업계 고등학교의 기계과나 자동차와 관련된 학과를 졸업한 사람으로서 재학 중 자동차에 관한 과목을 이수한 사람
> ㉡ 자동차의 정비 또는 검사에 관한 기술자격시험에 합격한 사람
> ㉢ 외국면허증을 가진 사람 가운데 다음의 어느 하나에 해당되는 사람
>   • 주민등록이 된 사람
>   • 등록외국인 또는 외국인등록이 면제된 사람
>   • 난민인정자
>   • 국내거소신고를 한 사람(외국국적동포)
> ㉣ 군(軍) 복무 중 자동차등에 상응하는 군 소속 차를 6개월 이상 운전한 경험이 있는 사람
> ㉤ 적성검사를 받지 아니하여 운전면허가 취소된 후 다시 면허를 받으려는 사람
> ㉥ 운전면허를 받은 후 운전할 수 있는 자동차의 종류를 추가하려는 사람
> ㉦ 운전면허가 취소된 후 다시 운전면허를 받으려는 사람
> ㉧ 자동차운전 전문학원의 수료증 또는 졸업증을 소지한 사람
> ㉨ 군사분계선 이북지역에서 운전면허를 받은 사실이 인정되는 사람

(2) 필기시험

① 자동차등 및 도로교통에 관한 법령에 대한 지식에 관한 시험
  ㉠ 「도로교통법」 및 법에 따른 명령에 규정된 사항
  ㉡ 「교통사고처리 특례법」 및 같은 법에 따른 명령에 규정된 사항
  ㉢ 「자동차관리법」 및 같은 법에 따른 명령에 규정된 사항 중 자동차등의 등록과 검사에 관한 사항
  ㉣ 교통안전수칙과 교통안전교육에 관한 지침에 규정된 사항

② 자동차등의 관리방법과 안전운전에 필요한 점검 요령에 관한 시험
  ㉠ 자동차등의 기본적인 점검 요령
  ㉡ 경미한 고장의 분별
  ㉢ 유류를 절약할 수 있는 운전방법 등을 포함한 운전장치의 관리방법
  ㉣ 교통안전수칙과 교통안전교육에 관한 지침에 규정된 사항

|기출| 2022. 4. 23. 경상북도 시행

도로교통법 시행령 상 장내기능 시험에 대한 설명으로 적절한 것은?

① 도로교통법규에 따라 운전하는 능력을 평가한다.
② 장내기능 시험차량은 대통령령으로 지정된 차량을 사용한다.
③ 전자채점기로 채점하고, 다만, 경찰청장의 명령에 따라 기능시험은 운전면허시험관이 직접 채점한다.
④ 장내기능 시험 불합격자는 불합격일자로부터 2일 이내에 재응시가 가능하다.

(3) 장내기능 · 도로주행시험

① **장내기능시험** : 자동차등의 운전에 필요한 기능에 관한 시험

　㉠ 운전장치를 조작하는 능력

　㉡ 교통법규에 따라 운전하는 능력

　㉢ 운전 중의 지각 및 판단 능력

> **Plus tip**
> 장내기능시험
> ㉠ 장내기능시험에 사용되는 자동차등의 종류는 행정안전부령으로 정한다.
> ㉡ 장내기능시험은 전자채점기로 채점한다. 다만, 행정안전부령으로 정하는 기능시험은 운전면허시험관이 직접 채점할 수 있다.
> ㉢ 전자채점기의 규격 · 설치 및 사용연한 등에 관하여 필요한 사항은 경찰청장이 정한다.
> ㉣ 장내기능시험에 불합격한 사람은 불합격한 날부터 3일이 지난 후에 다시 장내기능시험에 응시할 수 있다.

② **도로주행시험** : 도로에서 자동차를 운전할 능력이 있는지에 대한 시험

　㉠ 도로에서 운전장치를 조작하는 능력

　㉡ 도로에서 교통법규에 따라 운전하는 능력

> **Plus tip**
> 도로주행시험
> ㉠ 도로주행시험은 연습운전면허를 받은 사람에 대하여 실시한다.
> ㉡ 도로주행시험을 실시하는 도로의 기준 및 도로주행시험에 사용되는 자동차의 종류는 행정안전부령으로 정한다.
> ㉢ 도로주행시험에 불합격한 사람은 불합격한 날부터 3일이 지난 후에 다시 도로주행시험에 응시할 수 있다.

(4) 운전면허시험의 면제

① **운전면허시험의 일부 면제**

　㉠ 대학 · 전문대학 또는 공업계 고등학교의 기계과나 자동차와 관련된 학과를 졸업한 사람으로서 재학 중 자동차에 관한 과목을 이수한 사람

　㉡ 자동차의 정비 또는 검사에 관한 기술자격시험에 합격한 사람

　㉢ 외국면허증 가진 사람 가운데 다음의 어느 하나에 해당되는 사람

　　• 주민등록이 된 사람

　　• 등록외국인 또는 외국인등록이 면제된 사람

　　• 난민인정자

- 외국국적 동포
- 군(軍) 복무 중 자동차등에 상응하는 군 소속 차를 6개월 이상 운전한 경험이 있는 사람
- 적성검사를 받지 아니하여 운전면허가 취소된 후 다시 면허를 받으려는 사람
- 운전면허를 받은 후 운전할 수 있는 자동차의 종류를 추가하려는 사람
- 운전면허가 취소된 후 다시 운전면허를 받으려는 사람
- 자동차운전 전문학원의 수료증 또는 졸업증을 소지한 사람
- 군사분계선 이북지역에서 운전면허를 받은 사실이 인정되는 사람

② 외국면허증 가진 사람

ⓐ 외국면허증(그 운전면허증을 발급한 국가에서 90일을 초과하여 체류하면서 그 체류기간 동안 취득한 것으로서 임시면허증 또는 연습면허증이 아닌 것을 말한다)을 가진 사람에 대하여는 국내면허 인정국가인지 여부에 따라 대통령령으로 정하는 바에 따라 면제하는 운전면허시험을 다르게 정할 수 있다.

ⓑ 외교, 공무(公務) 또는 연구 등 대통령령으로 정하는 목적으로 국내에 체류하고 있는 사람이 가지고 있는 외국면허증은 국내면허 인정국가의 권한 있는 기관에서 발급한 운전면허증으로 보며, 국내면허 인정국가 가운데 우리나라와 운전면허의 상호인정에 관한 약정을 체결한 국가에 대하여는 그 약정한 내용에 따라 운전면허시험의 일부를 면제할 수 있다.

⑤ 운전면허증

(1) 운전면허증의 발급 등

① 운전면허를 받으려는 사람은 운전면허시험에 합격하여야 한다.

② 시·도경찰청장은 운전면허시험에 합격한 사람에 대하여 행정안전부령으로 정하는 운전면허증을 발급하여야 한다.

③ 운전면허의 효력은 본인 또는 대리인이 운전면허증을 발급받은 때부터 발생한다.

④ 시·도경찰청장은 운전면허를 받은 사람이 다른 범위의 운전면허를 추가로 취득하는 경우에는 운전면허의 범위를 확대하여 운전면허증을 발급하여야 하고, 운전면허를 받은 사람이 운전면허의 범위를 축소하기를 원하는 경우에는 운전면허의 범위를 축소하여 운전면허증을 발급할 수 있다.

기출 2022. 4. 23. 경기도 시행

다음 중 운전면허에 대한 설명으로 틀린 설명은?

① 국제운전면허증을 발급받은 사람은 국내에 입국한 날부터 1년 동안만 그 국제운전면허증으로 자동차 등을 운전할 수 있다.

② 운전면허의 결격사유로 교통상의 위험과 장해를 일으킬 수 있는 정신질환자 또는 뇌전증 환자로서 경찰서장이 정하는 사람은 운전면허를 받을 수 없다.

③ 연습운전면허는 그 면허를 받은 날부터 1년 동안 효력을 가진다. 다만, 연습운전면허를 받은 날부터 1년 이전이라도 연습운전면허를 받은 사람이 제1종 보통면허 또는 제2종 보통면허를 받은 경우 연습운전면허는 그 효력을 잃는다.

④ 운전면허를 받지 아니하거나 운전면허의 효력이 정지된 경우에는 자동차 등 운전한 경우에는 그 위반한 날(운전면허효력 정지기간에 운전하여 취소된 경우에는 그 취소된 날)부터 1년, 원동기장치자전거면허를 받으려는 경우에는 6개월의 결격기간이 주어진다.

‹ 정답 ②

(2) 운전면허증의 재발급

① 신청 : 운전면허증을 잃어버렸거나 헐어 못 쓰게 되었을 때에는 시·도경찰청장에게 신청하여 다시 발급받을 수 있다.

② 신청서제출 : 신청서를 도로교통공단에 제출하고, 신분증명서를 제시해야 한다(신청인이 원할 경우 전자적 방법으로 지문정보를 대조하여 본인 확인).

③ 면허증 수령 : 재발급된 운전면허증을 수령할 때에는 기존의 운전면허증(운전면허증을 잃어버린 경우 제외)을 반납해야 한다.

(3) 운전면허증의 갱신과 정기 적성검사

① 운전면허증 갱신 : 운전면허를 받은 사람은 다음의 구분에 따른 기간 이내에 대통령령으로 정하는 바에 따라 시·도경찰청장으로부터 운전면허증을 갱신하여 발급받아야 한다.

  ㉠ 최초의 운전면허증 갱신기간
   • 운전면허시험에 합격한 날부터 기산하여 10년이 되는 날이 속하는 해의 1월 1일부터 12월 31일까지
   • 운전면허시험 합격일에 65세 이상 75세 미만인 사람은 5년, 운전면허시험 합격일에 75세 이상인 사람은 3년, 운전면허시험 합격일에 한쪽 눈만 보지 못하는 사람으로서 제1종 운전면허 중 보통면허를 취득한 사람은 3년

  ㉡ ㉠ 외의 운전면허증 갱신기간
   • 직전의 운전면허증 갱신일부터 기산하여 매 10년이 되는 날이 속하는 해의 1월 1일부터 12월 31일까지
   • 직전의 운전면허증 갱신일에 65세 이상 75세 미만인 사람은 5년, 75세 이상인 사람은 3년, 한쪽 눈만 보지 못하는 사람으로서 제1종 운전면허 중 보통면허를 취득한 사람 : 3년

② 운전면허증 갱신 대상 : 운전면허증 갱신기간에 대통령령으로 정하는 바에 따라 도로교통공단이 실시하는 정기 적성검사를 받아야 한다.
  ㉠ 제1종 운전면허를 받은 사람
  ㉡ 제2종 운전면허를 받은 사람 중 운전면허증 갱신기간에 70세 이상인 사람

③ 운전면허증 갱신 제외 대상 : 운전면허증을 갱신하여 받을 수 없다.
  ㉠ 75세 이상인 사람으로 교통안전교육을 받지 아니한 사람
  ㉡ 정기 적성검사를 받지 아니하거나 이에 합격하지 못한 사람

기출 2024. 2. 24. 서울시 제1회 시행

「도로교통법」상 〈보기〉의 ㈎, ㈏에 들어갈 내용으로 가장 옳은 것은?

┌─ 보기 ─────────
최초의 운전면허증 갱신기간은 제83조 제1항 또는 제2항에 따른 운전면허시험에 합격한 날부터 기산하여 10년(운전면허시험 합격일에 65세 이상 75세 미만인 사람은 ___㈎___, 75세 이상인 사람은 ___㈏___)이 되는 날이 속하는 해의 1월 1일부터 12월 31일 이다.
└──────────────

	㈎	㈏
①	5년	2년
②	5년	3년
③	7년	2년
④	7년	3년

정답 ②

④ **적성검사 일정 변경** : 운전면허증을 갱신하여 발급받거나 정기 적성검사를 받아야 하는 사람이 해외여행 또는 군 복무 등 대통령령으로 정하는 사유로 그 기간 이내에 운전면허증을 갱신하여 발급받거나 정기 적성검사를 받을 수 없는 때에는 대통령령으로 정하는 바에 따라 이를 미리 받거나 그 연기를 받을 수 있다.

(4) 자동차 등의 운전에 필요한 적성의 기준

① 다음의 구분에 따른 시력(교정시력을 포함)을 갖출 것

구분	내용
제1종 운전면허	두 눈을 동시에 뜨고 잰 시력이 0.8 이상이고, 두 눈의 시력이 각각 0.5 이상일 것 다만, 한쪽 눈을 보지 못하는 사람이 보통면허를 취득하려는 경우에는 다른 쪽 눈의 시력이 0.8 이상이고, 수평시야가 120도 이상이며, 수직시야가 20도 이상이고, 중심시야 20도 내 암점(暗點) 또는 반맹(半盲)이 없어야 한다.
제2종 운전면허	두 눈을 동시에 뜨고 잰 시력이 0.5 이상일 것. 다만, 한쪽 눈을 보지 못하는 사람은 다른 쪽 눈의 시력이 0.6 이상이어야 한다.

② 붉은색 · 녹색 및 노란색을 구별할 수 있을 것

③ 55데시벨(보청기를 사용하는 사람은 40데시벨)의 소리를 들을 수 있을 것

④ 조향장치나 그 밖의 장치를 뜻대로 조작할 수 없는 등 정상적인 운전을 할 수 없다고 인정되는 신체상 또는 정신상의 장애가 없을 것. 다만, 보조수단이나 신체장애 정도에 적합하게 제작 · 승인된 자동차를 사용하여 정상적인 운전을 할 수 있다고 인정되는 경우에는 그러하지 아니하다.

> 🔖 **Plus tip**
> **수시적성검사**
> ㉠ 제1종 운전면허 또는 제2종 운전면허를 받은 사람(국제운전면허증 또는 상호 인정외국면허증을 받은 사람 포함)이 안전운전에 장애가 되는 후천적 신체장애 등 대통령령으로 정하는 사유에 해당되는 경우에는 도로교통공단이 실시하는 수시 적성검사를 받아야 한다.
> ㉡ 수시 적성검사의 기간 · 통지와 그 밖에 수시 적성검사의 실시에 필요한 사항은 대통령령으로 정한다.

「도로교통법 시행규칙」상 임시운전증명서의 유효기간에 대한 설명으로 가장 옳지 않은 것은?

① 임시운전증명서의 유효기간은 20일 이내로 한다.
② 운전면허의 취소처분 대상자의 경우에는 임시운전증명서의 유효기간을 40일 이내로 할 수 있다.
③ 운전면허의 정지처분 대상자의 경우에는 임시운전증명서의 유효기간을 40일 이내로 할 수 있다.
④ 경찰서장이 필요하다고 인정하는 경우에는 임시운전증명서의 유효기간을 1회에 한하여 30일의 범위에서 연장할 수 있다.

(4) 임시운전증명서

① **임시운전증명서 발급 대상**: 시·도경찰청장은 다음의 어느 하나의 경우에 해당하는 사람이 임시운전증명서 발급을 신청하면 행정안전부령으로 정하는 바에 따라 임시운전증명서를 발급할 수 있다.

  ㉠ 운전면허증을 받은 사람이 제86조에 따른 재발급 신청을 한 경우
  ㉡ 정기 적성검사 또는 운전면허증 갱신 발급 신청을 하거나 수시 적성검사를 신청한 경우→ 소지하고 있는 운전면허증에 행정안전부령으로 정하는 사항을 기재하여 발급함으로써 임시운전증명서 발급을 갈음할 수 있다.
  ㉢ 운전면허의 취소처분 또는 정지처분 대상자가 운전면허증을 제출한 경우

② **임시운전증명서의 효력**: 임시운전증명서는 그 유효기간 중에는 운전면허증과 같은 효력이 있다.

(5) 운전면허증 휴대 및 제시 등의 의무

① **운전 중 휴대해야 될 운전면허증 등**

  ㉠ 운전면허증, 국제운전면허증 또는 상호인정외국면허증, 건설기계조종사면허증
  ㉡ 운전면허증 등을 갈음하는 증명서: 임시운전증명서, 범칙금 납부통고서 또는 출석지시서, 출석고지서

② **경찰공무원의 제시요구**: 운전자는 운전 중에 교통안전이나 교통질서 유지를 위하여 경찰공무원이 운전면허증등 또는 이를 갈음하는 증명서를 제시할 것을 요구하거나 운전자의 신원 및 운전면허 확인을 위한 질문을 할 때에는 이에 응하여야 한다.

📢 영문운전면허증 및 모바일운전면허증의 신청

㉠ **영문운전면허증**: 영문운전면허증을 발급받으려는 사람은 신청서에 사진 1장을 첨부하여 경찰서장 또는 도로교통공단에 제출하고, 신분증명서를 제시해야 한다. 영문운전면허증을 수령할 때에는 기존의 운전면허증을 반납해야 한다.
㉡ **모바일운전면허증**: 운전면허증 또는 영문운전면허증을 발급받은 사람(발급 신청한 사람 포함)이 원하는 경우에는 추가로 모바일운전면허증의 발급을 신청할 수 있다. 모바일운전면허증의 발급에 필요한 정보를 암호화하기 위해 이동통신단말장치에 설치·사용하는 전자적 정보의 유효기간은 3년으로 한다.
☞ 신청인이 원하는 경우에는 신분증명서 제시를 대신하여 전자적 방법으로 지문정보를 대조하여 본인 확인을 할 수 있다.

❻ 운전면허의 행정처분 등

(1) 운전면허의 취소·정지처분

필요적 취소사유 (운전면허를 반드시 취소하여야 하는 사유)	임의적 취소 또는 정지사유 (면허를 취소하거나 1년의 범위에서 운전면허의 효력을 정지시킬 수 있는 경우)
기속행위	재량행위
① 음주운전 금지 위반자가 다시 음주운전 금지 위반하여 운전면허정지 사유에 해당된 경우(음주운전 2진 아웃) ② 경찰공무원의 음주측정에 응하지 아니한 경우(음주측정거부) ③ 운전면허를 받을 수 없는 사유에 해당된 경우(후천적 결격사유) ④ 운전면허 결격자가 운전면허를 받은 경우 ⑤ 거짓·부정한 수단으로 운전면허를 받은 경우 ⑥ 운전면허효력의 정지 기간 중 운전면허증을 발급받은 사실이 드러난 경우 ⑦ 정기적성검사 등 수시적성검사 미필자 및 불합격자 ⑧ 경찰공무원 및 시·군공무원을 폭행한 경우 ⑨ 미등록된 자동차나 임시운행허가증을 받지 아니한 자동차(이륜자동차 제외)를 운전한 경우 ⑩ 연습운전면허의 취소사유가 있었던 경우 ⑪ 관계행정기관의 장이 운전면허의 취소·정지처분을 요청한 경우 ⑫ 운전면허를 받은 사람이 자신의 운전면허를 실효시킬 목적으로 시·도경찰청장에게 자진하여 운전면허를 반납하는 경우	① 음주운전 ② 약물운전 ③ 공동 위험 행위 ④ 난폭운전 ⑤ 교통사고로 사람을 사상 후 조치 등 신고를 하지 않은 경우 ⑥ 고의 또는 과실로 교통사고를 일으킨 경우 ⑦ 보복운전(운전면허를 받은 사람이 자동차 등을 이용하여 특수상해, 특수폭행, 특수협박 또는 특수손괴 등의 범죄를 행한 경우 ⑧ 자동차 등을 범죄의 도구나 장소로 이용하여 죄를 범한 경우(국가보안법, 살인, 시체유기 또는 방화, 강도, 강간 또는 강제추행, 약취유인 또는 감금, 상습절도, 교통 방해 등) ⑨ 다른 사람의 자동차 등을 훔치거나 빼앗은 경우 ⑩ 운전면허 시험 대리응시 ⑪ 운전면허증을 타인에게 빌려주거나 타인의 운전면허증을 빌려서 사용한 경우 ⑫ 적재물 제한위반(적재용량 및 적재중량) ⑬ 적재물 추락 방지를 위반하여 화물자동차를 운전한 경우(고정조치위반) ⑭ 최고속도보다 시속 100킬로미터를 초과한 속도로 3회 이상 자동차등을 운전한 경우 ⑮ 이 법이나 이 법에 따른 명령 또는 처분을 위반한 경우

(2) 운전면허 취소·정지처분 기준

① 벌점의 종합관리

  ㉠ 누산점수의 관리 : 법규위반 또는 교통사고로 인한 벌점은 행정처분기준을 적용하고자 하는 당해 위반 또는 사고가 있었던 날을 기준으로 하여 과거 3년간의 모든 벌점을 누산하여 관리한다.

기출 2017. 9. 23. 서울특별시 시행

반드시 운전면허를 취소해야 하는 사유(필요적 운전면허 취소사유)로 볼 수 없는 것은?

① 적성검사를 받지 아니한 경우
② 운전면허를 받을 수 없는 사람이 운전면허를 받거나 거짓이나 그 밖의 부정한 수단으로 운전면허를 받은 경우 또는 운전면허효력의 정지 기간 중 운전면허증 또는 운전면허증을 갈음하는 증명서를 발급받은 사실이 드러난 경우
③ 단속 경찰공무원을 폭행한 경우
④ 운전면허증을 다른 사람에게 빌려주어 운전하게 하거나 다른 사람의 운전 면허증을 빌려서 사용한 경우

‹정답 ④

기출 2019. 6. 15. 서울시 제2회 시행

운전면허 취소 기준이 되는 벌점 · 누산점수의 기준은?

① 1년간 101점 이상
② 2년간 201점 이상
③ 3년간 251점 이상
④ 4년간 271점 이상

ⓛ 무위반 · 무사고기간 경과로 인한 벌점 소멸 : 처분벌점이 40점 미만인 경우에, 최종의 위반일 또는 사고일로부터 위반 및 사고 없이 1년이 경과한 때에는 그 처분벌점은 소멸한다.

② 벌점 공제

㉠ 인적 피해 사고의 경우 : 인적 피해 있는 교통사고를 야기하고 도주한 차량의 운전자를 검거하거나 신고하여 검거하게 한 운전자(교통사고의 피해자가 아닌 경우로 한정)에게는 검거 또는 신고할 때마다 40점의 특혜점수를 부여하여 기간에 관계없이 그 운전자가 정지 또는 취소처분을 받게 될 경우 누산점수에서 이를 공제한다. 이 경우 공제되는 점수는 40점 단위로 한다.

㉡ 무위반 · 무사고 서약을 하고 1년간 이를 실천한 운전자의 경우 : 경찰청장이 정하여 고시하는 바에 따라 무위반 · 무사고 서약을 하고 1년간 이를 실천한 운전자에게는 실천할 때마다 10점의 특혜점수를 부여하여 기간에 관계없이 그 운전자가 정지처분을 받게 될 경우 누산점수에서 이를 공제한다. 이 경우 공제되는 점수는 10점 단위로 한다. 다만 교통사고로 사람을 사망에 이르게 하거나 음주운전, 난폭운전, 보복운전, 자동차 등을 범죄의 도구나 장소로 이용하여 죄를 범한 경우, 타인의 자동차 등을 훔치거나 빼앗은 경우 중 어느 하나에 해당하는 사유로 정지 처분을 받게 될 경우는 공제할 수 없다.

③ 정지처분 대상자의 임시운전 증명서 : 경찰서장은 면허 정지처분 대상자가 면허증을 반납한 경우에는 본인이 희망하는 기간을 참작하여 40일 이내의 유효기간을 정하여 임시운전증명서를 발급하고, 동 증명서의 유효기간 만료일 다음 날부터 소정의 정지처분을 집행하며, 당해 면허 정지처분 대상자가 정지처분을 즉시 받고자 하는 경우에는 임시운전 증명서를 발급하지 않고 즉시 운전면허 정지처분을 집행할 수 있다.

> 🐷 Plus tip
>
> 용어 정리
> ㉠ **벌점** : 행정처분의 기초자료로 활용하기 위하여 법규위반 또는 사고야기에 대하여 그 위반의 경중, 피해의 정도 등에 따라 배점되는 점수
> ㉡ **누산점수** : 위반 · 사고시의 벌점을 누적하여 합산한 점수에서 상계치(무위반 · 무사고 기간 경과 시에 부여되는 점수 등)를 뺀 점수
> ㉢ **처분벌점** : 구체적인 법규위반 · 사고야기에 대하여 앞으로 정지처분기준을 적용하는데 필요한 벌점으로서, 누산점수에서 이미 정지처분이 집행된 벌점의 합계치를 뺀 점수

(3) 벌점 등 초과로 인한 운전면허의 취소·정지

① **벌점·누산점수 초과로 인한 면허 취소** : 1회의 위반·사고로 인한 벌점 또는 연간 누산점수가 다음 표의 벌점 또는 누산점수에 도달한 때에는 그 운전면허를 취소한다.

기간	벌점 또는 누산점수
1년간	121점 이상
2년간	201점 이상
3년간	271점 이상

② **벌점·처분벌점 초과로 인한 면허 정지** : 운전면허 정지처분은 1회의 위반·사고로 인한 벌점 또는 처분벌점이 40점 이상이 된 때부터 결정하여 집행하되, 원칙적으로 1점을 1일로 계산하여 집행한다.

(2) 운전면허 처분에 대한 이의신청

① **이의신청 기간** : 운전면허의 취소처분 또는 정지처분이나 연습운전면허 취소처분에 대하여 이의(異議)가 있는 사람은 그 처분을 받은 날부터 60일 이내에 행정안전부령으로 정하는 바에 따라 시·도경찰청장에게 이의를 신청할 수 있다.

② **이의심의위원회 설치** : 시·도경찰청장은 이의신청에 대한 이의를 심의하기 위하여 행정안전부령으로 정하는 바에 따라 운전면허행정처분 이의심의위원회를 두어야 한다.

③ **행정심판의 청구** : 이의를 신청한 사람은 그 이의신청과 관계없이 행정심판을 청구할 수 있다. 이 경우 이의를 신청하여 그 결과를 통보받은 사람(결과를 통보받기 전에 행정심판을 청구한 사람 제외)은 통보받은 날부터 90일 이내에 행정심판을 청구할 수 있다.

(3) 운전면허증의 반납

① **운전면허증의 반납** : 운전면허증을 받은 사람이 다음의 어느 하나에 해당하면 그 사유가 발생한 날부터 7일 이내에 주소지를 관할하는 시·도경찰청장에게 운전면허증을 반납하여야 한다.
　㉠ 운전면허 취소처분을 받은 경우
　㉡ 운전면허효력 정지처분을 받은 경우
　㉢ 운전면허증을 잃어버리고 다시 발급받은 후 그 잃어버린 운전면허증을 찾은 경우

기출PLUS

기출 2022. 4. 23. 울산광역시 시행

운전면허의 취소처분 또는 정지처분에 대한 이의신청 기간으로 옳은 것은?

① 그 처분을 받은 날부터 15일 이내
② 그 처분을 받은 날부터 30일 이내
③ 그 처분을 받은 날부터 60일 이내
④ 그 처분을 받은 날부터 90일 이내

기출 2022. 6. 18. 서울특별시 시행

「도로교통법」상 운전면허증의 반납에 대한 설명으로 가장 옳지 않은 것은?

① 운전면허 취소처분을 받은 경우 그 사유가 발생한 날부터 7일 이내에 반납하여야 한다.
② 경찰공무원은 취소처분을 받고 법정 기한 내에 운전면허증을 반납하지 아니한 사람이 소지한 운전면허증을 직접 회수할 수 있다.
③ 시·도경찰청장이 운전면허효력 정지처분을 받은 사람으로부터 운전면허증을 회수하였을 때에는 이를 보관하였다가 정지기간이 끝난 6개월 후 돌려주어야 한다.
④ 운전면허증을 갱신 받았을 때, 기존 운전면허증은 반납하여야 한다.

◀ **정답** ③, ③

다음 중 보복운전으로 입건 시 처분 벌점으로 맞는 것은?

① 30점   ② 50점
③ 60점   ④ 100점

「도로교통법 시행규칙」 제91조에서 운전면허 정지처분 개별기준상 벌점 40점을 받는 경우가 아닌 것은?

① 정차·주차 위반에 대한 조치 불응(단체에 소속되거나 다수인에 포함되어 경찰공무원의 3회 이상의 이동명령에 따르지 아니하고 교통을 방해한 경우에 한한다.)
② 안전운전의무위반(단체에 소속되거나 다수인에 포함되어 경찰공무원의 3회 이상의 안전운전 지시에 따르지 아니하고 타인에게 위험과 장애를 주는 속도나 방법으로 운전한 경우에 한한다.)
③ 승객의 차내 소란행위 방치운전
④ 고속도로 버스전용차로 통행위반

다음 보기에서 벌점이 동일한 것을 묶은 것은?

┌ 보기 ┐
㉠ 공동위험행위로 형사입건된 때
㉡ 운전 중 휴대용 전화사용
㉢ 고속도로 버스전용차로·다인 승전용차로 통행위반
㉣ 앞지르기 방법위반
㉤ 철길건널목 통과방법위반

① ㉠, ㉤   ② ㉡, ㉣
③ ㉢, ㉤   ④ ㉣, ㉤

❮정답 ④, ④, ③

㉣ 연습운전면허증을 받은 사람이 제1종 보통면허증 또는 제2종 보통면허증을 받은 경우
㉤ 운전면허증 갱신을 받은 경우

② **경찰공무원의 직접 회수** : 경찰공무원은 운전면허증을 반납하지 아니한 사람이 소지한 운전면허증을 직접 회수할 수 있다.

7 정지처분 개별기준

(1) 이 법이나 이 법에 의한 명령을 위반한 때

구분	벌점
• 속도위반(100km/h 초과) • 술에 취한 상태의 기준을 넘어서 운전한 때(혈중알코올농도 0.03퍼센트 이상 0.08퍼센트 미만) • 자동차 등을 이용하여 형법상 특수상해 등(보복운전)을 하여 입건된 때	100
• 속도위반(80km/h 초과 100km/h 이하)	80
• 속도위반(60km/h 초과 80km/h 이하)	60
• 정차·주차위반에 대한 조치불응(단체에 소속되거나 다수인에 포함되어 경찰공무원의 3회이상의 이동명령에 따르지 아니하고 교통을 방해한 경우에 한한다) • 공동위험행위, 난폭운전으로 형사입건된 때 • 안전운전의무위반(단체에 소속되거나 다수인에 포함되어 경찰공무원의 3회 이상의 안전운전 지시에 따르지 아니하고 타인에게 위험과 장해를 주는 속도나 방법으로 운전한 경우에 한한다) • 승객의 차내 소란행위 방치운전 • 출석기간 또는 범칙금 납부기간 만료일부터 60일이 경과될 때까지 즉결심판을 받지 아니한 때	40
• 통행구분 위반(중앙선 침범에 한함) • 속도위반(40km/h 초과 60km/h 이하) • 철길건널목 통과방법위반 • 어린이통학버스 특별보호 위반 • 어린이통학버스 운전자의 의무위반(좌석안전띠를 매도록 하지 아니한 운전자는 제외) • 고속도로·자동차전용도로 갓길통행 • 고속도로 버스전용차로·다인승전용차로 통행위반 • 운전면허증 등의 제시의무위반 또는 운전자 신원확인을 위한 경찰공무원의 질문에 불응	30

• 신호 · 지시위반 • 속도위반(20km/h 초과 40km/h 이하) • 속도위반(어린이보호구역 안에서 오전 8시부터 오후 8시까지 사이에 제한속도를 20km/h 이내에서 초과한 경우에 한정) • 앞지르기 금지시기 · 장소위반 • 적재 제한 위반 또는 적재물 추락 방지 위반 • 운전 중 휴대용 전화 사용 • 운전 중 운전자가 볼 수 있는 위치에 영상 표시 • 운전 중 영상표시장치 조작 • 운행기록계 미설치 자동차 운전금지 등의 위반	15
• 통행구분 위반(보도침범, 보도 횡단방법 위반) • 지정차로 통행위반(진로변경 금지장소에서의 진로변경 포함) • 일반도로 전용차로 통행위반 • 안전거리 미확보(진로변경 방법위반 포함) • 앞지르기 방법위반 • 보행자 보호 불이행(정지선위반 포함) • 승객 또는 승하차자 추락방지조치위반 • 안전운전 의무 위반 • 노상 시비 · 다툼 등으로 차마의 통행 방해행위 • 돌 · 유리병 · 쇳조각이나 그 밖에 도로에 있는 사람이나 차마를 손상시킬 우려가 있는 물건을 던지거나 발사하는 행위 • 도로를 통행하고 있는 차마에서 밖으로 물건을 던지는 행위	10

(2) 자동차 등의 운전 중 교통사고를 일으킨 때

① 사고결과에 따른 벌점기준

구분		벌점	내용
인적 피해 교통 사고	사망 1명마다	90	사고발생 시부터 72시간 이내에 사망한 때
	중상 1명마다	15	3주 이상의 치료를 요하는 의사의 진단이 있는 사고
	경상 1명마다	5	3주 미만 5일 이상의 치료를 요하는 의사의 진단이 있는 사고
	부상신고 1명마다	2	5일 미만의 치료를 요하는 의사의 진단이 있는 사고

㉠ 교통사고 발생 원인이 불가항력이거나 피해자의 명백한 과실인 때에는 행정처분을 하지 아니한다.

㉡ 자동차 등 대 사람 교통사고의 경우 쌍방과실인 때에는 그 벌점을 2분의 1로 감경한다.

기출PLUS

기출 2021. 4. 17. 경기도 시행
다음 중 벌점이 가장 낮은 것은?
① 앞지르기 금지시기장소위반
② 철길건널목 통과방법위반
③ 승객의 차내 소란행위 방치운전
④ 속도위반(60km/h 초과)

기출 2021. 4. 10. 대구광역시 시행
다음 중 위반 시 벌점이 가장 낮은 경우는?
① 일반도로 전용차로 통행 위반
② 신호 · 지시 위반
③ 철길 건널목 위반
④ 20km/h 초과 속도 위반

정답 ①, ①

© 자동차 등 대 자동차 등 교통사고의 경우에는 그 사고원인 중 중한 위반 행위를 한 운전자만 적용한다.

② 교통사고로 인한 벌점산정에 있어서 처분 받을 운전자 본인의 피해에 대하여는 벌점을 산정하지 아니한다.

② 조치 등 불이행에 따른 벌점기준

불이행사항	적용법조 (도로교통법)	벌점	내용
교통사고 야기시 조치 불이행	제54조 제1항	15	1. 물적 피해가 발생한 교통사고를 일으킨 후 도주한 때
		30	2. 교통사고를 일으킨 즉시(그때, 그 자리에서 곧)사상자를 구호하는 등의 조치를 하지 아니하였으나 그 후 자진신고를 한 때 가. 고속도로, 특별시·광역시 및 시의 관할구역과 군(광역시의 군을 제외)의 관할구역 중 경찰관서가 위치하는 리 또는 동 지역에서 3시간(그 밖의 지역에서는 12시간) 이내에 자진신고를 한 때
		60	나. 가목에 따른 시간 후 48시간 이내에 자진신고를 한 때

⑧ 취소처분 개별기준

위반사항	내용
교통사고를 일으키고 구호조치를 하지 아니한 때	교통사고로 사람을 죽게 하거나 다치게 하고, 구호조치를 하지 아니한 때
술에 취한 상태에서 운전한 때	• 술에 취한 상태의 기준(혈중알코올농도 0.03퍼센트 이상)을 넘어서 운전을 하다가 교통사고로 사람을 죽게 하거나 다치게 한 때 • 혈중알코올농도 0.08퍼센트 이상의 상태에서 운전한 때 • 술에 취한 상태의 기준을 넘어 운전하거나 술에 취한 상태의 측정에 불응한 사람이 다시 술에 취한 상태(혈중알코올농도 0.03퍼센트 이상)에서 운전한 때
술에 취한 상태의 측정에 불응한 때	술에 취한 상태에서 운전하거나 술에 취한 상태에서 운전하였다고 인정할 만한 상당한 이유가 있음에도 불구하고 경찰공무원의 측정 요구에 불응한 때

다른 사람에게 운전면허증 대여(도난, 분실 제외)	• 면허증 소지자가 다른 사람에게 면허증을 대여하여 운전하게 한 때 • 면허 취득자가 다른 사람의 면허증을 대여받거나 그 밖에 부정한 방법으로 입수한 면허증으로 운전한 때
결격사유에 해당	• 교통상의 위험과 장해를 일으킬 수 있는 정신질환자 또는 뇌전증환자 • 앞을 보지 못하는 사람(한쪽 눈만 보지 못하는 사람의 경우에는 제1종 운전면허 중 대형면허 · 특수면허로 한정) • 듣지 못하는 사람(제1종 운전면허 중 대형면허 · 특수면허로 한정) • 양 팔의 팔꿈치 관절 이상을 잃은 사람, 또는 양팔을 전혀 쓸 수 없는 사람. 다만, 본인의 신체장애 정도에 적합하게 제작된 자동차를 이용하여 정상적으로 운전할 수 있는 경우는 제외 • 다리, 머리, 척추 그 밖의 신체장애로 인하여 앉아 있을 수 없는 사람 • 교통상의 위험과 장해를 일으킬 수 있는 마약, 대마, 향정신성 의약품 또는 알코올 중독자
약물을 사용한 상태에서 자동차 등을 운전한 때	약물(마약 · 대마 · 향정신성 의약품 및 「유해화학물질 관리법 시행령」에 따른 환각물질)의 투약 · 흡연 · 섭취 · 주사 등으로 정상적인 운전을 하지 못할 염려가 있는 상태에서 자동차 등을 운전한 때
공동위험행위	공동위험행위로 구속된 때
난폭운전	난폭운전으로 구속된 때
속도위반	최고속도보다 100㎞/h를 초과한 속도로 3회 이상 운전한 때
정기적성검사 불합격 또는 정기적성검사 기간 1년 경과	정기적성검사에 불합격하거나 적성검사기간 만료일 다음 날부터 적성검사를 받지 아니하고 1년을 초과한 때
수시적성검사 불합격 또는 수시적성검사 기간 경과	수시적성검사에 불합격하거나 수시적성검사 기간을 초과한 때
운전면허 행정처분기간 중 운전행위	운전면허 행정처분 기간 중에 운전한 때
허위 또는 부정한 수단으로 운전면허를 받은 경우	• 허위 · 부정한 수단으로 운전면허를 받은 때 • 결격사유에 해당하여 운전면허를 받을 자격이 없는 사람이 운전면허를 받은 때 • 운전면허 효력의 정지기간 중에 면허증 또는 운전면허증에 갈음하는 증명서를 교부받은 사실이 드러난 때
등록 또는 임시운행 허가를 받지 아니한 자동차를 운전한 때	「자동차관리법」에 따라 등록되지 아니하거나 임시운행 허가를 받지 아니한 자동차(이륜자동차를 제외)를 운전한 때

자동차 등을 이용하여 형법상 특수상해 등을 행한 때(보복운전)	자동차 등을 이용하여 형법상 특수상해, 특수폭행, 특수협박, 특수손괴를 행하여 구속된 때
다른 사람을 위하여 운전면허시험에 응시한 때	운전면허를 가진 사람이 다른 사람을 부정하게 합격시키기 위하여 운전면허 시험에 응시한 때
운전자가 단속 경찰공무원 등에 대한 폭행	단속하는 경찰공무원 등 및 시·군·구 공무원을 폭행하여 형사입건된 때
연습면허 취소사유가 있었던 경우	제1종 보통 및 제2종 보통면허를 받기 이전에 연습면허의 취소사유가 있었던 때(연습면허에 대한 취소절차 진행 중 제1종 보통 및 제2종 보통면허를 받은 경우를 포함)

02 국제운전면허

❶ 국제운전면허증

(1) 국제운전면허증 또는 상호인정외국면허증에 의한 자동차등의 운전

① **유효기간**: 국제운전면허증 또는 상호인정외국면허증을 외국의 권한 있는 기관에서 발급받은 사람은 입국한 날로부터 1년의 기간에 한하여 국내에서 국제운전면허증 또는 상호인정외국면허증으로 자동차를 운전할 수 있다.

> ☆ Plus tip
>
> 우리나라에서 인정되는 협약·협정 또는 약정
> ㉠ 1949년 제네바에서 체결된 「도로교통에 관한 협약」
> ㉡ 1968년 비엔나에서 체결된 「도로교통에 관한 협약」
> ㉢ 우리나라와 외국 간에 국제운전면허증을 상호 인정하는 협약, 협정 또는 약정
> ㉣ 우리나라와 외국 간에 상대방 국가에서 발급한 운전면허증을 상호 인정하는 협약·협정 또는 약정

② **운전할 수 있는 차종**: 국제운전면허증으로 운전할 수 있는 차종은 그 국제운전면허증에 기재된 것에 한한다.

③ 운전의 제한

　㉠ 국제운전면허증을 외국에서 발급받은 사람 또는 상호인정외국면허증으로 운전하는 사람은 「여객자동차 운수사업법」 또는 「화물자동차 운수사업법」에 따른 사업용 자동차를 운전할 수 없다.

　㉡ 다만, 「여객자동차 운수사업법」에 따른 대여사업용 자동차를 임차(賃借)하여 운전하는 경우에는 그러하지 아니하다.

(2) 국제운전면허증의 발급

① 신청 : 운전면허를 받은 사람이 국외에서 운전하기 위하여 「도로교통에 관한 협약」에 의한 국제운전면허증을 발급받고자 하는 때에는 시·도경찰청장에게 신청하여야 한다.

② 유효기간 : 국제운전면허증의 유효기간은 발급받은 날로부터 1년으로 한다.

③ 효력 상실 : 국내운전면허의 효력이 없어지거나 취소된 때에는 국제운전면허증의 효력도 없어진다.

④ 효력 정지 : 국내운전면허의 효력이 정지된 때에는 그 정지기간 중 국제운전면허증도 효력이 정지된다.

⑤ 국제운전면허증의 발급에 필요한 사항은 행정안전부령으로 정한다.

(3) 국제운전면허증의 발급 방법

① 신청서 제출

　㉠ 운전면허를 받은 사람(원동기장치자전거면허 및 연습운전면허를 받은 사람 제외)이 국제운전면허증을 발급받으려는 경우에는 신청서에 사진 1장을 첨부하여 시·도경찰청장 또는 도로교통공단에 제출하고, 신분증명서를 제시해야 한다.

　㉡ 신청인이 원하는 경우에는 신분증명서 제시를 갈음하여 전자적 방법으로 지문정보를 대조하여 본인 확인을 할 수 있다.

② 여권정보 확인

　㉠ 국제운전면허증 신청을 받은 시·도경찰청장 또는 도로교통공단은 행정정보의 공동이용을 통하여 신청인의 여권정보를 확인하여야 한다.

　㉡ 신청인이 행정정보의 공동이용 확인에 동의하지 아니하는 경우에는 여권의 사본을 제출(여권을 제시하는 것으로 갈음할 수 있다)하도록 하여야 한다.

③ 발급 : 시 · 도경찰청장 또는 도로교통공단은 신청서를 받은 때에는 국제운전 면허증을 발급하고, 국제운전면허 발급대장에 그 내용을 기록하여야 한다.

(4) 국제운전면허증 발급의 제한

① 시 · 도경찰청장은 국제운전면허증을 발급받으려는 사람이 납부하지 아니한 범칙금 또는 과태료(도로교통법을 위반하여 부과된 범칙금 또는 과태료)가 있는 경우 국제운전면허증의 발급을 거부할 수 있다.

② 다만, 범칙금 납부기간 또는 따른 과태료로서 대통령령으로 정하는 납부기 간 중에 있는 경우에는 그러하지 아니하다.

2 자동차 등의 운전

(1) 국제운전면허 운전 금지

① **자동차운전금지 조치** : 국제운전면허증 또는 상호인정외국면허증을 가지고 국내에서 자동차등을 운전하는 사람이 다음의 어느 하나에 해당하는 경우 에는 그 사람의 주소지를 관할하는 시 · 도경찰청장은 행정안전부령으로 정 한 기준에 따라 1년을 넘지 아니하는 범위에서 국제운전면허증 또는 상호 인정외국면허증에 의한 자동차등의 운전을 금지할 수 있다.

② 적성검사를 받지 아니하였거나 적성검사에 불합격한 경우

③ 운전 중 고의 또는 과실로 교통사고를 일으킨 경우

④ 대한민국 국적을 가진 사람이 운전면허가 취소되거나 효력이 정지된 후 법 에 규정된 기간이 지나지 아니한 경우

⑤ 자동차등의 운전에 관하여 이 법이나 이 법에 따른 명령 또는 처분을 위반 한 경우

(2) 운전면허증 제출

① **면허증 제출** : 자동차등의 운전이 금지된 사람은 지체 없이 국제운전면허증 또는 상호인정외국면허증을 제출하여야 한다.

② **면허증 제출처** : 운전을 금지한 시 · 도경찰청장

(3) 운전면허증 반환

① 반환대상

　　㉠ 운전 금지기간이 끝난 경우

　　㉡ 금지처분을 받은 사람이 그 금지기간 중에 출국하는 경우에는 그 사람의
　　　 반환청구가 있는 경우

② 면허증 반환처 : 시 · 도경찰청장

📢 국제운전면허증 관련 개정 및 신설 내용

> ㉠ 상호인정국제면허증도 국제운전면허증의 범위에 추가 확대
> ㉡ 상호인정국제면허증도 국제 운전 면허증으로 본다(확대)
> ㉢ 상호인정국제면허증도 수시적성검사 등 요건에 국제운전면허증과 동일하게 적용
> ㉣ 운전면허증의 휴대 및 제시 등 의무에 국제운전면허증은 물론 상호 인정 국제면허
>   증도 당연히 의무가 준수된다.
> ㉤ 상호인정국제면허증도 국제운전면허증으로 인정하기 때문에 무면허운전금지 규정
>   등 모든 국제운전면허증에 적용되는 규정을 동일하게 적용한다.

출제예상문제

1 다음 중 도로교통법상 운전면허의 종류를 바르게 나열한 것은?

① 제1종 면허, 제2종 면허, 제3종 면허
② 제1종 면허, 제2종 면허, 특수면허
③ 제1종 면허, 제2종 면허, 국제면허, 연습운전면허
④ 제1종 면허, 제2종 면허, 연습운전면허

2 다음 중 조건부 운전면허를 받아야 하는 경우는?

① 음주운전으로 1회 위반 후 5년이 지난 경우
② 개인형 이동장치를 운전한 경우
③ 음주운전금지사항 위반 후 5년 이내에 다시 음주운전을 하여 면허 취소 처분을 받은 경우
④ 음주운전 방지장치를 부착하지 않고 운전한 경우

3 다음 중 운전면허에 따라 운전할 수 있는 자동차 등의 기준으로 옳지 않은 것은?

① 12톤 이상의 화물자동차 – 제1종 대형면허
② 승차정원 10인 이하의 승합자동차 – 제2종 보통면허
③ 3륜 승용자동차 – 원동기장치자전거면허
④ 적재중량 4톤 이하의 화물자동차 – 제2종 보통면허

4 다음의 운전면허에 관한 설명 중 옳지 않은 것은?

① 필기시험은 필기시험 합격일로부터 1년간 유효하다.
② 도로주행시험 불합격자는 불합격한 날 2일 후 다시 응시할 수 있다.
③ 운전면허시험의 일부 면제가 가능하다.
④ 적성검사기간이 경과되어 취소된 자는 즉시 면허시험에 재응시할 수 있다.

1.

운전면허의 종류
㉠ 제1종 운전면허 : 대형면허 · 보통면허 · 소형면허 · 특수면허
㉡ 제2종 운전면허 : 보통면허 · 소형면허 · 원동기장치자전거면허
㉢ 연습운전면허 : 제1종 보통연습면허 · 제2종 보통연습면허

2.

음주운전금지사항을 위반(자동차등 또는 노면전차를 운전한 경우로 한정한다. 다만, 개인형 이동장치를 운전한 경우는 제외한다)한 날부터 5년 이내에 다시 음주운전금지사항을 위반하여 운전면허 취소처분을 받은 사람이 자동차등을 운전하려는 경우에는 시 · 도경찰청장으로부터 음주운전 방지장치 부착 조건부 운전면허(이하 "조건부 운전면허"라 한다)를 받아야 한다〈법 제80조의2 제1항〉.

3.

㉠ 3륜 승용자동차 : 제1종 소형면허
㉡ 원동기장치자전거 : 원동기장치자전거면허

4.

도로주행시험 불합격자는 불합격한 날 3일 후 다시 응시할 수 있다.

Answer 1.④ 2.③ 3.③ 4.②

5 다음 중 임시운전증명서에 관한 설명으로 옳은 것은?

① 유효기간 중이라도 운전면허증과 같은 효력은 없다.
② 면허증의 재발급, 적성검사 또는 갱신 발급 신청, 운전면허증을 제출한 경우 발급받는다.
③ 유효기간은 20일이며, 회수에 관계없이 연장할 수 있다.
④ 외국인들을 대상으로 발행하는 면허증이다.

5.

① 운전면허증과 같은 효력이 있다.
③ 유효기간은 20일로 하되 1회에 한하여 연장할 수 있다.
④ 면허증의 재발급, 기재사항 변경 및 운전면허증 반납시 발급받는 면허증이다.

6 다음 중 제1종 대형면허를 받을 수 있는 사람은?

① 19세 미만인 사람
② 연령이 70세인 자가 운전경력이 2년 이상인 때
③ 제2종 소형면허를 받은 후 6개월이 경과된 자
④ 듣지 못하는 사람

6.

제1종 대형면허 또는 제1종 특수면허를 받으려는 경우로서 19세 미만이거나 자동차(이륜자동차는 제외)의 운전경험이 1년 미만인 사람은 운전면허를 받을 수 없다.

7 운전면허시험 합격자가 면허증을 발급받을 수 있는 것은 합격일로부터 며칠 이내인가?

① 7일 이내   ② 10일 이내
③ 15일 이내   ④ 30일 이내

7.

운전면허시험 합격자는 합격일로부터 30일 이내에 면허증을 발급받아야 한다.

8 음주운전 중 사람을 사상케 한 후 도주한 경우의 면허결격기간으로 옳은 것은?

① 운전면허가 취소된 날로부터 5년간
② 운전면허가 취소된 날로부터 3년간
③ 교통사고를 야기 도주한 날로부터 3년간
④ 교통사고를 야기 도주한 날로부터 2년간

8.

음주운전, 과로, 질병 또는 약물의 영향으로 운전 중 사람을 사상한 후 필요한 조치 및 신고를 하지 아니한 경우에는 면허가 취소된 날로부터 5년간 운전면허를 받을 수 없다.

Answer   5.②   6.②   7.④   8.①

9 다음 적성검사에 대한 설명 중 옳지 않은 것은?

① 군인, 경찰은 정기적성검사 면제대상자이다.
② 적성검사를 기간 내에 받지 않을 때에는 행정처분을 받는다.
③ 부득이한 사유가 발생한 때에는 유효기간 전에 연기신청을 할 수 있다.
④ 안전운전에 장애가 되는 신체장애 등이 있다고 인정할 만한 사유가 있는 사람은 수시적성검사 대상자이다.

10 다음 중 구술시험을 치를 수 있는 사람은?

① 듣지 못하는 사람
② 신체장애인과 문맹인
③ 앞을 보지 못하는 사람
④ 고졸 이상의 가정주부

11 정기적성검사 연기신청 대상자가 될 수 없는 사람은?

① 운전면허가 취소된 지 3년이 경과한 사람
② 부상을 입어 거동하기 어려운 사람
③ 재해로 적성검사를 받을 수 없는 사람
④ 법령의 규정에 의하여 신체의 자유를 구속당한 사람

9.

운전면허증을 갱신하여 발급받거나 정기 적성검사를 받아야 하는 사람이 해외여행 또는 군 복무 등 대통령령으로 정하는 사유로 그 기간 이내에 운전면허증을 갱신하여 발급받거나 정기 적성검사를 받을 수 없는 때에는 대통령령으로 정하는 바에 따라 이를 미리 받거나 그 연기를 받을 수 있다.

10.

신체장애인 또는 글을 알지 못하는 사람으로서 필기시험을 치르는 것이 곤란하다고 인정되는 사람의 경우에는 구술시험으로 대신할 수 있다.

11.

정기적성검사의 연기신청 대상자
㉠ 해외에 체류 중인 경우
㉡ 재해 또는 재난을 당한 경우
㉢ 질병이나 부상으로 인하여 거동이 불가능한 경우
㉣ 법령에 따라 신체의 자유를 구속당한 경우
㉤ 군 복무 중(「병역법」에 따라 의무경찰 또는 의무소방원으로 전환복무 중인 경우를 포함하고, 사병으로 한정한다)인 경우
㉥ 그 밖에 사회통념상 부득이하다고 인정할 만한 상당한 이유가 있는 경우

Answer 9.① 10.② 11.①

12 학과시험의 필기시험에서 합격기준에 대한 설명 중 옳지 않은 것은?

① 제1종 대형면허시험은 100점 만점에 90점 이상
② 원동기장치자전거면허시험은 100점 만점에 60점 이상
③ 제1종 보통면허시험은 100점 만점에 70점 이상
④ 제2종 보통면허시험은 100점 만점에 60점 이상

13 모바일운전면허증 발급에 대한 설명으로 옳은 것은?

① 운전면허를 신청할 때에는 반드시 모바일운전면허증을 발급받아야 한다.
② 직접 운전면허증을 신청하는 사람에게만 시·도경찰청장이 발급할 수 있다.
③ 운전면허증 발급을 신청한 사람이 모바일운전면허증을 추가로 신청하는 경우 발급할 수 있다.
④ 모바일운전면허증은 특정 운전면허에만 발급이 가능하다.

14 다음 중 무면허운전에 해당되는 것은?

① 제2종 보통면허로 승용자동차 운전
② 제1종 대형면허로 덤프트럭 운전
③ 제1종 보통면허로 12톤 이상의 화물자동차 운전
④ 제1종 소형면허로 3륜승용자동차

15 다음 중 운전면허의 결격사유가 아닌 것은?

① 17세인 자로 원동기장치자전거 면허시험에 응시하려는 사람
② 18세 미만인 사람
③ 듣지 못하는 사람(제1종 운전면허 중 대형면허·특수면허에 한함)
④ 정신질환자 또는 뇌전증 환자

12.

학과시험 합격기준
㉠ 제1종 : 100점 만점에 70점 이상
㉡ 제2종 : 100점 만점에 60점 이상

13.

시·도경찰청장은 운전면허증을 발급받으려는 사람이 모바일운전면허증을 신청하는 경우 이를 추가로 발급할 수 있다〈법 제85조의2 제1항〉.

※ 모바일운전면허증 … 이동통신단말장치에 암호화된 형태로 설치된 운전면허증을 말한다.

14.

③ 제1종 보통면허로는 12톤 미만의 화물자동차를 운전할 수 있다.

15.

① 원동기장치자전거는 16세 미만인 사람이 결격사유에 해당한다.

Answer 12.① 13.③ 14.③ 15.①

16 다음 중 자동차 등의 운전에 필요한 기능에 관한 시험을 면제받을 수 있는 경우는?

① 자동차 정비나 검사에 관한 기술자격시험에 합격한 사람이 제1종 보통면허를 받고자 하는 때
② 제2종 보통면허를 받은 사람이 제1종 대형 운전면허를 받고자 하는 때
③ 규정에 의한 전문학원의 수료증을 소지한 사람이 해당 연습운전면허를 받고자 하는 때
④ 원동기장치자전거면허를 받은 사람이 제2종 소형면허를 받고자 하는 때

16.

① 자동차 등의 관리방법 및 안전운전에 필요한 점검 요령에 관한 시험 면제
② 자동차 등 및 도로교통에 관한 법령의 지식에 대한 시험. 자동차 등의 관리방법 및 안전운전에 필요한 점검요령에 관한 시험 면제
④ 자동차 등의 운전에 필요한 적성검사. 자동차 등 및 도로교통에 관한 법령의 지식에 대한 시험. 자동차 등의 관리방법 및 안전운전에 필요한 점검요령에 관한 시험 면제

17 다음 중 나머지 넷과 벌점이 다른 경우는?

① 앞지르기금지 위반
② 안전거리 미확보
③ 안전운전의무 위반
④ 승객 · 승하차자 추락방지조치 위반

17.

① 15점
②③④ 10점

18 다음 중 벌점이 가장 무거운 것은?

① 혈중알코올농도 0.08%의 음주운전
② 통행구분 중 중앙선 침범
③ 교통사고로 사망 1명인 경우
④ 매시 30km 이상 속도위반

18.

① 100점
② 30점
③ 90점
④ 15점

Answer   16.③ 17.① 18.①

19 다음 중 면허가 반드시 취소되는 경우인 것은?

① 난폭운전을 한 경우

② 다른 사람의 자동차 등을 훔치거나 빼앗은 경우

③ 교통단속 임무를 수행하는 경찰공무원 등 및 시·군공무원을 폭행한 경우

④ 운전 중 고의 또는 과실로 교통사고를 일으킨 경우

20 국제운전면허증에 의한 자동차 등의 운전을 금지할 수 있는 경우가 아닌 것은?

① 적성검사를 받지 아니하였거나 적성검사에 불합격한 경우

② 운전 중 고의 또는 과실로 교통사고를 일으킨 경우

③ 금고 이상의 형의 선고를 받은 경우

④ 대한민국 국적을 가진 사람이 운전면허가 취소된 경우

21 국제운전면허증을 발급받고자 할 때 신청은 누구에게 하는가?

① 경찰서장

② 시·도경찰청장

③ 외무부장관

④ 행정안전부장관

19.

①②④의 경우는 운전면허를 취소하거나 1년 이내의 범위에서 운전면허정지처분을 받게 되는 경우에 해당한다.

20.

국제운전면허증에 의한 자동차 등의 운전을 금지할 수 있는 경우

㉠ 적성검사를 받지 아니하였거나 적성검사에 불합격한 경우

㉡ 운전 중 고의 또는 과실로 교통사고를 일으킨 경우

㉢ 대한민국 국적을 가진 사람이 운전면허가 취소되거나 효력이 정지된 후 규정된 기간이 지나지 아니한 경우

㉣ 자동차 등의 운전에 관하여 도로교통법이나 이 법에 따른 명령 또는 처분을 위반한 경우

21.

국내운전면허를 받은 사람이 국외에서 운전하기 위하여 「도로교통에 관한 협약」에 의한 국제운전면허증을 발급 받으려면 시·도경찰청장에게 신청하여야 한다.

22 국제운전면허증으로 우리나라에서 운전하려 할 때 가장 옳은 것은?

① 도로교통법에 의거 입국일로부터 1년간 운전할 수 있다.

② 우리나라 면허증을 교부받고 국제면허증을 반납 후에만 운전할 수 있다.

③ 관할경찰서장에게 신고한 후 차종에 관계없이 운전할 수 있다.

④ 입국한 날로부터 2년간 운전할 수 있다.

23 「도로교통법」상 사상자 기준에 의한 부상신고를 가장 바르게 설명한 것은?

① 5일 미만의 치료를 요하는 부상

② 10일 미만의 치료를 요하는 부상

③ 14일 미만의 치료를 요하는 부상

④ 15일 미만의 치료를 요하는 부상

24 벌점 누산점수가 몇 점이 되면 면허취소사유가 되는가?

① 1년간 90점 이상

② 1년간 121점 이상

③ 2년간 200점 이상

④ 3년간 250점 이상

22.

도로교통에 관한 협약(국제협약)의 규정에 의한 운전면허증(국제운전면허증)을 외국에서 발급받은 사람은 입국한 날로부터 1년간에 한하여 국내에서 그 국제운전면허증으로 자동차 등을 운전할 수 있다. 이 경우에 운전할 수 있는 차종은 그 국제운전면허증에 기재된 것에 한한다.

23.

부상신고 : 의사의 진단결과 5일 미만의 치료를 요하는 부상의 신고

24.

면허가 취소되는 벌점·누산 점수

㉠ 1년간 121점 이상

㉡ 2년간 201점 이상

㉢ 3년간 271점 이상

Answer 22.① 23.① 24.②

25 다음 중 무면허운전에 해당하는 행위는?

① 제1종 보통면허 소지자가 도로보수트럭을 운전한 경우
② 제1종 대형면허 소지자가 덤프트럭을 운전한 경우
③ 제1종 소형면허 소지자가 원동기장치자전거를 운전한 경우
④ 제1종 보통면허 소지자가 원동기장치자전거를 운전한 경우

26 외국인의 운전면허증과 관련한 내용으로 틀린 것은?

① 국내면허 인정국가 가운데 우리나라와 운전면허의 상호인정에 관한 약정을 체결한 국가에 대하여는 그 약정한 내용에 따라 운전면허시험의 일부를 면제할 수 있다.
② 「재외동포법」에 따라 국내거소 신고를 하지 아니한 사람은 운전면허시험의 일부를 면제 할 수 없다.
③ 도로교통공단은 외국인의 국내면허증 교환, 발급 시 외국운전면허증을 회수할 수 있다.
④ 외교부장관은 대한민국 운전면허증을 가진 사람에게 적성시험을 제외한 모든 운전면허시험과정을 면제하는 국가를 연 1회 이상 조사하고 그 결과를 경찰청장에게 통보하여야 한다.

27 국제운전면허증 또는 상호인정외국면허증에 의한 자동차등의 운전과 관련한 내용으로 틀린 설명은?

① 운전할 수 있는 자동차의 종류는 그 국제운전면허증 또는 상호인정 외국면허증에 기재 된 것으로 한정한다.
② 국제운전면허증 또는 상호인정외국면허증을 발급받은 사람은 국내에 입국한 날부터 1년 동안 그 국제운전면허증 또는 상호인정외국면허증으로 자동차등을 운전할 수 있다.
③ 적성검사를 받지 아니하였거나 적성검사에 불합격한 경우 시도경찰청장은 1년의 범위 안에서 국제 운전면허증 또는 상호인정외국면허증에 의한 자동차등의 운전을 금지할 수 있다.
④ 운전면허 소지자가 국제 운전면허증을 발급받으려면 관할 경찰서장에게 신청한다.

25.
① 도로보수트럭은 제1종 대형면허 소지자가 운전할 수 있다.

26.
외국인의 국내면허증 교환, 발급 시 외국 운전면허증 회수를 상대국의 요청이 있는 경우등 일정 경우에만 하도록 그 사람의 외국면허증을 회수 할 수 있다.

27.
운전면허소지자가 국제 운전 면허증을 발급받으려면 관할 경찰서장(X) 시도경찰청장 (O)에게 신청한다.

기출 PLUS

기출 2021. 4. 10. 대구광역시 시행

경찰공무원이 다음 사항에 해당되어 현장에서 범칙금 납부통고서 또는 출석지시서를 발급하고, 운전면허증 등의 제출을 요구하여 이를 보관할 수 있는 사항으로 옳은 것을 모두 고른다면 몇 개인가?

─ 보기 ─
가. 교통사고를 일으킨 경우
나. 운전면허의 취소처분 또는 정지처분이 아닌 교통법규를 위반한 경우
다. 외국에서 발급한 국제운전면허증을 가진 사람으로서 제162조 제1항에 따른 과태료 처분을 받은 경우

① 가   ② 가, 나
③ 나, 다   ④ 가, 다

기출 2024. 6. 22. 제2회 서울사 시행

「도로교통법 시행령」에서 〈보기〉의 (가)에 들어갈 내용으로 가장 옳은 것은?

─ 보기 ─
제83조(출석지시불이행자의 처리) 「도로교통법」 제138조 제1항에 따라 출석지시서를 받은 사람은 출석지시서를 받은 날부터 ___(가)___ 일 이내에 지정된 장소로 출석하여야 한다.

① 10   ② 15
③ 20   ④ 30

〈 정답 ①, ①

01 보칙

❶ 면허증 보관

(1) 출석지시서 및 범칙금 납부통고서

① 통지서 교부
　㉠ 경찰공무원은 자동차의 운전자가 다음의 어느 하나에 해당하는 경우에는 현장에서 범칙금 납부통고서 또는 출석지시서를 발급하고 운전면허증 등의 제출을 요구하여 이를 보관할 수 있다.
　　• 교통사고를 일으킨 경우
　　• 운전면허의 취소처분 또는 정지처분의 대상이 된다고 인정되는 경우
　　• 외국에서 발급한 국제운전면허증 또는 상호인정외국면허증을 가진 사람으로서 범칙행위를 한 경우
　㉡ ㉠의 경우에 범칙금 납부통고서 또는 출석지시서에 운전면허증 등의 보관 사실을 기록하여야 한다.

② 효력 : 출석지시서 또는 범칙금 납부통고서는 그 출석기일 또는 범칙금의 납부기일까지 운전면허증(연습운전면허증 제외)과 같은 효력이 있다.

③ 출석 : 출석지시서를 받은 사람은 출석지시서를 받은 날로부터 10일 이내에 출석하여야 한다.

(2) 출석지시불이행자의 처리

① 즉결심판 출석통지서를 발송
　㉠ 경찰서장은 출석지시서를 받고 기간 이내에 지정된 장소로 출석하지 아니한 사람 중 즉결심판의 대상이 되는 출석지시불이행자에 대해서는 출석기간 만료일부터 30일 이내에 즉결심판을 위한 출석의 일시·장소 등을 알리는 즉결심판 출석통지서를 발송하여야 한다.
　㉡ ㉠의 경우 즉결심판을 위한 출석일시는 출석기간 만료일부터 40일이 초과되어서는 아니 된다.

② 즉결심판 출석최고서를 발송

　　㉠ 경찰서장은 출석지시불이행자가 즉결심판기일에 출석하지 아니하여 즉결
　　　심판절차가 진행되지 못한 경우에는 그 출석지시불이행자에게 지체 없이
　　　즉결심판을 위하여 다시 정한 출석의 일시·장소 등을 알리는 즉결심판
　　　출석최고서를 발송하여야 한다.

　　㉡ ㉠의 경우 즉결심판을 위한 출석일시는 법원의 사정으로 즉결심판을 할
　　　수 없는 경우 등 다른 부득이한 사정이 없으면 출석기간 만료일부터 60
　　　일이 초과되어서는 아니 된다.

③ 출석불이행시 조치 : 시·도경찰청장은 즉결심판의 출석 최고에도 불구하고
　출석지시불이행자가 출석하지 아니하여 즉결심판절차가 진행되지 못한 경
　우에는 그 출석지시불이행자의 운전면허의 효력을 일시 정지시킬 수 있다.

② 전용차로 운행 등에 대한 시·군공무원의 단속

(1) 고지서 발급

① 시·군공무원은 다음의 어느 하나을 위반한 운전자가 있으면 행정안전부령
　으로 정하는 바에 따라 현장에서 위반행위의 요지와 경찰서장에게 출석할
　기일 및 장소 등을 구체적으로 밝힌 고지서를 발급하고, 운전면허증의 제출
　을 요구하여 이를 보관할 수 있다.
　　㉠ 전용차로 통행 금지 의무 위반
　　㉡ 긴급자동차에 대한 진로양보 의무 위반
　　㉢ 정차 및 주차 금지 의무 위반

② ①의 경우 그 고지서는 출석기일까지 운전면허증과 같은 효력이 있다.

(2) 통보 및 확인

① 위반행위의 통보 : 시·군공무원은 고지서를 발급한 때에는 지체 없이 관할
　경찰서장에게 운전면허증을 첨부하여 통보하여야 한다.

② 위반행위 확인 : 경찰서장은 통보를 받으면 위반행위를 확인하여야 한다.

(3) 권한 남용의 금지

시·군공무원은 고지서를 발급하거나 조치를 할 때에는 본래의 목적에서 벗어
나 직무상 권한을 남용하여서는 아니 된다.

기출PLUS

기출 2022. 6. 18. 인천광역시 시행

**아래 법 조항에 따라 시·군공무원
이 발급하는 출석고지시의 발급대상
에 해당되지 않는 운전자는?**

・보기・

시·군공무원은 위반한 운전자가
있으면 행정안전부령으로 정하는
바에 따라 현장에서 위반행위의
요지와 경찰서장(제주특별자치도
의 경우 제주특별자치도지사로
한다. 이하 이 조에서 같다)에게
출석할 기일 및 장소 등을 구체
적으로 밝힌 고지서를 발급하고,
운전면허증의 제출을 요구하여
이를 보관할 수 있다.

　　- 도로교통법 제143조의 일부 -

① 제15조 제3항에 따른 전용차로
　통행금지 의무 위반
② 제24조 제1항에 따른 철길건널
　목 일시정지 의무 위반
③ 제29조 제4항·제5항에 따른
　긴급자동차에 대한 진로양보
　의무 위반
④ 제32조부터 제34조까지의 규정
　에 따른 정차 및 주차 금지 의
　무 위반

〈정답 ②

③ 교통안전수칙과 교통안전에 관한 교육지침의 제정과 수수료

(1) 교통안전수칙

① 제정·보급 : 경찰청장은 교통안전수칙을 제정하여 보급하여야 한다.

② 교통안전수칙에 포함되어야 하는 사항
  ㉠ 도로교통의 안전에 관한 법령의 규정
  ㉡ 자동차 등의 취급방법, 안전운전 및 친환경 경제운전에 필요한 지식
  ㉢ 긴급자동차에 길 터주기 요령
  ㉣ 그 밖에 도로에서 일어나는 교통상의 위험과 장해를 방지·제거하여 교통의 안전과 원활한 소통을 확보하기 위하여 필요한 사항

(2) 교통안전교육에 관한 지침

① 제정·공표 : 경찰청장은 도로를 통행하는 사람을 대상으로 교통안전에 관한 교육을 하는 자가 효과적이고 체계적으로 교육을 할 수 있도록 하기 위하여 교통안전교육에 관한 지침을 제정하여 공표하여야 한다.

③ 교통안전교육에 관한 지침
  ㉠ 자동차 등의 안전운전 및 친환경 경제운전에 관한 사항
  ㉡ 교통사고의 예방과 처리에 관한 사항
  ㉢ 보행자의 안전한 통행에 관한 사항
  ㉣ 어린이·장애인 및 노인의 교통사고 예방에 관한 사항
  ㉤ 긴급자동차에 길 터주기 요령에 관한 사항
  ㉥ 그 밖에 교통안전에 관한 교육을 효과적으로 하기 위하여 필요한 사항

(3) 수수료

① 다음의 어느 하나에 해당하는 사람은 행정안전부령으로 정하는 바에 따라 수수료를 내야 한다. 다만, 경찰청장 또는 시·도경찰청장이 업무를 대행하게 한 경우에는 그 업무를 대행하는 공단이 경찰청장의 승인을 받아 결정·공고하는 수수료를 공단에 내야 한다.
  ㉠ 긴급자동차의 지정을 신청하는 사람
  ㉡ 차로의 너비를 초과하는 차의 통행허가를 신청하는 사람
  ㉢ 안전기준을 초과한 승차 허가 또는 적재 허가를 신청하는 사람
  ㉣ 교통안전교육기관의 지정을 신청하는 사람
  ㉤ 운전면허증을 발급 또는 재발급받으려고 신청하는 사람

ⓑ 국제운전면허증 발급을 신청하는 사람

ⓢ 전문학원의 지정을 신청하는 사람

ⓞ 강사 또는 기능검정원의 자격시험에 응시하거나 그 자격증의 발급(재발급 포함)을 신청하는 사람

② 다음의 어느 하나에 해당하는 사람은 공단이 경찰청장의 승인을 받아 결정 · 공고하는 수수료를 내야 한다.

ⓐ 운전면허시험의 응시를 신청하는 사람

ⓑ 정기 적성검사 또는 수시 적성검사를 신청하거나 적성검사 연기를 신청하는 사람

02 범칙행위에 관한 처리의 특례

① 통칙

(1) 용어의 정의

① **범칙**: 범칙이란 본질적으로는 범죄의 구성요건을 충족하고 있으나 형벌 및 형사절차를 적용하지 않고 행정처분으로서의 통고처분에 의한 제재를 하는 위반행위를 의미한다.

② **범칙금**: 범칙자가 「도로교통법」에 따른 통고처분에 따라 국고 또는 제주특별자치도의 금고에 내야 할 금전을 가리킨다.

(2) 범칙행위

① **범칙행위**: 「도로교통법」에서 범칙행위는 주로 경미한 교통법규 위반행위로서 범칙행위를 한 운전자의 경우에는 차량종류별로 범칙금액을 부과받는다.

② **통고처분**: 범칙행위를 하여 범칙자로 인정하는 사람에 대하여는 이유를 분명하게 밝힌 범칙금 납부통고서로 범칙금을 낼 것을 통고할 수 있으며 다음에 해당하는 경우에는 즉결심판을 받는다.

ⓐ 성명이나 주소가 확실하지 않은 사람

ⓑ 달아날 우려가 있는 사람

ⓒ 범칙금 납부통고서 받기를 거부한 사람

기출PLUS

> **🐾 Plus tip**
>
> **과태료** … 과태료는 교통법규위반에 대하여 과해지는 벌금이나 과료와 달리 형벌의 성질을 가지지 않는 금전벌의 일종으로 교통법규를 위반한 사람뿐만 아니라, 특정한 교통법규에 있어서 그 위반행위자를 알 수 없는 경우에는 차의 고용주 등도 과태료를 부과 받을 수 있다.

③ 일사부재리 원칙 : 범칙금을 낸 사람은 범칙행위에 대해 다시 처벌되지 않는다.

2 범칙금의 납부

(1) 범칙금 납부

① 납부기간 : 범칙금 납부통고서를 받은 사람은 10일 이내(천재지변이나 그 밖의 부득이한 사유로 범칙금을 낼 수 없는 경우에는 부득이한 사유가 없어지게 된 날부터 5일 이내)에 국고은행, 지점, 대리점, 우체국 또는 제주특별자치도지사가 지정하는 금융회사 등이나 그 지점에 범칙금을 내야 한다.

② 가산금 : 납부기간 이내에 범칙금을 납부하지 않은 사람은 납부기간이 끝나는 날의 다음 날부터 20일 이내에 통고받은 범칙금의 100분의 20을 더한 금액을 납부해야 한다.

(2) 범칙행위 및 범칙금액

① 운전자〈도로교통법 시행령 별표 8〉

기출 2019. 6. 15. 서울시 제2회 시행

제한속도가 100km/h인 도로에서 150km/h로 과속운행을 한 승합자동차의 운전자에게 부과되는 범칙금은?

① 8만 원
② 10만 원
③ 12만 원
④ 15만 원

《정답 ②

범칙행위	차량 종류별 범칙금액
• 속도위반(60km/h 초과) • 어린이통학버스 운전자의 의무 위반(좌석안전띠를 매도록 하지 않은 경우는 제외한다) • 인적 사항 제공의무 위반(주·정차된 차만 손괴한 것이 분명한 경우에 한정한다)	1) 승합자동차등 : 13만원 2) 승용자동차등 : 12만원 3) 이륜자동차등 : 8만원
• 개인형 이동장치 무면허 운전 • 약물의 영향과 그 밖의 사유로 정상적으로 운전하지 못할 우려가 있는 상태에서 자전거등을 운전	자전거등 : 10만원
• 속도위반(40km/h 초과 60km/h 이하) • 승객의 차 안 소란행위 방치 운전 • 어린이통학버스 특별보호 위반	1) 승합자동차등 : 10만원 2) 승용자동차등 : 9만원 3) 이륜자동차등 : 6만원

• 안전표지가 설치된 곳에서의 정차·주차 금지 위반 • 승차정원을 초과하여 동승자를 태우고 개인형 이동장치를 운전	1) 승합자동차등 : 9만원 2) 승용자동차등 : 8만원 3) 이륜자동차등 : 6만원 4) 자전거등 및 손수레등 : 4만원
• 신호·지시 위반 • 중앙선 침범, 통행구분 위반 • 자전거 횡단보도 앞 일시정지 의무위반 • 속도위반(20km/h 초과 40km/h 이하) • 횡단·유턴·후진 위반 • 앞지르기 방법 위반 • 앞지르기 금지 시기·장소 위반 • 철길건널목 통과방법 위반 • 회전교차로 통행방법 위반 • 횡단보도 보행자 횡단 방해(신호 또는 지시에 따라 도로를 횡단하는 보행자의 통행 방해와 어린이 보호구역에서의 일시정지 위반을 포함한다) • 보행자전용도로 통행 위반(보행자전용도로 통행방법위반을 포함한다) • 긴급자동차에 대한 양보·일시정지 위반 • 긴급한 용도나 그 밖에 허용된 사항 외에 경광등이나 사이렌 사용 • 승차 인원 초과, 승객 또는 승하차자 추락 방지조치 위반 • 어린이·앞을 보지 못하는 사람 등의 보호 위반 • 운전 중 휴대용 전화사용 • 운전 중 운전자가 볼 수 있는 위치에 영상 표시 • 운전 중 영상표시장치 조작 • 운행기록계 미설치 자동차 운전 금지 등의 위반 • 고속도로·자동차전용도로 갓길 통행 • 고속도로버스전용차로·다인승전용차로 통행 위반	1) 승합자동차등 : 7만원 2) 승용자동차등 : 6만원 3) 이륜자동차등 : 4만원 4) 자전거등 및 손수레등 : 3만원
• 통행 금지·제한 위반 • 일반도로 전용차로 통행 위반 • 노면전차 전용로 통행 위반 • 고속도로·자동차전용도로 안전거리 미확보 • 앞지르기의 방해 금지 위반 • 교차로 통행방법 위반 • 회전교차로 진입·진행방법 위반 • 교차로에서의 양보운전 위반 • 보행자의 통행 방해 또는 보호 불이행 • 정차·주차 금지 위반(제10조의3 제2항에 따라 안전표지가 설치된 곳에서의 정차·주차 금지 위반은 제외한다) • 주차금지 위반	1) 승합자동차등 : 5만원 2) 승용자동차등 : 4만원 3) 이륜자동차등 : 3만원 4) 자전거등 및 손수레등 : 2만원

기출PLUS

기출 2024. 2. 24. 서울시 제1회 시행

「도로교통법 시행령」상 승합자동차 운전 중 범칙금액 7만원에 해당하는 범칙행위가 아닌 것은?

① 속도위반(40km/h 초과 60km/h 이하)
② 신호·지시 위반
③ 앞지르기 금지 시기·장소 위반
④ 철길건널목 통과방법 위반

◀정답 ①

• 정차 · 주차방법 위반 • 경사진 곳에서의 정차 · 주차방법 위반 • 정차 · 주차 위반에 대한 조치 불응 • 적재 제한 위반, 적재물 추락 방지 위반 또는 영유아나 동물을 안고 운전하는 행위 • 안전운전의무 위반 • 도로에서의 시비 · 다툼 등으로 인한 차마의 통행 방해 행위 • 급발진, 급가속, 엔진 공회전 또는 반복적 · 연속적인 경음기 울림으로 인한 소음 발생 행위 • 화물 적재함에의 승객 탑승 운행 행위 • 개인형 이동장치 인명보호 장구 미착용 • 자율주행자동차 운전자의 준수사항 위반 • 고속도로 지정차로 통행 위반 • 고속도로 · 자동차전용도로 횡단 · 유턴 · 후진 위반 • 고속도로 · 자동차전용도로 정차 · 주차 금지 위반 • 고속도로 진입 위반 • 고속도로 · 자동차전용도로에서의 고장 등의 경우 조치 불이행	
• 혼잡 완화조치 위반 • 차로통행 준수의무 위반, 지정차로 통행위반, 차로 너비보다 넓은 차 통행 금지 위반(진로 변경 금지 장소에서의 진로 변경을 포함한다) • 속도위반(20km/h 이하) • 진로 변경방법 위반 • 급제동 금지 위반 • 끼어들기 금지 위반 • 서행의무 위반 • 일시정지 위반 • 방향전환 · 진로변경 및 회전교차로 진입 · 진출 시 보호 불이행 • 운전석 이탈 시 안전 확보 불이행 • 동승자 등의 안전을 위한 조치 위반 • 시 · 도경찰청 지정 · 공고 사항 위반 • 좌석안전띠 미착용 • 이륜자동차 · 원동기장치자전거(개인형 이동장치는 제외한다) 인명보호 장구 미착용 • 등화점등 불이행 · 발광장치 미착용(자전거 운전자는 제외한다) • 어린이통학버스와 비슷한 도색 · 표지 금지 위반	1) 승합자동차등 : 3만원 2) 승용자동차등 : 3만원 3) 이륜자동차등 : 2만원 4) 자전거등 및 손수레 등 : 1만원

• 최저속도 위반 • 일반도로 안전거리 미확보 • 등화 점등 · 조작 불이행(안개가 끼거나 비 또는 눈이 올 때는 제외한다) • 불법부착장치 차 운전(교통단속용 장비의 기능을 방해하는 장치를 한 차의 운전은 제외한다) • 사업용 승합자동차 또는 노면전차의 승차 거부 • 택시의 합승(장기 주차 · 정차하여 승객을 유치하는 경우로 한정한다) · 승차거부 · 부당요금징수행위 • 운전이 금지된 위험한 자전거등의 운전	1) 승합자동차등 : 2만원 2) 승용자동차등 : 2만원 3) 이륜자동차등 : 1만원 4) 자전거등 및 손수레등 : 1만원
• 술에 취한 상태에서의 자전거등 운전	1) 개인형 이동장치 : 10만원 2) 자전거 : 3만원
• 술에 취한 상태에 있다고 인정할만한 상당한 이유가 있는 자전거등 운전자가 경찰공무원의 호흡조사 측정에 불응	1) 개인형 이동장치 : 13만원 2) 자전거 : 10만원
• 돌, 유리병, 쇳조각, 그 밖에 도로에 있는 사람이나 차마를 손상시킬 우려가 있는 물건을 던지거나 발사하는 행위 • 도로를 통행하고 있는 차마에서 밖으로 물건을 던지는 행위	모든 차마 : 5만원
• 특별교통안전교육의 미이수 가. 과거 5년 이내에 법 제44조를 1회 이상 위반하였던 사람으로서 다시 같은 조를 위반하여 운전면허효력 정지처분을 받게 되거나 받은 사람이 그 처분기간이 끝나기 전에 특별교통안전교육을 받지 않은 경우 나. 가목 외의 경우	차종 구분 없음 : 15만원 10만원
• 경찰관의 실효된 면허증 회수에 대한 거부 또는 방해	차종 구분 없음 : 3만원

※ 참고
1. 위 표에서 "승합자동차등"이란 승합자동차, 4톤 초과 화물자동차, 특수자동차, 건설기계 및 노면전차를 말한다.
2. 위 표에서 "승용자동차등"이란 승용자동차 및 4톤 이하 화물자동차를 말한다.
3. 위 표에서 "이륜자동차등"이란 이륜자동차 및 원동기장치자전거(개인형 이동장치는 제외한다)를 말한다.
4. 위 표에서 "손수레등"이란 손수레, 경운기 및 우마차를 말한다.
5. 위 표에서 돌, 유리병, 쇳조각, 그 밖에 도로에 있는 사람이나 차마를 손상시킬 우려가 있는 물건을 던지거나 발사하는 행위 및 도로를 통행하고 있는 차마에서 밖으로 물건을 던지는 행위의 경우 동승자를 포함한다.

② 보행자〈도로교통법 시행령 별표 9〉

범칙금액	범칙행위
5만원	돌, 유리병, 쇳조각, 그 밖에 도로에 있는 사람이나 차 마를 손상시킬 우려가 있는 물건 을 던지거나 발사하는 행위
3만원	• 신호 또는 지시 위반 • 차도 통행 • 육교 바로 밑 또는 지하도 바로 위로의 횡단 • 횡단이 금지되어 있는 도로부분의 횡단 • 술에 취하여 도로에서 갈팡질팡하는 행위 • 도로에서 교통에 방해되는 방법으로 눕거나 앉거나 서있는 행위 • 교통이 빈번한 도로에서 공놀이 또는 썰매타기 등의 놀이를 하는 행위 • 도로를 통행하고 있는 차 마에 뛰어오르거나 매달리거나 차마에서 뛰어내리는 행위
2만원	• 통행금지 또는 제한의 위반 • 도로 횡단시설이 아닌 곳으로의 횡단(제4호의 행위는 제외) • 차의 바로 앞이나 뒤로의 횡단
1만원	• 교통 혼잡을 완화시키기 위한 조치 위반 • 행렬 등의 차도 우측통행 의무 위반(지휘자를 포함)

③ 어린이보호구역 및 노인·장애인보호구역에서의 범칙행위 및 범칙금액〈도로교통법 시행령 별표 10〉

범칙행위	차량 종류별 범칙금액
• 신호·지시 위반 • 횡단보도 보행자 횡단 방해	1) 승합자동차등 : 13만원 2) 승용자동차등 : 12만원 3) 이륜자동차등 : 8만원 4) 자전거등 및 손수레등 : 6만원
• 속도위반 　가. 60km/h 초과	1) 승합자동차등 : 16만원 2) 승용자동차등 : 15만원 3) 이륜자동차등 : 10만원
나. 40km/h 초과 60km/h 이하	1) 승합자동차등 : 13만원 2) 승용자동차등 : 12만원 3) 이륜자동차등 : 8만원
다. 20km/h 초과 40km/h 이하	1) 승합자동차등 : 10만원 2) 승용자동차등 : 9만원 3) 이륜자동차등 : 6만원

라. 20km/h 이하	1) 승합자동차등 : 6만원 2) 승용자동차등 : 6만원 3) 이륜자동차등 : 4만원
• 통행금지 · 제한 위반 • 보행자 통행 방해 또는 보호 불이행	1) 승합자동차등 : 9만원 2) 승용자동차등 : 8만원 3) 이륜자동차등 : 6만원 4) 자전거등 및 손수레등 　　: 4만원
• 정차 · 주차 금지 위반 　가. 어린이보호구역에서 위반한 경우	1) 승합자동차등 : 13만원 2) 승용자동차등 : 12만원 3) 이륜자동차등 : 9만원 4) 자전거등 : 6만원
나. 노인 · 장애인보호구역에서 위반한 경우	1) 승합자동차등 : 9만원 2) 승용자동차등 : 8만원 3) 이륜자동차등 : 6만원 4) 자전거등 : 4만원
• 주차금지 위반 　가. 어린이보호구역에서 위반한 경우	1) 승합자동차등 : 13만원 2) 승용자동차등 : 12만원 3) 이륜자동차등 : 9만원 4) 자전거등 : 6만원
나. 노인 · 장애인보호구역에서 위반한 경우	1) 승합자동차등 : 9만원 2) 승용자동차등 : 8만원 3) 이륜자동차등 : 6만원 4) 자전거등 : 4만원
• 정차 · 주차방법 위반 　가. 어린이보호구역에서 위반한 경우	1) 승합자동차등 : 13만원 2) 승용자동차등 : 12만원 3) 이륜자동차등 : 9만원 4) 자전거등 : 6만원
나. 노인 · 장애인보호구역에서 위반한 경우	1) 승합자동차등 : 9만원 2) 승용자동차등 : 8만원 3) 이륜자동차등 : 6만원 4) 자전거등 : 4만원

• 정차 · 주차 위반에 대한 조치 불응 가. 어린이보호구역에서의 위반에 대한 조치에 불응한 경우	1) 승합자동차등 : 13만원 2) 승용자동차등 : 12만원 3) 이륜자동차등 : 9만원 4) 자전거등 : 6만원
나. 노인 · 장애인보호구역에서의 위반에 대한 조치에 불응한 경우	1) 승합자동차등 : 9만원 2) 승용자동차등 : 8만원 3) 이륜자동차등 : 6만원 4) 자전거등 : 4만원

※ 참고
1. 위 표에서 "승합자동차등"이란 승합자동차, 4톤 초과 화물자동차, 특수자동차, 건설기계 및 노면전차를 말한다.
2. 위 표에서 "승용자동차등"이란 승용자동차 및 4톤 이하 화물자동차를 말한다.
3. 위 표에서 "이륜자동차등"이란 이륜자동차 및 원동기장치자전거(개인형 이동장치는 제외한다)를 말한다.
4. 위 표에서 "손수레등"이란 손수레, 경운기 및 우마차를 말한다.
5. 위 표 60㎞/h 초과하는 속도위반을 위반하여 범칙금 납부 통고를 받은 운전자가 통고처분을 이행하지 않아 가산금을 더할 경우 범칙금의 최대 부과금액은 20만원으로 한다.

(3) 통고처분 불이행자 등의 처리

① 경찰서장 또는 제주특별자치도지사는 다음 각 호의 어느 하나에 해당하는 사람에 대해서는 지체 없이 즉결심판을 청구하여야 한다. 다만, 제2호에 해당하는 사람으로서 즉결심판이 청구되기 전까지 통고받은 범칙금액에 100분의 50을 더한 금액을 납부한 사람에 대해서는 그러하지 아니하다.

　㉠ 제163조(통고처분) 제1항 각 호의 어느 하나에 해당하는 사람

　㉡ 제164조(범칙금 납부) 제2항에 따른 납부기간에 범칙금을 납부하지 아니한 사람

② 즉결심판이 청구된 피고인이 즉결심판의 선고 전까지 통고받은 범칙금액에 100분의 50을 더한 금액을 내고 납부를 증명하는 서류를 제출하면 경찰서장 또는 제주특별자치도지사는 피고인에 대한 즉결심판 청구를 취소하여야 한다.

📢 전동 킥 보드등 PM(personal, mobility) 처벌규정

위반행위	범칙금
인도주행	3만원
음주운전	10만원
음주측정거부	13만원
약물, 과로운전	10만원
무면허운전	10만원
승차정원위반	4만원
헬멧 미착용	2만원
방향지시등 미착용	1만원
어린이 운전시킨 보호자	10만원 (보호자 과태료)
동승자 안전모 미착용	2만원 (운전자 과태료)

※ PM은 전동킥보드, 세그웨이(1인용 소형이륜차) 전기자전거 등 포함
※ 전동킥보드와 세그웨이(1인용 소형이륜차) 승차정원은 1명, 전기자전거는 2명

1 경찰청장이 제정하여 보급하는 교통안전수칙에 포함되는 사항이 아닌 것은?

① 긴급자동차에 길 터주기 요령
② 운전면허 취소 · 정지 처분 기준
③ 자동차 등의 취급방법
④ 도로교통의 안전에 관한 법령 규정

2 범칙금에 대한 설명으로 옳지 않은 것은?

① 범칙금을 낸 사람은 범칙행위에 대하여 다시 벌 받지 아니한다.
② 경찰서장은 납부기간에 범칙금을 납부하지 아니한 사람에 대하여는 지체 없이 즉결심판을 청구하여야 한다.
③ 범칙금을 내지 아니한 사람은 납부기간이 끝나는 날의 다음 날부터 20일 이내에 통고받은 범칙금에 100분의 20을 더한 금액을 내야 한다.
④ 범칙금 납부통고서를 받은 사람은 15일 이내에 범칙금을 내야 한다.

3 승용자동차의 운전 중 휴대전화를 사용한 경우 부과되는 벌칙으로 알맞은 것은?

① 벌점 15점 및 7만 원의 범칙금 부과
② 벌점 15점 및 6만 원의 범칙금 부과
③ 벌점 10점 및 3만 원의 범칙금 부과
④ 5만 원의 범칙금 부과

1.

교통안전수칙에 포함되어야 하는 사항
㉠ 도로교통의 안전에 관한 법령의 규정
㉡ 자동차 등의 취급방법, 안전운전 및 친환경 경제운전에 필요한 지식
㉢ 긴급자동차에 길 터주기 요령
㉣ 그 밖에 도로에서 일어나는 교통상의 위험과 장해를 방지 · 제거하여 교통의 안전과 원활한 소통을 확보하기 위하여 필요한 사항

2.

④ 범칙금 납부통고서를 받은 사람은 10일 이내에 경찰청장이 지정하는 국고은행, 지점, 대리점, 우체국 또는 제주특별자치도지사가 지정하는 금융회사 등이나 그 지점에 범칙금을 내야 한다.

3.

운전자는 긴급자동차를 운전하거나, 자동차가 멈춰 있는 경우, 범죄신고 및 재해신고 등 긴급한 경우와 손으로 잡지 않고 휴대용 전화를 사용할 수 있는 장치를 이용하여야만 휴대전화를 사용할 수 있으며, 이를 위반시는 벌점 15점과 7만 원 이하의 범칙금(승합자동차 7만 원, 승용자동차 6만 원, 이륜자동차 4만 원, 자전거 3만 원)이 부과된다.

Answer 1.② 2.④ 3.②

4 범칙금 납부서 등의 교부에 관한 설명 중 옳지 않은 것은?

① 자동차등의 운전자가 사고를 일으킨 경우 범칙금 교부대상이 된다.

② 경찰공무원은 운전자가 사고를 일으킨 경우 현장에서 규정에 의한 범칙금 납부통고서 또는 출석지시서를 발급하여야 한다.

③ 자동차 등의 운전자가 사고를 일으켜 경찰공무원에게 운전면허증을 제출한 후 출석지시서 등으로 운전하는 경우에는 운전면허증 휴대 위반에 해당된다.

④ 경찰공무원이 면허증을 보관한 경우 그 범칙금 납부통고서 또는 출석지시서에 운전면허증 등의 보관사실을 기록하여야 한다.

5 다음 중 운전면허와 관련된 수수료를 지불하지 않아도 되는 경우는?

① 운전면허증 발급

② 면허시험 응시

③ 기능시험 연습

④ 적성검사 신청

4.

출석지시서 또는 범칙금 납부통고서는 그 출석기일 또는 범칙금의 납부기일까지 운전면허증(연습운전면허증 제외)과 같은 효력이 있다.

5.

수수료〈법 제139조〉

㉠ 행정안전부령으로 정하는 바에 따라 수수료를 내야 하는 경우
• 긴급자동차의 지정을 신청하는 사람
• 차로의 너비를 초과하는 차의 통행허가를 신청하는 사람
• 안전기준을 초과한 승차 허가 또는 적재 허가를 신청하는 사람
• 교통안전교육기관의 지정을 신청하는 사람
• 운전면허증을 발급 또는 재발급 받으려고 신청하는 사람
• 국제운전면허증 발급을 신청하는 사람
• 전문학원의 지정을 신청하는 사람
• 강사 또는 기능검정원의 자격시험에 응시하거나 그 자격증의 발급(재발급을 포함한다)을 신청하는 사람

㉡ 공단이 경찰청장의 승인을 받아 결정·공고하는 수수료를 내야 하는 경우
• 운전면허시험의 응시를 신청하는 사람
• 정기 적성검사 또는 수시 적성검사를 신청하거나 적성검사 연기를 신청하는 사람

6 다음 중 통고처분 대상자는?

① 달아날 우려가 있는 사람
② 성명이나 주소가 확실하지 아니한 사람
③ 범칙금 납부통고서 받기를 거부한 사람
④ 범칙 행위를 한 신원이 확실한 사람

7 다음 중 가장 높은 범칙금은?

① 개인형 이동장치 무면허 운전
② 승용차의 앞지르기 방법 위반
③ 손수레의 철길건널목 통과방법 위반
④ 승용자동차의 고속도로버스전용차로 통행 위반

8 다음은 승용자동차의 법규 위반행위이다. 범칙금액은?

> • 횡단 · 유턴 · 후진 위반
> • 앞지르기 방법 위반
> • 앞지르기 금지 시기 · 장소 위반
> • 회전교차로 통행방법 위반

① 3만 원   ② 6만 원
③ 8만 원   ④ 10만 원

6.

④의 경우 통고처분 대상이다. 통고처분이란 안전벨트를 착용하지 않고 운전을 하던 중, 경찰관에게 단속이 되는 경우와 같이 위반 행위에 해당하는 금액을 납부할 것을 알리는 행정 처분이다. 통고처분을 할 수 없을 경우에는 즉결심판 대상이 된다. ①②③의 경우 통고처분을 할 수 없어 즉결심판을 받는다(법 제163조).

7.

① 자전거등 : 10만 원
② 승용자동차등 : 6만 원
③ 자전거등 및 손수레등 : 3만 원
④ 승용자동차등 : 6만 원

8.

표 안의 범칙금액
㉠ 승합자동차등 : 7만원
㉡ 승용자동차등 : 6만원
㉢ 이륜자동차등 : 4만원
㉣ 자전거등 및 손수레등 : 3만원

9 다음 중 범칙금 납부통고서를 받은 사람이 범칙금을 납무해야 하는 기간은?

① 5일   ② 10일
③ 15일   ④ 20일

9.

범칙금의 납부
㉠ 범칙금 납부통고서를 받은 사람은 10일 이내에 경찰청장이 지정하는 국고은행, 지점, 대리점, 우체국 또는 제주특별자치도지사가 지정하는 금융회사 등이나 그 지점에 범칙금을 내야 한다.
㉡ 천재지변이나 그 밖의 부득이한 사유로 말미암아 그 기간에 범칙금을 낼 수 없는 경우에는 부득이한 사유가 없어지게 된 날부터 5일 이내에 내야 한다.

10 다음에 해당하는 사람의 범칙금은?

> 돌, 유리병, 쇳조각, 그 밖에 도로에 있는 사람이나 차 마를 손상시킬 우려가 있는 물건 을 던지거나 발사하는 행위를 한 사람

① 1만 원   ② 2만 원
③ 3만 원   ④ 5만 원

10.

돌, 유리병, 쇳조각, 그 밖에 도로에 있는 사람이나 차 마를 손상시킬 우려가 있는 물건 을 던지거나 발사하는 행위를 한 사람에게는 5만 원의 범칙금이 부과된다.

Answer   9.②   10.④

11 자전거 등이 자전거 횡단도를 통행하고 있을 때 일시정지를 하지 않은 승용자동차의 범칙금은 ?

① 7만원

② 6만원

③ 5만원

④ 4만원

12 승용자동차의 운전자가 차로를 따라 통행하지 아니한 (차로통행준수의무위반) 경우 부과되는 범칙금은?

① 5만원

② 4만원

③ 3만원

④ 2만원

13 고속도로에서 앞지르기 통행방법을 준수하지 아니한 승합차의 고용주에게 부과되는 과태료의 액수는?

① 8만원

② 7만원

③ 6만원

④ 5만원

11.

자전거 횡단도 앞 일시정지 의무 위반
– 승합자동차 7만원
– 승용자동차 6만원
– 이륜자동차등 4만원
– 자전거 등 손수레 3만원

12.

차로통행 준수 의무 위반, 지정차로 통행위반 등
– 승합자동차 3만원
– 승용자동차 3만원
– 이륜자동차등 2만원
– 자전거등 및 손수레등 1만원

13.

고속도로에서 앞지르기 통행방법을 준수하지 않은 차의 고용주등
– 승합자동차등 8만원
– 승용자동차등 7만원

Answer 11.② 12.③ 13.①

14 20만원 이하의 벌금이나 구류 또는 과료를 선고하는 벌칙규정에 있어서 보행자관련 설명으로 틀린 것은?

① 술에 의하여 도로에서 갈팡질팡하는 행위등 도로에서의 금지행위를 한 사람

② 실외이동로봇 운용자의 의무를 위반한 실외이동로봇 운용자

③ 신호 또는 지시위반, 차도통행, 육교 바로 밑 또는 지하도 바로 위로의 횡단 등의 규정을 위반한 보행자(실외이동로봇이 위반한 경우에는 실외이동로봇 운용자는 제외)

④ 행렬 등의 차도 우측통행 의무를 위반하거나 경찰공무원의 조치를 위반한 행렬 등의 보행자나 지휘자

14.

③ 신호 또는 지시위반, 차도통행, 육교 바로 밑 또는 지하도 바로 위로의 횡단 등의 규정을 위반한 보행자(실외이동로봇이 위반한 경우에는 실외이동로봇 운용자는 제외 (X) 포함(O)

교통사고처리특례법

01 총칙

❶ 목적 및 용어의 정의

(1) 목적

「교통사고처리특례법」은 업무상 과실 또는 중대한 과실로 교통사고를 일으킨 운전자에 관한 형사 처벌 등의 특례를 정함으로써 교통사고로 인한 피해의 신속한 회복을 촉진하고 국민생활의 편익을 증진함을 목적으로 한다.

(2) 용어의 정의

① **차** : 「도로교통법」상의 자동차, 건설기계, 원동기장치자전거, 자전거, 사람 또는 가축의 힘이나 그 밖의 동력으로 도로에서 운전되는 것과 「건설기계관리법」상의 건설기계를 말한다.

② **교통사고** : 교통으로 인하여 사람을 사상하거나 물건을 손괴하는 것을 말한다.

❷ 처벌의 원칙

(1) 교통사고로 사람을 사상케 했을 때

차의 운전자가 교통사고로 인하여 사람을 사상(사망·부상)에 이르게 한 때에는 5년 이하의 금고 또는 2,000만 원 이하의 벌금에 처한다.

(2) 공소제기를 할 수 없는 경우

차의 교통으로 업무상과실치상죄 또는 중과실치상죄와 「도로교통법」 제151조의 죄를 범한 운전자에 대하여는 피해자의 명시적인 의사에 반하여 공소를 제기할 수 없다.

> **⌂ Plus tip**
>
> 「도로교통법」 제151조(벌칙) … 차의 운전자가 업무상 필요한 주의를 게을리 하거나 중대한 과실로 다른 사람의 건조물이나 그 밖의 재물을 손괴한 경우에는 2년 이하의 금고나 500만 원 이하의 벌금에 처한다.

(3) 공소제기를 할 수 있는 경우

차의 운전자가 업무상과실치상죄 또는 중과실치상죄를 범하고도 피해자를 구호하는 등 「도로교통법」에 따른 조치를 하지 아니하고 도주하거나 피해자를 사고 장소로부터 옮겨 유기하고 도주한 경우, 같은 죄를 범하고 「도로교통법」을 위반하여 음주측정 요구에 따르지 아니한 경우(운전자가 채혈 측정을 요청하거나 동의한 경우는 제외)와 다음의 어느 하나에 해당하는 행위로 인하여 같은 죄를 범한 경우에는 공소를 제기할 수 있다.

① 「도로교통법」에 따른 신호기가 표시하는 신호 또는 교통정리를 하는 경찰공무원등의 신호를 위반하거나 통행금지 또는 일시정지를 내용으로 하는 안전표지가 표시하는 지시를 위반하여 운전한 경우

② 「도로교통법」을 위반하여 중앙선을 침범하거나 횡단, 유턴 또는 후진한 경우

③ 「도로교통법」에 따른 제한속도를 시속 20킬로미터 초과하여 운전한 경우

④ 「도로교통법」에 따른 앞지르기의 방법·금지시기·금지장소 또는 끼어들기의 금지를 위반하거나 고속도로에서의 앞지르기 방법을 위반하여 운전한 경우

⑤ 「도로교통법」에 따른 철길건널목 통과방법을 위반하여 운전한 경우

⑥ 「도로교통법」에 따른 횡단보도에서의 보행자 보호 의무를 위반하여 운전한 경우

⑦ 「도로교통법」, 「건설기계관리법」을 위반하여 운전면허 또는 건설기계조종사면허를 받지 아니하거나 국제운전면허증을 소지하지 아니하고 운전한 경우(이 경우 운전면허 또는 건설기계조종사면허의 효력이 정지 중이거나 운전의 금지 중인 때에는 운전면허 또는 건설기계조종사면허를 받지 아니하거나 국제운전면허증을 소지하지 아니한 것으로 본다)

⑧ 「도로교통법」을 위반하여 술에 취한 상태에서 운전을 하거나 약물의 영향으로 정상적으로 운전하지 못할 우려가 있는 상태에서 운전한 경우

⑨ 「도로교통법」을 위반하여 보도가 설치된 도로의 보도를 침범하거나 보도 횡단방법을 위반하여 운전한 경우

다음 중 교통사고처리 특례법과 관련된 설명으로 올바른 것은?

① 교통사고를 일으킨 차가 「여객자동차 운수사업법」 또는 「화물자동차 운수사업법」에 따른 보험 또는 공제에 가입된 경우에는 업무상 과실치상죄 또는 중과실치상죄를 범한 운전자에 대하여는 피해자의 명시적인 의사에 반하여 공소를 제기할 수 없다.

② 차의 운전자가 교통사고로 인하여 업무상과실 또는 중과실로 인하여 사람을 사상한 자는 2년 이하의 금고 또는 5백만 원 이하의 벌금에 처한다.

③ 제한속도를 매시 20킬로미터를 초과해서 피해자가 발생한 경우는 보험가입 시 공소를 제기할 수 없다.

④ 건널목 통과방법을 위반하여 피해자가 발생한 경우는 보험 가입 시 공소를 제기할 수 없다.

◁정답 ①

⑩ 「도로교통법」에 따른 승객의 추락 방지의무를 위반하여 운전한 경우

⑪ 「도로교통법」에 따른 어린이 보호구역에서 규정을 준수하고 어린이의 안전에 유의하면서 운전하여야 할 의무를 위반하여 어린이의 신체를 상해에 이르게 한 경우

⑫ 「도로교통법」을 위반하여 자동차의 화물이 떨어지지 아니하도록 필요한 조치를 하지 아니하고 운전한 경우

치상사고를 일으킨 자가 종합보험에 가입된 경우의 특례	
원칙	교통사고를 야기한 자가 종합보험 또는 공제에 가입된 경우에는 운전자에 대하여 공소를 제기할 수 없다. (반의사불벌죄)
예외(공소권이 있다) 무조건 처벌한다.	인피사고 야기도주 (미신고 포함)
	사망사고
	음주측정거부
	특례조항(중대법규위반) 12개 항목 위반하여 치상사고 유발
	피해자의 생명이 위험하거나 불구, 불치, 난치의 상태 유발 (중상해)
	보험계약 등의 무효 등 보험회사 등의 보험금 지급의무가 없어진 경우

기출 2022. 7. 16. 전라남도 시행

교통사고 처리 특례법 상 12대 중과실 위반이 아닌 것은?

① 제한속도를 15km/h 초과
② 일시정지 등 안전표지 지시 위반
③ 횡단보도에서 보행자 보호 위반
④ 앞지르기 금지 위반

★ 교통사고처리 특례법상 특례조항(중대법규위반) 12개 항목 ★

1. 신호지시위반
2. 중앙선침범 (고속도로 등에서 유턴. 횡단. 후진 위반 등 모두 포함)
3. 제한속도위반 (제한속도를 시속 20킬로 초과하여 운전)
4. 앞지르기위반 (방법. 시기. 장소 금지 모두 포함)
5. 철길건널목 통과방법위반
6. 횡단보도 보행자 보호 의무위반
7. 무면허운전
8. 음주운전
9. 보도침범사고
10. 승객추락방지의무위반(개문발차)
11. 어린이 보호구역 안전운전 의무위반
12. 화물 적재물 낙하 추락 방지 의무위반

12개 항목 중에서 인적 교통사고를 발생시키지 않아도 형사처벌이 가능한 것은 2개이다. (무면허 운전과 음주운전)

◀정답 ①

> **⚘ Plus tip**
>
> 교통사고 후 처벌 시 적용되는 법
>
> | 구분 | 사고 | 도주, 음주, 약물 |
> |------|------|------------------|
> | 인피사고 | 교통사고처리 특례법 | 특정범죄 가중처벌 등에 관한 법률 |
> | 물피사고 | 도로교통법 | |

02 보험 등에 가입된 경우의 특례

❶ 공소를 제기할 수 없는 경우

(1) 원칙

교통사고를 일으킨 차가 「보험업법」상의 보험업의 허가, 정관변경의 보고, 기초서류의 신고 · 확인, 「여객자동차 운수사업법」상 조합 및 연합회의 공제사업, 공제조합의 설립 또는 「화물자동차 운수사업법」상 공제사업규정에 따른 보험 또는 공제에 가입된 경우에는 규정된 죄를 범한 차의 운전자에 대하여 공소를 제기할 수 없다.

(2) 공소제기가 가능한 경우

① 처벌의 원칙의 공소 제기를 할 수 있는 경우의 단서에 해당하는 경우

② 피해자가 신체의 상해로 인하여 생명에 대한 위험이 발생하거나 불구가 되거나 불치 또는 난치의 질병이 생긴 경우

③ 보험계약 또는 공제계약이 무효로 되거나 해지되거나 계약상의 면책 규정 등으로 인하여 보험회사, 공제조합 또는 공제사업자의 보험금 또는 공제금 지급의무가 없어진 경우

(3) 보험 또는 공제의 의미

보험 또는 공제란 교통사고의 경우 「보험업법」에 따른 보험회사나 「여객자동차 운수사업법」 또는 「화물자동차 운수사업법」에 따른 공제조합 또는 공제사업자가 인가된 보험약관 또는 승인된 공제약관에 따라 피보험자와 피해자 간 또는 공제조합원과 피해자 간의 손해배상에 관한 합의 여부와 상관없이 피보험자나 공제조합원을 갈음하여 피해자의 치료비에 관하여는 통상비용의 전액을, 그 밖의 손해에 관하여는 보험약관이나 공제약관으로 정한 지급기준금액을 대통령령으로 정하는 바에 따라 우선 지급하되, 종국적으로는 확정판결이나 그 밖에 이에 준하는 집행권원상 피보험자 또는 공제조합원의 교통사고로 인한 손해배상금 전액을 보상하는 보험 또는 공제를 말한다.

② 우선 지급할 치료비에 관한 통상비용의 범위

(1) 우선 지급하여야 할 치료비에 관한 통상비용의 범위
① 진찰료
② 일반병실의 입원료. 다만, 진료상 필요로 일반 병실보다 입원료가 비싼 병실에 입원한 경우에는 그 병실의 입원료
③ 처치 · 투약 · 수술 등 치료에 필요한 모든 비용
④ 인공팔다리 · 의치 · 안경 · 보청기 · 보철구 및 그 밖에 치료에 부수하여 필요한 기구 등의 비용
⑤ 호송 · 다른 보호시설로의 이동, 퇴원 및 통원에 필요한 비용
⑥ 보험약관 또는 공제약관에서 정하는 환자식대 · 간병료 및 기타 비용

(2) 치료비에 관한 통상비용의 계산에 있어서 피해자가 외국에서 치료를 받은 경우의 비용은 국내의료기관에서 동일한 치료를 하는 경우 그에 상당한 비용으로 한다. 다만, 국내의료기관에서 치료가 불가능하여 외국에서 치료를 받은 경우에는 그에 소요되는 비용으로 한다.

❸ 우선 지급할 치료비 외의 손해배상금의 범위

(1) 부상의 경우

보험약관 또는 공제약관에서 정한 지급기준에 의하여 산출한 위자료의 전액과 휴업손해액의 100분의 50에 해당하는 금액

(2) 후유장애의 경우

보험약관 또는 공제약관에서 정한 지급기준에 의하여 산출한 위자료 전액과 상실수익액의 100분의 50에 해당하는 금액

(3) 대물손해의 경우

보험약관 또는 공제약관에서 정한 지급기준에 의하여 산출한 대물배상액의 100분의 50에 해당하는 금액

출제예상문제

1 교통사고처리특례법의 목적으로 가장 옳은 것은?

① 피해의 신속한 회복 촉진 및 국민생활의 편익 증진
② 가해 운전자의 형사 처분 면제
③ 교통사고 피해자에 대한 신속한 보상과 처리
④ 종합보험에 가입된 가해자의 법적 특례

2 다음 중 교통사고 발생시 가해 운전자가 종합보험 등에 가입하였거나 피해자와 합의하였더라도 형사 처분을 받는 경우는?

① 제한속도를 매시 10km 초과하여 운전하다 중상 2명인 사고
② 자가용이 운전 미숙으로 교각을 들이받은 사고
③ 교차로 통과방법을 위반하여 사람을 다치게 한 사고
④ 고속도로에서 후진하다 사망 2명인 사고

3 다음 중 교통사고처리특례법상 보험 등에 가입되었어도 공소권이 있는 것은?

① 경상 이상 사고
② 타인의 재물을 손괴한 사고
③ 사망사고
④ 중상이 1명 이상인 사고

1.

교통사고처리특례법의 목적 : 이 법은 업무상과실 또는 중대한 과실로 교통사고를 일으킨 운전자에 관한 형사 처벌 등의 특례를 정함으로써 교통사고로 인한 피해의 신속한 회복을 촉진하고 국민생활의 편익을 증진함을 목적으로 한다.

2.

고속도로 등을 횡단하거나 유턴 또는 후진해서 사람을 치사시킨 경우에 종합보험에 가입하였거나 피해자와 합의하였더라도 형사 처분을 받는다.

3.

교통사고를 일으킨 차가 「보험업법」, 「여객자동차 운수사업법」 또는 「화물자동차 운수사업법」에 따른 보험 또는 공제에 가입된 경우에는 죄를 범한 차의 운전자에 대하여 공소를 제기할 수 없다. 다만, 처벌의 원칙의 공소제기를 할 수 있는 경우의 단서에 해당하는 경우와 피해자가 신체의 상해로 인하여 생명에 대한 위험이 발생하거나 불구가 되거나 불치 또는 난치의 질병이 생긴 경우, 보험계약 또는 공제계약이 무효로 되거나 해지되거나 계약상의 면책 규정 등으로 인하여 보험회사, 공제조합 또는 공제사업자의 보험금 또는 공제금 지급의무가 없어진 경우에는 공소를 제기할 수 있다.

Answer 1.① 2.④ 3.③

4 다음 중 교통사고처리특례법 시행령에 있어서 우선 지급할 치료비의 통상비용에 해당하지 않는 것은?

① 간병료
② 수술비
③ 위자료
④ 퇴원 비용

5 다음 중 교통사고에 대한 정의로 가장 알맞은 것은?

① 일반적인 교통수단에 의해 발생하는 모든 사고
② 차가 손괴되거나 사람이 사상하는 것
③ 차의 운전자가 운전중 사고를 일으키는 것
④ 차의 교통으로 인하여 사람을 사상하거나 물건을 손괴하는 것

6 교통사고처리특례법 시행령에서 우선 지급하여야 할 치료비 외의 손해배상금의 범위에 대한 설명으로 옳은 것은?

① 부상의 경우 보험약관 또는 공제약관에서 정한 지급기준에 의하여 산출한 위자료의 전액과 상실수익액의 100분의 50에 해당하는 금액
② 후유장애의 경우 보험약관 또는 공제약관에서 정한 지급기준에 의하여 산출한 위자료 전액과 휴업손해액의 100분의 50에 해당하는 금액
③ 대물손해의 경우 보험약관 또는 공제약관에서 정한 지급기준에 의하여 산출한 대물배상액의 100분의 50에 해당하는 금액
④ 부상과 후유장애에 의한 위자료가 중복되는 경우에는 제외하고 지급

4.

우선 지급할 치료비의 통상비용 : 진찰료, 일반병실의 입원료, 처치·투약·수술 등 치료에 필요한 모든 비용, 인공팔다리·의치·안경·보청기·보철구 및 그 밖에 치료에 부수하여 필요한 기구 등의 비용, 호송·다른 보호시설로의 이동, 퇴원 및 통원에 필요한 비용, 보험약관 또는 공제약관에서 정하는 환자 식대, 간병료 및 기타 비용

5.

교통사고란 차의 교통으로 인하여 사람을 사상(死傷)하거나 물건을 손괴(損壞)하는 것을 말한다.

6.

우선 지급하여야 할 치료비 외의 손해배상금의 범위
1. 부상의 경우
   보험약관 또는 공제약관에서 정한 지급기준에 의하여 산출한 위자료의 전액과 휴업손해액의 100분의 50에 해당하는 금액
2. 후유장애의 경우
   보험약관 또는 공제약관에서 정한 지급기준에 의하여 산출한 위자료 전액과 상실수익액의 100분의 50에 해당하는 금액
3. 대물손해의 경우
   보험약관 또는 공제약관에서 정한 지급기준에 의하여 산출한 대물배상액의 100분의 50에 해당하는 금액
4. 부상과 후유장애의 경우 위자료가 중복되면 보험약관 또는 공제약관이 정하는 바에 의하여 지급한다.

Answer　4.③　5.④　6.③

기출PLUS

기출 2022. 6. 18. 인천광역시 시행

다음 중 음주운전의 처벌 기준으로 바르지 않은 것은?

① 측정불응시에는 1년 이상 5년 이하 징역이나 500만 원 이상 2천만 원 이하 벌금에 처한다.
② 혈중알콜농도 0.04% 운전하다 적발될 시 1년 이하의 징역이나 500만 원 이하의 벌금에 처한다.
③ 혈중알콜농도 0.08%~0.2%에서 운전하다 적발될 시 면허취소와 함께 결격기간 1년이 주어지며, 혈중알콜농도 0.2%에서 사고시에는 2년간 면허취득을 할 수 없다.
④ 혈중알콜농도 0.03%에서 운전하다 적발될 시에는 면허가 취소된다.

기출 2021. 4. 17. 경기도 시행

「도로교통법」상 음주운전에 대한 처벌내용으로 옳은 것은?

① 혈중알코올농도가 0.2퍼센트 이상 0.5퍼센트 미만인 사람은 3년 이상의 징역이나 2,000만 원 이하의 벌금에 처한다.
② 혈중알코올농도가 0.08퍼센트 이상 0.2퍼센트 미만인 사람은 1년 이상 3년 이하의 징역이나 500만 원 이상 1천만 원 이하의 벌금에 처한다.
③ 혈중알코올농도가 0.03퍼센트 이상 0.08퍼센트 미만인 사람은 1년 이하의 징역이나 500만 원 이하의 벌금에 처한다.
④ 혈중알코올농도가 0.2퍼센트 이상인 사람은 2년 이상 5년 이하의 징역이나 1천만 원 이상 3천만 원 이하의 벌금에 처한다.

《정답 ④, ③

01 벌칙 규정

1 징역 또는 벌금

(1) 5년 이하의 징역이나 1천500만 원 이하의 벌금

① 교통사고 발생 시의 조치를 하지 아니한 사람(주·정차된 차만 손괴한 것이 분명한 경우 피해자에게 인적 사항을 제공하지 아니한 사람은 제외)

② 함부로 신호기를 조작하거나 교통안전시설을 철거·이전하거나 손괴한 행위로 인하여 도로에서 교통위험을 일으키게 한 사람

(2) 1년 이상 5년 이하의 징역이나 500만 원 이상 2천만 원 이하의 벌금

술에 취한 상태에 있다고 인정할 만한 상당한 이유가 있는 사람으로서 경찰공무원의 측정에 응하지 아니하는 사람(자동차등 또는 노면전차를 운전하는 사람으로 한정)

(3) 술에 취한 상태에서 자동차등 또는 노면전차를 운전한 사람의 처벌기준

음주 1회 기준	
혈중 알콜 농도	형사처벌
0.2% 이상	2년 이상 5년 이하의 징역이나 1천만 원 이상 2천만 원 이하의 벌금
0.08%이상~0.2% 미만	1년 이상 2년 이하의 징역이나 500만 원 이상 1천만 원 이하의 벌금
0.03% 이상~0.08% 미만	1년 이하의 징역이나 500만 원 이하의 벌금

★ 음주운전의 형사처벌기준(2진 아웃)
(음주운전, 음주측정불응)을 위반하여 벌금이상의 형을 선고받고 그 형이 확정된 날로부터 10년 이내에 다시 같은 내용을 위반한 사람(개인 형 이동장치는 제외)

혈중 알콜 농도	형사처벌
음주측정불응	1년 이상 6년 이하의 징역이나 500만원 이상 3천만원 이하의 벌금
0.2% 이상	2년 이상 6년 이하의 징역이나 1천만원 이상 3천만원 이하의 벌금
0.03% 이상 0.2% 미만	1년 이상 5년 이하의 징역이나 500만원 이상 2천만원 이하의 벌금

(4) 3년 이하의 징역 또는 3천만 원 이하의 벌금

음주운전 방지장치를 해체·조작하거나 그 밖의 방법으로 효용을 해친 자

(5) 3년 이하의 징역이나 1천만 원 이하의 벌금

약물로 인하여 정상적으로 운전하지 못할 우려가 있는 상태에서 자동차등 또는 노면전차를 운전한 사람

(6) 3년 이하의 징역이나 700만 원 이하의 벌금

함부로 신호기를 조작하거나 교통안전시설을 철거·이전하거나 손괴한 사람

(7) 2년 이하의 징역이나 500만 원 이하의 벌금

① 공동 위험행위를 하거나 주도한 사람

② 수강 결과를 거짓으로 보고한 교통안전교육강사

③ 교통안전교육을 받지 아니하거나 기준에 미치지 못하는 사람에게 교육확인증을 발급한 교통안전교육기관의 장

④ 거짓이나 그 밖의 부정한 방법으로 학원의 등록을 하거나 전문학원의 지정을 받은 사람

⑤ 전문학원의 지정을 받지 아니하고 수료증 또는 졸업증을 발급한 사람

⑥ 대가를 받고 자동차등의 운전교육을 한 사람

⑦ 비밀을 누설하거나 도용한 사람

(8) 2년 이하의 금고나 500만 원 이하의 벌금

차 또는 노면전차의 운전자가 업무상 필요한 주의를 게을리 하거나 중대한 과실로 다른 사람의 건조물이나 그 밖의 재물을 손괴한 경우

(9) 1년 이하의 징역이나 500만 원 이하의 벌금

① 자동차 등을 난폭운전한 사람

② 최고속도보다 시속 100킬로미터를 초과한 속도로 3회 이상 자동차등을 운전한 사람

(10) 1년 이하의 징역이나 300만 원 이하의 벌금

① 운전면허(원동기장치자전거면허는 제외)를 받지 아니하거나(운전면허의 효력이 정지된 경우를 포함) 또는 국제운전면허증 또는 상호인정외국면허증을

기출PLUS

기출 2022. 6. 18. 서울특별시 시행

「도로교통법」상 벌칙에 대한 설명으로 가장 옳지 않은 것은?

① 운전면허의 효력이 정지된 경우 자동차를 운전한 사람은 6개월 이하의 징역이나 200만 원 이하의 벌금 또는 구류에 처한다.

② 정비 불량차를 운전하도록 시킨 사람은 6개월 이하의 징역이나 200만 원 이하의 벌금 또는 구류에 처한다.

③ 교통단속용 장비의 기능을 방해하는 장치를 한 차를 운전한 사람은 6개월 이하의 징역이나 200만 원 이하의 벌금 또는 구류에 처한다.

④ 고속도로에서 고의로 중앙선의 좌측 부분으로 통행한 운전자는 100만 원 이하의 벌금 또는 구류에 처한다.

정답 ①

기출PLUS

기출 2022. 6. 18. 인천광역시 시행

다음 중 벌칙이 가장 무거운 법정형은?

① 교통단속용 장비의 기능을 방해하는 장치를 한 차를 운전한 사람
② 경찰관서에서 사용하는 무전기와 동일한 주파수의 무전기를 사용하여 운전한 사람
③ 긴급자동차가 아닌 자동차에 부착된 경광등, 사이렌 또는 비상등을 부착하여 운전한 사람
④ 「자동차 및 자동차부품의 성능과 기준에 관한 규칙」에서 정하지 아니한 것으로서 안전운전에 현저히 장애가 될 정도의 장치를 부착하여 운전한 사람

기출 2020. 10. 17. 부산광역시 시행

다음 중 교통법규 위반에 대한 벌칙이 가장 무거운 것은?

① 자동차등에 도색·표지 등을 하거나 그러한 자동차등을 운전한 사람
② 교통단속을 회피할 목적으로 교통단속용 장비의 기능을 방해하는 장치를 제작, 수입, 판매 또는 장착한 사람
③ 과로·질병으로 인하여 정상적으로 운전하지 못할 우려가 있는 상태에서 자동차등을 운전한 사람
④ 경찰공무원의 운전면허증 제시 요구나 진술 요구에 따르지 아니한 사람

받지 아니하고(운전이 금지된 경우와 유효기간이 지난 경우를 포함) 자동차를 운전한 사람

② 운전면허를 받지 아니한 사람(운전면허의 효력이 정지된 사람을 포함)에게 자동차를 운전하도록 시킨 고용주등

③ 거짓이나 그 밖의 부정한 수단으로 운전면허를 받거나 운전면허증 또는 운전면허증을 갈음하는 증명서를 발급받은 사람

④ 교통에 방해가 될 만한 물건을 함부로 도로에 내버려둔 사람

⑤ 교통안전교육강사가 아닌 사람으로 하여금 교통안전교육을 하게 한 교통안전교육기관의 장

⑥ 유사명칭 등을 사용한 사람

⑦ 음주운전 방지장치가 해체·조작되었거나 효용이 떨어진 것을 알면서 해당 장치가 설치된 자동차등을 운전한 자

⑧ 조건부 운전면허를 받은 사람을 대신하여 음주운전 방지장치가 설치된 자동차등을 운전할 수 있도록 해당 장치에 호흡을 불어넣거나 다른 부정한 방법으로 음주운전 방지장치가 설치된 자동차등에 시동을 걸어 운전할 수 있도록 한 사람

⑨ 조건부 운전면허를 발급받고 음주운전 방지장치가 설치되지 아니하거나 설치기준에 적합하지 아니하게 설치된 자동차등을 운전한 사람

⑾ 6개월 이하의 징역이나 200만 원 이하의 벌금 또는 구류

① 정비불량차를 운전하도록 시키거나 운전한 사람

② 경찰공무원의 요구·조치 또는 명령에 따르지 아니하거나 이를 거부 또는 방해한 사람

③ 교통단속을 회피할 목적으로 교통단속용 장비의 기능을 방해하는 장치를 제작·수입·판매 또는 장착한 사람

④ 교통단속용 장비의 기능을 방해하는 장치를 한 차를 운전한 사람

⑤ 교통사고 발생 시의 조치 또는 신고 행위를 방해한 사람

⑥ 함부로 교통안전시설이나 그 밖에 그와 비슷한 인공구조물을 설치한 사람

⑦ 운전면허 조건을 위반하여 운전한 사람

◀정답 ①, ②

❷ 벌금 또는 구류

(1) 100만 원 이하의 벌금 또는 구류

① 고속도로, 자동차전용도로, 중앙분리대가 있는 도로에서 고의로 위반하여 운전한 사람

② 최고속도보다 시속 100킬로미터를 초과한 속도로 자동차등을 운전한 사람

(2) 30만 원 이하의 벌금이나 구류

① 자동차등에 도색·표지 등을 하거나 그러한 자동차등을 운전한 사람

② 원동기장치자전거를 운전할 수 있는 운전면허를 받지 아니하거나(원동기장치자전거를 운전할 수 있는 운전면허의 효력이 정지된 경우를 포함) 국제운전면허증 또는 상호인정외국면허증 중 원동기장치자전거를 운전할 수 있는 것으로 기재된 국제운전면허증을 발급받지 아니하고(운전이 금지된 경우와 유효기간이 지난 경우를 포함) 원동기장치자전거를 운전한 사람(다만, 개인형 이동장치를 운전하는 경우는 제외)

③ 과로·질병으로 인하여 정상적으로 운전하지 못할 우려가 있는 상태에서 자동차등 또는 노면전차를 운전한 사람(다만, 개인형 이동장치를 운전하는 경우는 제외)

④ 보호자를 태우지 아니하고 어린이통학버스를 운행한 운영자

⑤ 어린이나 영유아가 하차하였는지를 확인하지 아니한 운전자

⑥ 어린이 하차확인장치를 작동하지 아니한 운전자. 다만, 점검 또는 수리를 위하여 일시적으로 장치를 제거하여 작동하지 못하는 경우는 제외

⑦ 보호자를 태우지 아니하고 운행하는 어린이통학버스에 보호자 동승표지를 부착한 자

⑧ 사고발생 시 조치상황 등의 신고를 하지 아니한 사람

⑨ 원동기장치자전거를 운전할 수 있는 운전면허를 받지 아니하거나(원동기장치자전거를 운전할 수 있는 운전면허의 효력이 정지된 경우를 포함) 국제운전면허증 또는 상호인정외국면허증 중 원동기장치자전거를 운전할 수 있는 것으로 기재된 국제운전면허증을 발급받지 아니한 사람(운전이 금지된 경우와 유효기간이 지난 경우를 포함)에게 원동기장치자전거를 운전하도록 시킨 고용주등

⑩ 고속도로등을 통행하거나 횡단한 사람

⑪ 도로공사의 신고를 하지 아니하거나 조치를 위반한 사람 또는 교통안전시

기출PLUS

기출 2019. 6. 15. 서울시 제2회 시행

「도로교통법」상 교통 단속을 회피할 목적으로 교통 단속용 장비의 기능을 방해하는 장치를 제작·수입·판매 또는 장착한 사람에 대한 벌칙은?

① 3년 이하의 징역이나 1,000만 원 이하의 벌금 또는 구류
② 2년 이하의 징역이나 500만 원 이하의 벌금 또는 구류
③ 1년 이하의 징역이나 300만 원 이하의 벌금 또는 구류
④ 6개월 이하의 징역이나 200만 원 이하의 벌금 또는 구류

정답 ④

설을 설치하지 아니하거나 안전요원 또는 안전유도 장비를 배치하지 아니

기출PLUS

설을 설치하지 아니하거나 안전요원 또는 안전유도 장비를 배치하지 아니한 사람 또는 교통안전시설을 원상회복하지 아니한 사람

⑫ 경찰서장의 명령을 위반한 사람

⑬ 최고속도보다 시속 80킬로미터를 초과한 속도로 자동차등을 운전한 사람 (시속 100킬로미터를 초과한 속도로 운전한 경우 제외)

(3) 20만 원 이하의 벌금 또는 구류

경찰공무원의 운전면허증 등의 제시 요구나 운전자 확인을 위한 진술 요구에 따르지 아니한 사람

(4) 20만 원 이하의 벌금이나 구류 또는 과료(科料)

① 신호 또는 지시에 따를 의무, 차마의 통행(고속도로, 자동차전용도로, 중앙분리대가 있는 도로에서 고의로 위반하여 운전한 사람은 제외), 차로의 설치, 전용차로의 설치, 자전거횡단도의 설치, 노면전차 전용로의 설치, 자동차등과 노면전차의 속도, 횡단 등의 금지, 안전거리 확보, 앞지르기 방법, 철길 건널목의 통과, 교차로 통행방법, 교통정리가 없는 교차로에서의 양보운전, 보행자의 보호, 보행자전용도로의 설치, 정차 및 주차의 금지, 주차금지의 장소, 경사진 곳에서의 정차 또는 주차의 방법, 차와 노면전차의 등화, 차의 신호, 승차 또는 적재의 방법과 제한, 안전운전 및 친환경 경제운전의 의무, 모든 운전자의 준수사항(차 또는 노면전차를 운전한 사람과 교통단속용 장비의 기능을 방해하는 장치를 한 차를 운전한 사람은 제외), 특정운전자의 준수사항, 어린이통학버스의 특별보호, 어린이통학버스 운전자 및 운영자 등의 의무(좌석안전띠를 매도록 하지 아니한 운전자는 제외), 횡단등의 금지 또는 교통안전교육 규정을 위반한 차마 또는 노면전차의 운전자

② 통행의 금지·제한 또는 조치를 위반한 차 또는 노면전차의 운전자

③ 앞지르기 금지의 시기 및 장소, 끼어들기의 금지, 긴급자동차의 우선 통행, 어린이통학버스 운전자 및 운영자 등의 의무, 갓길 통행금지, 고속도로등에서의 정차 및 주차의 금지, 고속도로 진입 시의 우선순위 또는 고장 등의 조치규정을 위반한 사람

④ 서행 또는 일시정지할 장소, 정차 또는 주차의 방법 및 시간의 제한 또는 어린이통학버스의 신고규정을 위반하거나 주차위반에 대한 조치규정에 따른 명령을 위반한 사람

⑤ 승차 또는 적재의 방법과 제한에 따른 시·도경찰청장의 제한을 위반한 사람

⑥ 좌석안전띠를 매지 아니하거나 인명보호 장구를 착용하지 아니한 운전자

564 PART 02. 도로교통법규

⑦ 자율주행시스템의 직접 운전 요구에 지체 없이 대응하지 아니한 자율주행자동차의 운전자

⑧ 경찰공무원의 운전면허증 회수를 거부하거나 방해한 사람

⑨ 주·정차된 차만 손괴한 것이 분명한 경우에 피해자에게 인적 사항을 제공하지 아니한 사람

⑩ 술에 취한 상태에서 자전거등을 운전한 사람

⑪ 술에 취한 상태에 있다고 인정할 만한 상당한 이유가 있는 사람으로서 경찰공무원의 측정에 응하지 아니한 사람(자전거등을 운전한 사람으로 한정)

⑫ 원동기장치자전거를 운전할 수 있는 운전면허를 받지 아니하거나 국제운전면허증 또는 상호인정외국면허증 중 원동기장치자전거를 운전할 수 있는 것으로 기재된 국제운전면허증을 발급받지 아니하고 개인형 이동장치를 운전한 사람

⑬ 신호 또는 지시에 따를 의무, 보행자의 통행, 도로의 횡단규정을 위반한 보행자

⑭ 통행의 금지 및 제한규정 또는 교통 혼잡을 완화시키기 위한 조치규정에 따른 금지·제한 또는 조치를 위반한 보행자

⑮ 경찰공무원의 조치를 위반한 행렬 등의 보행자나 지휘자

⑯ 도로에서의 금지행위를 한 사람

③ 형의 병과 및 양벌규정

(1) 형의 병과

죄를 범한 사람에 대하여는 정상(情狀)에 따라 벌금 또는 과료와 구류의 형을 병과(竝科)할 수 있다.

(2) 형의 감경이나 면제

긴급자동차(소방차·구급차·혈액 공급차량과 대통령령으로 정하는 경찰용 자동차만 해당)의 운전자가 그 차를 본래의 긴급한 용도로 운행하는 중에 교통사고를 일으킨 경우에는 그 긴급활동의 시급성과 불가피성 등 정상을 참작하여 형을 감경하거나 면제할 수 있다.

(3) 양벌규정

법인의 대표자나 법인 또는 개인의 대리인, 사용인, 그 밖의 종업원이 법인 또는 개인의 업무에 관하여 위반행위를 하면 그 행위자를 벌하는 외에 그 법인 또는 개인에게도 해당 조문의 벌금 또는 과료의 형을 과(科)한다. 다만, 법인 또는 개인이 그 위반행위를 방지하기 위하여 해당 업무에 관하여 상당한 주의와 감독을 게을리하지 아니한 경우에는 그러하지 아니하다.

02 과태료

❶ 과태료 부과기준

(1) 일반적인 과태료 부과기준〈도로교통법 시행령 별표 6〉

위반행위 및 행위자	과태료 금액
신호 또는 지시를 따르지 않은 차 또는 노면전차의 고용주 등	• 승합자동차등 : 8만원 • 승용자동차등 : 7만원 • 이륜자동차등 : 5만원
통행을 금지하거나 제한한 도로를 통행한 차 또는 노면전차의 고용주 등	• 승합자동차등 : 6만원 • 승용자동차등 : 5만원 • 이륜자동차등 : 4만원
어린이가 개인형 이동장치를 운전하게 한 어린이의 보호자	10만원
보도를 침범한 차의 고용주 등	• 승합자동차등 : 8만원 • 승용자동차등 : 7만원 • 이륜자동차등 : 5만원
다음 어느 하나에 해당하는 차의 고용주 등 ㉠ 중앙선을 침범한 차 ㉡ 회전교차로에서 반시계방향으로 통행하지 않은 차 ㉢ 고속도로에서 갓길로 통행한 차 ㉣ 고속도로에서 전용차로로 통행한 차	• 승합자동차등 : 10만원 • 승용자동차등 : 9만원 • 이륜자동차등 : 7만원
안전지대 등 안전표지에 의하여 진입이 금지된 장소에 들어간 차의 고용주등	• 승합자동차등 : 8만원 • 승용자동차등 : 7만원 • 이륜자동차등 : 5만원
다음 각 목의 어느 하나에 해당하는 차의 고용주 등 ㉠ 차로를 따라 통행하지 않은 차 ㉡ 시·도 경찰청장이 지정한 통행방법에 따라 통 행하지 않은 차 ㉢ 안전표지가 설치되어 특별히 진로 변경이 금지된 곳에서 진로를 변경한 차 ㉣ 진로를 변경하려는 방향으로 오고 있는 다른 차의 정상적 통행에 장애를 줄 우려가 있음에도 진로를 변경한 차 ㉤ 방향전환·진로변경 및 회전교차로 진입·진출하는 경우에 신호하지 않은 차	• 승합자동차등 : 4만원 • 승용자동차등 : 4만원 • 이륜자동차등 : 3만원

기출 2021. 6. 5. 서울특별시 시행

「도로교통법」상 위반 사례 중 과태료 금액이 가장 높은 것은?

① 제한속도보다 20km/h를 초과하여 위반한 승용자동차
② 고속도로에서 갓길로 통행하여 법을 위반한 승용자동차
③ 창유리의 가시광선 투과율 기준을 위반한 차의 운전자에 부과하는 과태료
④ 교차로에서 우회전 통행방법을 위반한 승용자동차

《정답 ②

일반도로에서 전용차로로 통행한 차의 고용주 등	• 승합자동차등 : 6만원 • 승용자동차등 : 5만원 • 이륜자동차등 : 4만원
제한속도를 준수하지 않은 차 또는 노면전차의 고용주 등 ㉠ 60km/h 초과	• 승합자동차등 : 14만원 • 승용자동차등 : 13만원 • 이륜자동차등 : 9만원
㉡ 40km/h 초과 60km/h 이하	• 승합자동차등 : 11만원 • 승용자동차등 : 10만원 • 이륜자동차등 : 7만원
㉢ 20km/h 초과 40km/h 이하	• 승합자동차등 : 8만원 • 승용자동차등 : 7만원 • 이륜자동차등 : 5만원
㉣ 20km/h 이하	• 승합자동차등 : 4만원 • 승용자동차등 : 4만원 • 이륜자동차등 : 3만원
다음 어느 하나에 해당하는 차의 고용주 등 ㉠ 법 제18조를 위반하여 횡단 · 유턴 · 후진을 한 차 ㉡ 법 제21조 제1항 및 제3항을 위반하여 앞지르기를 한 차 ㉢ 앞지르기가 금지된 시기 및 장소인 경우에 앞지르기를 한 차 ㉣ 고속도로 등에서 횡단 · 유턴 · 후진을 한 차	• 승합자동차등 : 8만원 • 승용자동차등 : 7만원 • 이륜자동차등 : 5만원 • 승합자동차등 : 6만원 • 승용자동차등 : 5만원 • 이륜자동차등 : 4만원
끼어들기를 한 차의 고용주 등	• 승합자동차등 : 4만원 • 승용자동차등 : 4만원 • 이륜자동차등 : 3만원
다음 어느 하나에 해당하는 차 또는 노면전차의 고용주 등 ㉠ 법 제25조제1항을 위반하여 우회전을 한 차 ㉡ 법 제25조제2항을 위반하여 좌회전을 한 차 ㉢ 법 제25조제5항을 위반하여 다른 차 또는 노면전차의 통행에 방해가 될 우려가 있음에도 교차로(정지선이 설치되어 있는 경우에는 그 정지선을 넘은 부분을 말한다)에 들어간 차 또는 노면전차 ㉣ 법 제25조의2제2항을 위반하여 회전교차로에 진입한 차	• 승합자동차등 : 6만원 • 승용자동차등 : 5만원 • 이륜자동차등 : 4만원

기출PLUS

기출 2020. 10. 17. 충청북도 시행

다음 중 과태료 부과가 가장 큰 것은?

① 안전표지선이 있는 소화전 주변 1시간 주정차한 승용차
② 제한 속도 40km/h 도로에서 60km/h 이하로 운행한 승합차
③ 운전면허 갱신을 하지 않은 사람이 자동차를 운행한 사람
④ 정기적성 검사 또는 수시적성 검사를 받지 아니한 사람

◀ 정답 ②

다음 어느 하나에 해당하는 차 또는 노면전차의 고용주 등 ㉠ 보행자의 횡단을 방해하거나 위험을 줄 우려가 있음에도 일시정지하지 않은 차 또는 노면전차 ㉡ 어린이 보호구역 내의 횡단보도 앞에서 일시정지하지 않은 차 또는 노면전차	• 승합자동차등 : 8만원 • 승용자동차등 : 7만원 • 이륜자동차등 : 5만원
법 제29조제4항 및 제5항을 위반하여 도로의 오른쪽 가장자 리에 일시정지하지 않거나 진로를 양보하지 않은 차 또는 노 면전차의 고용주 등	• 승합자동차등 : 8만원 • 승용자동차등 : 7만원 • 이륜자동차등 : 5만원
법 제32조(제6호는 제외한다)부터 제34조까지의 규정을 위반 하여 정차 또는 주차를 한 차의 고용주 등	• 승합자동차등 : 5만원 (6만원) • 승용자동차 : 4만원 (5만원)
법 제32조 제6호를 위반하여 정차 또는 주차를 한 차의 고용 주 등 ㉠ 안전표지가 설치된 곳에 정차 또는 주차를 한 경우 ㉡ 가목 외의 곳에 정차 또는 주차를 한 경우	• 승합자동차등 : 9만원 (10만원) • 승용자동차등 : 8만원 (9만원) • 승합자동차등 : 5만원 (6만원) • 승용자동차등 : 4만원 (5만원)
법 제37조제1항 제1호·제3호 및 같은 조 제2항을 위반하여 등화점등·조작을 불이행(안개가 끼거나 비 또는 눈이 올 때 는 제외한다)한 차 또는 노면전차의 고용주 등	• 승합자동차등 : 3만원 • 승용자동차등 : 3만원 • 이륜자동차등 : 2만원
다음의 어느 하나에 해당하는 차 또는 노면전차의 고용주 등 ㉠ 승차 인원에 관한 운행상의 안전기준을 넘어선 상태로 운 전한 차 ㉡ 적재중량 및 적재용량에 관한 운행상의 안전기준을 넘어선 상태로 운전한 차 ㉢ 운전 중 실은 화물이 떨어지지 않도록 덮개를 씌우거나 묶 는 등 확실하게 고정될 수 있도록 필요한 조치를 하지 않 은 차 ㉣ 안전운전의무를 지키지 않은 차 또는 노면전차	• 승합자동차등 : 8만원 • 승용자동차등 : 7만원 • 이륜자동차등 : 5만원 • 승합자동차등 : 6만원 • 승용자동차등 : 5만원 • 이륜자동차등 : 4만원

고인 물 등을 튀게 하여 다른 사람에게 피해를 준 차 또는 노면전차의 운전자	• 승합자동차등 : 2만원 • 승용자동차등 : 2만원 • 이륜자동차등 : 1만원
창유리의 가시광선 투과율 기준을 위반한 차의 운전자	2만원
다음 각 목의 어느 하나에 해당하는 차 또는 노면전차의 고용주 등 ㉠ 운전 중 휴대용 전화를 사용한 차 또는 노면전차 ㉡ 법 제49조제1항 제11호를 위반하여 운전 중 운전자가 볼 수 있는 위치에 영상을 표시한 차 또는 노면전차 ㉢ 법 제49조제1항 제11호의2를 위반하여 운전 중 영상표시장치를 조작한 차 또는 노면전차	• 승합자동차등 : 8만원 • 승용자동차등 : 7만원 • 이륜자동차등 : 5만원
동승자에게 좌석안전띠를 매도록 하지 않은 운전자 ㉠ 동승자가 13세 미만인 경우 ㉡ 동승자가 13세 이상인 경우	 6만원 3만원
동승자에게 인명보호 장구를 착용하도록 하지 않은 운전자(자전거 운전자는 제외한다)	2만원
운전자 및 동승자가 인명보호 장구를 착용하지 않은 이륜자동차 · 원동기장치자전거(개인형 이동장치는 제외한다)의 고용주등	3만원
어린이통학버스를 신고하지 않고 운행한 운영자	30만원
어린이통학버스 안에 신고증명서를 갖추어 두지 않은 어린이통학버스의 운영자	3만원
요건을 갖추지 아니하고 어린이통학버스를 운행한 운영자	30만원
어린이통학버스에 탑승한 어린이나 유아의 좌석안전띠를 매도록 하지 않은 운전자	6만원
안전운행기록을 제출하지 아니한 어린이통학버스 운영자	8만원
어린이통학버스 안전교육을 받지 않은 사람	8만원
어린이통학버스 안전교육을 받지 않은 사람에게 어린이통학버스를 운전하게 하거나 어린이통학버스에 동승하게 한 어린이통학버스의 운영자	8만원
고속도로 등에서 자동차의 고장 등 부득이한 사정이 없음에도 행정안전부령으로 정하는 차로에 따라 통행하지 않은 차의 고용주등	• 승합자동차등 : 6만원 • 승용자동차등 : 5만원
고속도로 등에서의 준수사항을 위반한 운전자	• 승합자동차등 : 2만원 • 승용자동차등 : 2만원 • 이륜자동차등 : 1만원
도로를 통행하고 있는 차에서 밖으로 물건을 던지는 행위를 한 차의 고용주등	6만원
긴급자동차의 안전운전 등에 관한 교육을 받지 않은 사람	8만원

교통안전교육기관 운영의 정지 또는 폐지 신고를 하지 않은 사람	100만원
운전면허증 갱신기간에 운전면허를 갱신하지 않은 사람	2만원
정기 적성검사 또는 수시 적성검사를 받지 않은 사람	3만원
강사의 인적 사항과 교육 과목을 게시하지 않은 사람	100만원
수강료등을 게시하지 않거나 같은 조 제3항을 위반하여 게시된 수강료등을 초과한 금액을 받은 사람	100만원
수강료등의 반환 등 교육생 보호를 위하여 필요한 조치를 하지 않은 사람	100만원
학원이나 전문학원의 휴원 또는 폐원 신고를 하지 않은 사람	100만원
간판이나 그 밖의 표지물의 제거, 시설물의 설치 또는 게시문의 부착을 거부·방해 또는 기피하거나 게시문이나 설치한 시설물을 임의로 제거하거나 못 쓰게 만든 사람	100만원
음주운전 방지장치가 설치된 자동차등을 등록한 후 행정안전부령에 따른 음주운전 방지장치 부착 자동차등의 운행기록을 제출하지 아니하거나 정상 작동 여부를 검사받지 아니한 사람	500만원 이하

(2) 어린이보호구역 및 노인·장애인보호구역에서의 과태료 부과기준〈도로교통법 시행령 별표 7〉

위반행위 및 행위자	차량 종류별 과태료 금액
신호 또는 지시를 따르지 않은 차 또는 노면전차의 고용주 등	• 승합자동차등 : 14만원 • 승용자동차등 : 13만원 • 이륜자동차등 : 9만원
제한속도를 준수하지 않은 차 또는 노면전차의 고용주 등 ㉠ 60km/h 초과	• 승합자동차등 : 17만원 • 승용자동차등 : 16만원 • 이륜자동차등 : 11만원
㉡ 40km/h 초과 60km/h 이하	• 승합자동차등 : 14만원 • 승용자동차등 : 13만원 • 이륜자동차등 : 9만원
㉢ 20km/h 초과 40km/h 이하	• 승합자동차등 : 11만원 • 승용자동차등 : 10만원 • 이륜자동차등 : 7만원
㉣ 20km/h 이하	• 승합자동차등 : 7만원 • 승용자동차등 : 7만원 • 이륜자동차등 : 5만원

규정을 위반하여 정차 또는 주차를 한 차의 고용주 등	
㉠ 어린이보호구역에서 위반한 경우	• 승합자동차등 : 13만원(14만원) • 승용자동차등 : 12만원(13만원)
㉡ 노인 · 장애인보호구역에서 위반한 경우	• 승합자동차등 : 9만원(10만원) • 승용자동차등 : 8만원(9만원)

(3) 과태료처분을 할 수 없는 경우

① 차 또는 노면전차를 도난당하였거나 그 밖의 부득이한 사유가 있는 경우

② 운전자가 해당 위반행위로 벌칙규정에 따라 처벌된 경우(범칙금 통고처분을 받은 경우를 포함)

③ 「질서위반행위규제법」에 따른 의견 제출 또는 이의제기의 결과 위반행위를 한 운전자가 밝혀진 경우

④ 자동차가 「여객자동차 운수사업법」에 따른 자동차대여사업자 또는 「여신전문금융업법」에 따른 시설대여업자가 대여한 자동차로서 그 자동차만 임대한 것이 명백한 경우

> ☆ Plus tip
> 그 밖의 부득이한 사유 : 당해 위반행위가 다음 어느 하나에 해당하는 경우
> ㉠ 범죄의 예방 · 진압이나 그 밖에 긴급한 사건 · 사고의 조사를 하는 경우
> ㉡ 도로공사 또는 교통지도단속을 위한 경우
> ㉢ 응급환자의 수송 또는 치료를 위한 경우
> ㉣ 화재 · 수해 · 재해 등의 구난작업을 위한 경우
> ㉤ 「장애인 복지법」에 따른 장애인의 승 · 하차를 돕는 경우
> ㉥ 그 밖에 부득이한 사유라고 인정할 만한 상당한 이유가 있는 경우

❷ 과태료의 부과 · 징수 및 납부

(1) 과태료의 부과 · 징수 및 절차

① **징수주체** : 시 · 도경찰청장(시 · 도경찰청장은 과태료 징수와 관련된 업무의 일부를 한국자산관리공사에 위탁할 수 있다.) 제주특별자치도지사, 시장 등, 교육감

기출PLUS

기출 2021. 4. 10. 대구광역시 시행

어린이보호구역 및 노인 · 장애인보호구역에서의 범칙행위에 대한 범칙금액으로 옳은 것은?

① 신호위반한 승합자동차 : 15만 원
② 횡단보도 보행자 횡단을 방해한 승용자동차 : 13만 원
③ 속도위반(20km/h 초과 40km/h 이하)한 승용자동차 : 9만 원
④ 보행자 통행 방해 또는 보호 불이행한 승용자동차 : 6만 원

◀ 정답 ③

② **과태료의 부과 · 징수 절차**

   ㉠ 시 · 도경찰청장, 시장 등 또는 교육감은 과태료를 부과하려는 경우에는 행정안전부령으로 정하는 단속대장과 과태료 부과대상자 명부에 그 내용을 기록하여야 한다. 이 경우 단속대장은 특별한 사유가 없으면 전자적 처리가 가능한 방법으로 작성 · 관리하여야 한다.

   ㉡ 시장 등은 규정을 위반한 차의 운전자를 고용하고 있는 사람이나 직접 운전자나 차를 관리하는 지위에 있는 사람 또는 차의 사용자(이하 "고용주 등")에게 과태료를 부과하려는 경우에는 주차 · 정차위반 차에 과태료 부과대상차표지를 붙인 후 해당 차를 촬영하거나 무인 교통단속용 장비로 주차 · 정차위반 차를 촬영한 사진증거 등의 증거자료를 갖추어 부과하여야 하고, 증거자료는 관련 번호를 부여하여 보존하여야 한다.

   ㉢ 시장 등은 차의 고용주등에게 과태료처분을 할 수 없을 때에는 위반행위를 한 운전자를 증명하는 자료를 첨부하여 관할 경찰서장에게 그 사실을 통보하여야 한다.

   ㉣ 「질서위반행위규제법」에 따른 자진납부자에 대한 과태료 감경 비율은 감경 범위에서 다음의 기준에 따라 행정안전부령으로 정하는 비율로 한다.

     • 과태료 체납률
     • 위반행위의 종류, 내용 및 정도
     • 범칙금과의 형평성

   ㉤ 시장 등은 과태료의 납부 고지를 받은 자가 납부기간 이내에 과태료를 내지 아니하면 「질서위반행위규제법」에 따른 체납처분을 하기 전에 지방세 중 자동차세의 납부고지서와 함께 미납과태료(가산금을 포함)의 납부를 고지할 수 있다.

   ㉥ 시 · 도경찰청장 또는 시장 등은 차의 등록원부가 있는 지역 또는 노면전차 운영자의 소재지(법인인 경우에는 주된 사무소의 소재지)가 있는 지역(이하 "차적지")이 다른 관할구역인 경우에는 행정안전부령으로 정하는 바에 따라 차적지를 관할하는 시 · 도경찰청장 또는 시장 등에게 과태료 징수를 의뢰하여야 한다. 이 경우 과태료 징수를 의뢰한 시장 등은 차적지를 관할하는 시장 등에게 징수된 과태료의 100분의 30 범위에서 행정안전부령으로 정하는 징수 수수료를 지급하여야 한다.

   ㉦ 규정한 사항 외에 과태료의 부과 및 징수 등에 필요한 사항은 행정안전부령으로 정한다.

(2) 과태료의 납부

① **과태료 납부기한** : 과태료는 과태료 납부고지서를 받은 날부터 60일 이내에 내야 한다. 다만, 천재지변이나 그 밖의 부득이한 사유로 과태료를 낼 수 없을 때에는 그 사유가 없어진 날부터 5일 이내에 내야 한다.

② **과태료의 납부**

  ㉠ 과태료납부고지서 또는 과태료납부 사전통지서를 받은 사람이 과태료를 납부하고자 하는 때에는 과태료납부고지서 등을 수납기관에 제시하여야 한다.

  ㉡ 과태료를 징수한 과태료수납기관은 과태료를 납부한 사람에게 과태료영수증을 교부하여야 한다.

  ㉢ 과태료수납기관이 과태료를 수납한 때에는 지체 없이 그 과태료납부고지서를 발행한 경찰서장, 특별시장·광역시장, 제주특별자치도지사 또는 구청장 등에게 전자매체 등을 이용하여 과태료를 수납한 사실을 통보하여야 한다.

③ **신용카드 등을 이용한 과태료 납부방법**

  ㉠ 과태료 납부금액이 대통령령으로 정하는 금액(200만 원) 이하인 경우에는 대통령령으로 정하는 과태료 납부대행기관을 통하여 신용카드, 직불카드 등(이하 "신용카드 등")으로 낼 수 있다. 이 경우 "과태료 납부대행기관"이란 정보통신망을 이용하여 신용카드 등에 의한 결제를 수행하는 기관으로서 대통령령으로 정하는 바에 따라 과태료 납부대행기관으로 지정받은 자(금융결제원, 경찰청장이 지정하여 고시한 기관)를 말한다.

  ㉡ 신용카드 등으로 내는 경우에는 과태료 납부대행기관의 승인일을 납부일로 본다.

  ㉢ 과태료 납부 대행기관은 납부자로부터 신용카드 등에 의한 과태료 납부대행 용역의 대가로 대통령령으로 정하는 바에 따라 납부대행 수수료를 받을 수 있다.

  ㉣ 납부대행 수수료는 경찰청장이 과태료 납부대행기관의 운영경비 등을 종합적으로 고려하여 승인하며, 해당 과태료금액(부가되는 가산금 및 중가산금을 포함한다)의 1천분의 15를 초과할 수 없다.

  ㉤ 경찰청장은 신용카드, 직불카드 등에 의한 과태료 납부에 필요한 사항을 정할 수 있다.

출제예상문제

1 교통사고 발생 시의 조치를 하지 아니한 사람에 대한 벌칙은?

① 5년 이하의 징역이나 1,500만 원 이하의 벌금

② 1년 이상 3년 이하의 징역이나 500만 원 이상 1천만 원 이하의 벌금

③ 3년 이하의 징역이나 700만 원 이하의 벌금

④ 2년 이하의 징역이나 500만 원 이하의 벌금

2 다음 중 30만 원 이하의 벌금이나 구류에 해당하지 않는 경우는?

① 원동기장치자전거면허를 받지 아니하고 원동기장치자전거를 운전한 사람

② 경찰공무원의 운전면허증 등의 제시 요구나 운전자 확인을 위한 진술 요구에 따르지 아니한 사람

③ 사고발생 시 조치상황 등의 신고를 하지 아니한 사람

④ 고속도로 등을 통행하거나 횡단한 사람

3 다음은 과태료 납부 기한에 관한 규정이다. 빈칸에 들어갈 숫자를 순서대로 나열한 것은?

> 과태료는 과태료 납부고지서를 받은 날부터 (   )일 이내에 내야 한다. 다만, 천재지변이나 그 밖의 부득이한 사유로 과태료를 낼 수 없을 때에는 그 사유가 없어진 날부터 (   )일 이내에 내야 한다.

① 50, 5

② 60, 5

③ 50, 10

④ 60, 10

1.

교통사고 발생 시의 조치를 하지 아니한 사람은 5년 이하의 징역이나 1,500만 원 이하의 벌금에 처한다.

2.

② 경찰공무원의 운전면허증 등의 제시 요구나 운전자 확인을 위한 진술 요구에 따르지 아니한 사람은 20만 원 이하의 벌금 또는 구류에 처한다.

3.

과태료는 과태료 납부고지서를 받은 날부터 60일 이내에 내야 한다. 다만, 천재지변이나 그 밖의 부득이한 사유로 과태료를 낼 수 없을 때에는 그 사유가 없어진 날부터 5일 이내에 내야 한다.

Answer   1.① 2.② 3.②

4 도로교통법상 벌칙에 관한 규정으로 옳지 않은 것은?

① 차의 운전자가 업무상 필요한 주의를 게을리 하거나 중대한 과실로 다른 사람의 건조물이나 그 밖의 재물을 손괴한 경우에는 2년 이하의 금고나 500만 원 이하의 벌금에 처한다.

② 혈중알코올농도가 0.2% 이상인 사람은 2년 이상 5년 이하의 징역이나 1천만 원 이상 2천만 원 이하의 벌금에 처한다.

③ 벌칙 규정에 따른 죄를 범한 사람에 대하여는 정상에 따라 벌금 또는 과료와 구류의 형을 병과할 수 없다.

④ 법인의 종업원이 법인 또는 개인의 업무에 관하여 위반행위를 하면 그 행위자를 벌하는 외에 그 법인 또는 개인에게도 해당 조문의 벌금 또는 과료의 형을 과한다.

5 다음 중 과태료를 부과·징수할 수 없는 사람은?

① 시·도경찰청장
② 시장
③ 교육감
④ 관할 경찰서장

6 과태료처분을 할 수 없는 부득이한 사유가 아닌 것은?

① 응급환자의 수송 또는 치료를 위한 경우
② 도로공사 또는 교통지도단속을 위한 경우
③ 범죄의 예방·진압을 위한 경우
④ 어린이의 승·하차를 돕는 경우

4.

③ 죄를 범한 사람에 대하여는 정상(情狀)에 따라 벌금 또는 과료와 구류의 형을 병과(竝科)할 수 있다.

5.

과태료 부과·징수자 … 시·도경찰청장, 시장 등, 교육감

6.

과태료처분을 할 수 없는 부득이한 사유(행정안전부령)
㉠ 범죄의 예방·진압이나 그 밖에 긴급한 사건·사고의 조사를 위한 경우
㉡ 도로공사 또는 교통지도단속을 위한 경우
㉢ 응급환자의 수송 또는 치료를 위한 경우
㉣ 화재·수해·재해 등의 구난작업을 위한 경우
㉤ 「장애인 복지법」에 따른 장애인의 승·하차를 돕는 경우
㉥ 그 밖에 부득이한 사유라고 인정할 만한 상당한 이유가 있는 경우

Answer 4.③ 5.④ 6.④

7 과태료 부과·징수에 대한 설명으로 옳지 않은 것은?

① 납부기간 이내에 과태료를 내지 아니하면 체납처분을 하기 전에 미납과태료(가산금 포함)의 납부를 고지할 수 있다.

② 과태료를 부과하려는 경우에는 단속대장과 과태료 부과대상자 명부에 그 내용을 기록하여야 한다.

③ 단속대장은 특별한 사유가 있는 경우에만 전자적 처리가 가능하도록 작성·관리하여야 한다.

④ 과태료 자진납부자에 대해서는 감경비율에 따라 감경한다.

8 다음 중 과태료 부과 금액이 가장 많은 경우는?

① 어린이통학버스를 신고하지 않고 운행한 운영자

② 교통안전교육기관 운영의 정지 또는 폐지 신고를 하지 않은 사람

③ 운전면허증 갱신기간에 운전면허를 갱신하지 않은 사람

④ 정기 적성검사 또는 수시 적성검사를 받지 않은 사람

9 승용자동차의 운전 중 휴대전화를 사용한 경우 부과되는 벌칙으로 알맞은 것은?

① 벌점 15점 및 7만 원의 범칙금 부과

② 벌점 15점 및 6만 원의 범칙금 부과

③ 벌점 10점 및 3만 원의 범칙금 부과

④ 5만 원의 범칙금 부과

10 다음 중 행정형벌이 가장 무거운 것은?

① 난폭운전을 한 사람

② 최고속도 보다 시속 100킬로미터를 초과한 속도로 3회 이상 자동차등을 운전한 사람

③ 혈중알코올농도가 0.03 퍼센트 이상 0.08 퍼센트 미만인 사람

④ 신호기를 조작하거나 교통안전시설을 철거, 이전하거나 손괴한 사람

10.

①②③ 1년 이하 징역 또는 500만 원 이하의 벌금
④ 3년 이하의 징역 또는 700만 원 이하의 벌금

11 다음 중 30만 원 이하 벌금 또는 구류의 처벌을 하는 경우가 아닌 것은?

① 어린이 하차확인 장치를 작동하지 아니한 운전자

② 교통사고발생시 조치 상황 등의 신고를 하지 아니한 사람

③ 어린이나 영유아가 하차하였는지를 확인하지 아니한 운전자

④ 최고속도보다 100킬로미터를 초과한 속도로 자동차등을 운전한 사람

11.

①②③ 30만 원 이하의 벌금 또는 구류
④ 100만 원 이하의 벌금 또는 구류

12 다음에 해당하는 벌칙은?

차 또는 노면전차의 운전자가 업무상 필요한 주의를 게을리하거나 중대한 과실로 다른 사람의 건조물이나 그 밖의 재물을 손괴한 경우

① 1년 이하의 금고나 200만 원 이하의 벌금

② 1년 이하의 금고나 500만 원 이하의 벌금

③ 2년 이하의 금고나 300만 원 이하의 벌금

④ 2년 이하의 금고나 500만 원 이하의 벌금

12.

차 또는 노면전차의 운전자가 업무상 필요한 주의를 게을리하거나 중대한 과실로 다른 사람의 건조물이나 그 밖의 재물을 손괴한 경우에는 2년 이하의 금고나 500만 원 이하의 벌금에 처한다.

Answer   10.④ 11.④ 12.④

13 다음 중 행정형벌이 6개월 이하의 징역 또는 200만 원 이하의 벌금 또는 구류가 아닌 것은 모두 몇 개인가?

> ⊙ 운전면허에 붙은 조건을 위반하여 운전한 사람
> ⓛ 교통사고 발생 시에 조치 또는 신고행위를 방해한 사람
> ⓒ 함부로 교통안전시설이나 그 밖에 인공구조물을 설치한 사람
> ⓔ 교통단속을 회피할 목적으로 교통단속용 장비의 기능을 방해하는 장치를 제작, 수입, 판매 또는 장착한 사람
> ⓜ 정비 불량차를 운전하거나 운전하도록 시킨 사람
> ⓗ 자동차운전학원이 아님에도 유사 명칭을 사용한 사람
> ⓢ 난폭운전을 한 사람

① 0개   ② 1개
③ 2개   ④ 3개

13.

⊙ⓛⓒⓔⓜ 6개월 이하의 징역 또는 200만 원 이하의 벌금
ⓗ 1년 이하의 징역 또는 300만 원 이하의 벌금
ⓢ 1년 이하의 징역 또는 500만 원 이하의 벌금

서원각 용어사전 시리즈

상식은 "용어사전"

용어사전으로 중요한 용어만 한눈에 보자

중요한 용어만 공부하자!

1 시사용어사전 1200

매일 접하는 각종 기사와 정보 속에서 현대인이 놓치기 쉬운, 그러나 꼭 알아야 할 최신 시사상식을 쏙쏙 뽑아 이해하기 쉽도록 정리했다!

2 경제용어사전 1030

주요 경제용어는 거의 다 실었다! 경제가 쉬워지는 책, 경제용어사전!

3 부동산용어사전 1300

부동산에 대한 이해를 높이고 부동산의 개발과 활용, 투자 및 부동산 용어 학습에도 적극적으로 이용할 수 있는 부동산용어사전!

- 최신 관련 기사 수록
- 다양한 용어를 수록하여 1000개 이상의 용어 한눈에 파악
- 용어별 중요도 표시 및 꼼꼼한 용어 설명
- 파트별 TEST를 통해 실력점검

자격증

한번에 따기 위한 서원각 교재

한 권에 준비하기 시리즈 / 기출문제 정복하기 시리즈를 통해 자격증 준비하자!